978-7- 101 -1112-5

U0716647

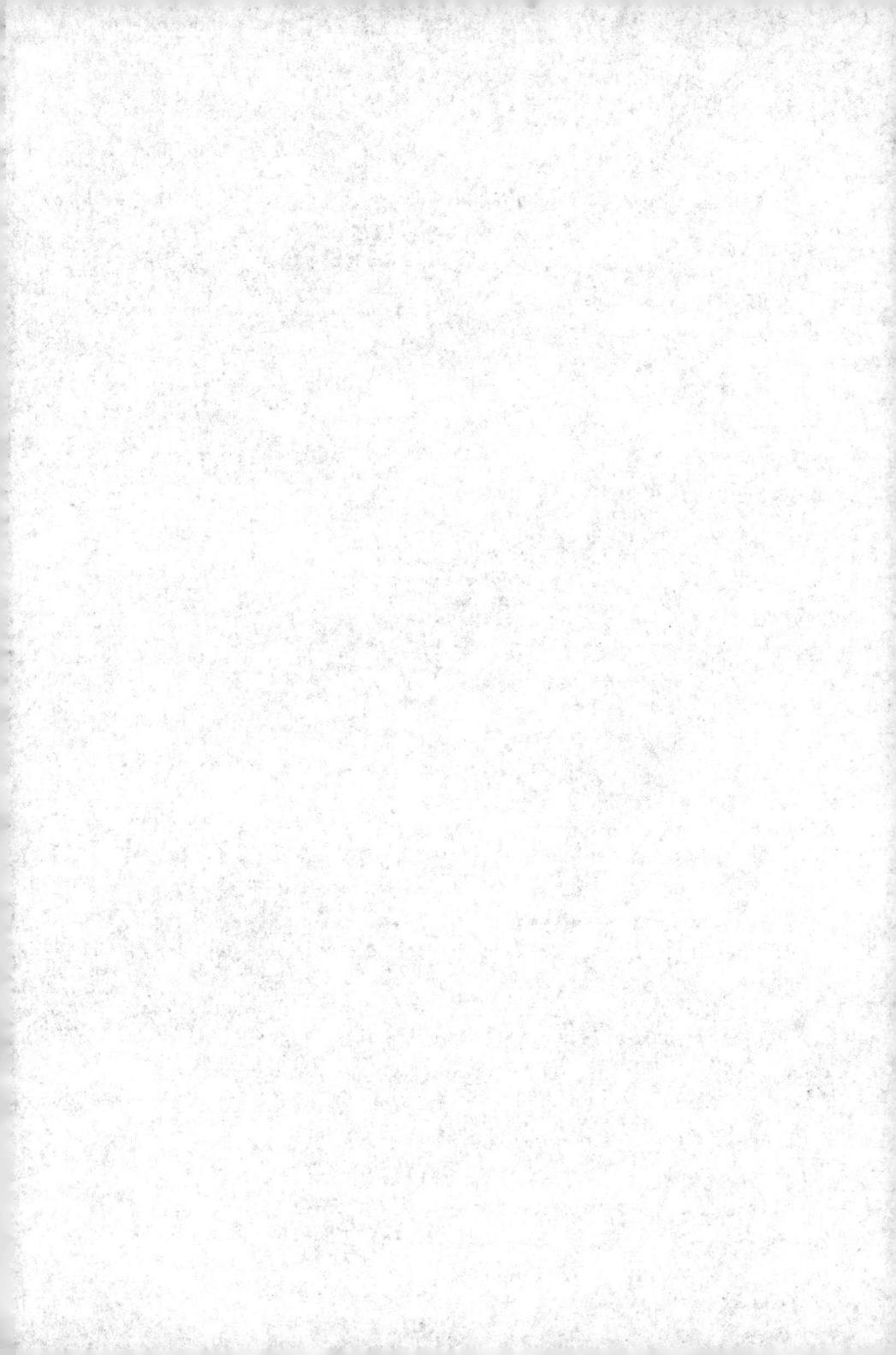

【传世经典 文白对照】

夜航船

下

〔明〕张 岱 撰

李小龙 译

中华书局

目录

夜航船

卷八 文学部

经史

十三经　《易经》、《书经》、《诗经》、《春秋》、《礼记》、《论语》、《孝经》、《尔雅》、《左传》、《公羊》、《穀梁》、《周礼》、《仪礼》。

伏羲始则龙马作易，神农始即其方列为八卦，帝王为传国之宝。

三易　夏易《连山》，其卦首艮；商易《归藏》，其卦首坤；周易首乾，伏羲定卦名，文王为彖辞，周公为爻辞，孔子为十翼，而易道始备。

十翼　孔子作《十翼》：《上象传》一，《下象传》二，《上爻传》三，《下爻传》四，《文言》五，《上系辞》六，《下系辞》七，《说卦》八，《序卦》九，《杂卦》十。

伏羲始则元龟为《洛书》，神农因之始制筮，黄帝因之始制卜。

昔武库火，古《河图》始无传。今误以洛书为河图，以莽时龟文为洛书。

商瞿子木始受易于孔子。秦失《说卦》三篇，河内女子始得之。

洪范九畴　天锡禹《洪范》九畴。初一曰五行，次二曰敬用五事，次三曰农用八政，次四曰协用五纪，次五曰建用皇极，

经史

十三经　《易经》、《书经》、《诗经》、《春秋》、《礼记》、《论语》、《孝经》、《尔雅》、《左传》、《公羊》、《穀梁》、《周礼》、《仪礼》。

伏羲最早仿黄河所出龙马神兽来制定易，神农便分别其方位而制成八卦，帝王将此看作传国之宝。

三易　夏朝的易叫《连山》，它的卦象以艮为首；商朝的易叫《归藏》，它的卦象以坤为首；周朝的易以乾为首，伏羲制定了卦名，文王创建了象辞，周公制定了爻辞，孔子写出了十翼，这样易的规则才完备。

十翼　孔子作了《十翼》，分别是：《上象传》一，《下象传》二，《上爻传》三，《下爻传》四，《文言》五，《上系辞》六，《下系辞》七，《说卦》八，《序卦》九，《杂卦》十。

伏羲最早仿照大龟创制了《洛书》，神农依据《洛书》开始制筮，黄帝依据这些来占卜。

从前有一次武库起火了，古代的《河图》才开始消失而无传本了。现在人都误把《洛书》当《河图》了，并把王莽时候的龟文当作《洛书》。

商瞿子木开始在孔子那里学习易。秦朝时丢失了《说卦》的三篇，河内有一个女子又得到了这三篇。

洪范九畴　上天赐给大禹《洪范》九畴：第一是"五行"，第二是敬谨君王自身修持的"五事"，第三要勉力办好八项政务，第四要协调五种纪时的技术，第五要建立君王至高无上的统治准则，

次六曰乂用三德，次七曰明用稽疑，次八曰念用庶征，次九曰向用五福，威用六极。

五行　一曰水，二曰火，三曰木，四曰金，五曰土。水曰润下，火曰炎上，木曰曲直，金曰从革，土爰稼穑。润下作咸，炎上作苦，曲直作酸，从革作辛，稼穑作甘。

五事　一曰貌，二曰言，三曰视，四曰听，五曰思。貌曰恭，言曰从，视曰明，听曰聪，思曰睿。恭作肃，从作，明作哲，聪作谋，睿作圣。

八政　一曰食，二曰货，三曰祀，四曰司空，五曰司徒，六曰司寇，七曰宾，八曰师。

五纪　一曰岁，二曰月，三曰日，四曰星辰，五曰历数。

三德　一曰正直，二曰刚克，三曰柔克。平康，正直；强弗友，刚克；燮友，柔克。沉潜，刚克；高明，柔克。

稽疑　稽疑建择立卜筮人，乃命卜筮。曰雨其兆为水，曰霁其兆为火，曰蒙其兆为木，曰驿其兆为金，曰克其兆为土，曰贞内卦为贞，曰悔外卦为悔。

庶征　曰雨、曰旸、曰燠、曰寒、曰风，曰时五者来备，各以其叙，庶草蕃芜。一极备，凶；一极无，凶。曰休征，曰肃，时雨若；曰乂，时旸若；曰哲，时燠若；曰谋，时寒若；曰圣，时风若。

第六要运用三种统治方式进行治理，第七要很好地运用卜筮来处理疑难问题，第八要用各种征兆来验证君主的好坏，第九要运用"五福"为向心之人赐福，运用"六极"来宣示威权。

五行　一是水，二是火，三是木，四是金，五是土。水的特性是向下湿润，火的特性是向上燃烧，木的特性是可曲可直，金的特性是可塑造出种种形状，土的特性是可以种植和收获庄稼。向下湿润就使味道咸，向上燃烧致焦就使味道苦，可曲可直的木材味道酸，可塑造出种种形状的金属伤肤就感到火辣的痛，种植和收获庄稼味道甜美。

五事　一是态度，二是言语，三是观察，四是听闻，五是思考。态度要恭敬，言语要顺从，观察要明晰，听话要聪颖，思考要睿智。态度恭敬就表现为严肃，言语顺从就可以辅佐治理，观察明晰就能成为智者，听话聪颖就善于谋断，思考睿智就能成为圣人。

八政　一是吃饭，二是商业，三是祭祀，四是内务民政，五是教育文化，六是公案司法，七是礼宾外务，八是军事行动。

五纪　一是年岁，二是月，三是日，四是星辰，五是历数。

三德　一是用正直的方式来统治，二是用强硬的方式来统治，三是用温和的方法来统治。对于平和康宁的人要用正直的方式统治，对于倔强不友好的人要用强硬的方式统治，对于和顺可亲的人要用温和的方式统治。对于下面的百姓要用强硬的方式统治，对于身居高位的贵族要用温和的方式统治。

稽疑　决疑需要选择关于卜筮的人，叫他们以龟甲或蓍草来占卜。卦象有以下几种：有雨它的征兆是水，有霁它的征兆是火，有蒙它的征兆是木，有驿它的征兆是金，有克它的征兆是土，有贞内卦是贞，有悔外卦是悔。

庶征　雨、晴、暖、冷、风，要是这五项都具备了，并且各按原有的规律和顺序生长，就能使草木繁盛。假如某一项过多，就不吉利；但某一项过少，也不吉利。好的征象：一是君王严肃认真，就像恰到好处的雨水一样；二是君王政治清明，就像普照大地的阳光一样；三是君王处理问题很明哲，就像气候准时温暖；四是君王有智谋，就像天气适时转寒；五是君王明识通达，就像和煦之风定时而至。

曰咎征，曰狂，恒雨若；曰僭，恒旸若；曰豫，恒燠若；曰急，恒寒若；曰蒙，恒风若。

五福　一曰寿，二曰富，三曰康宁，四曰攸好德，五曰考终命。

六极　一曰凶短折，二曰疾，三曰忧，四曰贫，五曰恶，六曰弱。

三坟五典　三皇之书曰《三坟》，五帝之书曰《五典》。《抱朴子》云：五典为笙簧，《三坟》为金玉。少昊、颛顼、高辛、唐、虞之书谓之《五典》。坟，大也。三坟者，山坟、气坟、形坟也。山坟，言君臣、民物、阴阳、兵象；气坟，言归藏、发动、长育、生杀；形坟，言天地、日月、山川、云气。即伏羲、神农、黄帝之书。

九丘八索　九州之志曰《九丘》，八卦之说曰《八索》。

金简玉字　大禹登宛委山，发石匮，得金简玉字之书，言治水之要，周行天下。伯益记之为《山海经》。

六义诗　《诗经》有六义，一曰风，二曰赋，三曰比，四曰兴，五曰雅，六曰颂。

卜商始序《诗》。辕固作传为《齐诗》。申公作训诂为《鲁诗》，浮丘伯授。毛苌作古训为《毛诗》，毛亨授。

五始　《春秋》义有五始，元者气之始，春者时之始，王者受命之始，正月者政教之始，公即位者有国之始。

三传　《左传》艳而富，其失也诬。《公羊》辨而裁，其失也俗。《穀梁》清而婉，其失也短。

不好的征象:一是君王的行为很狂肆,就像经常下雨;二是君王行为时有差错,就像经常干旱;三是君王办事犹豫拖延,就像天气经常炎热;四是君王办事太过峻急,就像天气经常寒冷;五是君王处事蒙昧,就像经常有风遮蔽。

五福　一是长寿,二是富有,三是健康安宁,四是修饰美德,五是终其天年。

六极　一是短寿死于非命,二是有疾病,三是忧愁,四是贫穷,五是凶恶,六是衰弱。

三坟五典　三皇的书籍叫作《三坟》,五帝的书籍叫作《五典》。《抱朴子》记载说:五典就是音乐中的笙簧,三坟就是金玉。少昊、颛顼、高辛、唐尧、虞舜的书被称为《五典》。坟,就是"大"的意思。三坟,是指山坟、气坟、形坟三部分。山坟,主要说君臣、民众的财物、阴阳、兵象;气坟,主要说蛰藏、发动、成长、生杀;形坟,主要说天地、日月、山川、云气。就是伏羲、神农、黄帝的书籍。

九丘八索　九州的志书叫作《九丘》,八卦的求索叫作《八索》。

金简玉字　大禹登上宛委山,打开一个石柜子,得到一册用金做简、用玉书写的书,陈述治水的要领,大禹便以此周行天下。后来伯益把它记下来,就是《山海经》。

六义诗　《诗经》有"六义",一是风,二是赋,三是比,四是兴,五是雅,六是颂。

卜商为《诗经》作序。齐国的辕固作了注释成为《齐诗》。鲁国的申公作了训诂成为《鲁诗》,这是浮丘伯传授的。毛苌作了古训成为《毛诗》,这是毛亨传授的。

五始　《春秋》的义例有"五始","元"是指气运之始,"春"是指时令之始,"王"是指帝王受命于天的开始,"正月"是指国家政治与教化的开始,"公即位"是指国家的开始。

三传　《左传》文辞华艳而且纪事富赡,缺点是有太多神鬼之词。《公羊传》有详细的辨析且有得当的剪裁,缺点是流于粗疏。《穀梁传》辞义清通且用语婉转,缺点是材料太少。

二戴　汉宣帝时，东海后仓善说《礼》，于曲台殿撰《礼》一百八十篇，曰《后氏曲台记》。后仓传于梁国。戴德及德从子圣乃删《后氏记》为八十五篇，名《大戴礼》。圣又删《大戴礼》为四十六篇，为《小戴礼》。其后诸儒又加《月令》、《明堂位》、《乐记》三篇，为四十九篇，则今之《礼记》也。

毛诗　荀卿授汉人鲁国毛亨作训诂，传以授赵国毛苌。时人以亨为大毛公，苌为小毛公，以二公所传，故名《毛诗》。

汲冢周书　《束晳传》：晋太康二年，汲郡人盗发安釐王冢，得竹书数十车，蝌蚪文字杂写经书。晳为著作，随宜分析，皆有考证，曰《汲冢周书》。

乐记　汉文帝始得窦公所献周公《大司乐章》，河间献王与毛生采作《乐记》。

漆书　杜林于西州得漆书《古文尚书》一卷。卫宏、徐巡来学，林授于二子，后遂得传。

壁经　鲁恭王坏孔子故宅，欲以为宫，闻壁中琴瑟丝竹之声，得《古文尚书》。武帝乃诏孔安国较定其书。

断书　孔子断《书》百篇，鲁恭王始得孔腾所藏于壁，定五十九篇，伏生称为《尚书》。

石经　汉灵帝熹平四年，蔡邕与太史令单飏等正定《五经》，刊石，谓之石本《五经》。衡阳王钧始细书，为巾箱《五经》。

集注　《易经》程注、朱注。《诗经》朱注。《书经》朱熹婿蔡沈注。《春秋》今从胡传。《礼记》陈皓注，皓字青莲，以其娶再醮，故不入孔庙。

二戴　汉宣帝的时候，东海的后仓善于讲说《礼》，在曲台殿撰写了《礼》一百八十篇，称为《后氏曲台记》。后仓传授到梁国。戴德和他的侄子戴圣便删减《后氏记》为八十五篇，名为《大戴礼》。戴圣又删减《大戴礼》为四十六篇，名为《小戴礼》。后来的各家儒士又增加了《月令》、《明堂位》、《乐记》三篇，成为四十九篇的规模，就是今天的《礼记》。

　　毛诗　荀卿传授给汉朝鲁国的毛亨作训诂，把"传"传授给赵国的毛苌。当时人以毛亨为大毛公，以毛苌为小毛公，因为《诗经》为两位毛公所传授，所以取名叫《毛诗》。

　　汲冢周书　《晋书·束晳传》记载：晋朝太康二年（281），汲郡有人偷着打开了魏安釐王的墓，得到几十车竹书，都是用蝌蚪文字写的经书。束晳当时任著作郎，便对这批书进行了分析，也都各有考证，称为《汲冢周书》。

　　乐记　汉文帝最早得到窦公进献的周公《大司乐章》，河间献王与毛生采择此书作了《乐记》。

　　漆书　杜林在西州得到用漆书写的《古文尚书》一卷。卫宏、徐巡来学习，杜林便传授给他们两个，于是《古文尚书》便流传了下来。

　　壁经　鲁恭王刘余拆了孔子的故宅，想给自己建宫殿，听到墙壁中有琴瑟丝竹的声音，便得到了《古文尚书》。汉武帝便下令让孔安国来校定此书。

　　断书　孔子分割《书》为百篇，是鲁恭王刘余最早在孔腾所藏的墙壁之中得到的，定为五十九篇，伏生称之为《尚书》。

　　石经　汉灵帝熹平四年（175），蔡邕与太史令单飏等人校正定本《五经》，并刻在石碑上，称之为石本《五经》。南齐衡阳王萧钧最早用非常小的字来写，制成巾箱本的《五经》。

　　集注　《易经》有程颐的集注和朱熹的集注。《诗经》有朱熹的集注。《书经》有朱熹的女婿蔡沈的集注。《春秋》现在用胡安国的注本。《礼记》有陈皓的集注，陈皓字青莲，因为他娶了再嫁的女人为妻子，所以不把他放在孔庙里祭祀。

武经七书　《孙子》、《吴子》、《尉缭子》、《司马兵法》、《李靖》、《三略》、《六韬》。

佶屈聱牙　韩愈《进学解》曰："周《诰》殷《盘》，佶屈聱牙；《春秋》谨严；《左氏》浮夸；《易》奇而法，《诗》正而葩。"

入室操戈　《郑玄传》：任城何休好《公羊》学，著《公羊墨守》、《左氏膏肓》、《穀梁废疾》。郑玄乃发《墨守》，针《膏肓》，起《废疾》。休见而叹曰："康成入吾室，操吾戈，而伐吾乎！"

二十一史　司马迁《史记》，班固《前汉书》，范晔《后汉书》，陈寿《三国志》，唐太宗《晋书》，沈约《宋书》，萧子显《南齐书》，姚思廉《梁书》、《陈书》，魏收《北魏书》，李百药《北齐书》，令狐德棻《后周书》，李延寿《南史》宋、齐、梁、陈，《北史》魏、齐、周、隋，魏徵《隋书》，宋祁、欧阳修《唐书》，欧阳修《五代史》，脱脱《宋史》、《辽史》、《金史》，宋濂《元史》。

亥豕　子夏见读史者曰："晋师伐秦，三豕渡河。"子夏曰："非也，己亥渡河耳。"问之鲁史，果然。

无一字潦草　司马温公作《资治通鉴》，草稿数千馀卷，颠倒涂抹，无一字潦草。其行己之度，盖如此。

瓠史　梁有僧，南渡赍一葫芦，有汉班仲坚《汉书》草稿，宣城太守萧琛得之，谓之《瓠史》。

即坏己作　陈寿好学，善著述。少仕蜀，除著作郎，撰《三国志》。当时夏侯湛等多欲作《魏书》，见寿所著，即坏己作。

探奇禹穴　太史公曰：迁二十而游江淮，上会稽，探禹穴，窥九疑，浮于沅、湘；涉汶、泗，讲业齐、鲁之都，观孔子之遗风，

武经七书　包括《孙子》、《吴子》、《尉缭子》、《司马兵法》、《李卫公兵法》、《黄石公三略》、《六韬》。

佶屈聱牙　韩愈《进学解》说："周朝的《大诰》和殷商的《盘庚》之文，都佶屈聱牙很难读；《春秋》叙述谨严；《左传》行文浮夸；《周易》神奇却有法则，《诗经》雅正而又华美。"

入室操戈　《后汉书·郑玄传》记载：任城人何休非常喜欢《公羊》学，写了《公羊墨守》、《左氏膏肓》、《穀梁废疾》等书。郑玄便阐发《墨守》，针砭《膏肓》，兴起《废疾》。何休看到后叹息说："郑玄（康成）这是进我的屋子，拿我的武器来讨伐我啊！"

二十一史　司马迁《史记》，班固《前汉书》，范晔《后汉书》，陈寿《三国志》，唐太宗《晋书》，沈约《宋书》，萧子显《南齐书》，姚思廉《梁书》、《陈书》，魏收《北魏书》，李百药《北齐书》，令狐德棻《后周书》，李延寿《南史》宋、齐、梁、陈、《北史》魏、齐、周、隋，魏徵《隋书》，宋祁、欧阳修《唐书》，欧阳修《五代史》，脱脱《宋史》、《辽史》、《金史》，宋濂《元史》。

亥豕　子夏看到读史的人说："晋国的军队讨伐秦国，赶了三头猪过河。"子夏说："不对，应该是时间在己亥的时候过河。"向鲁国史官求证，果然如此。

无一字潦草　温国公司马光写作《资治通鉴》，草稿有几千卷，到处都有涂抹的痕迹，但却没有一个字是潦草的。他立身行事的法度就是这样啊。

瓠史　梁朝时有一个僧人，到南方去时携带着一个葫芦，里面有汉代班固（仲坚）《汉书》的草稿，宣城太守萧琛得到了它，称之为《瓠史》。

即坏己作　陈寿非常好学，也擅长写作。小时候在蜀地为官，任著作郎，撰写了《三国志》。当时夏侯湛等人也想写《魏书》，看到陈寿的著作，便把自己的销毁了。

探奇禹穴　太史公司马迁说：我二十岁就游历江淮，登上会稽，探访禹穴，进窥九疑，漂浮于沅江、湘江；涉足于汶水、泗水，在齐国与鲁国的都城讲授学业，观察了孔子留下来的风气，

过梁、楚以归，乃细石室之书作《史记》。

诸子有一百八十九家，故曰百家。

石勒读史　石勒目不知书，使人读史，闻郦食其请立六国后，曰："此法当失，何以有天下！"及闻留侯谏，乃曰："赖有此耳！"

修唐书　宋祁修《唐书》，大雪、添帟幕，燃椽烛，拥炉火，诸妾环侍。方草一传未完，顾侍姬曰："若辈向见主人有如是否？"一人来自宗室，曰："我太尉遇此天气，只是拥炉，下幕命歌舞，间以杂剧，引满大醉而已。"祁曰："自不恶。"乃阁笔掩卷起，遂饮酒达旦。

下酒物　苏子美豪放好饮，在外舅杜祁公家，每夕读书，以一斗酒为率。公密觇之，苏读《汉书·张良传》"与客狙击秦皇帝"，抚案曰："惜乎击之不中！"遂满饮一大白。又读至"良曰：始臣起下邳，与上会于留，此天以臣赐陛下"，又抚案曰："君臣相得，难遇如此！"复举一大白。公笑曰："有如此下酒物，一斗不足多也！"

修史人　李至刚修国史，只服士人衣巾，自称"修史人李至刚"。馆中诸公闻之，大笑，呼为"羞死人李至刚"。

孔安国撰《孔子弟子》，七十二人。刘向撰《列仙传》，七十二人。皇甫士安撰《高士传》，亦七十二人。陈长文撰《耆旧》，亦七十二人。

索米作传　陈寿尝为诸葛武侯书佐，受挞百下；其父亦为武侯所髡，故《蜀志》多诬罔。又丁廙、丁仪有盛名于魏，寿谓其子曰："可觅千斛米见与，当为尊公作一佳传。"丁不与，竟不为立传。

再访问梁与楚才回来，然后辍辑石室中的藏书来作《史记》。

诸子有一百八十九家，所以称为百家。

石勒读史　石勒目不识丁，让别人读史书给他听，听到郦食其请求立六国之后人，便说："这个法令是错的，汉朝怎么会拥有天下呢！"等听到留侯张良谏阻，才说："原来是这个啊！"

修唐书　宋祁撰修《唐书》时，天下大雪，他便增添帐幕，点燃了巨大的蜡烛，坐拥炉火，姬妾环绕侍奉。正在起草一人的小传还没有完成，回头问侍姬说："你们这些人见到有哪个主人像这样吗？"有一个人来自皇家宗室，说："我家太尉遇到这样的天气，只知道拥炉而坐，放下帐幕让大家唱歌跳舞，偶尔扮演杂剧，倒满酒杯喝得大醉而已。"宋祁说："这也不坏。"于是便放下笔合上书起来，开始通宵喝酒。

下酒物　苏舜钦（子美）为人豪放、喜欢喝酒。在其岳父祁国公杜衍家里，每晚都读书，以一斗酒为限。杜衍暗中观察他，看到他读《汉书·张良传》中"张良与刺客狙击秦始皇"的时候，拍案叫道："可惜啊，没有打中！"于是便喝了满满一大杯。又读到"张良说：'开始时我在下邳起事，与陛下相会于留，这是上天把我赐给陛下的。'"又拍案大叫："君臣之间能这样相处，实在难遇啊！"便又喝了一大杯。杜衍笑着说："有这样的下酒菜，一斗酒是不够的呀！"

修史人　李至刚参加国史的修纂，但只穿士人的衣服与巾帽，自称为"修史人李至刚"。史馆中的其他人听了都大笑，称他为"羞死人李至刚"。

孔安国撰写《孔子弟子》，列有七十二个人。刘向撰写《列仙传》一书，也是七十二个人。皇甫谧（士安）撰写《高士传》，也是七十二个人。陈长文撰写《耆旧传》，仍然是七十二个人。

索米作传　陈寿曾经当过武侯诸葛亮的文书小吏，受过一百杖的刑罚；他父亲也被诸葛亮剃了光头，因此他所撰写的《三国志·蜀书》便多有诬陷虚假的地方。另外，丁廙、丁仪在魏国很有盛名，陈寿对他们的儿子说："你们可以弄一千斛米来给我，我就给你们的令尊写一篇好的传。"丁氏的后人不给，所以他就不给这两人立传。

雷震几　陈子经作《通鉴续编》，书宋太祖废周主为郑王。雷忽震其几，陈厉声曰："老天便打折陈柽之臂，亦不换矣！"

直书枋头　孙盛作《晋春秋》，直书时事。桓温见之，怒谓盛子曰："枋头诚为失利，何至乃如尊公所言！若此史遂行，自是关君门户事。"其子遽拜谢，请改之。时盛年老家居，性愈卞急。诸子乃共号泣稽颡，请为百口计。盛大怒，不许。诸子遂私改之。

为妓詈祖　欧阳永叔为推官时昵一妓，为钱惟演所持，永叔恨之，后作《五代史》，乃诬其祖武肃王重敛民怨。睚眦之隙，累及先人，贤者尚亦不免。

心史　郑所南作《心史》，丑元思宋，以铁函重匮沉之古吴智井。至明朝崇祯戊寅凡三百五十六年，而此书始出。

明不顾刑辟　孙可之曰："为史官者，明不顾刑辟，幽不见鬼怪，若梗避于其间，其书可烧也。"

五代史韩通无传　苏子瞻问欧阳修曰："《五代史》可传后也乎？"公曰："修窃于此有善善恶恶之志。"子瞻曰："韩通无传，乌得为善善恶恶乎？"公默然。

赵盾弑君　赵穿弑灵公，宣子未出境而复。太史书曰："赵盾弑其君。"宣子："不然。"对曰："子为正卿，亡不越境，反不讨贼，非子而谁？"孔子曰："董狐，古之良史也，书法不隐。"

雷震几　陈柽（子经）写《通鉴续编》，写到宋太祖废除后周的国主为郑王的时候。忽然有雷打到他的桌子上，陈柽大声说："老天爷就是打断我陈柽的胳臂，我也不会改变。"

直书枋头　孙盛写作了《晋春秋》，直接如实地写了当时发生的许多事情。桓温看到这部书，很愤怒地对孙盛的儿子说："枋头一战诚然失败，哪里像你父亲说的那样！如果这部史书行于世的话，那就是影响你们家门户的大事。"孙盛的儿子赶快下拜谢罪，请允许他修改。此时孙盛因为年老而在家里住着，性格却越加的急躁。儿子们都大哭磕头，请他为一家百十人考虑。孙盛大怒，不答应。儿子们便偷偷地改了。

为妓詈祖　欧阳修（永叔）任推官的时候与一个妓女很亲近，但这个妓女后来被钱惟演夺去了，欧阳修便非常恨钱惟演。后来写《五代史》，便诬陷钱惟演的祖父钱武肃王收取太重的税而引起民众的不满。一点小小的摩擦，就连累祖先，看来就是号称为贤人的也免不了。

心史　郑思肖（所南）写作《心史》，贬损元朝而怀念宋朝，用重铁盒子把书装起来沉于古吴的一眼废井之中。到了明朝崇祯戊寅年（1638）共计三百五十六年，这本书才重新面世。

明不顾刑辟　孙樵（可之）说："做史官的人，应该在世间就不怕获罪，在阴间不怕鬼怪，如果在叙述时设法回避一些事情，那他写的书就可以烧掉了。"

五代史韩通无传　苏轼问欧阳修说："大人所作《五代史》可以传于后世吗？"欧阳修说："我写此书的时候是怀有扬善责恶志向的。"苏轼说："韩通都没有专传，怎么能说是扬善责恶呢？"欧阳修默然不语。

赵盾弑君　赵穿杀了晋灵公，赵盾还没逃出国境便又回来了。太史董狐在史书上写道："赵盾杀了他的君主。"赵盾说："不是我啊。"董狐回答说："你是正卿，逃亡却不出国境，回来也不讨伐弑君的贼子，不是你是谁呢？"孔子说："董狐，是古人中的良史啊，书写历史的法则就是不隐恶。"

史评　《晋书》、《南北史》、《旧唐书》，稗官小说也。《新唐书》，赝古书也。《五代史》，学究史论也。《宋》、《元史》，烂朝报也。与其为《新书》之简，不若为《南北史》之繁；与其为《宋史》之繁，不若为《辽史》之简。

书籍

二酉藏书　大酉山、小酉山为轩辕黄帝藏书之所。

兰台秘典　汉朝图籍所在，有石渠、石室、延阁、广内，贮之于外府。又有御史中丞居殿中，掌兰台秘典。及麒麟、天禄二阁，藏之于内禁。

石室缃书　司马迁为太史，缃金匮石室之书。缃，谓缀集之也。以金为匮，以石为室，重缃封之，慎重之至也。

家有赐书　班彪家有赐书，好名之士自远方至，父党扬子云以下，莫不造门。

南面百城　李谧杜门却扫，绝迹下帷，弃产营书，手自删削。每叹曰："丈夫拥书万卷，何假南面百城！"

三十乘　晋张华好书，尝徙居，载书三十乘，凡天下奇秘，世所未有者悉在华所。有《博物志》行世。

曹氏书仓　曹曾积书万馀卷。及世乱，曾虑书箱散失，乃积石为仓，以藏书籍。世名曹氏书仓。

五车书　《庄子》：惠施多方，其书五车。

八万卷　齐金楼子聚书四十年，得书八万卷，虽秘书之省，自谓过之。

三万轴　唐李泌家积书三万轴。韩诗云："邺侯家多书，架插三万轴。一一悬牙签，新若手未触。"

史评　　《晋书》、《南史》、《北史》、《旧唐书》，都是小说。《新唐书》，是伪造的赝品。《五代史》，是学究的史论。《宋史》、《元史》，是错乱零散的朝廷通报。与其像《新唐书》那样简单，不如像《南史》、《北史》那样繁复；与其像《宋史》那样繁杂，不如像《辽史》那样简洁。

书籍

二酉藏书　　大酉山、小酉山是轩辕黄帝藏书的地方。

兰台秘典　　汉朝图书典籍的收藏地，有石渠、石室、延阁、广内，都是宫外的收藏处。又有御史中丞居于朝廷之中，掌管兰台的藏书。至于麒麟阁、天禄阁两处，则是宫内的藏书处。

石室绌书　　司马迁为太史，"绌金匮石室之书"。"绌"，就指缀集编次的意思。用金属做匣子，用石头为房屋，多重密封，表示非常慎重的意思。

家有赐书　　班彪家里有朝廷的赐书，喜好名气的士人就从远方慕名而来，父辈中的扬雄等人也都没有不来访问的。

南面百城　　李谧闭门谢客，自己也不再出门，变卖家产来聚书，并且对书亲自删削。常常叹息说："大丈夫坐拥万卷藏书，哪里需要去做王侯以统治百城之地来证明自己呢！"

三十乘　　晋代的张华喜欢书，曾经搬家，有三十辆车子装运书籍，哪怕是天下最奇异秘藏的书，别人那里没有的也都在张华这里。他写了一本《博物志》流传于世。

曹氏书仓　　曹曾积累藏书一万多卷。等到世事变乱，曹曾害怕书箱散失，便用石头垒成仓库，来收藏书籍，世人称其为曹氏书仓。

五车书　　《庄子》记载：惠施学识渊博，他的藏书有五车之多。

八万卷　　梁元帝萧绎（金楼子）藏书四十年，得书八万卷，就是朝廷的秘书省也没有他的书多。

三万轴　　唐代的李泌家里藏书有三万轴。韩愈写诗说："邺侯李泌家多书，书架上有三万轴。每册都配一牙签，崭新便似手未触。"

黄卷 古人写书，皆用黄纸，以黄檗染之，驱逐蠹鱼，故曰黄卷。有错字，以雌黄涂之。

杀青 古人写书，以竹为简。新竹有汗，善朽蠹。凡作简者，先于火上炙去其汗，杀其竹青，故又名汗简。

铅椠 上古结绳而治。二帝以来，始有简册：以竹为之，而书以漆；或用板，以铅画之。故有刀笔铅椠之说。

湘帖 古人书卷外必有帖藏之，如今裹袱之类。白乐天尝以文集留庐山草堂，屡亡逸。宋真宗令崇文院写校，包以斑竹帖送寺。

四部 《唐·经籍志》：玄宗两都各聚书四部，以甲、乙、丙、丁为号：甲，经部，赤牙签；乙，史部，绿牙签；丙，子部，碧牙签；丁，集部，白牙签。

芸编 芸香草能辟蠹，藏书者用以熏之，故书曰芸编。古诗："芸叶熏香走蠹鱼。"

书楼孙氏 孙祈六世祖长孺喜藏书，数万馀卷置之楼上，人谓之书楼孙氏。

汗牛充栋 陆文通之书，居则充栋，出则汗牛。

悬国门 吕不韦集《吕氏春秋》成，暴之咸阳市，悬千金其上，能增损一字者予千金。人莫能增损。

市肆阅书 王充好博览，家贫无书，常游洛阳市肆，阅所鬻书，一见辄能诵忆，遂博通众流百家之言。著《论衡》八十五篇。

帐中秘书 王充作《论衡》，中土未有传者，蔡邕入吴始得之，秘之帐中，以为谈助。后王朗得其书，及还洛下，时人称其才进，曰："不见异人，当得异书。"

黄卷　古人抄写书籍的时候，都用黄纸，用黄蘗染一遍，用来驱逐蠹鱼的，所以叫作黄卷。如果发现有错字，就用雌黄来涂改。

　　杀青　古人著书，用竹子作书简。新的竹子有汁液，所以容易腐烂或者招蠹虫。所以凡是用竹作简的，就要先在火上烤，把汁液烤去，再刮去青色的表皮，所以叫杀青，也叫汗简。

　　铅椠　上古时代的人结绳记事但却政治平定。尧、舜二帝以来，才开始有了简册：用竹来做，用漆来书写，或者用板以铅画之，所以有刀笔铅椠之说。

　　湘帖　古人在书卷之外必有帖来保护，就是现在的包袱之类。白居易曾经把自己的文集放在庐山草堂，多次丢失。宋真宗命令崇文院抄写校正，外面用斑竹帖包起来送回到寺里。

　　四部　《旧唐书·经籍志》记载：唐玄宗在东、西二都内各收藏图书四部，以甲、乙、丙、丁为号：甲，就是经部，用红色的牙签；乙，就是史部，用绿色的牙签；丙，就是子部，用碧色的牙签；丁，就是集部，用白色的牙签。

　　芸编　芸香草能防蠹，所以藏书的人就用芸香来熏书，所以书也叫作芸编。古诗有"芸叶熏香走蠹鱼"的句子。

　　书楼孙氏　孙祈的六世祖孙长孺喜欢藏书，有几万卷图书都放在楼上，当时人称之为书楼孙氏。

　　汗牛充栋　陆文通的藏书，放在屋子里就装满整个屋子，要运出来就会把牛累出汗来。

　　悬国门　吕不韦纂集《吕氏春秋》完成后，在咸阳街市公示，并放千金在书上，说能加减一字的人就获得千金的奖赏。但谁都不能有所增损。

　　市肆阅书　王充喜欢博览群书，但家里很穷没有书，便常在洛阳各家书店转，仔细看那些要卖的书，看过一遍就能记下，于是便精通了众流百家的学说。撰写了《论衡》八十五篇。

　　帐中秘书　王充写《论衡》，中原地区尚没有传本，蔡邕到吴地才得到，秘藏在家里，用作他说话的辅助。后来王朗得到了这本书，等到他回到洛阳，当时人都称赞他的才华的进步，说："不是见到了异人，就是看到了异书。"

藏书法　赵子昂书跋云："聚书藏书，良非易事！善观书者，澄神端虑，净几焚香，勿卷脑，勿折角，勿以爪侵字，勿以唾揭幅，勿以作枕，勿以作夹刺，随损随修，随开随掩。后之得吾书者，并奉赠此法。"

等身书　宋贾黄中幼日聪悟过人，父师取书与其身等，令读之，谓之等身书。

蔡邕遗书　蔡琰归自沙漠，曹操问邕遗书，琰曰："父亡，遗书四千馀篇，流离涂炭，罔有存者。今所诵忆，裁四百馀篇。因乞给纸笔，真草惟命。"于是缮写送入，文无遗误。

嘉则殿　隋炀帝嘉则殿书分三品，有红琉璃、绀琉璃、漆轴之异。殿垂锦幔，绕刻飞仙。帝幸书室，践暗机，则飞仙收幔而上，厨扉自启；帝出，扉闭如初。隋之藏书，计三十七万卷。

补亡书三箧　汉张安世博学。武帝幸河东，亡书三箧，诏问群臣，俱莫能知，惟安世识之，为写原本补入。后帝购求得书，以相较对，并无遗误。

博洽

舌耕　汉贾逵通经术，门徒来学，不远千里，献粟盈仓。或云，逵非力耕，乃舌耕也。

书厨　陆澄博览，无所不知，王俭自谓过之。及与语，澄谈及所遗编数百条，皆俭所未睹，乃叹服曰："陆公，书厨也。"

藏书法　赵子昂写的跋文中说："收书和藏书，都不是容易事！善于看书的人，要让心境澄澈，然后把桌子擦拭干净并焚香而坐，不要卷书脑，不要折书角，不要用手去抠字，不要让手指沾唾沫去揭书页，不要把书当枕头，不要把书当作名片的夹子，要一有损坏就随时修补，看时打开不看时合上。后代得到我的书的人，我也奉赠给你这个方法。"

等身书　宋代的贾黄中小的时候聪颖过人，他的父亲和老师便取来一摞书，高度与他一样，让他读，叫作等身书。

蔡邕遗书　蔡琰从沙漠归来，曹操问她父亲蔡邕的遗书在哪里，蔡琰说："父亲死后，遗书有四千多篇，但流离失所，已经没有留存下来的了。现在我所能背诵记忆的只有四百多篇。所以乞求给我纸笔，我将把它们写出来，至于用真书还是草书则由您决定。"于是便写出来送入，文字没有遗漏与错误。

嘉则殿　隋炀帝嘉则殿的书分为三品，即有红琉璃、绀琉璃、漆轴的不同。嘉则殿四周垂以锦幔，环绕之墙皆刻飞仙。隋炀帝幸临藏书室，踏到秘密的机关，那么就有飞仙在上边打开锦幔，书架的门也自动打开；隋炀帝一出来，则门又像往常一样关上。隋朝的藏书，共计有三十七万卷。

补亡书三箧　汉代的张安世非常博学。汉武帝驾幸河东，丢失了三箧图书，下诏询问群臣，大家都不知道，只有张安世知道，便为此写了原本补进去。后来汉武帝购求到了那些书，用来互相校对，并没有遗漏或错误。

博洽

舌耕　汉代的贾逵精通经学，门徒前来求学，不远千里，进献的粮食装满了仓库。有人说，贾逵不是用力气来耕田，而是用舌头来耕田。

书厨　陆澄博览群书，没有什么不知道，而王俭自己觉得自己能超过他。等到两人谈话，陆澄谈及已经佚失的书籍几百条，都是王俭从来没有看过的，这才赞叹、佩服地说："陆先生，真是书架啊。"

学府　《南史》：梁昭博极古今，人称为学府。

人物志　唐李守素通晓天下人物臧否，世号肉谱。虞世南曰："昔任彦升通晓经术，世号五经笥。今以守素为人物志，可乎！"

九经库　唐谷那律博通经术，为世所重，号九经库。又房晖远博闻洽记，学者称为五经库。

稽古力　汉桓荣性嗜学，光武帝时拜太子少傅，以所赐车马陈于庭，谓诸生曰："此稽古力也。"

柳箧子　唐柳璨迁左拾遗，公卿竞托为笺奏，时誉日富，以其博学，号柳箧子。

五总龟　唐殷践猷博通经典，贺知章称之曰五总龟龟千岁一总，问无不知。为秘书省学士。

行秘书　唐太宗尝出行，有司请载副书以从。上曰："不须。虞世南在此，即秘书也。"

八斗才　谢灵运曰："天下才共一石，曹子建独得八斗，我得一斗，自古及今共用一斗。奇才博识，安足继之！"

扪腹藏书　杨玠娶崔季让女，崔富图籍，玠游其精舍，辄览记。既而曰："崔氏书被人盗尽。"崔遽令检之，玠扪其腹曰："已藏之腹笥矣！"

三万卷书　吴莱好游，尝东出齐鲁，北抵燕赵，每遇胜迹名山，必盘桓许久。尝语人曰："胸中无三万卷书，眼中无天下奇山水，未必能文章；纵能，亦儿女语耳。"

学府　《南史》记载：梁昭博古通今，人们都称他为学府。

人物志　唐代的李守素通晓天下人物的评价，世人称之为"肉谱"。虞世南说：从前任昉（彦升）通晓经义，世人号称为"五经笥"。现在把李守素称为"人物志"，可以吗！

九经库　唐代的谷那律博览群书、通晓经义，为世人器重，号称为"九经库"。另外，房晖远也广见博闻并能熟记，学者称他为"五经库"。

稽古力　汉代的桓荣本性喜欢学习，光武帝的时候官拜太子少傅。他把朝廷赐给他的车马都陈列在院子里，对学生们说："这就是考察古事的力量啊。"

柳箧子　唐人柳璨改任左拾遗，公卿大臣都争相托他代为写奏章，当时的声誉越来越高，因为他博学多才，人称为柳箧子。

五总龟　唐代的殷践猷对于经典文献广泛阅览而又精通，贺知章称他为"五总龟"乌龟以一千岁为一总，这一千年中发生的事都知道。为秘书省学士。

行秘书　唐太宗曾经出行，有关部门请求带着副书来随从出行。唐太宗说："不用。有虞世南在这里，就是秘书了。"

八斗才　谢灵运说："全天下的才能如果共有一石的话，曹植（子建）一个人就得到了八斗，我得到一斗，从古至今的其他人共同用一斗。像曹植那样惊人之才能和博闻强记，有谁足以继承他呢！"

扪腹藏书　杨玠娶了崔季让的女儿，崔季让有很多图书，杨玠在他家的书房游玩的时候，就一边看一边记。后来说："崔家的书被人偷光了。"崔季让忙令人去检查，杨玠摸着自己的肚子说："已经藏在我的肚子里了。"

三万卷书　吴莱喜欢游历，曾经东到齐鲁大地，北到燕赵之地，只要遇到名胜古迹与名山大川，就一定留恋很长时间。曾经对人说："胸中如果没有三万卷书，眼中没有天下的奇山异水，就未必会写文章；即便会写，也不过是些小孩的话罢了。"

　　了却残书　朱晦翁答陈同父书：奉告老兄，且莫相撺掇，留取闲汉在山里咬菜根，了却几卷残书。

　　书淫　刘峻家贫好学，常燎麻炬，从夕达旦，时或昏睡，爇其鬓发，及觉复读，常恐所见不博。闻有异书，必往祈借。崔慰祖谓之书淫。

勤学

　　帐中灯焰　范仲淹夜读书帐中，帐顶如墨。及贵，夫人以示诸子曰："尔父少时勤学，灯焰之迹也。"

　　佣作读书　匡衡好学，邑有富民家多书，与之佣作，而不取值，曰："愿借主人书读耳。"遂博览群书。

　　带经而锄　倪宽受业于孔安国，时行赁作，带经而锄，力倦，少休息，即起诵读。
　　燃叶　柳璨，少孤贫，好学，昼采薪给费，夜燃叶读书。

　　圆木警枕　司马光常以圆木为警枕，少睡则枕转而觉，即起读书，学无不通。
　　穿膝　管宁家贫好学，坐藜床五十馀年，未尝箕踞，当膝处皆穿。
　　燃糠自照　顾欢家贫，乡中有学舍，欢壁后倚听，无遗忘者。夕则燃松节读书，或燃糠自照。

　　邢劭，任丘人。少游洛阳，遇雨，乃杜门五日读《汉书》，悉强记无遗。文章典丽，既赡且速，与温子昇齐名。官太常卿，兼中书监、国子监祭酒，朝士荣之。雅性脱略，不以

了却残书　朱熹（晦翁）回给陈亮（同父）的信中说："奉告老兄，请不要撺掇我了，留着我这个闲汉在山里吃菜根，然后写几本残书吧。"

书淫　刘峻家里很穷但却很好学，经常点着麻油烛，从晚上到白天，有时不小心睡着了，烛火燎了头发，便醒来继续读书，常怕见闻不广。听到哪里有不常见的异书，就一定前去恳求相借。崔慰祖称他为书淫。

勤学

帐中灯焰　范仲淹每天夜里在帐中读书，帐顶都被灯熏黑了。等到他做了高官，他的夫人把熏黑的地方指给儿子们看并说："这就是你们的父亲小时候因为学习勤奋，灯焰熏黑的痕迹啊。"

佣作读书　匡衡非常好学，同村有一家富户家里有很多书，匡衡为他们干活不要酬劳，说："希望能借主人的书来读一读。"于是终于可以博览群书了。

带经而锄　倪宽受业于孔安国，时常还要去打工，带着经书去锄地，如果太累了，就稍微休息一会，便起来读书。

燃叶　柳璨，小时候孤苦贫困，但很好学，白天去砍柴来支持各项费用，晚上便点着树叶来看书。

圆木警枕　司马光经常用圆的木头做为警枕，刚睡一会枕头转动，便醒来，立刻起床读书，所以在学问方面无所不通。

穿膝　管宁家里贫困但很好学，坐在简陋的坐榻上有五十多年，从来没有过箕踞的不雅姿势，膝盖的地方布都烂了。

燃糠自照　顾欢家里很贫困，乡里有学堂，顾欢便靠在后墙上偷听，听到就不会遗忘。晚上就点着松节来读书，或者点糠来照明。

邢劭，任丘人。小时候去洛阳游历，遇到下雨，便闭门五天来读《汉书》，都能记下而无遗漏。写的文章也典雅华丽，而且既丰赡又快速，与温子昇齐名。官至太常卿，兼任中书监、国子监祭酒，朝廷之士都觉得很尊荣。但他却性情脱略不拘形迹，也不因为自己

位望自尊，止卧一小室，未尝内宿。自云："尝昼入内阁，为犬所吠。"

著作

字字挟风霜 淮南王刘安撰《鸿烈》二十一篇，字字皆挟风霜之气。扬子云以为一出一入，字直百金。

月露风云 隋李谔书云："连篇累牍，不出月露之形；积案盈箱，尽是风云之状。"

文阵雄师 唐苏颋文章思若涌泉，张九龄谓同列曰："苏生之文俊赡无敌，真文阵雄师也。"

词人之冠 唐张九龄七岁能文，太宗时为中书舍人，时号为词人之冠。

文章宿老 唐李峤为凤阁舍人，富才思，文册号令多属为之。前与王、杨接迹，中与崔、苏齐名，学者称为文章宿老。

口吐白凤 汉扬雄作《甘泉赋》，才思豪迈，赋成，梦口吐白凤。

咽丹篆 唐韩愈少时，梦人与丹篆一卷，强吞之，傍有一人抚掌而笑。觉后胸中如物咽，自是文章日丽。后见孟郊，乃梦中傍笑者。

锦心绣口 唐李白《送弟序》："曰：'兄心肝五脏皆绣口耶？不然，何开口成文，挥翰雾散。'"

宫体轻丽 《梁高祖纪》：东海徐摛文体轻丽，时人谓之宫体。

位高名重而自以为尊贵，平常只在一间小屋里歇宿，并不进官府歇宿。他自己说："曾经在白天进入内阁，却被狗狂吠。"

著作

字字挟风霜　淮南王刘安撰写了《淮南鸿烈》二十一篇，每个字都包含着严肃的内容。扬雄认为与别书有出入的地方，每个字都值百金。

月露风云　隋代的李谔给朝廷上书说："最近人们写文章连篇累牍，不过是说月亮、露水的形象；积案盈箱，也全是风与云的状态。"

文阵雄师　唐代的苏颋写文章时思如泉涌，张九龄对同僚说："苏先生的文章俊爽丰赡没有敌手，真是文章战场上的一支雄师啊。"

词人之冠　唐代的张九龄七岁就能写文章，唐太宗的时候官中书舍人，当时人称他为词人之冠。

文章宿老　唐代的李峤为凤阁舍人，富于才思，朝廷的文册号令多让他来写。前边与王勃、杨炯接近，中间与崔融、苏味道齐名，学者都称他为文章宿老。

口吐白凤　汉代的扬雄写作《甘泉赋》，才思豪迈，写成后，梦见自己嘴里吐出一只白色的凤凰。

咽丹篆　唐代韩愈小的时候，梦见有人给他红色篆字的书一卷，强行让他吞进去，旁边有一个人拍手大笑。醒来后便觉得胸中好像刚刚咽过东西一样，从此以后所写的文章便越来越华丽了。后来见到了孟郊，原来就是自己梦中在旁边大笑的那个人。

锦心绣口　唐代李白在《冬日于龙门送从弟京兆参军令问之淮南觐省序》一文中记载："从弟曾问：'兄台的心肝五脏难道都是锦心绣口吗？不然的话，怎么能开口便成文章，挥毫便像雾散。'"

宫体轻丽　《资治通鉴·梁高祖纪》记载：东海的徐摛文体轻丽，当时人称之为宫体。

自出机杼　祖莹以文学见重，常语人云："文章须自出机杼，成一家筋骨，何能共人作生活也！"

倚马奇才　桓温北征鲜卑，召袁宏倚马前作露布，手不停笔，俄得七纸，殊可观。

文不加点　江夏太守黄祖大会宾客，有献鹦鹉者，命祢衡曰："愿先生赋之。"衡揽笔而作，文不加点，辞采甚丽。

干将莫邪　李邕文名天下，卢藏用曰："邕之文如干将莫邪，难与争锋，但虞其伤缺耳。"

洛阳纸贵　左思作《三都赋》，豪贵之家竞相传写，洛阳为之纸贵。

邢劭文章典丽，每文一出，京师传写，为之纸贵。

此愈我疾　陈琳少有辩才，草檄成以呈曹公。公先苦头风，是日卧读琳檄，翕然而起，曰："此愈我疾！"

台阁文章　吴处厚曰："文章有两等，有山林草野之文，有朝廷台阁之文。王安国曰：'文章须官样。'岂亦谓有台阁气耶？"

捕龙搏虎　柳宗元曰：人见韩昌黎《毛颖传》，大叹以为奇怪。余读其文，若捕龙蛇，搏虎豹，急与之角，而力不敢暇。

捕长蛇骑生马　唐孙樵书玉川子《月蚀歌》、韩吏部《进学解》，莫不拔地倚天，句句欲活，读之如赤手捕长蛇，不施鞅勒骑生马。

驱屈宋鞭扬马　《李翰林集序》：驰驱屈宋，鞭挞扬马，千载独步，惟公一人。

自出机杼　祖莹因为文学才能而被器重，经常对人说："写文章必须能自出机杼，成就自家的筋骨，怎么能与别人一样来讨生活呢！"

　　倚马奇才　桓温北征鲜卑的时候，召来袁宏就在马前写公告，手中的笔不停，一会儿就写满了七张纸，而且写得非常好。

　　文不加点　江夏太守黄祖大宴宾客，有人进献了一只鹦鹉，黄祖命令祢衡说："希望先生能为鹦鹉写一篇赋。"祢衡拿笔就写，整篇文章都没有改动的地方，文辞也很华美。

　　干将莫邪　李邕的文名遍天下，卢藏用说："李邕的文章就如同古代的宝剑干将莫邪一样，谁都难与它争锋，只是怕它自己有损伤罢了。"

　　洛阳纸贵　左思写了《三都赋》，豪贵之家都争着传抄，洛阳的纸价都因此而昂贵起来。

　　邢劭的文章典雅而华丽，每篇文章刚写出来，京师就四处传写，连纸张就因为这个原因而昂贵了。

　　此愈我疾　陈琳小时候就很有论辩的才能，他的讨伐檄文写成后被人拿给曹操看。曹操本来正被头风病所苦，当天躺在床上读了陈琳的檄文，一下子就起来了，说："这治好了我的病啊！"

　　台阁文章　吴处厚在《青箱杂记》中说："文章有两类，一类是山林草野之文，一类是朝廷台阁之文。王安国说：'文章就应该堂皇典雅。'难道说也是应该有台阁之气吗？"

　　捕龙搏虎　柳宗元说：人们看到韩愈的《毛颖传》，大吃一惊以为奇怪。我读这篇文章，就好像去抓捕龙蛇，与虎豹搏斗，急切中与其角力，但力量上却不敢有丝毫放松。

　　捕长蛇骑生马　唐代孙樵书写了玉川子卢仝的《月蚀歌》和韩愈的《进学解》，没有一个字不拔地而起、上倚青天，每一句都仿佛要活过来一样，读的时候就好像空手去抓捕长蛇，没有缰绳和马鞍而去骑一匹很生疏的马。

　　驱屈宋鞭扬马　《李翰林集序》说：可以调遣屈原和宋玉，可以役使扬雄和司马迁，千年堪称独步的，只有李白一个人。

点鬼簿算博士　唐王勃、杨炯、卢照邻、骆宾王，皆有文名，人议其疵曰：杨好用古人姓名，谓之点鬼簿；骆好用数目作对，谓之算博士。

玄圃积玉　时人目陆机之文犹玄圃积玉，无非夜光。

造五凤楼　韩浦与弟洎皆有文名。洎尝曰："予兄文如绳枢草舍，聊庇风雨。予文是造五凤楼手。"浦因寄蜀笺与洎，曰："十样鸾笺出益州，近来新寄浣溪头。老兄得此全无用，助汝添修五凤楼。"

梦涤肠胃　王仁裕少时，尝梦人剖其肠胃，以西江水涤之，见江中沙石，皆为篆籀之文。由是文思并进，有诗百卷，号《西江集》。

鼠坻牛场　扬雄曰：雄为《太玄经》，犹鼠坻之与牛场也，如其用，则实五谷饱邦民；否则，为坻粪，弃之于道已矣。

帖括　帖者簿籍之义，以帖籍赅括义理而诵之。

诳痴符　和凝为文，以多为富，有集百卷，自镂板以行，识者非之，曰："此颜之推所谓诳痴符也。"

焚弃笔砚　陆机天才秀逸，辞藻宏丽。张茂先尝谓之曰："人之为文章，常患才少，而子患才多。"机弟云曰："茂先见兄文，辄欲焚弃笔砚。"

齐丘窃谭峭　五代时，宋齐丘欲窃谭景升《化书》以为己作，乃投景升于江。后渔人撒网，获景升尸，手中持《化书》三卷，遂改齐丘子为谭子化书。

点鬼簿算博士　唐代的王勃、杨炯、卢照邻、骆宾王，都很有文名，当时人议论他们的缺点说："杨炯喜欢用古人的姓名，可以称之为点鬼簿；骆宾王喜欢用数目字来作对仗，可以称之为算博士。"

玄圃积玉　同时代的人都把陆机的文章看作是神仙居住的玄圃里的玉石，到处都是夜光之宝。

造五凤楼　韩浦与弟弟韩洎都有文名。韩洎曾说："我的哥哥写文章就好像用绳子来盖草房子，只是暂且挡挡风雨罢了。而我的文章却是建造五凤楼的手段写出的。"韩浦因此寄了一些蜀地的信笺给韩洎，并附诗说："十样鸾笺出益州，近来新寄浣溪头。老兄得此全无用，助汝添修五凤楼。"

梦涤肠胃　王仁裕小的时候，曾经梦到有人剖开他的肠胃，用西江的水来洗，看到江中的沙石，却都是篆字和籀文。从此以后写文章的能力与思想的深度都有很大进步，有诗集一百卷，名为《西江集》。

鼠坻牛场　扬雄《答刘歆书》一文引用张竦的话说：扬雄你写的《太玄经》，就好像老鼠和牛生活的场所，如果用上了，那就可以结出五谷来养育民众；如果没有用上，那就只是粪土，被抛弃在路边而已。

帖括　帖就是典籍的意思，用帖的方式来赅括义理并背诵。

佞痴符　和凝写文章，以材料多为丰富，有文集上百卷，自己雕板印刷发行，有识之士都对此不以为然，说："这就是颜之推所说的那种文章笨拙却喜欢刻书的'佞痴符'啊。"

焚弃笔砚　陆机天才秀逸，辞藻宏丽。张华（茂先）曾经对他说："一般人写文章，都怕自己的才能太少，而你却恐怕太多了。"陆机的弟弟陆云说："张华看到我哥哥的文章，就想把自己的笔砚都烧毁扔掉。"

齐丘窃谭峭　五代的时候，宋地人齐丘想要窃取谭峭（景升）的《化书》成为自己的，便把谭峭扔到长江里。后来渔人撒网，捞出了谭峭的尸体，手中还拿着《化书》三卷，于是世人便又把书上的署名从"齐丘子"改为"谭子"。

郢削 《庄子》：郢人垩_{音恶}漫其鼻端，若蝇翼，使匠石斫之。匠石运斤成风，斫之，尽垩而鼻不伤。故求人笔削其诗文，曰郢削。

藏拙 梁徐陵使于齐，时魏收文学北朝之秀，录其文集以遗陵，命传之江左。陵还，渡江而沉之，从者问故，曰："吾与魏公藏拙。"

韩山一片石 庾信自南朝至北方，惟爱温子昇所作《韩山碑》。或问北方何如，信曰："惟韩山一片石堪与语，馀若驴鸣犬吠耳。"

福先寺碑 裴度修福先寺，将求碑文于白居易。判官皇甫湜怒曰："近舍湜，而远取居易，请从此辞。"度亟谢，随以文属湜。湜饮酒，挥毫立就。度酬以车马玩器约千缗，湜怒曰："碑三千字，每字不直绢三匹乎？"度又依数酬之。湜又索文改窜，度笑曰："文已妙绝，增一字不得矣！"

聪明过人 韩文公尝语李程曰："愈与崔丞相群同年往还，直是聪明过人。"李曰："何处过人？"韩曰："共愈往还二十馀年，不曾说著文章。"

金银管 湘东王录忠臣义士文章，笔有三品：忠孝全者，金管书之；德行精粹者，银管书之；文章华丽者，斑竹管书之。

杜撰 五代广成先生杜光庭，多著神仙家书，悉出诬罔，如《感遇传》之类。故人以妄言谓之杜撰。或云杜默，非也。杜默以前遂有斯语。

郢削　《庄子》记载：郢地有一个人，有一点白灰沾在他的鼻子尖上，就像苍蝇的翅膀一样，他让姓石的匠人为他砍去。姓石的匠人挥起斧头，就像一阵风一样砍了下去，正好把白灰砍掉却不伤鼻子。所以，恳求别人来修改自己的诗文，称为郢削。

藏拙　梁朝徐陵出使于北齐，当时魏收在文学上是北朝最出类拔萃的人，于是便抄录他的文集赠给徐陵，让他传布于江南。徐陵回朝，在过江的时候便把书沉到江里去了，随从问他原因，他说："我为魏收大人藏拙。"

韩山一片石　庾信从南朝到了北朝，只喜欢温子昇所写的《韩山碑》。有人问他北方怎么样，庾信说："只有那一篇《韩山碑》还可以对话，其他的就都不过是些驴鸣犬吠罢了。"

福先寺碑　裴度要修建福先寺，想恳求白居易为他写一篇碑文。他的判官皇甫湜大怒说："我是大人的判官，您却舍近求远找白居易，那请允许我从今天起辞职。"裴度立刻表示道歉，并请皇甫湜来写这篇文章。皇甫湜一边喝酒，一边挥笔，立刻就写完了。裴度赠给他车、马和各种赏玩之器大约值一千缗作为酬劳，皇甫湜大怒说："碑文有三千字，每个字难道不值三匹绢吗？"裴度便又按照字数再给他酬劳。皇甫湜又索要文章来修改，裴度笑着说："这篇文章已经妙绝，一个字也加不了啦。"

聪明过人　韩愈曾经对李程说："我与丞相崔群大人是同年，在交往中发现他真是聪明过人。"李程问："什么地方过人呢？"韩愈说："与我交往二十几年，从来不曾说起过文章。"

金银管　湘东王辑录了忠臣义士的文章，所用的笔有三种：忠孝两全的人，用金管笔来写；德行精深纯粹的人，用银管笔来写；文章华丽的人，用斑竹管笔来写。

杜撰　五代的广成先生杜光庭，写了许多记录神仙的书，都是虚假的，如《神仙感遇传》之类。所以人们把说假话称为"杜撰"。又有人说指的是杜默，这是不对的。在杜默以前就有这个说法。

千字文　梁散骑员外周兴嗣犯事在狱，梁王命以千字成文，即释之。一夕文成，须鬓皆白。

兔园册　汉梁孝王有圃名兔园，孝王卒，太后哀慕之。景帝以其园令民耕种，乃置官守，籍其租税，以供祭祀。其簿籍皆俚语之字，故乡俗所诵曰《兔园册》。

书肆说铃　扬雄曰："好学而不要诸仲尼，书肆也；好说而不要诸仲尼，说铃也。"

昭明文选六臣注　六臣：李善、吕延济、刘良、张铣、李周翰、吕向，并唐人；铣、向、周翰皆处士。

艾子　东坡有《艾子》一编，并是笑话。初不解其书，后见《杂记》云：宋仁宗灼艾，令优人竞说笑话，以忘其痛。"艾子"命书，亦此意也。或云子由灼艾，东坡作此，以分其痛。

四本论　钟会撰《四本论》始毕，甚欲使嵇公一见，置怀中，既定，畏其难，怀不敢出，于户外遥掷，便回急走。

庄子郭注　晋向秀注庄子《南华经》，剖析玄理。郭象窃之，以己名行世。

叙字　东坡祖名序，故为人作序，皆用"叙"字。

颜鲁公书　颜鲁公所著书，有《大言》、《小言》、《乐语》、《滑语》、《谗语》、《醉语》，皆不传。

无字　《周易》"無"作"无"。晋王育曰："天屈西北为无。"今于"无"上加一点，是古"既"字。

千字文　梁朝的散骑员外周兴嗣因犯了事被下了狱，梁武帝命他用一千个字辑成一篇文章，然后就放了他。他用了一个晚上就写成了，胡子和鬓角都白了。

兔园册　汉代梁孝王有一个园子名叫兔园，梁孝王死了以后，太后很哀伤。汉景帝把把这个园子给了农民耕种，并设置了官府来管理，收他们的租税，用来供应祭祀。他们的账簿和书籍都是用的俗语中的字，所以人们把乡村中人看的书叫作《兔园册》。

书肆说铃　扬雄说："喜欢学习但不遵循孔子约束的，不过是书店罢了；喜欢说话但不遵循孔子约束的，不过是发出声响的铃铛罢了。"

昭明文选六臣注　六臣指的是：李善、吕延济、刘良、张铣、李周翰、吕向，这六个人都是唐代人；张铣、吕向、李周翰都是没有做官的士人。

艾子　苏轼编有《艾子》一书，都是些笑话。最初不了解此书命名的意义，后来看到《杂记》说：宋仁宗用艾灼烧以治病，便让演员们比赛说笑话，用来忘记痛苦。用"艾子"来命名此书，应该也是这个意思吧。又有人说，是弟弟苏辙要灼烧艾草来治病，苏轼写此书，用其来分担苏辙的痛苦。

四本论　钟会写《四本论》刚刚结束，非常想让嵇康看一下，便放在怀里，已经准备好了，又有些畏难情绪，放在怀里不敢拿出来，于是便在嵇康家外面远远地扔了进去，然后赶快往回跑。

庄子郭注　晋朝向秀注了庄子《南华经》，剖析书中的玄理。郭象偷窃了这本书，用自己的名字来问世。

叙字　苏轼的祖父名字叫苏序，所以苏轼为别人作序，都用"叙"字。

颜鲁公书　颜真卿（鲁公）所写的书，有《大言》、《小言》、《乐语》、《滑语》、《谑语》、《醉语》，但都没有流传下来。

无字　《周易》中的"無"写作"无"。晋朝的王育说："天屈于西北就是'无'。"现在若在"无"字上加一点，就是古代的"既"字。

三都赋序　徐文长曰：皇甫谧序《三都》，足以重左太冲，而陈师锡之序《五代史》，不足以当欧阳永叔。则予虽无序，可也。

诗词

伏羲始为长短句诗，汉武帝始为联句诗，曹植始为绝句诗，沈佺期始为律诗。

舜始为四言，汉唐山夫人始为三言诗，枚乘《十九首》始为五言诗，唐始为排句，宋始为集句。

颜延年、谢元晖始唱和，元微之、李、白始唱和次韵，颜鲁公始押韵。

宋周颙始为四声切韵又沈约《四声谱》、夏侯该《四声韵略》，唐孙愐始集为唐韵。

魏孙炎始为反切字本西域二合音，如"不可"为"叵"，"而已"为"耳"之类。僧守温始为三十二字母。

乐府　汉武帝始郊庙燕射，咸著为篇章，无总众体，制乐府，本《骚》、《九歌》、《招魂》。

李延年始造乐府新声二十八解本胡曲造，古为章，魏晋以来皆为解。

唐始变乐府为词调，宋始变词调为长短篇。

晋荀勖始为清商三调，本周《房中》为平调、清调、瑟调。汉《房中》为楚调。又侧调生于清调，总谓相和调。

清商传江左，为梁宋新声，始尚辞谓歌辞汉时但有其音耳。夷、伊、那、何之类则声也。大曲有艳在曲前，有趋，有乱在曲后。隋炀帝始倚声命辞或云起于唐之季世。王涯始曲中填辞一云张泌，然六朝已有之。李白始为小辞。

三都赋序　徐渭（文长）说：皇甫谧为《三都赋》作序，足以让左思（太冲）之文增色，而陈师锡为《五代史》作序，却不足为欧阳修增色。那么我的书虽然没有序，也是可以。

诗词

伏羲最早开始作长短句的诗，汉武帝开始作联句诗，曹植开始作绝句诗，沈佺期开始作律诗。

舜开始作四言诗，汉代的唐山夫人开始作三言诗，枚乘的《古诗十九首》开始作五言诗，唐代开始作排律，宋代开始作集句诗。

颜延年、谢朓开始互相唱和，元稹、李绅、白居易开始唱和并依对方之诗来次韵，颜真卿开始严格按照对方的韵来押韵。

南朝刘宋的周颙开始制定四声切韵又有沈约的《四声谱》、夏侯该的《四声韵略》，唐代的孙愐开始辑集为《唐韵》。

魏国孙炎开始用反切法来为字注音本来是西域的二字合音，如"不可"合为"叵"，"而已"合为"耳"之类。僧人守温开始制定了三十二个字母。

乐府　汉武帝开始在郊庙祭祀与燕射之时，都要写出诗篇来，没有总结众多的文体，就创制了乐府，依据的是《离骚》、《九歌》、《招魂》。

李延年开始创作出乐府新声二十八解依照胡人之曲而造，古代称为"章"，魏晋以来都称为"解"。

唐代才开始把乐府变为词调，宋代开始把词调变为长短句。

晋朝的荀勖开始制作清商三调，依照周代的《房中乐》而制作了平调、清调、瑟调。汉代的《房中乐》是楚调。另外，侧调生于清调，总的称为相和调。

清商曲流传于江南，成为宋朝、梁朝的新音乐，才开始尊尚歌辞这是说歌辞，汉代的时候只有音乐。夷、伊、那、何之类只是声音而已。大曲有称为"艳"的部分在曲前，有"趋"和"乱"的部分在曲后。隋炀帝开始依照声音命令为其填辞有人说这兴起于唐代末年。王涯才开始在乐曲中填辞有人说是张泌，但六朝时已经有了。李白开始创作小词。

诗体 严沧浪云：诗体始于《国风》、三《颂》、二《雅》，流为《离骚》、古乐、古选十九首。后有建安体_{汉末年号，曹氏父子及邺中七才子之诗}、黄初体_{魏年号，与建安相接，其体一也}、正始体_{魏年号，嵇、阮诸公之诗}、太康体_{晋年号，左思、潘岳、二张、二陆之诗}、元嘉体_{宋年号，颜、鲍、谢诸公之诗}、永明体_{齐年号，齐诸公之诗}、齐梁体_{通两朝而言之}。杜云："恐与齐梁作后尘"、南北朝体_{通魏周而言之，与齐梁一体也}、初唐体_{谓袭陈隋之体}、盛唐体_{开元、天宝之诗}、中唐体、晚唐体、宋元祐体_{黄山谷、苏东坡、陈后山、刘后村、戴石斋之诗}。

《唐诗品汇》总论曰：略而言之，则有初唐盛中晚之不同。详而言之，贞观、永徽之时，虞_{世南}、魏_徵诸公稍离旧习，王勃、杨炯、卢照邻、骆_{宾王}因加美丽；刘希夷_{庭芝}有闺帷之作，上官_{昭容}有婉媚之姿：此初唐之制也。神龙以还，洎开元初，陈子昂古风雅正，李巨山_峤文章宿老；沈佺期、宋之问之新声，苏颋、张说之大笔：此初唐之渐盛也。开元、天宝间，则有李翰林_白之飘逸，杜工部_甫之沉郁；孟襄阳_{浩然}之清雅，王右丞_维之精爽，储光羲之真率，王昌龄之隽拔；高适、岑参之悲壮，李颀、常建之雄快：此盛唐之盛者也。大历、贞元间，则有韦苏州_{应物}之淡雅，刘随州_{长卿}之闲旷；钱起、郎士元之清赡，皇甫_{冉曾}之竞秀；秦公绪之山林，李从一_{嘉祐}之台阁：此中唐之再盛也。下暨元和之际，则有柳愚溪_{宗元}之超然复古，韩昌黎_愈之博大沉雄；张籍、王建乐府得其故实，元、白叙事务得分明；与夫李贺、卢仝之鬼怪，孟郊、贾岛之瘦寒：此晚唐之变也。降而开成以后，则有杜牧_牧之豪纵，温飞卿_{庭筠}之绮靡；李义山_{商隐}之隐癖，许用晦_浑之对偶；他若刘沧、马戴、李频、李群玉：此晚唐变态之极矣。

诗评 敖陶孙评："魏武帝如幽燕老将，气韵沉雄。

诗体　严羽（沧浪）说：诗的体制开始于《国风》、三《颂》、二《雅》，流变而为《离骚》、古乐府、《文选·古诗》即古诗十九首。后来有建安体汉末的年号，曹氏父子和邺中七才子的诗、黄初体魏国的年号，与建安相接，体制是一样的、正始体魏国的年号，嵇康、阮籍等人的诗、太康体晋朝的年号，左思、潘岳、二张、二陆的诗、元嘉体南朝宋的年号，颜延之、鲍照、谢灵运等人的诗、永明体齐朝的年号，齐朝各位诗人的诗、齐梁体综合两朝来说的。杜甫有诗句说"恐与齐梁作后尘"、南北朝体综合北魏、北周来说的，与齐梁体一样、初唐体指沿袭陈朝、隋朝的体制、盛唐体开元、天宝的诗作、中唐体、晚唐体、宋元祐体黄庭坚、苏轼、陈师道、刘克庄、戴石斋之诗。

　　《唐诗品汇》的总论说：简略地说，唐诗可以分为初唐、盛唐、中唐、晚唐几个不同的时期。但细致地分析，贞观、永徽年间，虞世南、魏徵等人开始稍稍改变了齐梁的旧习，王勃、杨炯、卢照邻、骆宾王为诗作增加了美丽的色彩；刘希夷庭芝有写闺中少女的作品，上官婉儿的作品有清婉妩媚的风姿：这是初唐作品的体制。神龙以后，从开元初年起，陈子昂的诗作很有古风，诗体雅正，李巨山峤本来就是文界前辈；沈佺期、宋之问有创设格律的新声，苏颋、张说有燕、许的大手笔：这是初唐诗作逐渐兴盛的开始。开元、天宝年间，便有李翰林白的天才飘逸，杜工部甫的沉郁顿挫；孟襄阳浩然的清雅，王右丞维的精爽；储光羲的真率，王昌龄的隽拔；高适、岑参的悲壮，李顾、常建的雄快：这就是盛唐的"盛"。大历、贞元年间，则又有韦苏州应物的淡雅，刘随州长卿的闲旷；钱起、郎士元的清赡，皇甫冉和皇甫曾的竞秀；秦公绪系的山林之气，李从一嘉祐的台阁之风：这就是中唐的再次复兴。再到元和之际，又有柳愚溪宗元的超然复古，韩昌黎愈的博大沉雄；张籍、王建的乐府非常平实，元稹、白居易乐府叙事分明；与李贺、卢仝的鬼怪气息，孟郊、贾岛的瘦寒之态：这些都是晚唐的变化。再往下到开成年间以后，就又有杜牧的豪纵，温庭筠的绮靡；李商隐的隐癖，许浑的对偶；其他如刘沧、马戴、李频、李群玉等人：这些就是晚唐的变化到了极致。

　　诗评　敖陶孙的诗评说："魏武帝就像幽、燕的老将，气度沉雄。

曹子建如三河少年，风流自赏。鲍明远如饥鹰独出，奇矫无前。谢康乐如东海扬帆，风日流丽。陶彭泽如绛云在霄，舒卷自如。王右丞如秋水芙蓉，倚风自笑。韦苏州如园客独茧，暗合音徽。孟浩然如洞庭始波，木叶微落。杜牧之如铜丸走坂，骏马注坡。白乐天如山东父老课农桑，言言著实。元微之如龟年说天宝遗事，貌悴而神不伤。刘梦得如镂冰雕琼，流光自照。李太白如刘安鸡犬，遗响白云，核其归存，恍无定处。韩退之如囊沙背水，惟韩信独能。李长吉如武帝食露盘，无补多欲。孟东野如埋泉断剑，卧壑寒松。张籍如优工行乡，饮酬献秩，时有诙气。柳子厚如高秋独眺，霁晚孤吹。李义山如百宝流苏，千丝铁网，绮密环妍，要非适用。本朝苏东坡如屈注天潢，倒连沧海，变眩百怪，终归浑雄。欧阳文忠如四瑚八琏，正可施之宗庙。王荆公如邓艾缒兵入蜀，要以险绝为功。黄山谷如陶弘景入宫，析理谈玄，而松风之梦故在。梅圣俞如关河放溜，瞬息无声。秦少游如时女步春，终伤婉弱。陈后山如九皋独唳，深林孤芳，冲寂自妍，不求识赏。韩子苍如梨园按乐，排比得伦。吕居仁如散圣安禅，自能奇逸。其它作者，未易殚述。独唐杜工部，如周公制作，后世莫能拟议。"语觉爽俊，而评似稳妥，惟少为宋人曲笔耳，故全录之。

苦吟　孟浩然眉毛尽落，裴祐至袖手皆穿，王维则走入醋瓮，皆苦于吟者。

曹植就像三河的少年，风流自赏。鲍照就像饥饿的雄鹰独出天际，奇矫无前。谢灵运就像东海扬帆，风日流丽。陶渊明就像轻云飘在天际，舒卷自如。王维就像秋水中的芙蓉花，倚风自笑。韦应物就像园客独茧，暗合音徽。孟浩然就像洞庭湖开始漾起轻波，树叶初落。杜牧就像铜制的弹丸滚下斜面，或者骏马奔下山坡。白居易就像山东父老劝农桑，每句话都很实在。元稹就像李龟年说天宝遗事，面貌憔悴但神情并不哀伤。刘禹锡就像雕刻冰块或玉石，流光溢彩足以自照。李白就像淮南王刘安家里'一人得道，鸡犬升天'中的鸡犬，留下的声音都在白云之上，但想确定在哪里，却恍然无定。韩愈就像用兵时囊沙堵水、背水一战的著名战例，只有韩信这样的人才能做到。李贺就像汉武帝去吃承露盘上的露，却无补于事。孟郊就像隐蔽在泉水中的断剑、偃卧在山谷中的寒松。张籍就像俳优在乡间游历，应酬交往，时时流露出诙谐之气。柳宗元就像秋高气爽的时候凭栏独眺，天色已晚时一个人吹笛。李商隐就像百宝点缀的流苏帐，千丝缀集的铁丝网，绮丽厚密，但却并不适用。宋朝的苏轼就像注水于天河，再接连沧海，变化眩目，千奇百怪，但终究归于浑雄。欧阳修就像瑚琏那样的祭器，正可置于宗庙。王安石就像邓艾把兵士用绳子吊下山去进入蜀地一样，一心以险绝为功力。黄庭坚就像陶弘景入宫，析理谈玄，但隐居者的松风之梦仍在。梅尧臣就像在大河上任船漂流，瞬间便无声而过。秦观就像女孩踏春，还是伤于婉丽纤弱。陈师道就像仙鹤独自鸣叫于深远的沼泽之地，深林之中的孤芳，以冲寂为心，虽然妍丽，却不求人认识与欣赏。韩驹就像梨园奏乐，按部就班，各得其位。吕本中就像没有正式名分的仙人在坐禅，也自有奇逸之处。其它作者，也不容易详细描述了。惟独唐代的杜甫，就像周公的制礼作乐，后世人都没有办法评议。"敖陶孙语言爽直而俊秀，评价也算稳妥，只是稍微为宋代作者曲笔回护而已，因此就全部抄录下来。

　　苦吟　孟浩然眉毛都落了，裴祐竟至于袖子都烂了，王维则是跑到醋瓮里，这些都是在吟诗上下苦功的人。

警句　杨徽之能诗,太宗写其警句于御屏。僧文莹谓以天地浩露涤笔于金瓯雪盘,方与此诗神骨相投。

推敲　贾岛于京师驴背得句:"鸟宿池边树,僧敲月下门。"既下"敲"字,又欲下"推"字,炼之未定,引手作推、敲势。时韩愈权京兆尹,岛不觉冲其前导。拥至尹前,具道所以。愈曰:"敲字佳矣。"与并辔归,为布衣交。

柏梁体　七言诗始于汉柏梁体。武帝作柏梁台,诏群臣能诗者得上座,凡七言,每句用韵,各述其事。

古锦囊　李贺工诗,每旦出,骑款段马,从小傒奴辈,背古锦囊,遇所得,即内之囊中。母见之曰:"是儿呕出心肝乃已!"

压倒元白　唐宝历中,杨嗣复大宴,元稹、白居易亦与赋诗,惟杨汝士最佳,元、白叹服。汝士醉归,语其子弟曰:"我今日压倒元白!"

诗中有画　王维工于诗画。东坡曰:"摩诘之诗,诗中有画。摩诘之画,画中有诗。"

枫落吴江冷　崔信明、郑世翼遇诸江中,世翼谓曰:"闻君有'枫落吴江冷'之句,愿见其馀。"信明欣乐,出众篇,翼览未终,曰:"所见不逮所闻!"投诸水,引舟遽去。

依样葫芦　宋陶榖久在词林,太祖曰:"颇闻翰林皆简旧本换词语,此俗谓之依样葫芦。"后陶榖作诗,书玉堂壁曰:"官职须由生处有,才能不管用时无。堪笑翰林陶学士,年年依样画葫芦。"

警句　杨徽之擅长写诗,宋太宗把他的警句写在皇宫的屏风上。僧人文莹说要用天地之间的露水并在金瓯、雪盘里洗涤毛笔,才能与这首诗的神气、骨格相投合。

　　推敲　贾岛在京师的驴背想到两句诗"鸟宿池边树,僧敲月下门",先用了"敲"字,又想用"推"字,便细心锤炼,没有确定,还用手来作"推"、"敲"的姿势。当时韩愈正官为京兆尹,贾岛不知不觉冲犯了韩愈行进队伍的前导。被士兵拥到韩愈面前,详细解释了他之所以如此的原因。韩愈说:"还是'敲'字好一些。"然后便与贾岛一起骑马回来了,二人也成为了不拘身份地位高低的朋友。

　　柏梁体　七言诗开始于汉代的柏梁体。汉武帝建立了柏梁台,下诏请群臣中擅长写诗的人上座,用七言的句式,每句都用韵,各自以诗来述写自己的事。

　　古锦囊　李贺工于写诗,每天早上出去,骑着行动迟缓的马,有几个小仆人跟着,背着旧的锦囊,若有新的诗句,就写了收在锦囊里。他的母亲见了说:"这个孩子非要把心肝吐出来不可啊!"

　　压倒元白　唐代宝历年间,杨嗣复举行大宴,元稹、白居易也当场参加赋诗,只有杨汝士写得最好,元稹、白居易也都赞叹佩服。杨汝士大醉而归,对他的家人说:"我今天竟然压倒了元、白啊!"

　　诗中有画　王维工于诗、画。苏轼说:"王维(摩诘)的诗啊,诗中有画的意境;王维的画啊,画中又有诗的韵味。"

　　枫落吴江冷　崔信明、郑世翼在江中相遇,郑世翼对崔信明说:"听说你有'枫落吴江冷'的诗句,我想看看除了这一句之外的诗句。"崔信明听了很高兴,便把其他的诗都拿出来,郑世翼还没看完便说:"看到的不如听说的!"于是便把崔的诗稿扔到了江中,开船便离去了。

　　依样葫芦　宋代的陶毂在翰林任职很长时间,宋太祖说:"听说翰林们都拿以前的旧本来换点词语就应付差使了,这就是所谓的'依样葫芦'吧。"后来陶毂写诗题在翰林院的墙壁上,诗说:"官职须由生处有,才能不管用时无。堪笑翰林陶学士,年年依样画葫芦。"

卖平天冠　宋廖融精于《诗》学，多有生徒。太宗曰："词赋策论取士，融生徒多引去。"融曰："岂知今日之《诗》道，一似大市卖平天冠，并无人问。"

技痒　《懒真子》云：老杜哀《郑虔诗》，有"荟蕞何技痒"之句，谓人有技艺不能自忍，如人之搔痒也。

投溷　李贺有表兄，与贺有笔砚之仇，恨贺傲。忽贺死，复绐取其稿，尽投溷中。

点金成铁　梁王籍诗云："蝉噪林逾静，鸟鸣山更幽。"王荆公改用其句曰："一鸟不鸣山更幽。"山谷笑曰："此点金成铁手也。"

易吾肝肠　张籍爱杜甫诗，取其集，焚取灰烬，副以膏密，顿饮之，曰："令吾肝肠从此改易。"

贾岛佛　李洞慕贾浪仙诗，铸铜像事之如神，尝念贾岛佛。

偷诗　杨衡初隐庐山，有窃其诗以登第者。衡后亦登第，见其人问曰："'一一鹤声飞上天'在否？"答曰："此句知兄最惜，不敢偷。"衡曰："犹可恕也。"

诋诗　张率年十六，作颂赋二千馀首，虞讷见而诋之。率乃一旦焚毁，更为诗示之，托云沈约。讷更句句嗟称无字不妙。率曰："此率作也。"讷惭而退。

爱杀诗人　唐宋之问爱刘希夷诗，有"年年岁岁花相似，岁岁年年人不同"之句，恳乞不与，之问怒以土囊压杀之。

卖平天冠　宋代的廖融精于《诗经》之学，有很多学生。宋太宗说："现在用词赋和策论来选取士子，廖融的学生大多都走了。"廖融说："哪里知道现在对《诗经》的研究，竟然好像在闹市中卖平天冠，从无人问津。"

技痒　《懒真子》记载：杜甫《哀郑虔》一诗中有"荟蕞何技痒"一句，是说一个人如果有一种技艺就会忍不住想表现出来，就好像他感觉到痒的时候要搔痒一样。

投溷　李贺有一个表兄，与李贺因为写作的事结了仇，十分痛恨李贺的傲气。忽然听说李贺死了，他便骗来了李贺的诗稿，全部都扔到厕所里了。

点金成铁　梁代的王籍诗中有"蝉噪林逾静，鸟鸣山更幽"的句子，王安石把这个句子改为"一鸟不鸣山更幽"，黄庭坚嘲笑地说："这简直是把金子变成石头的手啊。"

易吾肝肠　张籍爱读杜甫的诗，拿了杜甫的诗集，烧成灰烬，然后用蜜把灰调成膏状，把它喝了下去。说："这会让我的肝肠从此改换一下了吧。"

贾岛佛　李洞仰慕贾岛的诗，为贾岛铸造了一个铜像，并把他当神一样侍奉，经常在铜像前念"贾岛佛"。

偷诗　杨衡刚开始隐居在庐山，有人偷了他的诗而登上科第。杨衡后来考上了，见到那个人问："'一一鹤声飞上天'这一句还在吗？"那人回答说："这一句我知道老兄最爱惜，没敢偷。"杨衡说："这么看来你还可以原谅。"

诋诗　张率十六岁的时候，写颂赋二千馀首，虞讷看到后便诋毁他。张率便一下子将赋都烧毁了，再写诗给虞讷看，只是假托说是沈约写的。虞讷便每句都夸奖，简直没有哪个字不妙。张率说："这就是我写的。"虞讷很羞惭，便赶快退走了。

爱杀诗人　唐代宋之问非常喜爱刘希夷的诗，有"年年岁岁花相似，岁岁年年人不同"的句子，宋之问恳求把这个句子让给他，但刘希夷不肯，宋之问大怒，使用土囊把刘希夷压死了。

出诗示人 殷浩少与桓温齐名，常有竞心。桓问殷："卿何如我？"殷曰："我与我周旋久，宁作我。"殷尝作诗示桓，桓玩侮之曰："卿慎弗犯我；犯我，当出汝诗示人也！"

歌赋

伏羲氏有《网罟之歌》，始为歌。葛天氏操牛尾，投足，歌八阕，始分阕。孔甲作《破斧之歌》，始为东音。涂山氏禹妃歌《候人》，始为《周南》、《召南》。有娀氏感飞燕，始为北音。周昭王时，西瞿徙宅西河，始为西音。今歌曲统谓南北音。《凉州》、《伊州》、《甘州》、《渭州》皆西音，并为北歌曲。

黄帝命岐伯为鼓吹。凯歌，汉为铙歌，本鼓吹。

汉始有杂歌、艳歌、倚歌、蹈歌，始为相和歌，本讴谣丝竹相和，执节而歌。

汉武帝立乐府，采诗夜诵，则有赵代秦楚之讴，始以声为主，尚歌。

梁武帝本吴歌《白纻》，始改《子夜吴声四时歌》。

田横从者始为《薤露》、《蒿里》歌。魏缪袭始以挽歌为辞。郊祀歌，三言四言。谢庄歌《五帝》，三言九言，依五行数。汉歌篇八句转韵。张华、夏侯湛两三韵转。傅玄改韵颇数。王韶之、颜延之始四句转韵，赊促得中。

铙吹 唐柳子厚作《铙歌鼓吹曲》十二篇，歌唐战功。

檀来歌 周世宗南征军士作《檀来歌》，声闻数十里。

出诗示人　殷浩小时候与桓温齐名，经常有与桓温竞争的想法。桓温问殷浩："你如何能比得过我？"殷浩说："我与我自己周旋的时间长了，还是宁愿作我自己。"殷浩曾经写诗给桓温看，桓温看过后戏弄他说："你小心不要得罪我，不然，我就把你的诗让人看！"

歌赋

伏羲氏有《网罟之歌》，才最早开始创作歌。葛天氏拿着牛的尾巴，跳着脚，唱了八阕，才开始分阕。孔甲创作了《破斧之歌》，才开始了东方的歌声。涂山氏大禹的妃子唱《候人歌》，才开始作《周南》、《召南》。有娀氏有感于飞燕，才开始了北音。周昭王的时候，西瞿把家宅迁到西河，才开始为西音。现在的歌曲都统称南北音。《凉州》、《伊州》、《甘州》、《渭州》都是西音，也都是北歌曲。

黄帝命令岐伯创制鼓吹。胜利之歌，在汉代就是铙歌，是依据鼓吹来创制的。

汉代才开始有杂歌、艳歌、倚歌、蹈歌，才开始有相和歌，它是依凭了讴谣、丝竹之间的互相应和，并拿着板打着节拍来唱的。

汉武帝建立了乐府机关，从民间采诗来在夜唱诵，有赵国、代国、秦国、楚国的歌谣，这时才开始以声音为主，重视唱法。

梁武帝依照吴歌中的《白纻》，开始改为《子夜吴声四时歌》。

田横的随从人员开始制作《薤露》、《蒿里》之歌。魏国的缪袭开始为挽歌作辞。郊祀歌，有三言也有四言。谢庄为《五帝》作辞，有三言也有九言，以五行为字数的依据。汉代的歌辞每篇八句并转韵。张华、夏侯湛两三句一转韵。傅玄又把韵改得太急促。王韶之、颜延之才开始四句一转韵，既不太密也不太疏，适得其中。

铙吹　唐代柳宗元作了《铙歌鼓吹曲》十二篇，用来歌颂唐朝的战功。

檀来歌　周世宗南征的军士唱《檀来歌》，声音能传出几十里。

阳春白雪　《文选》：客有歌于郢中者，始为《下里》、《巴人》，国中和者数千人；为《向阳》、《薤露》，和者数百人；为《阳春》、《白雪》，和者数十人；引商刻羽，杂以流徵，和者不过数人。其曲弥高，其和弥寡。

柳耆卿为屯田员外郎，初名三变，自作词云："才子词人，自是白衣卿相。"后有荐于朝者，仁宗曰："此人风前月下，且去填词。"由是不得志。自称奉圣旨填词柳三变。

纂组成文　司马相如曰：合纂组以成文，列锦绣而为质，一经一纬，一宫一商，此赋之迹也。赋家之心，包括宇宙，总揽人物，斯乃得之于内，不可得而传也。

登高作赋　古者登高能赋，山川能祭，师旅能御，丧纪能诔，作器能铭，则可以为大夫矣。

五经鼓吹　孙绰博学，善属文，绝重张衡、左思赋，每云："《三都》、《二京》，五经鼓吹。"

雕虫小技　或问扬子云曰："吾子少而好赋？"曰："然。童子雕虫篆刻。"既而曰："壮夫不为也。"

风送滕王阁　都督阎伯屿修滕王阁，落成设宴，属婿吴子章预作《滕王阁赋》，出以夸客。王勃自马当顺风行七百馀里，至南昌与宴。及逊作赋，受笔札而不辞。都督大怒，命吏伺其落句即报。至"落霞秋水"句，都督曰："此天才也！"命其婿辍笔。

阳春白雪　《文选·宋玉〈对楚王问〉》一文说：有客人在郢中唱歌的，开始唱《下里》、《巴人》，闹市中与他一起唱的有几千人；再唱《向阳》、《薤露》，一起唱的便只有几百人；再唱《阳春》、《白雪》，一起唱的只剩下几十人；再唱曲调高古，并间杂以流徵，一起唱的只有几个人了。可以看到他的曲调越高，能一起唱的人就越少。

柳永（耆卿）官屯田员外郎，起初名叫柳三变，自己曾写词说："才子词人，自然是未穿官服的执政大臣。"后来有人把他推荐给朝廷，宋仁宗说："这个人喜欢在风前月下的生活，让他还去填他的词吧。"因此很不得志。不过他自己声称自己是"奉圣旨填词柳三变"。

纂组成文　司马相如说：把精美的织锦合起来便成为纹路，把锦绣排列起来就是它的质地，有经纬的花纹，有宫商组成的韵律，这就是赋作的轨迹。写赋的人的心里，要包罗宇宙之大，囊括人与物的复杂，这只能内心去领会，没办法传授给别人。

登高作赋　古代人如果登上高处能作出诗来，面对山川能去祭祀，率领军队能去打仗，碰到丧事时能作诔文，制作器物时能作铭文，那就可以当大夫了。

五经鼓吹　孙绰非常博学，擅长写文章，非常重视张衡、左思的赋，常常说："《三都赋》、《二京赋》，那可是弘扬五经的作品。"

雕虫小技　有人问扬雄说："先生您是从小就喜欢作赋吗？"扬雄回答说："是的。是小孩子所学的雕虫篆刻之类的小技罢了。"然后又说："大人就不应该再干这事了。"

风送滕王阁　都督阎伯屿重新整修了滕王阁，完工后宴请宾客，叮嘱自己的女婿吴子章预先写一篇《滕王阁赋》，到时候出示给客人来自夸。当时王勃从马当顺风走了七百多里，到南昌参加了这个宴会。等到主人谦让诸客作赋，他却接受了纸笔而不推辞。阎伯屿非常生气，便回到屋子里去了，但让手下人等王勃写出句子就来汇报。到了"落霞与孤鹜齐飞，秋水共长天一色"一句时，他长叹说："这是天才啊！"便命令他的女婿放下了笔。

海赋　张融为《海赋》，顾恺之曰："卿此赋实超玄虚，但不道盐耳。"融即援笔增曰："漉沙构白，熬波出素。积雪中春，飞霜暑路。"

木华海赋　木华作《海赋》，思路偶涩，或告之曰："何不于海之上下四旁言之？"华因其言，《海赋》遂成。

八叉手　温庭筠工赋，每人试作赋，八叉手而八韵成。又言庭筠作赋，未尝起草，一吟一韵，场中号温八吟，亦号温八叉。

书简

伏羲始制契，以木刻书。黄帝始以刀书。舜始以漆书。中古磨石汁书。

黄帝始铸文于鼎彝。周宣王始刻文于石。五代和凝始刻书于梨板。

隋文帝为印板。冯道请唐明宗行印板，始印《五经》，始依石经文字，刊《九经》板。宋真宗始摹印司马、班史诸史板。

鲤素　《古乐府》："客从远方来，遗我双鲤鱼；呼童烹鲤鱼，中有尺素书。长跪读素书，书中意何如？上有加餐饭，下有长相思。"

云锦书　李白诗："青鸟海上来，今朝发何处？口衔云锦书，为我忽飞去。鸟去凌紫烟，书留绮窗前。开缄方一笑，乃是故人传。"

青泥书　后汉邓训为上谷守。故吏知训好青泥封书，遂从黎阳步推鹿车，载青泥至上谷，以遗训。

飞奴　张九龄家养群鸽，每与亲知书，系鸽足上投之，呼为飞奴。

海赋　张融写了《海赋》给朋友镇军将军顾恺之看，顾恺之说："你这篇赋确实写得很玄很虚，只是没有说盐。"张融立即挥笔增加了几句："漉沙构白，熬波出素。积雪中春，飞霜暑路。"

木华海赋　木华写《海赋》，思路偶尔有些不畅，有人告诉他说："你为什么不从海的上下和四面来说呢？"木华按照他的说法，就把《海赋》完成了。

八叉手　温庭筠工于写赋，每当有人试着请他作赋，他把手叉八次就完成了八韵的赋。又有人说温庭筠写赋，从不起草，吟诵一声便成一韵，考试场中都称他为温八吟，也叫温八叉。

书简

伏羲最早开始制作了记录文字的契，在木头上刻字。黄帝开始用刀来书写。舜开始用漆书写。中古时代开始用石头磨墨汁书写了。

黄帝开始在鼎、彝之类祭器上铸刻文字。周宣王开始在石头上刻下文字。五代时的和凝开始用梨木的板来刻书印刷。

隋文帝制作了印板。冯道恳请唐明宗发行印板，开始印制《五经》，也开始依据石经上的文字，刊行了《九经》板。宋真宗开始摹印司马迁、班固史书的各种版本。

鲤素　《古乐府》诗说："客从远方特意来，赠我一双金鲤鱼；叫人将鱼去厨房，发现鱼中藏书信。长跪读书信，信中说何事？前边勉励多吃饭，后边诉说长相思。"

云锦书　李白《以诗代书答元丹丘》说："送信青鸟海上来，今天又要去何处？口衔一封云锦书，为我振翅忽飞去。青鸟飞远凌紫烟，信到老友绮窗前。老友开封当一笑，知道此是故人传。"

青泥书　后汉的邓训为上谷守。以前的属吏知道邓训喜欢用青泥来为书信封口，便从黎阳步行推着鹿车，拉了青泥送到至上谷，用来赠送给邓训。

飞奴　张九龄家里养了一群鸽子，每当张九龄要给亲朋好友送信时，就把信系在鸽子的脚上放出去，称之为飞奴。

代兼金　陆机诗："愧无杂佩赠，良讯代兼金。"

寄飞燕　江淹诗："袖中有短札，欲寄双飞燕。"孟郊诗："欲写加餐字，寄之西飞翼。"

白绢斜封　卢仝《谢孟简惠茶歌》："日高丈五睡正浓，将军扣门惊周公。口传谏议送书信，白绢斜封三道印。"

十部从事　晋刘弘为荆州刺史，每发手书郡国，丁宁款密，莫不感悦，咸曰："得刘公一纸书，贤于十部从事！"

家书万金　王筠久住沙阳。一日，得家书，曰："抵得万金也。"杜诗："烽火连三月，家书抵万金。"

风月相思　周弘让《答王褒书》："苍雁赪鳞，时留尺素。清风明月，俱寄相思。"

千里对面　唐高祖曰："房玄龄每为吾儿陈事，千里外犹如面谈。"

不为致书邮　晋殷浩迁豫章太守，都下人士因其致书者百馀，行次石头，皆投之水中，曰："沉者自沉，浮者自浮，殷洪乔不能为致书邮。"

字学 汇入群书文章

神农始为历日。　文王始为经书。周公始为政书。　黄帝受玄女始为《兵符》。吕望始为《韬略》。　周公始为四方志。李悝次诸国律，始为《法经》。　周公始为稗官。战国时始为小说。宋高宗始为词话。　神农尝百药，始著方书。黄帝与岐伯问答。雷公受业，著《内外经》。师巫占六岁以下小儿寿夭，著《颅囟经》。　汉甘公始为命书，

代兼金　陆机《赠冯文黑》诗说："很惭愧没有什么东西可以赠给你，好消息就算代替了吧。"

寄飞燕　江淹诗说："袖中藏着短信，要寄给双飞燕。"孟郊诗说："想写一封问候的信，寄给向西飞去的燕子。"

白绢斜封　卢仝《谢孟简惠茶歌》："太阳已高挂，我还睡正浓。将军扣门来，惊醒吾周公。口说有急事，谏议送书信。白绢斜斜封，上有三道印。"

十部从事　晋代刘弘为荆州刺史，每次给郡国之人发信，都殷切叮咛，细心关照，没有人不感动喜悦，都说："得到刘大人一封信，其细致认真胜过十个从事官。"

家书万金　王筠在沙阳住了很久。一天，得到家里来的信，说："这抵得上万金啊。"杜甫诗说："烽火连三月，家书抵万金。"

风月相思　周弘让在《答王褒书》中说："青色的大雁啊，红色的鲤鱼，请你们常常为我带去给朋友们的书信；清风与明月，都寄托了我不尽的相思。"

千里对面　唐高祖说："房玄龄每次对我的儿子陈述事情，在千里外也好像当面谈话一样。"

不为致书邮　晋代的殷浩迁为豫章太守，都城里的人让他捎信的有上百人，当他走到石头城的时候，便把这些书信全都扔到了水里，说："愿意沉下去的就自己沉底，愿意漂上来的就自己浮起来，我殷浩（洪乔）绝不给人当邮递员。"

字学 汇入群书文章

神农最早开始制定历法。　文王开始制定经书。周公开始作政书。　黄帝受玄女指教开始作《兵符》。吕望开始作《韬略》。　周公开始作四方的志书。李悝编次诸国的律令，开始作《法经》。　周公开始设置稗官。战国的时候开始作小说。宋高宗的时候开始作词话。　神农氏尝百草，才开始写下药书。黄帝与岐伯互相问答。雷公学习了这些，才写下了《黄帝内外经》。师巫占验六岁以下小孩儿的存亡情况，写下了《颅囟经》。　汉代的甘公开始写了相命的书，

唐举始为相书,郭璞始为风水书。　景卢始口授大月氏王使尹存《浮屠经》。蔡愔、秦景始奉使得天竺佛书,梁武帝合五千四百卷为《三藏》。　黄帝使史甲作戒,始著书。成汤始撰书名凡书各有名。黄帝始为铭、为箴。帝喾始为颂。　伏羲始为记事。司马迁始为纪。沈约始为类事。　子夏始为序。公羊高始为注。郑玄始为笺释。赵岐始为题跋。　庄周始为说。田骈始为辨。荀卿始为论解。　夏启始为檄,伊尹始为训。黄帝始为传。　周公始为诔。　鬻熊始为子。庾仲容始为钞。刘歆始为集。　南朝始为文、为笔今诗文通称文笔。晋宋始为文受礼。隋始受钱,唐始盛。　汉始称贾逵为舌耕,唐始称王勃为笔耕以为文取丰金也。高颍始索润笔时为郑译草《封沛国制》。王隐君始歌卖文段湛卖文。

　　任昉《文章缘起》:三言诗,晋散骑常侍夏侯湛作。四言诗,前汉楚王傅韦孟《谏楚王戊诗》。五言诗,汉骑都尉李陵《与苏武诗》。六言诗,汉大司农谷永作。七言诗,汉武帝《柏梁台》连句。九言诗,魏高贵乡公作。赋,楚大夫宋玉作。歌,荆轲作《易水歌》。《离骚》,楚屈原作。　诏,起秦时玺文,秦始皇传国玺。　册文,汉武帝封三王册文。表,淮南王安《谏代闽表》。让表,汉东平王苍《上表让骠骑将军》。上书,秦丞相李斯《上始皇书》;汉太史令司马迁《报任少卿书》。对贤良策,汉太子家令晁错。上疏,汉大中大夫东方朔。启,晋吏部郎山涛作《选启》。作奏记,汉江都相《诣公孙弘奏记》。笺,汉护军班固《说东平王笺》。谢恩,汉丞相魏相《诣公车谢恩》。令,汉淮南王《谢群公令》。奏,汉枚乘《奏书谏吴王濞》。驳,汉吾丘寿王《驳公孙弘禁民不得挟弓》。议论,王褒《四子讲德论》,

唐举开始写了看相的书，郭璞开始写了看风水的书。　景虑最早从大月氏王的使者伊存那里听到了《浮屠经》。蔡愔、秦景二人最早奉皇帝之命到天竺国得到佛书，梁武帝把五千四百卷佛经合为《三藏》。　黄帝让史甲作戒，这才开始著书。成汤开始制定书的名字_{凡书都各有各的名字}。黄帝开始制作铭和箴。帝喾开始制作颂。　伏羲开始作记事的书。司马迁开始制定了本纪。沈约开始制定了类事。　子夏开始制作序。公羊高开始做注。郑玄开始做笺释。赵岐开始写题跋。　庄周开始制作了说体文。田骈开始了辨体文。荀卿开始作了论解体。　夏启开始作檄文，伊尹开始作训文。黄帝开始作传记。　周公开始作诔文。　鬻熊开始作诸子之文。庾仲容开始作钞体文。刘歆开始编集。　南朝开始分清楚哪些是文、哪些是笔_{现在诗文通称为文笔}。晋朝至刘宋的时候才开始为了文章而收受礼品。隋朝开始受钱，唐代开始盛行。　汉代开始称贾逵为舌耕，唐朝开始称王勃为笔耕_{用写文章来取得丰富的钱财回报}。高颎开始索要润笔_{当时他正为郑译写《封沛国制》}。王隐君开始唱歌卖文_{段湛卖文}。

　　任昉的《文章缘起》说：三言诗，是晋朝散骑常侍夏候湛最早开始写的。四言诗，是前汉楚王的老师韦孟的《谏楚王戊诗》。五言诗，汉代骑都尉李陵的《与苏武诗》。六言诗，是汉代大司农谷永所作。七言诗，最早是汉武帝的《柏梁台》连句。九言诗，最早是魏国的高贵乡公所作。赋，楚国大夫宋玉所作。歌，荆轲作了《易水歌》。《离骚》，楚国的屈原所作。　诏令，起于秦朝的玺文，秦始皇传国玺。　册文，汉武帝封三王的册文。表，淮南王刘安有《谏伐闽表》。让表，汉代东平王刘苍《上表让骠骑将军》。上书，秦国的丞相李斯《上始皇书》；汉代的太史令司马迁《报任少卿书》。对贤良策，是汉代太子家令晁错。上疏，是汉代大中大夫东方朔。启，有晋代吏部郎山涛作了《选启》。作奏记，有汉代江都相《诣公孙弘奏记》。笺，汉代护军班固《说东平王笺》。谢恩，汉代丞相魏相《诣公车谢恩》。令，汉代淮南王《谢群公令》。奏，汉代枚乘《奏书谏吴王濞》。驳，汉代吾丘寿王《驳公孙弘禁民不得挟弓》。议论，王褒《四子讲德论》，

汉韦玄成《奏罢郡国庙议》。弹文，晋刘州刺史王深《集杂弹文》。　骚，汉扬雄作。荐，后汉云阳令朱云《荐伏湛》。教，京兆尹王尊《出教告属县》。封事，汉魏相《奏霍氏专权封事》。白事，汉孔融主簿作《白事书》。移书，汉刘歆《移书谏太学博士》，论《左氏春秋》。铭，秦始皇会稽山刻石铭。箴，扬雄《九州百官箴》。封禅书，汉文园令司马相如。赞，司马相如作《荆轲赞》。颂，汉王褒《圣主得贤臣颂》。序，汉沛郡太守作《邓后序》。引，琴操有《箜篌引》。《志录》，扬雄作。记，扬雄作《蜀记》。　碑，汉惠帝《四皓碑》。碣，晋潘尼作《潘黄门碣》。　诰，汉司隶从事冯衍作。誓，汉蔡邕作《艰誓》。露布，汉贾弘为马超伐曹操作。檄，汉丞相祭酒陈琳作《檄曹操文》。　明文，汉泰山太守应劭作。对问，宋玉《对楚王问》。传，汉东方朔作《非有先生传》。上章，孔融《上章谢大中大夫》。《解嘲》，扬雄作。训，汉丞相主簿繁钦《祠其先生训》。乐府，即古诗各体。词，汉武帝《秋风词》。旨，后汉崔骃作《达旨》。劝进，魏尚书令荀攸《劝魏王进文》。喻难，汉司马相如《喻巴蜀》，并《难蜀父老文》。诫，后汉杜笃作《女诫》。吊文，贾谊《吊屈原文》。告，魏阮瑀为文帝作《舒告》。传赞，刘歆作《列女传赞》。谒文，后汉别部司马张超《谒孔子文》。析文，后汉傅毅作《高阙析文》。祝文，董仲舒《祝日蚀文》。　行状，汉丞相仓曹傅朝幹作《杨元相行状》。哀策，汉乐安相李亢作《和帝哀策》。哀颂，汉会稽东郡尉张纮作《陶侯哀颂》。墓志，晋东阳太守殷仲文作《从弟墓志》。诔，汉武帝《公孙弘诔》。悲文，蔡邕作《悲温舒文》。祭文，后汉车骑郎杜笃作《祭延钟文》。哀词，汉班固《梁氏哀词》。挽词，魏光禄勋缪袭作。　发，汉枚乘作《七发》。离合词，孔融作《四言离合诗》。《连珠》，扬雄作。篇，汉司马相如作《凡将篇》。歌诗，枚乘作《丽人歌诗》。遗命，晋散骑常侍江统作。图，汉河间相张人作《玄图》。势，汉济北相崔瑗作《草书势》。约，王褒作《僮约》。

汉代韦玄成《奏罢郡国庙议》。弹文，晋朝刘州刺史王深《集杂弹文》。　骚，汉代扬雄所作。荐，后汉云阳令朱云《荐伏湛》。教，京兆尹王尊《出教告属县》。封事，汉代魏相《奏霍氏专权封事》。白事，汉代孔融主簿作《白事书》。移书，汉代刘歆《移书谏太学博士》，论《左氏春秋》。铭，秦始皇会稽山刻石铭。箴，扬雄《九州百官箴》。封禅书，汉代文园令司马相如作。赞，司马相如作《荆轲赞》。颂，汉代王褒作《圣主得贤臣颂》。序，汉代沛郡太守作《邓后序》。引，琴操有《箜篌引》。《志录》，扬雄作。记，扬雄作《蜀记》。　碑，汉惠帝作《四皓碑》。碣，晋代的潘尼作《潘黄门碣》。　诰，汉代的司隶从事冯衍作。誓，汉代蔡邕作《艰誓》。露布，汉代贾弘为马超伐曹操作。檄，汉代的丞相祭酒陈琳作《檄曹操文》。　明文，汉代泰山太守应劭作。对问，宋玉作《对楚王问》。传，汉代东方朔作《非有先生传》。上章，孔融作《上章谢大中大夫》。《解嘲》，扬雄作。训，汉代丞相主簿繁钦作《祠其先生训》。乐府，即古诗各体。词，汉武帝作《秋风词》。旨，后汉崔骃作《达旨》。劝进，魏国尚书令荀攸作《劝魏王进文》。喻难，汉代的司马相如作《喻巴蜀》，还有《难蜀父老文》。诫，后汉的杜笃作《女诫》。吊文，贾谊作《吊屈原文》。告，魏国阮瑀为魏文帝作《舒告》。传赞，刘歆作《列女传赞》。谒文，后汉别部司马张超作《谒孔子文》。析文，后汉的傅毅作《高阙析文》。祝文，董仲舒作《祝日蚀文》。　行状，汉代的丞相仓曹傅朝幹作《杨元相行状》。哀策，汉代乐安相李尤作《和帝哀策》。哀颂，汉代会稽东郡尉张纮作《陶侯哀颂》。墓志，晋代东阳太守殷仲文作《从弟墓志》。诔，汉武帝作《公孙弘诔》。悲文，蔡邕作《悲温舒文》。祭文，后汉车骑郎杜笃作《祭延钟文》。哀词，汉代的班固作《梁氏哀词》。挽词，魏光禄勋缪袭作。　发，汉代的枚乘作《七发》。离合词，孔融作《四言离合诗》。《连珠》，扬雄作。篇，汉代的司马相如作《凡将篇》。歌诗，枚乘作《丽人歌诗》。遗命，晋散骑常侍江统作。图，汉代的河间相张人作《玄图》。势，汉代的济北相崔瑗作《草书势》。约，王褒作《僮约》。

伏羲命仓颉、沮诵始造字。仓颉造字，天雨粟，鬼夜哭，龙乃潜藏。

六书 仓颉造字，有六书：一曰象形谓日、月之类，象日、月之形体也，二曰假借谓令、长之类，一字两用也，三曰指事谓上、下之类，人在一上为上，人在一下为下，各指其事，以为言也，四曰会意谓武、信之类，止戈为武，人言为信，会合人意也，五曰转注谓考、老之类，左右相转，以为言也，六曰谐声谓江、河之类，以水为形，以工可为声也。

字祖 蝌蚪书乃字之祖。庖牺氏有龙瑞，作龙书。神农有嘉穗，作穗书。黄帝因卿云作云书。尧因灵龟作龟书。夏后氏作钟鼎，有钟鼎书。朱宣氏有凤瑞，作凤书。周文王因赤雁衔书，武王因丹鸟入室作鸟书，因白鱼入舟作鱼书。

周宣王史籀始为大篆，名籀篆。李斯始为小篆，名玉箸篆。

历朝断书 仓颉而降，凡五变：古文，蝌蚪，籀篆，隶，草。

秦书八体 大篆、小篆、刻符书鸟有云脚，印符用，虫书、摹印曲体，印用，亦名缪篆，署书即萧何题笔未央，殳书随势书，隶书。

汉六体 试吏古文、奇字、篆、隶、缪篆、虫书。

唐定五体 古文、大篆、小篆、虫书、隶。

伏羲命令仓颉和沮诵开始创造文字。仓颉造出文字，天上下起了粟米，有鬼在夜里哭泣，龙也潜藏起来了。

六书　仓颉造字的方法，有所谓的六书：一是象形指的是"日"、"月"之类的字，画出了日、月的形体，二是假借指的是"令"、"长"之类的字，一个字可以借用为另一个意思，三是指事指的是"上"、"下"之类的事，"人"在"一"上就是"上"，"人"在"一"下就是"下"，分别指示其字所代表的意义，从而组成新的字，四是会意指的是"武"、"信"之类的字，"止戈"就是"武"，"人言"就是"信"，用两个字合在一起表示一个字的意思，五是转注指的是"考"、"老"之类的字，左右相转，分别代表不同的字，六是谐声指的是"江"、"河"之类的字，用"水"旁来作为形旁，用"工"、"可"作为声旁。

字祖　蝌蚪书是汉字的祖先。庖牺氏的时候出现了龙的祥瑞，所以创造了龙形的书写方式。神农氏的时候出现了嘉穗的祥瑞，所以创造了穗形的书写方式。黄帝因为出现了卿云的祥瑞而创造了云形的书写方式。尧因为出现了灵龟的祥瑞而创造了龟形的书写方式。夏后氏制作了钟鼎，便产生了钟鼎形状的书写方式。朱宣氏因为出现了凤的祥瑞而创造了凤形的书写方式。周文王因为有红色的大雁衔书而来，周武王因为有红色的鸟进入室内，所以创造了鸟形的书写方式，因为白鱼跳入舟中而创造了鱼形的书写方式。

周宣王时的史籀最早开始写大篆，名为籀篆。李斯开始写小篆，名为玉箸篆。

历朝断书　自从仓颉以来，古代文字的书写方式共计有五次变化：古文，蝌蚪文，籀篆文，隶书，草书。

秦书八体　秦代书写字体有八种，分别是：大篆、小篆、刻符书用鸟形来书写但带有云脚，用于印符，虫书、摹印字体均用弯曲的笔画，专门刻印用的，也叫缪篆，署书就是萧何为未央宫题名的字体，殳书随兵器的形状来书写，隶书。

汉六体　考试官吏的六种字体：古文、奇字、篆、隶、缪篆、虫书。

唐定五体　唐代的五种字体是：古文、大篆、小篆、虫书、隶书。

张怀瓘十体断书　古文、大篆、籀文、小篆、八分、隶、章、草、行书、飞白。

唐度之十体　古文、大篆、小篆、八分、飞白、薤叶*本务光*、悬针、垂露*表章用，三曹喜作*、鸟书、连珠。

宋十二体　殳书、传信、鸟书、刻符、萧籀、署书、芝英书*汉武帝植芝作*、气候直时书*相如采日辰虫形作*、鹤头书*汉诏板用*、偃波书*鹤头纤乱者*、转宿篆*司星子韦以荧惑退舍作*、蚕书*秋胡妻作*。

小篆体八　鼎小篆、薤叶、垂露、悬针、缨络*刘德昇观星作*、柳叶*卫瓘作*、剪刀*韦诞作*、外国胡书*阿马儿抹王授*。

字数　沈约韵一万一千五百二十字，《广韵》二万六千一百九十四字。

八分书　蔡文姬言，割程隶字八分，取二分；割李篆字二分，取八分，故名八分书。

章草　汉元帝时黄门令史游作《急就章》，解散隶体，谓之章草。

书画

兰亭真本　王右军写《兰亭记》，韶媚遒劲，谓有神助。后再书数十馀帧，俱不及初本。右军传于徽之，徽之传七世孙智永，智永传弟子辨才，辨才被御史萧翼赚入库内，殉葬昭陵。

草圣草贤　唐张旭善草书，饮酒大醉，呼叫狂走，或以发濡墨而书，人称之草圣。崔瑗善章草，人称之草贤。

怒猊渴骥　唐徐浩书《张九龄告身》，多渴笔，谓枯无墨也，在书家为难。世状其法如怒猊抉石，渴骥奔泉。

张怀瓘十体断书　古文、大篆、籀文、小篆、八分、隶、章、草、行书、飞白。

唐度之十体　古文、大篆、小篆、八分、飞白、薤叶本于隐士务光、悬针、垂露多用于表章，三曹喜欢用、鸟书、连珠。

宋十二体　殳书、传信、鸟书、刻符、萧籀、署书、芝英书汉武帝种植灵芝时作、气候直时书相如选择日月星辰和虫子的形状创制、鹤头书汉代的诏板使用、偃波书鹤头书纤细凌乱一些、转宿篆宋国的司星官子韦因为荧惑星退避三舍而创制、蚕书秋胡的妻子创制。

小篆体八　鼎小篆、薤叶、垂露、悬针、缨络东汉刘德昇夜观星象而创制、柳叶卫瓘创作、剪刀韦诞创作、外国胡书阿马儿抹王传授。

字数　沈约的韵字共有一万一千五百二十字，《广韵》收了二万六千一百九十四字。

八分书　蔡文姬说，割去秦人程邈所创隶书字体的八分，选取二分；割去李斯篆字的二分，选取八分，所以叫作八分书。

章草　汉元帝时的黄门令史游创作了《急就章》，把隶字体式解散了，叫作章草。

书画

兰亭真本　王羲之写《兰亭集序》，既秀媚又遒劲，似有神助一般。后来自己再写几十幅，但都不及第一次写的。王羲之把这幅字传给王徽之，王徽之传到第七代孙子僧人智永，智永传给自己的弟子辨才，辨才被御史萧翼哄骗后这幅字进了皇家的仓库，后来为唐太宗殉葬于昭陵。

草圣草贤　唐代的张旭擅长写草书，喝酒后大醉，大喊大叫，到处狂奔，有时甚至用头发蘸墨汁来写字，人们称他为草圣。崔瑗擅长写章草，人们称他为草贤。

怒猊渴骥　唐代的徐浩写《张九龄告身》时，多用渴笔，就是指干枯无墨的样子，这对于书法家来说相当难。世人形容他的书法就好像发怒的狻猊扔石头，口渴的良马奔向泉水。

家鸡野鹜　晋庾翼少时，书与右军齐名，学者多宗右军。庾不忿，《与都人书》云："小儿辈乃厌家鸡，反爱野鹜，皆学逸少书。

伯英筋肉　晋卫瓘、索靖俱善书，时谓瓘得伯英之筋，靖得伯英之肉。

池水尽黑　张芝长子芝，字伯英，好草书，学崔、杜法，家之布帛，必书而后练。临池学书，池水为之尽黑。

游云惊鸿　晋王羲之善草书，论者称其笔势，飘若游云，矫若惊鸿。

龙跳虎卧　晋王右军善书，人谓右军之书如龙跳天门，虎卧凤阙。

风樯阵马　宋米芾善书。东坡云："元章平生篆隶真行草书，分为十卷，风樯阵马，当与钟、王并行，非但不愧而已。"

柿叶学书　郑虔好书，常苦无纸，遂于慈恩寺贮柿叶数屋，逐日取以学书，岁久乃尽。

绿天庵　怀素喜学书，种芭蕉数万株，取其叶以代纸，号其所曰绿天庵。

驻马观碑　欧阳率更行见古碑是索靖所书，驻马观之，良久而去，数百步复还，下马伫立，疲倦则席地坐观，因宿其下，三日乃去。

铁户限　智永，右军七世孙，精于书法。人来觅书，并请题额者如市，所居户限为穿，乃用铁叶裹之，人号铁户限。

溺水持帖　赵子固常得姜白石所藏定武不损本禊帖，乘舟夜泛而归，行至霅之升山，风起舟覆，行李襥被皆淹溺无馀。子固方披湿衣立浅水中，手持禊帖，语人曰："《兰亭》

家鸡野鹜　晋代的庾翼小时候，书法与王羲之齐名，而学书法的人都学王羲之。庾翼很不满，他在《与都人书》中说："现在的年轻人竟然厌恶家鸡，反倒喜欢野鸡，都去学习王羲之的字。"

　　伯英筋肉　晋代的卫瓘、索靖都擅长书法，当时人都说卫瓘得张芝（伯英）的筋，而索靖得到了张芝的肉。

　　池水尽黑　张奂的长子张芝，字伯英，喜欢写草书，学习崔瑗和杜度的写法，家里的布帛，都一定要在上面写过再可以去煮丝再织。在池边写字，池里的水都黑了。

　　游云惊鸿　晋代的王羲之擅长草书，论书法的人称他的笔势像游云一样飘忽，像受惊的大雁一样矫健。

　　龙跳虎卧　晋代的王羲之擅长书法，人们都说王右军的书法就好像龙跳天门，虎卧凤阙。

　　风樯阵马　宋代的米芾擅长书法。苏轼说："米元章平生所写的篆、隶、真、行、草等书法作品，共分为十卷，文笔之遒劲，就如乘风的帆船、临阵的战马一样，应当与钟繇、王羲之并驾齐驱，就不只是不差于他们了。"

　　柿叶学书　郑虔喜欢书法，但常常苦于没有纸，于是便在慈恩寺贮藏了几屋子柿树叶，每天取来学写字，时间长了就写尽了。

　　绿天庵　怀素喜欢学习书法，种了芭蕉几万株，取它的叶子来代替纸张，称他所住的地方叫绿天庵。

　　驻马观碑　欧阳询在赶路时看到有一块索靖所写的古碑，停下马看这块碑，时间很久了才走，走了几百步又回来，下马站在碑前看，累了就以地为席坐下看，并歇宿在石碑之下，待了三天才走。

　　铁户限　僧人智永，是王羲之的七世孙，精于书法。人们来求字，还有请题匾额的人多得就好像闹市一样，住的地方门槛都被踩烂了，于是用铁包裹起来，人们称之为铁门槛。

　　溺水持帖　赵孟坚（子固）曾经得到姜夔（白石）所藏的定武不损本《兰亭集序》法帖，晚上乘舟回来，走到霅溪的升山时，起了风把船掀翻了，行李和包裹都被淹没了。赵孟坚却披着湿衣立在浅水中，手里拿着那个《兰亭集序》的法帖，对人们说："《兰亭集序》

在此，馀不足问也。”

钟繇掘墓　魏钟繇问蔡伯喈笔法于韦诞，诞吝不与，繇乃自捶胸呕血，魏祖以五灵丹救活之。及诞死，繇使盗掘其墓，得之。由是书法更进，日夜精思。卧画被穿过表，如厕终日忘归。每见万类，皆画。繇之子会，字士季，书有父风。

字以人重　书法擅绝技者，每因品重，非其人只贻玷耳。故曹操书法虽美不传，褚仆射、颜鲁公、柳少师则家藏寸纸，珍若尺璧，不专以字重也。

换羊书　黄鲁直谓东坡曰：“昔王右军书为换鹅书。韩宗儒每得公一帖，即干殿帅姚麟许换羊肉十数斤，可名公书为‘换羊书’矣。”一日，坡在翰苑，以圣节撰著纷冗，宗儒日作数简以图报书，使人立庭下督索甚急。公笑语之曰：“传语：本官今日断屠。”

见书流涕　王羲之十岁善书，十二，见前代《笔说》于其父枕中，窃而读之。父曰：“尔何来窃吾所秘？”不盈期月，书便大进。卫夫人见之，语太常王荣曰：“此儿必见用《笔诀》，近见其书，便有老成之法。”因流涕曰：“此子必蔽吾名。”

书不择笔　唐裴行俭工草隶，每曰：“褚遂良非精纸佳笔未尝肯书，不择笔墨而研捷者，惟予与虞世南耳。”

的法帖在这里，其他的都不足以挂心。"

钟繇掘墓　魏国的钟繇向韦诞请教蔡邕（伯喈）写字的笔法，韦诞吝啬而不肯给他，钟繇便自己捶打自己的胸口以至于吐血，魏祖用五灵丹救活了他。等到韦诞死了，钟繇便让盗墓贼去掘开他的墓，从而得到了他要的东西。因此书法技艺大为进步，无论白天晚上都在全心思考书法的事。躺着的时候在被子上写字以至于把被子的外面划破，到厕所去有时一整天都忘了回来。每每看到外界的事物，都想着书法。钟繇的儿子叫钟会，字士季，书法有其父的风格。

字以人重　在书法上有自己擅长的绝技的人，常常是因为品行而被看重，如果品行不好则只会留下污点罢了。所以曹操的书法虽然好但却没有流传下来，褚遂良（仆射）、颜真卿（鲁公）、柳公权（少师）的书法却只要家里藏有一块小纸片那么大的，也珍惜如同一尺大的玉璧一样，不只是因为字写得好的缘故啊。

换羊书　黄庭坚对苏轼说："从前王羲之的书法被称为换鹅书。现在韩宗儒每次得到您的一张法帖，就去拜访殿帅姚麟要求换羊肉十几斤。所以可以称先生的书法为'换羊书'了。"一天，苏轼在翰林院，因为正是皇帝的诞辰，所以要写的东西非常多，韩宗儒一天里写了数封信希望能获得苏轼回报的书信，且让人立在庭下索取得很紧。苏轼笑着对那人说："请帮我传话：本官今天要禁屠了。"

见书流涕　王羲之十岁的时候就很擅长书法了，十二岁，在他父亲的枕中看到了前代的《笔说》，偷着阅读了。他的父亲说："你为什么来偷窃我的秘藏之物？"还不满一个月，王羲之的书法便大有进步。卫夫人看到了，对太常王荣说："这个孩子一定见到了《笔诀》，近来看到他的书法，已经有很成熟的法则了。"并因而流泪说："这个孩子必然会遮蔽我的名声。"

书不择笔　唐代的裴行俭擅长草书和隶书，常说："褚遂良如果不是精美的纸和上佳的笔就不肯写字，不挑选笔墨又很快捷的人，只有我和虞世南了吧。"

五云佳体　唐韦陟封郇公,善草书,使侍妾掌五彩笺,裁答授意,陟惟署名。人谓所书"陟"字,若五朵云,号郇公五云体。

登梯安榜　韦诞能书。魏明帝起殿,欲安榜,使诞登梯书之。既下,头鬓皓然,因敕儿孙勿复学书。

换鹅书　山阴一道士养好鹅,右军往观,意甚喜,因求市之。道士云:"为我写《道德经》,当举鹅相赠耳。"右军欣然写毕,笼鹅以归。或问曰:"鹅非佳品,而公爱之,何也?"右军曰:"吾爱其鸣唤清长。"

寝食其下　阎立本观张僧繇江陵画壁,曰:"虚得名耳。"再往,曰:"犹近代名手也。"三往,于是寝食其下数日而后去。

画龙点睛　张僧繇避侯景来奔湘东,尝于天皇寺画龙,不时点睛。道俗请之,舍钱数万,落笔之后,雷雨晦冥,忽失龙所在。

画鱼　唐李思训画一鱼甫完,方欲点染藻荇,有客叩门,出看,寻失去画鱼。使人觅之,乃风吹入池,拾起视之,鱼竟失去,止剩空纸。后思训画大同殿壁,明皇谕之曰:"卿所画壁,常夜闻水声,真入神之手。"思训开元中除卫将军,与其子道昭俱得山水之妙,时号大李、小李。

画牛隐见　宋太宗时,李后主献画牛,昼则啮草栏外,夜则归卧栏中,莫晓其故。僧赞宁曰:"此幻药所画。倭国有蚌泪,和色著物,昼见夜隐。沃焦山有石,磨色染物,昼隐夜见。"

五云佳体　唐代的韦陟被封为郇公，擅长草书，让侍妾拿着五彩的笺纸，如何回复听他的授意，韦陟只是署名。人们都说他写的"陟"字，就好像五朵云，所以号为郇公五云体。

登梯安榜　韦诞精于书法。魏明帝建了一所大殿，想要安榜文，让韦诞登上梯子来书写。写完下来后，头上的鬓角都白了，所以告诫儿孙们不要学习写书法了。

换鹅书　山阴有一个道士养了一些很好看的鹅，王羲之前去观看，心中很喜欢，便请求买几只。道士说："你如果为我写《道德经》，我就把鹅赠给你。"王羲之非常高兴地为他写完了，用笼提着鹅回来了。有人问："鹅又不是什么好东西，但你却那么喜爱它，为什么？"王羲之说："我爱它鸣叫之声清而且长。"

寝食其下　阎立本看张僧繇在江陵的画壁，说："浪得虚名呀。"再去的时候，说："还算是近代的名手吧。"第三次去看，便在壁画下歇宿、吃饭，几天后才离开。

画龙点睛　张僧繇为了躲避侯景之乱逃到湘东来，曾经在天皇寺画龙，但没有立即点上眼睛。僧人和民众都请求他点睛，施舍的钱有数万，他便答应了，下笔之后，天色突然变暗并且打雷下雨，而龙也不见了。

画鱼　唐代的李思训刚画完一条鱼，刚想点染一些藻荇类的水草，这时有客人敲门，出来看了一下，回来便找不到画的鱼了。让人寻找，原来是被风吹到池子里了，拾起来看，却没有鱼，只有空纸。后来李思训画大同殿的墙壁，唐明皇对他说："你画的墙壁，经常夜里能听到水声，真是出神入化的笔墨啊。"李思训在开元年间官为卫将军，与他的儿子李道昭都深得山水之妙趣，时人号称为大李、小李。

画牛隐见　宋太宗的时候，李后主进献了一幅画牛，里面的牛白天就在栏外吃草，晚上却回到栏里卧下，都不知道这是什么缘故。僧人赞宁说："这是用幻药画的。倭国有一种蚌泪，混到颜色里画东西，则白天能看到晚上看不到。沃焦山有一种石头，用它研磨颜色来染物体，则白天看不到晚上可以看到。"

滚尘图 唐宁王善画马,花萼楼壁上画《六马滚尘图》,明皇最爱玉面花骢,后失之,止存五马。

画龙祷雨 曹不兴尝于溪中见赤龙,夭矫波间,因写以献孙皓。至宋文帝时,累月旱暵,祈祷无应。帝取不兴画龙,置之水傍,应时雨足。

画鹰逐鸽 润州兴国寺,苦鸠鸽栖梁上污秽佛像。张僧繇乃就东壁上画一鹰,西壁上画一鹞,皆侧首向檐外,自是鸠鸽不敢复来。

李营丘 李成,营丘人,善画山水林木,当时称为第一,遇目矜贵。生平所画,只用自娱,势不可逼,利不可取,传世者不多。郭熙是其弟子。

范蓬头 范宽居山林,常危坐终日,纵目四顾,以求其趣。北宋时,天下画山水者,惟宽与李成,议者谓李成之笔,近视如千里之遥;范宽之笔,远望不离坐外,皆造神奇。

董北苑 沈存中云:"江南中主时有北苑董源善画,尤工秋岚远景,为写江南山水,可为奇峭。其后建康僧巨然,祖述源法,皆臻妙理。"

王摩诘 唐王维字摩诘,别墅在辋川,常画《辋川图》,山谷盘郁,云水飞连,意在尘外,怪生笔端。秦太虚云:"予病,高符仲携《辋川图》示予曰:'阅此可愈病。'予喜甚,恍然若与摩诘同入辋川,数日病愈。"

滚尘图　唐代的宁王擅长画马，在花萼楼的墙壁上画了一幅《六马滚尘图》，唐明皇最爱其中的玉面花骢，后来这匹马却不见了，只剩下了五匹马。

　　画龙祷雨　曹不兴曾经在小溪中看到有条赤龙，在波浪之间嬉戏，他便画出来献给孙皓。到宋文帝的时候，旱了好几个月，祈祷也没有效应。文帝把曹不兴画的龙拿出来放在水边，立刻就下了大雨。

　　画鹰逐鸽　润州的兴国寺，对于斑鸠、鸽子之类的鸟栖息在梁上而污秽佛像的事感到很痛苦。张僧繇于是便在东边的墙壁上画了一只鹰，西边的墙壁上画了一只鹞子，都侧着头向着房檐外，从此以后斑鸠、鸽子不敢再来了。

　　李营丘　李成，营丘人，善于画山水林木，在当时称为第一，能看到的都很珍贵。他平生所画，只用来自己娱乐，用势力也逼不出来，用利益也诱惑不了，所以传世作品并不多。郭熙就是他的弟子。

　　范蓬头　范宽住在山林里，经常整天端坐，任由眼睛四处看，用来寻找山林的趣味。北宋的时候，天下画山水有名的人，只有范宽和李成，谈论的人说李成的笔下，近看也如同有千里那么遥远；范宽的笔下，远看也觉得没有离开坐席之外。他们都达到了神奇的地步。

　　董北苑　沈括《梦溪笔谈》说：“江南中主李璟的时候，北苑董源非常善于画，尤其擅长秋山远景，为人画的江南山水，可以称为奇峭。后来建康的僧人巨然，便是学习董源的手法，都达到了绝妙的境界。”

　　王摩诘　唐代的王维字摩诘，他的别墅在辋川，曾经画过《辋川图》，山谷重叠，白云与流水相连，其意似在画面之外，而奇怪的境象则从他的笔尖生出。秦观说：“我病了，朋友高符仲带着《辋川图》来给我看，并说：‘看这个可以治病。’我非常高兴，恍然中好像与王维一起进入了辋川一样，几天后病就好了。”

李龙眠　舒城李公麟号龙眠，工白描，人物远师陆、吴，牛马斟酌韩、戴，山水出入王、李。作画多不设色，纯用澄心堂纸为之。唯临摹古画，用绢素。著色笔法，如行云流水，当为宋画中第一。

画仕女　仕女之工，在于得其闺阁之态。唐周昉、张萱，五代杜霄、周文矩，下及苏汉臣辈，皆得其妙，不在施朱傅粉、镂金佩玉以为工。

画人物　人物于画，最为难工。顾陆世不多见，吴道子画家之圣，至宋李龙眠一出，与古争先。得龙眠画三纸，可敌道子画二纸，可敌虎头画一纸，其轻重相悬类若此。

南史：萧贲，竟陵王子良之孙。善书画，常于扇上为图山水，咫尺之内，便觉万里为遥。矜慎不传，自娱而已。

画圣　北齐杨子华画马于壁，每夜必蹀啮长鸣，如索水草。人谓之画圣。

颊上三毛　顾长康画裴叔则，颊上三毛，神采愈俊。画殷荆州像，荆州目眇，顾乃明点瞳子，飞白拂其上，如轻云之蔽日，殷贵其妙。

周昉传真　周昉善传真。郭令公为其婿赵纵写照，令韩干写，复令昉写，莫辨其优劣。赵国夫人曰："二画俱似。前画空得赵郎形貌，后画兼得其神气、性情、笑语之姿。"

一丘一壑　顾长康画谢幼舆在岩石里，人问其所以，顾曰："谢云：'一丘一壑，自谓过之。'此子宜置丘壑中。"

李龙眠　舒城的李公麟号龙眠，善于白描，画人物远师陆探微、吴道子，画牛马则又细心学习了韩幹、戴嵩，画山水又研究了王维、李思训。他画的画不用颜色，纯粹用澄心堂的纸来画。只有临摹古代的画，才用绢素。著色和笔法，像行云流水，实在是宋人画中的第一。

画仕女　仕女画的工致，在于画出她的闺阁之态。唐代的周昉、张萱，五代的杜霄、周文矩，再往下到苏汉臣等人，都能有其妙境，而不在于涂抹颜色或点缀金玉以为工致。

画人物　人物画，是最难画好的。顾恺之、陆探微的画世上并不多见，吴道子是画家之圣，到了宋朝李公麟一出，与古人争先。如果得到李公麟的画三张，便可等于吴道子画二张，可以等于顾恺之画一张，其轻重比例就是这样悬殊。

《南史》记载：萧贲，是竟陵王萧子良的孙子。善于书法和绘画，常在扇子上画些山水，咫尺的画面中，便能觉得有万里之遥。但他非常谨慎而不往外流传，只是自娱罢了。

画圣　北齐的杨子华在墙壁上画马，这些马每到夜晚就一定又咬又踢并大叫，好像在索要水草。人们都称其为画圣。

颊上三毛　顾恺之（长康）画裴楷（叔则），脸颊上的三根毛，画得更加有神采。画殷仲堪（荆州）的像，因为殷仲堪眼睛有点问题，顾恺之就点出瞳子，并用飞白法轻拂其上，就好像轻云蔽日，殷仲堪也十分称赏这一妙法。

周昉传真　周昉善于为人写真。郭令公为他的女婿赵纵画像，让韩幹画，又让周昉画，看不出好坏来。赵国夫人说："两幅画都很像。不过前面的画只得到了赵郎的形貌，而后边的画在形貌之外还得到了神气、性情以及说笑时的姿态。"

一丘一壑　顾恺之把谢鲲（幼舆）画在岩石里，别人问他为什么这样画，顾恺之说："谢鲲说过：'一丘一壑，自谓过之（按：原话中"过"是超过的意思，而顾恺之故意当作拜访的意思来理解）。'所以这个人适宜放置在丘壑中啊。"

郑虔三绝　唐郑虔善画山水，尝自写其诗并画，以献帝，大署其尾，曰："郑虔三绝。"

传神阿堵　顾长康画人，或数年不点目睛。人问其故，顾曰："四体妍媸，本无关于妙处，传神写照，正在阿堵中。"

画风鸢　郭恕先寓岐山下，有富人子喜画，日给醇酒，待之甚厚，久乃以情言，且致匹素。郭为画小童，持线车放风鸢，引线数丈，满之。富人子大怒，与郭遂绝。

维摩像　顾恺之于瓦棺寺画一维摩相，闭户揣摩百馀日。画毕，将欲点睛，谓僧曰："第一日开者，令施十万；第二日五万；第三日开，如例。"及开，光明照寺，施者填门。

画花鸟　五代时，黄荃与子居寀，并画花卉，谓之写生。妙在傅色不用笔墨，俱以轻色染成，谓之没骨图。

江南徐熙，先落笔以写其枝叶蕊萼，然后著色，故骨气丰神，为古今绝笔。

韩幹马　唐明皇令韩幹睹御府所藏画马，幹曰："不必观也，陛下厩马万匹，皆是臣师。"

戴嵩牛　戴嵩善画牛。画牛之饮水，则水中见影。画牧童牵牛，则牛瞳中有牧童影。

《东坡志林》：蜀中杜处士，好书画，所宝以百数。有戴嵩《牛》一轴，尤所爱，锦囊玉轴，常以自随。一日，曝书画，有一牧童见之，抚掌大笑曰："此画斗牛也，斗力在角，

郑虔三绝　唐代的郑虔善于画山水，曾经在自己的画上亲笔题了自己写的诗，并献给皇帝，在画的末尾用大字题着："郑虔三绝。"

传神阿堵　顾恺之画人物，有的几年都不点出瞳子。别人问他原因，顾恺之说："四肢画的好坏，本来也并不影响整个人画的好坏，为一个人传神写照，就在这里啊。"

画风鸢　郭忠恕（恕先）寓居于岐山之下，有一个富人的儿子很喜欢画，每天供给他非常好的酒，对他很优厚，时间久了，便告诉他想要一幅画的心情，并且给了他一匹画布。郭忠恕为他画了一个小孩，正拿着线车放风筝，把线放开有几丈长，就把画布填满了。富人的儿子大怒，便与郭忠恕断绝了来往。

维摩像　顾恺之要在瓦棺寺画一个维摩的相，关了门揣摩了一百多天。画完后，将要画眼睛，对僧人说："如果第一天开光，就要让参观的人布施十万，第二天的布施五万，第三天的就依你们的旧例即可。"等到开光的那天，光明照耀着寺庙，布施的人把庙门都挤满了。

画花鸟　五代的时候，黄荃与他的儿子黄居寀都善于画花卉，称之为写生。他们的绝妙之处在于上色不用笔墨，都是用轻色染成的，称之为没骨图。

江南的徐熙，先用笔来勾勒出枝叶蕊萼，然后再上色，所以画显得很有骨力，气韵丰满而有神采，成为古今的绝笔。

韩幹马　唐明皇让韩幹去看皇宫里收藏的历代画家所画的马，韩幹说："不必看了，陛下马厩中所养的上万匹马，都是我的老师。"

戴嵩牛　戴嵩善于画牛。如果画一头牛正在喝水，那么水中都能看到它的影子。画一个牧童牵着牛，那么牛的瞳仁中也有牧童的影子。

《东坡志林》记载：蜀地有一个杜处士，喜欢书画，他收藏的珍奇书画上百件。其中有戴嵩所画的一幅牛，尤其钟爱，用锦囊、玉轴来装饰它，并经常带在身边。一天，正在晾晒书画，有一个牧童看到了，拍手大笑说："这是画的斗牛，斗牛的力气用在牛角上了，

尾夹入两股间,今乃掉尾而斗,谬矣!"处士笑而然之。古语云"耕当问奴,织当问婢",不可改也。

鲍鼎虎 宣城鲍鼎每画虎,扫室,屏人声,塞门牖,穴屋取明,饮斗酒,脱衣据地,卧起行顾,自视真虎也。

画竹 文与可画竹,是竹之左氏也,子瞻却类庄子。又有息斋李衍者,亦以竹名。所谓东坡之竹,妙而不真;息斋之竹,真而不妙者是也。梅道人始究极其变,流传既久,真赝错杂。

画梅花 衡州花光长老善画梅花,黄鲁直观之曰:"如嫩寒春晓,行孤山水边篱落间,但欠香耳。"又杨补之墨梅清绝。

花竹翎毛 宋崔白、艾宣工花竹翎毛。唐人花鸟,边鸾画如生。

吴僧善画草虫,以扇送司马君实,因谢云:"吴僧画团扇,点染成微虫。秋毫皆不爽,真窃天地功。"

米南宫 米芾字元章,天姿高迈。初见徽宗,进所画《楚山清晓图》,大称旨。枯木松石,时出新意,然传世不多。其子友仁,字元晖,能传家学,作山水,清致可掬,成一家法。

名画 宋四大家:南宋以后,李唐、刘松年、马远、夏珪四家,俱登祗奉,名著艺苑。

元四大家 赵子昂字孟頫,号松雪。吴镇字仲圭,号梅花道人。黄公望字可久,号大痴,又号一峰老人。王蒙字叔明,一号黄鹤山樵。俱胜国时人,以画名世。

所以它们的尾巴应该夹在两腿中间，而这幅画却画它们扬着尾巴角斗，这是大错啊！"杜处士笑着同意他的看法。古人说"耕种应该询问奴仆，织布应当询问婢女"，这是不刊之论啊。

鲍鼎虎 宣城的鲍鼎每到画虎的时候，便把屋里扫干净，不让人进来，把门窗都堵上，从屋顶上开个小洞来采光，然后喝一斗酒，脱了衣服爬在地上，卧倒、起来、走路、回顾，自己把自己当作真的老虎了。

画竹 文同（与可）画竹，可以称得上是竹子的左丘明啊，而苏轼却类似于庄子。又有一个号息斋名李衎的人，也以画竹出名。所以说苏轼的竹子，绝妙但不真实；李衎的竹子，真实却不绝妙啊。梅道人吴镇才开始经过研究而达到画竹的极致，然而流传时间长了以后，便出现了真假混杂的局面。

画梅花 衡州的花光长老善于画梅花，黄庭坚看到后说："好像在尚有微寒的初春早上行走在西湖孤山水边的篱墙之间一样，只是还少一点香气罢了。"此外杨补之的墨梅画也清丽绝俗。

花竹翎毛 宋代的崔白、艾宣擅长画花、竹、鸟、兽。唐代人画花鸟的，边鸾画得最好像活的一样。

吴地一个僧人善于画草虫，给司马光送了一个他画的扇面，司马光写了一首诗来表示感谢："吴僧画团扇，点染成微虫。秋毫皆不爽，真窃天地功。"

米南宫 米芾字元章，有非常好的天赋和资质。初见宋徽宗，进献他画的《楚山清晓图》，非常合于皇上的心意。他的画，就是枯木松石，也常常有新的意趣，然而作品传世者不多。他的儿米友仁，字元晖，能继承家学，所画山水，也很有清致，自成一家。

名画 宋代的四大家，在南宋以后，就是李唐、刘松年、马远、夏珪四家了，都进入了朝廷，名扬艺苑。

元四大家 赵子昂字孟頫，号松雪。吴镇字仲圭，号梅花道人。黄公望字可久，号大痴，又号一峰老人。王蒙字叔明，一号黄鹤山樵。都是前元朝的人，因为画而扬名于世。

不学

没字碑　五代任圜曰："崔协不识文字，虚有其表，号没字碑。"

腹负将军　晋党进官太尉，目不知书。一日，扪腹语曰："吾不负汝！"一家妓应曰："将军不负此腹，但此腹负将军耳。"

视肉撮囊　庄子曰："人而不学，谓之视肉；学而不行，谓之撮囊。"

马牛襟裾　人不通古今，马牛而襟裾。

书簏　晋傅迪广读书而不解其义，唐李德淹贯古今，而不能属辞：皆谓之书簏。

杕杜　李林甫不识"杕杜"字，谓韦陟曰："此云杖杜，何也？"陟俯首，不敢应。

金根车　韩退之子昶，性暗劣，为集贤校理。史传有"金根车"，昶以为误，改"根"为"银"，愈责之。

弄獐　唐姜度生子，李林甫手书贺之曰："闻有弄獐之喜。"客视之，掩口笑。东坡诗："甚欲去为汤饼客，却愁错写弄獐书。"

蹲鸱　张九龄一日送芋于萧炅，书称"蹲鸱"。萧答云："惠芋拜嘉，惟蹲鸱未至。然寒家多怪，亦不愿见此恶鸟也。"九龄以视座客，无不大笑。

纥字　鲁臧武仲名纥，孔子父叔梁纥<small>纥音恨发切，恨兴轩</small>辖，而世多呼为"核"。萧颖士闻人误呼武仲名，因曰："汝纥字也不识！"

不学

没字碑　五代的任圜说："崔协不识文字，虚有其表，人称其为没字碑。"

腹负将军　晋朝的党进官为太尉，却不识字不能看书。一天，他摸着自己的肚子说："我可没有辜负你！"一个丫环听了立刻答道："将军不辜负这个肚子，只是这个肚子有点辜负将军。"

视肉撮囊　庄子说："一个人如果不学习，那就是看到肉就吃的动物；一个人如果学习了却不实行，那就是挂着不用的袋囊。"

马牛襟裾　韩愈《符读书城南》诗说："一个人如果不通古今之事，那就是穿了衣服的马和牛罢了。"

书簏　晋代的傅迪读书很多但却不理解其中的意义，唐代的李德博古通今，却不能写文章：这都可以称之为装书的书簏。

杕杜　李林甫不认识"杕杜"一词，对韦陟说："这里说'杖杜'，是什么意思呢？"韦陟低下头，不敢回答。

金根车　韩愈的儿子韩昶，秉性愚昧低劣，官为集贤校理。史传中有"金根车"，韩昶以为是误字，便改"根"为"银"，韩愈斥责了他。

弄獐　唐代的姜度生了儿子，李林甫亲手写信来祝贺说："听说有弄獐之喜。"客人看到后，都掩口而笑。苏轼《贺陈述古弟章生子》诗说："很想去参加汤饼会来道贺，却害怕不小心写错了弄獐书。"

蹲鸱　张九龄有一天送山芋给萧炅，信里用了芋的代称"蹲鸱"。萧炅回信说："您赐下的山芋我已经拜领了，只是那个'蹲鸱'还没有到。不过我们是小人家少见多怪，所以也不愿意见这样的恶鸟。"张九龄把信拿给在座的宾客看，没有不大笑的。

纥字　鲁国的臧武仲名为纥，孔子的父亲叫叔梁纥^{"纥"音恨发切，恨兴轩辖}，而世人却大多数读为"核"。萧颖士听到有人读错了臧武仲的名字，就说："你连'纥'字都不认识！"（按：作者认为"纥"字读为hā，音同于"瞎"。萧颖士的话就是以"纥"代"瞎"。）

伏猎　萧炅为侍郎,不知书。常与严挺之书,称"伏腊"为"伏猎"。挺之笑曰:"省中岂容伏猎侍郎乎?"乃出之。

春蒐　桓温篡位,尚书误写"春蒐"为"春菟",自丞相以下皆被黜。

目不识丁　唐张弘靖曰:"天下无事,尔辈挽两石弓,不如识一个字!""个"字误书"丁"字,以其笔画相近也。

行尸走肉　《拾遗记》:"任末曰:人而不学,乃行尸走肉耳!"

心聋　《列子》:人不涉学,犹心之聋。

白面书生　宋太祖欲北征,沈庆之谏不可。江湛之曰:"耕当问奴,织当问婢。今欲伐国,而与白面书生谋之,曷克有济?"

口耳之学　《荀子》:"小人之学也,入乎耳,出乎口;口耳之间,则四寸耳,曷足以美七尺之躯哉!"

文具

舜始造羊毛笔,鹿毛为柱。蒙恬始造兔毫笔,狐狸毛为柱。

毛颖　《毛颖传》:毛颖,中山人,蒙恬载以归,始皇封诸管城,号管城子,累拜中书令,呼为中书君。

蒙恬造笔　蒙恬取中山兔毫造笔。右军《笔经》:诸郡毫,惟赵国中山山兔肥而毫长可用。须在仲秋月收之,先用人发杪数茎,杂青羊毛并兔毛,裁令齐平,以麻纸裹至根令治;次取上毫薄薄布柱上,令柱不见。恬始造笔,以枯木为管,鹿毛为柱,羊皮为被,所谓苍毫。

伏猎　萧炅为侍郎，不太读书。经常给严挺写信，称"伏腊"为"伏猎"。严挺之笑着说："台省之中难道还能容纳伏猎的侍郎吗？"于是便告诉张九龄并将其逐出朝廷。

春蒐　桓温篡位的时候，尚书错把"春蒐"写成了"春菟"，于是从丞相以下的官员全被罢免。

目不识丁　唐代的张弘靖说："现在天下没有战事，你们这些人能拉两石的弓，还不如认一个字。""个"字错写成了"丁"字，因为这两个字笔画很相似。

行尸走肉　《拾遗记》记载说："任末说：如果一个人不学习，那他不过是行尸走肉罢了！"

心聋　《列子》说：人如果不涉足于学习，那就像心灵的聋子。

白面书生　宋太祖想要北征，沈庆之进谏阻止。江湛之说："耕种应当咨询奴仆，织布应该咨询丫环。现在想要讨伐外国，却与白脸书生来商量，有什么用呢？"

口耳之学　《荀子》说："小人的学习，是进到耳朵里，再从嘴里出来，嘴与耳之间只有四寸，怎么能彰显七尺的身躯呢！"

文具

舜开始制造羊毛笔，用鹿毛为笔柱（笔头中间的部分）。蒙恬开始制造兔毫笔，用狐狸毛为柱。

毛颖　韩愈《毛颖传》说：毛颖，中山人，蒙恬把他带回来，秦始皇把他封在管城，所以号为管城子，积累功勋而官拜中书令，被称为中书君。

蒙恬造笔　蒙恬取了中山的兔毫来造笔。王羲之《笔经》记载：各地的兔毫中，只有赵国中山一带的山兔非常肥，它的毫毛也很长，所以很适用。不过要采集它们就要在仲秋月，先用人的头发尖几根，杂以青羊毛和兔毛，把它们裁得齐平一些，然后用麻纸裹到根部以方便制作；然后取来上等兔毫薄薄地覆盖在笔柱上，把笔柱全部盖住。蒙恬开始造笔时，用枯木来做笔管，用鹿毛做笔柱，羊皮做笔被，这就是所谓的苍毫。

毛锥 五代史弘肇曰："安朝廷，定祸乱，直须长枪大戟，若毛锥子安足用哉？"三司使王章曰："无毛锥子，军赋何从集乎？"肇默然。

椽笔 晋王珣梦人以大笔如椽与之，既觉，曰："此当有大手笔事。"俄，武帝崩，哀策谥议，皆珣所草。

鼠须笔 王羲之得用笔法于白云先生，先生遗之鼠须。张芝、钟繇亦皆用鼠须笔，笔锋强劲，有锋芒。

鸡毛笔 岭外少兔，以鸡雉毛作笔亦妙，即东坡所谓三钱鸡毛笔。东坡书《归去来辞》，颇似李北海，流便纵逸，而少乏遒劲，当是三钱鸡毛笔所书者。

呵笔 李白召对便殿，撰诏诰。时十月大寒，笔冻。帝敕宫嫔十人，侍白左右，令各执牙笔呵之。

笔冢 长沙僧怀素得草圣三昧，弃笔堆积，埋于山下，曰笔冢。

右军笔经 昔人用琉璃象牙为管，丽饰则有之，然笔须轻便，重则踬矣。近有人以绿沈漆竹管及镂管见遗，用之多年，颇可爱玩，讵必金宝雕饰，方为遗乎？

梦笔生花 李白少时，梦笔头上生花，后天才赡逸，名闻天下。

五色笔 江淹梦人授以五色笔，由是文藻日丽。后宿野亭，梦一人自称郭璞，谓淹曰："吾有笔在君处多年，可见还。"淹乃探怀中，得五色笔以授之。嗣后为诗，绝无佳句，时人谓之才尽。

毛锥　五代的史弘肇说："上要安定朝廷，下要勘定祸乱，这些只需要长枪大戟就可以了，像那些小毛笔杆子能干什么呢？"三司使王章说："如果没有那些笔杆子，军费从哪里来呢？"史弘肇默然不语。

　　椽笔　晋人王珣梦见有人把一根像屋椽一样的大笔给了他，醒来之后说："这看来要有用大手笔的事了。"不一会儿，晋武帝驾崩，颂扬皇帝德行的哀策和拟定谥号的谥议，都是王珣来写。

　　鼠须笔　王羲之从白云先生那里得到了用笔的方法，白云先生赠给他鼠须。张芝、钟繇都是用鼠须笔，笔锋很强劲，写出字来有锋芒。

　　鸡毛笔　岭外很少有兔子，用鸡或野鸡的毛来作笔也很妙，就是苏轼所说的三钱鸡毛笔。苏轼写《归去来辞》，很像李邕（北海），非常流丽而有逸趣，但稍微缺乏一些遒劲的力道，应当就是用三钱鸡毛笔写的。

　　呵笔　李白被朝廷召来在便殿对策，并让他撰写诏语。当时正是十月大寒的时节，笔都冻住了。唐玄宗让十个宫女，侍奉在李白左右，并命令她们每人都拿着牙笔来呵气让它变暖。

　　笔冢　长沙的僧人怀素得到草圣的笔力，他扔掉的笔堆在一起，埋在山下，人们称之为笔冢。

　　右军笔经　从前的人用琉璃、象牙做笔管，装饰的确很美丽了，但毛笔应该以轻便为主，太重的话就用着不顺畅了。近来有人赠给我绿沈漆竹管和镂管的笔，用了多年，很是喜欢，为什么一定要用黄金珠宝去雕饰，才作为赠品呢？

　　梦笔生花　李白少年的时候，梦见笔尖上长出了花，后来天才丰赡而飘逸，名闻天下。

　　五色笔　江淹梦见有人给他一支五色笔，因此文思词藻日益华丽。后来歇宿在一座野亭，梦见有一个人自称是郭璞，对江淹说："我有笔在你那里，可以还给我了。"江淹便伸到怀里去摸，果然有一支五色笔便给了那人。从那以后再写诗，就再也没有好的诗句了，当时人都说他是才能用完了。

笔匣　汉始饰杂宝为笔匣，犀象琉璃为管。王羲之始尚竹管。

梁简文帝始为笔床，笔四矢为一床。

大手笔　唐苏颋封许国公，张说封燕国公，皆以文章显，称望略等，时号燕许大手笔。

研　黄帝得玉，始治为墨海，文曰"帝鸿氏研"。孔子为石研，仲由为瓦研，汉漆研，晋铁研，魏银研。

溪研　唐玄宗时，叶氏始取龙尾溪石为研，深溪为上。南唐时始开端溪坑石作研，北岩为上，有辟雍样、郎官样。宋仁宗时，端溪石、龙尾溪石并竭。

研谱　端溪三种岩石，上中下三岩。西坑、后历、下岩无新，上中岩有新旧。旧坑则龙岩、汲绠、黄圃三石；新坑则后历、小湘、唐窦、黄坑、蚌坑、铁坑六处，俱山东。其最佳子石出水中者，次鸲鹆眼，赤白黄色点，绿缘、环金线纹，脉理黄。白缘、青缘、青纹，眼筋短纹，火黯微斑。赤裂、黄霞、铁线、白钻、压矢，色斑。龙尾佳者金星，次罗纹眉子、水舷、枣心、松纹、豆斑、角浪、刷丝、驴坑。又《研谱》称：最佳者红丝，出土中者，次黑角、褐金、紫金、鹊金、黑玉。

苏易简研谱　端溪研，水中者石色青，山半者石色紫，山顶者石尤润，色如猪肝者佳。若匠者识山之脉理，凿一窟，自然有圆石，琢而为研，其值千金，谓之紫石研。东坡《铭》曰："孰形无情，石亦卵生。黄膘胞络，以孕黝赪。"

即墨侯　文嵩《石虚中传》：南越人，姓石，名虚中，字居默，拜即墨侯。薛稷为研，封石乡侯。

笔匣　汉代开始用各种宝物来装饰笔匣，用犀角、象牙、琉璃来做笔管。王羲之开始崇尚用竹管。

　　梁简文帝开始做笔床，四支笔为一床。

　　大手笔　唐代苏颋封为许国公，张说封为燕国公，他们都因为文章写得好而显身扬名，与他们的声望差不多，当时人称他们为燕许大手笔。

　　研　黄帝得到一块玉，开始制成墨海那样的大砚，上面刻着"帝鸿氏研"的文字。孔子做石研，仲由做瓦研，汉代有漆研，晋代有铁研，魏代有银研。

　　溪研　唐玄宗的时候，一个姓叶的人开始选取龙尾溪上的石头来做砚台，深溪的是上品。南唐时开始开掘端溪的坑石来做砚台，北岩是上品，有辟雍样、郎官样等。宋仁宗的时候，端溪石、龙尾溪石都开掘完了。

　　研谱　端溪有三种岩石，即上、中、下三岩。西坑、后历、下岩没有新的，上、中岩要分新旧。旧坑的话就是龙岩、汲绠、黄圃三种石头；新坑的话就是后历、小湘、唐窦、黄坑、蚌坑、铁坑六处，都在山的东边。其中最好的子石出在水中，其次是鸲鹆眼，红、白、黄色的点，绿的绦、环绕着金线纹，纹理是黄色的。还有白绦、青绦、青纹，眼筋短纹，火黯微斑。赤裂、黄霞、铁线、白钻、压矢，都有色斑。龙尾溪的岩石中最好的是金星，次一等的是罗纹眉子、水舷、枣心、松纹、豆斑、角浪、刷丝、驴坑等。另外《研谱》还说：最好的是红丝，是出于土中的，次一等的是黑角、褐金、紫金、鹊金、黑玉等。

　　苏易简研谱　端溪的砚台石，在水里的石头的颜色为青色，在山中间的石头的颜色为紫色，在山顶的石头的颜色非常温润，颜色像猪肝的是最好的。如果有认识山的脉理的开采匠人，那开凿一窟，就会有自然形成的圆石，琢成砚台，价值千金，称作紫石研。苏轼写的《铭》说："自然界中什么形体没有情啊，连石头也是卵生的呢。在黄臁的胎衣之下，便孕育着黑红色的佳砚。"

　　即墨侯　文嵩《石虚中传》记载：南越人，姓石，名虚中，字居默，官拜即墨侯。薛稷做了砚台，封为石乡侯。

马肝 汉元鼎五年，郅支国贡马肝石，和丹砂为丸，食之，则弥年不饥。以拭白发，尽黑。用以作研，有光起。

凤咮 东坡诗："苏子一研名凤咮，坐令龙尾羞牛后。"龙尾，溪名，出石可为研。

龙尾研 李后主留意翰墨，所用澄心堂纸、李廷珪墨、龙尾研，三者为天下冠，当时贵之。龙尾石多产于水中，故极温泽，性本坚密，扣之其声清越，宛若玉振，与他石不同，色多苍黑。亦青碧者，石理微粗，以手擘之，索索有锋芒者，尤发墨。

鸲鹆眼 《东坡笔录》：黄墨相间，墨睛在内，晶莹可爱者活眼；四傍漫渍，不甚精明者为泪眼；形体略具，内外皆白，殊无光彩者为死眼。活胜泪，泪胜死。

澄泥研 米元章云：绛县人善制澄泥研，以细绢二重淘洗，澄之，取极细者磻为研，有色绿如春波者细滑，著墨不费笔。

铁研 苏易简：青州以熟铁为研，甚发墨。五代桑维翰初举进士，主司恶其姓与"丧"同音，故斥之。维翰铸一铁研，示人曰："研敝则改业。"卒举进士及第。

铜雀研 魏铜雀台遗址，人多发其古瓦，琢研甚工，贮水数日不燥。世传云，其瓦俱陶澄泥，以绤滤过，加胡桃油埏埴之，故与他瓦异。

结邻 李卫公收研极多，其最妙者名结邻，言相与结为邻也。按结邻，乃月神名，其研圆而光，故取以为喻。

马肝　汉代的元鼎五年（前112），郅支国进贡马肝石，用它混和丹砂制成药丸，吃了之后，就全年不饿。用它来擦拭头发，头发就会全部变黑。用它做砚台，墨就会有光芒。

凤咮　苏轼诗："苏子一研名凤咮，坐令龙尾羞牛后。"龙尾，是溪水名的名字，出产一种石头，可以做砚。

龙尾研　李后主非常留心于笔墨之事，他所用的澄心堂纸、李廷珪墨、龙尾砚，三者都是天下最好的，当时就很珍贵。龙尾石多产自水中，所以性质非常温润，质地非常坚硬细密，敲敲它，声音很清亮悠扬，好像敲击玉一样，与别的石头不同，颜色大多是黑色的。也有青绿色的，石的纹理稍微粗一些，用手摸索，会觉得有细细的锋芒，尤其发墨。

鸲鹆眼　《东坡笔录》记载：黄色和黑色相间，墨的眼睛在内，看上去晶莹可爱的称之为活眼；而四边的纹理有些不清晰的称之为泪眼；看形状也大致不差，但内外都是白色的，没什么光彩的称之为死眼。活眼胜过泪眼，泪眼胜过死眼。

澄泥研　米芾（元章）说：绛县人善于制作澄泥研，用细绢两重来淘洗，再澄清，选取非常细致的来做为砚，有一种颜色像春季的绿水一样的，非常细滑，用它来磨的墨不费笔。

铁研　苏易简《砚谱》记载：青州用熟铁做砚台，还很发墨。五代时的桑维翰开始参加进士考试，主考官因为嫌他的姓与"丧"字同音，所以没有录取他。桑维翰就铸造了一个铁研，出示给别人说："等砚用坏了我再改业。"最后终于考中了进士。

铜雀研　魏国铜雀台遗址，人们常去发掘其中的古瓦，雕琢研磨得很细致，贮水几天都不会干燥。世人传说：这里的瓦都是用陶澄泥烧制的，还用纱滤过，再加胡桃油以水和土来制作的，所以与其他的瓦不一样。

结邻　李卫公收藏了很多砚台，其中最好的是结邻，意思是说要互相结为邻居。按：结邻是月神的名字，这块砚台形状很圆而且有光泽，所以取这个比喻性的名字。

纸，古帛书，汉幡纸。蔡伦为麻纸，又捣故鱼网为网纸，木皮为榖纸。王羲之为榖藤皮纸。王玙始以竹草造纸。晋桓玄始造青赤缥姚笺纸。石季龙造五色纸。薛涛始为短笺。

笺纸 蔡伦玉版、贡馀，俱杂零布、破履、乱麻为之。经屑表光纸。晋密香纸。大秦国出唐硬黄纸，黄柏染。段成式云蓝纸。南唐后主澄心堂纸。齐高帝凝光纸。萧诚斑文纸采野麻、土榖。蜀王衍霞光纸。宋黄白经笺、碧云春树笺、龙凤笺、团花笺、金花笺、乌孙栏。颜方叔宋人杏红笺、露桃红笺、天水碧，俱砑花、竹、翎、鳞及山水、人物，元春膏笺，冰玉笺，两面光蜡色茧纸，越剡藤苔笺，即汉时侧理纸，南越海苔为之。蜀麻面、薛骨、金花、玉屑、鱼子十色笺，即薛涛深红、粉红、杏红、铜绿、明黄、深青、浅绿云笺。

密香纸，以密香树皮为之，微褐色，有纹如鱼子，极香而坚韧，水渍之不溃。

玉版 成都浣花溪造纸，光滑，以玉版为名。东坡诗："溪石作马肝，剡藤开玉版。"

剡藤 剡溪古藤极多，造纸极美。唐舒元舆作《吊剡溪藤文》，言今之错为文者，皆大污剡藤也。

蚕茧纸 王右军书《兰亭记》，用蚕茧纸。纸似茧而泽也。

赫蹄 赫蹄，薄小纸也。《西京杂记》称薄蹄。

蔡伦纸 汉和帝时，中常侍蔡伦典作上方，乃造意，用树肤、麻头及敝布、鱼网以为纸。奏上之。故天下咸称蔡侯纸。

侧理纸 张华著《博物志》成，晋武赐于阗青铁研，辽西麟角笔，南越侧理纸，一名水苔纸，南人以海苔为之，其理纵横邪侧，故以为名。

纸，古代用布帛来书写，汉代用幡纸。蔡伦制出了麻纸，又捣旧的鱼网为网纸，用木皮做榖纸。王羲之制作了榖藤皮纸。王玙开始用竹子和草来造纸。晋代的桓玄开始制造青赤缥缃笺纸。石季龙开始制造五色纸。薛涛开始制出短笺。

笺纸　蔡伦的玉版纸、贡馀纸，都是用些碎布头、破旧的鞋子和乱麻来做的。还有经屑表光纸。晋代有密香纸。大秦国（即古罗马帝国）出现了唐代的硬黄纸，是用黄柏染的。段成式记载了云蓝纸。南唐后主李煜用的是澄心堂纸。齐高帝有凝光纸。萧诚的斑文纸采用野麻、土榖来制成。蜀地的王衍有霞光纸。宋代有黄白经笺、碧云春树笺、龙凤笺、团花笺、金花笺、乌孙栏等。颜方叔（宋朝人）有杏红笺、露桃红笺、天水碧，都在上面压制出花、竹、鸟、鱼或者山水、人物的图案，还有元春膏笺、冰玉笺、两面光蜡色茧纸。越、剡藤苔笺，就是汉代时的侧理纸，用南越的海苔来制做。蜀地有麻面、薛骨、金花、玉屑、鱼子十色笺，薛涛也有深红、粉红、杏红、铜绿、明黄、深青、浅绿云笺。

密香纸，以密香树的皮来做，浅褐色，有花纹像鱼子，非常香而且很坚韧，用水泡着也不会烂。

玉版　成都浣花溪造的纸，非常光滑，以玉版为名。苏轼有诗句说："溪水中的石头变成了马肝砚，剡溪的古藤制成了玉版纸。"

剡藤　剡溪古藤很多，造出来的纸也非常漂亮。唐代舒元舆写了《吊剡溪藤文》，说现在胡乱地写文章的人，都大大地污染了剡溪的古藤了。

蚕茧纸　王羲之写《兰亭集序》，用的是蚕茧纸。这种纸好像蚕茧但很有光泽。

赫蹄　赫蹄，是指薄而小的纸。《西京杂记》称之为薄蹄。

蔡伦纸　汉和帝的时候，中常侍蔡伦掌管为皇帝制造器物的尚方署，于是便别出新意，用树皮、麻头和旧布、鱼网来做纸，进奏给皇帝。所以天下人都称其为蔡侯纸。

侧理纸　张华写完《博物志》，晋武帝赐给他于阗的青铁研，辽西的麟角笔，南越的侧理纸，这种纸也叫水苔纸，是南越人用海苔做的，它的纹理纵横都斜侧着的，所以起了这样的名字。

澄心堂纸 李后主造澄心堂纸，细薄尤润，为一时之甲。相传《淳化帖》皆此纸所拓。宋诸名公写字及李龙眠画，多用此纸。

薛涛笺 元和初，元稹使蜀，营妓薛涛以十色彩笺遗稹，稹于松花纸上写诗赠涛。蜀中有松花纸、金沙纸、杂色流沙纸、彩霞金粉龙凤纸，近年皆废，惟绫纹纸尚存。薛涛笺狭小、便用，只可写四韵小诗。

左伯纸 左伯与蔡伦同时，亦能为纸，比蔡更精。上召韦诞草诏，对曰：若用张芝笔、左伯纸及臣墨，兼此三具，又得臣手，然后可以成径丈之势。

《墨谱》：上古无墨，竹板点漆而书。中古以石磨汁，或云是延安石液。至魏齐，始有墨丸，乃漆烟松煤夹和为之。所以晋人多用凹心研，欲磨墨储沈耳。

麦光 苏诗："麦光铺几净无瑕。"东坡诗："香云蔼麦光。"麦光，纸名。香云，墨也。

李廷珪墨 唐李超，易水人，与子廷珪亡至歙州。其地多松，因留居，以墨名家，其坚如玉，其纹如犀。其制：每松烟一斤、真珠三两、玉屑一两、龙脑一两，和以生漆，捣十万杵，故坚如玉，能置水中，三年不坏。

小道士墨 唐玄宗御案上墨曰龙香剂。一日，见墨上有小道士，似蝇而行。上叱之，即呼万岁，曰："小臣墨精，黑松使者是也。世人有文章者，皆有龙宾十二随之。"上异之。乃以墨分赐掌文官。

陈玄 《毛颖传》：颖与绛人陈玄、弘农陶泓、会稽褚先生友善，其出处必偕。

澄心堂纸　　南唐后主李煜创造了澄心堂纸，又细密又光洁，为当时最好的纸。据说《淳化帖》都是用这种纸拓的。宋代各位名家写的字与李公麟画的画，也大多用这种纸。

薛涛笺　　元和初年，元稹出使蜀地，军中官妓薛涛赠给元稹十色彩笺纸，元稹在松花纸上写诗来赠给薛涛。蜀中有松花纸、金沙纸、杂色流沙纸、彩霞金粉龙凤纸，现在都没有了，只绫纹纸还存在。薛涛笺很狭小，但便于使用，只能写一首四韵的小诗。

左伯纸　　左伯与蔡伦是同时代人，也能造纸，比蔡伦的更精美。皇上召韦诞来写诏书，韦诞说：如果用张芝的笔、左伯的纸和我的墨，这三种都有了，再用我的手来写，就可以写出直径一丈的大字。

《墨谱》记载：上古时代没有墨，在竹子和木板上用漆来书写。中古时代用石头来磨汁，有人说是延安府出产石油。到了魏、齐时代，开始有了墨丸，是用漆烟和松煤混和在一起制作的。所以晋代人多用中心有些凹的砚台，是想在磨墨之后能聚集一些沉淀。

麦光　　苏轼诗有"麦光铺几净无瑕"的句子，还有"香云蔼麦光"的句子。麦光，是纸的名字。香云，就是墨。

李廷珪墨　　唐代的李超，是易水人，与他的儿子李廷珪逃亡到歙州。这个地方松树很多，所以他们便留下来居住，他们以制墨而出名，所制的墨坚硬如玉，纹理像犀角一样。他们的制法是：松烟一斤、珍珠三两、玉屑一两、龙脑一两，再和一些生漆，要捣十万次，所以能坚硬如玉，能放在水里，三年都不坏。

小道士墨　　唐玄宗御案上有一块墨叫作龙香剂。有一天，唐玄宗看到墨上有一个小道士，像苍蝇一样爬着走。玄宗喝斥他，他就立刻高呼万岁，并说："小臣我就是墨精，名叫黑松使者。世上的人凡是有会写文章的人，都会有十二个守墨之神龙宾跟随着。"玄宗觉得很惊异。后便把这块墨分赐给掌握文章的官员。

陈玄　　《毛颖传》说：毛颖与绛县人陈玄、弘农人陶泓、会稽的褚先生关系非常好，他们只要出来，就一定相携而行。

客卿　《长杨赋》借子墨客卿以为讽。又燕人易玄光，字处晦，封为松滋侯。

隃麋　隃麋，墨也。唐高丽贡松烟墨，和麋鹿胶造墨，名隃麋。

客卿　《长杨赋》借了子墨客卿来讽刺。另外，有燕人名叫易玄光，字处晦，封为松滋侯。

隃糜　隃糜，就是墨。唐代时高丽进贡松烟墨，再加入一些麋鹿胶来造墨，名叫隃糜。

卷九　礼乐部

礼制 婚姻一

冠礼　古者冠礼，筮日筮宾，所以敬冠事也。冠乎阼，以著代也。醮于客位，三加弥尊始加缁布冠，再加皮冠，三加爵弁，加有成也。已冠而字之，成人之道也。见于母，母拜之；见于兄弟，兄弟拜之，成人而与为礼也。玄冠玄冕，奠挚于君，遂以挚见于卿大夫、乡先生，以成人见也。

鲁两生　汉叔孙通制礼，征鲁诸生三十馀人。有两生不肯行，曰："礼乐必积德百年而后兴，今天下初定，何暇为此？"通笑曰："鄙儒，不知时变者也。"

应时而变　《庄子》：三皇、五帝之礼义法度，不矜于同，而矜于治，譬犹楂梨橘柚，其味相反，而皆可于口。故礼义法度，应时而变也。

晋侯受玉　《左传》：天王使召武公、内史过赐晋侯命。受玉惰。过归，告王曰："晋侯其无后乎！王赐之命，而惰于受瑞，先自弃也已，其何继之有？礼，国之干也；敬，礼之舆也。不敬，则礼不行；礼不行，则上下昏，何以长世？"

礼制婚姻一

冠礼 古代举行冠礼，要占卜冠礼的日子并占卜可以为孩子加冠的贤宾，这是表示敬重冠礼。在东边台阶上加冠，用来表明辈分。在客位行加冠礼，加三次就显得更为尊贵先加缁布冠，再加皮冠，第三次加爵弁，加冠表示他已经成人了。已经加冠并为他取字，这是成为成人的途径。去拜见母亲，母亲也向他拜礼；去见兄弟，兄弟也向他拜礼，因为他已经是成人了所以要对他拜礼。把黑色的冠和黑色的冕，向君王放在地上而不敢亲授，然后可以以礼见卿大夫、乡先生，以成人之礼来拜见。

鲁两生 汉代的叔孙通制定了礼仪，朝廷征召鲁地诸生三十多人。有两人不肯走，说："礼乐必须积累德行百年之后才会兴盛，现在天下刚刚安定，哪里有闲暇来制作这个呢？"叔孙通笑着说："没有见识的儒士，真是不知道时移事异的道理啊。"

应时而变 《庄子》记载：三皇、五帝时候的礼义和法度，并不关注是否相同，而关注是否能治理天下，就好像山楂、梨子、桔子、柚子，它们的味道不同，但都很好吃。所以礼义和法度要随着时间的变化而变化。

晋侯受玉 《左传》记载：周天子派召武公和内史过到晋国给晋侯下达命令。晋侯接受玉的时候很不在乎。内史过回来，对周天子说："晋侯可能会没有后人了！大王向他下达命令，他竟然很不在乎地去接受，这是自己先抛弃自己啊，怎么能有后人呢？礼节，是一个国家的根本；恭敬，是行礼的根本。如果不恭敬，那么礼就无法实行；如果礼得不到实行，那么上下的尊卑之分就会混乱，这怎么能够长久呢？"

绵蕞　叔孙通与其徒百馀人为绵蕞野外，习之月馀，礼成。高帝令群臣习肄长乐宫，成，群臣朝贺，莫不振恐肃敬。帝曰："吾今日知为皇帝之贵也。"

婚礼　人皇氏始有夫妇之道，伏羲始制嫁娶。　女娲氏与伏羲共母，佐伏羲正婚姻，始为神媒。　夏后氏始制亲迎礼。　秦始皇始娶妇纳丝麻鞋一緉取和谐也。　后汉始聘礼用墨。汉重墨，今答聘用之。始婚礼用羊取羊者，祥也。　巫咸制撒帐厌胜。京房嫁女翼奉子，撒豆谷穰煞。　张嘉贞嫁女，制绣幕牵红。　唐新妇舆至大门，传席勿履地。晚唐制：新妇上车，以蔽膝盖面。五代始新妇入门跨马鞍。北朝迎婚，十数人大呼，催新妇上舆，妇家宾亲妇女打新郎，喜拳手交下。

昏礼　昏礼者，将合二姓之好，上以祀宗庙，而下以继后世也，故君子重之。是以昏礼纳采、问名、纳吉、纳征、请期，皆主人筵几于庙，而拜迎于门外。入，揖让而升，听命于庙，所以敬慎重、正昏礼也。纳采者，纳雁以为采择之礼也。问名者，问女生之母名氏也。纳吉者，得吉卜而纳之也。纳征者，纳币以为婚姻之证也。请期者，请婚姻之日期也。五者合亲迎，谓之六礼。

礼亲迎　父亲醮子而命之迎，男先于女也。子承命以迎，主人筵几于庙，而拜迎于门外。婿执雁入，揖让升堂，再拜奠雁，盖亲爱之于父母也。降，出御妇车，而婿受绥，

绵蕝　叔孙通与自己的弟子一百多人在野外制订整顿朝仪的典章，练习了一月多，便使礼成形了。汉高祖让群臣在长乐宫学习，学成之后，群臣都来按礼朝贺，没有人不震恐肃敬。汉高祖说："我今天才知道当皇帝的尊贵啊。"

　　婚礼　人皇氏才开始有了夫妇之道，伏羲才开始制定嫁娶之事。　女娲氏与伏羲同母而生，辅佐伏羲来正婚姻之道，所以开始成为主管婚姻的神。　夏后氏开始制定迎亲的礼仪。　秦始皇开始规定在娶妻的时候要交纳丝麻鞋一双取"和谐"之意。　后汉开始用墨作为聘礼。汉代很重视墨，现在答聘都用墨。开始在婚礼上用羊之所以用羊，是取其谐音"祥"的意思。　巫咸创制出用撒帐压制邪气的巫术。汉代著名易学家京房把女儿嫁给另一位经学家翼奉的儿子，京房认为当天非吉日，翼奉便以撒豆谷的方式来避邪。　唐代宰相张嘉贞想把女儿嫁给郭元振，便制定了让女儿们藏于绣幕之后以牵红丝的办法来确定哪个女儿出嫁。　唐代新媳妇的轿子到了大门口，据说席子不可以放在地上。晚唐的制度是：新媳妇上了车，用蔽膝的布来盖住脸面。五代时开始新媳妇进门要跨马鞍的习俗。北朝迎亲，十几个人大喊，催着新媳妇上轿，妻子家的亲戚与宾客中的女子都来打新郎，拳脚相加。

　　昏礼　婚礼，是将要有两家人合为一家的喜事，并且上得以祭祀宗庙，下得以有后人继承，所以君子很重视这件事。因此婚礼有纳采、问名、纳吉、纳征、请期等几个步骤，都是主人在庙中办筵席，并拜迎于门外。进来，要揖让然后再升堂，要听众庙中所推算的命令，用此来表示恭敬、慎重，从而使婚礼一归于正。纳采，就是交纳大雁作为向女方求婚的礼物。问名，就是问女子的姓名和生辰八字。纳吉，就是男方卜得吉兆而告诉女方。纳征，就是给女方钱币作为婚姻的证明。请期，就是男方把婚姻的日期告诉女方以请示。这五种礼再加上最后的迎亲，就叫作六礼。

　　礼亲迎　父亲倒酒给儿子喝了之后命令儿子去迎接，因为男先于女。儿子奉命出来迎接，主人在庙中设筵，并拜迎于门外。女婿拿着大雁进来，揖让着上堂，拜两次然后献上雁，表明对父母的亲爱之情。下堂，出来后驾着女子的车，让女婿接受了登车的绳索，

御轮三周，先俟于门外。妇至，婿揖妇以入，共牢而食，合卺而酳，所以合体同尊卑以亲之也。

见舅姑　夙兴，妇沐浴以俟见。质明，赞见妇于舅姑，妇执笲枣栗、段脩以见，赞醴妇。妇祭脯、祭醴，成妇礼也。舅始入室，妇以特豚馈，明妇顺也。质明，婚礼之次日。赞，相礼之人也。笲，竹器，以盛枣栗、段脩之贽。脩，脯也，加姜桂治之曰段脩。

飨以一献　厥明，舅姑共飨妇，以一献之礼奠酬。舅姑先降自西阶，妇降自阼阶，以著代也。厥明，婚礼之二朝也。舅献姑酬，共成一献。阼者主人之阶，妇之代姑将以为主于内也。

结缡三命　女嫁，父戒之曰："谨慎，从舅之言！"母戒之曰："谨慎，从尔姑之言！"诸母施鞶绅，戒之曰："谨慎，从尔父母之言。"

四德三从　是以古者妇人先嫁三月，祖庙未毁，教于公宫；祖庙既毁，教于宗室，教以妇德、妇言、妇容、妇功。教成祭之，牲用鱼，芼之以藻，所以成妇顺也。三从，谓妇人在家从父，出嫁从夫，夫死从子。

伉俪　《左传》：齐侯请继室于晋，韩宣子使叔向对曰："寡君未有伉俪，君有辱命，惠莫大焉。"

朱陈　白乐天诗："徐州古丰县，有村曰朱陈。去县百馀里，桑麻青氛氲。一村惟两姓，世世为婚姻。"

驾车让车轮行驶三圈，然后先在门外等候。新娘到了之后，女婿作揖请新娘进来，同用一个容器吃饭，并用一瓠所剖的两个瓢来饮酒，是要让结合以后的夫妻能无论尊卑都亲密以待。

见舅姑　早早起来，新娘洗漱完毕后等着接见。等到天亮了，赞礼者引导新娘前去拜见公婆，新娘拿着一筥枣子、栗子之类干果和特制的干肉来参见，赞礼给新娘倒酒。新娘向上祭上肉干和酒，便完成了新娘的拜见之礼。公公这时进入室内，新娘要献上很好的猪肉，表明新娘的孝顺。这里说的天亮，指的是婚礼的次日。赞，指的是能辅佐礼仪的人。筥，是竹子编的筐子之类的器物，用来盛枣、栗、肉干之类的礼物。脩，就是肉干，加了姜、桂等调味料而制作的叫作段脩。

缩以一献　天明的时候，公婆要共同来款待新娘，用以一献之礼来奠酬，即主人敬酒而客人并不举杯之礼。公婆先从西边的台阶下来，新娘则从东边台阶下来，这是用来表明世代辈分的不同。所谓的天明，指的是婚礼的第二天早上。公婆各斟一次酒，共同完成一献之礼。阼是主要的台阶，表明新娘将要代替婆婆成为家庭的主妇了。

结缡三命　女儿出嫁时，父亲告戒她说："要谨慎小心，听从公公的话！"母亲告戒她说："要谨慎小心，听从婆婆的话！"伯母、叔母等人为她结佩盛手巾细物的小囊，并告戒她说："要谨慎小心，听从你父母的话！"

四德三从　所以古代的女子出嫁后的前三个月里，如果祖庙还在，那就在君王的宫中教育她；祖庙若已经毁了，就在宗室的宫中教育她，要用妇德、妇言、妇容、妇功四种德行来教育她。教完后要进行祭祀，献神之礼用鱼，并伴用海藻，这是表示可以助成妻子顺从丈夫的意思。三从，指的是女子在家里要服从父亲，出嫁要服从丈夫，丈夫死后要服从儿子。

伉俪　《左传》记载：齐侯向晋国请求娶一个女子为继室，韩宣子让叔向回答说："我们的国君还没有配偶，您有所命，是给我们很大恩惠啊。"

朱陈　白居易诗说："徐州古丰县，有村曰朱陈。去县百馀里，桑麻青氛氲。一村惟两姓，世世为婚姻。"

撒帐果　汉武帝李夫人初入宫，坐七宝流苏辇，障凤羽长生扇，帝迎入帐中，共坐卺饮。预戒宫人遥撒五色同心花果，帝与夫人以衣裾盛之，云"得多"，得子多也。故后世有撒帐之遗。

月老检书　唐韦固旅次宋城，遇老人向月检书，谓固曰："此天下婚姻簿也。"因问韦妻何氏，答曰："尔妻乃店后卖菜陈妪女耳。"翌日往视，见妪抱二岁女，甚陋。遂使人刺之，中眉。后十四年，相州刺史王泰妻以女，姿容甚丽，眉间常贴花钿。细问之，曰："妾郡守侄女也。父卒于宋城。襁褓时为贼所刺，痕尚在眉。"宋城宰闻之，名其店曰定婚店。

金屋贮之　汉武帝幼时，景帝问："儿欲得妇否？"长公主指其女曰："阿娇好否？"武帝曰："若得阿娇，当以金屋贮之。"

丹桂近嫦娥　袁筠娶萧安女，言定，未几，擢进士第。罗隐以诗赠之，曰："细看月轮还有意，定知丹桂近嫦娥。"

女萝附松柏　李靖谒杨素，一伎执红拂侍侧，目靖久之。靖归逆旅，夜半有紫衣人扣门，延入，脱衣帽，乃美人也。靖惊诘之，告曰："妾杨家红拂妓也。女萝愿附松柏。"遂与之俱适太原。

续断弦　《十洲记》：凤麟州以凤喙麟角作胶，能续断弦。

撒帐果　汉武帝时李夫人最初进入皇宫，乘坐七宝流苏辇，用凤羽长生扇遮着，武帝把她迎入帐中，一起坐着喝合卺酒。预先也告诉宫女们远远地撒五色同心花果，武帝与李夫人用衣服的前摆来接，这叫"得多"，即多多得到儿子的意思。所以后世也有了撒帐的习俗。

月老检书　唐代的韦固在旅途中暂时歇宿于宋城，遇到有老人在月亮底下翻书，他对韦固说："这是全天下人婚姻的记录册。"韦固便问他自己的妻子姓什么，老人回答说："你的妻子就是旅店后边卖菜的那个陈婆婆的女儿。"韦固第二天就想去看看，见到一个老太婆抱着一个两岁的女孩，长得很丑陋。于是便让人去刺杀她，但只刺中了眉心。十四年后，相州刺史王泰把自己的女儿嫁给韦固，妻子面貌很美丽，但眉心总贴着花钿之类的饰品。仔细问她，她才说："我是刺史大人的侄女。我的父亲在宋城去世。我还很小的时候曾经被贼人刺杀，眉心的伤痕还在。"宋城的长官听到这个消息，便把当年韦固住过的旅店命名为定婚店。

金屋贮之　汉武帝小时候，汉景帝问他："儿子，你愿意娶个妻子吗？"长公主指着自己的女儿说："把阿娇嫁给你好不好？"武帝说："如果真的能得到阿娇，那我就应当用金子建的屋子里把她藏起来。"

丹桂近嫦娥　袁筠要娶萧安的女儿，已经定了婚，没过多久，袁筠考上了进士。罗隐给他赠诗说："细看月轮还有意，定知丹桂近嫦娥。"

女萝附松柏　李靖拜见杨素，有一个侍妾手执红拂侍立于一旁，看了李靖很久。李靖回到旅馆，半夜忽然有人敲门，请进来，那人脱下衣帽，竟然是一个美女。李靖非常惊讶，问她来此的原因，她告诉李靖说："我就是杨素家那个手执着红拂的侍妾。攀援的女萝愿意依附松柏。"于是便与他一起回了太原。

续断弦　《十洲记》记载：凤麟州用凤凰的喙和麒麟的角来制作胶，可以把断了的弦重新续上。

门楣　唐玄宗宠礼杨氏，其从兄国忠加御史大夫，铦鸿胪卿，女兄弟韩国、虢国、秦国三夫人。时谣曰："男不封侯女作妃，君看女却为门楣。"

冰人　令狐策梦立冰上，与冰下人语。占者曰："在冰上与冰下人语，为阳语阴，当为人作媒，期在冰泮。"太守田豹为子求张徵女，使策为媒，仲春成婚。故称"媒人"为"冰人"。

卖犬嫁女　晋吴隐之将嫁女，谢石知其贫，遣女必率薄，乃令移厨帐助其经营。使人至，见婢牵一犬卖之，此外萧然无办。

练裳遣嫁　汉逸民戴良有五女，练裳竹笥木履而遣之。东坡诗："竹笥与练裳，愿得毕婚嫁。"

葭莩　汉中山靖王封群臣，非有葭莩之亲葭莩，竹上薄衣。

潘杨　晋杨经，潘岳作诔文云：藉三叶世亲之恩，而子之姑，予之伉俪焉。潘杨之睦，有自来矣。

凤占　《左传》：陈公子完奔齐，齐侯使为卿。齐大夫懿氏欲妻以女，卜之曰："凤凰于飞，和鸣锵锵。有妫之后，将育于姜，五世其昌。"

结缡　《诗》："之子于归，皇驳其马。亲结其缡，九十其仪。"缡，妇人之袆也。

示之以礼　马超奔蜀，轻视先主，常呼先主字。关羽怒，请杀之。先主曰："人穷来归，以其呼字而杀之，何以示天下？"

门楣　唐玄宗对杨贵妃一家非常宠爱优待，杨贵妃的堂兄杨国忠加封御史大夫，杨铦封为鸿胪卿，姐妹们也分别封为韩国、虢国、秦国三夫人。当时的民谣说："男不封侯女作妃，君看女却为门楣。"

冰人　令狐策梦见自己站在冰上，与冰下的人说话。占卜的人说："在冰上面与冰下面的人说话，这是阳向阴说话，应当是要为人作媒，时间大概在冰将消融的春天。"果然太守田豹为自己的儿子求娶张徽的女儿，派令狐策为媒人，仲春成婚。所以现在称"媒人"为"冰人"。

卖犬嫁女　晋代的吴隐之将要嫁女儿，谢石知道他很穷，给女儿的陪嫁肯定很简单且不值钱，便下令让自己的厨房和帐房人员去帮助他来筹划操办。人们去了以后，看到他家里只有一个婢女牵着一只狗在卖，除此之外便什么都没有准备。

练裳遣嫁　汉代的隐士戴良有五个女儿，他只用白布衣服、竹编的筐子和木制的鞋子就把她们嫁了。苏轼有诗句说"竹笥与练裳，愿得毕婚嫁。"

葭莩　汉代中山靖王封手下群臣，没有一点葭莩之私情葭莩，指竹子内壁上的薄膜。

潘杨　晋代的杨经，潘岳为他写的诔文说：我们凭借着三代人亲厚的恩义来交往的，你的姑姑，就是我的妻子。潘、杨两家的和睦，是有来源的。

凤占　《左传》记载：陈国的公子完跑到齐国，齐侯想让他做卿。齐国的大夫懿氏想把女儿嫁给他，占卜了一下得到卦辞是："他们像凤凰一样一起飞翔，在一起鸣叫仿佛音乐铿锵。陈完是有妫氏的后代，却将要繁衍在姜太公的封地上，五世之后将会子孙繁昌。"

结缡　《诗经·豳风·东山》说："这个姑娘要出嫁，骑着或红或黄的马。妈妈亲手为我结佩巾，还有好多仪式。"缡，指女子的佩巾。

示之以礼　马超逃奔到蜀国，却非常轻视刘备，经常叫刘备的名字。关羽大怒，请求允许杀了马超。刘备说："人家势穷投奔咱们，因为他叫名字就杀了他，怎么面对天下人呢？"

张飞曰："如是当示之以礼。"次日，大会诸将，请超入，羽、飞并仗刀立直。超顾坐席，不见羽、飞，见其直也，乃大惊。遂尊事先主，不敢呼字。

议礼聚讼　汉章帝欲定礼乐，班固曰："诸贤多能说礼，宜广招集。"帝曰："谚云'筑舍道旁，三年不成。'会礼之家，名为聚讼。"

礼制 丧事二

丧礼　黄帝始制棺椁。周公制翣。周制俑。虞卿制桐人。左伯桡制明衣 新衣袭尸。史佚制下殇棺衣。夫差为冥帽，而始制面帛。夏制明器。五代制灵座前看果。　舜制吊礼。晋制，吊客至丧家鸣鼓为号。　巫咸制纸钱 名寓钱。汉祷神瘗钱。王玙始丧祭焚纸钱。　周制方相先驱。汉制魌头，俗开路显道神。始嫘祖道死，媒姆监护因制。　商始制铭旌以书姓名。魏始书号。后汉始制墓碑，为文字辨识。　黄帝封京观，始制墓。周公始合葬。周桓王始改葬。秦武公始人殉葬。宋文公始殉葬用重器。　秦称天子墓为山。汉始为陵。汉文帝始预造寿陵。少康封其子杞。禹始设守陵人。　秦始皇制皇寝石麟、辟邪、兕马，臣下石人羊虎柱；罔象，好食亡者肝，因制。　宋真宗始给民义冢，制漏泽园。

张飞说：“如果是这样那就应该让他知道什么是礼。”第二天，大摆宴席请各位将领，也请了马超进来，而关羽、张飞却都拿着刀站立着侍卫。马超环顾坐席，没看到关羽和张飞，看到他们在侍卫，才大吃一惊。于是才开始尊敬地事奉刘备，不敢再叫名字了。

议礼聚讼　汉章帝想要制定礼乐，班固说：“各位贤人多有能说礼的，应该更多地招集他们。”章帝说：“俗话说‘如果要在路边修房子的话，三年也修不成。’如果把大家都召来商讨礼乐的话，那就是让大家来争论了。”

礼制_{丧事二}

丧礼　黄帝最早开始制作了棺椁。周公制作了棺材的装饰扇。周代制作了陶俑来陪葬。虞卿制作了殉葬的桐木偶。左伯桃制作了明衣_{尸体上穿的新衣}。史佚制作了下殇的棺衾。夫差制作了冥帽，并最早开始制作盖在死者脸上的面帛。夏代制作了专门用于随葬的明器。五代制作了灵座前的以木、土、蜡等制作供祭祀或观赏用的果品。　舜制定了吊祭之礼。晋代的制度，吊丧的客人到有丧事的人家要鸣鼓为号。　巫咸制作了纸钱来代替真正的钱_{叫寓线}。汉代向神祈祷要埋钱。王玙开始在丧事祭奠中烧纸钱。　周代的制度是在丧事中要驱除疫鬼和山川精怪的神灵方相来作为丧事的前驱。汉代的制度则改为戴了面具的魌头，俗称为开路显道神。这开始于嫘祖于路边的死亡，嫫姆监护时所制定。　商代开始制作铭旌来书写死者的姓名。魏国时开始书写死者的字号。后汉开始制作墓碑，上面刻着文字和易于辨识的东西。　黄帝建立京观，才开始制作坟墓。周公开始有合葬的做法。周桓王开始有改葬的做法。秦武公开始用人殉葬。宋文公开始在殉葬中使用非常贵重的东西。　秦朝把天子的墓称为山。汉代开始称为陵。汉文帝开始在生前便预先建造寿陵。少康封给自己的儿子来祭祀。大禹开始设立了守陵人。　秦始皇制作了皇帝死后的寝宫，有石麟、辟邪、兕马，臣下的墓则有石人和羊、虎之类的柱子：因为水怪罔象喜欢吃死人的肝，所以制这些东西来驱逐罔象。　宋真宗开始给民众建造义冢，名叫漏泽园。

　　服制　黄帝始制丧礼。禹始制五服。尧始定三年丧，父斩衰，母齐衰。唐武后制，父在为母三年，同父丧。宋太祖制，舅姑三年丧。周公制，生母齐衰三月。鲁昭公制慈母服_{他妾养己}。唐玄宗加母党服。　魏徵制，叔嫂小功服。戴德制，朋友缌麻服。晋襄公制起复，始伯禽征徐戎卒哭，汉、唐沿之。始大臣夺情。　汉元帝始令博士丁忧。　汉文帝始易月。景帝为三十六日释服。唐肃宗始定二十七日之服。

　　丧礼五服　斩衰三年，子为父母。女在室，并已许嫁者，及已嫁被出而反在家者，与子之妻同。　子为继母，为慈母，为养母，子之妻同。　庶子为所生母，为嫡母，庶子之妻同。　为人后者与妻同，嫡孙为祖父母、高曾父母，承重同。　妻为夫，妾为家长同。

　　齐衰杖期　嫡子众子为庶母，其妻亦如之。　子为嫁母，为出母；夫为妻；嫡孙，祖在，为祖母承重。

　　齐衰不杖期　祖为嫡孙，父母为嫡长子及嫡长子妇，及众子，及女在室，及子为人后者。　继母为长子，众子侄为伯叔父母，

服制　黄帝开始制定丧礼。禹开始制定以亲疏为差等的五种丧服。尧开始制定三年的守丧期，如果是父亲的丧事要穿粗麻布制成且左右和下边不缝的丧服，为母亲服丧要穿粗麻布制成但左右和下边缝齐的丧服。唐代武则天规定，如果父亲还在而母亲去世，那就为母亲守丧三年，各种仪式相当于为父亲守丧的仪式。宋太祖规定，为公公和婆婆也要守三年丧。周公规定，对于自己的生身母亲要穿齐衰的丧服三个月。鲁昭公创制了慈母服由其他的人所生。唐玄宗又增加了母党服。　魏徵规定，叔嫂的关系使用小功服。戴德规定，朋友的关系穿缌麻服。晋襄公创建了守父亲之丧尚未到期便应召出仕的起复之礼，始于伯禽征讨徐戎时兵卒虽有丧事仍应征而出，汉、唐都沿用了。这才开始了对大臣的夺情之礼。　汉元帝开始让博士回家为父母之丧守制。　汉文帝开始用天数换月数来计算守丧的时间。汉景帝便用三十六天为期满而脱去丧服。唐肃宗开始规定二十七天就期满。

　　丧礼五服　斩衰即丧服用粗麻布制成且左右和下边不缝，需要三年，儿子为父母服丧的丧服。女儿如果在家，或者定了婚但还没有出嫁的，或者嫁了却被休而仍在家的，与儿子的妻子相同。　儿子为继母、为慈母、为养母也用斩衰，儿子的妻子与此相同。　庶子为自己的生母，为名分上的嫡母也用斩衰，庶子的妻子相同。　上门继承人家香火的女婿与妻子相同，嫡孙为自己的祖父母、高曾父母用斩衰，若父亲先子而死，则承受宗庙与丧祭之重任的孙子也同样用斩衰。　妻子为丈夫用斩衰，妾为家长也相同。

　　齐衰杖期　嫡子、众子为父亲的妾守丧要穿粗麻布制成且有缝边的丧服并手里拿着丧棒，他们的妻子也一样。　以下都与此相同：儿子为已经改嫁了的母亲，为已经被休了的母亲；丈夫为妻子；嫡孙，如果祖父还在世，而父亲已经不在世的时候为祖母。

　　齐衰不杖期　祖父为嫡孙，父母为嫡长子及嫡长子的妻子，还有除嫡长子以外的其他儿子，包括没有出嫁的女儿，还为自己的儿子但过继给别人的，都要穿粗麻布制成且有缝边的丧服，但不拿丧棒。　以下人都与此同：继母为长子，众子侄为伯叔父母，

为亲兄弟，及亲兄弟之子女在室者。 孙为祖父母，孙女在室，与出嫁同。为人后者，为其本生父母。女出嫁，为其本生父母。妾为家长之正妻，妾为家长父母，妾为家长之子与其所生子。

齐衰五月，曾孙为曾祖父母，曾孙女同。齐衰三月，玄孙为高祖父母，玄孙女同。

大功九月 祖父母为众孙，孙女在室者。父母为众子妇。及女已出嫁者。伯叔父母为侄妇，及侄女已出嫁者。妻为夫之祖父母，妻为夫之伯叔父母。夫为人后，其妻为夫之本生父母。

小功五月 为伯叔祖父母，为堂伯叔父母，为再从兄弟，为兄弟之妻，祖为嫡孙妇，为外祖父母，为母之兄弟姊妹。

缌麻三月 祖为众孙妇，曾祖父母为曾孙，祖母为嫡孙，众孙妇为乳母，为妻之父母，为婿，为外孙，为同堂兄弟之妻。

三父 同居继父，不同居继父，从母嫁继父。诸继父，谓父死母再嫁他人随去者，同居有期年服，不同居者无服。随继母嫁继父，有齐衰杖期。

八母 嫡母、继母、养母谓自幼过房与人、慈母谓生母死，父令别妾抚育者、嫁母谓亲母因父死再嫁他人者、出母谓亲母被父所出、庶母父妾之生子女者、乳母即奶母，亦服缌麻。

七出：无子，淫佚，不孝，多言，盗窃，妒忌，恶疾。**三不去：**与更三年丧；前贫贱后富贵；有所娶，无所归。

亲兄弟之间,亲兄弟没有出嫁的女儿或没有分家另过的儿子。　孙子为祖父母,孙女在家的和出嫁的都一样。过继给别人的为他的亲生父母。出嫁的女儿,为她的亲生父母。小妾为丈夫的正妻,小妾为丈夫的父母,小妾为丈夫的儿子以及与自己所生的儿子。

齐衰五个月,适用于曾孙为曾祖父母,曾孙女相同。齐衰三个月,适用于玄孙为高祖父母,玄孙女相同。

大功九月　穿用熟麻布做成针脚稍粗的丧服、守丧九个月的对象:祖父母为除了嫡长孙之外的其他孙子们以及还没有出嫁的孙女们;父母为长媳之外的其他儿媳及已经出嫁的女儿;伯叔母为侄媳及已出嫁的侄女;妻子为丈夫的祖父母,妻子为丈夫的伯叔父母;丈夫过继给别人的,他的妻子为丈夫的亲生父母。

小功五月　穿用熟麻布做成针脚稍细的丧服、守丧五个月的对象:为伯叔的祖父母,为堂伯叔的父母,为同曾祖的兄弟,为兄弟的妻子,祖父为嫡孙的妻子,为外祖父母,为母亲的兄弟姐妹。

缌麻三月　穿用细麻布制成的丧服、守丧三个月的对象:祖父为除嫡长孙媳之外的其他孙媳,曾祖父母为曾孙,祖母为嫡孙,众孙妇为乳母,为妻子的父母,为女婿,为外孙,为叔伯兄弟的妻子。

三父　有一起居住的继父,不一起居住的继父,以及跟随母亲的出嫁而成的继父。这些继父中,都是说父亲死后母亲再嫁儿子跟着去的情况。如果住在一起,那么要穿一年丧服,没有住在一起就不用穿丧服。而跟随继母的出嫁而去的,则应该穿齐衰的丧服并持丧棒一年。

八母　嫡母、继母、养母指的是从小过继给别人的情况、慈母指亲生母死后,父亲让别的妾来抚养的情况、嫁母指亲生母亲因为父亲去世而再嫁他人的情况、出母指亲生母亲被父亲所休的情况、庶母父亲的妾生了子女的、乳母就是奶妈,也要穿缌麻的丧服。

七种休妻的条件:没有儿子,恣纵逸乐,不孝顺,挑拨是非,盗窃,妒忌,身患重病。三种不可以休妻的情况:曾与丈夫共同为其父母守三年丧的;婚前贫贱而婚后富贵的;丈夫还有力量再娶但妻子无家可归的。

读礼 《曲礼》曰：居丧未葬读葬礼，既葬读祭礼。

弥留 疾革之时，气尚未绝，目不即瞑，谓之弥留。

属纩 属，付也。纩，绵也。以绵轻而易动，故付置于口鼻上，以验气之有无也。

易箦 曾子疾病，曾元、曾申坐于足，童子隅坐而执烛。童子曰："华而睆，大夫之箦与？"曾子曰："然。季孙之赐也，我未之能易也。元，起易箦！"举扶而易之，反席未安而殁。

捐馆 《苏秦传》：奉阳君死，捐馆舍而去。

鬼录 魏文帝《与吴质书》：昔年疾病，亲故多罹其灾，观其姓名，已登鬼录。

就木 晋文公奔狄，娶季隗，将适齐，谓隗曰："待我二十五年，不来而后嫁。"对曰："我又如是而后嫁，则就木矣。"

盖棺论定 晋刘毅云："丈夫盖棺论方定。"

修文郎 春秋时，苏韶卒，后从弟节昼见韶，因问幽冥事。韶曰："颜回、卜商死，俱为地下修文郎。"

白玉楼 李贺将死，有绯衣人驾赤虬，奉雷版召贺曰："帝成白玉楼，立召为记。天上差乐，不苦也。"

一鉴亡 魏徵卒，帝临朝叹曰："以铜为鉴，可照妍媸；以人为鉴，可明得失。今魏徵逝，一鉴亡矣。"

读礼　《礼记·曲礼》说：家有丧事还没有下葬就要赶快读有关下葬的礼仪，已经下葬了就要读祭祀的礼仪。

　　弥留　快要死的时候，还有呼吸，眼睛没有合上，这叫作弥留。

　　属纩　属，就是使用。纩，就是新棉花。因为绵花很轻容易动，所以把它放在临死的人的嘴和鼻子上，来检验是否已经死亡了。

　　易簀　曾子得了重病，他的儿子曾元、曾申坐在曾子脚下，童仆坐在角落里掌着蜡烛。童仆说："这个席子华丽而平滑，是大夫才能享用的竹席吗？"曾子说："是啊，这是大夫季孙赠给我的，我竟然没有换了它。曾元，把我扶起来换席！"大家扶起他来换了席子，还没能把曾子再放到席子上他便死了。

　　捐馆　《史记·苏秦传》记载：奉阳君死了，抛开自己的馆舍走了。

　　鬼录　魏文帝《与吴质书》：以前常得病，亲人朋友也多遭灾难，看他们的姓名，都已经登上了鬼的名录。

　　就木　晋文公奔逃到狄国，娶了季隗为妻，他将要去齐国，便对季隗说："等我二十五年，如果我不回来你就再嫁了吧。"季隗回答说："我要是像你说的这样再嫁的话，都已经快要进棺材了。"

　　盖棺论定　晋代的刘毅说："大丈夫进了棺材后对他的评论才能确定。"

　　修文郎　春秋的时候，苏韶死了，后来他的堂弟苏节白天看到苏韶，便问他阴间的事。苏韶说："颜回、卜商死了以后，都在阴间官任修文郎。"

　　白玉楼　李贺将要死的时候，有穿着红衣服的人驾着红色的龙来，捧着雷版来召李贺说："天帝建成了白玉楼，立刻召你去作记文。天上的差事很快乐，不痛苦。"

　　一鉴亡　魏徵死后，唐太宗在朝廷上叹息说："用铜镜为镜子，可以照出面貌的美丑；用人为镜子，可以明白自己的得失。现在魏徵死了，我的一个镜子没了。"

月犯少微　谢敷隐居剡中。时月犯少微，占云"处士当之"。谯国戴逵名重于敷，甚以为忧。俄而敷死，时人语曰："吴中高士，求死不得。"

岁在龙蛇　郑玄梦孔子告之曰："起，起，今年岁在辰，明年岁在巳。"既寤，以谶合岁，知命当终。谶云："岁在龙蛇贤人嗟。"

梦书白驹　杜牧之梦书"白驹"字，或曰"过隙也"。俄而悉毁其所为文章诗籍，果卒。

一朝千古　唐薛收卒，秦王曰："吾与伯褒共军旅，岂期一朝成千古也！"

脱骖　孔子遇旧馆人之丧，入而哭之哀；出，使子贡脱骖而赗之。

麦舟　范尧夫舟有麦五百斛，悉与故人石曼卿，以助其葬。

生刍一束　郭林宗有母忧，徐稺往吊之，置生刍一束于闾前而去之。众怪不知其故。林宗曰："此必南州高士徐孺子也。《诗》不云乎：'生刍一束，其人如玉。'吾有何德足以当之？"

素车白马　范式巨卿、张劭元伯相与为友。元伯卒，式梦劭呼曰："巨卿，吾已某日死，某日葬。"式驰往赴之。未及到而劭已发引。将至圹，而柩不前。其母曰："元伯，岂有望耶？"停柩。移时，乃见素车白马，号哭而来。母曰："是必范巨卿也。"式因执绋而引。其柩乃前。

归见父母　陈尧佐临终，自志其墓，曰：有宋颍川生尧佐，字希先，年八十二不为夭，官一品不为贱，卿相纳录不为辱祖，可归见父母栖神之域矣。

月犯少微　谢敷隐居在剡中。当时月亮侵犯少微星，占卜的结果是"对隐士不利"。谯国的戴逵名气比谢敷大，就觉得很担忧。不久后谢敷死了，当时人便说："吴中高士，求死不得。"

岁在龙蛇　郑玄梦见孔子对他说："起来，起来，今年是龙年，明年是蛇年。"郑玄醒来后，想起这与当时流传的一个谶语相合，便知道自己快要死了。谶语说："岁在龙蛇贤人嗟。"

梦书白驹　杜牧梦到在写"白驹"两个字，有人说"这是指'过隙'啊"。于是杜牧立刻把自己写的文章都毁了，果然就死了。

一朝千古　唐代的薛收死了，秦王说："我与薛收（伯褒）曾共同带兵，哪里知道有一天便成永别啊！"

脱骖　孔子遇到以前掌管馆舍之人的丧事，便进去很哀伤地痛哭，出来，让子贡把马解下来作为奠仪。

麦舟　范尧夫的船里有五百斛麦子，全都给了老友石曼卿，用来帮助完成他的丧事。

生刍一束　郭林宗正为母守丧，徐穉前往吊唁，在门前放了新鲜的一束草就走了。众人都很奇怪，不知是什么缘故。郭林宗说："这肯定是南州高士徐穉（孺子）。《诗经》不是说吗，'生刍一束，其人如玉'，我有什么德行能当得起这样的夸奖啊？"

素车白马　范式（巨卿）、张劭（元伯）为朋友。张劭死了，范式梦见张劭喊他说："巨卿兄，我已经在某某日死了，某某日要下葬。"范式连忙驾车赶去吊唁。还没到达的时候张劭的葬礼已经开始。要到墓前了，但棺材却无法移动。他的母亲说："元伯啊，难道你还有什么要盼望的么？"便停下棺材。过了一会，便看到素车白马，有人大哭着来了。他的母亲说："这一定是范巨卿。"范式于是拉着牵引棺材的大绳在前边引导，棺材这才可以移动了。

归见父母　陈尧佐临终的时候，自己给自己写了墓志铭，说道：大宋颍川书生陈尧佐，字希先，年纪八十二，已经不算夭折，官居一品，也不算低贱，卿相纪录中都有名字也不算污辱祖先，可以到灵魂栖息的地方去见父母了。

翁仲　《水经注》：鄗南千秋亭坛庙东枕道，有两石翁仲。山谷诗："往者不可言，古柏守翁仲。"

九京　文子曰："是全要领以从先大夫于九京也。"

佳城　汉滕公驾至东都门，马悲鸣不进。命掘之，得石椁，有蝌蚪书云："佳城郁郁，三千年见白日，吁嗟滕公居此室。"公叹曰："天乎！吾死，其安此乎？"后葬其处。

牛眠　晋陶侃。初，家将葬，忽失一牛，不知所在。遇一老父，谓曰："前冈见一牛眠处，其地若葬，位极人臣。"侃寻牛得之，因葬焉。

寿藏　唐姚崇曾孙勗自立寿藏于万安山崇莹之旁，兆曰"安居穴"，以土为床曰"化台"。

挽歌　汉高帝时，田横死，从者不敢哭，随枢叙哀，故承以为挽歌。汉武时，李延年分为二：《薤露》，送王公贵客；《蒿里》，送士大夫庶人。

吊柳七　柳永死日，家无馀财，群妓合金葬之郊外，每春月上冢，谓之吊柳七。

漆灯　唐沈彬居有一大树，尝曰："吾死可葬于此。"既葬穴之，乃一古冢，其间一古灯，台上有漆篆文曰："佳城今已开，虽开不葬埋。漆灯犹未灭，留待沈彬来。"

金粟冈　唐玄宗幸桥陵，见金粟冈有龙盘凤翥之势，谓侍臣曰："吾千秋万岁后宜葬于此。"及升遐，群臣依旨葬焉。

马鬣封　《礼记》：子夏曰："昔夫子言之曰，吾见封之若堂者矣，见若坊者矣，见若覆夏屋者矣，见若斧者矣，马鬣封之谓也。"

翁仲　《水经注》记载：鄬南的千秋亭坛庙东边的枕道上，有两个石翁仲。黄庭坚有"往者不可言，古柏守翁仲"的诗句。

九京　晋献文子说："这是希望保全性命，来追随亡祖亡父于九原啊。"

佳城　汉代的滕公驾车到东都门，马悲鸣着不走。滕公让人挖掘，得到了一架石头的棺材，上面用蝌蚪文写着："佳城郁郁，三千年见白日，吁嗟滕公居此室。"滕公长叹说："天啊！我死后是要安葬在这里吗？"后来果然便埋葬于此。

牛眠　晋代的陶侃。起初，家里将要举行葬礼，忽然丢了一头牛，不知道在哪里。最到一位老人，对陶侃说："前边山头上看到一头牛卧着，那个地方如果埋人的话，他的后代一定会做很高的官。"陶侃找到了牛，也看到了那个地方，便把先人埋葬在那里。

寿藏　唐代姚崇的曾孙姚勖活着的时候便给自己在万安山姚崇的墓旁建了一个墓地，题名为"安居穴"，用土做床，叫"化台"。

挽歌　汉高祖的时候，田横自杀而死，以前跟随他的人都不敢哭，只是跟随着他的灵柩诉说哀情，后人便继承这种方式而成为挽歌。汉武帝的时候，李延年把挽歌分为两类：《薤露》，是送王公贵客的；《蒿里》，是送士大夫和庶人的。

吊柳七　柳永死的时候，家里没有多余的钱财，一群妓女凑钱把他埋葬在郊外，每年的春天都来上坟，称之为吊柳七。

漆灯　唐代沈彬的住处有一棵大树，他曾说："我死之后可以埋在这里。"等他死后要埋葬的时候，挖开才发现这里是一个古墓，里面还有一盏古灯，灯台上有用漆写的篆文说："佳城今已开，虽开不葬埋。漆灯犹未灭，留待沈彬来。"

金粟冈　唐玄宗驾幸桥陵，看到金粟冈有龙盘凤翥的地势，便对侍臣说："我死后应该埋葬在这里。"等到去世的时候，大臣们依从他的意旨葬在这里。

马鬛封　《礼记》记载：子夏说："从前孔夫子说：我见过把坟筑成堂屋的样子的，见过像堤坊一样长而窄的，见过像覆盖夏朝房屋一样的，见过像斧头那样简单省事的。像斧头一样就是俗称的马鬛封。"

长夜室　东坡《赠章默》诗："章子亲未葬，馀生抱羸疾。朝吟噎邻里，夜泪腐茵席。愿求不毛田，亲筑长夜室。"

土馒头　范石湖《重九日行营寿藏之地》诗："家山随地可松楸，荷锸携壶似醉刘。纵有千年铁门限，终须一个土馒头。"

要离冢　梁鸿卒，皋伯通等为求葬地，乃葬之要离冢傍。曰："梁鸿高贤，要离烈士，政相类也。"后人遂以其所居名梁溪，今无锡是也。

玉钩斜　在吴公台下，隋炀帝葬宫人处也。唐窦巩《宫人斜》诗："离宫路远北原斜，生死恩深不到家。云雨今归何处去，黄鹂飞上野棠花。"

葬龙耳　晋元帝闻郭璞为人葬坟地，微服往观，谓主人曰："此葬龙角，必灭族。"主人曰："璞云此是龙耳，三年当有天子至。"帝曰："出天子耶？"曰："非也，能致天子问耳。"

方相　《周礼》：方相氏殴罔象，好食亡者肝，而畏虎与柏，故墓上列柏树，路口置石虎，本此。

不慭遗一老　孔子卒，哀公诔之曰："昊天不吊，不慭遗一老，俾屏余一人以在位，茕茕余在疚。呜呼哀哉尼父！无自律。"子贡曰："君其不没于鲁乎！"

五谷瓶　《丧服要记》：鲁哀公曰："五谷囊起伯夷、叔齐，不食粟而死，故作五谷囊。吾父食味含哺而死，何用此为？"今人遂为五谷瓶。

长夜室　苏轼《赠章默》诗说："章生的亲人尚未安葬，自己又有病。白天的哀吟让邻居听了也哽咽，晚上泪下浸透枕席。希望有一块贫瘠的田地，能亲手建一个可以为亲人守墓的屋子。"

　　土馒头　范成大（石湖）《重九日行营寿藏之地》诗说："家乡的山中随地都可以作坟墓来种植松楸，我也像喝醉的刘伶那样随手带着酒壶和铁锹以便我死后随时挖坑来埋我。纵然有千年不烂的铁门槛，最终还不是一个像馒头一样的土堆。"

　　要离冢　梁鸿死后，皋伯通等人为他请求营葬之地，于是埋在要离墓的旁边。说："梁鸿是高人，要离是烈士，正可以引为同类。"后人便把那个地方叫梁溪，就是今天的无锡。

　　玉钩斜　在吴公台下，隋炀帝埋葬宫女的地方。唐代窦巩《宫人斜》诗说："离宫路远北原斜，生死恩深不到家。云雨今归何处去，黄鹂飞上野棠花。"

　　葬龙耳　晋元帝听说郭璞为别人选择埋葬的地方，便换了普通的衣服去看，对那家的主人说："这个葬地叫'龙角'，若葬于此必有灭族之祸。"主人说："郭璞说这叫'龙耳'，三年中就有天子到来。"元帝说："是要出一个天子吗？"回答说："不是，是能让天子来问。"

　　方相　《周礼》记载：用官为方相氏的武夫来驱逐罔象，因为罔象喜欢吃死者的肝，但却害怕老虎和柏树，所以墓上种植柏树，路口设置石虎，原因在于此。

　　不慭遗一老　孔子死后，鲁哀公致悼辞说："上天不仁，不肯暂时留下这一位国老，让他保障我一人居于君位，使我孤零零地忧愁成病。呜呼哀哉尼父！失去了我的榜样啊。"子贡说："国君恐怕不能在鲁国善终吧。"

　　五谷瓶　魏国王肃的《丧服要记》记载：鲁哀公说："五谷囊起始于伯夷、叔齐，他们不愿吃周代的粮食而死，怕他们魂魄饿乏所以作了五谷囊。我父亲是有饭吃然后死的，要这有什么用呢？"现在人便制作了五谷瓶。

青蝇为吊客 虞翻字仲翔，放弃海南，自恨疏节，骨体不媚，犯上获罪，当长殁海隅。生无可与语，死以青蝇为吊客，使天下一人知己者，足以不恨。

墓木拱 《左传》秦伯使谓蹇叔曰："尔何知？中寿，尔墓之木拱矣。"

瓜奠 唐莱国公杜如晦薨，太宗诏虞世南制碑文。后因食瓜美，怆然悼之，遂辍食，遣使奠于灵座。

哀些 宋玉《招魂》曰："光风转蕙，氾崇兰些。"些，语词。宋玉招魂语末皆云"些"，故挽歌亦曰"哀些"。

长眠 《广记》：郑郊路逢一冢，有二竹。郑为诗曰："冢上两竿竹，风吹常袅袅。"冢中人续曰："下有百年人，长眠不知晓。"

赗赙 赙，助也。赗，报也。所以助生送死，副至意也。货财曰赙，车马曰赗。玩好曰赠，衣服曰襚。

铭旌 铭，明也，以死者为不可别己，故以其旌识之。杜牧之诗云："黄壤不沾新雨露，粉书空换旧铭旌。"

谥 太公周公相嗣王，始作谥法。人主谥始黄帝。加谥至十数字，始唐玄宗。太子谥始申生。卿大夫谥始周。处士谥始陶弘景。公卿无爵而谥始王导。宦者谥、方伎谥，始北魏。公卿大夫祖父谥始元。妇人谥始穆天子谥盛妃。哀后谥始汉高祖尊母昭灵。公主谥始唐高祖谥女平阳公主昭。生而赐谥始卫侯赐北宫喜贞，析朱鉏成。私谥始黔娄。妇人私谥其夫始柳下惠。

青蝇为吊客　虞翻字仲翔，被流放于海南，自己怨恨自己有过高的节操，骨骼体貌都无媚骨，所以冲犯在上之人而得罪，以后要死在海角了。活着的时候没有人可以说话，死后也只有青蝇来吊唁吧，如果天下有一个人能为我的知己，我也可以死而无憾了。

墓木拱　《左传》记载秦穆公让人对寒叔说："你知道什么？如果你六、七十岁死了的话，现在你坟上的树都有合抱那么粗了。"

瓜奠　唐代莱国公杜如晦死了，唐太宗诏令虞世南写碑文。后来因为吃了一个瓜，觉得很甜美，便又很伤感地悼念他，于是停下不吃，派人把瓜放在杜如晦的灵前来祭奠他。

哀些　宋玉的《招魂》里面有"光风转蕙，氾崇兰些"的句子。"些"，是语气词。宋玉《招魂》的句末都说"些"，所以挽歌也说："哀些。"

长眠　《太平广记》记载：郑郊在路上碰到一个坟墓，上面有两棵竹子。郑郊便吟诗道："冢上两竿竹，风吹常袅袅。"墓里的人忽然续诗道："下有百年人，长眠不知晓。"

賻赗　"賻"，就是"助"。"赗"，就是"报"。以此来帮助生者、送别死者，并表达自己的情意。钱财叫賻，车马叫赗。用于玩的东西叫赠，衣服叫襚。

铭旌　"铭"，就是"明"，因为死了的人无法自己区分自己，所以用他的旌旗来作标识。杜牧的诗说："黄壤不沾新雨露，粉书空换旧铭旌。"

谥　姜太公和周公为周天子之相，开始作谥法。天子的谥始自黄帝。加谥号达到十几字的，始自唐玄宗。太子的谥号始自申生。卿大夫的谥号始自周代。处士谥号始自陶弘景。公卿没有爵位而有谥号始自王导。宦官和术士有谥号，始自北魏。公卿大夫的祖父有谥号始自元代。妇人有谥号始自穆天子给盛妃的谥号。哀悼皇后的谥始自汉高祖尊谥其母为昭灵。公主的谥号始自唐高祖为女儿平阳公主取谥号为昭。活着就赐给谥号始自卫侯赐谥于北宫喜为贞子，析朱鉏为成子。私人所为谥号始自黔娄。妻子私下为丈夫取谥号始自柳下惠。

窀穸　《左传》：获保首领以殁于地，惟是春秋窀穸之事。

襄事　《左传》：葬定公，雨，不克襄事，礼也。

葛茀　《左传》：葬敬嬴。旱，无麻，用葛茀。

祖载　《白虎通》：祖载者，始载柩于庭，乘辀车而辞祖祢，故曰祖载。

天子死曰崩，诸侯曰薨，大夫曰卒，士曰不禄，庶人曰死。在床曰尸，在棺曰柩。羽鸟曰降，四足曰渍。死寇曰兵。

执绋　《礼记》：吊于葬者必执引，若从柩及圹皆执绋。

礼制 祭祀三

祭法　有虞氏禘黄帝而郊喾，祖颛顼而宗尧。夏后氏亦禘黄帝而郊鲧，祖颛顼而宗禹。殷人禘喾而郊冥，祖契而宗汤。周人禘喾而郊稷，祖文王而宗武王。

少昊始制宗庙，周公始为七庙，舜始制庙号。舜受终于文祖，始大事告庙。　伏羲始制祀先，少昊始制四时庙祭。　舜始制禘祭，帝槐始制不迁宗祭。殷制五年祫祭。周三年文王祭忌日。　北齐始制别室，加荐爇味。　殷太甲始制功臣配享。禹作世室，始立尸。伊尹制祏宅也。即今木主，古用石函，故名。宋真宗制板位贮以漆匣异床覆缣。左彻刻黄帝制木像。

窆穸　《左传》记载：得以保全性命而善终，便有这些祭祀安葬的事情。

襄事　《左传》记载：埋葬鲁定公的时候，天下起了雨，便没有把丧事办完，不急着下葬这就是礼。

葛茀　《左传》记载：埋葬敬嬴的时候。天气很旱，没有麻，只好用葛茀。

祖载　《白虎通义》记载："祖载"，指的是开始把灵柩载在车上放在庭中，乘兴出丧的车去辞别祖先，所以叫祖载。

天子的死叫崩，诸侯的死叫薨，大夫的死叫卒，士人的死叫不禄，庶人就叫死。死后还在床上的叫尸体，在棺材中的叫柩。飞鸟死了叫降，四足之兽死了叫渍。死于敌人之手的叫兵。

执绋　《礼记》记载：在出葬时去吊丧就一定要帮忙拉柩车，如果跟着柩车到了墓穴旁，就一定要帮忙拉着绋来下葬。

礼制祭祀三

祭法　有虞氏用禘礼来祭祀黄帝，用郊礼来祭祀帝喾，庙祭则以颛顼为祖而以尧帝为宗。夏后氏也用禘礼来祭祀黄帝，用郊礼来祭祀鲧，庙祭则以颛顼为祖而以大禹为宗。殷人用禘礼来祭祀帝喾，用郊礼来祭祀冥，庙祭则以契为祖而以汤为宗。周人用禘礼来祭祀帝喾，用郊礼来祭祀稷，庙祭则以文王为祖而以武王为宗。

少昊开始设立宗庙，周公开始立朝廷的七庙，舜开始制定庙号。舜接受帝位于尧帝始祖的庙中，开始有大事必祭告于祖庙的制度。　伏羲开始制定祭祀祖先之礼，少昊开始制定四季的庙祭。　舜开始制定帝王的大祭即禘祭，夏朝的帝槐开始制定不迁宗的祭礼。殷商时期规定五年举行一次大合祭即袷祭。周代每三年在文王庙中大祭一次。　北齐开始制定别室，增加献贡的烧烤之物品。　殷商的太甲开始规定功臣可以在大庙中配享。大禹制定的墓前的祭台，开始设立灵位。伊尹制定宗庙中藏木主的石盒就是石室，即现在的木主，古代用石来装，所以有这个名字。宋真宗制定了百官从祭的位次牌用漆匣来贮藏、放在床上并盖着缣布。左彻用木头刻了黄帝的像。

秦始皇始制寝墓侧，汉因之，为起居、衣冠象生之备，上饭。天子正月上陵，始祭扫。　王导拜元帝陵，始人臣谒陵。　祭神，伏羲始于冬夏至郊社，祭皇天后土。殷汤始制祭感生帝。周公始制祭神州地祇。　舜始制禘郊配食。秦始皇制三岁一郊。汉平帝始南郊，合祀天地，位皆南向，地位差东时王莽宰衡主之。　神农始制大享五天帝于明堂。尧制五人帝、五人神，配五天帝。舜制五郊，祭五方天帝迎气。　黄帝始制坛畤。秦献公制畦畤如韭畦于畤中，名为一土封也。秦始皇始制四畤，本襄公西畤，文公鄜畤俱白帝，宣公密畤青帝，灵公上下畤上黄帝，下炎帝。汉高帝始增制五畤。汉武帝始祀太乙五帝之主，自昏至明，始立泰畤。

汉文帝始制五帝庙同宇一屋之下为五庙各门。晋武帝始诏五帝同称昊天，除五帝座从王肃议。　秦始皇始制郊祀燋火爟，举也。不同祠所举火为节而遥拜也。　帝喾始制六宗，祭日月星辰寒暑四时风雨雷云。无怀氏始封禅。黄帝制四坎祭川谷水泉，四坛祭山林丘陵。舜制秩，祭四岳、四渎。　黄帝始制社祭五土，制稷于五土之中，特指原隰之祇稷为五谷之长，旌异其处能生谷也，非但祭其谷粒。　秦制守始郡县祠社稷。宋真宗始定郡县祭社稷仪。　神农始制蜡。少昊制祭先农蚕。舜制祭四方百物。禹祭司寒冰神。秦德公祭伏。　汤旱，始迁稷神柱祀弃。汤始五祀，户、灶、门、路、中霤。周公制七祀，加泰厉司命。　汉高祖废户祭井。汉高祖始祭蚩尤。唐玄宗始祭九宫神

秦始皇开始制定歇宿于墓侧的方法，汉代沿用了这种方式，并布置了模仿死者生前起居、衣冠等使用的物品，并上饭。天子正月要上陵，开始祭祀洒扫。　　王导拜祭元帝陵墓，才开始了大臣拜祭帝王陵墓的先例。　　祭祀神灵，是伏羲开始于冬、夏到郊外去祭祀皇天后土的。殷汤开始制定对感生帝的祭祀。周公开始制定祭祀神州地祇的活动。　　舜开始制定禘祭和郊祭的配食。秦始皇规定三年一次郊祭。汉平帝开始在南郊合祀天地，位置都是面向南，地位偏东一些当时王莽主持制定的。　　神农氏开始制定在明堂大享五天帝。尧帝规定了五人帝、五人神，来配五天帝。舜制定了五郊，祭祀五方天帝来迎接气候的变化。　　黄帝开始制定设坛而祭。秦献公制定了祭祀白帝的畦時在田中划出像韭菜地一样，名叫一土封。秦始皇开始制定四時，本于襄公的西時，文公的鄜時都是祭祀白帝的，宣公的密時祭祀青帝的，灵公的上、下時上時祭祀黄帝，下時祭祀炎帝。汉高祖开始增加制定为五時。汉武帝开始祭祀太乙这是五帝之主，从晚上到白天，开始设立泰時。

　　汉文帝开始规定五帝庙同在一宇就是五庙在一个屋子下边只是各立门户。晋武帝开始下诏让五帝一同被尊称为昊天，废除了五帝座听从王肃的建议。　　秦始皇开始规定郊祀的时候要燋火燋，就是举的意思。不同的祠庙以举火为号便可远远地拜祭了。　　帝喾开始制定六宗，祭日月、星辰、寒暑、四时、风雨、雷云。无怀氏开始制定封禅之礼。黄帝制定了四坎来祭祀川、谷、水、泉，四坛来祭祀山、林、丘、陵。舜制定秩祭，来祭祀四岳和四水。　　黄帝开始制定社祭来祭五土，在五土之中制定稷，它特指原野泽薮中的神灵稷是百谷之长，这是表彰原野中能生长谷物，不是仅仅祭祀粮食。　　秦朝规定太守为郡县建庙祭祀社稷。宋真宗开始制定郡县祭社稷的礼仪。　　神农开始制定了年终的蜡祭。少昊制定祭祀先农与蚕。舜规定祭祀四方的百物。大禹祭祀了司寒的冰神。秦德公祭祀伏天。　　商汤时因为大旱，开始把稷神的庙迁移并弃祀。商汤开始了五种祭祀，即户祭、灶祭、门祭、路祭、中霤祭。周公制定了七祀，加了泰厉和司命。　　汉高祖废除了户祭又加了祭井的活动。汉高祖开始祭祀蚩尤。唐玄宗开始祭九宫神

于千秋节设坛修祀。颛顼制祷祭。舜制类祭。禹制大旅。　神农始制祝文。汉武帝始郊祀，立乐府。　黄帝始沐浴，修斋戒。后魏始行香以香末散行或熏手祷祈。　太康失邦，始日食，始救日。　神农始制禖求子。汤制雩祷旱。周公制大雩祈谷。　神农始制请雨之法。汤制土龙祈雨。隋文帝制祈雨断屠宰，禁施扇。

宗伯职掌凡祀大神、享大鬼、祭大祇，帅执事命龟卜日，次莅筑鬻、省牲、告洁、告备、受釐、锡嘏。

九祭六器　《周礼》：太祝掌办九祭六器。六器者，苍璧、黄琮、青珪、赤璋、白琥、玄璜。九祭，一曰命，二曰衍，三曰炮，四曰庙，五曰振，六曰擩，七曰绝，八曰燎，九曰共。

郊祀　燔柴于泰坛，祭天也。瘗埋于泰折，祭地也。用骍犊。

六宗　埋少牢于泰昭，祭时也。祖迎于坎坛，祭寒暑也。王宫祭日也。夜明祭月也。幽宗祭星也。云宗祭水旱也。

五時祠　青帝曰密時祠，黄帝曰上時祠，炎帝曰下時祠，白帝曰畦時祠，黑帝曰北時。

五祀　春祀户，夏祀灶，秋祀门，冬祀行，季夏祀中霤。

七祀　王立七祀，曰司命、曰中霤、曰国门、曰国行、曰泰厉、曰户、曰灶。诸侯五祀，曰司命、曰中霤、曰国门、曰国行、曰公厉。大夫三祀，曰族厉、曰门、曰行。士二祀，曰门、曰行。庶人一祀，或立户，或立灶。

在皇帝生日的千秋节设坛祭祀。颛顼制定了在军队驻地进行的祃祭。舜制定了祭天与五帝的类祭。大禹制定了祭天的大旅。 神农开始制定祝文。汉武帝开始郊祀，并建立了乐府。 黄帝开始在祭祀前要沐浴，并进行斋戒。后魏开始拜祭时行香用香末散发或熏手来祈祷。 太康被后羿篡权而失国，开始有了日食，也开始有了救日的祭祀。 神农始制定禖祭来求子。商汤制定了求雨的雩祭来为旱情祈祷。周公制定了大雩祭来祈祷谷物丰收。 神农氏开始制定求雨之法。商汤制做了土龙来求雨。隋文帝规定求雨时禁止屠宰，禁止用障扇。

宗伯的职责是掌管祭祀大神、大鬼、大祇时，带领执事人员来用龟壳占算以定日期，然后到祭祀场所煮香草、审察祭祀用的牲畜、向主祭报告牲畜洁净、报告准备好了，把祭馀之肉归至皇帝、赐福。

九祭六器 《周礼》记载：太祝的职责是办理九祭六器。六器，指的是苍璧、黄琮、青珪、赤璋、白琥、玄璜。九祭，一叫作命，二叫作衍，三叫作炮，四叫作庙，五叫作振，六叫作擩，七叫作绝，八叫作燎，九叫作共。

郊祀 把玉帛、牺牲等置于积柴上而焚之于泰坛，这是祭天。把这些东西埋于城北祭地的泰折，这就是祭地。牲畜要用红色的牛犊。

六宗 把羊、猪两种祭品埋在泰昭，这是祭祀季节的。在坎坛进行祖祭，这是祭寒暑。在日坛的王宫之祭是祭的日。在月坛的夜明之祭是祭月的。幽宗之祭是祭星的。云宗之祭是祭水旱的。

五時祠 祭祀青帝的叫密時祠，祭祀黄帝的叫上時祠，祭祀炎帝的叫下時祠，祭祀白帝的叫畦時祠，祭祀黑帝的叫北時。

五祀 春季祭祀户，夏季祭祀灶，秋季祭祀门，冬季祭祀行，季夏祭祀土神。

七祀 皇帝要有七祀，即宫中之神司命、土神、国门、国行、古帝王无后之鬼、户、灶。诸侯有五祀，即宫中之神司命、土神、国门、国行、古诸侯无后之鬼。大夫有三祀，即古大家族无后之鬼、门、行。士人二祀，即门、行。庶人一祀，或立户，或立灶。

八蜡 天子大蜡八：一先啬神农，二司啬后稷，三农田畯，四邮表畷田畔屋，五猫食田鼠虎食田豕，六坊蓄水，亦以障水，七水庸沟受水，亦以泄水，八昆虫螟螽之类。

祀典 夫圣王之制祭祀也，法施于民则祀之，以死勤事则祀之，以劳定国则祀之，能御大菑则祀之，能捍大患则祀之。是故厉山氏之有天下也，其子曰农，能殖百谷；夏之衰也，周弃继之，故祀以为稷。共工氏之霸九州也，其子曰后土，能平九州，故祀以为社；帝喾能序星辰以著众；尧能赏均刑法以义终；舜勤众事而野死；鲧障洪水而殛死；禹能修鲧之功；黄帝正名百物以明民共财，颛顼能修之；契为司徒而民成，冥勤其官而水死；汤以宽治民而除其虐；文王以文治，武王以武功去民之菑：此皆有功烈于民者也。及夫日月星辰，民所瞻仰也；山林川谷丘陵，民所取财用也。非此族也，不在祀典。

祭主 天子祭天地、祭四方、祭山川、祭五祀，岁遍。诸侯方祀，祭山川、祭五祀，岁遍。大夫祭五祀，岁遍。士祭其先。

祭孔庙 唐玄宗始封孔子王号。宋太祖始诏孔子庙立戟，仁宗始诏用祭歌，徽宗始从蒋靖请时官司业用冕十二旒、服九章。汉武帝始封孔子后为侯奉祀。成帝始谥孔子后。周始诏孔子后为曲阜令。宋仁宗始诏孔子后为衍圣公。

八蜡　天子大型的蜡祭有八种：一是先啬即神农，二是司啬即后稷，三是农即掌管农事的官员，四是邮表畷田间督耕之邮舍，五是猫因为它吃田鼠和虎因为它吃野猪，六是坊用来蓄水，也可以防水，七是水庸就是水沟，用来盛水，也可以疏导水，八是昆虫就是螟、蝗等害虫。

祀典　圣王来制定祭祀之法则，有法令普施于民的就祭祀他，为民众的公务而死的就祭祀他，用自己的勤劳来安邦定国的就祭祀他，为民众防止大的自然灾害的就祭祀他，为捍卫国家免于战乱的就祭祀他。因此，厉山氏统治天下的时候，他的儿子叫农，能帮助民众来种植百谷；后来夏代衰亡了，周弃又继承了农，所以他们被后人当作稷来祭祀。当共工氏称霸九州的时候，他的儿子叫后土，能安定九州，所以后人把他当作社来祭祀；帝喾以星辰来安排时间并让民众明白；尧帝能公平地赏善惩恶，最后又能让位给贤者；舜帝勤于国事而死在郊野，鲧为了堵截洪水未成功而被流放至死，他的儿子大禹修改鲧的方式从而成功；黄帝制订人们不同的身份和职业，使人们能够分工合作，颛顼又能继承并增益之；契为舜的司徒从而使民众受到教化；冥为水利之官而殉职；商汤用宽厚的政策来治理民众从而革除了夏桀的暴虐之政；周文王用文化的教化、周武王用武力来除去民众的灾难：所以这些都是对于民众有丰功伟绩的。此外，如日月星辰，是民众所要瞻仰的；山林、川谷、丘陵，是民众财物和日用品的来源。除这些之外，就不在祭祀的范围之内了。

祭主　天子要祭祀天地、四方、山川、五祀，每年都要祭祀一遍。诸侯则各祭其一方的神祇，祭山川、祭五祀即可，也是每年祭祀一遍。士大夫祭五祀，每年一遍。士人只祭其祖先。

祭孔庙　唐玄宗最早给孔子封了王。宋太祖开始下诏在孔子庙中立戟，宋仁宗开始下令使用祭歌，宋徽宗开始听从蒋靖的奏请他当时官为司业用有十二条垂饰的礼冠、有九种花纹的礼服。汉武帝开始封孔子的后人为侯来奉命祭祀。汉成帝开始为孔子后人封谥号。北周开始下诏让孔子后代做曲阜令。宋仁宗开始下诏封孔子后人为衍圣公。

丁祭用鹿 汉高祖过曲阜，以大牢祀孔子。今制，郡县祭孔子以鹿。

淫祀 凡祭，有其废之，莫敢举也。有其举之，莫敢废也。非其所祭而祭之，名曰淫祀。淫祀无福。

牺牲 天子以牺牛，诸侯以肥牛，大夫以索牛，士以羊豕。

凡宗庙之礼，牛曰一元大武，豕曰刚鬣，豚曰腯肥，羊曰柔毛，鸡曰翰音，犬曰羹献，雉曰疏趾，兔曰明视。脯曰尹祭，槁鱼曰商祭，鲜鱼曰脡祭。水曰清涤，酒曰清酌，黍曰芗合，粱曰芗萁，稷曰明粢，稻曰嘉蔬，韭曰丰本，盐曰咸鹾，玉曰嘉玉，币曰量币。

方诸明水 方诸，大蛤也，摩拭令热以向月，则生水，古人取以庙祭，谓之"明水"。

祭号 祭王父曰皇祖考，王母曰皇祖妣。父曰皇考，母曰皇妣，夫曰皇辟。

庙制 天子七庙，三昭三穆，与太祖之庙而七。诸侯五庙，二昭二穆，与太祖之庙而五。大夫三庙，一昭一穆，与太祖之庙而三。士一庙。庶人祭于寝。

祭时 天子诸侯宗庙之祭，春曰礿，夏曰禘、秋曰尝、冬曰烝。天子犆礿，祫禘、祫尝、祫烝。诸侯礿则不禘，禘则不尝，尝则不烝，烝则不礿。诸侯礿，犆；禘，一犆一祫；尝，祫；烝，祫。

牲制 天子社稷皆太牢，诸侯社稷皆少牢。大夫、士宗庙之祭，有田则祭，无田则荐。庶人春荐韭，夏荐麦，秋荐黍，

丁祭用鹿　汉高祖过曲阜，用三牲的大牢之礼来祭祀孔子。现在的制度是，郡县祭祀孔子用鹿。

淫祀　凡是祭祀之礼，有应该废除的，就没有人敢兴起。有应该举行的，也没有人敢废除。不应该祭却偏要去祭的，叫作淫祀。淫祀没有福佑。

牺牲　祭祀的牲畜天子用纯色的牛，诸侯用专门养在祭牲之室的牛，大夫用挑选出来的牛，士人用羊或猪。

凡是宗庙的祭礼，牛叫作一元大武，大猪叫作刚鬣，小猪叫作腯肥，羊叫作柔毛，鸡叫作翰音，犬叫作羹献，雉叫作疏趾，兔叫作明视。脯叫作尹祭，槁鱼叫作商祭，鲜鱼叫作脡祭。水叫作清涤，酒叫作清酌，黍叫作芗合，梁叫作芗萁，稷叫作明粢，稻叫作嘉蔬，韭叫作丰本，盐叫作咸醝，玉叫作嘉玉，币叫作量币。

方诸明水　方诸，就是大蛤蟆，把它摩擦变热再向着月亮，就会生出水来，古人用这种水用于庙祭，称之为"明水"。

祭号　祭祖父叫作皇祖考，祖母叫作皇祖妣。父亲叫作皇考，母亲叫作皇妣，丈夫叫作皇辟。

庙制　天子有七庙，三昭三穆，加上太祖之庙共有七个。诸侯有五庙，二昭二穆，加上太祖之庙共有五个。大夫有三庙，一昭一穆，加上太祖之庙共有三个。士人只有一庙。普通人没有庙就在卧室祭祀。

祭时　天子、诸侯在宗庙的祭祀，春天举行的叫作礿，夏天举行的叫作禘、秋天举行的叫作尝、冬天举行的叫作蒸。天子单独进行礿祭，而后禘、尝、蒸三祭均是合祭。诸侯则若进行了礿祭就不再举行禘祭，举行了禘祭就不再举行尝祭，举行了尝祭就不再举行蒸祭，举行了蒸祭就不再举行礿祭。诸侯的礿祭也是特祭；诸侯的禘祭，则一年为特祭、一年为合祭；尝祭与蒸祭则均为合祭。

牲制　天子用于社稷祭祀的都需要牛、羊、猪三牲具备的太牢，诸侯用于社稷祭祀的可以用羊、猪二种的少牢。大夫和士人在宗庙的祭祀中，有田地的就举行祭礼，没有田地举行荐礼即可。普通民众春天以韭菜来献荐，夏天以小麦来献荐，秋天以黍米来献荐，

冬荐稻。韭以卵,麦以鱼,黍以豚,稻以雁。

牛制　祭天地之牛,角茧栗;宗庙之牛,角握;宾客之牛,角尺。

六礼:冠、婚、丧、祭、乡、相见。
七教:父子、兄弟、夫妇、君臣、长幼、朋友、宾客。

八政:饮食、衣服、事为、异别、度、量、数、制。

乡饮酒礼,主人拜迎宾于庠门之外,入三揖而后至阶,三让而后升,所以致尊让也。盥、洗、扬觯,所以致洁也。拜至、拜洗、拜受、拜送、拜既,所以致敬也。尊让、洁、敬也者,君子所以相接也。

五象　宾主,象天地也。介、僎,象阴阳也。三宾,象三光也。让之三也,象月之三日而成魄也。四面之坐,象四时也。

贵礼贱财　祭荐、祭酒,敬礼也。啐肺,尝礼也。啐酒,成礼也。于席末,言是席之正,非专为饮食也,为行礼也,所以贵礼而贱财也。

别贵贱　主人亲速宾及介,而众宾自从之。至于门外,主人拜宾及介,而众宾自入。贵贱之义别矣。

冬天以稻米来献荐，韭菜要配鸡蛋，小麦要配鱼，黍米要配猪肉，稻米要配大雁。

牛制　祭祀天地用的牛，应该选用牛角就像蚕茧或粟子那么小的；宗庙祭祀用的牛，牛角可以用一握长；宴请宾客用的牛，牛角可以用一尺长。

六种礼：冠礼、婚礼、丧礼、祭礼、乡礼、相见礼。

七种应当遵从的伦理规范：父子、兄弟、夫妇、君臣、长幼、朋友、宾客。

八种国家施政的方面：饮食、衣服、技术、不同地方所用东西的不同、长度、体积、数字、布帛的标准。

乡人聚会饮酒的礼仪如下：主人在乡学门外拜迎宾客，客人入门后作三次揖才到台阶，彼此推让三次然后再上台阶，这是为了表达尊重和礼让的意思。洗手、洗杯然后举杯饮酒，这是为了表示洁净的意思。主人拜迎宾客的到来、宾客拜谢主人洗杯和献酒、主人拜送宾客取酒和干杯，这是为了表达尊敬的意思。尊重和礼让、洁净、敬重，这是君子交往的基本规范。

五象　宾与主，象征着天和地。辅佐宾客的介和辅佐主人的僎，象征着阴和阳。主宾、介和众宾，象征着日月星三光。谦让三次，象征月朔之后三天而复明。位置为四方对坐，象征春夏秋冬的四季。

贵礼贱财　宾客在席上祭主人所献的肉和酒，表示尊敬主人待客之礼。咬一口肺，表示接受了主人的敬意。浅浅地吃一口酒，是要成全主人的礼。喝酒时移到席的西头末位上，是为了说明此席的真正用意：不是专门为了饮食，而是为了行礼，这就是重视礼而轻视财的表现。

别贵贱　乡饮酒之前，主人亲自到宾客及辅佐宾客的介家中去敦请，其他宾客则到主宾家中，跟随着一起前往。到主人门外，主人拜迎主宾和介，而其他宾客自己入内。这样就可以判别贵与贱了。

辨隆杀　三揖至于阶，三让，以宾升，拜至，献、酬辞让之节繁；及介，省矣。至于众宾，升受、坐祭、立饮，不酢而降。隆杀之义辨矣。

和乐不流　工入，升歌三终，主人献之；笙入三终，主人献之；间歌三终，合乐三终，工告乐备，遂出。一人扬觯，乃立司正焉，知其能和乐而不流也。

弟长无遗　宾酬主人，主人酬介，介酬众宾，少长以齿，终于沃、洗者焉，知其能弟长而无遗矣。

安燕不乱　降，说屦升堂，修爵无数。饮酒之节，朝不废朝，夕不废夕。宾出，主人拜送，节文终遂焉，知其能安燕而不乱也。

律吕

伏羲始纪阳气之初，为律法。建日冬至之声，以黄钟为宫。黄钟自冬至始，以次运行，当日者各自为宫、商、徵以类从焉。黄帝听凤鸣，候气应，比黄钟之宫，而皆可以相生，始为本令。神瞽协中声，始为律度。　武王伐纣，吹律听声，制七律。各五位三所而用之，一同其数，

辨隆杀　主人与主宾三揖才走到台阶前，彼此再谦让三次，再后主人上台阶并引导主宾上台阶，主人拜谢主宾的到来，又斟酒献宾，宾再回敬主人，这样辞让的礼节很多；至于主人与介之间，礼节就简省了。至于普通宾客，登台接受献爵，坐着祭祀，站着饮酒，不回敬主人便可以下台。这样礼的隆重与减省也可以很分明了。

和乐不流　乐工入室之后，升堂唱《鹿鸣》、《四牡》、《皇皇者华》三篇结束后，主人献酒给他；吹笙的人入室之后，在堂下演奏出《南陔》、《白华》、《华黍》三曲结束后，主人献酒给他；唱歌的与吹笙的人又轮流相间地一唱一吹，各自表演完三篇之后，然后再一唱一吹地合起来同时表演，表演三首后，乐工就向主宾报告，乐歌已经表演完毕，然后就可以出去了。这时主人的属下有一人举觯敬宾，于是命人一当司正，就知道在乡饮酒的礼节中能够和谐欢乐却不放肆。

弟长无遗　主宾先饮以劝主人饮，主人又劝介饮，介又劝众宾客饮，可见饮酒是以长幼为次序的，到那些洗涮、干活的人为止也都有酒，那么就知乡饮酒礼能按年龄进行且不会遗漏。

安燕不乱　在撤下酒之后，各人下堂，把鞋子脱掉，再登堂入座，这时开始彼此劝酒，不计杯数。饮酒的节制程度是，要早上饮酒不耽误早朝，晚上饮酒不耽误晚朝。宾客离去时，主人要拜送，依照所有仪式完成它，可以知道乡饮酒能安然燕饮而不会有混乱。

律吕

伏羲开始纪录阳气初生的状态，从而制定了律法。在建日冬至那天吹出的声音，用黄钟为宫。黄钟从冬至开始，依次运行，每到一天就各为宫、商、徵等，以类相从。黄帝听到凤凰的鸣叫，而节候也与气相应，就用黄钟宫来比附，这样便可以相生了，于是开始制为本令。神瞽协调了中声，开始制作了律度。　周武王伐纣的时候，吹律管而听声音，从而制定了七律。各有岁、月、日、星、辰五位和三所来使用，与其数相同，

以律和声。　汉武帝时，令张苍定音律，访律吕相生之变于京房，始制六十律。十二律之外，中宫上生执始，执始上生去减，上下相生，终于南事。五代钱乐之、沈重因京房而六之，制三百六十律。日当一管，宫、徵旋韵，各以类从。　黄帝取嶰谷之竹，断两节间而吹律。京房以竹声微不可度调，始作准以定数。准状如瑟，长丈，十三弦，分寸粗而易达。后魏陈仲儒请以准代律。　魏杜夔令柴玉铸钟。荀勖较杜夔钟律，造十有二笛。笛具五音，以应京房之术。各以其律相因，以本宫管上行，则宫亢，因宫穴以本宫。徵上行，则徵亢。梁主衍制为四通。立为四器，名之为通，皆施二弦，因以通声，转通月气。又用笛以写通声。　沈重始为子声，以母命子，随所多少合一律。一部律数为母，一中气所有日为子。为变宫变徵。羽、宫之间，近宫收一声，少高于宫。角、徵之间，近徵收一声少下于徵。四清声。如黄钟为宫，蕤宾为之商，则减一律之半，为清声以应之。　隋郑译始立七调，以其七调勘较七声。七声之外，更立一声为应。姜宝常始为八十四调，百四十律，变化终于十声，率下于译调二律。何妥陈用黄钟一宫。妥立议非古旋相为宫之乐。惟击七钟，五钟为哑钟。唐张文收与祖孝孙吹调，始十二钟皆应。　唐末黄巢之乱，工器俱尽。博士殷盈孙铸镈钟十二。处士萧承训较定石磬。皆于金石求之。王朴始寻古法，得十二律管，依律准十三弦，以宣其声。宋太祖命和岘下王朴乐二律。仁宗复诏李炤较定。　宋礼官杨杰请依人声制乐，以歌为本。蜀方士魏汉津用夏禹以身为度之文，取帝中指三寸为度。

从而用律来和声。 汉武帝的时候，命张苍制定音律，他向京房学习了律吕相生的变化，开始制定六十律。在十二律之外，中宫之上生执、始，执、始之上生去、减，这样上下相生，终结于南事。五代的钱乐之、沈重二人又依据京房的六十律再扩展六倍，制成了三百六十律。每天对应一管，宫、徵等音旋转而对位，各以类相从。 黄帝取用了嶰谷的竹子，从两节之间截断来吹律。京房认为竹子声音大小无法定调，开始作了音准来以确定音位。音准的形状就像瑟，长一丈，有十三弦，分寸很粗而容易达成。后魏陈仲儒请求用准来代替律。 魏杜夔命令柴玉铸钟。荀勖校订了杜夔的钟律，制造了十二支笛子。笛子都具有五音，以此来对应京房的律法。他们各自依凭自己的律法，用本宫为基调上行，那么宫就是高音，所以在宫音处钻洞作为本音。而以徵音上行，就徵音亢急。梁朝的君主萧衍制定为四通。树立四个乐器，把它们叫通，每种都安装了两根弦，用来通声调，并转而也通了月令。又用笛子来模仿通的声音。 沈重开始制定了半音，以正常的音来统摄半音，无论多少都可以合为一律。一部中正常的律数为母音，一中气的所有日为半音。并且还可以为变宫、变徵之音。在羽音与宫音之间，近于宫音的地方设置一声，稍微高于宫音，这便是变宫。角音和徵音之间，近于徵音的地方设置一声，稍微低于徵音，这就是变徵。还有四个清声。如果以黄钟调为宫，蕤宾调为之商，那就把一律之音减半，制清声来应和。 隋朝的郑译开始创立七调，用他的七调来校对七声。在七声之外，再立一声为响应。姜宝常开始制定了八十四调，一百四十律，而变化则终于十声，其音率比郑译所创之调低二律。何妥向唐高祖奏请只用黄钟一个宫调。何妥的立议非难古代宫调互换的乐曲。只击打七钟，其馀五钟称为哑钟。唐代张文收与祖孝孙二人吹调那五钟，才使得十二钟都能响应。 唐末即经历了黄巢之乱，工匠与乐器都散失殆尽。博士殷盈孙铸造了镈钟十二面。处士萧承训也校定了石磬的音准。都只能在金石的记载上求得其方法了。王朴开始寻找古法，得到十二律管，依此律管校准了十三弦，用来宣扬这一准声。宋太祖命令和岘把王朴的乐声调低两个音符。宋仁宗又下诏令李炤校定。 宋代礼官杨杰请求依照人的声音来制定乐音，以歌声为本。蜀地的方士魏汉津用夏禹以自己的身体为标准的记载，取了夏禹中指三寸来作为标准。

　　伏羲始作乐。黄帝臣伶伦始制六律、六吕。荣缓铸十二钟，协月筒，以和五音。　　周礼始奏鼓吹大乐皆以钟鼓礼。钟师，掌金奏，制九夏。梁武帝本九夏为十二雅准十二律始定大乐，世世因之。祖孝孙本十二雅为十二和。　　秦燔《乐经》。汉兴，高祖始为乐《武德》，文帝广为四时乐。叔孙通始定庙乐。武帝始定《郊祀》十九章。明帝始定四品郊庙上陵大予乐，辟雍燕射雅颂乐，燕飨黄门鼓吹乐，军中短箫铙歌乐。汉东京之乱，乐忘。魏武始命杜夔创定雅乐，四箱乐具。晋永嘉之乱，乐又忘。梁武帝更制。及周太祖、隋文帝详定雅乐，颇得其宜。至唐高宗，命祖孝孙考据古音，斟酌南北，始著为唐乐。　　汉武帝制乐府，始诸调杂舞悉被丝管。陈后主始制《玉树后庭花》新乐，隋炀帝《金钗两臂垂》云俱陈后主。唐玄宗立部伎、坐部伎，三十六曲。　　隋文帝始分雅、俗二部。唐玄宗始法曲与胡部合奏。汉始立鼓吹署隶，北狄乐分二部。朝会用鼓吹，有箫笳者。军中马上用横吹，有鼓角者。隋以后，始以横吹用之卤簿，与鼓吹列为四部捆鼓部、铙鼓部、大横吹、小横吹部，总为鼓吹，供大驾及皇太子王公。　　张骞入西域，得胡音，始为胡角以应。胡笳本黄帝吹角，战于涿鹿。魏时减为半鸣始衰。汉唐山姓夫人造房中祠乐，本周房中乐讽，用丝竹遗声为清乐。隋高祖制房内乐。炀帝始加歌钟、歌磬，丝竹副之。　　元魏孝文篡汉，获南音，始为清商乐，本汉三调。隋文帝笃好清乐，置清商署为七部。炀帝始定清乐九部。唐高祖仍设九部，太宗为十部，俱主清商。　　唐玄宗始制教坊隶。散乐始周，有缦乐、散乐。秦汉因之，为杂伎。武帝始沿为俳优百戏，总谓散乐。

伏羲开始创作音乐。黄帝的大臣伶伦开始制定六律和六吕。荣缓铸造十二钟，用来协调时间与乐律的关系，并和以五音。　周代的礼规定要奏鼓吹_{大乐都是以钟鼓来演奏的。钟师，就是掌管敲击金属以为音乐之节的}，并制定了古乐九夏。梁武帝依据九夏而制十二雅_{按照十二律才开始制定大乐，此后便世世因袭}。祖孝孙依据十二雅变为十二和。　秦朝烧了《乐经》。汉朝立国后，汉高祖才开始制定了《武德》之乐，文帝广为四时乐。叔孙通开始制定庙乐。汉武帝开始制定《郊祀》乐十九章。汉明帝开始制定四种_{郊庙上陵等祭祀奏大予乐，辟雍燕射等教育类活动奏雅颂乐，燕飨黄门等娱乐性活动奏鼓吹乐，在军中唱短箫就奏铙歌乐}。汉末遭受战乱，音乐都散佚了。魏武帝曹操开始命令杜夔创作雅乐，有四箱有关音乐的器具。到了晋代永嘉之乱，音乐又散佚了。梁武帝更革了乐制。到了周太祖、隋文帝再详细校定雅乐，很是合适。到了唐高宗，命令祖孝孙考据古代的音，再斟酌南北的方音，开始制作唐乐。　汉武帝制定了乐府，开始各种乐调和杂舞都要用乐器来伴奏。陈后主开始创制了《玉树后庭花》的新乐，隋炀帝有《金钗两臂垂》_{有人说都是陈后主所创}。唐玄宗有立部伎、坐部伎，还有三十六曲。　隋文帝开始分为雅、俗二部。唐玄宗开始将法曲与胡部音乐合奏。汉代开始设立鼓吹署隶，北狄之乐分为二部。朝会的时候用鼓吹曲，也有用箫笳的。军中马上用横吹曲，也有用鼓角的。隋代以后，开始把横吹曲用到皇帝的卤簿大驾中，与鼓吹曲同列为四部_{掤鼓部、铙鼓部、大横吹、小横吹部}，总称为鼓吹，供应皇帝大驾及皇太子和王公。　张骞进入西域，得到边地民族的音乐，开始用胡角来应和。胡笳本于黄帝之吹角，在涿鹿之战时用过。魏的时候减成半鸣的声音才开始衰落。汉代唐山_{这是姓夫人创作了房中祠乐，本于周代的房中乐讽}，用丝竹遗声来奏清乐。隋高祖创制房内乐。隋炀帝开始增加了歌钟、歌磬，并用丝竹来配合。　元魏孝文帝篡汉，获得了南音，开始作清商乐，本于汉的三调。隋文帝非常喜欢清乐，设置了清商署共七部。隋炀帝开始规定清乐为九部。唐高祖也相沿设九部，唐太宗设十部，都主要是清商乐。　唐玄宗开始设置教坊隶。散乐始于周代，有缦乐、散乐。秦、汉沿袭，变为杂伎。汉武帝开始用于俳优百戏，总称之为散乐。

　　舜调八音，用乐器八百般。至周，改宫、商、角、徵、羽，减乐器五百般。唐又减三百般。　　周制乐，编悬钟磬各八，二八十六，而在一虡，半为堵，全为肆肆，陈也。堵，犹墙之堵，言一列也。　　黄帝始煞夔作冒鼓，帝喾作鼖鼓，禹作鞀鼓小鼓，倕作鼛鼓。周有瓦鼓，汉有杖鼓，唐有羯鼓。　　母句始作磬。南齐作云板。梁作方响制芝编磬以铁为之。　　黄帝御蚩尤，作钲角；帝喾平共工，作埙箎、柷敔即控揭。　　神农始作钟，禹作铎，汤作镯以钟以和鼓。　　女娲氏作笙簧，随作竽，神农作篪，伏羲作箫一云女娲，一云舜，师延作控箜篌，蒙恬作筝。沈怀远作绕梁似箜篌。伶伦伐昆溪之竹作笛，汉丘仲始充其制。　　女娲氏始作管，唐刘係作七星管。　　伏羲始作瑟，黄帝始使素女破二十五弦伏羲瑟五十弦。　　梁柳恽作击瑟击琴。唐道源作击瓯。李琬作水盏二俱用箸击。　　师旷制月琴。　　秦苦役弦鞀而鼓之，作琵琶。　　李伯阳入西戎，作胡笳。黄幡绰侍明皇，谱拍板琴。伏羲氏始削桐为琴，十弦。神农作五弦琴，具五音。文王始增少宫、少商二弦，为七弦。　　伏羲始为《琴操》。师延始为新曲。赵定汉宣时人始为散操，九引十二操，皆以音相援，不著辞或云琴曲皆魏晋人为之。至梁始琴有辞。

　　古琴名　伏羲离徽，黄帝清角，帝俊电母，伊陟国阿，周宣王响风，秦惠文王宣和、闲邪，楚庄王绕梁，齐桓公鸣廉、号钟，庄子橘梧，闵损掩容，卫师曹凤嗉，鲁谢涓龙腰，魏师坚履杯，鲁贺云龙额，魏杨英凤势，秦陈章神晖，赵胡言亚额琴额女亚字，李斯龙腮，始皇秦琴弦轸徽尾俱黑，司马相如绿绮，荣启期双月，张道响泉，赵飞燕凤凰，

舜调理了八音，使用的乐器有八百种。到了周代，改为宫、商、角、徵、羽五音，使用的乐器减到五百种。唐代又减了三百种。　　周代创制音乐，编悬钟磬各有八种，二八一十六，全在一个悬挂钟鼓的木架上，半叫堵，全叫肆肆，就是陈列的意思。堵，就好像说堵墙，是指一列的意思。　　黄帝开始杀死夔龙用它的皮来蒙鼓，帝喾作了小摇鼓，禹作鞀鼓就是小鼓，倕作了军队用的鼙鼓。周代有瓦鼓，汉代有杖鼓，唐代有羯鼓。　　母句最早作磬。南齐作云板。梁代作方响制些编磬，用铁做成。　　黄帝与蚩尤征战，作了钲角；帝喾平定共工，作了埙箎、柷敔就是控揭。　　神农最早作了钟，大禹作了铎，汤作了镈用钟来应和鼓声。　　女娲氏作了笙簧，随作了竽，神农作了籥，伏羲作了箫有人说是女娲，有人说是舜，师延作了控箜篌，蒙恬作了筝。沈怀远作了绕梁看上去像箜篌。伶伦砍了昆溪的竹子作笛子，汉代的丘仲开始完善笛子的规制。　　女娲氏开始作管，唐代刘係作了七星管。　　伏羲开始作瑟，黄帝开始让素女将瑟破为二十五弦伏羲制作的瑟是五十弦。　　梁代的柳恽作了可以打击的瑟和琴。唐代道源作了击瓯。李琬作了水盏两者都用筷子击打。　　师旷制作了月琴。　　秦代一个苦役把靴鼓加上弦来弹奏，作了琵琶。　　李伯阳进入西戎，作了胡笳。黄幡绰侍奉唐明皇，作了拍板琴。伏羲氏开始用桐木制作为琴，有十弦。神农作了五弦琴，有五种音色。文王开始增少宫、少商二弦，成为七弦。　　伏羲开始制作《琴操》。师延开始创作新曲。赵定汉宣帝时的人开始创作散操，有九引十二操，都用声音互相应和，没有歌辞有人认为琴曲都是魏晋人作的。到了梁代琴曲才开始有了歌辞。

古琴名　伏羲的琴叫离徽，黄帝的琴叫清角，帝俊的琴叫电母，伊陟的琴叫国阿，周宣王的琴叫响风，秦惠文王的琴叫宣和、闲邪，楚庄王的琴叫绕梁，齐桓公的琴叫鸣廉、号钟，庄子的琴叫橘梧，闵损的琴叫掩容，卫国师曹的琴叫凤嗉，鲁国谢涓的琴叫龙腰，魏国师坚的琴叫履杯，鲁国贺云的琴叫龙颔，魏国杨英的琴叫凤势，秦国陈章的琴叫神晖，赵国胡言的琴叫亚额琴额上有女亚的字样，李斯的琴叫龙腮，秦始皇的琴就叫秦琴弦、轸、徽、尾都是黑色的，司马相如的琴叫绿绮，荣启期的琴叫双月，张道的琴叫响泉，赵飞燕的琴叫凤凰，

梁鸿灵机，马明四峰，宋蒙蝉翼，扬雄清英，晋刘安云泉，王钦古瓶，谢庄怡神、仙人，庄女落霞，李勉百纳，徐勉玉床，荀季和龙唇、枳敔，牧太古，赵孟頫震馀 许旌阳手植桐，吴忠懿王洗凡 斫瀑布泉亭柱。

琴操　雅度五等，伏羲、舜、仲尼、灵关、云和。十二操：孔子《将归》、《猗兰》、《龟山》，周公《越裳》，文王《拘幽》，太王《岐山》，尹伯奇《履霜》，牧渎《雉朝飞》，商陵牧子《别鹤》，曾子《残形》，伯牙《水仙》、《怀陵》。九引：楚樊姬《烈女引》，鲁伯妃《伯妃引》，晋漆室女《贞女引》，卫女《思归引》，楚商梁《霹雳引》，樗里牧恭《走马引》，樗里子《箜篌引》，秦屠高门《琴引》，楚龙丘高《楚引》。蔡邕五弄：《游春》，《渌水》，《幽居》，《坐愁》，《秋思》。师涓四时操：春操离鸿、去雁、应蘋；夏操明晨、焦泉、流金；秋操商风、落叶、吹蓬；冬操凝和、流阴、沉云。

乐律

历代乐名　黄帝作《咸池》，颛顼作《六英》，帝喾作《五茎》，尧作《大章》，舜作《大韶》，禹作《大夏》，汤作《大濩》，武王作《大武》。

嶰谷　黄帝命伶伦作律。伶伦取竹于嶰谷生，其窍厚薄之均者，断两节间，作六寸九分而吹之，以为黄钟之管。制十二筒以听凤凰之鸣，雄鸣六，雌鸣六，以为律吕。

律吕，五声之本，生于黄钟之律。律有十二，阳六为律，阴六为吕。律以统气类物，一曰黄钟，二曰太蔟，三曰姑洗，四曰蕤宾，五曰夷则，六曰无射。吕以旅阳宣气，一曰林钟，二曰南吕，三曰应钟，四曰大吕，五曰夹钟，六曰中吕。有三统之义焉。职在太常，太常掌之。

梁鸿的琴叫灵机，马明的琴叫四峰，宋蒙的琴叫蝉翼，扬雄的琴叫清英，晋代刘安的琴叫云泉，王钦的琴叫古瓶，谢庄的琴叫怡神、仙人，庄女的琴叫落霞，李勉的琴叫百纳，徐勉的琴叫玉床，荀季和的琴叫龙唇、枳敔，祝牧的琴叫太古，赵孟頫的琴叫震馀是用许旌阳亲手种植的梧桐做的，吴越的忠懿王钱俶的琴叫洗凡是他派使者砍下瀑布泉的亭柱做成的。

琴操　高雅的法度有五等，伏羲、舜、仲尼、灵关、云和。有十二操：孔子有《将归》、《猗兰》、《龟山》，周公有《越裳》，周文王有《拘幽》，太王有《岐山》，尹伯奇有《履霜》，牧渎有《雉朝飞》，商陵牧子有《别鹤》，曾子有《残形》，伯牙有《水仙》、《怀陵》。九引：楚国的樊姬有《烈女引》，鲁国的伯妃有《伯妃引》，晋国的漆室女有《贞女引》，卫女有《思归引》，楚的漆商梁有《霹雳引》，樗里牧恭有《走马引》，樗里子有《箜篌引》，秦的漆屠高门有《琴引》，楚的漆龙丘高有《楚引》。蔡邕有五弄：《游春》，《渌水》，《幽居》，《坐愁》，《秋思》。师涓有四时操：春操离鸿、去雁、应蘋；夏操明晨、焦泉、流金；秋操商风、落叶、吹蓬；冬操凝和、流阴、沉云。

乐律

历代乐名　黄帝创作了《咸池》，颛顼创作了《六英》，帝喾创作了《五茎》，尧创作了《大章》，舜创作了《大韶》，禹创作了《大夏》，汤创作了《大濩》，武王创作了《大武》。

嶰谷　黄帝下令让伶伦制作音律。伶伦选取了嶰谷所生的竹子，选那些中空与外壁的厚薄比较平均的，从两节之间截断，制成六寸九分的长度然后吹它，成为黄钟管。再制十二筒以便仿效凤凰的鸣声，雄凤鸣声有六，雌凰鸣声有六，从而成为律吕。

律吕，是五声的根本，是从黄钟律中生发出来的。黄钟律有十二音，其中六阳叫作律，六阴叫作吕。律是用来统领气息来模仿事物的，一叫作黄钟，二叫作太蔟，三叫作姑洗，四叫作蕤宾，五叫作夷则，六叫作无射。吕是用来集中天阳以发抒气息的，一叫作林钟，二叫作南吕，三叫作应钟，四叫作大吕，五叫作夹钟，六叫作中吕。律吕有表明朝代正朔的含义。其职责在太常，由太常来掌管。

葭灰气候　隋文帝取律吕，实葭灰以候气，问于牛弘，对曰："灰飞半出为和气，全出为猛气，不出为衰气。"

五音　宫为君，商为臣，角为民，徵为事，羽为物，五者不乱，则无怗懘之音矣。宫乱则荒，其君骄；商乱则陂，其臣坏；角乱则忧，其民怨；徵乱则哀，其事动；羽乱则危，其财匮。五者皆乱，迭相陵，谓之慢，如此则国之灭亡无日矣。

乱世之音　郑卫之音，乱世之音也，比于慢矣。桑间濮上之音，亡国之音也，其政散，其民流，诬上行私而不可止也。

溺音　魏文侯问："何谓溺音？"子夏对曰："郑音好滥淫志，宋音燕女溺志，卫音趋数烦志，齐音敖辟乔志。此四者皆淫于色而害于德，是以祭祀弗用也。"

六声　钟声铿，铿以立横，横以立武。君子听钟声，则思武臣。石声磬，磬以立辨，辨以致死。君子听磬声，则思死封疆之臣。丝声哀，哀以立廉，廉以立志。君子听琴瑟之声，则思志义之臣。竹声滥，滥以立会，会以聚众。君子听竽笙箫管之声，则思畜聚之臣。鼓鼙之声欢，欢以立动，动以进众。君子听鼓鼙之声，则思将帅之臣。君子之听音，非听其铿锵而已也，彼亦有所合之也。

葭灰气候　隋文帝取来律吕，向里面装入葭草之灰用来等待节候，向牛弘咨询，牛弘回答说："如果草灰飞出一半那就是和气，全部飞出就是猛气，一点都不出那就是衰气。"

　　五音　宫象征君王，商象征臣子，角象征民众，徵象征事情，羽象征物品，这五种若不混乱，就没有不和谐的音乐。宫音混乱就会流于散漫，这是由于君主骄惰；商音混乱就会流于邪僻，这是由于臣子败坏；角音混乱就会流于忧伤，这是由于民众有怨恨；徵音混乱就会流于悲哀，这是由于劳役过多；羽音混乱就会流于危险，这是由于财物匮乏。如果五音都混乱，互相侵犯，这就是轻慢，这样的话那么离国家灭亡也就不远了。

　　乱世之音　郑、卫两国的音乐，那是乱世的音乐，都争相表现其轻慢。桑间、濮上的音乐，那是亡国的音乐，其国的政治离散，其国的民众流亡，诬蔑在上者并且行事出于私心而无法制止。

　　溺音　魏文侯问："什么是淫溺之音？"子夏回答说："郑国的音乐没有节制所以会让人的心志也没有节制，宋国的音乐多表现宴会与女子所以会让人的心志沉溺，卫国的音乐过于急促所以会让人厌烦，齐国的音乐倨傲而邪僻使人心志骄逸。这四种音乐都过于沉溺于色相而有害于德行，所以祭祀时不能使用。"

　　六声　钟的声音铿锵有力，铿锵有力的声音可以使人气势勃发，气势可以激起勇武之心。君子听到钟声，就会想起武将。石磬的声音刚劲有力，刚劲的声音可以表示节义分明，节义分明可以使人献身。君子听到石磬的声音，就会想起为保卫疆土献身的臣子。丝弦的声音有些悲哀，悲哀的声音可以使人正直，正直可以使人充满志气。君子听到琴瑟的声音，就会想起有志气的臣子。竹管可以发出多种声音，多种声音可以会合，会合则能使众人集聚，君子听到竽、笙、萧、管的声音，就会想起能集聚民众的臣子。鼓鼙的声音很欢腾，欢腾的声音可以使人激动，激动可以促使民众前进。君子听到鼓鼙的声音，就会想起统率大军的臣子。君子听音乐，不止是听音乐的铿锵之声，而是要从其中生发出联想和共鸣。

学琴师襄　孔子学琴于师襄。孔子曰："丘习其曲，再习其数，今习其志，有所穆然而深思焉，有所怡然高望而远志焉。又得其人，黯然而黑，几然而长，眼如望羊，心如欲王四国，非文王，其谁能为此也！"师襄辟席，再拜曰："师盖云《文王操》也。"

四面　**王宫县**四面宫县、诸侯轩县去其南面，以避王也、大王判县又去其北面，仅存其半也、士特县又去其西南，以示特立之意也。

铜山崩　汉武帝时，未央宫殿前钟无故自鸣。诏问东方朔，对曰："臣闻铜者，山之子；山者，铜之母。子母相感，钟鸣，山必有应者。"居三日，南郡太守上书言山崩，延袤二十馀里。

魏帝殿前大钟，不叩自鸣，人皆异之，以问张华，华对曰："此蜀郡铜山崩，故钟鸣应之耳。"寻蜀郡上其事，如张华言。

錞于　孝武西迁，雅乐多缺，有錞于者，近代绝此。或有自蜀得之者，莫识之。斛斯徵曰："此錞于也。"遂依干宝《周礼注》，以芒筒捋之，其声极振。

金錞　《周礼》：少师以金錞和鼓。其形象钟，顶大，腹口弇，以伏兽为鼻，内县铃子，铃铜舌。作乐，振而鸣之，与鼓相和状似佛子铃。

蕤宾铁　乐工廉郊，池上弹蕤宾调，忽闻荷间有物跳跃，乃方响一片方响以铁为之，用以代磬。识者知其为蕤宾铁也，音乐之相感若此。

驷马仰秣　伯牙弹琴，而驷马为之仰秣。仰秣者，仰头吹吐，谓马笑也。

学琴师襄　孔子向师襄学琴。孔子说："我学会了这支曲子，再学习弹奏的技法，现在又学到了它的情志，于是便很恭敬地深思着什么，继而欣然喜悦，志向高远。这样我就知道他的为人了，黑黑的皮肤，高高的个子，眼睛好像汪洋大海，胸襟好像要包容天下、统治四方诸侯，不是周文王，谁能这样呢？"师襄离开座席，对孔子拜了又拜说："我的老师就说这是《文王操》啊。"

四面　王宫县就是四面都悬挂乐器、诸侯轩县把南面悬挂的去掉，来回避君王、大王判县在诸侯的基础上再去掉北面的，仅存一半、士人特县再去掉西南的，来表示特立的意思。

铜山崩　汉武帝的时候，未央宫殿前的钟没有来由地自己响。汉武帝下诏问东方朔，东方朔回答说："我听说铜是山的儿子；山是铜的母亲。母子之间互相可以感应，这个钟自己鸣响，山肯定有呼应的。"过了三天，南郡太守上书说有山崩，长达二十馀里。

魏国的皇帝宫殿前的大钟，不敲击就自己响，人们都觉得很奇怪，拿这件事来问张华，张华回答说："这是因为蜀地的铜山崩塌了，所以钟响来呼应。"不久蜀地上书说到这件事，正与张华所说一样。

錞于　北魏孝武帝被迫西迁长安，庙堂之雅乐便有阙略，有一种乐器叫錞于，已经很久未出现过了。有人在蜀地得到了，没人能认识。斛斯徵曰："这是錞于。"于是便依照干宝《周礼注》所言的内容，用芒筒来敲击，声音非常宏大。

金镯　《周礼》记载：少师用金镯应和鼓声。金镯的外形像钟，顶上大，腹口是合着的，用蹲伏的兽类形象做鼻，里面挂着铃，铃上有铜的舌。奏乐的时候，摇它就响了，可以与鼓声相应和那种情形类似于佛子铃。

蕤宾铁　乐工廉郊在池塘上弹奏蕤宾调，忽然听到荷叶之间有东西在跳跃，细看是一片方响方响是用铁制成的，用来代替磬。认识的人知道那是蕤宾铁，音乐的感应竟然能达到这种程度。

骊马仰秣　伯牙弹琴，连骊马都为他弹奏"仰秣"。"仰秣"的意思是说仰着头出气吐料，就是说马笑了。

万壑松　郭伯山收唐琴万壑松，乃宣和御府物。李白诗："蜀僧抱绿绮，西下峨眉峰。为我一挥手，如听万壑松。客心洗流水，馀响入霜钟。"

琴有杀心　蔡中郎赴邻人酌。至门，有客鼓琴，中郎潜听之，曰："以乐召我，而有杀心，何也？"遂返。主人知，自起追之。中郎具以告。客曰："我适鼓琴，见螳螂方捕蝉，惟恐失之，此岂杀心现于指下乎？"中郎笑曰："此足以当之矣。"

高山流水　伯牙鼓琴，钟子期听之。伯牙志在高山，子期曰："善哉，峻若崧岳！"伯牙志在流水，子期曰："善哉，泻若江河！"子期死，伯牙破琴绝弦，终身不复鼓琴。

濮水琴瑟　晋师延为纣作靡靡之乐，武王伐纣，师延自投濮水而死。后卫灵公夜止濮上，闻鼓琴声，召师涓听而写之。师旷曰："此亡国之音也！"

焦尾　蔡中郎在吴。吴人烧桐以爨，中郎闻其火爆声曰："良木也。"请截为琴，果有美音。其尾犹焦，因名其琴曰焦尾琴。

相如琴台　司马相如有琴台，在浣溪正路金花寺北，魏伐蜀，于此下营掘堑，得大瓮二十馀口，以响琴也。

松雪　雷威作琴，不必皆桐。遇大风雪，独往峨眉山，著蓑笠入深松中，听其声连绵清越者，伐之以为琴，妙过于桐。世称雷公琴。有最爱重者，以"松雪"名之。

斫琴名手　晋雷威、雷珏、雷文、雷迅、郭亮并蜀人，沈镣、张钺并江南人，皆斫琴名手。

万壑松　郭伯山找到了唐代的名琴万壑松，是北宋宣和年间皇宫的东西。李白诗说："蜀僧抱绿绮，西下峨眉峰。为我一挥手，如听万壑松。客心洗流水，馀响入霜钟。"

琴有杀心　蔡邕应邻居之约去赴会小酌。到了门口，听到有人弹琴，蔡邕暗中听了一会，说："用音乐召我来，但却听着有杀伐之意，这是为什么呢？"于是便又回去了。主人知道了，忙亲自去追他。蔡邕详细地报告了原因。客人说："我刚才在弹琴，看到有螳螂正在捕蝉，惟恐它失败了，难道就是这样所以杀心出现在手指下了吗？"蔡邕笑着说："这就足够了呀。"

高山流水　伯牙弹琴，钟子期听。伯牙想表现高山，子期说："真好啊，高耸如嵩山！"伯牙想表现流水，子期说："真美啊，奔腾如江河！"后来钟子期死了，伯牙摔了琴并把琴弦弄断，从此一生都不再弹琴。

濮水琴瑟　晋人师延为商纣王创作了靡靡之乐，周武王讨伐纣王，师延自己跳到濮水里死了。后来卫灵公夜里在濮水上，听到弹琴的声音，召来师涓并且记录了下来。师旷说："这是亡国之音啊！"

焦尾　蔡邕在吴地。吴地人用桐木当柴烧，蔡邕听到着火的声音说："这是好木头啊。"请求允许他截一段来做琴，做完后果然有非常优美的声音。琴尾还是焦的，所以命名这个琴叫焦尾琴。

相如琴台　司马相如有琴台，在浣花溪正路的金花寺北边，魏国讨伐蜀国，曾在这里安营挖筑工事，得到了二十馀口大缸，是用来扩大琴声的。

松雪　雷威制作琴，不一定都用桐木。遇到大风雪的天气，就独自一人前往峨眉山，穿着蓑笠到松林深处去，听到有声音连绵清越的松树，就把它砍下来做琴，品质之妙竟超过了桐木。世人称之为雷公琴。有一架是他最爱惜看重的，名叫"松雪"。

斫琴名手　晋代的雷威、雷珏、雷文、雷迅、郭亮都是蜀地人，沈镣、张钺都是江南人，这些人都是制琴的名手。

震馀　鲜于伯机以震馀琴送赵文敏，是许旌阳手植桐，为雷所击断，斫以为琴。琴背许旌阳印剑之迹宛然，盖人间至宝也。

绿绮　司马相如有琴名绿绮，云是峄阳孤桐所斫，一时名重天下。

无弦琴　陶渊明不解琴，畜素琴一张，弦徽不具，常抚摩之，曰："但识琴中趣，何劳弦上声。"

将移我情　伯牙学琴于成连，三年不成。成连曰："吾师方子春，在东海中，能移人情。"乃引之东海蓬莱山之侧，刺船迎方子春，旬日不返。伯牙延望无人，但闻海水涌洞崩折之声，山林杳冥，群鸟悲鸣，怆然叹曰："先生将移我情矣！"乃援琴而歌水仙之操。

绕殿雷　冯道之子能弹琵琶，以皮为弦，世宗令弹，深喜之。因号绕殿雷。

游鱼出听　孙卿子云："瓠巴鼓瑟，游鱼出听。"

箜篌　箜篌其形似瑟而小，用拨弹之。汉灵帝好之，体曲而长，二十三弦，竖抱于怀，两手齐奏之，俗谓之劈箜篌。

见狸逐鼠　孔子鼓琴，曾子、子贡侧门而听。曲终，曾子曰："嗟乎！夫子琴声，殆有贪狼之志，邪僻之行，何其不仁！"子贡以告，子曰："向者鼓琴，有鼠出游，狸见于屋，循梁微行，造焉而避，厌身曲脊，求而不得。丘以琴淫其声，参以为贪狼邪僻，不亦宜乎！"

筑　筑状如琴而大头，十三弦，其项细，其肩圆，鼓法以左手抱之，右手以竹尺击之，随调应节。

震馀　鲜于枢(伯机)把一把震馀琴送给了赵孟頫(文敏)，这是许逊(旌阳)亲手种植的桐树，被雷击断，砍了做的琴。琴的背面还能清楚地看到许旌阳的印剑痕迹，真是人间的至宝啊。

绿绮　司马相如有把琴名叫绿绮，说是峄阳的一棵孤桐砍下来做成的，一时名重天下。

无弦琴　陶渊明不会弹琴，但却收藏了一张素琴，弦、徽都没有，他经常抚摩着琴说："但识琴中趣，何劳弦上声。"

将移我情　伯牙向成连学琴，三年还没有学成。成连说："我的老师方子春在东海之中。他能移人的感情。"于是便将伯牙领到东海蓬莱山的旁边，他自己说要开船去迎接方子春，但走了后十天半个月都不回来。伯牙引颈四望，哪里都没有人，只听到海水汹涌震动的声音，山林绵远而昏暗，群鸟在天际悲鸣，伯牙怆然叹息说："先生是想这样来移我的情志啊！"于是便弹琴唱出了水仙操。

绕殿雷　冯道的儿子能弹琵琶，用皮当弦，周世宗令他弹奏，非常喜欢。所以称之为"绕殿雷"。

游鱼出听　荀子说："瓠巴弹起瑟来，连游鱼也会钻出水面来倾听。"

箜篌　箜篌的形状像瑟却小一些，要用拨片来弹奏。汉灵帝非常喜欢弹。形体长而且弯，有二十三弦，竖着抱在怀里，用两只手一齐弹奏，俗语称之为劈箜篌。

见狸逐鼠　孔子正在弹琴，曾子、子贡在门边听。一曲终了，曾子说："哎！夫子的琴声，竟然有贪狼那样的情志，邪僻的行为，这多么不仁啊！"子贡把这话告诉了孔子，孔子说："刚才弹琴的时候，有一只老鼠出来，狸猫看到后，便沿着屋梁行进，想要去抓又躲开，压着身子弯曲着脊背，但却没有抓到。我用琴来表达，曾参认为是贪狼、邪僻，不是很合适吗？"

筑　筑的形状像琴但头部大一些，有十三弦，它的项部很细，肩部很圆，弹奏的方法是用左手抱着筑，右手用竹尺来击打，随着调子来呼应节拍。

寇先生　嵇中散常去洛数十里，有亭名华阳，投宿。一更，操琴。闻空中称善，中散呼与相见，乃出见形，以手持其头，共论音声，因授以《广陵散》。此鬼名寇先生，生前善琴，为宋景公所杀。中散得《广陵散》，秘不肯授人。后临刑叹曰："《广陵散》于今绝矣！"

楚明光　王彦伯尝过吴，维舟中渚，登亭望月，倚琴歌《泫露》之诗。俄有女郎披帷而进，乃抚琴挥弦，调韵哀雅。王问何曲，女曰："古所谓《楚明光》也，嵇叔夜能为此声。自兹以后，得者数人而已。"彦伯请授教，女曰："此非艳俗所宜，惟岩栖谷隐，可以自娱耳。"鼓琴而歌，歌毕，迟明辞去。

天际真人想　桓大司马曰："谢仁祖，企脚北窗下弹琵琶，有天际真人想。"

拨阮　武后时，有人破古冢得铜器，似琵琶，身正圆，人莫能辨。元行冲曰："此阮咸所作也。"命匠人以木为之，乐家遂名之"阮咸"。以其形似月，声似琴，遂名月琴。今人但呼曰阮，曰拨阮，曰摘阮，俱可。

柯亭竹椽　蔡中郎避难江南，宿柯亭，听庭中第十六条竹椽迎风有好音，中郎曰："此良竹也。"取以为笛，声音独绝，历代相传，后折于孙绰妓之手。

秦声楚声　李龟年至岐王宅，闻琴，曰："此秦声。"良久，又曰："此楚声。"主人入问之，则前弹者陇西沈妍，后弹者扬州薛满。二妓大服。

寇先生　嵇康（中散）经常到离开洛阳数十里一个叫华阳的亭子去投宿。一更的时候，弹琴。听到空中有人称善，嵇康招呼他下来相见，于是便出来让人看到形体，用手拿着他的头，与嵇康一起讨论音乐，后来便授给嵇康《广陵散》。这个鬼名字叫寇先生，生前很善于弹琴，被宋景公杀害。嵇康得到《广陵散》之后，秘藏于家而不肯传授给别人。后来临刑的时候长叹说："《广陵散》从今以后就失传了！"

　　楚明光　王彦伯曾经路过吴地，把小舟靠在河边，登上小亭望月，弹琴而歌《泫露》之诗。一会儿有一个女郎掀开帷幕进来，拿琴去弹，音调和韵律既哀伤又优雅。王彦伯问这是什么曲子，女郎说："这是古代所说的《楚明光》，嵇康（叔夜）能弹这个曲子。从那以后，得到这个曲子的只有寥寥几个人罢了。"王彦伯请求传授给他，女郎说："这个曲子并不适宜于华艳的俗世，只有那隐居于山谷的隐士才可以用此曲来自娱。"说着便弹琴而歌，唱完，天已经亮了，便告辞而去。

　　天际真人想　大司马桓温说："谢尚（仁祖），跷着脚在北窗下弹琵琶，有天上神仙的意思。"

　　拨阮　武则天的时候，有人打开古墓得到了一个铜器，看上去像琵琶，形体端正而圆，人们都不能辨识。元行冲说："这是阮咸作的。"命令匠人用木头仿造，于是玩乐器的人便给它取名为"阮咸"。又因为它的形状像月亮，而声音像琴，所以便又名为月琴。现在人只称呼为"阮"，又叫"拨阮"、"摘阮"，都可以。

　　柯亭竹椽　蔡邕避难于江南，歇宿在柯亭，听到庭院中第十六条竹椽迎风就有好的声音，蔡邕说："这是上好的竹子。"取来做笛子，声音独特而绝美，代代相传，后来在孙绰侍妓的手中被折断了。

　　秦声楚声　李龟年到岐王的宅第，听到琴声，说："这是秦地的音乐。"过了一会儿，又说："这是楚地的音乐。"主人进来时他便问主人，果然前面弹琴的人是陇西的沈妍，后面弹琴的人是扬州的薛满。两个歌妓大为佩服。

好竽 齐王好竽，有求仕于齐者，操瑟而往，立于王之国三年，不得入。客曰："王好竽，而子鼓瑟，瑟虽工，其如王之不好何！"

羯鼓 唐明皇不好琴，一弄未毕，叱琴者出。谓内侍曰："速令花奴将羯鼓来，为我解秽。"

渔阳掺挝 祢衡被魏武谪为鼓吏。正月十五，试鼓，衡扬枹音孚为《渔阳》掺挝音伞查，渊渊有金石声，四座为之改容。掺，击鼓法。挝，击鼓捶。

回帆挝 王大将军尝坐武昌钓台，闻行船打鼓，嗟称其能。俄而一捶小异，王以扇柄撞几曰："可恨！"时王应侍侧曰："此回帆挝。"使视之，曰："船入夹口。"

十八拍 蔡琰字文姬，先适河东卫仲道，夫亡。兴平中丧乱，为胡骑所获，没于南匈奴。左贤王十二年春月，登胡殿，感胡笳之声，作《胡笳十八拍》，后曹操以金帛赎之，嫁于董祀。

簴虡音损巨。横曰簴，直曰虡 《周礼》：梓人为簴虡。天下大兽五，脂者、膏者、蠃者、羽者、鳞者。雕画于乐县之上，大声有力者，以为钟虡，清声无力者为磬虡。

周郎顾 周瑜妙于音律，虽三爵之后，少有阙误，瑜必举目睐视。时人语曰："曲有误，周郎顾。"

击壤 击壤，石戏也。壤以木为之，前广后锐，长四尺三寸，阔三寸，其形如履。将戏，先侧一壤，于三四十步外，以手中壤击之，中者为吉。

禁鼓一千一百三十声为一通，三千六百九十声为三通。更鼓三百六十挝为一通，千捶为三通。徐鼓三百三十三为一通。角十二声为一叠。

好竿　齐王非常喜欢听竽，有到齐国去求官的人，拿着一张瑟前去，在齐王的国家呆了三年，也不得其门而入。有客人说："齐王喜欢竽，而你却弹瑟，瑟弹得再好，奈何齐王不喜欢呢！"

羯鼓　唐明皇不喜欢琴，弹奏者一曲还没有弹完，便喝斥弹奏者出去。并对内侍说："快让花奴拿羯鼓来，给我除去秽气。"

渔阳掺挝　祢衡被魏武帝曹操贬谪为鼓吏。正月十五，要试鼓，祢衡扬起桴读音为"孚"奏出了《渔阳》掺挝读音为"伞查"，即"三通"之意，鼓声竟有金石之声，四座的宾客听后都严肃起来。掺，是击鼓的技法。挝，是击鼓用的鼓槌。

回帆挝　王大将军王敦曾经坐在武昌的钓台上，听行船打鼓，叹赏其鼓声之妙。忽然有一捶稍有不同，王敦用扇柄敲打桌子说："可恨！"当时王应陪侍在旁边说："这是回帆挝。"让人去看，回报说："船正入夹口。"

十八拍　蔡琰字文姬，先嫁给河东人卫仲道，丈夫去世了。兴平年间遭遇丧乱，被胡兵虏获，到了南匈奴。左贤王十二年的春天，登上胡人的宫殿，有感于胡笳的声音，作了《胡笳十八拍》，后来曹操用钱财赎回了她，并把她嫁给董祀。

簨虡音损巨。横曰簨，直曰虡　《周礼》记载：木工制作了簨和虡。天下大的兽类有五种：牛羊之类、猪类、虎豹之类、飞禽之类、鱼类。将这些动物的图案刻画在悬挂的乐器之上，那些声音大而有力的动物，就画在钟虡上，声音清而无力的动物就画在磬虡上。

周郎顾　周瑜妙解音律，虽然酒过三巡之后，若演奏有一点小失误，周瑜必然会回头去看。当时人说："曲有误，周郎顾。"

击壤　击壤，是一种石戏。"壤"用木头做成，并宽后尖，长四尺三寸，宽三寸，它的形状像鞋子。将要开始游戏时，先把一个壤侧放在三四十步外，用手中的另一个壤去击打它，击中的人就胜利。

禁鼓响一千一百三十声叫一通，三千六百九十声便是三通。更鼓三百六十挝叫一通，一千捶便是三通。其馀的鼓三百三十三声叫一通。画角十二声叫一叠。

钟声 晨昏撞一百单八者，一岁之义也。盖年有十二月，有廿四气，又有七十二候，正得此数。《越州歌》曰："紧十八，慢十八，六遍共成一百八。"

埙篪 埙以土为之，锐上平底，如秤锤，六孔，一云八孔。大如鸭卵，曰雅埙。小如鸡卵，曰颂篪：以竹为之，大者长一尺四寸、八孔，小者长一尺二寸、七孔，横吹之，与埙声相应。埙篪二器，乃周昭王时暴辛公所作。

柷敔 柷，状如漆桶，以木为之，方二尺四寸，深一尺八寸，中有椎柄，连底撞而击其傍，所以起乐也。方二尺四寸者，阴数也。敔，状如伏虎形，背上有二十七钼锯，刻以木，长尺许，以木戛之，所以止乐也。二十七钼锯者，阳数也。柷敔二器，乃舜时所作。

洗凡清绝 吴越忠懿王得天台寺中对瀑布泉屋柱，斫二琴。一曰洗凡，一曰清绝，为旷代之宝。后钱氏献之太宗，藏于御府。见《辍耕录》。

舞剑器 《剑器》，乃武舞之曲名。其舞用女妓而雄装之，其实空手舞也。见《文献通考》。

梨园子弟 唐明皇酷爱法曲，选坐部伎子弟三百人，教于梨园，谓之梨园子弟。居宜春北苑。时有马仙期、李龟年、贺怀智洞知音律。安禄山自范阳入觐，亦献白玉箫管数百事，皆陈于梨园。自是乐响不类人间。

李天下 唐庄宗自言一日不闻音乐，则饮食都不美。方暴怒鞭笞左右，一闻乐声，怡然自适，万事都忘。又善歌曲，或时自傅粉墨，与优人共戏。优名谓之李天下。

钟声　早晨和晚上各撞钟一百零八下，是有一年的含义。因为一年有十二个月，有二十四个节气，又有七十二个候，加起来正好得到这个数字。《越州歌》说："紧十八，慢十八，六遍共成一百八。"

埙箎　埙是用土做的，尖头平底，形状像秤锤一样，有六个孔，有人说有八个孔。大的像鸭蛋，叫作雅埙。小的像鸡卵的，叫作颂埙；这是用竹子做的，大的长一尺四寸、有八个孔，小的长一尺二寸、有七个孔，横着吹，与埙的声音相应和。埙、箎两种乐器，是周昭王时的暴辛公所创制的。

柷敔　柷，形状有些像漆桶，用木头做的，直径有二尺四寸，深有一尺八寸，中间有椎柄，连着底部，撞击旁边的壁，就可以奏乐了。方圆二尺四寸，这个数字是阴数。敔，形状像伏虎，背上有二十七个栉齿形的东西，是用木头刻成的，长有一尺多，用木头来敲击它，表示要音乐停止的意思。二十七个栉齿，这个数字是阳数。柷、敔两种乐器，是舜帝的时候作的。

洗凡清绝　吴越的忠懿王钱俶得到天台寺中对着瀑布的泉屋的柱子，制作成两张琴。一张叫洗凡，一张叫清绝，是稀世之宝。后来钱俶把它们献给了宋太宗，收藏在皇家的御府。参见《辍耕录》。

舞剑器　《剑器》，是武术类舞蹈的曲名。这种舞要让女性的跳舞者女扮男装，事实上是空手来舞的。参见《文献通考》。

梨园子弟　唐明皇酷爱法曲，挑选了坐部伎的子弟们三百人，在梨园教育他们，称之为梨园子弟。住在宜春北苑。当时有马仙期、李龟年、贺怀智都洞晓音律。安禄山从范阳入朝觐见，也进献了白玉箫管之类几百种，都陈列在梨园。从此以后其音乐之声就不像人间所有的。

李天下　唐庄宗自己说如果有一天不听音乐，那么饮食都没滋味。如果他正在暴怒的时候鞭打左右的人，一听到音乐的声音，就怡然自适，什么事都忘了。又善于唱歌，有时自己粉墨登场，与优伶们一起演戏。自己取了艺名叫李天下。

雍门鼓　雍门周以琴见孟尝君，孟尝君曰："先生鼓琴，能令文悲乎？"雍曰："千秋万岁后，台榭已坏，坟墓已下，婴儿竖子樵采者，踯躅其足而歌其上，曰：夫以孟尝君之尊贵，乃若是乎？"孟尝君泫然承颜，曰："先生令文若破国亡家之人矣！"

桓伊弄笛　晋桓伊有柯亭笛，尝自吹之。王徽之泊舟清溪，闻笛称叹。人曰："此桓野王也。"徽之令人请之，求为吹笛。伊即下车，据胡床，三弄毕，便上车去，主客不交一言。

皋亭石鼓　吴郡临平崩岸，得石鼓，扣之不鸣。问张华，华曰："用蜀中铜材刻鱼形，扣之则鸣矣。"如其言，声闻数十里。

响遏行云　《列子》：薛谭学讴于秦青，未穷青之技，自谓尽之，遂辞归。青弗止，饯于郊衢，抚节悲歌，声振林木，响遏行云。薛乃谢，求反，终身不敢言归。

馀音绕梁　秦青曰：昔韩娥东之齐，匮粮，过雍门，鬻歌假食。既去，而馀音绕梁，三日不绝。李诗："醉舞纷绮席，清歌绕飞梁。"

声入云霄　戚夫人善为翘袖折腰之舞，歌《出塞》、《入塞》之曲，侍婢数百习之。后宫齐音高唱，声入云霄。

水调歌头　唐明皇爱《水调歌》，胡羯犯京，上欲迁幸，登花萼楼，命楼下少年有善《水调歌》者歌之，曰："山川满目泪沾衣，富贵荣华不几时。不见只今汾水上，惟有年年秋雁飞。"上闻潸然曰："谁为此词？"左右曰："宰相李峤。"上曰："真才子也。"

雍门鼓　　雍门周带着琴去见孟尝君，孟尝君说："先生弹琴，能让我田文悲伤吗？"雍门周说："千秋万年之后，亭台楼榭都已坍塌，坟墓也都陷入地下，那些小孩、年轻人和打柴的人都这上面徘徊并唱歌说：凭着孟尝君那样的尊贵，竟然也如此吗？"孟尝君泪流满面说："先生你让我田文顿时好像破国亡家的人一样了！"

　　桓伊弄笛　　晋代的桓伊有一支柯亭笛，曾经自己吹奏。王徽之停船在清溪，听到笛声赞叹不已。有人说："这是桓伊（野王）。"王徽之让人去请他，恳求为自己吹笛。桓伊立即下车，坐在胡床上，吹了三弄之后，就上车而去，主人和客人没有说一句话。

　　皋亭石鼓　　吴郡临平有岸崩塌，得到了一个石鼓，但却敲不响。问张华，张华说："用蜀中的铜材刻成鱼的形状，用这个来敲就响了。"按照他的话去做了，果然声音能传几十里。

　　响遏行云　　《列子》记载：薛谭向秦青学习唱歌，还没有学完秦青的技法，自以为学尽了，于是便要告辞回家。秦青也不阻止，便在郊外饯别他，这时秦青打着节拍唱出悲壮的歌，声音振动了树木，阻止了行云。薛谭立刻谢罪，请求再回来学习，从此终身不敢再说回家的话。

　　馀音绕梁　　秦青说：从前韩娥向东去齐国，没有了粮食，路过雍门的时候，用唱歌来换粮食。在她去后，这里还馀音绕梁，三日不绝。李白的诗有"醉舞纷绮席，清歌绕飞梁"的句子。

　　声入云霄　　戚夫人擅长跳翘袖、折腰的舞蹈，唱《出塞》、《入塞》的歌曲，有几百名侍女来学习。后宫齐声高唱，声入云霄。

　　水调歌头　　唐明皇喜爱《水调歌》，安禄山进犯京城，明皇想要迁蜀以避，他登上花萼楼，让楼下少年中有善于唱《水调歌》的人来唱这个曲子，有一个唱说："山川满目泪沾衣，富贵荣华不几时。不见只今汾水上，惟有年年秋雁飞。"明皇听了潸然泪下，问："这是谁作的词？"左右的人回答说："是宰相李峤。"明皇称赞说："这才是真才子啊。"

卷十　兵刑部

军旅

黄帝征蚩尤始战，颛顼诛共工始阵，风后始演奇图，力牧始创营垒。黄帝战涿鹿始征兵，禹征有苗始传令，纣御周师始戍守。

黄帝制记里鼓，始斥候，汉武帝建墩台，黄帝制演武场，周公制辕门。黄帝制车以翼军，制骑以供伺候。

吕望始制战舰。武王会孟津，命仓兕具舟楫。公输班为舟战钩拒。伍子胥治水战，制楼船滩船。智伯决汾水，始水战。

蚩尤始火攻。孙子制火人、火积、火辎、火库、火队五法。魏马钧制爆仗起火。隋炀帝以火药制杂戏，始施药铳炮。

黄帝始制炮，吕望制铳，范蠡制飞石用机。

黄帝制纛、制五彩牙幢。禹制旆，悬车上为别。周公备九旗。

伏羲制干、制戈。挥于制弓。夷牟制矢。舜制弓袋、制箭筒。黄帝制弩。

黄帝始采首山铜铸刀斧；蚩尤始取昆吾山铁制剑、铠、矛、戟、陌刀。

蚩尤始制革为甲。禹制函甲。

军旅

黄帝征讨蚩尤才开始有了战争，颛顼诛杀共工才开始有了阵势，风后开始有奇异的阵图，力牧开始创建营垒。黄帝在涿鹿大战才开始征兵，大禹征讨有苗才开始传令，商纣王抵御周的军队才开始有戍守。

黄帝制造了记录里程的鼓，开始设置侦察兵，汉武帝建了墩台，黄帝制定了演武场，周公制定了辕门。黄帝制造了战车来辅助军队，设置了骑兵来供军队侦察和探望。

吕望开始制造战舰。武王大会诸侯于孟津，命仓兕制备舟楫。公输班制作了船战时用的钩拒。伍子胥整治水战，制造了楼船、滩船。智伯打开汾水，是最早将水用于战争的。

蚩尤最早开始用火攻。孙子制作了火人、火积、火辎、火库、火队五种火攻的方法。魏国的马钧制出了爆仗来引火。隋炀帝用火药来制作杂戏，开始了用火药的枪炮。

黄帝开始制造炮，吕望制造枪，范蠡制造可以射出石块的机械。

黄帝制作了战旗、还有五彩牙幢。大禹制作了旗上的飘带，悬挂在车上作为区别。周公制备了九旗。

伏羲制造了盾牌和戈矛。挥于制作了弓。夷牟制作了箭。舜帝制作了弓袋、制作了箭筒。黄帝制作了弩。

黄帝开始采用首山的铜来铸造刀、斧；蚩尤开始选取昆吾山的铁来制造剑、铠、矛、戟和长刀。

蚩尤开始用皮革制成铠甲。大禹制作了函甲。

黄帝始制枪，孔明扩其制。舜制匕首。

黄帝制云梯，古名钩援。夷牟制挨牌，古名傍排。

孙武制铁蒺藜，刘馥三国时人制悬苦，今为悬帘。岳飞制藤牌。

殷盘庚制烽燧告警。赵武灵王制刁斗传。魏制鸡翘报急，制露布、漆竿报捷。

五兵　矛、戟、戈、剑、弓谓之五兵。

专主旗鼓　吴起临战，左右进剑，起曰："将专主旗鼓，临难决疑，挥兵指刃，此将事也。一剑之任，非将任也。"

授斧钺　国有难，君卜吉日，以授旗鼓。将入庙，趋至堂下，北面而立，主亲操斧钺，持斧头，授将军其柄，曰："从此上至天者，将军制之。"复持斧头，授将军其柄，曰："从此下至渊者，将军制之。"

投醪　秦穆公伐晋，及河，将军劳之，醪唯一杯。塞叔曰："一杯可以投河而酿也。"穆公乃以醪投河，三军皆取饮之。

吮疽　吴起为魏将攻中山。卒有患疽者，起为吮之。卒母闻而哭。人曰："子，卒也，而将军自吮其疽，何哭为？"答曰："往年吴公吮其父，其父战不旋踵，遂死敌。今又吮其子，妾不知死所矣。"后起之楚，卒果见杀。

纶巾羽扇　诸葛武侯与司马懿治军渭滨，克日夜战。司马懿戎服莅事，使人视武侯独乘素车，纶巾羽扇，指挥三军，随其进止。司马懿叹曰："诸葛君可谓名士矣！"

黄帝开始制作枪，诸葛亮扩大了他的体制。舜制造了匕首。

黄帝制做了云梯，古时名叫钩援。夷牟制作了挨牌，古时名叫傍排。

孙武制造作了铁蒺藜，刘馥是三国时期的人制造了悬苫，现在叫悬帘。岳飞制造了藤牌。

殷商的盘庚规定了用烽燧之火来报警。赵武灵王规定了用刁斗来传讯。魏国规定用鸡翘旗来报急，并制定露布与漆竿来报捷。

五兵　矛、戟、戈、剑、弓叫作五兵。

专主旗鼓　吴起在开战前，左右来给他献上一把剑，吴起说："将帅要专注于用旗鼓来指挥，面临困难时要能决断犹疑，所以指挥兵士与武器，这才是将帅的事。拿一把剑上阵杀敌，那不是将帅的责任。"

授斧钺　国家有了危难，君王占卜某一吉日，要传授旗鼓。将要进入太庙，小步急行到堂下，面向北站立，君王亲自拿着斧钺，捧着斧头，把武器的柄递给将军，说："从这里一直到天上的人，都请将军来节制。"又拿着斧头，把武器的柄递给将军，说："从这里一直下到深渊的人，都请将军节制。"

投醪　秦穆公讨伐晋国，到了黄河，将军慰劳他，只有一杯浊酒。蹇叔说："一杯酒也可以倒到河里使河水酿成酒。"秦穆公便把酒倒进河里，三军都取水来当酒喝。

吮疽　吴起为魏国去攻打中山。士兵中有人身上长了疮，吴起用嘴为他吸去脓。士兵的母亲听到后便哭。别人问说："你的儿子不过是个士兵罢了，吴起将军亲自为他吸脓，你还为什么要哭啊？"回答说："往年吴将军帮这孩子的父亲吸脓，孩子的父亲作战还没多长时间，便战死了。今天又来为我儿子吮吸脓汁，我就不知道他什么时候会死了。"后来吴起到楚国去，那个士兵果然被杀了。

纶巾羽扇　武侯诸葛亮与司马懿驻兵于渭水之侧，约定日期要进行夜战。司马懿穿着军服去处理军务，派人去看诸葛亮，只见他自己乘着素车，戴着纶巾帽挥着鹅毛扇，指挥三军，随他一起进退。司马懿赞叹说："诸葛亮可以算得上真的名士！"

金钩　阖闾既宝莫邪，复令国中作金钩，令曰："能为善钩者赏千金。"有人贪赏，乃杀其二子，以血衅金，遂成二钩，献之，王曰："钩有何异？"曰："臣之作钩，贪赏而杀二子，衅以成钩，是与众异。"遂向钩而呼二子之名，曰："吴鸿、扈稽，我在此！"声未绝，而两钩俱飞，著父之胸。吴王大惊，乃赏之。遂服之不去身。

七制　兵法七制，一曰征、二曰攻、三曰侵、四曰伐、五曰阵、六曰战、七曰斗。

挟纩　楚子围萧，申公巫臣曰："师人多寒。"王巡三军，拊而勉之，三军之士皆如挟纩。

呼庚癸　吴申叔仪乞粮于晋，公孙有山氏对曰："粱则无矣，粗则有之。若登首山，以呼曰'庚癸乎'，则诺。"庚，西方，主谷。癸，北方，主水。教以隐语也。

盗马　秦穆公失右服马，见野人方食之，公笑曰："食马肉不饮酒，恐伤。"遂遍饮而去。及一年，有韩原之战，晋人环穆公之车。野人率三百馀人疾斗车下，遂大克晋。

剑名　剑口曰镡，剑鼻曰璏音位，剑握曰铗，剑鞘曰室，剑衣曰韬，亦曰襓音绕，剑把绳曰蒯缑音勾。

五名剑　越王句践有宝剑五，一曰纯钩、二曰湛卢、三曰豪曹、四曰鱼肠、五曰巨阙。

斩蛇剑　汉高帝于南山得一铁剑，长三尺，铭曰"赤霄"，大篆书，即斩蛇剑也。及贵，常服之。晋太康三年，武库火，

金钩　吴王阖闾非常珍爱莫邪宝剑，又命令国内的人作金钩，命令说："能做出非常好的钩的人赏赐千金。"有人贪图赏赐，便杀了自己的两个儿子，把血涂在金属上，便做成了两只钩，献给了吴王，吴王说："这钩有什么特异的地方呢？"回答说："我为了做钩，贪图赏赐而杀了我的两个儿子，涂在金属上做成的，所以与其他的钩不一样。"于是对着钩叫自己两个儿子的名字说："吴鸿、扈稽，我在这里！"声音还没有落下去，两只钩都飞了起来，停在父亲的胸膛上。吴王大吃一惊，便赏赐了他。然后便经常佩带着这两把钩不离身。

七制　兵法有七制，一叫作征服、二叫作攻打、三叫作侵略、四叫作讨伐、五叫作列阵、六叫作大战、七叫作争斗。

挟纩　楚国军队围住了萧国，申公巫臣说："兵士们都很冷。"楚王巡视三军，拍着他们的肩膀来勉励他们，三军兵士都如同穿上了棉衣一样。

呼庚癸　吴国申叔仪到晋国去求粮，公孙有山氏回答说："细粮已经没有了，粗粮还有一些。如果你登上首山，大声喊'庚癸乎'，就可以答应你的请求。"庚，指西方，主掌谷物。癸，指北方，主掌水。这是在教他隐语。

盗马　秦穆公丢了他马车的右边服马，后来看到有一个住在郊野的人正在吃那匹马，秦穆公笑着说："吃马肉不喝酒，恐怕会有害处。"于是便提供酒让他喝个痛快，然后走了。过了一年，秦、晋之间发生了韩原的战争，晋军围住了秦穆公的车。那位吃马肉的人率领三百多人快速到车下战斗，后来便大败晋军。

剑名　剑口叫作镡，剑鼻叫作璏读音为"位"，剑把叫作铗，剑鞘叫作室，剑衣叫作韬，亦叫作袷读音为"绕"，剑把上穿的绳叫作绷緱读音为"勾"。

五名剑　越王句践有宝剑五把：一叫作纯钩、二叫作湛卢、三叫作豪曹、四叫作鱼肠、五叫作巨阙。

斩蛇剑　汉高祖在南山得到一柄铁剑，长有三尺，上面的铭文是"赤霄"，是用大篆书写的，这就是那把斩蛇剑。等到发迹以后，就经常佩带着它。晋朝太康三年（282），收藏兵器的武库失火，

中书监张华列兵防卫，见汉高斩蛇剑穿屋飞去，莫知所向。

伙飞　荆有伙飞者，得宝剑于江干。涉江，及至中流，两蛟夹舟。伙飞祛衣，拔剑刺蛟。杀之。荆王任以执圭。

干将莫邪　干将，吴人，妻莫邪，为吴王阖闾铸剑，不成。干将曰："神物之化，须人而成。"妻乃断发剪爪，投入炉中，金铁皆熔，遂成二剑，阳曰干将，阴曰莫邪。

龙泉太阿　张华见斗牛间有紫气，在丰城分野，乃以雷焕为丰城令。至县，掘狱深二丈，开石函，得二剑，一名龙泉，一名太阿，焕留其一，一以进华，且曰："灵异之物，终当化去。"华死，剑飞入襄城水中。后焕子为建安从事，经延津，剑忽于腰间跃入水，使人泅水求之，见双龙蜿蜒，不敢近。

华阴土　雷焕丰城狱中得剑，取南昌西山黄白土拭之，光艳照耀；张华更以华阴赤土磨之，鲜光愈亮。

金仆姑，箭名。《左传》：鲁庄公以金仆姑射南宫长万。

石马流汗　安禄山乱，哥舒翰与贼将崔乾祐战，见黄旗军数百来助战，忽不见。是日，昭陵内石马皆流汗。

露布　军中有露布，乃后魏每征伐，战胜欲天下闻知，书帛建于漆竿上，名为露布，以扬战功。

蒋庙泥兵　南京钟山，有汉秣陵尉蒋子文庙，盖因子文逐盗死此，孙权为立庙，封蒋侯。权避祖讳钟，改名蒋山。后

中书监张华派兵去防卫，看到汉高祖的斩蛇剑穿破屋顶飞走，不知去向。

伙飞　荆地有一个叫伙飞的人，在长江边上得到了一柄宝剑。过江的时候，到中间，有两只蛟龙夹着小舟。伙飞脱下衣服，拔剑刺蛟龙。并杀死了它。荆王任命他为官员。

干将莫邪　干将，是吴国人，妻子叫莫邪，为吴王阖闾铸剑，不能成功。干将说："神异东西的变化，要人加入才可以。"妻子便把头发铰断、指甲剪去，都扔到火炉中，金属立刻都熔化了，于是铸成了两柄剑，阳剑叫干将，阴剑叫莫邪。

龙泉太阿　张华看见斗宿和牛宿之间有紫气，对应的分野在丰城，便让雷焕作丰城县令。至县里，挖掘监狱深有二丈，打开一个石函，得到两把宝剑，一个叫龙泉，一个叫太阿，雷焕留下其中一个，另一个进献给张华，且说："这种灵异的东西，终究会变化而去的。"张华死了以后，剑就飞进了襄城的大水中。后来雷焕的儿子任建安从事，经过延津，他腰上插的剑忽然跳到水里去了，让人进水去寻找，只见有两条龙在里面盘着，不敢靠近。

华阴土　雷焕从丰城的大狱里找到了宝剑，又取来南昌西山的黄白土来擦拭它，剑光艳照耀；张华又用华阴的红土去擦拭，剑就更加明亮鲜艳。

金仆姑是箭的名字。《左传》记载：鲁庄公用金仆姑来射南宫长万。

石马流汗　安禄山叛乱，哥舒翰与叛贼大将崔乾祐激战，忽然看到有几百名黄旗军来助战，然后忽然又不见了。当天，唐太宗的昭陵里那些石马身上都流了汗。

露布　军中开始有露布，是因为后魏每次出兵征伐，战胜后便想让全天下的人都知道，于是便写在布帛之上并挂在漆竿上，名叫露布，用来宣传战功。

蒋庙泥兵　南京的钟山，有汉代秣陵尉蒋子文的庙，主要是因为蒋子文为了追捕盗贼而死在此处，孙权为他立了庙，并封为蒋侯。孙权为了避讳其祖父的讳"钟"，便改此山名为蒋山。后来

孙权与敌人战，夜大雨，蒋侯助之，次日，见庙中泥兵皆湿。

箭塞水注 刘锜善射。水斛满，以箭射斛，拔箭水注，随射一箭室之，人服其精巧。

檿弧箕服 檿，山桑也。木弓曰弧。服，乘箭具也。箕草似荻，细织之，而为服也。

娘子军 唐平阳公主，嫁柴绍。初，高祖起兵，与绍发家资招亡命。渡河，主引精兵万人与秦王会于渭北。绍与公主对置幕府，分定京师，号娘子军。

夫人城 晋朱序镇襄阳，时苻丕遣兵攻之。序母见城西北角当先坏，领百馀婢并女丁，斜筑城二十馀丈。贼攻西北角，果溃，众守新城，贼遂引退，号夫人城。

紫电青霜 《滕王阁序》："紫电青霜，王将军之武库。"

榻侧鼾睡 宋太祖欲伐江南，徐铉入奏乞罢兵。太祖曰："江南主有何罪，但卧榻之侧，岂容他人鼾睡耶！"

廉颇善饭 廉颇一饭斗米，肉十斤，披甲上马，以示可用。郭开贿使谓赵王曰："廉将军虽老，尚善饭，然与臣坐，顷之，三遗矢矣。"王以为老，遂不召。

杜彪 梁荆州刺史杜嶷，膂力过人，便骑马，射不虚矢。所佩霞明朱弓，四石馀力，每出挑战，魏军惮之，号为杜彪。

飞将 唐单雄信极勇，力事李密，人号为飞将。后周韩果破稽胡，稽胡惮果矫健，亦号飞将。

孙权与敌人大战，夜里下着大雨，蒋侯便来帮助他，第二天，看到庙里的泥兵身上都是湿的。

箭塞水注　刘锜善于射箭。装满水的水桶，他用箭去射它，把箭拔出来水便冒出来，然后他再射一箭来堵住那个孔，人们都佩服他箭法的精妙和技巧。

檿弧箕服　檿，就是山桑。木制的弓叫作弧。服，就是盛箭的器具。箕草像荻，是细细织出的，用来做衣服的。

娘子军　唐代的平阳公主，嫁给了柴绍。起初，唐高祖起兵反朝廷，与柴绍一起把家中的资产都拿出来招纳亡命之徒。渡过黄河之后，平阳公主率领了精兵万人与秦王李世民相会于渭北。柴绍与公主对应着设置了幕府，分别平定了京师，号为娘子军。

夫人城　晋朝的朱序镇守襄阳，当时符丕派兵去攻打他。朱序的母亲看到城西北角会先被攻破，便亲自率领了一百多名婢女和其他女兵，一起斜着修筑了一道二十多丈的城墙。敌人猛攻西北角，守兵果然溃败，众人退守新城，敌人便只好退了回去，故此号为夫人城。

紫电青霜　王勃的《滕王阁序》说："紫电、青霜那样的宝剑，那是出自王将军的武库。"

榻侧鼾睡　宋太祖想讨伐江南，徐铉入朝上奏请求不要用兵。宋太祖说："江南的君主其实没有什么罪，但是自己的床旁边，怎么能容忍别人在这里打着呼噜睡觉呢！"

廉颇善饭　廉颇一顿饭吃掉了一斗米，十斤肉，并披甲上马，以此来表示自己还可以打仗。但郭开贿赂使者让他对赵王说："廉将军虽然老了，但还很能吃饭，然而与我坐在一起，一会的功夫，就解了三次手。"赵王于是认为廉颇老了，便不召用了。

杜彪　梁代的荆州刺史杜崱，臂力过人，即使骑着奔驰的马射箭也从不落空。他所佩带的霞明朱弓，有四石多的力道，每次出来挑战，北魏的军队都很害怕他，称他为杜彪。

飞将　唐代的单雄信非常勇敢，全力地事奉李密，人们称他为飞将。后周的韩果打败了稽胡，稽胡也忌惮韩果的矫健勇猛，也称其为飞将。

铁猛兽　后周蔡祐与齐战，著明光铠甲，所向无敌，齐人畏之，号铁猛兽。

熊虎将　周瑜尝谓孙权曰："刘备有关、张熊虎之将，有饮马长江之志。"又言羽、飞为万人敌。

细柳营　汉文帝时，匈奴大入边。上使周亚夫军细柳，以备胡。上自劳军，先驱至军门，曰："天子至！"都尉曰："军中闻将军令，不闻天子诏。"上使使持节诏将军曰："吾欲劳军。"亚夫开壁门。天子按辔徐行。亚夫以军礼见。文帝曰："嗟乎，此真将军矣！"

飞将军　汉李广为北平太守，匈奴畏之，号曰汉飞将军，避之数岁。

贯虱　《列子》：纪昌学射于飞卫，卫曰："视小如大，视微如著，而后告我。"昌以牦尾垂虱于牖间，南面而望之。旬日之间，渐大；三年之后，大如车轮。乃以弧矢射之，贯虱之心。

来嚼铁　唐来瑱为颍川太守。贼攻城，来射皆应弦而仆。贼拜城请降，称为来嚼铁。

半段枪　唐哥舒翰为河西卫前将军，吐蕃大寇边，翰持半段枪当其锋，所向披靡。

黄骠少年　北周裴果勇冠三军，与敌国战，乘黄骠当先，军中称黄骠少年。

白袍先锋　唐薛仁贵尝从太宗征伐。每出战，辄披白袍，所向无敌。太宗遥见，问白袍先锋是谁。特引见，赐马绢，喜得虎将。

铁猛兽　后周的蔡祐与齐国军队发生战争，他穿着明光铠甲，所向无敌，齐人很害怕他，称他为铁猛兽。

熊虎将　周瑜曾经对孙权说："刘备有关羽、张飞这样像熊虎一样勇猛的大将，就一定有在长江饮马的志向。"又说关羽、张飞得一万人才能抵敌得住。

细柳营　汉文帝的时候，匈奴人大举入侵边境。文帝让周亚夫驻军于细柳，用以防备匈奴。文帝亲自来犒劳军队，先骑马到军队门口说："天子到了！"守门的都尉说："军队中只听从将军的命令，不听从天子的诏令。"文帝派使者持着节下诏给将军周亚夫说："我想要来犒劳军队。"周亚夫打开营门。文帝拉着缰绳慢慢行进。周亚夫用军礼来参见文帝。文帝说："哎呀，这才是真正的将军啊！"

飞将军　汉代的李广为北平太守，匈奴人很畏惧他，称他为汉代的飞将军，回避他好多年。

贯虱　《列子》记载：纪昌向飞卫学射箭，飞卫说："看小的东西就像看大的，而看细微的东西却像看很明显的东西。达到那个境地了再告诉我。"纪昌用牦牛尾的毛绑一个虱子在窗口上，面向南天天看。十来天的时间，东西逐渐增大了；三年后，看到的东西像车轮那么大。然后用弓箭去射它，射穿了虱子的心脏。

来嚼铁　唐代的来瑱为颍川太守。贼人来攻城，来瑱用箭射敌人，每次随着弦声响就一定会有人倒下来。贼人向城跪拜而请求归降，并称他为来嚼铁。

半段枪　唐代哥舒翰为河西卫前将军，吐蕃大举侵略边境，哥舒翰拿着半段枪且正对着敌兵的锋锐部分，仍然是所向披靡。

黄骢少年　北周的裴果勇冠三军，与敌国发生战斗，他总是骑一匹黄骢马一马当先，军中都称他为黄骢少年。

白袍先锋　唐代的薛仁贵曾经随从唐太宗出征。每次出战，就身披白袍，所向无敌。唐太宗远远地看见，问那个白袍先锋是谁。于是他被特意引见，唐太宗赐给他战马、绢布，而太宗更高兴于得到了一员虎将。

大树将军 后汉冯异性谦退不伐，诸将于所止舍，辄并坐论功，异常独屏树下，人号大树将军。

霹雳闪电 唐长孙无忌父晟讨突厥，畏晟，闻其弓声，谓之"霹雳"；见其走马，谓之"闪电"。晋王笑曰："将军振怒，威行域外。"

辕门二龙 唐乌承玭，开元中，与族兄承恩皆为平虏先锋，号辕门二龙。

一韩一范 范文正公与韩魏公俱为西帅，边士谣曰："军中有一韩，西贼闻之心胆寒；军中有一范，西贼闻之惊破胆。"元昊惧，遂称臣。

八遇八克 唐娄师德，武后时募猛士讨吐蕃，乃自奋，戴红抹额来应诏。后与虏战，八遇八克。

七纵七擒 孔明与孟获战，凡七纵七擒。后乃叹服曰："公天威，南人不敢复反矣！"

钲止兵进 狄青与西贼战，密令军中，钲一声则止，再声则严阵而阳却，钲声止则大呼而突之。虏大骇愕，以是胜之。

以少击众 唐马璘武艺绝伦，以百骑破卒五千。李光弼曰："吾未见以少击众，如马将军者！"人号为中兴锐将。

朕之关张 宋狄青京师呼为狄天使，上嘉其材勇，为泾原路兵马总管。上欲一见，诏令入朝。会寇逼平凉，乃令亟往，俾图像以进。上观其相曰："朕之关、张。"

大树将军　后汉的冯异性格谦虚退让而不夸耀自己的功劳，别的将领到了要休息的地方，就坐在一起讨论功劳，只有冯异常常独自隐身于树下，人们称他为大树将军。

霹雳闪电　唐代长孙无忌的父亲长孙晟讨伐突厥，敌人都很害怕长孙晟，听到他拉弓的声音，称其为"霹雳"；看见他骑马奔跑，称之为"闪电"。晋王杨广笑着说："将军如果振怒，威风就会传播到外国去。"

辕门二龙　唐代的乌承玼，在开元年间，与族兄乌承恩都是平虏先锋，号称为辕门二龙。

一韩一范　文正公范仲淹和魏国公韩琦都当过西部边疆的将帅，边地的士兵有歌谣说："军中有一韩，西贼闻之心胆寒；军中有一范，西贼闻之惊破胆。"西夏皇帝元昊害怕了，便向宋朝称臣。

八遇八克　唐代的娄师德。武则天时期招募勇猛的士兵讨伐吐蕃，他便自我奋发欲有所为，于是戴着红色的抹额前来应诏。后来与敌人作战，八次遇敌八次都打了胜仗。

七纵七擒　诸葛亮与孟获作战，共计有七次把他放了又七次擒拿了回来。后来孟获终于叹服说："您有如此神威，我们南边的人不敢再反了。"

钲止兵进　狄青与西边的敌人交战，秘密命令军中，钲响一声就停止，响两声就保持阵型而假装退却，钲声停止就大声呼喊着冲锋。敌人大为惊愕，因此便胜利了。

以少击众　唐代的马璘武艺超群，用一百名骑兵就打败了五千名敌人。李光弼说："我没有见过能像马将军这样以少胜多的！"人们称他为中兴锐将。

朕之关张　宋代的狄青在京师被称为狄天使，皇上欣赏他的能力与勇武，官为泾原路兵马总管。皇上想见他一次，下诏让他入朝。正赶上有敌人进逼平凉，便又下令让他赶快前往，只好让人画图像进上。皇上看了这幅图后说："这是我的关羽、张飞啊。"

立汉赤帜　韩信攻赵，令卒曰："赵见我走，必空壁逐我，若等疾入，拔赵白帜，立汉赤帜。"信佯走。赵果逐之，回壁见赤帜，大乱。汉兵夹击，遂克赵军。

下马作露布　《南史》：傅永拜安远将军，帝叹曰："上马能杀贼，下马能作露布，惟傅修期能之耳！"

三箭定天山　薛仁贵为行军副总管。九姓众十馀万，令骁骑挑战，仁贵发三矢，辄杀三人，虏气慑，皆降。

三鼓夺昆仑　狄青宣抚广西，侬智高守昆仑关。青至宾州，值上元节，大张灯火，首夜宴乐彻晓，次夜复宴，二鼓时，青忽称疾如内，命孙元规主席。少服药乃出，数使人劝劳坐客，至晓未散。忽有驰报云："是夜三鼓，狄将军已夺昆仑关矣。"

顺昌旗帜　宋刘锜与兀术战于柘皋，虏远望见，大惊曰："此顺昌旗帜也。"即引兵而去。

每饭不忘钜鹿　汉文帝谓冯唐曰："昔有为我言李齐之贤，战于钜鹿下。今吾每饭，意未尝不在钜鹿也。"

铸错　唐罗绍威以魏博牙兵骄甚，尽杀之，遂为梁朱温所制，乃谓亲吏曰："聚六州四十三县铁，铸一个错不成！"

得陇望蜀　司马懿言于曹操曰："今克汉中，益州震动，进兵临之，势必瓦解。"操曰："人苦不知足，得陇复望蜀。"

塞创复战　隋张定和，虏刺之中颈，定和以草塞创而战，神气自若，虏遂败走。

立汉赤帜　　韩信攻打赵国,命令兵士说:"赵国军队若看到我们败走,必然会把营寨里的所有兵士都调集来追赶我们,你们就赶快进入他们的营盘,拔掉赵国的白旗,树立汉的红旗。"于是韩信假装败走。赵军果然前来追赶,等回营时看到了红旗,于是大乱。汉兵内外夹击,打败了赵军。

　　下马作露布　　《南史》记载:傅永官拜安远将军,皇帝赞叹说:"上马能杀贼,下马能写露布,只有傅永(修期)能做到啊!"

　　三箭定天山　　薛仁贵为行军副总管。铁勒族的九姓部落军队共有十多万人,并且下令让其精兵来挑战,薛仁贵射了三支箭,便杀了三个人,敌人气势被压住了,都投降了。

　　三鼓夺昆仑　　狄青平定广西的时候,侬智高守昆仑关。狄青到了宾州,正赶上上元节,四处大张灯火,第一天晚上摆宴奏乐直到天亮,第二天晚上又摆宴,二鼓的时候,狄青忽然说身体不舒服便到内室去了,让孙元规以主人身份继续宴乐。狄青说他吃点药就出来,还多次让人给在坐的宾客劝酒,所以到天亮酒席都没有散。忽然有快马来报:"当天晚上三鼓时分,狄青将军已经夺取了昆仑关。"

　　顺昌旗帜　　宋代的刘锜与金兀术在柘皋交战,敌人远远望见,大惊失色地说:"这是顺昌府的旗帜啊。"于是立刻带兵败走了。

　　每饭不忘钜鹿　　汉文帝对冯唐说:"从前有人对我说李齐的贤能,当时在钜鹿交战。现在我每次吃饭,心思却没有一次不在钜鹿啊。"

　　铸错　　唐代的罗绍威因为魏博的牙兵太过骄横,便把他们全杀了,然而也正因此却被梁国的朱温制住,他对亲近的属吏说:"就是聚集六州四十三县的铁,也铸造不出这么大一个'错'字啊!"

　　得陇望蜀　　司马懿对曹操说:"今天要攻克汉中,益州便会震动,然后进兵攻打,势必瓦解。"曹操说:"人都苦于不知足,得到陇地了又想着再得到蜀地。"

　　塞创复战　　隋代的张定和,敌人刺中了他的脖子,张定和用草塞住创口继续作战,神气自若,敌人大败而逃。

杜伏威　唐杜伏威与陈稜战，射中伏威额，怒曰："不杀汝，箭不拔！"驰入稜阵，获所射将，使拔箭，已，斩之。

首级　秦法斩敌一首拜爵一级，故曰首级。后人云："割一首，必割其势，以为一级者非。"

梓树化牛　秦文公伐雍，南山梓树化为牛，以骑击之，不胜。或坠地，解髻披发，牛畏之，入水。秦因置髦头，骑使之先驱。

勒石燕然　燕然，山名，去塞三千里。窦宪大破单于，登燕然山，勒石纪功，颂汉功德。

九章　《管子》曰："举日章则昼行，举月章则夜行，举龙章则水行，举虎章则林行，举鸟章则行陂，举蛇章则行泽，举鹊章则行陆，举狼章则行山，举韬章则载食而驾。"

啼哭郎君　都统制曲端勇悍非常，每与虏战，呼裨将头目，备告以二帝蒙尘，今在五国城中青衣把盏，凡为臣子者闻之痛心，思之切骨，遂放声大哭。将佐军士皆哭，奋身上马，勇气百倍，虏人望之辟易，称为啼哭郎君。

鸽笼分部　曲端军分五部，一笼贮五鸽，随点一部，则开笼纵一鸽往，则一部之兵顷刻立至，其速如神，见者气夺。

玉帐术　杜子美诗："空留玉帐术，愁杀锦城人。"玉帐乃兵家厌胜之方位，主将于其方置军帐，则坚不可犯。其法出黄帝遁甲，以月建前三位取之，如正月建寅，则巳为玉帐。

杜伏威　唐代的杜伏威与陈稜交战，敌人射中了杜伏威的额头，杜伏威大怒说："不杀了你我誓不拔箭！"骑马冲进陈稜的阵地，抓住了射箭的那个将领，让他拔了箭，然后便把他杀了。

首级　秦代的法令是斩下一个敌人的头就拜爵一级，所以叫作首级。后人说："割下一个首，就必定要再割下他的生殖器，所以认为是一级的并不对。"

梓树化牛　秦文公讨伐雍地，南山的梓树变化为牛，派骑兵去攻击它，却无法制胜。有人从马上掉到地上，头发披散，那牛很畏惧，钻到水中去了。秦国因此而设置了髦头，让他们在骑兵之前充当先驱。

勒石燕然　燕然，是山的名字，离边塞有三千里。汉代窦宪大败单于，登上了燕然山，在石上刻字来纪录功勋，并称颂汉朝的功德。

九章　《管子》记载："举着有太阳图案的旗子就表示要白天行军，举着月亮图案的旗子表示要夜间行军，举着龙图案的旗子表示要在水中行军，举着老虎图案的旗子表示要在树木中行军，举着飞鸟图案的旗子表示要在山坡上行军，举着蛇图案的旗子表示要在沼泽中行军，举着鹊图案的旗子表示要在陆地上行军，举着狼图案的旗子表示要在山中行军，举着牲畜图案的旗子表示要带着食物行军。"

啼哭郎君　都统制曲端非常强悍勇猛，每次要与敌人作战，就叫来偏将头目，详细地告诉他们徽、钦二帝正蒙受灾难，现在正在金人的五国城中当奴仆倒酒，凡是身为臣子的人听到这个消息都应该痛心，想到这里也生出切骨之痛，于是便放声大哭。将佐军士也都大哭，然后奋身上马，勇气百倍，敌人远远望见就躲开了，称他为啼哭郎君。

鸽笼分部　曲端的军队分为五部，在一只笼子里养了五只信鸽，要点一部军队，就开笼放一只信鸽前往，那一部兵就立刻到达，非常迅速，看到的人都被震住了。

玉帐术　杜甫有"空留玉帐术，愁杀锦城人"的诗句。玉帐是领兵之人施巫术的方位，主将若在这个方位设置了军帐，那就坚不可摧。其法：黄帝遁甲以月建，后三位取之，如正月建寅，则巳为玉帐。

寇来没处畔　陈后主兴齐云观，谣曰："齐云观，寇来没处畔。"故今人避人谓之"畔"。

府兵　西魏始作府兵。隋唐始有番次，入为兵，出为农。周太祖始刺面见。唐末刘仁恭刺民为兵，给廪食，军丁金补。

渠答，蒺藜也，以铁为之，匝营则撒之四外。

绕指柔　平望湖中掘得一剑，屈之则首尾相就，放手复直如故，锋铓犀利，可断金铁。识者曰："此古之绕指柔也。"

刑法

郑铸《刑书》，晋作《执秩》，赵制《国律》，楚作《仆区》区，音欧，皆法律之名也。仆，隐也；区，匿也；作为隐匿亡人之法。

历代狱名　夏狱曰夏台，商狱曰羑里，周狱曰圆圄，汉狱曰请室。

五听　《周礼》：少司寇以五声听讼狱，一曰辞听，二曰色听，三曰气听，四曰耳听，五曰目听。

三刺　听讼者以三刺，一刺曰讯群臣，二刺曰讯群吏，三刺曰讯万民。

古刑　墨、劓、剕、宫、大辟，其后加流、赎、鞭、朴为九刑。

古刑名　城旦、舂：城旦者，旦起行治城；舂者，舂米。四岁刑也。鬼薪、白粲：取薪给宗庙为鬼薪；坐择米使正白为白粲。三岁刑也。

五毒　械颈足曰桁杨，械颈曰荷校，械手足曰桎梏，锁系曰锒铛，鞭笞曰榜掠。考逼曰五毒俱备，言五刑皆用也。

寇来没处畔　陈后主兴建了齐云观，当时有歌谣说："齐云观，敌人来了无处畔。"所以现在人把躲避别人叫作"畔"。

府兵　西魏开始创立了府兵。隋唐开始有了番号，进来便是士兵，出去便是农民。周太祖开始在士兵脸上刺字。唐末的刘仁恭抓住民众刺字为兵，供给食物，来作为兵士的补充。

渠答，就是蒺藜，用铁制作，立下营寨后就撒到营帐周围。

绕指柔　平望湖中掘出了一把宝剑，弯屈它可以剑头与剑尾相接，放手就又像以前一样直，剑锋犀利，可以切断金属。认识的人说："这就是古代所说的'绕指柔'啊。"

刑法

郑国制订了《刑书》，晋国制作了《执秩》，赵国制作了《国律》，楚国制作了《仆区》"区"，读音为"欧"，这些都是法令律条的名字。仆，就是隐的意思；区，就是藏匿的意思；这是作为隐匿逃亡者的法令。

历代狱名　夏朝的监狱名叫夏台，商朝的监狱名叫羑里，周朝的监狱名叫圆圈，汉朝的监狱名叫请室。

五听　《周礼》记载：少司寇用五种方法来审查案情以判断诉讼：一是听他的言辞，二是观察他的气色，三是观察他的呼吸，四是测试他听别人说话的反应，五是看他的眼睛。

三刺　审判重大案子时断案者应该听三方面的意见：一是向群臣咨询，二是向群吏咨询，三是向万民咨询。

古刑　墨（以刀刺面并染黑为记）、劓（割鼻）、剕（断足）、宫（损坏生殖器的刑罚）、大辟（死刑），后来又增加了流放、赎罪、鞭打、朴击，合称九刑。

古刑名　城旦、舂：城旦，就是早上起来去修理城墙；舂，就是舂米。这两者都是四年的刑罚。鬼薪、白粲：鬼薪，就是打柴给宗庙；白粲就是坐着把白米都挑选出来。这两种都是三年的刑罚。

五毒　给脖子和脚带上枷锁叫作桁杨，只给脖子带枷锁叫荷校，给手足都带上枷锁叫桎梏，用锁链绑着叫银铛，用鞭子抽打叫作榜掠。拷打逼供叫作五毒俱备，是说五种刑罚都使用了。

三木 三木者谓杻械枷锁及手足也。

三宥 一宥曰不识，二宥曰过失，三宥曰遗忘。

三赦 一赦曰幼弱，二赦曰老耄，三赦曰愚蠢。

虞芮争田 周文王时，虞、芮之君争田不决，相与质成于文王。入其境，见其民耕者让畔，行者让路。二君相谓曰："我等小人，不可以履君子之庭。"乃让其所争之田为闲田。

除肉刑 汉太仓令淳于意，无子，有五女。罪当刑，骂曰："生女不生男，缓急无可使！"其幼女缇萦上书，言死者不可复生，刑者不可复赎。愿没入为官奴，以赎父罪。文帝怜之，并除肉刑。

后五刑 肉刑既除，后以笞、杖、徒、流、死为五刑。

髡钳 髡，削发也。钳，以铁束头也。钳钛，《陈咸传》谓私解脱钳钛。钳在首，钛在足，皆以铁为之也。

胥靡 胥，相也；靡，随也；联系之，使相随而服役也。犹今之役囚徒，以铁索联缀之耳。

弃市 汉景帝改磔曰弃市，勿复磔。磔谓张其尸也。弃市，谓杀之于市。

《汉·刑法志》：大刑用甲兵，其次用斧钺，中刑用刀锯，其次用钻凿，薄刑用鞭朴。

锻炼 锻，锤也。锻炼犹言精熟也。深文之吏入人之罪，犹锻炼铜铁，使之成熟也。

三木　三木是指各种枷锁拷住脖子和手足的方式。

三宥　第一种可以宽宥的情况是不知道，第二种可以宽宥的情况是不小心而有过失，第三种可以宽宥的情况是遗忘。

三赦　第一种可以赦免的情况是年纪幼小，第二种可以赦免的情况是年纪老迈，第三种可以赦免的情况是愚蠢。

虞芮争田　周文王的时候，虞国和芮国的君主互相争执田地的归属而没有决断，于是便一起去请周文王裁判。进入周文王的辖境，看到那里耕种的人都让出地边，走路的人都让路。两个君主互相说："我们这样的小人，不可以走到君子的庭院去啊！"于是便把有争议的田地让出来成为闲田。

除肉刑　汉代太仓令淳于意没有儿子，但有五个女儿。淳于意犯了罪应当判刑，便骂道："只生女儿不生儿子，到着急时用不上！"最小的女儿缇萦便向朝廷上书，说人死了便不能再活过来，处刑后也不可能再赎罪。自己愿意卖身成为官奴，用来赎父亲的罪。汉文帝很可怜她，就一并废除了残害肉体的刑罚。

后五刑　残害肉体的刑罚被废除之后，又把笞（鞭打）、杖（用荆条或木板打）、徒（关押并强制劳动）、流（流放）、死五种刑罚称为五刑。

髡钳　髡，就是剃掉头发。钳，就是用铁制的东西罩住头。钳釱，《汉书·陈咸传》有"私解脱钳釱"的话。钳是罩头的，釱是罩脚的，都是用铁制成的。

胥靡　胥，就是互相的意思；靡，就是跟随的意思；合起来，就是让人们互相跟随着服役的意思。就好像现在役使囚徒，要用铁索把他们连起来。

弃市　汉景帝把磔刑改为弃市，不再有磔刑了。磔刑是指分裂尸体。弃市，指在闹市把犯人杀死。

《汉书·刑法志》记载：大的刑罚要用军队，轻一点的用斧钺，中刑用刀锯，轻一点的用钻凿，最轻的刑罚用鞭子或大板。

锻炼　锻，就是锤打的意思。锻炼就好像说精熟。苛细严峻的官吏给人叛罪，就好像锻炼铜铁，让它成熟。

钳网　李林甫为相，起大狱以诬陷异己者，宠任吉温、罗希奭为御史，锻炼人罪。时人谓之罗钳吉网。

罗织　武后任用来俊臣、周兴二人，共撰《罗网经》数千言，教其徒罗织人罪，无有脱者。

蚕室　受腐刑者必下蚕室，盖蚕宜密室，以火温之。新受腐者最忌冒风，须入密室，乃得保全，因呼其室为蚕室。

瘐死　汉宣帝诏曰："系者苦饥寒瘐死狱中，朕甚痛之。"

枭首　百劳名枭，以其食母不孝，故古人赐枭羹，悬其首于木，故刑人以首示众者曰枭首。

缿筒　赵广汉为颍川守，恨朋比为奸，乃许相讦或匿名相告者，置缿筒，令投书于其中。

铜匦　武后自李敬业反后，恐人图己，盛开告密之门。有鱼保家者请铸铜为匦，其式一室四隅，上各有窍，可入不可出，武后善之。未几，其仇家投匦告保家曾为敬业造兵器，遂伏诛。

请君入瓮　武后金吾丘神勣以罪诛，有人告右丞周兴通谋，后命来俊臣鞫之。俊臣与兴方推事对食，问兴曰："囚多不承，当为何法？"兴曰："此甚易耳！取大瓮，以炭四围炙之，令囚入其中，何事不承？"俊臣索大瓮，如兴法，起谓兴曰："有内状推君，请君入此瓮。"兴惶恐服罪。法当死，宥之，流岭南。

钳网　李林甫为宰相，用一个大案子来诬陷与自己不一样的人，宠信任用吉温、罗希奭二人为御史，给人们强加罪名。当时人称之为罗钳吉网。

　　罗织　武则天任用来俊臣、周兴二人，一起撰写了《罗网经》几千字，教他们的同党来给别人罗织罪名，没有人能逃脱。

　　蚕室　受了阉割之类刑罚的人一定要放在蚕室里，因为养蚕适宜在密室中，用火使环境比较温暖。新受刑的人最忌吹风，所以应该进入密室，方可保全性命，所以称这种密室为蚕室。

　　瘐死　汉宣帝下诏说："被关在监狱中的人都受苦或受冻而病死在狱中，我非常痛惜他们。"

　　枭首　百劳鸟的名字叫枭，因为它竟然会吃掉自己的母亲，极其不孝，所以古人赐给枭肉汤，并把它的头悬挂在树上，所以处决人之后把他的头张挂示众就叫作枭首。

　　缿筒　赵广汉任颍川太守，痛恨朋比为奸的事，便允许互相告状或匿名相告的事，设置了缿筒，让大家把告状的信放到这里面。

　　铜匦　武则天自从李敬业反叛之后，害怕有人来图谋害自己，便大开告密之门。有一个叫鱼保家的人请求用铜造一个盒子，其式样是每个盒子有四面，上面各有一个孔，可以往里放东西，但无法拿出来，武则天觉得非常好。不久，鱼保家的仇人就向这个告密箱里投信状告鱼保家曾经为李敬业造过兵器，于是鱼保家便被处死了。

　　请君入瓮　武则天时左金吾大将军丘神勣因谋反罪而被杀，有人状告右丞周兴与丘神勣通谋，武则天让来俊臣去审理。来俊臣与周兴正在审案中对坐进食，便问周兴说："囚犯多数不招认，应当用什么办法呢？"周兴说："这很容易啊！拿一只大瓮，用炭火在四周烤它，让囚犯到里面去，还有什么事不招认呢？"来俊臣立刻要了一只大瓮，就像周兴所说的那样，然后起来对周兴说："有人告你，那么请你进这个瓮吧。"周兴惶恐而服罪。依法当判死刑，从轻发落，流放于岭南。

炮烙之刑 商纣暴虐，百姓怨望，诸侯有叛者，妲己以为罚轻，威不立。纣为铜柱，以膏涂之，加于炭火上，令有罪者行，辄堕炭中，以取妲己一笑，名曰炮烙之刑。

苍鹰 郅都行法严酷，不避权贵。列侯宗室见都，侧目而视，号曰苍鹰。

乳虎 宁成好气，为小吏，必凌其长吏；为人上，操下如束湿薪，滑贼任威。稍迁至济南都尉，其治如狼牧羊，民不堪命。后拜关都尉，凡郡国出入关者，号曰："宁见乳虎，无值宁成之怒。"

鹰击毛挚 义纵为定襄太守，以鹰击毛挚为治，其所诛杀甚多，郡中人不寒而栗。

掘狱讯鼠 张汤儿时，父命守舍，鼠盗其肉，父怒，笞汤。汤掘窟得鼠及馀肉，为具狱辞，磔之堂下。其父见之，视其文辞如老狱吏，大惊，遂使治狱，后为酷吏。

十恶不赦 一曰谋反谓谋危社稷，二曰谋大逆谓谋毁宗庙山陵及宫阙，三曰谋叛谓谋叛本国，潜从他国，四曰谋恶逆谓殴及谋杀祖父母、父母及夫，五曰不道谓杀一家非死罪三人，及支解人，若采生造畜蛊毒厌魅，六曰大不敬谓盗大祀神御之物及乘舆御物，七曰不孝谓告言咒骂祖父母及夫之祖父母；父母在，别籍异财，若奉养有缺，八曰不睦谓谋杀及卖缌麻以上亲，殴告夫及大功以上尊长、小功尊属，九曰不义谓部民杀官长，军士杀所属指挥守把，十曰内乱谓奸小功以上亲、父祖妾与和者。

八议 一曰议亲谓皇家袒免以上亲，及太皇、太后、皇太后缌麻以上亲，皇后小功以上亲，皇太子妃大功以上亲，二曰议故谓皇家故旧之人素得侍见，

炮烙之刑　　商朝的纣王非常残暴，老百姓怨声四起。诸侯有反叛的，妲己认为处罚太轻，立不了威信。纣王便建了铜柱，涂上油，放在炭火上烤，然后让有罪的人在铜柱上走，立刻就会掉到炭火中，以此来博妲己一笑，名叫炮烙之刑。

苍鹰　　郅都执行法令极为严酷，不避权贵。列侯和宗室看到郅都，都侧目而视，称他为苍鹰。

乳虎　　宁成容易生气，当小吏的时候，也会欺凌他的长官；而当别人上司时，对待下属就好像捆湿柴火一样，奸滑、凶残、任性逞威。渐渐升到济南都尉，他的治理就好像用狼来牧羊一样，民众都无法忍受这种命运。后来官拜关都尉，凡是郡国有要出入关的人，都说："宁愿碰到猛虎，也不愿意碰到宁成发怒。"

鹰击毛挚　　义纵为定襄太守，用鹰要捕捉猎物时张开翅膀的方法来治理，所以诛杀甚多，郡中的人都不寒而栗。

掘狱讯鼠　　张汤在小时候，他的父亲让他看家，有老鼠偷了肉吃，父亲大怒，鞭打了张汤。张汤掘了老鼠洞抓到了老鼠和没吃完的肉，为此写了狱辞，分尸于堂下。父亲看到后，觉得他的文辞就好像老狱吏，大为吃惊，于是便让他审理案件，后来成为有名的酷吏。

十恶不赦　　一叫作谋反就是阴谋危害国家政权，二叫作谋大逆就是阴谋毁坏宗庙、坟墓和官阙，三叫作谋叛就是阴谋叛变本国，暗中服从他国，四叫作谋恶逆就是殴打或谋杀祖父母、父母及丈夫的，五叫作不道就是指杀一家没有死罪的三个人的以及肢解人的，比如捕杀生人来祭祀的、把人变成牲畜的、用毒药杀人的、用邪术诅咒别人的，六叫作大不敬就是偷大祀时神灵所用的东西及去祭祀时所用的东西，七叫作不孝就是被告咒骂祖父母及丈夫的祖父母；父母还在世就分家另过并赡养上有缺失的，八叫作不睦就是谋杀或者贩卖缌麻以上亲戚的，殴打丈夫及大功以上的尊长、小功以上的亲属的，九叫作不义就是民众杀害官长的，军士杀害所属指挥的官长的，十叫作内乱就是强奸小功以上的亲人、父祖的妾以及与她们发生关系的。

八议　　八议就是有八种情况可以减轻处罚，一叫作议亲就是皇帝家五服以上的亲人，还有太皇、太后、皇太后缌麻以上的亲人，皇后小功以上的亲人，皇太子妃大功以上的亲人，二叫作议故就是与皇家有故旧之情且常常侍见的人，

特蒙恩待日久者，三曰议功谓能斩将夺旗，摧锋万里，或率众来归，宁济一时，或开拓疆宇有大勋劳，铭功太常者，四曰议贤谓大有德行之贤人君子，其言行可以为法则者，五曰议能谓有大才业，能整军旅，治政事，为帝王之辅佐人伦之师范者，六曰议勤谓有大将吏谨守官职，蚤夜奉公，或出使远方，经涉艰难，有大勤劳者之谓，七曰议贵谓爵一品及文武职军官三品以上，散官二品以上者，八曰议宾谓承先代之后为国宾者。

例分八字　以以者，与真犯同。谓如监守贸易官物，无异真盗，故以枉法论，以盗论，并除名、刺字，罪至斩绞并全科。准准者，与真犯有间矣。谓如准枉法论，准盗论，但准其罪，不在除名、刺字之例，罪止杖一百，流三千里。皆皆者，不分首从，一等科罪。谓如监临主守职役同情盗，所监守官物并赃满数皆斩之类。各各者，彼此同科此罪。谓如诸色人匠拨赴内府工作，若不亲自应役，雇人冒名私自代替，及替之人，各杖一百之类。其其者，变于先意。谓如论人议罪犯先奏请议。其犯十恶，不用此律之类。及及者，事情连后。谓如彼此俱罪之赃及应禁之物，则没官之类。即即者，意尽而复明。谓如犯罪事发在逃者，众证既明白，即同狱成之类。若若者，文虽殊而会上意。谓如犯罪未老疾，事发以老疾论。若在徒年限内，老疾者亦如之之类。

顾山钱　女子犯罪并放归家，但令一月出钱三百，顾人于山伐木，谓之顾山钱。

平反　隽不疑尹京兆。每行县录囚还，母辄问："有所平反音幡，活几人耶？"平，谓平其不平也；反，言反罪人辞，使从轻也。

录囚　北人言以录为虑。今言录囚，误以为虑囚者，非是。

颂系　景帝著令年八十以上，十岁以下，及孕未乳，盲师，侏儒，当鞫问者，皆颂系之。"颂"读曰"容"，

特别蒙皇恩相待日久的人，**三叫作议功**就是那些能斩将夺旗，摧锋万里，或者率众来降，让一时安宁，或者开拓疆宇有大的勋劳，铭刻其功在太常寺的人，**四叫作议贤**就是大有德行的贤人君子，他们的言行可以成为天下法则的人，**五叫作议能**就是有大的才干，能整顿军旅，治理政事，为帝王的辅佐、人间伦理的表率的人，**六叫作议勤**就是有大将吏谨守官职，日夜奉公，或者出使远方，历经艰难，有大勤劳的人，**七叫作议贵**就是官爵一品以及文武职的军官三品以上的，散官二品以上的人，**八叫作议宾**就是前朝国君的后代被尊为国宾的人。

例分八字　以　以，就是与真犯相同。是说如果监守者买卖官有物品，就与真的盗贼无异了，所以要以枉法论罪，也可以盗贼论处，并且可以除名、刺字，甚至罪行大的可以处斩首、绞刑以及其他所有的刑罚。**准**　准，就是与真犯有一些区别的人。是说按照枉法论处，盗窃论处，但只按照其罪论处，却不在除名、刺字之例，罪也只杖一百，流放三千里。**皆**　皆，不分首犯还是从犯，都按相同的罪来论处。是说监护、守卫等职以及与盗贼勾结的人，他所谓监守的官物和赃物如果达到斩首范围的。**各**　各，就是彼此都一样定罪。是说如果让各种匠人到官内工作，如果不亲自去，却雇人冒名私自顶替，那么与代替的人都各杖一百之类。**其**　其，就是改变此前的意见。是说如果讨论一个人的定罪而与此前奏请的不同就需要请求改变。犯有十恶不赦之罪的，不适用这一律条。**及**　及，就是定罪还要考虑此后的事。彼此都是犯罪的赃物及应禁的物品，就直接充公之类。**即**　即，就是主犯在逃但罪行很明确的。是说如果如犯罪者事发在逃后，众人证词却非常明白，那就可以定罪。**若**　若，文词虽不同但可领会上司之意。是说犯罪时并不老且没有疾病，但被发现时却已经老了或者有病了。如果还在判刑的年限之内，那么老了的和有病的也应该如别人一样。

顾山钱　女子犯罪但被释放回家的，只是要求她每月出三百钱，雇人在山上伐木，这叫作顾山钱。

平反　隽不疑官为京兆尹。每次到属县去核录囚犯回来，他的母亲总要问："有平反的吗？救活多少人了？"平，是说把不平的事重新审理；反，是说把判罪的言辞反过来，使之可以从轻发落。

录囚　北方人说话把"录"当"虑"。现在所说的"录囚"，有人误以为是"虑囚"，这是错的。

颂系　汉景帝下令年龄在八十以上、十岁以下的，还有怀孕并且尚未哺乳的，盲人，侏儒，如果要审问的话，都要"颂系"。"颂"读为"容"，

宽容之，不桎梏也。

爰书 爰，换也，以文书代换其口辞也。

末减 罪从轻也。末，薄也；减，轻也。

狱吏之贵 周勃下狱，狱吏侵辱之。勃后出，曰："吾常将百万兵，然安知狱吏之贵也！"

死灰复然 韩安国坐法抵罪，狱吏田甲辱之。安国曰："死灰独不复然乎？"甲曰："然即溺之。"

六月飞霜 邹衍事燕惠王尽忠，左右谮之，王系之狱。衍仰天而叹，六月天为之降霜。

太子断狱 汉景帝时，防年因继母杀其父，遂杀继母。廷尉以大逆谳，帝疑之。武帝年十二为太子，侍侧，对曰："继母如母，缘父之故。今继母杀其父，下手之时，母道绝矣！是父仇也，不宜以大逆论。"

钱可通神 张延赏欲理一冤狱，案上有一帖云："奉钱三万，乞不问其狱。"公恚，悉收左右讯之。明日，于盥洗处得一帖云："奉钱五万。"又于寝门所得一帖云："奉钱十万。"公叹曰："钱至十万，可通神矣！吾以惧祸也。"乃不问。

祭皋陶 范滂坐党锢，系黄门北寺狱。吏谓曰："凡坐系皆祭皋陶。"滂曰："皋陶贤者，知滂无罪，将理之于帝；有罪，祭之何益！"

刮肠涤胃 齐高帝有故吏竺景秀，以过系作坊，常云："若许某自新，必吞刀刮肠，饮灰涤胃。"帝善其言，乃释之。

是宽容的意思，就是不戴枷锁。

爱书　爱，就是换的意思，用文书代替他的口供。

末减　定罪从轻处理。末，就是薄的意思；减，就是轻的意思。

狱吏之贵　周勃下狱，狱吏侮辱他。周勃后来出狱，说："我常常带兵百万，然而哪里知道狱吏竟如此尊贵啊！"

死灰复然　韩安国犯法论罪，狱吏田甲侮辱他。韩安国说："难道死灰就不会复燃了吗？"田甲说："死灰复燃就用水浇。"

六月飞霜　邹衍事奉燕惠王非常忠心，但燕惠王左右的人诬陷他，燕惠王把他逮到了监狱里。邹衍仰天长叹，六月天为他而降下霜来。

太子断狱　汉景帝的时候，防年因为继母杀了自己的父亲，便也杀了继母。廷尉判他为大逆不道的罪名，景帝有些犹豫。汉武帝当时只有十二岁，还是太子，侍奉在一边，回答说："继母就像母亲一样，但这是因为父亲的关系。现在这个继母杀了他父亲，下手的时候，已经不再是母亲了！所以，她只是父亲的仇人，不应该判为大逆。"

钱可通神　张延赏想要重新审理一件冤案，忽然案子上有一张纸条，上面写着："奉上钱三万，请您不再审理这个案子。"张延赏大怒，把左右的人都抓起来审问。第二天，又在洗漱的地方得到一张纸条，上面写说："送钱五万。"后来又在寝室的门上看到一张纸条写着："送钱十万。"张延赏长叹说："钱到了十万，就可以上通神仙了！我也要畏惧有祸事啊。"于是便不再审问了。

祭皋陶　范滂因为党锢之祸，被关在黄门北寺狱里。狱吏对他说："凡是因罪入狱的都要祭皋陶。"范滂说："皋陶是贤明的人，如果知道我没有罪，就会向皇帝理论；如果我有罪，祭他又有什么好处呢！"

刮肠涤胃　齐高帝有一个老部下竺景秀，因为过失而下狱，经常说："如果允许我改过自新，我就要吞刀刮肠，饮灰洗胃。"齐高帝觉得他的话说得很好，就把他放了。

青衣报赦 苻坚屏人作赦文，有大蝇入室，声甚厉，驱之复来。俄而，人皆知有赦，诘所从来，云有青衣童子呼市中，乃蝇也。

于门高大 前汉于公，门闾坏，父老治之。公令高大门闾，可容驷马，且言："我治狱多阴德，子孙必有兴者。"后子定国为丞相。

论囚渭赤 秦商君性极惨刻，尝论囚渭水之上，其水尽赤。

肉鼓吹 伪蜀李匡远性苛急，一日不断刑，则惨然不乐。尝闻锤挞声，曰："此一部肉鼓吹也。"

无冤民 张释之、于定国为廷尉，克尽其职，朝廷称之曰："张释之为廷尉，天下无冤民；于定国为廷尉，民自以为不冤。"

疏狱天晴 宋淳熙二年，天久雨，上御笔批问，欲行下诸路疏遣狱囚。是日天霁，上大悦。

上蔡犬 秦李斯为赵高所谮，二世收之。父子临刑，叹曰："吾欲牵黄犬出上蔡东门逐狡兔，其可得乎！"遂夷其三族。

华亭鹤 陆机仕晋，为孟玖谮于成都王颖，王即使人收机，机叹曰："华亭鹤唳可得闻乎？"遂遇害。

走狗烹 韩信为吕后所诛，叹曰："高鸟尽，良弓藏；狡兔死，走狗烹；敌国破，谋臣亡。"

青衣报赦　符坚避开众人写赦文，有一只大苍蝇进来，声音很大，驱赶出去后又再来。不久，人人都知道要有大赦了，问他们从哪里听到的，他们说有一个青衣童子在闹市中呼叫，原来就是那只大苍蝇。

　　于门高大　西汉的于公，家里的门坏了，乡亲父老帮他修理。于公让修的时候把门建得高大些，可以容纳四匹马拉的车通过，而且说："我治理监狱多有阴德，子孙后代必然有兴盛的人。"后来他的儿子于定国当上了丞相。

　　论囚渭赤　秦国的商鞅性情非常严酷，曾经在渭水之上处理囚犯，渭水都变红了。

　　肉鼓吹　蜀地伪政权的李匡远性情严苛而峻急，一天不决断刑罚，就很不高兴。曾经听到打人大板的声音，他说："这就是一支用肉弹奏出的音乐啊。"

　　无冤民　张释之、于定国两人为廷尉，非常尽职尽责，朝廷称赞他们说："张释之为廷尉，天下没有冤民；于定国为廷尉，民众自己觉得不冤。"

　　疏狱天晴　宋代淳熙二年（1175），下了很长时间的雨，皇帝亲笔批问，想要让天下各路都疏散遣放狱中的囚犯。当天天气就晴了，皇帝非常高兴。

　　上蔡犬　秦朝的李斯被赵高诬陷，秦二世把他逮捕了。李斯父子二人临刑的时候，长叹说："我还想牵着黄狗出上蔡县的东门去追捕狡猾的兔子，还能再有这样的机会吗！"后来朝廷夷灭了他的三族。

　　华亭鹤　陆机仕于晋朝，孟玖在成都王司马颖前诬陷也，成都王立刻让人收捕陆机，陆机长叹说："家乡华亭县那鹤的鸣叫还能再听到吗？"然后便遇害了。

　　走狗烹　韩信被吕后诛杀时，长叹说："高飞的鸟没有了，好的弓箭也便收藏起来了；狡猾的兔子死了，追逐兔子的猎狗也被煮了吃肉；敌人的国家被攻破了，出谋划策的臣子也要死亡了。"

支解人 齐景公时，民有得罪者，公怒缚至殿下，召左右支解之。晏子左手持头，右手持刀而问曰："古明王支解人，从何支解起？"景公离席曰："纵之。"

屦贱踊贵 齐景公烦刑。有鬻踊者踊，刖足所用，公问晏子曰："子之居近市，知孰贵贱？"对曰："踊贵屦贱。"公悟，为之省刑。

同文馆狱 章惇起同文馆狱，欲杀刘挚及梁焘、王岩叟等。后为元祐党碑，皆始于此。

金鸡集树 《唐志》：中书令供赦日，值金鸡于仗南，竿长七尺，鸡高四尺，黄金饰首，衔幡七尺，盛以绛幡，将作供焉。武后封嵩山，大赦，坛南有树，置鸡其杪，号金鸡树。

天鸡星动 古称金鸡放赦，至今诏书于五凤楼，以金鸡衔下之。《三国典略》，司马膺之曰："案《海中星占》，天鸡星动皆有赦。故主王以金鸡建赦。"

雀角鼠牙 《诗经》："谁谓雀无角，何以穿我屋？谁谓女无家，何以速我狱？""谁谓鼠无牙，何以穿我墉？谁谓女无家，何以速我讼！"

吹毛求疵 汉武帝时，天下多冤晃错之策，务摧抑诸侯王，数奏其过恶。吹毛求疵，笞服其臣，使证其君。

犴狴，狱也。犴，胡地犬也。野犬所以守，故谓狱为犴狴。造狱用肺嘉之石，故狱又名肺嘉。《周礼》：以肺石达穷民。肺石，赤石也，使之赤心，不妄告，以嘉石平罢民。嘉，文石也，使之思其文理以折狱。

支解人　齐景公的时候，民众有犯罪的人，齐景公愤怒地把他绑到朝廷，召左右的人把他肢解了。晏子左手拿着头，右手拿着刀问："古代贤明的君王肢解人的时候，从哪里开始肢解呢？"齐景公听了赶快离开坐席说："把他放了吧。"

屦贱踊贵　齐景公的刑罚很多，所以国内有很多卖踊的人踊，是砍了脚的人穿的特制的鞋。齐景公问晏子说："你住的地方离闹市比较近，你知道什么东西贵什么东西便宜吗？"晏子说："踊贵而正常的鞋子便宜。"齐景公立刻醒悟了，便赶快减省刑罚。

同文馆狱　章惇罗织了同文馆的大案，是想杀刘挚、梁焘和王岩叟等人的。后来又建元祐党人碑，都是开始于这里。

金鸡集树　《新唐书·百官志》记载：中书令在供赦日时，树立一只金鸡在仗南，竿长七尺，鸡高四尺，用黄金来装饰鸡头，口中衔一布幅长七尺，用红色的旗子，将要用来作供物。武则天封嵩山的时候，天下大赦，坛的南边有树，就把金鸡放在树梢上，号称为金鸡树。

天鸡星动　古代叫作"金鸡放赦"，现在也是在五凤楼写诏书，然后用金鸡衔下来。《三国典略》记载：司马膺之说："据《海中星占》一书所载，天鸡星一动就会有赦免之命。所以决定了君王用金鸡来发布赦命。"

雀角鼠牙　《诗经》："谁说雀儿没有角，怎么啄穿我的屋？谁说女儿没婆家，怎么催我进牢狱？""谁说老鼠没有牙，怎么啃穿我的墙？谁说女儿没婆家，怎么急着告我状！"

吹毛求疵　汉武帝的时候，天下人大多误解了晁错的政策，以为要打击并抑制诸侯王，于是便多次上奏说他的坏话。吹毛求疵，用武力使臣子屈服，使之指证其君主。

犴狴，就是监狱。犴，是胡地的狗。野狗可以用来守卫，所以称狱为犴狴。造狱要用肺石和嘉石，所以监狱也叫肺嘉。《周礼》规定："用肺石来上达贫民之意。"肺石，是一种红色的石头，让石有红心，是希望人们不要诬告别人。用嘉石来平定不从教化、不事劳作的民众。嘉，指的是有纹路的石头，让民众想到石头的纹理而招供。

子代父死　梁吉翂父为原乡令，为奸吏所诬，罪当死。翂年十五，挝登闻鼓，乞代父命。武帝疑人教之，廷尉盛陈刑具，不变，乃宥父罪。

发奸擿伏　擿，挑也，言为奸而隐匿者，必擿发之。

请谳　谳，议也，谓罪可疑者谳于廷尉。

刑狱爰始　黄帝始制刑辟，制流、笞、杖、斩。蚩尤制劓、刵、黥、椓。纣制烹、醢、镬、剐。周公制绞。黄帝斩蚩尤始枭首。秦文公始族诛。公孙鞅始连坐。禹制城旦、舂。周公制徒。唐太宗始加役、流。周太祖始加刺配。

赎刑　舜始制赎止鞭朴。周穆王始制五刑之疑各得赎。汉宣帝始制女徒雇役。宋太祖始制折杖。

三法司　隋文帝始死罪三奏行刑。唐始大狱诏刑部尚书、都御史、大理寺正卿三司鞫问。

越诉　隋文帝令伸理由下达上，始禁越诉。

皋陶始制狱。汉诏以周囹圄为狱。北齐制狱因于治。

皋陶始制律。萧何制《九章律》，张仓复定。

子代父死　梁代吉翂的父亲官为原乡令，被奸滑的下吏诬陷，论罪当死。吉翂当时只有十五岁，便去敲击登闻鼓，请求代替父亲来受死刑。梁武帝怀疑有人教唆他，便让廷尉把刑具都摆满，他仍然不改变，于是便宽恕了他父亲的罪。

　　发奸摘伏　摘，就是挑的意思，是说做了坏事而隐藏起来的，必然会被挑出来。

　　请谳　谳，就是商议的意思，是说对于定了罪但尚有可疑之处的人再商于廷尉。

　　刑狱爰始　黄帝开始创制了分尸的刑罚，并制定了流放、鞭打、杖击、斩首等刑罚。蚩尤制定了割鼻、割耳、刺面、宫刑等。殷纣王制定了煮人、剁成肉酱、车裂、凌迟等。周公制定了绞刑。黄帝斩杀蚩尤时开始割了头悬挂起来。秦文公开始制定族诛。公孙鞅开始规定了连坐。大禹制定了城旦和春。周公制定了徒刑。唐太宗开始增加了服役、流放。周太祖开始增加了刺配。

　　赎刑　舜开始制定用钱来赎罪的方法从而可以避免被鞭打。周穆王开始规定五种刑罚凡有疑问者均可赎。汉宣帝开始规定女子徒刑可以雇役。宋太祖开始规定各种刑罚的受杖数目。

　　三法司　隋文帝开始让处以死罪的要上奏三次后再行刑。唐代开始凡是大案就诏令刑部尚书、都御史、大理寺正卿三司一起来审问。

　　越诉　隋文帝命令要申诉自己的道理应该由下而上，开始禁止越级的申诉。

　　皋陶最早开始建立了监狱。汉代下令用周代的图圄为监狱。北齐创制监狱并将犯人囚于官府的治所。

　　皋陶开始制作了律法。萧何制作了《九章律》，张仓又重新修订。

卷十一　日用部

宫室

有巢氏始构木为巢。古皇氏始编槿为庐。黄帝始备宫室。　黄帝制庭、制楼、制阁、制观。神农制堂。　燧人氏制台。黄帝制榭。尧制亭。汉宣帝制轩。　唐虞制宅。周制房、制第。汉制邸。六朝后始加听事为厅。　秦孝公始制殿，乃有陛。萧何治未央宫，立东阙、北阙，始沿名阙。　梁朱温按《河图》制五凤楼。魏始制城门楼，名丽谯。张说制京城鼓楼。　鲧作城郭。禹作宫室。

左徹制祠庙，汉宣帝制斋室。　周穆王召尹轨、杜冲居终南尹真人草楼，始名道居为观。　汉明帝时，摩腾、竺法兰自西域止鸿胪寺，始名僧居为寺。　隋炀帝制道场，改观为玄坛，五代宋改制宫。　孙权始为佛塔。东晋何充舍宅始为尼寺。

唐玄宗制书院。后汉刘淑制精舍。殷仲堪制读书斋。　欧阳修燕居，始为户室相通，名画舫斋。

黄帝制门户，文王制壁门，周公制戟门、辕门车相向以表门、人门立长大之人以表门。　秦始皇制走马廊，制千步廊。　黄帝制阶、制梯。尧制墙。伊尹制亮楄。神农制窖。伏羲制厨。黄帝制灶、制蚕室。周制暴室。黄帝制圂。尧制池。秦始皇制汤池。

宫室

　　有巢氏开始用木头搭建成巢。古皇氏开始用木槿编制成为草庐。黄帝开始建造宫室。　黄帝创制了庭院、楼、阁、观。神农创制了堂。　燧人氏制作了台。黄帝制作了榭。尧帝制作了亭。汉宣帝制作了轩。　唐虞制作了宅。周制作了房子和府第。汉代创制了邸。六朝后开始增加了听事作为厅。　秦孝公开始制作殿，于是也便有了陛。萧何建造未央宫，立了东阙、北阙，这才开始后代相沿而名的阙。　后梁朱温按照《河图》制作了五凤楼。魏开始制作城门楼，名叫丽谯。张说制造了京城的鼓楼。　鲧创建了城郭。禹创建了宫室。

　　左徹创制了祠庙，汉宣帝创制了斋室。　周穆王召来尹轨、杜冲住在终南山尹真人的草楼上，开始把道士所居称为观。　汉明帝时，摩腾、竺法兰从西域来到鸿胪寺，开始把僧人所居称为寺。　隋炀帝建立了道场，把观改为玄坛，五代和宋改制为宫。　孙权开始建佛塔。东晋何充最早把自己的住宅施舍出来当尼寺。

　　唐玄宗创制了书院。后汉的刘淑创制了精舍。殷仲堪创制了读书斋。　欧阳修退朝闲居，开始用门户把许多房间连通，名叫画舫斋。

　　黄帝创制了大门，文王创制了墙壁的门，周公创制了戟门、辕门战车相对而设用来表示门、人门设置高大的人来表示门。　秦始皇创制了走马廊和千步廊。　黄帝创制了台阶和梯子。尧建立了墙。伊尹创制了能透光的窗格。神农创制了地窖。伏羲创制了厨房。黄帝创制了灶台和养蚕的蚕室。周代创制了专染衣料的暴室。黄帝创制了畜养禽兽以供观赏的园林。尧创制了城池。秦始皇创制了护城河。

公署　汉制开府，制九卿治事之寺。北齐始以官名寺。隋制监。唐制院、制省、制局。汉制南宫。唐制东台。玄宗制黄门省。周制馆。汉制藁街即今四夷馆，汉武帝制。宋置马铺，制递站。夏制府藏文书财货。汤、武制库藏。

平泉庄　李赞皇平泉庄周回十里，建堂榭百馀所，天下奇花、异卉、怪石、古松，靡不毕致。自作记云："鬻平泉者，非吾子孙也！以一石一树与人者，非佳子弟也！吾百年后，为权势所夺，则以先人所命泣而告之。"

午桥庄　张齐贤以司空致仕归洛，得裴晋公午桥庄，凿渠通流，栽花植竹，日与故旧乘小车携觞游钓。

辋川别业在蓝田，宋之问所建，后为王维所得。辋川通流竹洲花坞，日与裴秀才迪浮舟赋诗，斋中惟茶铛、酒臼、经案、竹床而已。

高阳池　汉侍中习郁于岘山南，依范蠡养鱼法作鱼池，池边有高堤，种竹及长楸，芙蓉缘岸，菱芡覆水，是游燕名处。山简每临此池，未尝不大醉而返，曰："此是我高阳池也。"

迷楼　隋炀帝无日不治宫室，浙人项昇进新宫图，大悦，即日召有司庀材鸠工，经岁而就，帑藏为之一空。帝幸之，大喜曰："使真仙游其中，亦当自迷也。"因署之曰迷楼。

西苑　隋炀帝筑西苑，周三百里，其内为海，周十馀里，为方丈、瀛洲、蓬莱诸山岛，高出水百馀丈，有龙鳞筑萦回海内，缘筑十六院门皆临渠，每院以四品夫人主之。殿堂楼观，穷极华丽，

公署　汉代建立了开府，创制九卿办理公务的官府。北齐开始用官名来称呼寺。隋代创制了监。唐代创制了院、省、局。汉代创制了南宫。唐代创制了东台。唐玄宗创制了黄门省。周代创制了馆。汉创制了薰街就是今天的四夷馆，是汉武帝创制的。宋代设置了马铺，创制了驿站。夏代建立了官府来收藏文书和财货。商汤、周武都建立了仓库来收藏。

平泉庄　李德裕的平泉庄周长有十里，建了上百所堂榭，天下的奇花、异卉、怪石、古松，都罗致于此。自己写记文说："如果有人把平泉庄卖了，那就不是我的子孙！把平泉庄中的一石一树给别人的，也不是这个家族好的后代！我死后，如果此庄被有权势的人夺走，就把自己祖先所说的话哭着告诉他吧。"

午桥庄　张齐贤以司空的官职退休而回洛阳，得到了裴度的午桥庄，于是便凿渠通流水，栽花种绿竹，每天与老朋友坐着小车带着酒去游玩垂钓。

辋川别业在蓝田，是宋之问建的，后来王维得到了它。辋川的水四通八达联系着竹洲和花坞，王维每天与裴迪秀才泛舟赋诗，斋中只有茶铛、酒臼、经案、竹床罢了。

高阳池　汉代的侍中习郁在岘山之南，依着范蠡养鱼的方法建了鱼池，池边有高堤，种着竹子和长楸，挨着岸边有许多芙蓉花，水面上则覆盖着满目的菱芰，这里是有名的游玩之地。山简每次到这个池边，没有不大醉而回的，他说："这是我的高阳池啊。"

迷楼　隋炀帝没有一天不建造宫室，浙江人项昇进献了一幅新宫图，隋炀帝看后大为高兴，当天就召来专司修建的官府备办材料、召集工匠，过了一年就建成了，但国库一下子被耗空了。炀帝驾幸后非常高兴地说："即使真的神仙在这里游玩，也会迷路的。"所以题名叫作迷楼。

西苑　隋炀帝建起了西苑，周长三百里，它里面是海，周长有十多里，还有方丈、瀛洲、蓬莱等山和岛，高出水面一百多丈，其中有叫龙鳞筑的在这个海内蜿蜒，沿着这个筑的十六院的门都临水，每院让一个四品夫人来主掌。殿堂楼观，穷极华丽，

秋冬凋落，则剪彩为花，缀于枝干，色渝则易以新者，常如阳春。上好以月夜从宫女数千骑游西苑，作《清夜游曲》，于马上奏之。

阿房宫，东西五百步，南北五十丈，上可以坐万人，下可以建五丈旗。周驰为阁道，自殿下直抵南山。表山颠以为阙。复道，渡渭，属之咸阳。役隐宫徒刑者七十馀万人。卢生说帝为微行所居，毋令人知，然后不死之药可得。乃令咸阳宫三百里内宫观复道相连，帷帐钟鼓美人不移而具，所行幸，有言其处者死。

驾霄亭　张功甫为张循王诸孙，园池声伎服玩甲天下，常于南湖园作驾霄亭，于四古松间，以巨铁之半空，当风月清夜，与客梯登之，飘遥云表。

水斋　羊侃性豪侈。初赴衡州，于两艖起三间水斋，饰以珠玉，加以锦缋，盛设围屏，陈列女乐。乘潮解缆，临波置酒，缘塘倚水，观者填塞。

清秘阁　倪云林所居，有清秘阁、云林堂。其清秘阁尤胜，前植碧梧，四周列以奇石，蓄古法书名画其中，客非佳流不得入。尝有夷人入贡，道经无锡，闻云林名，欲见之，以沉香百斤为贽，云林令人绐云："适往惠山饮泉。"翌日再至，又辞以出探梅花。夷人不得一见，徘徊其家。倪密令开云林堂使登焉，东设古玉器，西设古鼎彝尊罍，夷人方惊顾，问其家人曰："闻有清秘阁，可一观否？"家人曰："此阁非人所易入，且吾主已出，

秋冬季节树木凋落，就剪彩布做成花，点缀在枝干上，颜色褪了就换新的，经常像阳春三月一样。炀帝喜欢在有月的夜晚带着数千宫女来西苑游玩，并创作了《清夜游曲》，在马上演奏。

阿房宫，东西有五百步，南北有五十丈，上面可以坐下一万人，下面可以建起五丈高的旗子。环线四周建了天桥，从殿下一直抵达南山。在山头上修了门楼来作为标志。从天桥上便可以渡过渭水，那属于咸阳。役使那些受过宫刑或徒刑的人七十多万人。卢生劝说秦始皇不要让别人知道他的行踪和居所，这样的话才有可能得到不死之药。于是秦始皇便下令咸阳宫三百里内的宫观都用天桥相连，各处都充实了帷帐、钟鼓、美人，然后这些就不再动了，他所驾幸的地方，如果有人说他的具体去向的就处死。

驾霄亭　张镃（功甫）是循王张俊本家之孙，他的池沼园林、声乐歌伎和衣服珍玩都甲于天下，他曾经在南湖园建了一个驾霄亭，在四棵古松之间，用很大的铁索连接在半空之中，在风清月明之夜，与客人由梯子登上驾霄亭，好像飘荡在白云之外。

水斋　羊侃性格豪放奢侈。最初到衡州为官，在两个小船之间建起了三间水斋，用珠玉来装饰，再加上锦缎，并设置了很多围屏，陈列歌舞之女伎。若有潮水来就解开缆绳，对着波涛摆酒，沿着岸、靠着水，前来观看的人们都堵住了道路。

清秘阁　倪瓒（云林）所居住的地方，有清秘阁和云林堂。其中清秘阁尤其有名，前边种着绿色的梧桐，四周排列着各种奇石，里面收藏着古代的书法、名画，客人如果不是有品位的人就不可以进入。曾经有一个外国人来进贡，路过无锡，听说了倪瓒的大名，想要拜见一下，用一百斤沉香来作为进见之礼，倪瓒让人骗他说："主人恰好去惠山饮用泉水去了。"第二天再来，又说出去看梅花去了。那个外国人得不到一次见面的机会，在倪家前后徘徊。倪瓒暗中让人打开云林堂让他登堂观赏，东边陈列着古代的玉器，西边陈设的是古代的鼎、彝、尊、罍等器物，外国人正惊奇地四处看，又问跟随的家人说："听说还有清秘阁，可以看一下吗？"家人说："清秘阁不是随便的人就可以进入的。况且我家主人已经出去了，

不可得也。"夷人望阁再拜而去。

泖湖 杨铁崖晚居泖，尝曰："吾未七十，休官在九峰三泖间，殆且二十年，优游光景过于乐天。有李五峰、张句曲、周易痴、钱思复为唱和友，桃叶、柳枝、琼花、翠羽为歌歈伎。风日好时，驾春水宅先生舟名赴吴越间，好事者招致，效昔人水仙舫故事，荡漾湖光岛翠，望之呼铁龙仙伯，顾未知香山老人有此无也。"客有小海生贺公为"江山风月神仙福人"，且貌公老像，以八字字之，又赋诗其上曰："二十四考中书令，二百六字太师衔。不如八字神仙福，风月湖山一担担。"

咸阳北阪 秦始皇灭六国，写其宫室，作之咸阳北阪上，自雍门以东至泾、渭交处，殿屋覆道，周围相属，然各自为区。虽一瓦一甓之造，亦如其式。各书国号，不相雷同，皆布其所得诸侯美人居之。

花萼楼 唐玄宗友爱至厚，设五王幄，与诸王同处。后于宫中造楼，题曰"花萼相辉之楼"。

黄鹤楼 晋时有酒保姓辛，卖酒江夏，有道士就饮，辛不索钱，如此三年。一日，道士饮毕，以橘皮画一鹤于壁，以箸招之即下舞，嗣是贵客皆就饮，辛遂致富，乃建黄鹤楼。后道士骑鹤而去。

滕王阁 滕王，唐高帝之子，武德中出为洪州刺史，喜山水，酷爱蝴蝶，尤工书，妙音律。暇日泛青雀舸，就芳渚建阁登临，仍以王名阁焉。

所以不能去看。"外国人望着清秘阁下拜了两次才走了。

洲湖　杨维桢（铁崖）晚年住在洲湖，曾经说："我还不到七十岁，就辞掉官职而休闲在九峰三洲之间，已经过了二十年，优游的光景超过了白居易。又有李五峰、张句曲、周易痴、钱思复等人为我的唱和诗友，桃叶、柳枝、琼花、翠羽为我的歌伎。在风光明媚的日子里，驾着我的小船春水宅去吴越之间，热心人招了他去，仿效前人水仙舫的旧事，荡漾于湖光山色与绿岛之间，望见的人称他为铁龙仙伯，只不知香山老人白居易有这样的享受没有。"客人中有一个叫小海生的人称贺杨维桢是"江山风月神仙福人"，并且把杨维桢老年时的样子画了出来，用这八个字作为题目写在上边，还在上面写了一首诗："二十四考中书令，二百六字太师衔。不如八字神仙福，风月湖山一担担。"

咸阳北阪　秦始皇消灭六国之后，画了他们的宫室，在咸阳北阪上重新修建起来，从雍门以东到泾水与渭水的交界处，各种楼阁和天桥四周相连，但又各为一个小区。即使一砖一瓦，也造得与原来一样。而且上面各自写着各自的国号，互相之间不雷同，并把秦国所抓获的诸侯和他们的宫女安顿在这里居住。

花萼楼　唐玄宗对自己的兄弟非常友爱，他做了一张五王幄，并各位兄弟住在一起。后来在皇宫中建楼，就题名叫"花萼相辉之楼"。

黄鹤楼　晋朝的时候有一个酒保姓辛，在江夏卖酒，有一个道士来喝酒，辛从不算钱，这样持续了三年。有一天，道士喝完酒，用橘子皮画了一只仙鹤在墙壁上，如果有人用筷子招呼它它就从墙上下来跳舞，从此以后这里便贵客盈门，辛便很快致富了，于是建了一座黄鹤楼。此后道士便骑鹤而去。

滕王阁　滕王，是唐高祖的儿子，武德年间出任为洪州刺史，喜欢山水，酷爱蝴蝶，尤其擅长书法，妙解音律。闲暇之日驾着青雀舸，在美丽的河中小岛上建立楼阁来登临，仍用滕王的名字来命名。

轮奂 晋献文子成室，晋大夫贺焉。张老曰："美哉轮焉，美哉奂焉！歌于斯，哭于斯，聚国族于斯。"文子曰："武也得歌于斯，哭于斯，聚国族于斯，是全要领以从先大夫于九京也。"君子谓其善颂、善祷。

爽垲 齐景公欲更晏子之宅，谓晏子曰："子之宅近市，不可以居，请更诸爽垲地名。"晏子如晋，公更宅焉。反，则成矣。既拜，乃复旧宅。

绿野堂 唐裴度以东都留守加中书令，不复有经世之意，乃治第东都集贤里，名绿野堂，竹木清浅，野服萧散。

铜雀台在彰德县，曹操所筑。上有楼，铸大铜雀，高一丈五尺，置之楼颠。临终遗命："施帐于上，使宫人歌吹帐中，望吾西陵。"西陵，操葬处也。

华林园 梁简文帝入华林园，顾谓左右曰："会心处政不在远，翳然林木，便自有濠、濮间想，觉鸟兽禽鱼自来亲人。"

金谷园 石崇为荆州刺史时，劫远使商客，致富不赀。有别馆，在河阳之金谷，一名梓泽园，中有清泉茂林，竹柏药草之属，莫不毕备。尝与众客游宴，屡迁其处，或登高临下，或列坐水滨，琴瑟笙筑合载车中，道路并作，令与鼓吹递奏，昼夜不倦。后房数百，俱极佳丽之选，以殽羞精丽相高，求市恩宠。

轮奂　晋献文子赵武建造好了房屋，晋国大夫都来祝贺。张老说："多美啊，这么高大！多美啊，这么众多！在这儿祭祀奏乐，在这儿居丧哭泣，还可以在这儿宴饮同僚与宗族的人。"赵武说："我赵武能够在这儿祭祀奏乐，在这儿居丧哭泣，还在这儿宴饮同僚与宗族，这是希望保全性命，来追随亡祖亡父于九原啊。"知礼的君子都说他们善于赞扬，也善于祈福。

　　爽垲　齐景公想让晏子换个住宅，便对晏子说："你的住宅与闹市太近，没法住，请允许我帮你换到爽垲这是地名。（按："爽垲"本为明亮干燥之意）。"晏子出使晋国，景公便更换了他的住宅。晏子回来，这事情已经办成了。在拜谢景公之后，晏子仍然回到了自己旧宅里去。

　　绿野堂　唐代的裴度官为东都留守加中书令，这时他也不再有治理天下的想法了，于是在洛阳的集贤里建了一所府第，名叫绿野堂，树木清翠浅近，穿着随便的服装看上去态度萧散自然。

　　铜雀台在彰德县，是曹操所建的。上面有一楼，铸了一个大铜雀，高有一丈五尺，放在楼顶。他临死时的遗言说："在楼顶安排好帷帐，让宫女们在里面奏乐演唱，并且看着西陵。"西陵，就是埋葬曹操的地方。

　　华林园　梁简文帝每次进入华林园，就回顾左右随从的人说："与山水风光有会心的人不必去寻找深幽的景象，浓密的树木，便让人自然而然地有隐居于濠水、濮水之间的想法，觉得连鸟兽禽鱼都来与人亲近。"

　　金谷园　石崇为荆州刺史的时候，劫掠远行的使者和商人，积累了很多财富。他有一处别墅，在河阳县的金谷，又叫梓泽园，其中有清泉、竹林，松柏、药草之类，无所不备。曾经与众人游乐开宴，多次迁移他们的地方，或者登高临下，或排列着坐在水边，琴瑟笙筑等乐器都装在车里，在路上便开始一起演奏了，还命令他们与打鼓的人循环演奏，日夜不停。石崇的后房也有几百人，都是极其美丽的人，她们都用精美的饭菜来互相竞争，以求得石崇的恩宠。

衣冠

冠　辰氏始教民绚发闿首。尧始制冠礼。　黄帝始制冠冕。女娲氏始制簪导。尧始制缕。　伏羲始制弁，用皮韦。鲁昭公始易绢素。　周公始制幅巾。汉末始尚幅巾，制角巾。晋制接诸巾及葛巾，始以巾为礼。　秦始皇加武将袿袍，以别贵贱，始为帻。汉元帝额有壮发，始服帻。王莽秃，加屋帻上，始为头巾。古无巾，止用冪尊罍。

帽　荀始制帽，舜制帽冠。汉成帝始制贵臣乌纱帽，后魏迄隋因之。唐太宗始制纱帽，为视事见宾，上下通用。秦汉始效羌人制为毡帽。晋始以席为骨而挽之，制席帽。隋始制帷帽障尘，为远行，用皂纱连幅缀油帽及毡笠前。唐制大帽，后魏孝文始赐百官。魏文帝始赐百官立冬暖帽。今赐百官暖耳，本此。

幞头　北朝周武帝裁布始制幞头。一云六国时赵魏用全幅向后幞发，通谓头巾，俗呼幞头。

帼　魏武制帼，始燕居著帼帢帢同裁缣布为之，以色别贵贱。荀文若始制帼有岐，因触树枝成岐，后效之。

纵　周公制纵，以韬发。宋太祖制网巾，明太祖颁行天下。

古冠名　尧黄收、牟追；汤哻；武王委貌；秦始皇远游冠；汉高祖通天冠、高山冠、鹊尾冠、长冠、竹皮冠；唐太宗翼善冠、交天冠；宋平天冠，并人君用。殷章甫冠；　汉梁冠以梁数分别，后汉进贤冠；唐太宗进德冠；楚王獬豸冠；汉却非冠；赵武灵王惠文冠，

衣冠

冠　辰氏最初开始教民众把头发编起来并用帽子来覆盖头部。尧开始制定戴帽子的礼仪。　黄帝开始制作了冠冕。女娲氏开始制作簪导。尧开始制作冠缨。　伏羲开始制作弁，使用了熟牛皮。鲁昭公开始换用白色的绢布。　周公开始创制了幅巾。汉末开始流行幅巾，并创制了角巾。晋代创制了接诸巾和葛巾，并开始用巾来做为礼品。　秦始皇为武将加了袢袖，用来区别贵贱的品级，开始创制了扎发的帻。汉元帝的额前有丛生突下的头发，便开始使用帻。王莽因为头秃无发，开始在帻上加屋，从而开始用头巾。古代没有头巾，古代的巾只用来覆盖容器。

帽　黄帝的大臣苟始创制了帽子，舜制作了帽冠。汉成帝开始制作了尊贵之臣戴的乌纱帽，后来从魏到隋都因袭使用。唐太宗开始制纱帽，为临朝理事或会见来宾，上下都通用。秦、汉开始仿效羌人制作毡帽。晋代开始用席做帽骨撑起帽子，制作席帽。隋朝开始创制了帷帽来阻挡尘土，这是为远行的人准备的，用黑色的大幅纱布连接在油帽或毡笠前边。唐代创制了大帽，后魏孝文帝开始将帽赐给百官。魏文帝开始在立冬时赐给百官暖帽。现在也赐给百官暖耳的帽子，根源在此。

幞头　北朝的周武帝裁布开始制作幞头。也有人说是六国时赵魏使用全幅的布向后扎住头发，通称为头巾，俗称为幞头。

帢　魏武帝制作了帢帽，开始在闲居时戴帢 与帧、帕之类的便帽相同，用布来做，并以其颜色来分别贵贱。荀文若开始制作有分岔帽尾的帢，是因为他被树枝挂住而有了分岔，后人都仿效这种体制。

纵　周公创制了纵，用来束头发。宋太祖制了网巾，明太祖将其颁行天下。

古冠名　尧有黄收、牟追；汤有哻；周武王有委貌；秦始皇有远游冠；汉高祖有通天冠、高山冠、鹊尾冠、长冠、竹皮冠；唐太宗有翼善冠、交天冠；宋有平天冠：这些都是皇帝的冠。　殷商有章甫冠；汉代有梁冠 用帽梁的数量来区分；后汉有进贤冠；唐太宗有进德冠；楚王有獬豸冠；汉代有却非冠；赵武灵王有惠文冠，

饰金珰豹尾。汉武弁效惠文加蝉、骏鹥冠、繁冠、鹖冠。秦孝公武帻，汉文帝介帻。西汉翠帽，唐縠帽，李晟绣帽，沈庆之狐皮帽，汝阳王琎研光帽，南汉平顶帽，后周独孤帽、侧帽，韩熙载轻纱帽，萧载小博风帽。　唐乌匼纱巾、夹罗巾、员头、平头、方头巾，宋云巾、鹔鹴巾，汉文帝平巾，唐中宗踏养巾，昭宗珠巾，诸葛孔明纶巾，谢万白纶巾，祢衡练巾，石季伦紫纶巾，桑维翰蝉翼纱巾。张孝秀縠皮巾，陶弘景鹿皮巾，王衍尖巾，顾况华阳巾，山简白鹭巾，高九万渔巾，程伊川阔幅巾，苏子瞻加辅方巾，牛弘卜桐巾，王邻菱角巾，罗隐减样平方巾。

履　黄帝臣於则始制履单底，周公制舄复底、制屦施带、制屧。　伊尹制草屝，周文王始制麻履，秦始用丝，始皇始制靸金泥飞头鞋，始名鞋。汉始以布缯上脱下加锦饰，东晋始以草木巧织成如瓣芙蓉为履是也。

靴　赵武灵王制靴，短靿。隋炀帝制皂靴，始长靿。马周加毡及绦，始著入殿省敷奏。

三代冠制　夏曰母追_{音牟堆}，周曰委貌。　衡，维持冠者；紞，冠之垂者；纮缨，从下而上；綖，冠之上覆者，皆冠饰也。

冕制　有虞氏曰皇，夏后氏曰收，商汤氏曰冔，周武王曰冕。　衮冕，一品服；鷩冕，二品服；毳冕，三品服；希冕，四品服；玄冕，五品服；平冕，郊庙武舞郎之服；爵弁，六品以下、九品以上从祀之服；武弁，武官参殿廷、武舞郎、堂下鼓人鼓吹按工之服；弁服，文官九品公事之服。

旒制　汉明帝采《周官》《礼记》，以定冕制，广七寸、长一尺二寸，系白珠于其端，曰旒。天子十二旒，三公及诸侯九旒，卿七旒。

用金珰、豹尾来装饰。汉武帝的帽子仿效惠文冠而增加了蝉、鵔鸃冠、繁冠、鹖冠。秦孝公有武帻,汉文帝有介帻。西汉有翠帽,唐代有縠帽,李晟有绣帽,沈庆之有狐皮帽、汝阳王琎有砑光帽,南汉有平顶帽,后周有独孤帽、侧帽,韩熙载有轻纱帽,萧载有小博风帽。　唐代有乌匼纱巾、夹罗巾、员头、平头、方头巾,宋代有云巾、鹁鸪巾,汉文帝有平巾,唐中宗有踣养巾,昭宗有珠巾,诸葛孔明有纶巾,谢万有白纶巾,祢衡有练巾,石季伦有紫纶巾,桑维翰有蝉翼纱巾。张孝秀有縠皮巾,陶弘景有鹿皮巾,王衍有尖巾,顾况有华阳巾,山简有白鹭巾,高九万有渔巾,程伊川有阔幅巾,苏子瞻有加辅方巾,牛弘有卜桐巾,王邻有菱角巾,罗隐有减样平方巾。

　　履　黄帝的大臣於则开始制做了单底的鞋,周公制做了复底的鞋、还制做了有带子的单底鞋、制做了木屐。　伊尹制做了草鞋,周文王开始制做了麻鞋,秦朝开始用丝来做鞋,秦始皇开始制作靸金泥飞头鞋,开始用鞋字来称呼。汉代开始用布的圆丝带为鞋上下加装饰,东晋开始用草木编织成鞋,好像漂洗的芙蓉花做成的鞋一样。

　　靴　赵武灵王制做了靴,短靿。隋炀帝制做了皂靴,开始用长靿。马周加了鞋垫和丝带,开始穿着上朝奏事。

　　三代冠制　夏代叫母追读音是"牟堆",周代叫委貌。　衡,是维持帽冠平衡的;紞,是冠两侧垂下的丝绳;纮缨,是从下而上固定帽子的;綖,是覆在冠上的部分:以上这四种都是冠帽上的装饰。

　　冕制　有虞氏的冕叫作皇,夏后氏的冕叫作收,商汤氏的冕叫作哻,周武王的叫作冕。　衮冕,一品官的服饰;鷩冕,二品官的服饰;毳冕,三品官的服饰;希冕,四品官的服饰;玄冕,五品官的服饰;平冕,郊庙武舞郎的服饰;爵弁,六品以下、九品以上的官员随从祭祀的服饰;武弁,武官参殿廷、武舞郎、堂下鼓人鼓吹按工的服饰;弁服,九品文官处理公事时的服饰。

　　旒制　汉明帝采用《周官》和《礼记》的记载,来制定冠冕的制度,宽七寸、长一尺二寸,在两端系上白色的珍珠,这叫作旒。天子规定为十二旒,三公和诸侯为九旒,卿大夫为七旒。

冠制　太白冠,太古之白布冠也。通天冠,天子冠名。惠文冠,汉法冠也,御史服之。葛巾,葛布冠也,居士野人所服。方山冠,乐人之冠也。铁柱冠,即獬豸冠也,后以铁为柱,取其执法如铁也,故御史服之。

骏䝙冠　汉惠帝时,郎中皆冠骏䝙冠,傅脂粉。　岸帻,起冠露额曰岸。

雄鸡冠　子路性鄙,好勇力,冠雄鸡,佩猳豚,凌暴孔子,孔子设礼稍诱子路。子路后服,委赞因门人请为弟子。

竹皮冠　汉高祖为亭长,以竹皮为冠。及贵,常服之,所谓"刘氏冠"也。诏曰:"爵非公乘以上,不得冠刘氏冠。"公乘,第八爵也。

弁髦　男子始冠则用弁髦,既冠则弃之。故凡物弃之不用,则曰弁髦。

帽制　接,白帽也。浑脱,毡帽也。襹襽,即今暑月所戴凉帽也,内以笠为之,外以青缯缀其檐而蔽日者也。

进贤冠　今文臣所著纱帽,即古之进贤冠也。

貂蝉冠　为侍中、中常侍所服之冠,黄金铛附蝉为文,貂尾为饰,侍中插左,常侍插右。

鹖冠　楚人居于深山,以鹖为冠,著书十六篇,号《鹖冠子》。

虎贲冠　虎贲插两鹖尾,竖左右。鹖,鸷鸟中之劲果者,秦汉施之武人。

黄冠,道士冠也。文文山愿黄冠归故乡,以备顾问。

椰子冠　苏东坡有椰子冠,广东所产,俗言茄瓢是也。

冠制　太白冠，是远古以白布制成的冠。通天冠，是天子的冠名。惠文冠，是汉代执法者的法冠，御史穿戴。葛巾，是用葛布制成的冠，隐居者或乡野之人穿戴的。方山冠，歌舞演奏艺人的冠。铁柱冠，就是獬豸冠，后来用铁来做冠柱，取其执法如铁的象征意义，所以御史穿戴这种冠。

骏骐冠　汉惠帝的时候，郎中都戴骏骐冠，还要涂脂抹粉。　岸帻，掀起冠帽露出前额叫做"岸"。

雄鸡冠　子路性格粗鄙，好用勇力，戴着雄鸡冠，佩着公猪带，欺凌孔子，孔子用礼仪来诱导子路。子路后来服了，送上进见之礼通过门人请求成为孔子的弟子。

竹皮冠　汉高祖当亭长的时候，用竹皮做成冠帽。等到成为皇帝之后，也常常穿戴这种冠帽，就是所谓的"刘氏冠"。还下诏说："爵位不在公乘以上的人，不可以戴刘氏冠。"公乘，是指第八爵。

弁髦　男子开始加冠先用弁髦，加冠之后就抛弃不用。所以凡是被弃置不用的物品就说是弁髦。

帽制　接，是指白色的帽子。浑脱，是指毡帽。襁褓，就是现在暑天所戴的凉帽，里面用笠为帽骨，外面用青布垂在帽檐下来遮蔽日光的帽子。

进贤冠　现在文臣所戴的纱帽，就是古代的进贤冠。

貂蝉冠　是侍中、中常侍所佩戴的冠，用黄金作耳饰，并附有蝉的文样，用貂尾来装饰，侍中插在左边，常侍插在右边。

鹖冠　有一个楚地人住在深山之中，用鹖鸟的羽毛装饰冠帽，写了一本书共有十六篇，书名便叫《鹖冠子》。

虎贲冠　勇士的冠要插两支鹖鸟的尾羽，竖在左右两边。鹖鸟是猛禽中刚毅果敢的一种，所以秦、汉时期将此冠戴在武士头上。

黄冠，就是道士之冠。文天祥（文山）愿意戴黄冠而回故乡，充当顾问。

椰子冠　苏东坡有椰子冠，这是广东所产，就是俗称为茄瓢的。

束发冠，古制也。三王画像多著此冠，名曰束发者，亦以仅能束一髻耳。

折角巾　后汉郭林宗常行梁陈之间，遇雨，巾一角沾雨而折。二国名士著巾，莫不折其角，号林宗巾。其见仪则如此。

折上巾　汉魏以前戴幅巾，晋、宋用幂，后周以三尺皂绢向后幞发，名折上巾。

方巾　元杨维桢被召入见，太祖问："卿所冠何巾？"对曰："四方平定巾。"太祖悦其名，召中书省，依此巾制颁天下尽冠之。

网巾　明太祖一日微行至神乐观，有道士结网巾，问结此何用，对曰："网巾用以裹头，则万发俱齐。"明日有旨命道官取网巾一十三顶，颁行天下，无贵贱，皆令裹之。

衣裳

有巢氏始衣皮。轩辕妃嫘祖始兴机杼，成布帛。尧始加绨苎、木棉、草布、毛罽。　黄帝臣胡曹始作衣，伯余始作裳，始衣裳加垂以衣皮，短小也。　舜制韍冕服之饰，古字，从韦，今从丝，三代增画文；汉明帝用赤皮；魏晋始易络纱。　黄帝始制衮，舜始备，周始详。

傅说制袍，长至足。隋制大袍，宇文护始加襕。　舜制深衣。马周制襕衫。　汉制方心曲领，唐制圆领。

唐太宗制朝参拜表朝服，公事谒见，公服始分别。　北齐入中国，始胡服窄袖。唐玄宗始公服褒博大袍。

束发之冠，是古时的制度。古代三王的画像多戴着这种冠，虽然名字叫束发，也只能束住一只发髻而已。

折角巾　后汉的郭林宗经曾经行走在梁、陈二国之间，遇到了雨，头巾有一角沾了雨而折起来。梁陈二国的名士从此戴头巾，没有不折起角来的，号称为林宗巾。可知大家心仪郭林宗的情形了。

折上巾　汉、魏以前的人都戴幅巾来裹头发，晋、宋时期开始用幂，后周用三尺长的黑色绢布向后把头发笼起来，叫作折上巾。

方巾　元代的杨维桢被召入朝觐见，元太祖问他说："你戴的是什么巾？"杨回答说："四方平定巾。"元太祖很喜欢这个名字，便下诏让中书省依照此巾的样式颁行天下，于是天下人都开始戴这种冠帽了。

网巾　明太祖有一天微服到神乐观，有一个道士扎着网巾，明太祖问扎这个有什么用，那个道士回答说："扎网巾是用来裹头的，有了这个就使成千上万的头发都整齐了。"第二天，朝廷便有旨意，命令管理道士的官员取来十三顶网巾来颁行天下，无论贵贱，都命令用这个来裹头。

衣裳

有巢氏最早开始用毛皮做衣服。轩辕的妃子嫘祖开始用机杼来纺织布帛。尧帝开始加绨苎、木棉、草布、毛罽。　黄帝的臣子胡曹开始制作衣服，伯余开始制作裳，开始给衣裳加皮制的垂饰，这是短小的。　舜创制了韨冕服之"韨"是一个古字，是"韦"字旁，现在是丝字旁，三代增了画文；汉明帝使用红色的皮；魏、晋开始改用络纱。　黄帝开始创制了衮袍，舜时开始对衮袍的制度更加完备，周代开始更加详明。

傅说制作了长袍，长到脚。隋代制作了大袍，宇文护开始增加了上衣下摆的襕。　舜制定了上、下衣相连的衣服。马周作了襕衫。　汉代创制了方心曲领的衣服，唐代创制了圆领。

唐太宗创制了在朝廷上参拜的朝服，公事谒见的时候穿戴，从此公服才开始有了分别。　北齐进入中国，开始穿胡服，其体制是窄袖。唐玄宗开始让官服变得很宽大。

伏羲制裘—云黄帝。禹制披风如背子制较长，而袖宽于衫、制
襦短衣。伊尹制袂袄。汉高祖制汗衫小仅覆胸背，即古中单，帝与楚
战，汗透，因名。唐高祖制半臂隋文帝时半臂馀，即长袖也。高祖减为秃
袖，如背心。马周制开髁即今四髁衫。周文王制裤，禹始制袴，周
武王改为褶，以布；敬王以缯；汉章帝以绫，始加下缘。

晋董威制百结碎杂缯为之。宋太祖制截褶、制海青俱仿南番
作。宇文涉制毡衫。

陈成子制雨衣、雨帽。宇文涉制雨笼。於则制角袜前后两
只相承，中心系带。魏文帝吴妃始裁缝如今样。　后魏始赐僧
尼偏衫。

黄帝始定人君服，色随王运。周公始制天子服，四时各
以其色。隋文帝始专尚黄。唐玄宗时，韦韬请天子服御皆用
黄，设禁。

隋炀帝诏牛弘等始别服色，三、四品紫，五品朱，六品以
下绿，胥吏青，庶人白，商皂。本秦始皇以紫、绯、绿三等服
为制。

后魏制僧衣，赤布，后周易黄，宇文周易褐色。北齐忌
黑，以僧衣多黑，始行师忌僧。

鱼袋，即古鱼符，刻鱼，盛之以袋，而饰金银玉。

三代为等袋，用韦。唐高祖始制鱼袋，饰金银。武后改制
龟，盖为别；后复为鱼，加用铜；宋仁宗加用玉。　唐玄宗敕
品卑者借绯及鱼袋。

笏　成汤始制笏，书教令以备忽忘。武王诛纣，太公解剑带
笏，始制为等。　周制诸侯用象笏。晋、宋以来，惟八座用笏，

伏羲创制了衮衣有人说是黄帝。大禹创制了披风像背子的形制只是更长一些，袖子比衫宽、襦就是短衣。伊尹创制了夹袄。汉高祖创制了汗衫形制很小，仅能覆盖胸口和背部，就是古代的中单，汉高祖与楚争战，汗把衣服湿透了，所以叫汗衫。唐高祖创制了半袖隋文帝时有半臂褕，就是长袖。唐高祖缩短为秃袖，就像背心。马周创制了开骻就是现在的四骻衫。周文王创制了满裆裤，禹最早创制了分腿的裤子，周武王改为褌裤，用布来做；敬王用缯来做；汉章帝用绫来做，开始增加了下摆。

晋朝的董威创制了百衲衣用杂色小碎布来做。宋太祖创制了截褐、海青都是仿照南番的式样制作的。宇文涉创制了毡衫。

陈成子创制了雨衣、雨帽。宇文涉创制了雨笼。於则创制了角袜前后两只相承，中间用带系住。魏文帝的吴妃开始裁制成现在的样子。　后魏开始赐给僧尼偏衫。

黄帝开始制定君主的服装，颜色随着帝王之运而变化。周公开始制定天子的服装，四季各依四季颜色。隋文帝开始仅仅尊尚黄色。唐玄宗的时候，韦韬奏请天子服装和用具都用黄色，并禁止别人使用。

隋炀帝下诏命牛弘等人来分别服装的颜色，三、四品官穿紫色，五品官穿红色，六品以下官员穿绿色，胥吏穿青色，平头百姓穿白色，商人穿黑色。这是依据秦始皇用紫、绯、绿三种颜色的服饰制度。

后魏创制了僧衣，用红布，后周改换成黄布，北周换成了褐色。北齐忌讳黑色，因为僧衣多用黑色，开始在出兵时忌讳僧人。

鱼袋，就是古代的鱼符，刻画上鱼的形象，用袋子装着，并用金、银、玉来装饰。

三代制做等袋，用熟牛皮。唐高祖开始创制出鱼袋，用金银来装饰。武则天改为龟，主要是为了与前边的有区别；后来又恢复为鱼，并增加铜饰；宋仁宗增加玉饰。　唐玄宗下令让官品低下的人可以借红色的官衣和鱼袋。

笏　成汤开始创制笏，是为书写教令用来防备疏忽和遗忘的。武王诛杀殷纣王，太公解剑带笏，开始制为等级。　周代规定诸侯用象笏。晋、宋以来，只有朝廷中央的八种官员可以用，

馀执手板。周武帝始百官皆执笏朝参，以笏为礼。　汉高祖制手板如笏，魏武帝制露板<small>奏事木简</small>。

带绶　黄帝制衣带<small>用革反插垂头</small>，秦二世名腰带，唐高宗始制金、玉、犀、银、鍮、钶、铜、铁等差。

佩　尧始制佩，周制为等。七国去佩留襚，始以采组连结于襚。转相受为绶<small>古绶以贯佩</small>，制更秦名，本三代。汉高祖制为等加缥。　天子佩白玉而玄组绶，公侯佩山玄玉而朱组绶，大夫佩水苍玉而纯组绶，世子佩瑜玉而綦组绶，士佩瓀玟而缊组绶，孔子佩象环五寸而綦组绶。

牙牌　宋太祖始制牙牌，给赐立功武臣悬带，令朝参官皆用之。颛顼制丝绦。汤制鞶囊。

厕牏近身之小衫，即今之汗衫也。

绣鬜，盖以羽衣为半臂，如《后汉书》所谓"诸于绣鼿"，其字不同，其义则一也。

襂褵，羽衣也。又曰氅衣。缊黂敝衣。袯襫，蓑衣，晪<small>音夷</small>喻，雨衣。

襜褕<small>音谄遥</small>，单衣也。武安侯田蚡坐襜褕入宫，不敬，国除。

吉光裘　汉武帝时，西域献吉光裘，裘色黄，盖神马之类，入水不濡，入火不燃。

雉头裘　大医程据上雉头裘，武帝诏据：此裘非常衣服，消费功用，其于殿前烧之。

狐白裘　孟尝君使人说昭王幸姬求解，姬曰："愿得狐白裘。"此裘孟尝君已献昭王，客有能为狗盗者，夜入秦宫藏中，取以献姬，乃得释。

其馀的人都拿着手板。周武帝开始百官都拿着笏来朝参，且用笏来行礼。 <small>汉高祖制定了像笏一样的手板，魏武帝创制了露板</small>就是奏<small>事用的木简。</small>

带绥　黄帝创制了衣带<small>用皮革反插垂头</small>，秦二世称之为腰带，唐高宗开始制定金、玉、犀、银、鍮、钻、铜、铁等不同材料的衣带，且各有等级的差别。

佩　尧开始创制出佩饰，周代使其成为一项制度。七国去掉佩玉而留下绥带，开始用采组连结绥带。转赠给别人称之为绥<small>古代用绥来穿佩</small>，改自秦代的名称，本于三代。汉高祖规定为不同等级加丝织的带。　天子佩戴白色的玉并用黑色的组绥，公侯佩戴黑色的玉并用红色的组绥，大夫佩水黑色的玉并用白色的组绥，世子佩戴美玉并用苍白色的组绥，士佩像玉一样的美石并用赤黄色的组绥，孔子佩象环五寸并用苍白色的组绥。

牙牌　宋太祖开始创制了牙牌，赐给立功的武臣悬带，并命令朝参的官员都用。颛顼创制了丝绦。商汤创制了小皮包。

厕牏是贴身小衣服，也就是现在说的汗衫。

绣鐾，就是用羽衣来做半袖，如《后汉书》说的"诸于绣鐾"，字的写法虽不同，但其意义却是一样的。

褗褕，就是羽衣，又叫作鹙衣。乱麻为絮制成不好的衣服。被裷，就是蓑衣。暆<small>读音为"夷"</small>褕，就是雨衣。

襜褕<small>读音为"谄遥"</small>，就是单衣。武安侯田蚡因为穿着襜褕进入皇宫，被加上了不敬之罪，他的封国也被取消了。

吉光裘　汉武帝的时候，西域有人献上了吉光裘，裘是黄色的，因为是神马之类，所以入水也不会沾水，入火也不会燃烧。

雉头裘　太医程据献上雉头裘，晋武帝下诏给程据说：这件裘衣不是寻常衣服，只有消费的功用，所以在殿前烧了。

狐白裘　孟尝君派人游说秦昭王所宠幸的姬女来乞求解脱，姬女说："我想要你们的白色狐皮裘衣。"但这件裘衣孟尝君已经献给昭王了，其门下客人中有人善于偷窃，便在晚上到秦国的宫中，把狐裘偷出来献给姬女，于是才被释放了。

集翠裘　武后赐张昌宗集翠裘，后令狄仁杰与赌此裘。仁杰因指所衣紫拖袍，后曰："不等。"杰曰："此大臣朝见之服也。"昌宗累局连北，仁杰褫其裘，拜恩出，赐与舆前厮养。

鹔鹴裘　司马相如初与文君还成都，居贫愁急，以所著鹔鹴裘，就市人杨昌贳酒，与文君拨闷。

深衣　古者深衣，盖有制度，短毋见肤，长毋被土。制有十二幅，以应十有二月；袂圆以应规；曲裾如矩以应方；负绳及踝以应直，下齐如权衡以应平。

黑貂裘　苏秦初说赵，赵相李兑遗以黑貂裘。及游说秦王，王不能用，黑貂之裘敝。

通天犀带　南唐严续相公歌姬、唐镐给事通天犀带，皆一代尤物，因出伎解带呼卢。唐彩大胜，乃酌酒，命美人歌一曲而别，严怅然久之。

月影犀带　张九成有犀带，文理缜密，中有一月影，遇望则见，贵重在通天犀之上，盖犀牛望月之久，故感其影于角也。

黄琅带　唐太宗赐房玄龄黄琅带，云服此带，鬼神畏之。

百花带　宗测春游山谷，见奇花异卉，则系于带上，归而图其形状，名百花带，人多效之。

笏囊　唐故事，公卿皆搢笏于带，而后乘马。张九龄体弱，使人持之，因设笏囊。笏囊自此始。

只逊　殿上直校鹅帽锦衣，总曰"只逊"。曾见有旨下工部，造只逊八百副。

集翠裘　武则天赐给张昌宗集翠裘，并命令狄仁杰与张昌宗来赌集翠裘。狄仁杰拿自己穿的紫拖袍为赌注，武则天说："这个赌注不等价。"狄仁杰说："这可是大臣上朝所穿的服装啊。"后来张昌宗连续几局都败了，狄仁杰夺下他的集翠裘，向武则天谢恩后出来，并将其赐给了自己轿前的仆人。

鹔鹴裘　司马相如起初与卓文君回到成都，因为贫困潦倒，便把常穿的鹔鹴裘拿到商人杨昌那里换酒，来给卓文君解闷。

深衣　古代的深衣，是有固定规制的，短不能露出肌肤，长不能拖到地面上。衣服用布规定用十二幅，来对应十二月；袖子为圆形来对应圆规；领子为方形用来对应方正的矩；背缝长达脚后跟来对应直；下摆如权衡之器来对应公平。

黑貂裘　苏秦起初游说赵国，赵相李兑赠给他一件黑貂裘。等到苏秦再去游说秦王，秦王不能任用他，他等得黑貂裘都破败了。

通天犀带　南唐严续相公的歌姬、唐镐给事的通天犀带，都是一个时代中的珍奇之物，所以二人分别拿出歌伎和犀带来作赌注。唐镐博得彩头大胜，便给严续倒酒，让歌伎唱一首歌与严续告别，严续怅然不已。

月影犀带　张九成有一条犀带，文理细密，中间有一个月影，遇到每月十五就会出现，贵重在通天犀之上，原因在于犀牛望月时间很长，所以使月亮的影子留在它的角上了。

黄琅带　唐太宗赐给房玄龄黄琅带，据说佩这条带的话，鬼神都会畏惧。

百花带　宗测春天时在山谷中游玩，看到奇花异卉就插在腰带上，回家就画出它的形状，所以叫做百花带，旁人也都纷纷仿效。

笏囊　唐代的规定：公卿大夫都要把笏插在腰带上，然后上马。张九龄身体虚弱，需要有人帮忙，所以设置了笏囊。笏囊就从此开始产生。

只逊　殿上当直者的鹅帽锦衣，总称为"只逊"。曾经看到有圣旨下令给工部，要造只逊八百副。

身衣弋绨　张安世尊为公侯，而身衣弋绨，夫人自绩。

衣不重帛　晋国苦奢，文公以俭矫之，乃衣不重帛，食不兼肉。未几时，国人皆大布之衣，脱粟之饭。

韎韦跗注　韎，赤也。跗注，戎服，若袴而属于跗，与袴连，言军中君子之饰也。

飞云履　白乐天烧丹于庐山草堂，制飞云履，玄绫为质，四面以素绢作云朵，染以诸香，振履，则如烟雾。常著示道友云，吾足下生云，计不久上升矣。

襕衫，乃明朝高皇后见秀才服饰与胥吏同，乃更制儒巾襕衫，令太祖著之。太祖曰："此真儒者服也。"遂颁天下。

毳衣　《诗经》："毳衣如菼。"天子、大夫之服。纨袴，贵家子弟之服。逢腋，肘腋宽大之衣，为庶人之服。

初服　初，始也，谓未仕时清洁之服，故致仕归，曰"得遂初衣"。

轻裘缓带　羊祜在军中尝服之。偏裻，戎衣名；肠夷，甲名；皆从军所服之饰。

赤芾　芾，冕之饰也。大夫以上，赤韠乘轩。

饮食

有巢氏始教民食果。燧人氏始修火食，作醴酪_{蒸酿之使熟}。神农始教民食谷，加于烧石之上而食。黄帝始具五谷种_{地神所献}。烈山氏子柱始作稼，始教民食蔬果。燧人氏作脯、作歊。黄帝作炙。成汤作醢。禹作鲞，吴寿梦作鲊。

身衣弋绨　张安世身为公侯之尊，身上却穿着粗布衣服，都是他的夫人自己纺织的。

衣不重帛　晋国为奢侈的习俗所苦，晋文公用俭朴来矫正，于是穿衣不穿两层帛，每顿饭不吃两种以上的肉。没过多久，晋国的人都穿粗布衣服，吃糙米饭。

靺韦跗注　靺，就是红色。跗注，就是军服，像裤子并垂到脚，与裤子相连，这是说军中君子的服饰。

飞云履　白居易在庐山草堂炼丹，制成了一双飞云履，用黑绫为材料，四面用素绢作成云朵，再熏染很多种香，摇动这双鞋，就像在烟雾中一样。白居易经常穿这双鞋来展示给他的道友，并说："我的脚下生云，估计不久后便可升天成仙了。"

襕衫，是明朝高皇后看到秀才的服饰与小吏相同，便更改儒巾为襕衫的样式，让明太祖穿着。太祖说："这才是真的儒士之服啊。"于是便颁行天下。

黇衣　《诗经》说："黇衣如菼。"这是天子、大夫的服装。纨袴，是贵家子弟的服装。逢腋，是肘部和腋部非常宽大的衣服，是普通人穿的服装。

初服　初，就是开始的意思，指的是没出仕为官时的清洁之服装，所以退休回乡时，叫作"得遂初衣"。

轻裘缓带　羊祜在军中曾经穿轻裘缓带。偏裻，是军衣的名字；肠夷，是铠甲的名字；这都是从军的人所穿的服装。

赤芾　芾，是冕上的饰物。大夫以上的官员，用红色的蔽膝来乘车。

饮食

有巢氏最早开始教导民众吃水果。燧人氏开始教导民众用火来烹调食物，制作醴酪蒸、酨来让食物变熟。　神农开始教民众吃五谷，放在烧热的石头上再吃。黄帝开始有了五谷的种子是地神进献的。烈山氏之子柱开始种庄稼，并教民众吃蔬菜和水果。　燧人氏开始做干肉和肉块。黄帝做烤肉。成汤做肉酱。大禹做干鱼，吴国的寿梦做鱼酱。

神农诸侯夙沙氏煮盐，嫘祖作醢，神农作油，殷果作醯，周公作酱，公刘作饧。后汉谓饴饧即《楚辞》饵餭也。《方言》：江东为糖作蜜。唐太宗煎蔗作沙糖。　黄帝作羹、作菹。少昊作廧。神农作炒米。黄帝作蒸饭、作粥。公刘作餈、作麻团、作糕。周公作汤团。汝颍作粽。诸葛亮作馒头、作饸饹。石崇作馄饨。秦昭王作蒸饼。汉高祖作汉饼。金日磾作胡饼。魏作汤饼。晋作不托即面。简于汤饼。

酒始自空桑委馀饭郁积生味。　黄帝始作醴一宿，仪狄始作酒醪，杜康作秫酒。周公作酎，三重酒。汉作宗庙九酝酒五月造，八月成。魏文侯始为觞。　齐桓公作酒令。汝阳王琎著《酒法》。唐人始以酒名春。刘表始以酒器称雅。有伯仲季雅称。雅集本此。晋隐士张元作酒帘。南齐始以蒲菖头战酒。宋武帝延萧介赋诗置酒，始称即席。

名酒　齐人田无己中山酒一云狄希，汉武帝兰生酒采百味即百末旨酒，曹操缥醪，刘白堕桑落酒成桑落时、千里酒六月曝日不动，唐玄宗三辰酒，虢国夫人天圣酒用鹿肉，裴度鱼儿酒凝龙脑刻鱼投之，魏徵翠涛，孙思邈屠苏元日入药，隋炀帝玉薤仿胡法，陈后主红粱新酝，魏贾锵昆仑觞绛色以瓢接河源水酿之，房寿碧芳酒，羊雅舒抱瓮醪冬月令人抱而酿之，向恭伯芗林、秋露，殷子新黄娇，易毅夫瓮中云，胡长文银光，宋安定郡王洞庭春以柑酿，苏轼罗浮春、真一酒，陆放翁玉清堂，贾似道长春法酒，欧阳修冰堂春。

茶　成汤作茶，黄帝食百草，得茶解毒。　晋王蒙、齐王肃始习茗饮三代以下炙著菜或煮羹。钱超、赵莒为茶会。唐陆羽始著《茶经》，创茶具，茶始盛行。　唐常衮，德宗时人，刺建州，

神农时的诸侯夙沙氏开始煮盐，嫘祖开始做醴浆，神农氏制作了油，殷果制作了醋，周公制作了酱，公刘制作了糖。后汉称软糖就是《楚辞》所说的"怅惶"。《方言》说：江东用糖做蜜。唐太宗煎煮甘蔗来做沙糖。　黄帝做羹汤、做腌菜。少昊做碎肉粥。神农做炒米饭。黄帝做了蒸饭和粥。公刘做了糕饼、麻团和糕。周公做了汤圆。汝颊做了粽子。诸葛亮做了馒头和饸饹。石崇做了馄饨。秦昭王做了蒸饼。汉高祖做了汉饼。金日碑做了胡饼。魏代做了汤饼。晋代做了不托就是面条，但比汤饼简单。

　　酒最早开始于在空桑中装剩饭时间久了生出其它味道。　黄帝开始制作醴酒一夜就好了，仪狄开始做酒醪，杜康做米酒。周公做了反复多次酿出的酒，是三重酒。汉代制作了宗庙祭祀所用的九酝酒五月开始制造，八月才能完成。魏文侯最初开始制作酒杯。　齐桓公制作了酒令。汝阳王李琎著成了《酒法》。唐代人开始用"春"字来给酒命名。刘表开始因酒器而称雅。有伯、仲、季等雅称。"雅集"一词也源于此。晋代隐士张元做了酒帘。南齐开始以樗蒲头赌酒喝。宋武帝延揽萧介来吟诗摆酒，才开始称为即席。

　　名酒　齐人田无已的中山酒一种说法认为是狄希，汉武帝的兰生酒采来百味即百草之花来做的美酒，曹操的缥醪，刘白堕的桑落酒此酒成于桑落之时、千里酒在六月曝晒在太阳下不动，唐玄宗的三辰酒，虢国夫人的天圣酒用鹿肉来做，裴度的鱼儿酒用凝固的龙脑香刻成鱼形投入酒中，魏徵的翠涛，孙思邈的屠苏在元日那天入药，隋炀帝的玉薤仿照少数民族的制作方法，陈后主的红梁新酝，魏国贾锵的昆仑觞红色，用瓢接河源水来酿造，房寿的碧芳酒，羊雅舒的抱瓮醪冬天让人抱着来酿造，向恭伯的芗林、秋露，殷子新的黄娇，易毅夫的瓮中云，胡长文的银光，宋代安定郡王的洞庭春用柑桔酿造，苏轼的罗浮春、真一酒，陆放翁的玉清堂，贾似道的长春法酒，欧阳修的冰堂春。

　　茶　成汤发明了茶，黄帝试食百草，得到茶可以解毒。　晋代的王蒙、齐代的王肃开始习惯于喝茶三代以下都烧烤茗菜或者煮羹。钱超、赵莒兴办茶会。唐代的陆羽开始写作《茶经》，创制茶具，茶才开始盛行。　唐代的常衮，是唐德宗时期的人，任建州刺史，

始茶蒸焙研膏。宋郑可闻剔银丝为冰牙,始去龙脑香。 唐茶品阳羡为上,唐末北苑始出。南唐始率县民采茶,北苑造膏茶腊面,又京铤最佳。宋太宗始制龙凤模,即北苑时造团茶,以别庶饮,用茶碾,今炒制用茶芽,废团。 王涯始献茶,因命涯榷茶。 唐回纥始入朝市茶。宋太祖始禁私茶,太宗始官场贴射,徐改行交引。 宋始称绝品茶曰斗,次亚斗。始制贡茶,列粗细纲。

蒙山茶 蜀蒙山顶上茶多不能数,片极重,于唐以为仙品。今之蒙茶,乃青州蒙阴山石上地衣,味苦而性寒,亦不易得。

密云龙 东坡有密云龙茶,极为甘馨。时黄、秦、晁、张号"苏门四学士",子瞻待之厚,每来,必令侍妾朝云取密云龙饮之。

天柱峰茶 李德裕有亲知授舒州牧,李曰:"到郡日,天柱峰可惠三四角。"其人辄献数斤,李却之。明年罢郡,用意精求,获数角,投之赞皇,阅而受之,曰:"此茶可消酒肉毒。"乃命烹一瓯沃于肉,以银盒闭之,诘旦开视,其肉已化为水矣,众服其广识。

惊雷荚 觉林院僧志崇收茶三等,待客以惊雷荚,自奉以萱草带,供佛以紫茸。香客赴茶者,皆以油囊盛馀沥以归。

石岩白 蔡襄善别茶。建安能仁寺有茶生石缝间,名石岩白,寺僧遣人遗内翰王禹玉。襄至京访禹玉,烹茶饮之,襄捧瓯未尝,辄曰:"此极似能仁寺石岩白,何以得之?"禹玉叹服。

开始将茶叶蒸、焙并研磨为末。宋代的郑可闻别出银丝叶制成冰牙，开始去除龙脑香。　唐代茶叶以阳羡为最佳，唐末北苑才开始出产。南唐开始鼓励县民采茶，北苑造出了膏茶、腊面，另外便是京铤最好。宋太宗开始制出了龙凤模型，在北苑里来造出团茶，来与普通人用的区别开来，并用茶碾，现在炒制使用茶芽，废除了茶团。　王涯开始献茶，朝廷便命令王涯掌管茶叶的专卖。　唐代回纥开始入朝交易茶叶。宋太祖开始禁止私自交易茶叶，宋太宗开始在官场贴射以决定茶叶的交易权，后来慢慢改为用交引的方式。　宋代开始称绝品的茶叫斗，次一级的叫亚斗。开始制作进贡的茶，列出粗细不同的类别。

蒙山茶　蜀地蒙山顶上的茶多不胜数，每片都很重，在唐代被认为是仙品。现在的蒙茶，是青州蒙阴山头上的地衣，味道苦涩并且性寒，也很不易得。

密云龙　苏轼有密云龙茶，非常甘甜馨香。当时黄庭坚、秦观、晁补之、张耒号称为"苏门四学士"，苏轼对待他们很亲厚，每次来，都一定会让侍妾朝云取来密云龙款待。

天柱峰茶　李德裕有一亲信的人官授舒州牧，李德裕说："到任的时候，请把天柱峰茶给我带三四封。"那个人就给李德裕进献了好几斤，李德裕却拒不接受。第二年那人要离任了，便用心用意地千挑万选，得到几封茶，拿回来献给李德裕，李看到后接受了，说："这种茶可以消酒肉之毒。"于是命人煮一碗此茶倒在肉上，用银盒密封起来，第二天早上打开看，肉已经化成了水，众人都非常佩服李德裕见闻广博。

惊雷英　觉林院的和尚志崇收获的茶分为三等，用其中的惊雷英来待客，自己则喝萱草带，用紫茸来供佛。进寺上香的客人凡是来赴茶会的，都用不会漏的油布口袋把喝剩下的残茶装好拿回家去。

石岩白　蔡襄擅长识别茶叶。建安的能仁寺有茶生在石缝之间，名叫石岩白，寺里的僧人派人赠给内翰王禹玉。蔡襄到京城拜访王禹玉，王煮茶来款待他，蔡襄捧着茶杯还没有喝，就说："这茶非常像能仁寺的石岩白，你是怎么得到的？"王禹玉对他赞叹佩服。

仙人掌　荆州玉泉寺，近清溪诸山，山洞往往有乳窟，窟中多玉泉交流，其水边处处有茗草罗生，枝叶如碧玉，拳然重叠，其状如手，号仙人掌，盖旷古未睹也。惟玉泉真公常采而饮之，年八十馀，颜色如桃色。此茗清香酷烈，异于他产，所以能还童振枯，扶人寿也。

水厄　晋司徒长史王濛好饮茶，客至辄命饮，士夫皆患之，每欲往候，必曰："今日有水厄。"

汤社　和凝在朝，率同列递日以茶相饮，味劣者有罚，号为汤社。

茗战　建人以斗茶为茗战。

卢仝七碗　卢仝歌："一碗喉吻润，二碗破孤闷；三碗搜枯肠，惟有文字五千卷；四碗发轻汗，平生不平事，尽向毛孔散；五碗肌骨清，六碗通仙灵；七碗吃不得也，惟觉两腋习习清风生。"

九难　《茶经》言茶有九难：阴采夜焙，非造也；嚼味嗅香，非别也；膻鼎腥瓯，非器也；膏薪庖炭，非火也；飞湍壅潦，非水也；外熟内生，非汤也；碧粉缥尘，非茶也；操艰搅遽，非煮也；夏兴冬废，非饮也。

六物　《月令》：乃命大酋，秫稻必齐，曲糵必时，湛炽必洁，水泉必香，陶器必良，火齐必得，兼用六物，大酋监之，无有差忒。

昆仑觞　魏贾锵有苍头善别水，常令乘小艇于黄河中流，以瓠匏接河源水，一日不过七、八升，经宿，色如绛，以酿酒，名昆仑觞，芳味世间所绝。

仙人掌　荆州的玉泉寺，靠近清溪近旁的群山，这儿的山洞里常常有石钟乳的溶洞，溶洞里有很多玉泉流出，水边到处都有茶苗丛生，树枝与叶子翠绿如玉，形状则像人的手握着拳一样重重叠叠，号称为仙人掌，这是自古以来没有见过的茶。只有玉泉寺的真公经常采来煮着喝，年龄都八十多了，脸色还像桃花的颜色。这种茶的清香非常浓烈，与其他茶大为不同，所以能使人的容颜返老还童并让人干枯的血脉又振作起来，可以延长人的寿命。

　　水厄　晋代的司徒长史王濛喜欢喝茶，客人到他家后就让人喝茶，士大夫都很害怕，每次要前去拜会，就一定会说：“今天要有水灾啊。”

　　汤社　和凝在朝廷为官的时候，常常率领同僚依次用茶来相互款待，茶的味道不好的人要接受处罚，号称为汤社。

　　茗战　建阳人把斗茶称为茗战。

　　卢仝七碗　卢仝《走笔谢孟谏议寄新茶》诗：“一碗喉吻润，二碗破孤闷；三碗搜枯肠，惟有文字五千卷；四碗发轻汗，平生不平事，尽向毛孔散；五碗肌骨清，六碗通仙灵；七碗吃不得也，惟觉两腋习习清风生。”

　　九难　《茶经》记载说茶有九种难题：若想偷懒阴天采摘夜晚烘焙，那不是造茶的方式；大嚼来尝味、用鼻子闻香，不是品茶的方式；膻腥的容器，不是饮茶的用具；普通的厨房之火，不是烘焙茶叶的火；飞流的溪水与停滞的潭水，不是冲茶的水；水表面烧开了却还没有烧透，不是冲茶的热水；青绿色的茶粉不是合适的茶；操作生疏又搅拌太多，不是煮茶的方式；夏天喝而冬天停，不是喝茶的习惯。

　　六物　《礼记·月令》记载：于是命令酿酒的大酋，必须选择洁净的秫米，制作必须合乎时机，腌制与炊蒸必须清洁，使用的泉水必须香甜，使用的器皿必须精良，火候必须充足。这六项都要照顾到，要有大酋来监督，不可以有差错。

　　昆仑觞　魏国的贾锵有一个仆人善于识别水质，贾锵经常让他乘着小艇去黄河中流，用瓢去接河源的水，一天不过七、八升，放一晚上，颜色变化，用来酿酒，名字叫作昆仑觞，芳香之味世所罕有。

白堕鹤觞 河东刘白堕善酿，六月以罂贮酒，暴于日中，经一旬，其酒不动，饮之者香美，醉而经月不醒。朝贵相饷，逾于千里。以其远至，号曰鹤觞，如鹤之一飞千里也。

椒花雨 杨诚斋退居，名酒之和者曰金盘露，劲者曰椒花雨。

鲁酒 楚会诸侯，鲁、赵皆献酒于楚王。主酒吏求酒于赵，赵不与，吏怒，乃以赵厚酒易鲁薄酒献之，楚王以赵酒薄，遂围邯郸。故曰："鲁酒薄而邯郸围。"

酿王 汝阳王琎，自称"酿王"。种放号"云溪醉侯"。蔡邕饮至一石，常醉，在路上卧，人名曰"醉龙"。李白嗜酒，醉后文尤奇，号为"醉圣"。白乐天自称"醉尹"，又称"醉吟先生"。皮日休自称"醉士"。王绩称"斗酒学士"，又称"五斗先生"。山简称"高阳酒徒"。

狂花病叶 饮流，谓睚眦者为狂花；谓目睡者为病叶。

八珍 龙肝、凤髓、豹胎、猩唇、鲤尾、鸮炙、熊掌、驼峰。

内则八珍 一淳熬，二淳母，三炮豚，四炮牂，五捣珍，六渍，七熬，八肝膋。盖烹饪之八法，养老所用也。

麟脯 王方平至蔡经家，与麻姑共设肴膳，擗麟脯而行酒。

牛心炙 王右军年十三，谒周顗，顗异之。时绝重牛心炙，座客未啖，先割以啖之，于是始知名。

白堕鹤觞　河东人刘白堕善于酿酒，他常在六月的时候用罂瓶装酒，在太阳下暴晒，晒十天，里面的酒一动不动。喝这种酒的人会感觉到非常香美，醉后一个月都不会醒。朝廷大臣互相馈赠，甚至远到千里之外。因为此酒能到如此远的地方，所以号称为"鹤觞"，是说像鹤那样可以一飞千里。

椒花雨　杨万里（诚斋）退休隐居后，把家中温和的酒称为"金盘露"，暴烈的酒叫作"椒花雨"。

鲁酒　楚国会盟诸侯，鲁国、赵国都向楚王献酒。主管酒的官吏向赵国索要酒，赵国不给，官吏生气，便把赵国滋味醇厚的酒换成鲁国滋味薄劣的酒献了上去，楚王因为赵国献上来的酒很薄劣，于是便发兵围住了赵国首都邯郸。所以说："鲁酒薄而邯郸围。"

酿王　唐代汝阳王李琎，自称"酿王"。种放号称为"云溪醉侯"。蔡邕能喝一石酒，常常喝醉，就躺在路上，人称这为"醉龙"。李白非常爱喝酒，喝醉后所写的诗更加奇妙，号称为"醉圣"。白居易自称为"醉尹"，又称为"醉吟先生"。皮日休自称为"醉士"。王绩称为"斗酒学士"，又称为"五斗先生"。山简称为"高阳酒徒"。

狂花病叶　喝酒的人称醉后骂人打架的人为狂花；称喝醉了就睡觉的人为病叶。

八珍　龙肝、凤髓、豹胎、猩唇、鲤尾、鸮炙、熊掌、驼峰。

内则八珍　《礼记·内则》记载了八珍：一是淳熬，就是用肉酱煎米饭再浇油；二是淳母，就是用肉酱煎黍米饭再浇油；三是烧烤猪肉；四是烧烤羊肉；五是捣珍，就是用牛羊的背肉来捶捣，去除肉筋再烹熟；六是渍，就是把煮熟的牛肉用酒来腌制；七是熬，就是把牛肉用盐和调料腌制后放在炭火上烤熟；八是肝膋，就是把油涂在肝上烤熟。这是烹饪的八种方法，养老时用的。

麟脯　王方平到蔡经家，和麻姑一起摆下宴席，撕着麒麟的胸脯肉下酒。

牛心炙　王羲之十三岁的时候，拜见周顗，周顗非常惊异。当时非常崇尚烤牛心肉，出席的其他客人还没有吃，周顗便先割一些让王羲之吃。于是王羲之开始为世所知。

五侯鲭　王氏五侯，各署宾客，不相来往。娄护传食五侯间，尽得其欢心，竞致奇膳，护合以为鲭，世称五侯鲭，为世间绝味。

醒酒鲭　齐世祖幸芳林园，就侍中虞悰求扁米粣，虞献粣及杂肴数十舆，大官鼎味不及也。上就虞求诸饮食方，虞秘不肯出。上醉后，体不快，悰乃献醒酒鲭一方而已。

甘露羹　李林甫婿郑平为省郎，林甫见其须鬓斑白，以上所赐甘露羹与之食，一夕而须鬓如黪。

玉糁羹　东坡云："过子忽出新意，以山芋作玉糁羹，色香味皆奇绝。天上酥酏则不可知，人间决无此味也。"诗曰："香似龙涎仍酿白，味如牛乳更全清。莫将南海金齑脍，轻比东坡玉糁羹。"

三升良醪斗酒学士　唐王绩，字无功。武德初，待诏门下省。故事，官给酒日三升，或问："待诏何乐耶？"答曰："三升良酝可慰耳。"侍中陈叔达闻之，日给一斗，号斗酒学士。

六和汤　医家以酸养骨，以辛养节，以苦养心，以咸养脉，以甘养肉，以滑养窍。

段成式食品，有寿木花、玄木叶、梦泽芹、具区菁、杨朴姜、招摇桂、越酪菌、长泽卵、三危露、昆仑井、蒲叶菹、竹根粟、麻湖菱、绿施笋。

伞子盐　胸朒县盐井，有盐方寸中央隆起，如张伞，名曰伞子盐。

鸡栖半露　晋苻朗善识味。会稽王道子为设精馔。讫，问关中味孰若于此。朗曰："皆好，唯盐少生。"即问宰夫，

五侯鲭　王氏有五侯，但都独自宴请宾客，互相没有来往。娄护轮流在五侯家吃饭，很得五侯的欢心，五侯家都竞相摆出珍奇的饭菜，娄护将其合在一起成为鱼脍，世人称之为五侯鲭，成为人世间的绝味。

醒酒鲭　齐世祖驾幸芳林园，向侍中虞悰要扁米粽子，虞悰献上粽子和各种菜肴几十架，菜的味道就连宫中都赶不上。齐世祖向虞悰要这些菜的制作方法，虞悰保密而不愿意告诉他。齐世祖醉后，身体不舒服，虞悰献上了一道醒酒鱼汤就可以了。

甘露羹　李林甫的女婿郑平为省部郎官，李林甫看见他的胡须和鬓角都已经斑白了，便把皇帝赐的甘露羹给他吃，过了一个晚上那些胡子和鬓发就变黑了。

玉糁羹　苏轼说："小儿苏过忽然别出心裁，用山芋来作玉糁羹，色、香、味都非常绝妙。天上的酥酏不知道什么味道，但人间是肯定没有这种美味的。"然后写诗称赞道："香似龙涎仍酽白，味如牛乳更全清。莫将南海金齑脍，轻比东坡玉糁羹。"

三升良醪斗酒学士　唐代的王绩，字无功。武德初年，在门下省做官。按以前的旧例，门下省的官员每天供给三升酒，有人问："做官有什么乐趣呢？"他回答说："每天三升美酒是最大的安慰呀。"门下省长官侍中陈叔达听到这话之后，命令每天给王绩美酒一斗，人们便称王绩为斗酒学士。

六和汤　医生用酸来养骨，用辛来养节，用苦来养心，用咸来养脉，用甘来养肉，用滑来养窍。

段成式《酉阳杂俎》中记载的食品有寿木花、玄木叶、梦泽芹、具区菁、杨朴姜、招摇桂、越骆困、长泽卵、三危露、昆仑井、蒲叶菹、竹根粟、麻湖菱、绿施笋。

伞子盐　朐腮县有一方盐井，有一块方寸大的盐，中央隆起，好像打开的伞，名叫伞子盐。

鸡栖半露　晋时的苻朗善于辨别味道。会稽王司马道子为他准备了精美的宴席。吃过后，问他与关中的味道哪个好。苻朗说："都很好，只有盐加的稍微有些晚。"司马道子立刻问厨师，

如其言。或杀鸡以飨之，朗曰："此鸡栖恒半露。"问之，亦验。

崖蜜一名石饴，味甘，润五脏，益气强志，疗百病，服之不饥，即崖石间蜂蜜也。

豆腐为淮南王鸿烈所造，故孔庙祭器不用豆腐。

五谷　稻、黍、稷、麦、菽。黍，小米；稷，高粱；菽，豆也。

昆仑瓜　茄子一名落苏，一名昆仑瓜。

莼　八月以前为绿莼，冬至为赭莼，秋时长丈许，凝脂甚清。张季鹰秋风所思，正为此也。

食宪章　段文昌丞相精馔事：第中庖所榜曰"练珍堂"，在途号"行珍馆"，文昌自编《食经》五十卷，时称《邹平公食宪章》。

郇公厨　韦陟袭封郇国公，性侈纵，尤穷治羞馔。厨中饮食，香味错杂，入其中者，多饱饫而归。时人语曰："人欲不饭筋骨舒，夤缘须入郇公厨。"

遗饼不受　王悦之少厉清节。为吏部郎时，邻省有会同者遗以饼一瓯，辞不受，曰："所费诚复小，然少来不欲当人之意。"

嗟来食　齐大饥。黔敖为食于路，以待饥者而食。有饥者蒙袂辑屦，贸贸而来。黔敖左奉食，右执饮，曰："嗟！来食！"饥者扬其目而视之，曰："予唯不食嗟来之食，以至于斯也！"从而谢焉。终不食而死。

馒头　诸葛武侯南征孟获，泸水汹涌，不得渡。有云须杀人以头祭之，武侯曰："吾仁义之师，奚忍杀人以代牺牲？"于是用面为皮，裹猪羊肉于内，象人头而祭之。后之有馒头，始此。

果然如此。有人杀鸡来款待他，符朗说："这只鸡栖息时常常有一半是露天的。"问养鸡的人，也果然如此。

崖蜜又叫石饴，味道甘甜，能滋润五脏，益气强志，治疗百病，服用之后就不会饥饿，其实就是石崖之间的蜂蜜。

豆腐是汉代淮南王刘安发明的，所以孔庙祭祀中不用豆腐。

五谷 五谷是指稻、黍、稷、麦、菽。黍，就是小米；稷，就是高粱；菽，就是大豆。

昆仑瓜 茄子又叫落苏，又叫昆仑瓜。

莼 八月以前的叫绿莼，冬至时的叫赪莼，秋天的时候长到一丈多长，凝脂很清。张季鹰在秋风起时所思念的，正是这种秋莼。

食宪章 段文昌丞相精于做菜之类的事情：府第中的厨房题名叫"练珍堂"，传菜的地方题名叫"行珍馆"，段文昌自己编写《食经》五十卷，当时人称《邹平公食宪章》。

郇公厨 韦陟承袭祖上的封号为郇国公，性格奢侈骄纵，尤其喜欢穷究各种的饭菜。厨下的各种饮食，香味错杂，进到里面的人，都大饱口福后才出来。当时人说："人欲不饭筋骨舒，夤缘须入郇公厨。"

遗饼不受 王悦之小时候便能秉持清廉的节操。官为吏部侍郎的时候，邻省有来朝会的人赠给他一盒饼，他坚辞不受，他说："这点东西当然没什么，但我不愿意为此而考虑迎合别人的意思。"

嗟来食 齐国遭受了大的饥荒。黔敖在路上准备了食物，等待饥民前来吃饭。有一个饥饿的人用袖子蒙着脸拖着鞋子，慢慢地走来。黔敖左手捧着食物，右手端着茶水，说："喂，来吃饭！"那人瞪大了眼睛看看黔敖，说："我就是因为不愿意吃这样傲慢地施舍的食物，才到这步田地的。"于是便辞谢了。这人终于不吃东西而死。

馒头 武侯诸葛亮南征孟获的时候，泸水汹涌澎湃，无法渡过。有人说必须杀人用人头来祭奠才可以过去，诸葛亮说："我们是仁义之师，怎么能忍心用杀人来代替祭祀用的牺牲呢？"所以便用面作成皮，里面裹上猪羊肉的馅，模仿人头的样子来祭祀。后来有馒头，就是开始于此。

五美菜　诸葛武侯出军，凡所止之处，必种蔓菁，即萝卜菜，蜀人呼为诸葛菜。其菜有五美：可以生食，一美；可菹，二美；根可充饥，三美；生食消痰止渴，四美；煮食之补人，五美。故又名五美菜。

酪奴　彭城王勰谓王肃曰："君弃齐、鲁大邦，而受邾、莒小国，明日请为设邾、莒之飧，亦有酪奴。"故号"茗"曰"酪奴"。

龙凤团　古人以茶为团饼，上印龙凤文，供御者以金妆龙凤，凡八饼重一斤。庆历间，蔡君谟始造小片，凡二十片重一斤。天子每南郊致祭，中书、枢密院各赐一饼，宫人镂金花其上。

茶异名　《国史》：剑南有蒙顶石花，湖州有霍山嫩笋，峡州有碧涧明月。

露芽　陶弘景《杂录》：蜀雅州蒙山上顶有露芽，火前者最佳，火后者次之。火，谓禁火，寒食节也。

雪芽　越郡茶有龙山、瑞草、日铸、雪芽。欧阳永叔云，两浙之茶，以日铸为第一。

反覆没饮　郑泉尝曰："愿得美酒满五百斛船，以四时肥甘置两头，反覆没饮之，不亦快乎！"

上樽　《平当传》：稻米一斗得酒一斗为上樽，稷米一斗得酒一斗为中樽，粟米一斗得酒一斗为下樽。

梨花春　杭州酿酒，趁梨花开时熟，号梨花春。

碧筒劝　荷叶盛酒，以簪刺柄与叶通，屈茎轮囷如象鼻，持吸之，名碧筒劝。

蕉叶饮　东坡尝谓人曰："吾兄子明饮酒不过三蕉叶。吾少时望见酒杯而醉，今亦能蕉叶饮矣。"

五美菜　诸葛亮率军出征，凡是安营的地方，必然会种上蔓菁，就是萝卜菜，蜀人称之为诸葛菜。这种菜有五美：可以生着吃，一美；可以做腌菜，二美；根茎可以充饥，三美；生着吃可以消痰止渴，四美；煮着吃能补人，五美。所以又叫五美菜。

　　酪奴　彭城王元勰对王肃说："您放弃了羊肉这样肉食中的齐、鲁大邦，而接受了鱼肉这样的邾、莒小国，请允许我明天为您设下邾、莒小国一样的宴席吧，也备有酪奴。"所以称茶为"酪奴"。

　　龙凤团　古人把茶做成圆饼，上面印出龙、凤的花纹，供给皇宫的用金妆龙凤，八块饼重一斤。庆历年间，蔡君谟开始造小片，二十片重一斤。天子每次到南郊去祭祀，给中书、枢密院各赐一饼，宫女们常常给这些茶饼上镂刻金花的图案。

　　茶异名　《国史》记载：剑南有茶叫蒙顶石花，湖州有茶叫霍山嫩笋，峡州有茶叫碧涧明月。

　　露芽　陶弘景《杂录》记载："蜀地雅州蒙山上顶有茶叫露芽，火前的最好，火后的次之。"火，指的是禁火，就是寒食节。

　　雪芽　越郡的茶有龙山、瑞草、日铸、雪芽。欧阳修说：两浙的茶，以日铸为第一。

　　反覆没饮　郑泉曾经说："希望能有装满五百斛美酒的大船，再在船两头摆好一年四季所需要的肥美香甜的菜肴，然后反复喝酒，不也是很快乐吗！"

　　上樽　《汉书·平当传》记载：一斗稻米酿造出一斗酒，称之为上樽，一斗稷米酿造出一斗酒，称之为中樽，一斗粟米酿造出一斗酒，称之为下樽。

　　梨花春　杭州酿酒，要趁梨花开的时候熟，号称为梨花春。

　　碧筒劝　用荷叶盛酒，再用簪子把叶柄与叶子刺通，然后把叶柄盘绕起来如同大象的鼻子，拿着叶柄便可吸酒来喝了，这个叫作碧筒劝。

　　蕉叶饮　苏轼曾经对人说："我的族兄苏不疑（子明）喝酒用浅底的蕉叶杯不能超过三杯。我小的时候看到酒杯就醉了，现在也能用蕉叶杯喝酒了。"

中山千日酒　刘玄石于中山沽酒，酒家与千日酒饮之，大醉，其家以为死，葬之。后酒家计其日，往视之，令启棺，玄石醉始醒。

青州从事　《世说》：桓温主簿善别酒：好者谓青州从事，盖青州有齐郡，言饮好酒直至腹脐也；恶者谓平原督邮，盖平原有鬲县，言恶酒饮至鬲上住也。

防风粥　白居易在翰林，赐防风粥一瓯，食之，口香七日。

胡麻饭　晋刘晨、阮肇入天台山采药，迷路，流水中得一杯胡麻饭屑，二人相谓曰："此去人家不远。"因穷源而进，见二女，曰："郎君来何暮也！"邀至家，待以胡麻饭、山龙脯，结为夫妇。逾月，二人辞归，访于家，子孙已七世矣。

青精饭　道士邓伯元受青精石，为饭食之，延年益寿。

莼羹　昔陆机诣王济，济指羊酪谓机曰："吴下何以敌此？"机曰："千里莼羹，未下盐豉。"

锦带羹　荆湘间有草花，红白如锦带，苗嫩脆，可作羹。杜诗："滑忆雕胡饭即胡麻饭，香闻锦带羹。"

安期枣　安期生，琅琊人，卖药海上，自言寿已千岁，所食枣其大如瓜。

韭萍齑　石崇遇客，每冬作韭萍齑，豆粥咄嗟而办。王恺密问其帐下，云豆最难熟，预炊熟，客来，但作白粥投之。韭萍齑，是捣以韭根杂麦苗耳。

中山千日酒　刘玄石在中山买酒，酒家给他千日酒让他喝，他大醉而归，他的家人以为他死了，便埋葬了他。后来卖酒的人计算着日子去他家看望他，忙让家人打开棺材，刘玄石的这场大醉才刚刚醒来。

青州从事　《世说新语》记载：桓温的主簿善于识别酒的好坏：把美酒叫作青州从事，因为青州有一个齐郡，是说好酒喝了之后味道便一直深入到腹脐；不好的酒叫作平原督邮，因为平原有一个鬲县，是说不好的酒喝了以后到鬲上就停住了。

防风粥　白居易在翰林院的时候，朝廷赐给他一碗防风粥，吃了以后，嘴里一连七天都是香的。

胡麻饭　晋代的刘晨、阮肇到天台山去采药，迷了路，在流水中得到一杯胡麻饭的碎屑，两人都互相说："这里离人家肯定不远。"所以沿着水流向源头找，看到两个女子，说："郎君，你们怎么来得这样晚！"于是便邀请他们到她们家，用胡麻饭、山龙脯来款待他们，并与他们结为夫妇。过了一个月，两个人都告辞而回，好不容易找到自己的家，才发现他们的子孙后代已经过了七代人了。

青精饭　道士邓伯元获得一块青精石，把它当作饭来吃，能延年益寿。

莼羹　从前陆机拜诣王济，王济指着羊酪对陆机说："你们东吴有什么东西能与这个媲美呢？"陆机说："千里湖的莼菜羹尚未加盐豉的时候便可匹敌。"

锦带羹　荆、湘之间有一种草花，红、白相间就好像锦带一样，它的苗很嫩很脆，可以做成羹。杜甫诗中有"滑忆雕胡饭就是胡麻饭，香闻锦带羹"的句子。

安期枣　安期生是琅邪人，在海上卖药，自己说自己已经有一千岁了，他所吃的枣有瓜那么大。

韭萍齑　石崇待客的时候，在冬天常常做韭萍齑，所以做豆粥时顷刻之间就能做好。王恺私下问石崇手下的人，说豆子最难熟，所以要预先煮熟了，等客人来了以后，只做好白米粥然后加些韭萍齑就可以了。韭萍齑，是韭菜夹杂些麦苗捣碎做成的。

金齑玉脍 南人作鱼脍，以细缕金橙拌之，号为金齑玉脍。隋时吴郡献松江鲈，炀帝曰："所谓金齑玉鲙，东南佳味也。"

玉版 苏东坡邀刘器之参玉版禅师。至寺，烧笋，觉味胜，坡曰："名玉版也。"作偈云："不怕石头路，来参玉版师。聊凭锦珠子，与问箨龙儿。"

碧海菜 《汉武内传》：王母曰："仙之上药，有碧海之琅菜。"

肉山酒海 魏曹子建《与季重书》曰："愿举泰山以为肉，倾东海以为酒。"又古纣王以肉为林，以酒为池。

石髓 嵇康遇王烈，共入山，见石裂，得髓食之。因携少许与康，已成青石，扣之玎玎。再往视之，断山复合矣。

松肪 东坡诗："为探松肪寄一车。"又松花为松黄，服之轻身。

杯中物 晋吴衍好饮酒，因醉诟权贵，遂戒饮。阮宣以拳殴其背，曰："看看老逼痴汉，忍断杯中物耶？"乐饮如初。

惩羹吹齑 唐傅奕言："唐承世当有变更，惩沸羹者吹冷齑，伤弓之鸟惊曲木。"陆贽奏议：昔人有因噎而废食，惧溺而自沉者。

酒肉地狱 东坡倅杭，不胜杯酌。奈部使者重公才望，朝夕聚首，疲于应接，乃目杭倅为酒肉地狱。后袁毂代倅，僚属疏阔，袁语人曰："闻此郡为酒肉地狱，奈我来，乃值狱空。"传以为笑。

金齑玉脍　南方人制作鱼脍，用切成细丝的金橙来拌，号称为"金齑玉脍"。隋朝时，吴郡进献松江鲈，隋炀帝说："这号称金齑玉鲈，是东南的美味啊。"

玉版　苏轼邀请刘器之一起去参见玉版禅师。到了寺中后，吃烧笋，觉得味道非常好，苏轼说："叫作'玉版'吧。"并作一个偈语说："不怕石头路，来参玉版师。聊凭锦珠子，与问箨龙儿。"

碧海菜　《汉武内传》记载：西王母说："神仙的上乘之药，有一种是碧海之上的美玉之菜。"

肉山酒海　魏国的曹植《与季重书》说："希望能把泰山拿来作肉，倾倒出东海的水来作酒。"又：古代殷纣王曾悬挂肉林，注酒为池。

石髓　嵇康遇到王烈，与他一起进山，王烈看到山中有石头裂开，得到石髓吃了。然后拿了一些给嵇康，但已经变成了青石，敲击它有铮铮的声音。他们再去看，发现断裂的山石又重新合起来了。

松肪　苏轼诗中有"为探松肪寄一车"的句子（松肪就是松脂）。另外，松花叫作松黄，吃了可以使身体变轻。

杯中物　晋代的吴衍喜欢喝酒，因为一次喝醉后骂了权贵之人，便戒了酒。阮宣用拳打他的背部，并说："眼看着就老了的呆子，忍心戒断杯中美酒吗？"于是他又像当初一样快乐地喝起酒来。

惩羹吹齑　唐代的傅奕说："唐朝立朝后当有大的变更，被热粥烫过的人端着冷粥也会吹气，被弓箭射伤过的鸟看到弯曲的木头也会受到惊吓。"陆贽在奏议中说：从前有人因为吃饭时噎了就不再吃饭，也有人因为害怕被淹死就干脆自己跳水自杀。

酒肉地狱　苏轼官任杭州通判，他酒量不大。但奈何同僚都尊崇苏轼的才能与名望，于是每天都聚会宴饮，苏轼感到疲于应接，所以把杭州通判之职视为酒肉地狱。后来袁毂代替苏轼为通判，而同僚及下属却很疏远，袁毂对人说："听说这个地方是酒肉地狱，奈何我一来，却正好碰到监狱空着的时候。"大家都把这句话当作笑谈来传播。

齑赋 范文正公少时作《齑赋》，其警句云："陶家瓮内，腌成碧、绿、青、黄；措大口中，嚼出宫、商、角、徵。"盖亲处贫困，故深得齑之趣味云。

绛雪嵊雪 《汉武传》："仙家妙药，有玄霜绛雪。"又，西王母进嵊山红雪，亦名绛雪。又，雪糕一名甜雪。

冰桃雪藕 周穆王方士集于春霄宫，王母乘飞辇而来，与王会，进万岁冰桃、千年雪藕。

玉食珍羞 《书经》："惟辟玉食。"李诗："金鼎罗珍羞。"

竹叶珍珠 杜诗："三杯竹叶春。"李诗："小槽酒滴真珠红。"

鸭绿鹅黄 李诗："遥看春水鸭头绿，恰似葡萄初泼醅。"杜诗："鹅儿黄似酒。"东坡诗："小舟浮鸭绿，大杓泻鹅黄。"

白粲 长腰米曰白粲。东坡诗："白粲连樯一万艘。"江南有"长腰粳米、缩项鳊鱼"之谚。

钓诗扫愁 东坡呼酒为钓诗钩，亦号扫愁帚。

太羹玄酒 《礼记》："太羹不和。"玄酒，明水也，可荐馨香。

僧家诡名 《志林》：僧家谓酒为般若汤，鱼为水梭花，鸡为穿篱菜。人有为不义，而义之以美名者，与此何异！

饕餮 《左传》：缙云氏有不才子，贪于饮食，不可盈厌，天下之人谓之饕餮。

欲炙 《晋史》：顾荣与同僚饮，见行炙者有欲炙之色，荣彻己炙与之。后赵王伦篡位，荣在难，一人救之，获免，即受炙之人也。

斋赋　范仲淹小的时候写了一篇《斋赋》，其中有名的一句是："在贫穷人家的菜瓮里，腌出碧、绿、青、黄的颜色；在呆子的嘴里，嚼出宫、商、角、徵音节。"看来因为曾经亲身经历贫困的生活，所以能发现斋中深藏的趣味。

绛雪嵘雪　《汉武帝内传》记载说："神仙的妙药，有叫玄霜、绛雪的。"另外：西王母进献的嵘山红雪，也叫绛雪。还有，雪糕也又叫作甜雪。

冰桃雪藕　周穆王收罗的方士会集于春宵宫，西王母乘着飞辇而来，与周穆王相会，进献万岁冰桃、千年雪藕。

玉食珍羞　《尚书·洪范》有"惟辟玉食"的话；李白诗也有"金鼎罗珍羞"的诗句。

竹叶珍珠　杜甫诗有"三杯竹叶春"的句子；李白诗有"小槽酒滴真珠红"的句子。

鸭绿鹅黄　李白诗说："遥看春水鸭头绿，恰似葡萄初泼醅。"杜甫诗说："鹅儿黄似酒。"苏轼诗说："小舟浮鸭绿，大杓泻鹅黄。"

白粲　长腰的米叫作白粲。苏轼诗有"白粲连樯一万艘"的句子。江南有"长腰粳米、缩项鳊鱼"的谚语。

钓诗扫愁　苏轼把酒叫作"钓诗钩"，也叫"扫愁帚"。

太羹玄酒　《礼记》说："太羹不和。"玄酒，就是清水，可以用于祭祀。

僧家诡名　《东城志林》记载：僧人把酒称为般若汤，把鱼叫水梭花，把鸡叫穿篱菜。如果有人做了不义的事，却用很仁义的名字来称呼它，与这有什么不同呢！

饕餮　《左传》记载：缙云氏有不成器的儿子，沉溺于饮食，贪得无厌，全天下的人都叫他饕餮。

欲炙　《晋书》记载：顾荣与同僚饮酒，看到传送烤肉的人非常想吃那些烤肉，顾荣便撤下自己的那份烤肉给他吃。后来赵王司马伦篡位，顾荣正在危难之中，被一个人救了出来，解除了危急，正是那个接受烤肉的人。

　　每饭不忘　　《史记》：汉文帝曰："吾每饭，意未尝不在钜鹿也。"

　　白饭青刍　　杜诗："与奴白饭马青刍。"

　　炊金爨玉　　骆宾王谓盛馔为炊金爨玉，言饮食之美，如金玉之贵重也。

　　抹月批风　　东坡诗："贫家无可娱客，但知抹月披风。"

　　敲冰煮茗　　《六帖》：王休居太白山，每冬月取冰煮茗，待宾客。

　　酒囊饭袋　　《荆湖近事》："马氏奢僭，诸院王子，仆从烜赫；文武之道，未尝留意。时谓之酒囊饭袋。"

每饭不忘　《史记》记载：汉文帝说："我每次吃饭，我的心都没有不在钜鹿的时候。"

　　白饭青刍　杜甫有诗句说："与奴白饭马青刍。"

　　炊金馔玉　骆宾王称丰富的宴席为"炊金馔玉"，是说饮食的精美，如同金、玉之类贵重的东西一样。

　　抹月批风　苏轼诗中有"贫家无可娱客，但知抹月披风"的句子。

　　敲冰煮茗　《白孔六帖》记载：王休住在太白山，每到冬月就取出冰来煮茶，用来款待宾客。

　　酒囊饭袋　《荆湖近事》记载说："马氏奢侈而僭越，各院的王子，都仆从如云；但文武之道，却从不学习。当时人称他们为酒囊饭袋。"

卷十二　宝玩部

金玉

历代传宝　赤刀、大训、弘璧、琬琰在西序，太玉、夷玉、天球、河图在东序。八者皆历代传宝。

九鼎者，昔夏方有德，远方图物贡金，九牧铸鼎象物，使民知神奸。故民入川泽山林，而魑魅魍魉莫能逢之。

四宝　周有砥砨，宋有结绿，梁有县黎，楚有和璞，此四宝者，天下名器。

六瑞　王执镇圭，公执桓圭，侯执信圭，伯执躬圭，子执穀璧，男执蒲璧。

环玦　聘人以圭，问士以璧，召人以瑗，绝人以玦，反绝以环。

琬琰　桀伐岷山，岷山献其二女曰琬、曰琰，桀爱之，琢其名于苕华之玉，苕是琬，华是琰。

鼎彝尊卣，不独饕餮示戒，凡蚩鼎防剌也，同舟防溺也，奕车觚防覆也。

金玉

历代传宝　红色的大刀、先王的典谟遗训、大玉璧、玉圭，摆在西墙朝东的地方；华山进献的玉器、夷人进献的玉器、雍州进献的玉器、河图洛书，摆在东墙朝西的地方。这八种都是历代传承的珍宝。

九鼎，从前夏朝正强盛的时候，远方的人画图并进献金属，九州的官员用金属铸造大鼎来模仿百物，让民众清楚地了解那些能害人的神灵鬼怪之物。所以民众进入沼泽山林，那些魑魅魍魉之类的怪物不敢来冒犯。

四宝　周有美玉名为砥砨，宋有美玉名为结绿，梁有美玉名为县黎，楚有美玉名为和璞，这四种宝物是天下有名的珍宝。

六瑞　封王者上朝手里拿的玉制信符叫镇圭，封公爵的人上朝手拿的叫桓圭，封侯爵的人上朝手拿的叫信圭，封伯爵的人上朝手拿的叫躬圭，封子爵的人上朝手拿的叫穀璧，封男爵的人上朝手拿的叫蒲璧。

环玦　定婚下聘礼时要用玉圭，询问士人要用玉璧，召人约见要用玉瑗，与人绝交要用玉玦，恢复交情用玉环。

琬琰　夏桀讨伐岷山，岷山献上了他的两个女儿：一个叫琬、一个叫琰，夏桀非常喜爱这两个人，便把她们的名字刻在苕华的玉上面，苕上刻的是"琬"字，华上刻的是"琰"字。

鼎彝尊卣这些祭器，不只是刻上饕餮来表示警戒，刻毒虫于鼎上是用来防备被毒虫刺到，刻同舟来防止溺水，刻奕车舣的花纹来防止倾覆。

照胆镜　秦始皇有方镜，照见心胆。凡女子有邪心者，照之，即胆张心动。

辟寒金　魏明帝朝，昆明国献一鸟，名漱金鸟，常吐金屑如粟，古人以金饰钗，谓之辟寒金。

火玉　《杜阳编》：武宗时，扶馀国贡火玉，光照数十步，置室内，不必挟纩。

尺玉　《尹文子》：魏田父得玉径尺，邻人曰："怪石也。"取置庑下，明旦视之，光照一室，大怖，反弃于野。邻人取献魏王，玉工曰："此无价以当之。"王赐献玉者千金，食上大夫禄。

玉燕钗　《洞冥记》：汉武帝时起招灵阁，有二神女各留一玉钗，帝以赐赵婕好。至元凤中，宫人犹见此钗，谋欲碎之。明旦视匣中，惟见白燕升天，因名玉燕钗。

解肺热　《天宝遗事》：杨贵妃常犯热躁，明皇使令含玉咽津，以解肺热。

麟趾马蹄　汉武帝诏曰：往者太山见金，又有白麟神马之瑞，宜以黄金铸麟趾马蹄，以协瑞焉。

碧玉有云碧、西碧二种，其色枯涩者曰云碧，产于云南；其色娇润，有虬蚤斑者曰西碧，产于西洋。

五币　珠、玉为上，黄、白为次，刀布为下。

瓜子金　宋太祖幸赵普第，时吴越王俶方遣使遗普书及海错十瓶，列庑下。上曰："此海错必佳。"命启之，皆满贮瓜子金。普惶恐，顿首谢曰："臣实不知。"上笑曰："彼谓国家事，皆由汝书生耳。"

照胆镜　秦始皇有一面方镜，能照见人的心胆。凡是女子有邪心的，照她，会发现她的胆会张开、心也会动。

辟寒金　魏明帝时期，昆明国献上一只鸟，名叫漱金鸟，经常会吐像粟米一样大小的金屑，古人用这种金屑来装饰簪钗，称之为辟寒金。

火玉　《杜阳杂编》记载：唐武宗的时候，扶馀国进贡一种火玉，其光照出数十步远，放在屋中，都不用穿厚衣服。

尺玉　《尹文子》记载：魏国的农夫得到一块直径达一尺的玉，邻居说："这不过是一个奇怪的石头罢了。"就随便放到房檐下，第二天去看，发现它发出的光把一间房子都照亮了，非常害怕，就把这玉石扔到了野外去。邻居拿来献给魏王，玉工说："这可是无价之宝啊。"魏王赐给献玉的人千金，让他领上大夫的俸禄。

玉燕钗　《洞冥记》记载：汉武帝的时候建起了招灵阁，有两位神女各留了一支玉钗，武帝把它赐给了赵婕妤。到了元凤年间，宫女发现了这两支玉钗，谋划着想把它砸碎。第二天打开匣子看，只看到两只白色的燕子飞上天去，因此称之为玉燕钗。

解肺热　《天宝遗事》记载：杨贵妃常常犯热躁的病，唐明皇让她含着玉咽津，用来解肺热。

麟趾马蹄　汉武帝下诏说：以前在太山发现了金子，又有白麟和神马的祥瑞，理应用黄金来铸造白麟的爪子和神马的蹄子，用来与祥瑞呼应。

碧玉有云碧和西碧两种，颜色枯涩的叫作云碧，产于云南；颜色娇嫩温润，上面还有虮虱大小斑点的叫作西碧，产于西洋。

五币　珠币、玉币是最上品的，黄币、白币次之，刀布是最下品的。

瓜子金　宋太祖驾幸赵普的府第，当时吴越王钱俶正派使都给赵普送书信，还有海上特产十瓶，陈列在走廊下。宋太祖说："这些海鲜一定很好。"命令打开，却全部都装满瓜子大小的金粒。赵普非常惶恐，磕头谢罪说："我实在不知道这件事的原委。"宋太祖笑着说："他们还以为国家大事，都是由你们这些书生来作主呢。"

晃采　晃，古"朝"字；采，光彩也。言美玉每旦有白虹之气，光彩上腾，故曰晃采。

十二时镜　范文正公家古镜，背具十二时，如博棋子，每至此时，则博棋中，明如月。循环不休。

碔砆乱玉　碔砆，石之似玉也，其状每能乱玉。

燕石　宋人以燕石为玉，什袭而藏，识者笑之。

削玉为楮　《列子》：宋人以玉为楮叶，三年而成。

怀瑾握瑜　《楚辞》："怀瑾握瑜兮，穷不知所示。"

钓璜　半璧曰璜。《尚书·中侯》：文王至磻溪，见吕望钓得玉璜，刻曰："姬受命，吕佐之。"

抛砖引玉　砖以自谓，玉以誉人，谓以此致彼。

匹夫怀璧　《左传》：虞公求虞叔之玉，叔弗献。后乃悔曰："匹夫无罪，怀璧其罪。焉用此以贾祸乎？"复献之。

璠瑜　《逸论语》：璠瑜，鲁之宝玉也。孔子曰：美哉璠玙，远而望之焕若也；近而视之瑟若也。一则理胜，一则孚胜。

珍宝

十二时盘　唐内库有一盘，色正黄，围三尺，四周有物象。如辰时，草间皆戏龙，转巳则为蛇，午则为马。号十二时盘。

晁采　晁，是古代的"朝"字；采，就是光彩。是说美玉每天早晨就有白虹一样的气色，光彩向上升腾，所以叫"晁采"。

十二时镜　文正公范仲淹家有一面古镜，背部有十二时，大小像博戏用的棋子，每到某个时间，那么这些棋子中对应那个时间的棋子就明亮如月。就这样循环不停。

碔砆乱玉　碔砆，是石头中非常像玉石的，它的样子常常能混淆为玉。

燕石　宋国有人把一种燕山产的石头当作美玉，世代珍藏，知道的人都嘲笑他。

削玉为楮　《列子》记载：宋国有人用玉来雕刻成楮树的叶子，三年才完成。

怀瑾握瑜　《楚辞》有诗句说："拿着瑾瑜这样的美玉，却命穷而不知该向谁展示。"

钓璜　半璧叫作璜。《尚书·中侯》记载：周文王到了磻溪，看到吕望钓得一个玉璜，上面刻着"姬受命，吕佐之"六个字。

抛砖引玉　用砖来称自己，用玉来赞誉别人，是说因自己的某事而引出别人的行动。

匹夫怀璧　《左传》记载：虞公索要虞叔所藏的美玉，虞叔不愿意献上。后来又后悔地说："一个人即使没有罪，但拥有贵重的东西本身就是罪。我为什么用这个东西招灾惹祸呢？"便又献给虞公。

璠瑜　《逸论语》记载：璠瑜，是鲁国的宝玉。孔子说：璠玙多么美丽啊，远望则宝光灿烂；近看则纹理细腻。一方面以纹理美丽取胜，一方面以光华闪烁的符瑞取胜。

珍宝

十二时盘　唐代的朝廷内库有一个盘子，颜色是正黄色，周长有三尺，四周刻着动物的形象。比如辰时，就刻画草丛中游戏的龙，到了巳时就变为蛇，午时就是马。号为十二时盘。

游仙枕　龟兹国进一枕，色如玛瑙，枕之则十洲、三岛、四海、五湖，尽在梦中，帝名游仙枕。

火浣布　外国有火林山，山中有火光兽，大如鼠，尾长三、四寸，或赤或白。山可三百里，晦夜即见此山林，乃有此兽光照。外国人取其兽毛织布，衣服垢秽，以火烧之，垢落如浣，故谓之火浣布。

冰蚕丝　东海员峤山有冰蚕，长七寸，黑色，有麟角，以霜雪覆之，然后作茧。茧长尺一，其色五彩，织为文锦，入水不濡，入火不燎，暑月置座，一室清凉。唐尧之世，海人献之，尧以为黼黻。

耀光绫　越人于石帆山中，收野茧缫丝，夜梦神人告曰："禹穴三千年一开，汝所得茧，即《江淹集》中壁鱼所化也，织丝为裳，必有奇文。"果符所梦。

各珠　龙珠在颌，蛟珠在皮，蛇珠在口，鱼珠在目，蚌珠在腹，鳖珠在足，龟珠在甲。

九曲珠　有得九曲珠，穿之不得其窍。孔子教以涂脂于线，使蚁通之。

木难，大径寸，出黄支，金翅鸟口结沫所成碧色珠也，古绝夜光者即此。

火齐音霁，赤色珠也，一名玫瑰，盖珠品之下者也。

火珠　《孔帖》：南蛮有珠如卵，日中以艾著珠上，辄火出，号火珠。

水珠　唐顺宗时，拘弘国贡水珠，色类铁，持入江海，可行洪水之上，后化为龙。

游仙枕　龟兹国进贡了一个枕头，颜色像玛瑙一样，枕上它的话，那么十洲、三岛、四海、五湖，都会进入梦中，皇帝把它命名为游仙枕。

　　火浣布　外国有个火林山，山里有一种火光兽，大小像老鼠，尾巴长有三、四寸，身体或红或白。山绵延有三百里，到了晚上就能看到这里的山林，就是这种火光兽的光照着的缘故。外国人用它的兽毛来织布，衣服若脏了，用火一烧，脏的东西就自然像洗了一样落下来，所以叫作"火浣布"。

　　冰蚕丝　东海的员峤山上有一种冰蚕，有七寸长，黑色，有麟和角，自己用霜雪把自己包裹起来，然后作成茧。茧长有一尺一，上面有五种色彩，如果织成锦缎，放到水里不会濡湿，放到火里不会烧着，盛夏时放在座间，一个屋子里都是清凉的。在唐尧的时代，有海上的人献上了冰蚕，尧帝将它织为黼黻。

　　耀光绫　越地有人在石帆山中采收野茧来抽丝，夜里梦到有神人告诉他说："禹穴三千年开一次，你所得到的茧，就是《江淹集》中所说的'壁鱼'变成的，用其抽丝来织布做衣裳，便一定会有奇美的花纹。"后来果然与梦里所说的一样。

　　各珠　龙的珠子在下巴里，蛟的珠子在皮里，蛇的珠子在口中，鱼的珠子在眼睛里，蚌的珠子在肚子里，鳖的珠子在脚里，乌龟的珠子在龟甲里。

　　九曲珠　有人得到一颗九曲珠，想要穿绳却无论如何都没法穿过那九曲的孔。孔子教他给线上涂上油，然后让蚂蚁带着线爬过去。

　　木难的直径有一寸大，出产于黄支国，是金翅鸟嘴里的口沫结成的碧色宝珠。古代所说的夜光珠就是这个。

　　火齐"齐"字读为霁，就是红色的珍珠，又叫玫瑰，是珍珠中品格最不好的一种。

　　火珠　《白孔六帖》记载：南蛮有种珍珠像鸡蛋一样，太阳正中的时候把艾绒放在珠子上，就会着火，因此号为火珠。

　　水珠　唐顺宗的时候，拘弘国进贡了一颗水珠，颜色像铁，拿着它进入江海，可以行走在洪水之上，后来变化为龙。

记事珠　张说为相，有人献一珠，绀色有光。事有遗忘，玩此珠，便觉心神开悟，名曰记事珠。

定风珠　蜘蛛腹中有珠，皎洁，持以入江海，遇大风，握珠在手，则风自定，故名定风珠。

鲛人泣珠　《博物志》：鲛人从水中出，曾寄寓人家，积日卖绡，临去，主人索器，泣而出珠。

宝贝　贝为海中介虫，大者名宝，交趾以南海中皆有。

红靺鞨大如巨栗，赤烂若珠樱，视之若不可触，触之甚坚，不可破，佩之者为鬼神所护，入水不溺，入火不燃。

青琅玕生海底，云海人以网得之。初出时，红色，久而青黑，枝柯似珊瑚，而上有孔窍如虫蛀，击之有金石声。

金刚钻形如鼠，粪色青黑，生西域百丈水底磐石上，土人没水觅得之，以之镌镂，无坚不破，唯以羚羊角击之即碎。

奇南香，一作迦南。其木最大，枝柯窍露，大蚁穴之，蚁食石蜜，归遗于中，木受蜜气，结而成香。红而坚者谓之生结，黑而软者谓之糖结，木性多而香味薄者谓之虎斑结、金绿结。

猫儿眼，宝石也。其状色酷似猫眼，内光一线，如猫睛一般，可定时辰。

祖母绿，亦宝石。绿如鹦哥毛，其光四射，远近看之，则闪烁变幻。武将上阵，取以饰盔，使射者目眩，箭不能中。

刚卯　《王莽传》：刚卯，长三寸，广一寸四分。或用金玉，刻作两行书曰："正月刚卯。"又曰："疾日刚卯。"凡六十六字。以正月卯日作此佩之，以祓除不祥。

记事珠　张说当宰相的时候，有人献上一粒珍珠，深青透红的颜色，还有光芒。如果习惯遗忘事情，就把玩这粒珍珠，然后便会觉得心神明朗，记起已经遗忘的事，所以名叫记事珠。

　　定风珠　蜘蛛的肚子里有珍珠，颜色皎洁，如果拿着它到江海中去，遇到大风，握珠在手，风就会停，所以叫定风珠。

　　鲛人泣珠　《博物志》记载：鲛人从水中出来，曾经寄寓在一个人家，每天卖绡，临去的时候，主人索要器皿，她哭出的眼泪都变成了珍珠。

　　宝贝　贝是海里的介虫，大的叫宝，交趾以南的海里都有。

　　红玛瑙像大粒的粟米一样，赤红灿烂像樱桃，看上去好像都不敢触碰，但真正摸着感觉却非常坚硬，不会被摸破，佩带的人便可被鬼神保护，进入水中不会被淹，进入火中不会被烧。

　　青琅玕生长在海底，海边的人用网打捞上来。刚出来时是红色的，时间长了就变成青黑色了，分开的树枝像珊瑚，上面有好像虫蛀的孔洞，敲打它会发出金石一样的声音。

　　金刚钻是一种形状像老鼠一样的动物，它的粪便颜色青黑，生长在西域百丈深的水底磐石上，当地人潜水去捕捞它，用它来镌刻，无坚不破，只有用羚羊角来敲击它才会立即破碎。

　　奇南香，也写作迦南。奇南木非常大，树枝之间有孔洞外露，大蚂蚁便在这里钻穴，蚂蚁吃了石蜜，回到洞里排出粪便，树木浸润了蜜的香气，结成了香木。颜色发红且坚硬的叫作生结，颜色发黑而质地稍软的叫作糖结，木头的成分多而香味稀薄的叫作虎斑结、金绿结。

　　猫儿眼，就是一种宝石。它的形状与颜色酷似猫眼，宝石里面有一线光，就如同猫眼中的瞳仁一样，可以用来确定时辰。

　　祖母绿，也是一种宝石。绿色就像鹦哥身上的毛，光芒四射，观看的距离远近不同，就会发现它的光闪烁变幻。武将上阵打仗，用祖母绿来装饰头盔，就会让敌方射箭的人眼睛发花，无法瞄准射击。

　　刚卯　《汉书·王莽传》记载：刚卯，长有三寸，宽一寸四分。或用金玉来做，上面刻出两行字是"正月刚卯"，还有的刻"疾日刚卯"，共有六十六个字。在正月的卯日作这种符来佩戴，可以除去不祥的事。

镔铁　西番有镔铁，面上作螺旋花，或芝麻雪花。凡造刀剑器皿，磨令光，用金丝矾泽之，其花益现，价过于银。

聚宝盆　明初沈万三有聚宝盆，凡金银珠宝纳其中，过夜皆满。太祖筑陵南门，下有龙潭，深不可测，以土石投之，决填不满；太祖取盆投之，下石即满，且诳龙以五更即还。今南门不打五更，至四更即天亮。

钱名　《通典》：自太昊以来，则有钱矣。太昊氏、高阳氏谓之金；有熊氏、高辛氏谓之货；陶唐氏谓之泉；商周谓之布；齐莒谓之刀。又曰教与俗改，币与世易：夏后以玄贝，周人以紫石，后世或金钱、刀布。

朱提，县名，属犍为，出好银。即今四川嘉定州犍为县。

青蚨　《搜神记》：青蚨似蝉而稍大，母子不离，生于草间，如蚕。取其子，母即飞来。以母血涂钱八十一文，以子血涂钱八十一文，每市物，或先用母钱，或先用子钱，皆复飞归，循环无已。

阿堵物　晋王衍妻喜聚敛，衍疾其贪鄙，故口未尝言钱。妻欲试之，令婢以钱绕床，使不得行，衍早起见钱，谓婢曰："举此阿堵物去！"

鹅眼　《宋略》：泰始中通私铸，而钱大坏，一贯长三寸，谓之鹅眼钱。

明月夜光　《南越志》：海中有明月珠、水精珠。《魏略》：大秦国出夜光珠、真白珠。

镔铁　西番有一种镔铁，在铁面上作出螺旋花或芝麻雪花来。凡是用它制造刀剑器皿，再把它磨光，用金丝矾来擦拭它，上面的花就越加清楚，价格比银子都高。

聚宝盆　明朝初年的沈万三家里有聚宝盆，只要把金银珠宝放到里面，过一夜就满了。明太祖在南门修筑陵墓，下面有一个龙潭，深不可测，用土石来填埋，却怎么也填不满。明太祖取来这个聚宝盆扔进去，再往下填石头，立刻就满了。而且太祖还欺骗龙说到五更就把龙潭还给它。但直到现在南门都不打五更，到四更天就亮了。

钱名　《通典》记载：自从太昊以来，就已经出现了钱。太昊氏、高阳氏称之为金；有熊氏、高辛氏称之为货；陶唐氏称之为泉；商、周称之为布；齐、莒二国称之为刀。又说：教化随着世俗而变化，货币随着世界在改易：夏朝便使用黑色的贝壳，周朝则用紫色的石头，后世或用金钱，或用刀布。

朱提，是县的名字，属于犍为，出产质量很好的白银。就是现在四川嘉定州的犍为县。

青蚨　《搜神记》记载：青蚨像蝉但稍大一些，其母子在一起不分离，生活在草中间，像蚕一样。如果捕获了幼子，它的母亲也就会飞来。用母亲的血涂八十一文铜钱，再用幼子的血涂八十一文铜钱，每次去买东西，或者先用母钱，或者先用子钱，钱最后都会再飞回来，可以永远如此循环下去，不会停止。

阿堵物　晋代王衍的妻子喜欢聚敛钱财，王衍不喜欢她如此贪婪，所以口中从来不说"钱"字。他的妻子想要试试他，让丫环用钱围绕着床堆放，让他无法走路。王衍早上起来看到钱，对丫环说："这把这个东西拿走！"

鹅眼　《宋略》记载：南朝宋明帝泰始年间，有人私自铸造铜钱，于是钱的法则被损坏了，一贯钱长只有三寸，被人称为鹅眼钱。

明月夜光　《南越志》记载说：海中有明月珠、水精珠。《魏略》记载说：大秦国出产夜光珠、真白珠。

剖腹藏珠 《唐史》：太宗曰："西域贾胡得美珠，剖腹而藏之，爱珠不爱其身也。"

钱成蝶舞 《杜阳杂编》：穆宗时，禁中花开，群蝶飞集。上令举网张之，得数万，视之，乃库中金钱也。

玩器

柴窑 柴世宗时所进御者，其色碧翠，赛过宝石，得其片屑，以为网圈，即为奇宝。

定窑 有白定、花定，制极质朴，其色呆白，毫无火气。

汝窑 宋以定州白瓷有芒不堪用，遂命于汝州造青色诸器，冠绝邓、耀二州。

哥窑 宋时处州章生一与弟章生二皆作窑器。哥窑比弟窑色稍白，而断纹多，号白级碎，曰哥窑，为世所珍。

官窑 宋政和间，汴京置窑，章生二造青色，纯粹如玉，虽亚于汝，亦为世所珍。

钧州窑 器稍大，具诸色，光采太露，多为花缸、花盆。

内窑 宋郁成章为提举，于汴京修内司置窑，造模范，极精细，色莹澈，不下官窑。

青田核 《鸡跖集》：乌孙国有青田核，莫知其木与实，而核如瓠，可容五、六升，以之盛水，俄而成酒。刘章曾得二焉，集宾设之，一核才尽，一核又熟，可供二十客，名曰青田壶。

金银酒器 李适之有蓬莱盏、海山螺、瓠子卮、幔卷荷、金蕉叶、玉蟾儿，俱属鬼工。

剖腹藏珠　《资治通鉴·唐史》记载：唐太宗说："西域有商人得到非常华美的珍珠，就剖开肚子藏起来，这是爱珍珠而不爱自己的身体啊。"

钱成蝶舞　《杜阳杂编》记载：唐穆宗的时候，宫禁中花开，有一群蝴蝶飞集花上。皇帝让大家拿网把蝴蝶都抓住，得到数万只，仔细看时，却发现原来是国库中的金钱。

玩器

柴窑　柴世宗的时候进献皇帝的瓷器，其颜色翠绿，赛过绿宝石，如果能得到这种瓷器的碎屑，用网圈定，也会成为奇宝。

定窑　定瓷有白定、花定之分，样式非常质朴，颜色呆白，看不出一点火气。

汝窑　宋代因为定州白瓷有未被釉子覆盖的芒，所以不能用，于是命令在汝州制造青色瓷器，所造的瓷器冠绝邓州和耀州。

哥窑　宋代时处州章生一与弟弟章生二都制做瓷器。章生一制造的比他弟弟制造的颜色稍微白一些，而且断纹多，号为白级碎，被称为"哥窑"，为世人所珍赏。

官窑　宋代政和年间，汴京开窑烧制瓷器，章生二烧制出来的青色，纯粹如玉，虽然次于汝窑，但也被世人当作珍宝。

钧州窑　钧州窑的瓷器稍微大些，有各种颜色，但光采太显露，大多作为花缸或花盆。

内窑　宋代的郁成章官为提举，在汴京修内司开窑制瓷器，所造的模子非常精细，颜色晶莹清澈，不输于官窑。

青田核　《鸡跖集》记载：乌孙国有一种青田核，不知道它的树木与果实是什么样，但核像瓢一样，可以装五、六升，用来盛水，一会就变成酒。刘章曾经得到两个，招集宾客后把它摆出来，一个核里的酒刚刚喝完，另一个核里的酒又熟了，可以供应二十名客人，名叫青田壶。

金银酒器　李适之的酒器有蓬莱盏、海山螺、瓠子巵、慢卷荷、金蕉叶、玉蟾儿，其制作都可以称为鬼斧神工。

　　金叵罗　李白诗:"葡萄酒,金叵罗,吴姬十五细马驮。"

　　银凿落　韩公联句:"泽发解兜鍪,酡颜倾凿落。"白乐天诗:"金屑琵琶槽,银含凿落盏。"

　　娄尾杯　宋景诗云:"迎新送旧只如此,且尽灯前娄尾杯。"又乐天诗:"三杯蓝尾酒。"改"娄尾"为"蓝尾"耳。

　　高丽席不甚阔大,长一丈有馀,花纹极精,坚紧不坏。

　　蕹叶簟　蕲州出美竹,制梅花笛、蕹叶簟。白乐天诗:"笛愁春梦梅花里,簟冷秋生蕹叶中。"

　　博山炉　《初学记》:丁谖作九层博山炉,镂以奇禽怪兽,自然能动。山谷诗:"博山香霭鹧鸪斑。"

　　偏提　元和间,酌酒壶谓之注子。后仇士良恶其名同郑注,乃去其柄安系,名曰偏提。

　　三代铜　花觚入土千年,青绿彻骨,以细腰美人觚为第一,有全花、半花,花纹全者身段瘦小,价至数百。山、陕出土者,为商彝周鼎;河南出土者,为汉器,以其地有潟卤,铜质剥削,不甚贵,故铜器有河南、陕西之别。

　　灵璧石　米元章守涟水,地接灵壁,蓄石甚富,一一品目,入玩则终日不出。杨次公为廉访,规之曰:"朝廷以千里郡付公,那得终日弄石!"米径前,于左袖中取一石,嵌空玲珑,峰峦洞穴皆具,色极青润,宛转翻落,以云杨曰:"此石何如?"杨殊不顾。乃纳之袖,又出一石,叠峰层峦,奇巧又胜,又纳之袖。最后出一石,尽天画神镂之巧,顾杨曰:"如此那得不爱?"杨忽曰:"非独公爱,我亦爱也!"即就米手攫得之,径登车去。

金叵罗　李白诗说："葡萄美酒和黄金的叵罗酒杯,还有十五岁的吴地歌女让小马驮着。"

　　银凿落　韩愈联句诗中有"泽发解兜鍪,酡颜倾凿落"的句子。白居易诗中有"金屑琵琶槽,银含凿落盖"的句子。

　　婪尾杯　宋景诗中有"迎新送旧只如此,且尽灯前婪尾杯"的句子。另外白居易的诗中也有"三杯蓝尾酒"的句子,只是把"婪尾"改为"蓝尾"了。

　　高丽席不太大,长一丈多,花纹很精美,却很坚牢紧凑,不易损坏。

　　䕱叶簟　蕲州出产非常好的竹子,可以用来制造梅花笛、䕱叶簟。白居易诗说："笛愁春梦梅花里,簟冷秋生䕱叶中。"

　　博山炉　《初学记》记载:丁谖制作了九层的博山炉,在上面镂刻奇禽怪兽,还能自己动。黄庭坚的诗说："博山香霭鹧鸪斑。"

　　偏提　元和年间,把斟酒的酒壶叫作注子。后来宦官仇士良厌恶这个名字与郑注同音,便去掉了一边的把手,称之为偏提。

　　三代铜　古代一些器物入土千年,就浑身青绿之色,其中以细腰美人觚为第一,有全花、半花的区别,花纹全的身段瘦小,但价钱达到数百。山西、陕西出土的多为商彝、周鼎;河南出土的大多是汉器,因为河南地中盐碱比较多,所以器物上的铜都剥落了,价格也就不贵。所以铜器有河南、陕西的分别。

　　灵璧石　米芾(元章)镇守涟水的时候,那里与灵璧接壤,所以他收藏的奇石很多,他常常把这些石头拿出来一一过目,而且一进去把玩就整天不出来。杨杰(次公)为廉访使,规劝他说："朝廷把千里之郡托付给您,那能整天玩弄石头!"米芾直接走到他跟前,从左袖中取出一块石头,玲珑剔透,峰峦、洞穴都有,颜色非常青翠温润,他拿着翻来覆去,对杨杰说："这块石头怎么样?"杨杰不理会。米芾便把它放回袖中,再拿出一块来,层峦叠嶂,奇巧又胜于前边那块石头;然后又放回袖中,最后拿出一块石头,穷尽神工鬼斧的巧妙,对杨杰说："像这样的怎么能不爱呢?"杨杰忽然说:"不只是您爱,我也很喜欢。"说完就从米芾手上抢了过去,径直登车而去。

　　无锡瓷壶以龚春为上，时大彬次之，其规格大略粗蠢，细泥精巧，皆是后人所溷。

　　成窑，大明成化年所制。有五彩鸡缸，淡青花诸器茶瓯酒杯，俱享重价。

　　宣窑，大明宣德年制。青花纯白，俱踞绝顶，有鸡皮纹可辨。醮坛茶杯，有值一两一只者，有酒字枣汤、姜汤等类者稍贱。

　　靖窑，大明嘉靖年所制，青花白地，世无其比。

万历初窑　万历之官窑，以初年为上，虽退器无不精妙，民间珍之。

厂盒　古延厂，永乐年间所造，重枝叠叶，坚若珊瑚，稍带沉色。新厂宣德年间所造，雕镂极细，色若朱砂，鲜艳无比，有蒸饼式、甘蔗节二种，愈小愈妙，享价极重。

宣铜　宣德年间三殿火灾，金银铜熔作一块，堆垛如山。宣宗发内库所藏古窑器，对临其款，铸为香炉、花瓶之类，妙绝古今，传为世宝。

倭漆　漆器之妙，无过日本。宣德皇帝差杨瑄往日本教习数年，精其技艺。故宣德漆器比日本等精。

宣铁　宣德制铁琴、铁笛、铁箫，其声清皦，非竹木所及。

照世杯　洪武初，帖木儿遣使奉表，有"钦仰圣心，如照世杯"之语。或曰其国旧传有杯，光明洞彻，照之可知世事，故云。

　　嘉兴锡壶，所制精工，以黄元吉为上，归懋德次之。初年价钱极贵，后渐轻微。

螺钿器皿　嵌镶螺钿梳匣、印箱，以周柱为上，花色娇艳，与时花无异。其螺钿杯箸等皿，无不巧妙。

无锡的瓷壶以龚春所造最好，时大彬制造的次之，其形状大体上比较粗笨；那些精细巧妙的都是后人伪造的。

成窑，是明成化年间所制。有一种五彩鸡缸，淡青花的各种瓷器例如茶瓯、酒杯，都被标出高价。

宣窑，是明代宣德年间所制。青花瓷与纯白瓷的工艺都居于顶峰，瓷面上仔细看有鸡皮纹。醮坛的茶杯，有的要一两银子一只，有酒字枣汤、姜汤之类的稍微便宜一些。

靖窑，明代嘉靖年间所制，质地为白色，上面有青花纹，世上没有可以与之比拟的。

万历初窑　万历年间官窑的瓷器，以万历初年的最好，即使是淘汰的次品都非常精妙，民间非常珍视它。

厂盒　古延厂，是永乐年间制造的，重枝叠叶，坚固如珊瑚，稍微带些沉色。新厂是宣德年间所造，雕刻非常细致，颜色好像朱砂，鲜艳无比，有蒸饼式、甘蔗节二种，越小的越好，要价很高。

宣铜　宣德年间三殿发生了火灾，金、银、铜都熔成了一块，堆积如山。明宣宗拿出内库所藏的古代窑器，仿效其形状，铸成香炉、花瓶之类，妙绝古今，传为世宝。

倭漆　论漆器的精妙，没有超过日本的。宣德皇帝派杨瑄去日本学习数年，精熟地掌握了他们的技艺。所以宣德漆器与日本的一样精美。

宣铁　宣德年间所制的铁琴、铁笛、铁箫，声音清澈嘹亮，是那些用竹子或木头所制成的琴、笛、箫所赶不上的。

照世杯　洪武初年，帖木儿派使者来上表，有"钦仰圣心，如照世杯"的话。有人说他们国家向来传说有一种杯子，光明洞彻，对着它照就可以知道世间的事，所以这么说。

嘉兴的锡壶，制造精工，以黄元吉所造最好，归懋德次之。开始的时候价钱非常贵，后来渐渐便宜了。

螺钿器皿　嵌镶螺钿的梳妆匣、印箱等物，以周柱所造最好，花色娇艳，与新鲜的花一样。他造的螺钿杯箸等器皿，无不巧妙。

竹器　南京所制竹器，以濮仲谦为第一，其所雕琢，必以竹根错节盘结怪异者，方肯动手。时人得其一款物，甚珍重之。又有以斑竹为椅桌等物者，以姜姓第一，因有姜竹之称。

夹纱物件　赵士元制夹纱及夹纱帏屏，其所剧翎毛花卉，颜色鲜明，毛羽生动，妙不可言。扇扇是黄荃、吕纪得意名画。

竹器　南京制造的竹器，以濮仲谦的最好，他所雕琢的东西，一定看到竹根错节盘结怪异的，才肯动手。当时人得到他的一件东西，都很是珍重。又有用斑竹来做椅桌等物的，以姓姜的一家做的最好，因此有姜竹之称。

夹纱物件　赵士元制做夹纱以及夹纱的帐帏和屏风，他所刻绘的翎毛花卉，颜色鲜明，毛羽生动，妙不可言。每扇都是黄荃、吕纪的得意名画。

卷十三　容貌部

形体

圣贤异相　尧眉八彩。舜目重瞳。文王四乳。仓颉四目。禹耳三漏，是谓大通，兴利除害，决江疏河。

四十九表　仲尼生而具四十九表：反首，洼面，月角，日准，河目，海口，牛唇，昌颜，均颐，辅喉，骈齿，龙形，龟脊，虎掌，骈胁，参膺，圩项，山脐，林嵋，翼臂，窊头，隆鼻，阜胅，堤眉，地足，谷窍，雷声，泽腹，面如蒙倛，两目方相也，手垂过膝，眉有十二彩，目有二十四理，立如凤峙，坐如龙蹲，手握天文，足履度字，望之如仆，就之如升，修上趋下，末偻后耳，视若营四海，耳垂珠庭，其颈似尧，其颡似舜，其肩类子产，自腰以下不及禹三寸，胸有文曰"制作定世符"，身长九尺六寸，腰六十围。见《祖庭广记》。

老子有七十二相，八十一好。见《法轮经》。

如来有三十二相。见《般若经》。

昭烈异相　蜀先主长七尺五寸，目顾见耳，臂垂过膝。

碧眼　孙权幼时眼碧色，号碧眼小儿。

形体

圣贤异相　尧帝的眉毛有八种色彩。舜帝的眼睛每只有两个瞳孔。文王有四个乳头。仓颉有四只眼睛。大禹的耳朵有三个耳孔，这被称为大通，可以兴利除害，疏通江河。

四十九表　孔子出生时就具备四十九种外表标记：披头散发，凹脸，额头像月亮，鼻子像太阳，长眼睛，大嘴，厚嘴唇，红润的脸色，方下巴，双喉结，牙齿重叠，形状像龙，脊背像乌龟，手掌如虎爪，肋骨长在一块，有三个胸肌，头顶凹陷，肚脐像山，骨头像树林，手臂像飞翼，头凹陷，鼻子隆起，耸肩，眉毛像河堤，平足，像山谷一样露着的七窍，声音像雷，腹部像沼泽，面部像蒙倛那样驱逐疫鬼的神像，两个眼睛像方相那样山林的精怪，手能垂过膝盖，眉毛有十二种色彩，眼睛有二十四种纹理，站立如同凤凰停峙，坐着仿佛龙蹲，握着的手掌里写着天文，脚下踏着"度"字，远望他好像要摔倒，近看他仿佛要飞升，上面修长下面短小，驼着脊背竖着耳朵，目光四射，耳垂于珠庭，他的脖子像尧，他的额头像舜，他的肩膀像子产，但从腰以下却比大禹短了三寸，胸前有文字是"制作定世符"，身高九尺六寸，腰有六十围。参见《祖庭广记》。

老子有七十二种相，八十一处优点。参见《法轮经》。

如来佛祖有三十二种表相。参见《般若经》。

昭烈异相　蜀国的先主刘备身高七尺五寸，眼睛回视可以看到自己的耳朵，手臂垂下能超过膝盖。

碧眼　孙权小的时候眼睛是绿色的，号称碧眼小儿。

猿臂　汉李广猿臂善射。

独眼龙　李克用一目眇,时号独眼龙。

胆大如斗　姜维死后剖腹视之,胆如斗大。张世杰亦胆大如斗,焚而不化。

半面笑　贾弼梦易其头,遂能半面啼,半面笑。

玉楼银海　东坡《雪》诗:"冻合玉楼寒起粟,光摇银海眩生花。"王荆公曰:"道家以两肩为玉楼,两眼为银海。"东坡曰:"惟荆公知此。"

缄口　孔子观周庙有金人焉,三缄其口,而铭其背曰:古之慎言人也。戒之哉!戒之哉!毋多言,多言,多败。毋多事,多事,多患。

舌存齿亡　常摐有疾,老子曰:"先生疾甚,无遗教语弟子乎?"摐乃张其口,曰:"舌存乎?"曰:"存。岂非以软耶?""齿亡乎?"曰:"亡。岂非以刚也?"常摐曰:"天下事尽此矣!"

芳兰竟体　梁武帝平建业,朝士皆造之。谢览时年二十,为太子舍人,意气闲雅,瞻视聪明。武帝目送良久,谓徐勉曰:"觉此生芳兰竟体。"

眼如岩电　王戎字濬冲,形状短小,而目甚清照,视日不眩。裴楷曰:"王安丰眼烂烂如岩下电。"

面如傅粉　何晏美姿仪,面至白。魏明帝疑其傅粉,夏月,与热汤面。既啖,大汗出,以朱衣自拭,色转皎然。

璧人　卫玠少时,乘白羊车于洛阳市上,咸曰:"谁家璧人?"

猿臂　汉代的将军李广有着猿猴一样的手臂，所以很擅长射箭。

独眼龙　李克用有一只眼睛瞎了，当时号称为独眼龙。

胆大如斗　姜维死后剖腹来看，只见他的胆子有斗那么大。张世杰也胆大如斗，焚烧也不化。

半面笑　贾弼梦见自己换了头，于是便能一半脸哭，一半脸笑。

玉楼银海　苏轼《雪后书北台壁》诗说："冻合玉楼寒起粟，光摇银海眩生花。"王安石说："道家把两肩称为'玉楼'，两眼称为'银海'。"苏轼说："只有荆公知道这些啊。"

缄口　孔子看到周庙里有金人，多次欲有所言却终于闭口不言，于是在金人的背后写了一篇铭记：这是古代慎于言语的人啊。大家要警戒啊！要警戒！不要多话，多话就容易失败；不要多事，多事就多有祸患。

舌存齿亡　常枞有病，老子说："先生病得重了，没有遗言说给弟子吗？"常枞便张开他的嘴，说："舌头还在吗？"老子回答说："在。难道不是因为它软吗？"常枞说："牙齿没了吧？"老子回答说："没了。难道不是因为它太刚硬了吗？"常枞说："天下的事都在这里了。"

芳兰竟体　梁武帝平定了建业，朝廷之士都来造访。谢览当时年仅二十，官为太子舍人，气质闲雅，看上去非常聪慧。梁武帝注目他很久，对徐勉说："感觉这个人遍体都是芳香的兰花。"

眼如岩电　王戎字濬冲，身体矮小，但眼睛非常清澈明亮，直视太阳都不会觉得眩目。裴楷说："王戎的眼睛灿烂就好像山岩下的闪电。"

面如傅粉　何晏姿容俊美，脸非常白。魏明帝怀疑他涂了粉，盛夏时，赐给何晏热汤面。何晏吃过后，满头大汗，他便用红色的衣服自己擦，脸色却更白了。

璧人　卫玠年幼的时候，乘坐白羊车在洛阳市面上行走，别的人都问："这是谁家容貌如玉的人啊？"

看杀卫玠　卫叔宝从豫章至都下，人久闻其名，观者如堵墙。玠先有赢疾，体不堪劳，遂成病而死。时人谓看杀卫玠。

觉我形秽　王济是卫玠之舅，隽爽有丰姿。每见玠，辄叹曰："珠玉在侧，觉我形秽。"

渺小丈夫　孟尝君过赵，赵人闻其贤，出观之，皆大笑曰："始以薛公为魁梧也，今视之，乃渺小丈夫耳。"

妇人好女　司马迁曰："余以为留侯其人必魁梧奇伟，至见其图，状貌如妇人好女。"

精神顿生　张九龄风仪秀整，帝于朝班望见之，谓左右曰："朕每见九龄，使我精神顿生。"

琳琅珠玉　有人诣王太尉，遇安丰、大将军、丞相在坐。往别屋，见季胤_{名诩}、平子_{夷甫子}。语人曰："今日之行，触目皆琳琅珠玉。"

若朝霞举　李白见玄宗于便殿，神气高朗，轩轩若朝霞举。

倚玉树　魏明帝使后弟毛曾与夏侯玄并坐，时人谓蒹葭倚玉树。

掷果　潘安甚有姿容。少时挟弹乘小车出洛阳道，妇人遇者，无不连手共萦之，竟以果掷，盈车而返。

屋漏中来　祖广行恒缩颈。桓南郡始下车，桓曰："天甚晴明，祖参军如从屋漏中来。"

四肘　成汤之臂四肘。《韵会》：一肘二尺。又云一尺五寸为肘。

姬公反握　周公手可反握。

看杀卫玠　卫玠（叔宝）从豫章来到京都，京都的人早就听说了他美貌的名声，所以来看他的人就好像一堵墙。卫玠本来身体衰弱而易生病，最后不堪劳累，竟然得病而死。当时人都说是"看杀卫玠"。

觉我形秽　王济是卫玠的舅舅，长得非常潇洒俊朗。但每次见到卫玠，便会赞叹说："珍珠、美玉放在身旁，让我觉得自己的形体非常丑陋。"

渺小丈夫　孟尝君访问赵国，赵国人听说他很贤良，便出来观看他，都大笑说："起初以为孟尝君是一个魁梧的大丈夫呢，现在看来，却不过是一个瘦小的男子罢了。"

妇人好女　司马迁说："我本以为留侯张良一定是一个身材魁梧奇伟之人，等到看到他的画像才发现，他的外貌却如同年轻美貌的女子一样。"

精神顿生　张九龄风神俊朗、仪表秀美，皇帝在朝廷上望见他，对左右大臣说："我每次看到张九龄，都会觉得精神百倍。"

琳琅珠玉　有人拜访王太尉（王衍），遇到了王戎（安丰）、大将军王敦、丞相王导也在坐。到别的屋子里去，看见了王诩季胤、王衍的儿子王澄平子。那人对别人说："今天这一趟，所看到的全都是琳琅珠玉。"

若朝霞举　李白在朝廷便殿参见唐玄宗，神情自若、气度俊朗，仪态轩昂如同朝霞飞升。

倚玉树　魏明帝让皇后的弟弟毛曾与夏侯玄坐在一起，当时人称之为"芦苇靠玉树"。

掷果　潘安长得很漂亮。小的时候拿着弹弓坐小车走在洛阳道上，女人遇到他，没有不拉起手来围住看的，争相给他的车里扔水果，把车都扔满了才回来。

屋漏中来　祖广走路时总是缩着脖子。南郡公桓玄刚刚到任，便打趣说："天气很晴朗，祖参军却好像刚刚从漏雨的屋子里出来。"

四肘　成汤的手臂有四肘。《韵会》说："一肘是二尺。"也有人说一尺五寸为一肘。

姬公反握　周公的手可以反握。

骈胁　骈，联也。晋文公名重耳，其胁骈。

铄金销骨　西汉文："众口铄金，积毁销骨。"谓谗言诽谤之利害也。

敲骨吸髓　髓，骨髓也。敲其骨而吸其髓，喻虐政之诛求也。

掣肘　《说苑》：鲁使子贱为单父令，子贱借善书者二人使书，从旁掣其肘，书丑，则怒，欲好书，则又引之。书者辞归，以告鲁君。君曰："若吾扰之，不得施善政。"令毋征发单父。未几，教化盛行。

厚颜　《书经》："颜厚有忸怩。"谓愧之见于面也。

摇唇鼓舌　《庄子》：摇唇鼓舌，擅生是非。

怒发冲冠　秦王许以十五城易赵王和氏璧，蔺相如捧璧入秦，见秦王无意偿城，怒发冲冠，英气勃勃。

生而有髭　《皇览》：周灵王生而有髭，谓之髭王。

注醋囚鼻　《唐史》：酷吏来俊臣鞫囚，每以醋注囚鼻。

春笋秋波　言纤指如春笋之尖且长，媚眼如秋波之清且碧也。

蓝面鬼　卢杞号蓝面鬼，常造郭汾阳家问病。闻杞至，悉屏姬侍，独隐几待之。家人问故，汾阳曰："杞外陋而内险，左右见之必笑，使后得权，吾族无噍类矣。"

骈胁　骈，就是联的意思。晋文公名字叫重耳，他的胁骨是联在一起的。

铄金销骨　西汉的文章说："众人之口可以铄金，积毁销骨。"这是说谗言诽谤之利害。

敲骨吸髓　"髓"就是骨髓。敲开骨头吸食骨髓，比喻朝廷使用暴虐的政策来横征暴敛。

掣肘　《说苑》记载：鲁国派宓子贱当单父的县令，宓子贱要了两个擅长写字的人来让他们写字，在他们写字的时候从旁边拉他们的胳膊，如果写的字不好看，就对他们发怒，他们想要重新写好，宓子贱就又来拉胳膊。抄写的人告辞而归，并告诉了鲁国的国君。国君说："这就好像我总是干扰他，让他不能施行好的治理啊。"于是下令不要向单父县征求徭役。不过多久，单父县的政治与风俗便大为改观。

厚颜　《尚书》说："脸上羞愧，心中内疚。"这是说羞愧的神色显示在脸上。

摇唇鼓舌　《庄子》说："逞口舌之利，在世间拨弄是非。"

怒发冲冠　秦王答应用十五座城池来换赵王的和氏璧，蔺相如捧着和氏璧到了秦国，看到秦王没有诚意付出城池，气得头发都把冠帽冲掉了，显出英武豪迈的气概。

生而有髭　《皇览》记载：周灵王生下来时便有髭须，所以称之为髭王。

注醋囚鼻　《旧唐书》记载：酷吏来俊臣审问囚犯时，常常把醋灌到囚犯的鼻子里去。

春笋秋波　"春笋秋波"是说纤细的手指如同春天的笋一样又尖又长，媚眼如同秋天的水波一样清澈深幽。

蓝面鬼　卢杞外号叫蓝面鬼，经常到郭子仪家去拜访问安。郭子仪听到卢杞来，便把所有的姬妾侍女都隔绝开，只自己一个人躺在床上等卢杞来。家人问他原因，他说："卢杞外貌丑陋而内心险恶，左右这些人见了必定会嘲笑他，如果他今后掌了权，我们这一族便会死无葬身之地了。"

善用三短　后魏李谐形貌短小，兼是六指。因瘿而举颐，因跛而缓步，因謇而徐言：人谓李谐善用三短。

乱唾掷瓦石　左太冲绝丑，亦效潘安乘车游市中，群姬乱唾之，委顿而返。张孟阳亦丑，每行，小儿以瓦石掷之，满车。

龙虎变化　韩文公撰《马燧志》云：当是时见王于北亭，犹高山深林，龙虎变化不测，魁杰人也。退见少傅，翠竹碧梧，鸾停鹄峙。

长人　苻坚拂盖郎申香、夏默、护磨那三人，俱长一丈九尺，每饭食一石、肉三十斤。

矮短人　王蒙长三尺，张仲师长二尺五寸。

重人　安禄山重三百五十斤，司马保八百斤，孟业一千斤。

澹台灭明　李龙眠所画七十二子像，澹台灭明猛毅甚于子路，则夫子所谓"失之子羽"者，谓其貌武行儒耳。

祖龙　秦始皇虎口，日角，火目，隆準，鸷鸟膺，豹声，长八尺六寸，大七围，手握兵执矢，号曰祖龙。侯生数其淫暴，谓万万均朱，千千桀纣。

好笑　陆士龙好笑。常著缞绖上船，水中自见其影，便大笑不止，几落水。

笑中有刀　李义府，貌足恭，与人言，嬉怡微笑，而阴贼褊忌，凡忤其意者，皆中伤之。时号义府笑中有刀。

方睛　管辂云："眼有方睛，多寿之相。"陶隐居末年，其眼有时而方。

善用三短　后魏的李谐身材矮小，而且是六指。因为他脖子上有瘿，所以昂首挺胸；因为走路有些跛，所以尽量慢些走；因为说话不利索，所以尽量慢慢说。人们都说李谐善于利用他的三个短处。

乱唾掷瓦石　左思（字太冲）长得非常丑，但他也仿效美男子潘安那样乘车在闹市游玩，一群妇女都向他吐唾沫，于是便神情沮丧地回来了。张载（字孟阳）也很丑，每次出行，小孩子都用瓦片、石块来扔他，都可以装满一车。

龙虎变化　韩愈写《马燧志》说：当时在北亭拜见北平庄武王的时候，仿佛看到了伟岸的高山和深幽的森林，就像龙虎一样变化不测，是豪杰一类的人。再回来拜见他的弟弟太子少傅，却像青翠的竹林和碧绿的梧桐，又如鸾凤与黄鹄那样安静。

长人　符坚的拂盖郎申香、夏默、护磨那三个人，身高都有一丈九尺，每顿饭吃一石粮食、三十斤肉。

矮短人　王蒙身高只有三尺，而张仲师身高只有二尺五寸。

重人　安禄山重达三百五十斤，司马保有八百斤，孟业有一千斤。

澹台灭明　李龙眠画的孔门七十二子画像中，澹台灭明看上去勇猛刚毅过于子路，那么孔子所说的"以貌取人，失之子羽"，就是指澹台灭明外貌威武而行为却是儒生。

祖龙　秦始皇长得嘴像老虎，额头隆起，眼睛似乎有火，高鼻梁，胸像鸷鸟，声音像豹子，身高八尺六寸，腰有七围，手能握兵器、拉弓射箭，号称祖龙。侯生数说他的贪淫暴虐，说他超过商均、丹朱一万倍，超过夏桀、商纣一千倍。

好笑　陆云（士龙）喜欢笑。曾经穿着丧服上船，在水中看到自己的倒影，就大笑不止，几乎落水。

笑中有刀　李义府貌似很恭敬，与人说话时也很和善地微笑着，但背地里却很阴毒，气量狭小，凡是不称他的意愿的人，都被他诬蔑。当时号称他为笑中有刀。

方睛　管辂说："眼中若有方形的瞳仁的话，那是高寿的面相。"陶弘景晚年的时候，他眼中的瞳仁偶尔便会呈方形。

百体五官　人身有百骸，故曰百体。官，司也。五官，耳、目、口、鼻、心也。

须发所属　发属心，禀火气，故上生；须属肾，禀水气，故下生；眉属肝，禀木性，故侧生。男子肾气外行，上为须，下为势；女子、黄门无势，故无须。

重瞳四乳　舜重瞳，项羽重瞳，隋鱼俱罗、朱梁康、王友敬、永乐中楚王子，亦俱重瞳。文王四乳，宋范镃百、常文子、明倪文僖谦，俱四乳。

身长一丈　中国之人长一丈者，人君则黄帝、尧与文王；人臣则吴伍员、汉巨毋霸，俱十尺。毋霸腰大十围，员眉间一尺。孔子长十尺，又云九尺六寸。按庄子所谓自腰而下不及禹三寸，则后说是矣。宋《桯史》载，有唐某者与其妹各长一丈二尺。

身长七尺以上　禹长九尺九寸，汤九尺，秦始皇八尺七寸，汉高祖七尺八寸，光武七尺三寸，昭烈七尺五寸，宋武帝七尺六寸，陈武帝七尺五寸，宇文周太祖八尺，项王八尺二寸，韩王信八尺九寸，王莽七尺五寸，刘渊八尺四寸，刘曜九尺四寸，慕容跳七尺八寸，姚襄八尺五寸，曹交九尺四寸，冉闵、什翼健、宇文泰皆八尺，慕容垂七尺四寸，慕容德八尺二寸。自唐以后，人臣长者故少。韦康成十五长八尺，姜宇十五长七尺九寸，刘曜子胤十岁长七尺五寸，美姿貌，眉须如画。人固有少而长若此者，胤止八尺四寸，不能如其父也。

丈六金身　佛长一丈六尺以为神，然其小弟阿难与徒弟调达俱长一丈四尺五寸，彼时天竺之长者故不少也。

百体五官　人的身体有百块骨骼，所以叫百体。官，就是司职的意思。五官指耳朵、眼睛、口、鼻子、心。

须发所属　头发属于心脏管辖，秉承有火气，所以向上生长；胡须属于肾脏管辖，秉承有水气，所以向下生长；眉毛属于肝脏管辖，秉承了木的性质，所以向两边生长。男子肾气向外扩散，在上面就是胡须，在下边就是男根；女人和宦官因为没有男根，所以没有胡须。

重瞳四乳　舜帝有一只眼睛有两个瞳仁，项羽也是这样，隋朝的鱼俱罗、朱梁康、王友敬、永乐年间的楚王之子，也都是重瞳。周文王有四个乳房，宋代的范镃百、常文子、明代的倪谦也都有四个乳房。

身长一丈　中国人身高有一丈的，皇帝中有黄帝、尧帝和周文王；臣子中有吴国的伍子胥、汉代的巨毋霸，都高十尺。巨毋霸腰围有三尺，伍子胥两眉相距有一尺。孔子身高十尺，又有一种说法是九尺六寸。按：据庄子说"孔子从腰以下比大禹短三寸"，那么就是后一种说法是对的。宋代的《程史》记载，有一个姓唐的人和他的妹妹都身高一丈二尺。

身长七尺以上　大禹身高有九尺九寸，商汤九尺，秦始皇八尺七寸，汉高祖七尺八寸，光武帝刘秀七尺三寸，昭烈帝刘备七尺五寸，宋武帝七尺六寸，陈武帝七尺五寸，北周太祖宇文泰八尺，项羽八尺二寸，韩王韩信八尺九寸，王莽七尺五寸，刘渊八尺四寸，刘曜九尺四寸，慕容皝七尺八寸，姚襄八尺五寸，曹交九尺四寸，冉闵、什翼健、宇文泰都高八尺，慕容垂七尺四寸，慕容德八尺二寸。从唐朝以后，臣子非常高的人就少了。韦康成十五岁时就身高八尺，姜宇十五岁高七尺九寸，刘曜的儿子刘胤十岁时身高七尺五寸，而且形体与面貌非常美丽，面目像画的一样。很少有人这么小的年纪就长到这么高，但刘胤最后只长到八尺四寸，没到达到他父亲的高度。

丈六金身　佛高一丈六尺便成为了神，但他的小弟阿难和徒弟调达都有一丈四尺五寸，那时候印度的高个子真不少啊。

谗国　沈颜《谗论》曰：宰嚭谗子胥而吴灭，赵高谗李斯而秦亡，无极谗伍奢而楚昭奔，靳尚谗屈原而楚怀囚。故曰：人知佞之谗谗忠，不知佞之谗谗国。

舌本间强　俗语曰："三日不言，舌本强。"殷仲堪言，三日不读《道德经》，便觉舌本间强。

皮里阳秋　晋褚裒字季野，桓彝目之曰："季野皮里阳秋。"言其外无臧否，而内有褒贬也。

断送头皮　宋真宗东封，得隐者杨朴。上问："卿临行，有人作诗否？"对曰："臣妻一首云：'更休落魄耽杯酒，切莫猖狂爱作诗。今日捉将官里去，这回断送老头皮。'"

唾掌　公孙瓒曰："天下兵起，谓可唾掌而决九州耳。"李翱："太平可覆掌而致。"

扪膝　后魏贾景兴栖迟不仕，葛荣陷冀州，称疾不拜，每扪膝曰："吾不负汝。"以不拜荣故也。又赵宋喻汝砺号扪膝先生。

鸡肋　晋刘伶尝醉，与俗人相忤，其人攘臂奋拳。伶曰："鸡肋不足以安尊拳！"其人笑而止。曹操入汉中讨刘备，不得进，欲弃之，乃传令曰"鸡肋"。官属不知何谓。杨修曰："鸡肋，弃之则可惜，啖之则无所得，比汉中，王欲去也。"乃白操，遂还。

噬脐　楚文王伐申，过邓。邓侯曰："吾甥也。"止而享之。骓甥、聃甥、养甥请杀楚子，邓侯弗许。聃甥曰："亡邓国者，此人也。若不蚤图，后君噬脐无及。"

谗国　沈颜的《谗论》说：宰嚭陷害伍子胥导致吴国灭亡，赵高陷害李斯导致秦国灭亡，无极陷害伍奢导致楚昭王败逃，靳尚陷害屈原导致楚怀王被囚。所以说：人们都知道奸佞之臣的谗言陷害忠良，却不知道他们的谗言其实害的是国家。

　　舌本间强　俗话说："三天不说话，舌头成木头。"殷仲堪说：三天不读老子《道德经》，就觉得舌头很木。

　　皮里阳秋　晋朝的褚裒字季野，桓彝评价他说："褚季野皮里阳秋。"是说他外边看来没有对别人的评价，其实心里却褒贬分明。

　　断送头皮　宋真宗到东岳去行封禅之礼，遇到隐士杨朴。宋真宗想让他出来做官，知他能写诗，就先让他写诗，杨朴说自己不会写诗，宋真宗就问："那你临走的时候，有没有别人写诗？"杨朴回答说："臣下的妻子有一首诗说：'更休落魄耽杯酒，切莫猖狂爱作诗。今日捉将官里去，这回断送老头皮。'"

　　唾掌　公孙瓒说："天下大军四起，都觉得江山唾手可得。"李翱说："天下太平就像把手翻过来一样容易达到。"

　　扣膝　后魏的贾景兴隐居不出来做官，葛荣攻陷冀州，贾景兴以有病为借口不去拜见他，常常摸着膝盖说："我可没有辜负你们啊。"这就是因为不去拜见葛荣的原故。另外，宋朝的喻汝砺自号为扣膝先生。

　　鸡肋　晋朝刘伶曾经在喝醉的时候，与市井俗人吵架，那个人将起袖子要打架。刘伶说："我这几根鸡肋骨抵挡不住好汉的拳头。"那人大笑而停止了。曹操进入汉中讨伐刘备，却无法更进一步，便想放弃，于是传号令为"鸡肋"。官吏与下属都不知道是什么意思。杨修说："鸡肋这种东西，扔了很可惜，要吃却没什么可吃的，这是用来比喻汉中的，大王是想要回师了。"于是禀报曹操，果然回兵了。

　　噬脐　楚文王讨伐申国，路过邓国。邓国的国君说："这是我的外甥啊。"便让军队停下来款待他们。邓侯的另外几个外甥即骓甥、聃甥、养甥都请求杀死楚文王，但邓侯不同意。聃甥说："消灭邓国的一定就是这个人。如果不早早计划，以后君王肯定后悔莫及。"

交臂 《庄子》：颜渊问于仲尼，曰："夫子步亦步，趋亦趋。夫子绝尘而奔，回瞠乎其后矣。"夫子曰："吾终身于汝交一臂而失之，不可哀欤？"

三折肱 晋范氏、中行氏将伐晋定公，齐高彊曰："三折肱知为良医。我以伐君为此矣。"

髀里肉生 刘玄德于刘表坐，慨然流涕曰："平常身不离鞍，髀肉皆消；今不复骑，髀里肉生。日月如流，老将至矣，而功业未建，是以悲耳。"

炙手可热 唐崔铉进左仆射，与郑鲁、杨绍复、段瑰、薛蒙颇参议论。时论曰："郑、杨、段、薛，炙手可热；欲得命通，鲁、绍、瑰、蒙。"

如左右手 韩信亡去，萧何自追之。人告高祖曰："丞相何亡。"高祖大怒，如失左右手。

高下其手 言人断狱徇私，高下其手。

幼廉一脚指 北齐李幼廉为瀛州长史，神武行部征责文簿，应机立成。神武责诸人曰："卿等作得李幼廉一脚指否？"

握拳啮齿 东坡帖云：张睢阳生犹骂贼，啮齿穿龈；颜平原死不忘君，握拳透爪。

豕心 《左传》：昔有仍氏生女，乐正后夔娶之，生伯封，实有豕心，贪婪无厌。人谓之封豕。

锁子骨 李邺侯少时身极轻，能于屏风上行。既长，辟谷，导引，骨节俱戛戛有声。人谓之锁子骨。

一身是胆 赵子龙与魏兵战，追至营门，魏兵疑有伏，引去。翌日，玄德至营视之，曰："子龙一身都是胆。"

交臂　《庄子》记载：颜渊问孔子说："老师您走我也走，您小跑我也小跑。但您若狂奔，我就只能在后面干瞪眼了。"孔子说："我一直和你这样接近而你却不明白这个道理，不是很可悲吗？"

三折肱　晋国权臣范氏和中行氏将要讨伐晋定公，齐国来的高彊说："得过几次病的人都成为医生。我就是因为攻打国君所以现在沦落在这里啊。"

髀里肉生　刘备在刘表的酒席上长叹流泪说："平常身子不离开马鞍，所以大腿上的肉都瘦下去了；现在长时间不骑马，大腿又生了肉。时间像流水一样，眼看就要老了，但还没有建功立业，所以才会觉得悲哀啊。"

炙手可热　唐代的崔铉官升左仆射，与郑鲁、杨绍复、段瑰、薛蒙等人一起参议国是。当时的人都说："郑、杨、段、薛，红得发紫；想要亨通，鲁、绍、瑰、蒙。"

如左右手　韩信逃亡而去，萧何亲自去追赶。下属向汉高祖刘邦报告说："丞相萧何逃跑了。"汉高祖大怒，就好像失去了左右手。

高下其手　这是说人判案时徇私，玩弄手腕。

幼廉一脚指　北齐的李幼廉官为瀛州长史，高欢巡行视察并要求查验文簿，李幼廉领命后立刻便查完了。高欢指责其他的人说："你们能抵李幼廉一个脚指头吗？"

握拳啮齿　苏东坡写了一幅对联说："张睢阳（张巡）生犹骂贼，啮齿穿龈；颜平原（颜真卿）死不忘君，握拳透爪。"

豕心　《左传》记载：以前有仍氏生了个女儿，后来乐官后夔娶了她，并生下了伯封，这个伯封狼心狗肺，贪婪无厌。人们都叫他"封豕"。

锁子骨　邺侯李泌小时候身体很轻，能在屏风上行走。长大后，又练习道家的辟谷和导引之术，身上的骨节都戛戛有声。人们称之为"锁子骨"。

一身是胆　赵子龙与魏国军队大战，一直追到兵营门口，魏兵怀疑有埋伏，才引兵而去。第二天，刘备到兵营来视察，说："子龙一身都是胆啊。"

抽筋绝髓　郭弘霸讨徐敬业云：“誓抽其筋，食其肉，饮其血，绝其髓。”武后悦，授御史。时号四其御史。

铁石心肠　皮日休云：“宋广平为相，疑其铁石心肠，不解吐软媚词。观其《梅花赋》，便巧富艳，殊不类其为人。”

伐毛洗髓　《汉武记》：黄眉翁指东方朔曰：“吾三千年一反骨洗髓，三千年一剥皮伐毛。吾今已三洗髓，三伐毛矣。”

笑比黄河清　宋包孝肃极严冷，未尝见其笑容，人谓其笑比黄河清。

连璧　晋潘岳与夏侯湛并美姿容，行止同舆接茵。京都谓之连璧。

乳臭　汉王以韩信击魏王豹。问郦食其：“魏大将谁？”对曰：“柏植。”王曰：“是儿口尚乳臭，安能敌吾韩信？”

貌不扬　晋叔向适郑，鬷蔑貌不扬，立堂下，一言而善。叔向闻之，曰：“必然明也！”下执其手以上，曰：“子若不言，吾几失子矣。”

貌侵　汉田蚡，孝景帝皇后同母弟也，为丞相。为人貌侵——言短小而丑恶也。

獐头鼠目　唐苗晋卿荐元载。李揆轻载相寒，谓晋卿曰：“龙章凤姿士不见，獐头鼠目子乃求官耶？”载衔之。

龙钟　裴晋公未第时，羁旅洛中，策驴上天津桥。时淮西不平，有二老人倚柱语曰：“蔡州何时平？”见晋公，愕然曰：“适忧蔡州未平，须待此人为相。”仆闻告公，公曰：“见我龙钟，故相戏耳！”后裴度于宪宗时果为相，平淮、蔡。

抽筋绝髓　　郭弘霸讨伐徐敬业时说："我发誓要抽他的筋,吃他的肉,喝他的血,吸他的骨髓。"武则天很高兴,但封他为御史。当时人称"四其"御史。

铁石心肠　　皮日休说："宋广平当丞相,让人怀疑他长着铁石一样的心肠,根本不懂得说温柔的话。但看他的《梅花赋》,却精巧富丽,与他的为人特别不一样。"

伐毛洗髓　　《汉武记》记载:黄眉翁指着东方朔说："我每三千年便换洗身上的骨头,三千年换身上的皮毛。现在我已经三次洗骨、三次换毛了。"

笑比黄河清　　宋代的包拯非常严肃,从来没有见过他的笑容,人们都说他的笑容就好像黄河清一样难以见到。

连璧　　晋代的潘岳与夏侯湛都长得很美,两个人行则同车,眠则同榻,京城的人称他们是连璧。

乳臭　　刘邦让韩信去攻打魏王豹,问郦食其"魏的大将是谁?"郦食其回答说"是柏植",刘邦说："这个不过是个乳臭小儿,怎么能敌过我们的韩信?"

貌不扬　　晋国的叔向去郑国,鬷蔑面貌不怎么样,站在堂下,有一句话说得很好,叔向听了便说："这一定是鬷蔑(然明)啊!"便下堂拉着他的手上来,说："你若不说话,我几乎错失了你呀。"

貌侵　　汉代的田蚡,是孝景帝皇后同母异父的弟弟,官至丞相。他为人"貌侵"——这是说人长得矮小而丑陋。

獐头鼠目　　唐代的苗晋卿推荐元载。李揆认为元载面不好,对苗晋卿说："有龙凤之相的人看不到,长得贼眉鼠眼的人却要来求官做?"元载便一直对他怀恨在心。

龙钟　　裴度(晋公)还没有考上科举的时候,有一次停留在洛中,骑着驴上天津桥。当时淮西很不安定,有两个老人靠着桥柱说:"蔡州什么时候才能平定啊?"看到裴度,非常惊讶地说:"刚才还担心蔡州难平,看来得等这个人当宰相才成。"仆人听到后告诉了裴度,裴度说:"这是看到我失意潦倒,所以来戏弄我的。"后来裴度在唐宪宗的时候果然当了宰相,并平定了淮西和蔡州。

牙缺 张玄之八岁，缺齿，先达戏之曰："君口何为开狗窦？"祖希曰："欲使君辈从此中出入。"

口吃 汉周昌争立太子，曰："臣期期不奉诏。"邓艾自称艾艾。韩非、扬雄俱口吃，善属文。后刘贡父、王汾在馆中，汾口吃，贡父为之赞曰："恐是昌家，又疑非类；未闻雄名，只有艾气。"

吾舌尚存 张仪常从楚相饮，相亡璧，意仪盗，执仪笞之。仪归，而其妻诮之。仪曰："视吾舌尚存否？"妻笑曰："在。"仪曰："足矣！"

借听于聋 韩昌黎《答陈生书》：足下求速化之术，乃以访愈，是所谓借听于聋，问道于盲，未见其得者也。

青白眼 阮籍能为青白眼，见礼俗之士，以白眼待之。母终，嵇喜来吊，籍作白眼。喜弟康乃挟琴赍酒造焉，籍大悦，乃见青眼。

邯郸学步 班氏《序》：传昔有学步于邯郸，曾未得其仿佛，又复失其故步，遂匍匐而归耳。

美须 谢康乐须美，临刑，施为南海祇垣寺维摩诘像须。唐中宗时，安乐公主端午斗草，欲广其地，驰驿取之。又恐为他所得，剪弃其馀。

貌似刘琨 桓温自以雄姿风气，是宣帝、刘琨之俦。及伐秦还，于北方得一巧作老婢，乃刘琨婢也。一见桓温，便潸然曰："公甚似刘司空。"温大悦，出外，整理衣冠，又呼问之，

牙缺　张玄之八岁的时候，掉了牙，前辈开玩笑说："你的嘴为什么开了个狗洞？"张玄之（祖希）说："要让你们这些人从这中间出入的呀。"

　　口吃　汉代的周昌在争论立太子的事说："臣期期不能奉命。"邓艾自称"艾艾"。韩非和扬雄也都口吃，却擅长写文章。后来刘敞（贡父）、王汾在史馆中，王汾口吃，刘敞为他写了赞语："恐是昌家（用周昌之名谐音娼家），又疑非类（明指韩非，暗有非人之意）；未闻雄名（即名气），只有艾气（即呆气）。"

　　吾舌尚存　张仪曾经与楚相喝酒，楚相丢失了玉璧，觉得可能是张仪偷了，抓住张仪鞭打他。张仪回家后，他的妻子嘲笑他。张仪说："看看我的舌头还在不在？"妻子笑说："在。"张仪说："这就够了。"

　　借听于聋　韩愈《答陈生书》说：足下想求得快速成仙的法术，便来问我，这真是所谓的借聋子的听力，向盲人问路，没见过有成果的。

　　青白眼　阮籍能做青、白眼，看到以礼法自持的世俗之士，就用白眼仁来对待。他的母亲去世了，嵇喜前来吊唁，阮籍便用白眼来接待。嵇喜的弟弟嵇康又抱着琴带着酒来访，阮籍非常高兴，于是便用青眼来接待。

　　邯郸学步　班固《汉书叙传》说：传说以前有人学习邯郸人的走路方法，却没有学到，又丢掉了自己以前的走法，最后只好爬着回去了。

　　美须　谢灵运（康乐）的胡须很漂亮，要被处刑的时候，便把胡须施舍给南海祇垣寺维摩诘像。唐中宗的时候，安乐公主在端午节玩斗草游戏，想要大胜，便派人骑驿站的马去取这些胡须，又怕被别人也来取，便把其余的都剪掉扔了。

　　貌似刘琨　桓温自己觉得自己英姿飒爽，是司马懿、刘琨一类人物。等到讨伐前秦而还军时，在北方得到一个做手工活的老姬，曾经是刘琨的丫环。一看到桓温，就潸然流泪说："您很像我们刘司空。"桓温非常高兴，忙到外面去，整理了一下衣冠，再叫来仔细问，

婢曰："面甚似，恨薄；眼甚似，恨小；须甚似，恨赤；形甚似，恨短；声甚似，恨雌。"温于是襫冠解带，昏然而睡，不怡者累日。

补唇先生 方干唇缺，有司以为不可与科名。连应十馀举，遂隐居鉴湖。后数十年，遇医补唇，年已老矣。人号曰补唇先生。

眇一目 湘东王眇一目，与刘谅游江滨，叹秋望之美。谅对曰："今日可谓'帝子降于北渚'。"《离骚》："帝子降于北渚，目渺渺而愁予！"王觉其刺己，大衔之。后湘东王起兵，王伟为侯景作檄云："项羽重瞳，尚有乌江之败；湘东一目，宁为赤县所归？"后竟以此伏诛。

半面妆 徐妃以帝眇一目，知帝将至，为半面妆。帝见之大怒而出。

塌鼻 刘贡父晚年得恶疾，须眉堕落，鼻梁断坏。一日，与东坡会饮，引《大风歌》戏之，曰："大风起兮眉飞扬，安得猛士兮守鼻梁！"

头有二角 隋文帝生而头有两角，一日三见鳞甲，母畏而弃之。有老尼来，育哺甚勤。尼偶外出，嘱其母视儿。母见须角棱棱，烨然有光，大惧，置诸地。尼疾走归，抱起曰："惊我儿，令吾儿晚得天下！"后帝果六十登极。

岐嶷 《诗经》云："克岐克嶷，以就口食。"美后稷也。岐嶷，峻茂之状也。

口有悬河 晋郭象能清言。王衍云："每听子玄之语，如悬河泻之，久而不竭。"

那个老妪说："脸很像，遗憾的是福薄了点；眼睛很像，遗憾的是小了点；胡须很像，遗憾的是有些发红；形体很像，遗憾的是太矮；声音也很像，遗憾的是有些女气。"桓温听后扔掉帽子解下衣带，倒下就睡，好几天都不高兴。

补唇先生　方干的嘴唇有唇裂，官府认为不可以给他科第功名。他连着参加了十几次考试都没被录取，便隐居在鉴湖。过了几十年，他遇到一个医生给他把唇裂补好了，但年龄却已经大了。人称他为补唇先生。

眇一目　南齐的湘东王萧绎有一只眼睛瞎了，在与刘谅游览长江的时候，赞叹秋天的美丽。刘谅回答说："今天可以称得上是'帝子降于北渚'了。"《离骚》中说："帝子降于北渚，目渺渺而愁予！"湘东王觉得这是在讽刺自己，非常怨恨。后来湘东王起兵，王伟给侯景写檄文说："项羽有两个瞳孔，还有乌江之败；湘东王只有一只眼睛，难道还能是天命所归的人吗？"后来竟然因此而被当上皇帝的萧绎所杀。

半面妆　徐妃因为梁元帝萧绎只有一只眼睛，知道皇帝要来了，便只画了半面妆。梁元帝见了大怒而去。

塌鼻　刘攽晚年得了重病，胡须和眉毛都落光了，鼻梁也塌了。一天，与苏轼在一起喝酒，苏轼引用刘邦的《大风歌》来戏谑他说："大风起兮眉飞扬，安得猛士兮守鼻梁！"

头有二角　隋文帝生下来头上就有两只角，一天里三次看到身上的鳞甲，他的母亲害怕就把他扔了。有老尼姑来，很勤谨地喂养他。尼姑偶尔外出，叮嘱他的母亲看着他。他的母亲看到他胡须都长出来了，而且似乎有角，还有光芒，大为惊恐，把他扔到地上。尼姑赶快跑回来，抱起来说："惊吓了我的孩子，让我的孩子推迟得天下的时间。"后来他果然六十才登极为帝。

岐嶷　《诗经》说："克岐克嶷，以就口食。"是用来赞美后稷的。岐嶷，就是形容高峻茂盛的样子。

口有悬河　晋朝的郭象能清谈。王衍说："每次听到郭象（子玄）的话，就像悬着的大河倾泻到地上一样，多久都不会枯竭。"

侏儒 《左传》：臧纥败于狐骀。国人曰："侏儒侏儒，使我败于邾。"注：狐骀，地名。侏儒，短小也。

捷捷幡幡 《诗经》："捷捷幡幡，谋欲谮言。"

胸中冰炭 语云：不作风波于世上，自无冰炭到胸中。

唇亡齿寒 《左传》：晋侯复假道于虞以伐虢。宫子奇谏曰："虢，虞之表也。谚所谓'辅车相依，唇亡齿寒'者，其虞、虢之谓也。"

足上首下 《庄子》：失信于俗，谓之倒置之民，犹足上首下，倒置尊卑也。

扬眉吐气 李白《与韩朝宗书》：今天下以君侯为文章之司命，人物之权衡，一经品题，便作佳士。何惜阶前盈尺之地，不使白扬眉吐气、激昂青云耶！

推心置腹 《东观汉记》：萧王推赤心，置人腹中。

方寸已乱 《三国志》：徐庶母为曹操所获，庶辞先主曰："本欲与将军共图王霸之业，今失老母，方寸乱矣，请从此辞。"

黑甜息偃 东坡诗："三杯软饱后，一枕黑甜馀。"《诗经》："或息偃在床。"

肉眼 《摭言》：郑光业赴试，夜有人突入邸舍，郑止之宿。其人又烦郑取水煎茶，郑欣然从之。后郑状元及第，其人启谢曰："既取杓水，又煎碗茶。当时不识贵人，凡夫肉眼；今日俄为后进，穷相骨头。"

侏儒　《左传》记载：臧纥败给了狐骀。他们国家的人说："侏儒侏儒，让我败给了邾。"注解说：狐骀，是一个地名。侏儒，就是短小的意思。

捷捷幡幡　《诗经·巷伯》说："口舌便捷不停地说，就是想诬陷别人。"

胸中冰炭　俗话说：如果不在世间掀起风波，也就不会有不愉快的事情存在心中了。

唇亡齿寒　《左传》记载说：晋国君主又想向虞国借路去攻打虢国。宫子奇进谏说："虢国是我们虞国的屏障。谚语说车子的夹板与车要互相依存，嘴唇若没有了牙齿就会感到寒冷，这说的就是虞国和虢国啊。"

足上首下　《庄子》说：失信于世俗，叫作把人民颠倒放置，就好像脚朝上头朝下一样，是把尊卑放倒了。

扬眉吐气　李白《与韩朝宗书》中说：现在全天下的人都把君侯您看作是评定文章、权衡人物的权威人士，如果有人得到您的品评，便立刻成为了名人。您又何必吝惜您台阶前一尺见方的地方，从而不让我李白有扬眉吐气、激昂青云的机会呢！

推心置腹　《东观汉记》记载：萧王刘秀把自己的真诚展示出来，好像把自己的心放到别人的肚子里一样。

方寸已乱　《三国志》记载：徐庶的母亲被曹操抓走，徐庶向先主刘备告辞时说："本来想跟将军一起共创统一天下的千秋大业，但现在失去了老母亲，我的方寸之心已经乱了，请允许我从此告辞吧。"

黑甜息偃　苏轼《发广州》诗说："三杯软饱（浙江人把喝酒叫'软饱'）后，一枕黑甜（睡得很好叫'黑甜'）馀。"《诗经》有"或息偃在床"的句子。

肉眼　《唐摭言》记载：郑光业去参加科举考试，夜里有人无礼地闯进来，郑光业留他住下来。那人又让郑光业给他倒水泡茶，郑光业也欣然去做。后来郑光业考上了状元，那人送信谢罪说："既帮我取水，又帮我泡茶。当时没认出您是贵人，那是因为我肉眼凡夫；今天又成为您的后辈，那是因为我本来就是穷骨头。"

青睛　《南史》：徐陵目有青睛，人以为聪慧之相。

丹心　又心曰丹府，心神曰丹元。

腆颜　《文选》："明目腆颜，曾无愧畏？"

可口　《庄子》：楂梨橘柚，皆可于口。

置之度外　《后汉书》："光武帝曰：'当置此两子于度外。'"谓隗嚣、公孙述也。

秦人视越　韩文：秦人之视越人，忽焉不加喜戚于其心。

行尸走肉　《拾遗记》：任末曰："好学者虽死犹存，不学者虽存，行尸走肉耳！"

颜甲　《开元天宝遗事》：进士杨光远，干索权豪无厌，或遭挞辱，略无改色。时人云："光远颜厚如十重铁甲。"

高髻　后汉马廖疏云："吴王好剑客，百姓多疮瘢；楚王好细腰，宫中多饿死。""城中好高髻，四方高一尺；城中好广眉，四方且半额；城中好大袖，四方全匹帛。"

面谩　樊哙："愿得十万众，横行匈奴中。"季布曰："哙妄言，是面谩！"

掉舌　汉郦生说齐王与汉平。蒯彻言于韩信曰："郦生一士，伏轼掉三寸舌，下齐七十馀城。"

青睛　《南史》记载说：徐陵的眼中有乌黑清亮的眼珠，人们都认为这是聪慧的表现。

　　丹心　心又叫"丹府"，心神叫"丹元"。

　　腆颜　《文选·奏弹王源》："明目张胆，厚颜无耻，难道就没有惭愧和畏惧？"

　　可口　《庄子》说：楂梨和橘柚味道虽不同，但都很可口。

　　置之度外　《后汉书》记载："光武帝说：'应当把这两个人不要放在心上。'"这是指隗嚣和公孙述。

　　秦人视越　韩愈《争臣论》说：就好像秦地的人看到越地人的胖瘦，一点儿也没有高兴或忧伤的情绪在心里。

　　行尸走肉　《拾遗记》记载：任末说："喜欢学习的人既使死了，也好像活着一样；不学习的人即使活着，也不过是行尸走肉罢了。"

　　颜甲　《开元天宝遗事》记载：有一个进士杨光远，拜谒求索于权势豪门之家却不知满足。有时遭到鞭挞的羞辱，却脸不变色。当时人都说："杨光远的脸皮有十层铁甲那么厚。"

　　高髻　后汉的马廖上疏说："吴王喜欢剑客，于是百姓身体上就多有剑刺的伤痕；楚王喜欢细腰的女子，于是宫女便有许多人受饿而死。""京城如果喜欢高耸的发髻，那么其他地方的人就会把发髻增高一尺；京城如果喜欢把眉毛画得长一些，其他地方就会画到半个额头那么长；京城如果喜欢穿大袖的衣服，那么其他地方就得用整匹布来做衣服了。"

　　面谩　樊哙说："我愿意率领十万大军，纵横于匈奴的土地上。"季布说："樊哙说大话，这是当面欺骗！"

　　掉舌　汉代的郦食其游说齐王与汉求和。蒯彻对韩信进言说："郦食其不过是一个士子，扶着车辕动动三寸不烂之舌，就能降服齐国七十馀座城池。"

妇女

妲己赐周公　五官将既纳袁熙妻，孔文举《与曹操书》曰："武王伐纣，以妲己赐周公。"曹以文举博学，信以为然。后问文举，答曰："以今度之，想当然耳。"

效颦　西子心痛则捧心而颦，其貌愈媚。丑女羡而效之，曰效颦。山谷诗："今代捧心学，取笑类西施。"

新剥鸡头肉　杨贵妃浴罢，对镜匀面，裙腰褪露一乳，明皇扪弄曰："软温新剥鸡头肉。"安禄山在旁曰："润滑犹如塞上酥。"

长舌　《诗经》："妇有长舌，维厉之阶。"

守符　楚昭王夫人，齐女也。昭王出游，留夫人于渐台。江水大至，遣使迎夫人，忘持符。夫人曰："王与约，召必以符。"今使者不持符，不敢行。使者还取符，台崩，夫人溺死。

女博士　甄后年九岁时，喜攻书，每用诸兄笔砚。兄曰："欲作女博士耶？"后曰："古者贤女未有不览经籍，不然，成败安知之？"

灵蛇髻　甄后入魏宫，宫廷有绿蛇，口中恒有赤珠，若梧子大，不伤人；人欲害之，则不见。每日后梳妆，则盘结一髻形，后效而为髻，巧夺天工。故后髻每日不同，号为灵蛇髻。宫人拟之，十不得其一二。

女怀清台　《货殖传》：巴蜀寡妇清，其先得丹穴，而擅其利数世，家亦不赀。用财自卫，不见侵侮。始皇为筑女怀清台。

妇女

妲己赐周公　五官中郎将曹丕趁乱娶了袁熙的妻子，孔融（文举）《与曹操书》中说："周武王讨伐商纣，然后把商纣王的妃子妲己赐给了周公。"曹操因为孔融非常博学，就信以为真。后来问孔融，孔融回答说："用现在的事来推测，想来应该是这样吧。"

效颦　西施心痛的时候就用手捂着心口皱眉头，这个时候却愈发显出她的娇媚。有一个很丑的女子非常美慕并且效仿她，这就叫"效颦"。黄庭坚的诗说："今代捧心学，取笑类西施。"

新剥鸡头肉　杨贵妃沐浴过后，对着镜子化妆，衣裙褪下来露出了一个乳房，唐明皇用手抚摸着说："柔软又温润，新剥鸡头肉。"安禄山在旁边立刻接上说："温润又光滑，犹如塞上酥。"

长舌　《诗经》说："妇女有长舌，那是败坏的祸殃。"

守符　楚昭王的夫人是齐国的女子。昭王出去游玩，把夫人留在渐台。长江的洪水大举而来，昭王派使者去迎接夫人，却忘了拿符。夫人说："大王与我约定，要召见我必定用符。"现在使者没有拿符，便不敢跟着走。使者忙回去取符，这时渐台崩塌，夫人被淹死了。

女博士　甄皇后九岁的时候，喜欢读书，常常用她哥哥的笔和砚。哥哥说："你是想要做女博士吗？"她说："古代贤惠的女子没有不看经书的，不这样，怎么能知道事情的成败呢？"

灵蛇髻　甄皇后入魏宫以后，宫廷里有一种绿色的蛇，嘴里常衔着颗红色的珠子，像梧桐籽那么大，从不伤人；如果有人想伤害它，它就不见了。每天皇后梳妆的时候，它就盘结成一个发髻的形状，皇后也仿效它来盘发髻，巧夺天工。所以皇后的发髻每天都不一样，号称灵蛇髻。宫女也仿效皇后，但十个人中难有一两个像的。

女怀清台　《史记·货殖传》记载：巴蜀之地有个寡妇叫清，她的祖先得到一个丹穴，于是几代人得利，家里很富。并且用财产来自卫，没有受到侵犯与欺辱。秦始皇为她建造了"女怀清台"。

国色　《公羊传》：郦姬者，国色也。《天宝遗事》：都下名妓楚莲香，国色无双，每出则蜂蝶相随，慕其香也。

长女子　明德马皇后、和熙邓皇后俱七尺三寸，刘曜刘皇后七尺八寸，俱以美称。

妇人有须　李光弼之母李氏，封韩国太夫人，有须数十茎，长五寸，为妇人奇贵之相。

夜辨绝弦　蔡琰六岁，夜听父邕弹琴，弦绝。琰曰："第二弦断也。"复故断一弦，琰曰："第四弦也。"邕曰："偶中耳。"琰曰："季札观风，知四国兴衰；师旷吹律，知南风不竞。由是言之，安得不知乎？"

尤物　《左传》：叔向欲娶申公巫臣女，其母曰：汝何以为哉？夫有尤物，足以移人。苟非礼义，则必祸及。

钩弋宫　钩弋夫人，齐人，右手拳。望气者云："东方有贵人气。"及至，见夫人姿色甚伟，帝披其手，得一钩，手遂不拳。故名其宫曰钩弋宫。

花见羞　五代刘郛侍儿王氏，有绝色，人号花见羞。

疗饥　隋炀帝每视绛仙，顾内使曰："古人谓秀色可餐。若绛仙者，可以疗饥矣。"

倾城倾国　李延年歌曰："北方有佳人，绝世而独立。一顾倾人城，再顾倾人国。非不知倾城与倾国，佳人难再得！"

远山眉　赵飞燕为妹合德养发，号新兴髻；为薄眉，号远山黛；施小朱，号慵来妆。又《玉京记》："卓文君眉色不加黛，如远山。人效之，号远山眉。"

国色　《公羊传》记载：那个叫骊姬的人是一国中最美的女子。《开元天宝遗事》记载：京都的名妓楚莲香，整个国家这样美貌的女子再无第二个，每次出门都有蜜蜂和蝴蝶追随着，那是因为爱慕她身上的香气。

长女子　东汉明帝的马皇后、东汉桓帝邓皇后都身高七尺三寸，刘曜的刘皇后七尺八寸，她们也都以美貌而闻名。

妇人有须　李光弼的母亲李氏被封为韩国太夫人，她有几十根胡须，长达五寸，这是女子奇贵的面相。

夜辨绝弦　蔡琰六岁的时候，夜里听父亲蔡邕弹琴，有一根弦断了。蔡琰说："断的是第二根弦。"蔡邕便故意再弄断一根，蔡琰说："这是第四根弦。"蔡邕说："这不过是偶然猜中的罢了。"蔡琰说："季札观赏国风，便知道四个国家的兴衰；师旷吹奏，从南方乐音微弱知道楚国必败。从这些例子来看，怎么能说我就不知道断的是哪根弦呢？"

尤物　《左传》记载：叔向想要娶申公巫臣的女儿，他的母亲说："你为什么要做这件事呢？那些绝色美女，便足以改变一个人。如果所行不合于礼义，就一定会招来灾祸。"

钩弋宫　钩弋夫人是齐地的人，右手总是拳着。能望气的相士说："东方有贵人气。"等到了地方，发现钩弋夫人姿色很美丽，武帝打开她的手，得到一个钩子，此后她的手就不拳了。所以把她住的宫殿叫钩弋宫。

花见羞　五代时刘郭的侍女王非常美丽，人称花见羞。

疗饥　隋炀帝每次看到妃子吴绛仙，便回顾宦官说："古人说'秀色可餐'。像绛仙这样的人，就可以充饥了。"

倾城倾国　李延年的《佳人歌》："北方有美人，绝世而独立。一回头引出一城人，再回头引出一国人。不管是一城还是一国，美人难再得！"

远山眉　赵飞燕为她的妹妹赵合德蓄头发，号为新兴髻；修淡眉，号为远山黛；点小块的朱砂印，号为慵来妆。另外，《玉京记》记载："卓文君的眉毛不用黛来画，看上去像远山一样。人们都效仿，号为远山眉。"

鸦髻 巴陵鸦不畏人，除夕，妇人各取一只，以米粱喂之。明旦，各以五色缕系于鸦顶，放之，视其方向，卜一年休咎。其占云："鸦子东，兴女红；鸦子西，喜事齐；鸦子南，利桑蚕；鸦子北，织作息。"甚验。又元旦梳头，先以栉理其羽毛，祝曰："愿我妇女，鬒发髟髟。惟百斯年，似其羽毛。"楚人谓女髻为鸦髻。

淡妆 《杨妃传》：虢国夫人不施妆粉，自有容貌，常淡妆以朝天子。杜甫诗："虢国夫人承主恩，平明上马入宫门。却嫌脂粉涴颜色，淡扫蛾眉朝至尊。"

嫫母 黄帝妃嫫母，貌𪏭催_{音灰，丑面也}而贤，帝甚爱之。文忠："反蒙华衮褒，如誉嫫母艳。"

无盐 《列女传》：无盐者，齐之丑女，自诣宣王，陈时政，王拜为后。

书仙 《丽情集》：长安中有妓女曹文姬，尤工翰墨，为关中第一，时号书仙。

钱树子 《乐府杂录》：许子和，吉州永新人，以倡家女入宫，因名永新，能变新妆。临卒，谓其母曰："阿母，钱树子倒矣！"

章台柳 唐韩翃与妓柳姬交稔，明，淄青节度使侯希逸奏以为从事。历三载离别，乃寄诗云："章台柳，章台柳，往日青青今在否。纵使长条似旧垂，也应攀折他人手。"柳答云："杨柳枝，芳菲节，可恨年年赠离别。一夜西风忽报秋，纵使君来不堪折！"

桐叶题诗 蜀侯继图倚大慈寺楼，见风飘一大桐叶，上有诗："拭翠敛蛾眉，为忆心中事。搦管下庭除，书作相思字。天下有心人，尽解相思死。天下负心人，不识相思意。有心与负心，

鸦髻　巴陵的乌鸦不怕人，到了除夕，女子各抓一只来，用粮食来喂它。到了元旦早上，都用五色丝线系在乌鸦的头顶，然后放飞，看它飞的方向，用这来占卜一年的吉凶。其占辞说："鸦子东，兴女红；鸦子西，喜事齐；鸦子南，利桑蚕；鸦子北，织作息。"非常灵验。还有，在元旦梳头时，先用梳子梳理乌鸦的羽毛，祈祷说："祝愿我家女子，头发又密又长。惟愿人世百年，像它羽毛一样。"楚地的人称女子的发髻为"鸦髻"。

　　淡妆　《杨妃传》记载：杨贵妃的姐姐虢国夫人不擦脂抹粉，不施妆粉，自恃容貌美丽，经常只化淡妆便来朝见天子。杜甫诗说："虢国夫人承主恩，平明上马入宫门。却嫌脂粉涴颜色，淡扫蛾眉朝至尊。"

　　嫫母　黄帝的妃子嫫母，相貌非常丑陋催，音灰，长相丑陋，但人却很贤惠，黄帝非常爱她。欧阳修《答原父》诗说："反而受到君王的褒奖，就好像在称赞嫫母长得漂亮。"

　　无盐　《列女传》记载：无盐是齐国的丑女，她自行拜见齐宣王，陈述时政，齐宣王封她为皇后。

　　书仙　《丽情集》记载：长安城中有个妓女曹文姬，非常擅长写字，是关中第一，当时人号称她为书仙。

　　钱树子　《乐府杂录》记载：许子和，吉州永新人，以歌妓的身份入宫，便取名永新，能变出新的化妆之术。临死的时候，对她的母亲说："阿妈，摇钱树倒了呀！"

　　章台柳　唐代的韩翃与妓女柳姬交情很好，第二年，淄青节度使侯希逸进奏任韩翃为从事。经过了三年的离别，韩翃寄诗给柳姬："章台柳，章台柳，往日青青今在否。纵使长条似旧垂，也应攀折他人手。"柳姬答诗："杨柳枝，芳菲节，可恨年年赠离别。一夜西风忽报秋，纵使君来不堪折！"

　　桐叶题诗　蜀地的侯继图倚靠着大慈寺楼，见到随风飘落的一片大桐叶，上面有诗："抚平翠叶皱蛾眉，只为记起心中事。手拿毛笔下台阶，写出两行相思字。所幸天下有心人，不惜为了相思死。可恨天下负心人，浑然不解相思意。无论有心与负心，

不知落何地。"后二年，继图卜任氏为婚，乃题叶者。

白团扇　晋中书令王珉与嫂婢情好甚笃，嫂鞭挞过苦。婢素善歌，而珉好持白团扇，其婢制《团扇歌》云："团扇复团扇，许持自障面。憔悴无复理，羞与郎相见。"

金莲步　齐东昏侯凿金为莲花以贴地，令潘妃行其上，曰："此步步生金莲也。"

邮亭一宿　陶谷学士出使江南，韩熙载命妓秦弱兰诈为邮卒女，拥帚扫地，陶因与之狎，赠词名《风光好云》："好因缘，恶因缘。只得邮亭一夜眠。别神仙。琵琶拨尽相思调，知音少。待得鸾胶续断弦。是何年。"

司空见惯　唐杜鸿渐为司空，镇洛时，韦应物为苏州刺史，过洛，杜设宴待之，出二妓歌舞，酒酣，命妓索诗于韦。韦醉甚，就寝。中夜见二妓侍侧，惊问故，对以席上作诗，司空命侍寝。令诵其诗，曰："高髻云鬟宫样妆，春风一曲《杜韦娘》。司空见惯浑闲事，恼乱苏州刺史肠。"

媚猪　南汉主刘铱得波斯女，黑脰而妖艳，嬖之，赐号媚猪。

燕脂虎　陆慎言妻朱氏，沉惨狡妒。陆宰尉氏，政不在己，吏民谓之燕脂虎。

燕脂　纣以红蓝花汁凝作脂，以为桃花妆。盖燕国所出，故名燕脂。今写"燕"字加"月"，已非；其有"因"旁亦加"月"者，更大谬矣。《日札》云：美人妆，面既傅粉，

此叶谁知落何处。"过了两年，侯继图娶了任氏为妻，原来就是在桐叶上写诗的人。

白团扇　晋朝中书令王珉与嫂子的侍婢感情很亲厚，而嫂子对待侍婢不好，经常鞭打她。侍婢擅长唱歌，而王珉又喜欢拿着白团扇，侍婢就创作了一首《团扇歌》："白团扇啊白团扇，可以拿它遮脸面。受刑憔悴未恢复，害羞不与郎相见。"

金莲步　南齐东昏侯用金子凿成莲花的样子贴在地上，让潘妃在上面行走，说："这才是步步生金莲啊。"

邮亭一宿　陶穀学士出使江南，韩熙载让一个妓女秦弱兰伪装成驿站小吏的女儿，拿着笤帚扫地，陶穀便与她谐鱼水之欢，并赠了一首《风光好》词给她："不管好因缘，还是坏因缘。只为来邮亭，与你一夜眠。别神仙。别后拿琵琶，尽把相思弹，知音难。要等家中变，可来重续弦。是何年。"

司空见惯　唐代的杜鸿渐官为司空，镇守洛阳的时候，苏州刺史韦应物路过洛阳，杜鸿渐设宴款待他，并叫来两个歌妓来唱歌伴舞，喝酒到了兴头上，便让歌妓向韦应物求诗。后来韦应物醉得厉害，便睡下了。半夜醒来看到竟然有两个歌妓在旁边，大吃一惊，便问原故，歌妓回答说因为酒席上他作了诗，所以司空大人命她们来侍寝。韦应物让她们读一下他作的诗，她们读道："高髻和云鬟，歌女宫内妆。如坐春风里，一曲《杜韦娘》。司空自见惯，视此浑如常。可怜韦刺史，心动已断肠。"

媚猪　南汉之主刘𬬮得到一个波斯女，长得又黑又肥，极为妖艳，刘𬬮非常宠爱她，赐她外号为"媚猪"。

燕脂虎　陆慎言的妻子朱氏，为人阴沉残酷、忌妒狡猾。陆慎言在尉氏做县尉，但政事却不由自己，官民都称朱氏为"燕脂虎"。

燕脂　殷纣王用红蓝花汁凝结成脂，来做桃花妆。因为这出自燕国，所以取名叫"燕脂"。现在写成"燕"字加"月"字旁，已经不对了；甚至有人写为"因"字加"月"字旁，那就更是大错特错了。《留青日札》记载说：美人妆的方法，在脸上先打底粉，

复以燕脂调匀掌中，施之两颊，浓者为酒晕妆，浅者为桃花妆，薄施朱以粉罩之，为飞霞妆。唐僖、昭时，都下竞事妆唇，妇女以分妍否，其有名石榴娇、大红春、小红春十七种。

偷香 晋韩寿美姿容，贾充辟为掾史，充女窥寿悦之，遂与通。是时，外国贡异香，袭人衣经月不散，帝以赐充。充女偷以赠寿，充觉，以女妻之。

宿瘤女 《列女传》：初齐王出游，百姓尽往观，宿瘤女采桑如故。王怪问之，对曰："妾受父母命教采桑，不受观大王。"王以为贤，欲载之后车，女曰："父母在堂，不受命而往，是奔也。"王奉礼往聘之。父母惊，欲洗沐加衣裳，女曰："变容更服，王不识也。"遂如故至宫，王以为后。

飞天纟介 唐末宫中髻号闹扫妆，形如焱风散，盖盘鸦、堕马之类。宋文元嘉中，民间妇人结发者，三分抽其鬟，向上直梳，谓飞天纟介。

流苏髻 轻云鬓发甚长，每梳头，立于榻上犹拂地，已绾髻，左右馀发各粗一指，束结作同心带，垂于两肩，以珠翠饰之，谓之流苏髻。富家女子多以青丝效其制。

断臂 五代王凝妻李氏。凝家青、齐之间，为虢州司户参军，以疾卒于官。凝素贫，一子尚幼。李氏携其子负骸以归。过开封，

再在手掌中把燕脂调匀，轻抹在两颊，浓一些的叫"酒晕妆"，浅一些的叫"桃花妆"，若再轻轻抹一些朱砂再用粉覆盖，这叫"飞霞妆"。唐代僖宗和昭宗的时候，京城都争相化妆嘴唇，女子用这来区分美丽与否。其中有名为"石榴娇"、"大红春"、"小红春"等十七种。

偷香　晋朝的韩寿形体、面貌都很美，贾充任命他为自己的掾史。贾充的女儿偷偷窥视韩寿，很是喜欢他，便与他私通。当时，有外国进贡的奇特香料，染到衣服上一个月都不会散尽，皇帝把它赐给贾充。贾充的女儿偷来赠给韩寿。后来贾充发现了这件事，便把女儿给韩寿做妻子。

宿瘤女　《列女传》记载：起初，齐王出朝游玩，百姓都去观看，有一个脖子上长着瘤子的女子却还像之前一样采桑。齐王觉得很奇怪便问她原因，她回答说："小女子受父母之命来采桑，却没有受命来看大王。"齐王认为她很贤惠，便想让她上车带她入宫，她说："有父母在家，如果没有得到父母的命令便跟人走，那就是私奔。"齐王便捧着礼物去她家里下聘。她的父母很吃惊，想要让她沐浴并打扮一下再走，她说："改变容貌和衣服，齐王就不认识了。"于是便与采桑时一样到了内宫，齐王封她为王后。

飞天纷　唐末宫廷内流行的发髻叫"闹扫妆"，形状就好像被大风吹散了一样，其实也属于"盘鸦髻"、"堕马髻"之类。宋文帝元嘉年间，民间有女子结发髻的时候，把头发的三分从发髻中抽出来，向上梳直，叫作飞天纷。

流苏髻　有个叫轻云的女子头发很长，每次梳头时，站在床上头发还是会垂到地下，结好发髻之后，左右剩馀的头发还各有一指粗，便再束起来结成同心带，垂在两边的肩上，再用珠宝来装饰，这就叫"流苏髻"。富人家的女孩子大多用黑色的丝线来模仿这种发型。

断臂　五代时的王凝娶了妻子李氏。王凝家住在青州和齐地之间，官为虢州司户参军，因病死于任所。王凝向来很穷，有一个儿子年纪还很小。李氏带着孩子运送他的骸骨回乡。过开封的时候，

旅舍主人不与其宿。适天暮，李氏不肯去，主人牵其臂而出之。李氏恸曰：“我为妇人，不能守节，此手为人所执耶！不可以此手并辱吾身。”遂引斧断其臂。开封尹闻之，厚恤李氏，而笞其主人。

截耳断鼻　夏侯令女，谯人曹爽从弟文叔妻。文叔早死，恐家必改嫁，乃断发为信。后家果欲嫁之，令女复以刀截两耳。及爽被诛，夫家夷灭已尽，父使人讽之，令女复断鼻，而不改其执义之志。

割鼻毁容　高行，梁之节妇，荣于色，美于行。夫早死，不嫁。梁王使相聘焉，再三往。高行曰：“妇人之义，一醮不改。忘死而贪生，弃义而从利，何以为人？”乃援镜持刀割其鼻，曰：“王之求妾者，求以色耶。刑馀之人，殆可释矣。”相以报王，旌之曰高行。

守义陷火　伯姬，宋共公夫人，鲁宣公之女。共公卒，伯姬寡居。夜失火，左右曰：“夫人可避乎？”伯姬曰：“妇人之义，保傅在前，夜始下堂。”顷之，左右又曰：“夫人少避乎？”伯姬曰：“越义而生，不若守义而死！”遂陷于火。

请备父役　女娟。赵简子伐楚，与津吏期，吏醉，不能渡，简子欲杀之。女娟请以身代，曰：“妾父尚醉，恐心知非而体不知痛也。”简子释其父。将渡，少楫者一人，娟请备父役，简子不许，娟曰：“汤伐夏，左骖牝骊、右骖牝黄而放桀；武王伐殷，

旅舍主人不让她住宿。正好天晚了，李氏不愿意离开那里，主人拉着她的胳膊把她拉出去。李氏痛哭说："我是个妇女，但却不能守节，而任人来拉我的胳膊吗！我不能让这只手来羞辱我的身体。"于是便拿斧头砍断了她的胳膊。开封府尹听到了这件事，优厚地抚恤李氏，并惩罚了那个主人。

截耳断鼻　夏侯令的女儿，是谯国人曹爽堂弟曹文叔的妻子。曹文叔早早死了，她怕家里逼她改嫁，便剪断头发来明志。后来家里果然要她改嫁，她便又用刀割去了两个耳朵。等到曹爽被司马懿诛杀，她丈夫的家族也已经被消灭殆尽，她父亲又让人来劝说她，她又割了自己的鼻子，表示不改变她坚持守节的志向。

割鼻毁容　高行，是梁国的贞节妇女，相貌很美，行为更美。她的丈夫早死了，她没有再嫁。梁王派国相去下聘，去发几次。高行说："妇女的品行，在于嫁一次而不再更改。如果贪生怕死，见利忘义，怎么能算是人呢？"于是便对着镜子拿刀割下了自己鼻子，说："梁王之所以来娶我，不过是因为我的美貌罢了。现在我已经成了毁容之人，大王或者可以释放我了吧。"国相回去报告给了梁王，梁王表奖她，给她取名叫"高行"。

守义陷火　伯姬是宋共公的夫人，鲁宣公的女儿。宋共公死了，伯姬守寡独居。有天夜里住所失火，左右的人问说："夫人可以躲避一下吗？"伯姬说："妇人的义，就是有保姆与师傅在跟前，才会在夜里走出房间。"一会儿，左右的人又问："夫人能否稍微避开一会呢？"伯姬说："越过妇人的义而活下去，不如守着义死去！"于是便死于火中。

请备父役　有个女孩叫女娟。赵简子征伐楚国的时候，与渡口的小吏约好了日期，小吏喝醉了，不能引渡，赵简子想杀了他。女娟请求让自己来代替父亲，说："我父亲还在酒醉之中，恐怕心里知道错了但身体却不知道痛吧。"赵简子释放了她的父亲。将要渡河时，缺了一个划船的人，女娟请求担负父亲的任务，赵简子不允许，女娟说："商汤讨伐夏朝的时候，左边是纯黑色的母马，右边是黄色的母马，最后仍然把夏桀流放了；周武王讨伐殷商的时候，

左骖牝骐、右骖牝骝而克纣。主君渡，用一妇何伤？"因发《河激之歌》，以明其意。简子悦，曰："昔者不榖梦娶，岂此女耶？"将使人祝袯，以为夫人。娟曰："妇人之道，非媒不嫁。妾有严亲在，不敢闻命。"乃纳币于其亲，而娶为夫人。

以身当熊　冯昭仪，冯奉世女，汉元帝选入宫。上幸虎圈，熊逸出，左右皆惊走。惟婕妤当熊而立，熊见杀。上问冯曰："人皆惊惧，汝何当熊？"对曰："妾闻猛兽得人而止，恐至御座，故以身当之。"上嗟叹良久，立为昭仪。

速尽为幸　皇甫规妻善属文，工草篆。规卒，董卓厚聘之，骂曰："君羌胡之种，毒害天下犹未足耶！皇甫氏为汉忠臣。君其走吏，敢非礼于上！"卓怒，悬其头庭中，鞭朴交下。规妻谓持杖者曰："速尽为幸。"

义保　鲁孝公之保母。初，鲁武公生三子，长括，次戏，少称。武公朝周宣王，带子括、戏同往。宣王见戏端重，命武公立为世子。及武公薨，国人立戏，是为懿公。括子伯御弑懿公而自立，并欲求公子称而杀之。义保闻，即以己子卧公子床上，将公子易服而藏他所。伯御遂杀床上公子。义保抱所易服者，奔公子之母家。众大夫感其义，合词请于周天子，命戮伯御以立称，是为孝公。诸侯咸高保母之行，而呼为义保。

左边是有青黑色斑纹的母马，右边是红色黑鬃的母马，仍然打败了殷纣王。大人渡河，用一个女子又有什么关系呢？"并唱了一首《河激之歌》来表达自己的想法。赵简子很高兴，说："从前我梦到娶妻子，难道就是这个女子吗！"便要让人祈祷上天赐福，然后娶她为妻。女娟说："我听说女子行事的原则，若没有媒就不出嫁。小女子有父亲在堂，所以不敢听从大人的命令。"于是赵简子给她父亲送上彩礼，然后娶她为妻。

以身当熊　冯昭仪是冯奉世的女儿，汉元帝把她选入内宫为婕妤。元帝驾幸虎圈游玩，有只熊跑了出来，左右的人都吓跑了。只有冯婕妤站在熊面前，后来熊被左右的人杀死了。元帝问冯说："人人都害怕，你为什么站在熊面前啊？"她回答说："我听说猛兽抓住一个人就不会再伤害别人，怕它伤害皇上，所以用我的身体挡住它。"元帝赞叹了很久，并立她为昭仪。

速尽为幸　皇甫规的妻子善于写文章，而且工于草书和篆书。皇甫规死后，董卓用厚礼来聘用她，她大骂说："你不过是羌胡的杂种，毒害天下还不满足！皇甫氏是汉朝的忠臣，你不过是大汉的一个小吏，竟敢对上非礼！"董卓大怒，把她从头部吊在院子里，用鞭子和棍子来打她。她对打她的人说："快点把我打死就好了。"

义保　鲁孝公有个保姆。起初，鲁武公生了三个儿子，长子叫括，次子叫戏，最小的叫称。鲁武公去朝见周宣王，带着括、戏一起去。周宣王看到戏非常端庄稳重，便命鲁武公立戏为太子。等到鲁武公死后，国人便拥立了戏，这便是鲁懿公。括的儿子伯御杀了鲁懿公并自立为君，还四处搜寻公子称并想杀了他。那个保姆听到后，便把自己的儿子放在公子的床上躺着，让公子换了衣服藏在其他地方。伯御便杀了床上的公子。保姆抱着换了衣服的公子，逃到公子的母亲家里。鲁国的大夫们都为她的义气所感动，一起上书请求周天子诛杀伯御并立称为君，这就是鲁孝公。各国的诸侯也都很敬重保姆的行为，于是便称之为"义保"。

作歌明志　陶婴，鲁国陶门之女也，夫早死，以纺织抚孤。鲁人闻其少美，皆欲求聘之。婴闻而作歌以明志，曰："黄鹄之早寡兮七年不双，鹕颈独宿兮不随众翔。半夜悲鸣兮故雄系肠，天命早寡兮独宿何伤！寡妇念此兮泣下数行。呜呼哀哉兮死者不可忘！飞鸟尚然兮况于贞良，虽有贤匹兮终不重行。"鲁人闻而起敬，无复敢言往聘者。

天子主婚　胡氏者，学士广之女。解缙与广同邑，同科，同入翰林。一日，同侍建文帝侧。帝曰："闻二卿俱得梦熊之兆，朕为主婚，联作姻娅。"广对曰："昨晚缙已举子，臣亦生男，奈何！"帝笑曰："朕意如此，定当产女。"后果是女。建文逊国，解缙为汉邸谮死，妻子谪戍，广遂寒盟。胡氏泣曰："女命虽蹇，实天子主婚，何敢自轻失身？"乃割去左耳以明志。仁宗登极，诏赠缙爵，荫子中书舍人，给假与胡氏合卺；复赐金币添妆，闻者荣之。

作歌明志　　陶婴是鲁国陶门的女儿，她的丈夫早就去世了，她靠着纺织为生并抚养孤儿。鲁国人听说她年轻貌美，都想来向她求婚。陶婴听说后创作了一首歌来表明自己的心志，歌是这样的："黄鹄鸟失去伴侣啊，七年不能成对成双。鹄雏只能独自一人啊，无法与众鸟一起飞翔。每天半夜就悲鸣啊，那是因为对逝者的怀想。天意让我早寡啊，一个人过又有何不当！寡妇想到这里啊，总是泪下数行。呜呼哀哉啊，死者不能忘！连飞鸟都能如此啊，何况于坚贞的姑娘。即使有非常好的配偶啊，我也绝不再入洞房。"鲁人听后都肃然起敬，没有再敢说去求娶的了。

　　天子主婚　　胡氏是学士胡广的女儿。解缙与胡广是同乡，而且同年中进士，一起任职翰林院。有一天，一起侍奉建文帝。建文帝说："听说二位爱卿都快要生孩子了，我为你们主婚，让你们两家结为亲家吧。"胡广回答说："昨天晚上解缙已经生了儿子，如果我再生个男孩，那该怎么办？"建文帝笑着说："我已有这样的主意，所以你一定会生个女儿的。"而胡广家果然生了女儿。后来建文帝被迫让出了皇位，而解缙又被汉王诬陷而死，妻子与子女都被流放到辽东，胡广便想毁掉婚约。胡氏哭着说："女儿虽然命不好，但这是天子亲自主婚的，怎么敢自轻自贱而失身呢？"所以便割去左耳来明志。仁宗登极后，下诏赠还解缙的官爵，并让他的儿子官为中书舍人，给他假期让他与胡氏举行婚礼，还赐给胡氏金币来作为嫁妆。听到的人都觉得非常荣耀。

卷十四　九流部

道教

道家三宝　《太经》曰：眼者神之牖，鼻者气之户，尾闾者精之路。人多视则神耗，多息则气虚，多欲则精竭。务须闭目以养神，调息以养气，坚闭下元以养精。精气充则气裕，气裕则神完。是谓道家三宝。

三全　《洞灵经》曰：导筋骨则形全，剪情欲则神全，靖言路则福全。保此三全，是谓圣贤。

铅汞　《东坡志林》曰：人生死自坎离。坎离交则生，分则死；离为心，坎为肾。龙者，汞也，精也，血也，出于肾肝，藏之坎之物也。虎者，铅也，气也，力也，出于心肺，藏之离之物也。不学道者，龙常出于水，龙飞而汞轻，虎常出于火，虎走而铅枯。故真人曰："龙从火里出，虎向水中生。"人生能正坐瞑目，调息以久，则丹田湿而水上行，蓊然如云蒸于泥丸。火为水妃。妃，配也，热必从之，所谓龙从火里出也。龙出于火，则龙不飞而汞不干，旬日后，脑满而腰足轻，常卷舌舐悬雍上腭也。久则汞下入口，咽送直至丹田，久则化为铅，所谓火向水中生也。

道教

　　道家三宝　《太经》说：眼睛是精神的窗户，鼻子是气息的门户，尾闾穴是精气的通路。人用眼看得太多就耗精神，呼吸多就会导致气息虚弱，欲望多就会精气枯竭。所以必须闭上眼睛来养神，调理呼吸来养气，清心寡欲来养精。精气充足的话气息也就充裕，气息充实的话神气也就完足。这就是道家的"三宝"。

　　三全　《洞灵经》说：引导筋骨多活动就可保全形体，剪除情欲就可保全精神，少说话就可保全福气。保这三全，就是人们常说的圣贤。

　　铅汞　《东坡志林》说：人的生死都来自坎离。坎离相交就生，分开就死；离就是心，坎就是肾。所谓的龙，就是汞，也就是精、血，它出于肾肝，是藏在坎中的物质。所谓的虎，就是铅，也就是气、力，它出于心肺，是藏在离中的物质。不学道的人，龙就经常从水中出来，龙一飞走那么汞就轻了；虎经常从火中出来，虎一出走那么铅就枯了。所以得道的真人说："龙从火里出，虎向水中生。"人生在世如果能够正襟危坐，闭目调息很久，那么丹田就湿润而水气上行，就会像云一样在泥丸宫蒸腾起来。火是水之"妃"，"妃"就是"配"的意思，热气也必然跟从它，这就是所谓的"龙从火里出"。龙如果出于火，那么龙就不飞所以汞也不干，十天半月后，觉得头重而腰、足轻，再经常卷起舌头舔喉间的小舌和上腭。时间长了汞就进入口中，咽下去直送到丹田，久后就化为铅，这就是所谓的"火向水中生"。

三闭　收视，返听，内言。

八禽　道经有熊经、鸟申、凫浴、猨躩、鸱视、虎顾、鸤息、龟缩，谓之八禽。

五气朝元　以眼不视，而魂在肝；以耳不听，而精在肾；以舌不声，而神在心；以鼻不嗅，而魄在肺；以四肢不动，而意在脾：名曰五气朝元。

三华聚顶　以精化气，以气化神，以神化虚，曰三华聚顶。

九易　王母谓汉武曰：子但爱精握固，闭气吞液。一年易气，二年易血，三年易精，四年易脉，五年易髓，六年易皮，七年易骨，八年易发，九年易形。形易则变化，变化则道成，道成则为仙人。

三关　华阳真人曰：子时肺之精华并在肾中，号曰金晶。晶者，金水未分，肺肾之气，合而为一。当时用法，自尾闾穴下关搬至夹脊中关，自中关搬至玉京上关，节次开关以后，一撞三关，直入泥丸。三关者，海波对大骨节为尾闾下关，腰内两肾对夹脊为中关，一名双关，左右两肩正中，于胸顶下会处高骨节为玉枕上关。此谓之三关。

三尸　刘根遇异人，告之曰："必欲长生，先去三尸。人身中有神，皆欲人生，而三尸只欲人死。人死则神变，而尸成鬼，子息祭享，得歆享之。人梦与恶人争斗，皆尸与神战也。"

鸣天鼓　《道书》："学道之人须鸣天鼓，以召众神。"左相叩为天钟，右相扣为天磬，上下相扣为天鼓。若祛却不祥，

三闭　收回视线，不听声音，不说话。

八禽　道家经书记载有熊罴行进之术、飞鸟伸脚之术、兔雁游泳之术、猿猴攀援之术、鸱鸮夜视之术、老虎回顾之术、鸱鸟引气之术、乌龟伸缩之术，总称为"八禽术"。

五气朝元　不用眼睛去看，那么魂就安放在肝里；不用耳朵去听，那么精就安放在肾里；不用舌头说话，那么神就在心里；不用鼻子去闻，那么魄就在肺里；不用四肢去运动，那么意就在脾里：这就叫作"五气朝元"。

三华聚顶　把精变成气，把气变成神，把神变成虚，这就叫"三华聚顶"。

九易　西王母对汉武帝说：你只要爱护精气，固守而不让流出，多吸气，吞咽唾液。那么一年便可以换气，两年可换血，三年可以换精，四年可以换脉，五年可以换骨髓，六年可以换皮肤，七年可以换骨骼，八年可以换头发，九年可以换形体。换了形体就可以变化，可以变化就表明你修成了道，修成道的话你就是仙人了。

三关　华阳真人说：每天子夜的时候肺的精华都在肾里，号称为金晶。晶，就是金、水还没有分开，而肺、肾的气合而为一。在那个时候用法如下：从尾闾穴的下关搬到夹脊的中关，从中关搬到玉京的上关，按顺序开关之后，一下子冲过三关，直入泥丸宫。所谓的三关，海波对着大骨节的地方是尾闾下关，腰内两肾对着夹脊的地方是中关，又叫双关，左右两肩的正中，在胸顶部下会处的高骨节那里是玉枕上关。这就是所说的"三关"。

三尸　刘根遇到一个奇异的人，对他说："如果想要长生不老，就要先去掉三尸。人的身体中有神，都想让人活，但三尸却只想让人死。人若死了那么神也就变化了，尸变成鬼；后代便要祭祀，鬼也一起享受到了祭祀。人梦到与坏人争斗，其实就是尸和神在战斗。"

鸣天鼓　《道书》记载说："学道的人必须要鸣天鼓，用来召唤众神。"左边的牙齿互相叩击就是鸣天钟，右边的相互叩击就是鸣天磬，上下相互叩击就是鸣天鼓。如果要驱除不祥的事，

则鸣钟，伐鬼灵也；制伏邪恶，则鸣磬，集百神也；念道至真，则鸣鼓，朝真圣也。要闭口缓颊，使声虚而响应深。

三清　玉清，元始天尊；上清，玉宸道君，即灵宝天尊；太清，混元老君，即道德天尊。

老君　即老聃李耳，著《道德经》五千言，为道家之宗。以其年老，故号其书曰《老子》。亳州南宫九龙井前，有升仙桧、炼丹井，皆其遗迹。

羡门　紫阳真人周义山入蒙山中，遇羡门子乘白鹿，佩青髦之节，再拜乞长生诀。羡门曰："子名在丹台，何忧不仙？"

偓佺　《列仙传》：偓佺，槐里采药人也，食松实，形体生毛四寸，能飞行捷足。

壶公　汉壶公卖药，悬空壶于市肆，夜辄跳入壶中。费长房于楼上见之，知其非常人，乃日进饼饵，公语曰："随我跳入壶中，授子方术。"

广成子　黄帝闻广成子在崆峒山，往问长生之术。广成子曰："必静必清，毋劳尔形，无摇尔精，可以长生。"

许飞琼　西王母降汉武帝殿，有侍女四人。帝问其名，曰："许飞琼，董双成，婉凌华，段安香。"

安期生　卖药海边，秦始皇东游，请与言，三日三夜，赐金璧数千万，出置阜乡亭而去，留玉舄为报，遗书与始皇曰："后数十年求我于蓬莱山下。"生以醉墨洒石上，皆成桃花。

隔两尘　韦子威师事丁约，一日辞去，谓子威曰："郎君得道尚隔两尘。"儒家曰世，释家曰劫，道家曰尘，言子威尚有两世尘缘也。

地行仙　张安道生日，东坡以拄杖为寿，有诗云："先生真是地行仙，住世因循五百年。"

就鸣天钟，这是讨伐鬼灵的；如果要制伏邪恶就鸣天磬，这是召集百神的；如果要静养修道，就鸣天鼓，这是朝见真人圣人的。鸣天鼓的时候要闭上嘴、舒缓脸颊，让声音虚空并且响应更深。

三清　玉清，就是元始天尊；上清，就是玉宸道君，也叫灵宝天尊；太清，就是混元老君，也叫道德天尊。

老君　老君就是老聃李耳，写了五千字的《道德经》，成为道家的开山之祖。因为他的年纪很老，所以称他的书叫《老子》。在亳州南宫的九龙井前，有升仙桧、炼丹井，都是他的遗迹。

羡门　紫阳真人周义山进入蒙山中，遇到仙人羡门子乘着白鹿，佩戴着青髦节，他连连下拜乞求长生的秘诀。羡门子说：“你的名字本来就在天府之中，还担心成不了神仙吗？”

偓佺　《列仙传》记载：偓佺，是槐里的采药人，吃松果，身体上长出四寸长的毛，可以飞行，也可飞奔。

壶公　汉代的壶公卖药，在市场上挂着空壶，晚上就跳到壶里去。费长房在楼上看到了这一幕，知道他不是平常人，便每天都向他进献食品，壶公对他说：“跟着我跳到壶里去吧，我传授给你仙术。”

广成子　黄帝听说广成子在崆峒山，便前去询问长生的法术。广成子说：“必静必清，毋劳尔形，无摇尔精，可以长生。”

许飞琼　西王母降临到汉武帝的宫殿里，带着四名侍女。汉武帝问她们的名字，回答说：“许飞琼，董双成，婉凌华，段安香。”

安期生　安期生在海边卖药，秦始皇东游的时候，请求与他交谈，谈了三天三夜，赏赐给他金璧几千万，他出来买了阜乡亭然后便走了，留下一双玉做的鞋作为报答，并留下一封信给秦始皇说：“再过几十年到蓬莱山下找我。”安期生曾经喝醉时把墨汁洒在石头上，墨汁便都变成了桃花。

隔两尘　韦子威拜丁约为师，一天他要告辞而去，丁约对韦子威说：“你若要得道还隔着两尘。”儒家叫“世”，佛家叫“劫”，道家叫“尘”，这是说韦子威还要有两世的尘缘未了。

地行仙　张安道生日的时候，苏轼用一根拐杖来贺寿，并有诗说：“先生真是地行仙，住世因循五百年。”

仙台郎　《续仙传》：晋侯道华晨起，飞上松顶，谢众曰："玉皇召我为仙台郎，今去矣。"

仙人好楼居　《郊祀志》：汉武帝以道士公孙卿言仙人好楼居，于是作首山宫，建章安宫、光明宫，千门万户，皆极侈靡，欲神仙来居其上也。

画水成路　吴猛好道术，携弟子回豫章，江水大急，人不得渡。猛以手中扇画江水，横流遂成陆路，徐行而过。少顷，水复如初。

喷酒救火　后汉栾巴为尚书郎。正旦，上赐酒，向蜀喷之，有司奏不敬。巴谢曰："臣以成都失火，故喷酒救之。"后成都奏失火，得雨而灭，雨中有酒气。

吐饭成蜂　《列仙传》：葛玄从左元放受《九丹经》。仙与客对食，吐饭成大蜂数百，复张口，蜂飞入口，嚼之，又成饭。大旱时，百姓忧之，乃飞符著社，天地晦暝，大雨如注。

叱石成羊　《神仙传》：黄初平年幼牧羊，有一道士引入金华山石室中，数年，教以导引。其兄初起遍索之，后问一道士，曰："金华山有牧儿。"兄随往，与初平相见，问羊何在？曰："在山东。"兄同往，见白石遍山下，平叱之，皆起成羊。

钻石成丹　《真诰》：傅先生入焦山，老君与之木钻，使穿一石，厚五尺，云穿此便当得道。傅日夜钻之，经四十七年，石穿，遂得丹升仙。

剪罗成蝶　宋庆历中，有九哥者，浪迹市丐中，燕王呼而赐之酒，因请以技悦王。乃乞黄罗一端，金剪一具，叠而剪碎之，

仙台郎　《续仙传》记载：晋代的侯道华早晨起来，便飞上了松树顶，感谢众人说："玉皇大帝召我当仙台郎，现在就要走了。"

仙人好楼居　《郊祀志》记载：汉武帝因为道士公孙卿说仙人喜欢住在楼里，于是便建造了首山宫，又建了章安宫、光明宫，千门万户，都极为华丽奢侈，就是想让神仙来住在这上面的。

画水成路　吴猛喜欢道术，带着弟子回豫章的时候，江水非常急，人没办法渡过去。吴猛用手里的扇子画了一下江水，江便成为了陆地上的道路，大家慢慢地走过去。过了一会儿，水又恢复到原先的样子。

噀酒救火　后汉的栾巴当尚书郎。元旦的时候，皇帝赐酒给他，他喝后向着蜀地喷，官府上奏说他不敬。栾巴谢罪说："臣是因为成都失火，所以喷酒来救火。"后来成都上奏朝廷说失了火，但很快下了雨灭了火，不过雨中却带着酒气。

吐饭成蜂　《列仙传》记载：葛玄跟随左元放学习《九丹经》。仙人与客人对着吃饭，把饭吐出来就变成几百只大蜂，再张口，蜂飞进嘴里，便嚼了，又还是饭。大旱的时候，百姓很发愁，于是便作符书到社庙里，天很快就阴暗正来，然后便大雨如注。

叱石成羊　《神仙传》：黄初平小时候放羊，有一个道士把他引到金华山的石室里，在几年的时间里，教他学仙的导引之术。他的哥哥黄初起到处找他，后来问一个道士，那人说："金华山里有一个放羊的孩子。"哥哥便跟着去了，与初平相见，问他羊在哪里，他回答说："在山的东边。"哥哥与他一起去看，只见山下都是白色的石头，初平吆喝了一声，这些石头都变成羊起来了。

钻石成丹　《真诰》记载：傅先生进入焦山，太上老君给了他一个木钻，让他把一块厚有五尺的石头钻穿，说如果钻穿了就可以得道成仙。傅先生便日夜不停地去钻，一直钻了四十七年，才把石头钻穿了，于是便得到仙丹并飞升成仙。

剪罗成蝶　宋代的庆历年间，有一个叫九哥的人，混迹在市区的乞丐之中，燕王叫他来赐给他酒喝，所以他请求表演杂技来取悦燕王。于是要了一匹黄罗绮，一把金剪刀，把罗绮叠起来用剪刀剪碎，

俄成蜂蝶无数，或集王襟袖，或乱栖宫人鬓鬟。九哥复呼之，一一来集，复成一匹罗。中有一空如一蝶之痕，乃宫人偶捉之耳。王曰："此蝶可复完罗否？"九哥曰："不必，姑留以表异。"

羽客　唐保大中，道士谭紫霄，号金门羽客。

外丹内丹　道家所烹鼎金石为外丹，吐故纳新为内丹。

黄冠　唐李淳风之父名播，仕隋，弃官为道士，自号黄冠子。

卧风雪中　谭峭字景升，冬则衣绿布衫，或卧雪中。父常遣家僮寻访，寄冬衣及钱帛。景升得之，即分给贫寒者；或寄酒家，一无所留。

八仙　汉钟离，名权，字云房，以裨将从周处与齐万年战，败，逃终南山，遇东华王真人。至唐始一出，度吕岩，自称天下都散汉。

吕纯阳，名岩，字洞宾。举进士不第，遇钟离，同憩一肆中，钟离自起炊爨。吕忽昏睡，以举子赴京，状元及第，历官清要，前后两娶贵家女，五子十孙，簪笏满门，如此四十年。后居相位，独相十年，权势熏灼。忽被重罪，籍没家资，押赴云阳，身首异处。忽然惊醒，方兴浩叹。钟离在傍，炊尚未熟，笑曰："黄粱犹未熟，一梦到华胥。"吕惊曰："君知我梦耶？"钟离曰："子适来之梦，升沉万态，荣瘁多端，五十年间，止为俄顷，非有大觉，焉知人世真一大梦也。"洞宾感悟，遂拜钟离求其超度。

那些碎布头一会儿就变成了无数的蜜蜂和蝴蝶，有的飞集到燕王的衣袖上，有的乱停在宫女的头发上。九哥召唤它们，便又一一地飞回来，又恢复成一匹罗绮。但中间有一个孔仿佛一只蝴蝶一样，原来是有一个宫女不小心捉住了一只蝴蝶。燕王问："这匹罗绮还能再复原吗？"九哥回答说："不用复原了，暂且留着它来作为神奇之事的一个见证吧。"

羽客　南唐保大年间，有个道士叫谭紫霄，号为金门羽客。

外丹内丹　道家把烹鼎金石之术称为"外丹"，把吐故纳新之术称为"内丹"。

黄冠　唐代李淳风的父亲叫李播，在隋朝当官，后来弃官当了道士，自己取名为黄冠子。

卧风雪中　谭峭字景升，冬天就穿绿色的布衫，有时躺在雪中。他的父亲常常派家僮出来找他，并寄冬天的衣物和钱财给他。但谭峭得到寄的东西，就把它分给贫穷的人；或者留在酒店，自己一点儿也不留。

八仙　汉钟离，本名权，字云房，以禅将的身份跟着周处与齐万年大战，败后逃进了终南山，遇到东华王真人。到了唐代才到世上来一次，度吕岩成仙。自己称自己是"天下都散汉"。

吕纯阳，名岩，字洞宾。参加进士考试没考上，遇到了汉钟离。当时他们一起到一家旅店休息，汉钟离自己起来烧火做饭。吕洞宾却忽然昏睡了过去，梦见自己以进士身份进京，并且成为状元，历任位高权重的官职，前后两次娶了权贵之女，有五个儿子十个孙子，满门都是官，就这样过了四十年。后来官至宰相，并且一人独揽宰相大权长达十年，权势熏天。忽然有一天被判重罪，抄没了他的家产，押到云阳行刑，就在人头落地的刹那间，他却忽然惊醒了，于是便大为叹息。汉钟离在旁边，饭还没有熟，便笑着问他："黄粱饭还没有熟，而你却已经梦到了华胥国。"吕洞宾大吃一惊说："你怎么知道我做梦了？"汉钟离曰："你刚才做的梦，升沉起浮，荣辱不一，五十年来，也不过是一会儿，如果没有大的智慧，怎么会知道人世才是真正的一场大梦呢！"吕洞宾听后忽然就悟了，便向汉钟离下拜，请求他超度自己。

蓝采和，不知何许人。常衣破蓝衫，黑木腰带，跣一足，靴一足，醉则持三尺大拍板，行歌云："踏踏歌，蓝采和，世界能几何。红颜一春树，光阴一掷梭。古人滚滚去不返，今人纷纷来更多。朝骑鸾凤到碧落，暮见桑田生白波。"词多率尔而作。后至濠梁，忽然轻举，掷下靴带拍板，乘云而去。

韩湘子，昌黎从侄。少学道，落魄他乡，久而始归。值昌黎诞日，怒其流落，湘子曰："无怒也！请献薄技。"因为顷刻花，每瓣书一联云："云横秦岭家何在？雪拥蓝关马不前。"昌黎不悟，遣之去。后果谪潮州，至蓝关，湘子来候。昌黎乃悟，因吟三韵，以补前诗，竟别。

张果老，隐恒州中条山，见召于唐。开元中，宠遇与叶静能比。自言尧时官侍中，叶公密识曰："此混沌初分白蝙蝠精也。"授银紫光禄大夫，放归。天宝时尸解。《明皇杂录》：张果老隐于中条山，常乘白驴，日行万里，夜即叠之，置箱箧中，乃纸也，乘则以水噀之，复成驴。

曹国舅，不知其名，言丞相曹彬之子，皇后之弟，故称国舅。少而美姿，安恬好静，上及皇后重之。一旦求出家云水，上以金牌赐之。抵黄河，为篙工索渡直，急以金牌相抵。纯阳见而警之，遂拜从得道。

何仙姑，零陵市人，女也。生而紫云绕室，住云母溪，梦神人教食云母粉，遂行如飞。遇纯阳，以一桃与之，仅食其半，自是

蓝采和，不知道是哪里的人。经常穿着破烂的蓝色衣服，系着黑木的腰带，一只脚光着，另一只脚穿着鞋，醉了就拿着三尺的大拍板，边走边唱歌："踏踏踏踏歌，是我蓝采和，世界能几何。红颜就像春天树，光阴不过一飞梭。古人滚滚去不还，今人纷纷来更多。朝骑鸾凤到碧落，暮见桑田生白波。"他的歌词大多数是随便写的。后来到了濠梁，忽然飞升，于是他便扔下靴子、腰带和拍板，乘着云朵上天了。

　　韩湘子，是韩愈的堂侄。小时候便开始学道，流落于他乡，很久以后才回家。正赶上韩愈的生日，韩愈对于他流落在外很生气，韩湘子说："不要生气！请让我献上我学到的小技艺。"于是便为韩愈种了一枝顷刻花，每个花瓣上都写了一联诗："云横秦岭家何在？雪拥蓝关马不前。"韩愈不明白是什么意思，便让他走了。后来韩愈果然被朝廷贬到了潮州，到蓝关的时候，韩湘子前来问候。韩愈这才醒悟过来，所以再做了三联诗，来补前边那一联，然后就分别了。

　　张果老，隐居在恒州的中条山，被唐代的朝廷征召。开元年间，得到的宠幸及待遇与叶静能差不多。自己说他在尧帝时官为侍中，叶静能偷偷告诉别人："这是天地刚刚分开时候的白蝙蝠精。"朝廷授他为银紫光禄大夫，然后任他归山。天宝年间留下形骸而仙去。《明皇杂录》记载：张果老隐居在中条山，经常骑着白驴，每天能走一万里，晚上就把驴叠起来，放在箱子里，原来只是张纸；要骑的时候用水一喷，就又变成驴了。

　　曹国舅，不知道他的名字，说是丞相曹彬的儿子，曹皇后的弟弟，所以称为国舅。小时候长得很美，喜欢平淡安静，皇上与皇后都很重视他。有一天他请求出家求道，皇上赐给他金牌。到了黄河，因为船家要船钱，急切间便用金牌来抵付。吕洞宾（纯阳）见到这一情景便警告他，于是他便拜吕洞宾为师从而得道成仙了。

　　何仙姑，零陵市人，是位女性。出生的时候便有紫色的云朵绕着屋子，家住云母溪，梦见有神人教她吃云母粉，于是便行走如飞。遇到吕洞宾给了她一个桃子，她只吃了一半，从此就

不饥。颇能谈休咎。唐天后召见，中路不知所之。

铁拐李，质本魁梧，早岁闻道，修真岩穴。一日，赴老君华山之会，嘱其徒曰："吾魄在此，倘游魂七日不返，以火化之。"徒以母病遄归，忘其期，六日化之。七日果归，失魄无依，乃附一饿殍之尸而起，故形骸跛恶，非其质矣。

化金济贫　王霸梁时渡江入闽，居西郊之外，凿井炼药，能化黄金。岁饥则售金市米，遍济贫者。

擗麟脯麻姑　王方平尝过蔡经家，遣使与麻姑相闻，俄顷即至。经举家见之，是好女子，手似鸟爪，衣有文章而非锦绣。坐定，各进行厨，香气达户外，擗麟脯行酒。麻姑云："接待以来，东海三为桑田矣，蓬莱水又浅矣。"宴毕，乘云而去。姑为后赵麻胡秋之女，父猛悍，人畏之。筑城严酷，昼夜不止，惟鸡鸣稍息。姑恤民，假作鸡鸣，群鸡皆应。父觉欲挞之，姑惧而逃入山洞，后竟飞升。

蓑衣真人　何中立，淮阳书生。一旦焚书裂冠，遁至苏，结庐天庆观，披一蓑衣，坐卧不易，妄谈颇验。凡瘵者，与蓑草服之，立愈；不与者，疾必不起。因称之蓑衣真人。宋孝宗遣珰赍问，不言所求。中立掉首曰："有华人即有番人，有日即有月。"珰复命，上曰："诚如吾心。"盖所求者，恢复大计、中宫虚位两事也。

不再饿了。她很会谈论未来的吉凶。唐代的武则天召见了她，但中途就不知道她到哪里去了。

铁拐李，原本身材魁梧，小时间就听到了得道之语，然后便在山洞里修炼。有一天，应太上老君之邀去华山赴会，叮嘱他的徒弟说："我的魄在这里，如果我的魂七天不回来，就把魄火化了吧。"这个徒弟因为自己母亲的病赶快回了次家，就忘了具体的日子，在第六天时就火化了。而铁拐李第七天却回来了，没有魄可以依存，便附在一个饿死鬼的尸体上起来，所以形体很丑，还跛足，其实并非他原本的样子。

化金济贫　王霸在梁代时渡过长江进入福建，住在西郊外边，凿井来炼药，能变出黄金。在发生饥荒的年岁里就把金子拿出来买米，用来广泛地周济穷人。

擗麟脯麻姑　王方平曾经拜访蔡经家，派使者去请麻姑来相见，一会儿就到了。蔡经全家人都看到了，麻姑是很漂亮的女子，手像鸟的爪子一样，衣服上有美丽的花纹但却并非锦绣。坐定后，各自进献饭菜，香气飘到了门外，分了麟脯肉来下酒。麻姑说："得蒙接待以来，东海已经三次变成桑田了，蓬莱的水也又一次变浅了。"宴会结束后，便乘云而去。麻姑是后赵麻胡秋的女儿，她的父亲非常凶悍，人们都怕他。他修筑城墙，非常严酷，日夜不停，只有在鸡鸣时稍微休息一下。麻姑体恤百姓，便模仿鸡鸣的声音，这样别的鸡也都打鸣来呼应。她父亲发觉后想要鞭挞她，麻姑因为害怕便逃进了山洞，后来竟然飞升上天成了神仙。

蓑衣真人　何中立，是淮阳的一个书生。一天，他把书都烧了，把儒家的帽子也撕了，然后藏到了苏州，在天庆观建了一个草庐，披着一件蓑衣，晚上睡觉也不换下来，随便预言却都很应验。凡是得病的人，便把蓑衣的草给人吃，吃后却立刻就好了；如果不给草，那人的病必然好不了。因此人称他为蓑衣真人。宋孝宗派宦官拿着礼物来问话，却不说要问什么，何中立低头说："有华夏的人，也就有异族的人；有太阳就有月亮。"宦官回去汇报，宋孝宗说："确实说中了我的心事。"原来他想要问的，就是收复北方和现在没有皇后这两件事。

自举焚身　颜笔仙，宋建炎初，日售笔十则止。遇转运使，饮以斗酒。饮毕，长揖而去，遗笔篮。使左右取而还之，尽力不能胜。凡得其笔者，管中有诗或偈，祸福无不验。年九十七，积苇坐上，自举火焚之，人见其乘火云飞去。

金书姓名　广陵人李珏，以贩籴为业，每斗惟求利两文，以资父母。有籴者授以升斗，俾自量。丞相李珏节制淮南，梦入洞府，见石填金书姓名，内有李珏字，方自喜。有二仙童云："此乃江阳部民李珏尔。"

独立水上　葛仙公，名玄，有仙术。尝从吴主至溧阳，风大作，舟覆。玄独立水上，而衣履不湿。后白日冲举。勾漏令洪，即其孙也。

李白题庵　许宣平隐城阳山，绝粒不食，颜如四十，行及奔马。时负薪卖于市，尝独吟曰："负薪朝出卖，沽酒日西归。借问家何处，穿云入翠微。"李白入山寻之，不见，题其庵以归。

使聘不出　墨子名翟，宋人。外治经典，内修道术，著书十篇，号《墨子》。年八十有二，汉武帝遣使聘之，不出。视其颜色，如五十许人。

冬日卖桃　李犊子历数百岁，其颜时壮时老，时好时丑。阳都酒家有女，眉生而连耳，细而长，众异之。会犊子牵一黄犊过，女悦之，遂随去，人不能追也。冬日，常见犊子卖桃李市中。

贞一司马　司马承祯事潘师正，传辟谷导引之术。唐睿宗召问其术，对曰："为道日损，损之又损，以至于无。"帝曰：

自举焚身　颜笔仙在宋代建炎初年，每天卖十支笔就停了。遇到转运使，给了他一斗酒让他喝，喝完后，作了个揖就走了，留下了他的笔篮。派左右的人拿去还给他，但左右再怎么用力还是拿不起来。凡是得到他的笔的人，笔管中有的有诗有的有偈语，所说的祸福之类的事没有不应验的。在他九十七岁那年，他堆好芦苇，然后自己坐在上面，点火自焚，有人看到他乘着火云飞升而去。

　　金书姓名　广陵人李珏，以贩卖粮食为业，每斗粮只赚两分利，用来赡养父母。有来买粮的人，他便把斗拿出来让他们自己量。当朝丞相李珏到淮南为节度使，梦见自己进入一个洞府，看到有块石头，凿刻并用金子填出一些姓名，其中就"李珏"二字，正自己高兴的时候，有两个仙童说："这个是江阳的平民李珏。"

　　独立水上　葛仙公名玄，有神仙之术。曾经跟随吴国君主到溧阳，狂风大作，船翻了。葛玄一个人立在水上，衣服和鞋子都不湿。后来白天就飞升成仙。勾漏县令葛洪就是他的孙子。

　　李白题庵　许宣平隐居在城阳山，什么都不吃，但容貌却好像四十岁的人，走路就像狂奔的马一样快。时常背着柴禾到市场上去卖。曾经独自吟诗说："早上背柴出来卖，日落西山打酒回。要问我家在何处，青山深处白云飞。"李白到山里去寻找他，没有见到，只好在他的庵上题字然后回来了。

　　使聘不出　墨子名叫墨翟，是宋国人。既研治经典，也修习道术，写了十篇文章，名为《墨子》。八十二岁的时候，汉武帝派使者去请他出山，他不出来。据说看他的面色，好像五十来岁的人。

　　冬日卖桃　李獠子活了几百岁，他的面貌有时年轻有时老，有时漂亮有时丑。阳都的酒家有一个女儿，眉毛天生就连着耳朵，又细又长，众人都觉得很奇异。正好李獠子牵着一头黄牛从这里经过，那个女子很喜欢他，就跟着他去了，人们都没法去追。冬天，还常看到李獠子在市场上卖桃子和李子。

　　贞一司马　司马承祯拜潘师正为师，学习辟谷、导引的道术。唐睿宗召他来问这些法术，他回答说："修道就是每天失去一些，这样不停地失去，直到全都没有了为止。"唐睿宗说：

"治身则尔,治国若何?"对曰:"国犹身也,游心于淡,合气于漠,与物自然而无私焉,则天下治。"帝嗟叹曰:"广成之言也!"谥贞一先生。

点化天下　贺兰善服气。宋真宗召至,问曰:"人言先生能点金,信乎?"对曰:"臣愿陛下以尧舜之道点化天下,方士伪术,不足为陛下道。"赐号宗玄大师。

临葬复生　张三丰居宝鸡县金台观。洪武二十六年九月二十日,自言辞世,留颂而逝。民人杨轨山等置棺殓讫,三丰复生。

弘道真人　周思得,钱唐人,行灵官法,先知祸福。文皇帝北征,召扈从,数试之不爽。号弘道真人。先是,上获灵官藤像于东海,朝夕崇礼,所征必载以行;及金川河,舁不可动,就思得秘问之,曰:"上帝有界,止此也。"已而,果有榆川之役。

瓶中辄应　冷谦,洪武初为协律郎,郊庙乐章,皆其所撰。有友酷贫,谦于壁间画一门,令其友取银二锭。友入恣取而出,遗其引。他日,内库失银,惟二锭不入册。吏持引迹捕,因并执谦。谦渴求饮,拘者以瓶水汲与之。谦跃入瓶中,拘者惶急。谦曰:"无害,第持瓶至御前。"上呼谦,瓶中辄应。上曰:"汝何不出?"对曰:"臣有罪,不敢出来。"击碎之,片片皆应。

"修身如果这样的话，那治国应该怎么样呢？"他回答说："国家也像身体一样，把心放淡一点，把态度放漠然一点，与世界以自然状态来相处，并且不要有私心，这样天下就太平了。"皇帝叹息说："这是广成子的话呀！"于是赠给他谥号为"贞一先生"。

点化天下　贺兰善于服气。宋真宗召他前来，问他说："人们都说先生能点石成金，是真的吗？"他回答说："我希望陛下用尧舜的大道来点化天下，方士那些虚假的法术，不配说给陛下听。"宋真宗便给他赐号为宗玄大师。

临葬复生　张三丰住在宝鸡县金台观。洪武二十六年（1393）九月二十日，自己说要辞别人世，便留下颂语后逝世了。当地百姓杨轨山等人置办了棺材，并且把他都放进棺材安顿好了，他却又再生了。

弘道真人　周思得是钱唐人，会施行灵官法，可以预知祸福。文皇帝（即明成祖朱棣）北征，召他来作随从，多次试验都很灵验，号称他为弘道真人。最初，皇帝曾经在东海获得一个灵官的藤像，于是早晚都崇信礼拜，征伐之时也一定带着它一起行军；等到了金川河的时候，藤像却怎么也抬不走了，便问周思得，周回答说："上帝是有划界的，就在这里。"后来，果然就有了榆川之役。

瓶中辄应　冷谦，在洪武初年官为协律郎，朝廷祭祀的乐章，都是他所撰写的。他有一个朋友非常穷，冷谦便在墙上画了一扇门，让他朋友进去拿两锭银子。朋友进去却尽情地取了很多出来，但又不小心把他的通行证丢在里面了。后来，朝廷的库房发现丢了银子，只有两锭没有被登记在案。小吏拿着通行证按图索骥，抓到了那个朋友，也一并抓了冷谦。冷谦以口渴为借口要求喝水，抓捕者灌了一瓶水给他，冷谦便跳进了瓶中，抓捕的人惊慌失措，冷谦说："没事，你只要把瓶子拿到皇上面前就行了。"皇帝叫冷谦，瓶子便也答应。皇帝说："你为什么不出来？"他回答说："我有罪，不敢出来。"皇帝命人把瓶子打碎，却发现每一个碎片都能回答。

入火不热　周颠仙。明初，上至南昌，颠仙谒道左，必曰："告太平，打破一个桶，另置一个桶。"随之金陵。尝曰入火不热。上命覆以巨瓮，积薪焚之。火灭揭视，寒气凛然。后辞去庐山，莫知所之。

指李树为姓　老子母见日精下落如流星，飞入口中，因怀娠。后七十二年，于陈国涡水李树下，剖左腋而生。指李树曰："此为我姓。"耳有三漏，顶有日光，身滋白血，面凝金色，舌络锦文，身长一丈二尺，齿有四十八。受元君神箓宝章变化之方，及还丹、伏火、冰汞、液金之术，凡七十二篇。

陆地生莲　尹文始生时，室中陆地生莲花。结草为楼，精思至道。

白石生　生煮白石为粮，问之何不霞举，笑曰："天上多有至尊相奉事，更苦于人间尔。"时号为隐遁仙人。

古丈人　嵩华松下古丈人、女子二，曰："老人，秦之役者，二女宫人，合为殉，幸脱骊山之役，匿此。"

掌录舌学　董谒乞犬羊皮为裘，编棘为床，聚鸟兽毛而寝。性好异书，见辄题掌，还家以片篝写之，舌黑掌烂。人谓谒掌录而舌学。

负图先生　季充号负图先生。伏生十岁，就石壁中受充《尚书》，授四代之事。伏生以绳绕腰领，一续一结，十寻之绳皆结矣。充饵菊术，经旬不语，人问何以，答曰："世间无可食，亦无可语之人。"

入火不热　周颠仙。明初的时候，皇帝到南昌，周颠仙在路旁拜见，就必定说："告太平，打破一个桶，另置一个桶。"并随着到了金陵。曾经说自己可以到火里去而感觉不到热。皇帝让人用大瓮把他扣住，堆了木柴来烧他。火都灭了，揭开瓮一看，里面却还有丝丝寒意。后来告辞去了庐山，便不知踪迹了。

指李树为姓　老子的母亲看见太阳之精从天下像流星一样落了下来，飞到了自己嘴里，因而怀了孕。过了七十二年，在陈国涡水的李树下，剖开左腋才把孩子生下来。孩子一生下来便指李树说："这就是我的姓。"他的耳朵有三漏，头顶上有日光，身上到处是白血，脸上凝结着金色，舌头上满是锦文，身高一丈二尺，牙齿有四十八颗。学到了元君神策宝章变化的法术，还有还丹、伏火、冰泉、液金的法术，共有七十二篇。

陆地生莲　尹喜（文始先生）出生的时候，他家的室内地上生出了莲花，他就用草结为楼，在里面研修高妙的道。

白石生　白石生煮白石作为粮食，有人问他为什么不乘霞飞升上天呢，他笑着回答说："天上有太多权高位重的人要侍奉，比人间更痛苦。"当时号称其为隐遁仙人。

古丈人　嵩华松下边有古代的一个老人和两个女子，据说："老人是秦朝服役的人，两个女子是宫女，本该殉葬，但幸运地逃脱了骊山的事，藏在此地。"

掌录舌学　董谒用乞求来的犬羊皮做成裘衣，编棘草为床，再把鸟兽的毛聚在一起来睡觉。他非常喜欢珍异的书，见了就写在手掌上，回家后再用竹片写下来，写完后用舌头把手上的字舔去，竟至于舌头变黑、手掌变烂。人们都说董谒是用手掌记录而用舌头学习。

负图先生　季充号为负图先生。伏生十岁的时候，便到石壁中向季充学习《尚书》，并传授了四代之事。伏生用绳子缠着腰和脖子，缠完便再续再缠，十丈长的绳子都用完了。季充吃菊花与黄术，有时十天半月也不说话，有人问他为什么，他回答说："这世界上没有可以吃的东西，也没有可以与之说话的人。"

目光如电　涉正闭目二十年。弟子固请之，正乃开目，有声如霹雳，而闪光若电。已，复还闭。

守天厕　淮南王安见太清仙伯，以坐起不恭，谪守天厕。

墨池　梅福在南昌县，水竹幽蔚，王右军典临川郡日，每过此盘礴不能去，因号墨池。先是，福种莲花池中，叹曰："生为我酷，身为我梏。形为我辱，妻为我毒。"遂弃妻，入洪崖山。

青童绛节　张道陵居渠亭山，见青童绛节前导，曰："老君至矣。"从者二人，隽以弱冠。或指曰："此子房，此子渊。"

金莲花　元藏几有驯鸟三，类鹤，时翔空中，呼之立至，能授人语。常航海飘至一岛，人曰："此沧州也。"产分蒂瓜，长一尺；碧枣丹栗，大如梨。池中有足鱼、金莲花，妇人采为首饰，曰："不戴金莲花，不得在仙家。"

刺树成酒　葛玄遇亲朋，辄邀止，折草刺树，以杯盛之，汁流如泉，杯满即止，饮之皆旨酒。取瓦砾草木之实劝客，皆脯枣。指虾蟆、飞龟使舞，应节如神。为人行酒，杯自至客前，不尽，杯不去。

林樾长啸　黄野人游罗浮，长啸数声，递响林樾。宋咸淳中，有戴乌方帽著靴，往来罗浮山中，见人则大笑，反走，三年不言姓氏。他日醉归，忽取煤书壁去："云意不知沧海，春光欲上翠微。人间一堕十劫，犹爱梅花未归。"黄野人之俦云。

目光如电　涉正在二十年的时间里一直闭着眼睛，他的弟子一直请求他睁开，后来涉正睁开了眼，弟子听到霹雳一样的声音，还看到像闪电一样的光芒。然后，涉正又把眼睛闭上了。

守天厕　淮南王刘安拜见太清仙伯的时候，因为就座时不恭敬，被罚去守天上的厕所。

墨池　梅福住在南昌县，有水有竹，环境幽雅。王羲之（右军）任官于临川郡的时候，每次路过拜访这里都盘桓良久不忍离去，因而号称为墨池。起初，梅福在池中种了莲花，叹息着说："生命多残酷，身体为桎梏。形貌引耻辱，妻子是邪路。"于是便抛弃妻子，去了洪崖山。

青童绛节　张道陵居住在渠亭山，他看到有青衣童子手持红色仪仗，引路的人说："太上老君到了。"有两个人跟随，都大概二十岁左右。有人指着说："这就是子房，那就是子渊。"

金莲花　元藏几有三只驯顺的鸟，有些像鹤，经常在空中飞翔，一经召唤立刻就能到，能学人话。曾经在航海时飘流到一个小岛，有人说："这就是沧州。"那里出产一种分蒂瓜，长有一尺；绿枣红丹栗子，像梨那样大。水池中有足鱼和金莲花，女人采来做首饰，并说："不戴金莲花，不得在仙家。"

刺树成酒　葛玄遇到亲朋好友，就邀请他们停下来，折下草来刺树，并用杯子接着，树汁像泉水一样流下来，杯子满了就停了，喝着像非常甜美的酒。取来瓦砾盛着草木的果实来劝客人吃，都像果脯一样。指着蛤蟆、飞龟让跳舞，也都响应着跳好像遇到神仙一样。为人斟酒，杯子自己会到客人面前，如果不喝完这杯酒，杯子就不离开。

林樾长啸　黄野人游览罗浮山的时候，长啸几声，声震林木。宋代咸淳年间，有一个人戴着乌方帽穿着靴子，在罗浮山盘桓，见人就大笑，并且立刻回头就跑，三年了也不说自己的姓氏。有一天喝醉回来，忽然拿一块煤在墙上写道："云意不知沧海，春光欲上翠微。人间一堕十劫，犹爱梅花未归。"这也是黄野人一类的人吧。

脑子诵经　司马承祯善金剪刀书，脑中有小儿诵经声，玲玲如振玉；额上小日如钱，耀射一席。

许大夫妇　许大为许旌阳扫虀。夫妇隐于西山，不欲人识姓，改姓曰午，又改姓曰干。夫妇皆解诗。许大诗云："不是藏名混世俗，卖柴沽酒贵忘言。"妻续云："儿家只在西山住，除却白云谁到门！"

服石子　单道开服细石子，一吞数枚。唐子西赞曰："世人茹柔，刚则吐之。匙抄烂饭，牛口如饲。至人忘物，刚柔一致。其视食石，如啖饼饵。北平饮羽，出于无心。食石之理，于此可寻。我虽不能，而识其理。庶几漱之，以砺厥齿。"

驱邪院判官　白紫清曰："颜真卿今为北极驱邪院左判。"

符钉画龙　毒龙潭二龙飞入殿，与张僧繇画龙斗，风雨震沸。丁玄真画铁符镇潭龙，穿山而去；复钉画龙之目，其患乃止。

摸先生　先生束双髻于顶，携小竹笥卖药，有疾者手摸之辄愈，人呼为摸先生。

尊号道士　周穆王求神仙，始尊号道士。西王母授帝元始真容，始有道士行礼之文。汉桓帝迎老子像入宫，用郊天乐祀道教，始崇与释并。

魏世祖拜寇谦之天师，立道场，受符箓。周武帝封国公，唐中宗加金紫阶，玄宗赐号先生，宋神宗赐号处士。寇谦之修张鲁法，始为音诵科仪，及号召百神导养丹砂之术。唐高祖始授道官。宋太宗增置道副录都监。宋太祖始令道士不得畜妻孥。

脑子诵经　司马承祯自创了一种叫"金剪刀书"的字体；他的头脑里有小孩子诵经的声音，非常清澈就像敲击玉一样；额头上有一块像铜钱那么大的小太阳，可以照耀整个席面。

许大夫妇　许大为许旌阳做家务杂活。夫妇两人都隐居在西山，不想让人知道他们的姓氏，便改姓"午"，后来又改姓"干"。夫妻两个都会写诗。许大曾经写了几句："不是想埋名，混于世俗间。只是卖柴后，打酒却忘言。"他的妻子续了几句："要问家何处，我家在西山。除却白云过，此外有谁看。"

服石子　单道开吃小石子，一次可以吃几块。唐庚（子西）为他写了一首赞辞说："世人都吃软，遇硬就吐之。用匙抄烂饭，就像把牛饲。仙人已忘物，软硬都一致。看他吃石头，就像吃包子。李广射石虎，实出于无意。吃石之至理，于此即可知。我虽不能吃，但却知其理。何时石漱口，磨砺吾之齿。"

驱邪院判官　白紫清说："颜真卿现在官为北极驱邪院的左判。"

符钉画龙　毒龙潭有两条龙飞进殿中，与张僧繇所画的龙激斗，一时间竟然雷电交加、风雨大作。丁玄真画了铁符来镇压毒龙潭里的龙，但那两条龙从山中穿空而逃；他便再钉住画龙的眼睛，祸患才停住了。

摸先生　先生在头顶梳着两个发髻，背着一个小竹筐卖药，有患病的人他就用手摸一下，病马上就好了。人们都称呼他为"摸先生"。

尊号道士　周穆王求仙问道，这才开始尊敬地称呼道士。西王母让周穆王看到元始天君的真面目，这才开始有了道士行礼的仪式。汉桓帝把老子的画像迎入皇宫，并用郊天乐来祭祀道教，才开始将其崇奉与佛教相提并论。

魏世祖拜寇谦之为道教的天师，立下道场，领受符箓。周武帝又封其为国公，唐中宗增加了金紫的品位，唐玄宗赐号为先生，宋神宗赐号为处士。寇谦之修炼张鲁的法术，开始只是用声音来诵读以及做一些仪式，后来便可号召百神来引导修养及丹砂的法术。唐高祖开始授给道官。宋太宗增加设置了道副录都监。宋太祖开始命令道士不可以娶妻生子。

改称真人　张道陵子孙世袭天师，掌道教。至明太祖曰："至尊者天，何得有师？"诏改真人。初，道陵学长生于蜀之鹤鸣山。山有石鹤，鸣则有得道者。道陵居此，石鹤乃鸣。

真武　净乐国王太子遇天神，授以宝剑，入武当山修道。久之，无所得，欲出山。见一老妪操铁杵磨石上，问磨此何为，曰："为针耳。"曰："不亦难乎？"妪曰："功久自成。"真武悟，遂精修四十二年，白日冲举。

陈抟　字图南，亳州人。四五岁，遇一青衣媪乳之。自是颖异，书一目十行。邂逅孙君仿，谓武当九室岩可居，遂往，辟谷二十馀年。忽夜见金人持剑呼曰："子道成矣。"后徙华山。宋太宗召见，赐号希夷先生。

周颠者，举错诡谲，人莫能识。每见明太祖，必曰："告太平。"上厌之，命覆之瓮，积薪以煅。火息启视，颠正坐宴然。上亲为作传。

张三丰，又名邋遢张。明太祖求之不得。人有问仙术者，竟不答；问经书，则津津不绝口。一啖数斗，辟谷数月亦自若。隆冬卧雪中。

佛教

禅门五宗　南岳让禅师法嗣：南岳下三世百丈海禅师，四世沩山灵祐禅师，五世仰山慧寂禅师，称沩仰宗；南岳下四世黄檗希运禅师，五世临济义玄禅师，称为临济宗。　青原思禅师法嗣：青原下六世曹山本寂禅师，七世洞山道延禅师，称为曹洞宗；青原下五世德山宣鉴禅师，

改称真人　张道陵的子孙世袭道教的天师职位，来执掌道教。后来明太祖说："天是最尊贵的，怎么会有'师'？"下诏改为"真人"。最初，张道陵在蜀地的鹤鸣山学习长生之术。山上有一只石鹤，如果鸣叫就证明有得道的人来。张道陵住在这里时，石鹤就鸣叫了。

真武　净乐国王的太子遇到天神，授给他一把宝剑，进入武当山修道。过了很久，没有得到什么，便想出山。看到一个老太婆正拿着铁棒在石头上磨，问她磨这要做什么，她说："做针。"问她："这不是很难的事吗？"老太婆说："时间久了自然就成了。"太子大悟，于是便继续努力修炼了四十二年，后来白日飞升成仙。

陈抟　陈抟字图南，亳州人。四五岁的时候，遇到一个青衣妇人来喂养他。从那以后便聪慧异常，看书可以一目十行。无意中遇到孙君仿，对他说武当山的九室岩可以居住，便去了，辟谷不食人间烟火二十多年。忽然夜里看到有一个金人拿着剑说："你的道成功了。"后来转到华山。宋太宗召见他，给他赐号为"希夷先生"。

周颠这个人，举止非常诡异，人们都不明白。每次见到明太祖朱元璋，都一定说："告太平。"明太祖十分讨厌他，命人把他盖在瓮下，堆上木柴来烧。火灭后打开来看，周颠很安然地坐着。明太祖亲自为他写了传记。

张三丰，又叫"邋遢张"。明太祖寻访却不可得。如果有人向他问仙术，他不回答；问他经书，却说得津津有味、不绝于口。吃一顿可以吃好几斗粮食，但也可以几个月不食人间烟火，仍然谈笑自若。深冬季节时常躺在雪里面。

佛教

禅门五宗　南岳让禅师的法嗣：南岳让禅师后三世是百丈海禅师，四世是沩山灵祐禅师，五世是仰山慧寂禅师，称为沩仰宗；南岳让禅师后四世是黄檗希运禅师，五世是临济义玄禅师，称为临济宗。　青原思禅师的法嗣：青原思禅师后六世是曹山本寂禅师，七世是洞山道延禅师，称为曹洞宗；青原思禅师后五世是德山宣鉴禅师，

六世雪峰义存禅师，七世云门文偃禅师，称为云门宗；青原下八世罗汉琛禅师，九世清凉文益禅师，称法眼宗。凡五宗，今天下惟曹洞、临济为盛。

佛入中国　汉明帝梦金人长丈馀，飞空而下。访之群臣，傅毅曰："西域有神，其名曰佛。"乃使蔡愔等往天竺求其道，得其书及沙门，由是教流中国。

象教　如来既化，诸大弟想慕不已，遂刻木为佛，瞻敬之。杜诗曰："方知象教力。"

优昙钵　《法华经》：是人希有过于优昙钵。优昙，花名，应瑞三千年一现，现则金轮王出。

般若航　清凉禅师云："夫般若者，苦海之慈航，昏衢之巨烛。"

兜率天　《法苑珠林》：兜率天雨摩尼珠，护世城雨美膳，阿修罗天雨兵仗，阎浮世界雨清净。雨者，被其惠，犹言赐也。

西方圣人　《列子》：太宰嚭问孔子："孰为圣人？"子曰："西方有圣人，不治而不乱，不言而自信，不化而自行，荡荡乎民无能名焉。"

不二法门　《文选》：文殊谓维摩诘曰："何为是不二法门？"摩诘不应，文殊曰："乃至无有文字言语，是真入不二法门。"

即心即佛　《传灯录》：有僧问大梅和尚："见马祖得个怎么？"大梅曰："马祖向我道'即心即佛'。"曰："马祖近日又道'非心非佛'。"大梅曰："这老汉惑乱人，任汝'非心非佛'，我只管'即心即佛'。"其僧白于马祖，祖曰："梅子熟矣。"

六世是雪峰义存禅师，七世是云门文偃禅师，称为云门宗；青原思禅师后八世是罗汉琛禅师，九世是清凉文益禅师，称为法眼宗。这五宗之中，现在天下属曹洞宗、临济宗最兴盛。

佛入中国　汉明帝梦到有一个身长一丈多的金人，从空中飞下来。他以此来咨询群臣，傅毅说："西域有位神灵，他的名字是佛。"于是汉明帝便派蔡愔等人前往天竺国寻求佛的大道，得到了佛家的书和和尚，从此佛教便流入了中国。

象教　如来佛坐化以后，他的各个弟子都想念不已，便用木头雕刻为佛的样子，以供敬仰。杜甫诗有"方知象教力"的句子。

优昙钵　《法华经》记载：这个人比优昙钵还稀少。优昙，是花的名字，三千年才应瑞出现一次，如果出现那么金轮王就会出现。

般若航　清凉禅师说："所谓的'般若'，就是苦海中的慈航，暗路中的大烛。"

兜率天　《法苑珠林》记载：兜率天像下雨一样下摩尼珠，护世城则下各种佳肴，阿修罗天则下兵器，阎浮世界下清净。之所以说像下雨一样，是说人们承受其恩惠，也就像说"赐"一样。

西方圣人　《列子》记载：太宰嚭问孔子说："谁是圣人？"孔子说："西方有圣人，并不治理天下但天下也不乱，并不说话但大家都相信他，并不施行教化但人民却自己开化了，恩义浩荡呀，人民无法为他命名。"

不二法门　《文选·头陀寺碑文》注引《维摩诘经》记载：文殊菩萨对维摩诘说："什么是不二法门？"维摩诘不回答，文殊菩萨说："已经达到了没有文字和语言的境地，这才是真的不二法门啊。"

即心即佛　《传灯录》记载：有僧人问大梅和尚："你见到马祖得到了什么？"大梅说："马祖对我说'心就是佛'。"僧人便说："马祖最近又说'不是心也不是佛'。"大梅说："这老家伙专门来扰乱人，任你说'不是心也不是佛'，我只管'心就是佛'。"那个僧人把这话告诉马祖，马祖说："梅子熟了。"

舍利塔　《说苑》：阿育王所造释迦真身舍利塔，见于明州鄞县。太宗命取舍利，度开宝寺地，造浮屠十一级以藏之。

沙门　《汉记》：沙门，汉言"息心"，息欲而居于无为也。梵云"沙门那"，或曰"沙门"，汉言"勤息"，译曰"勤行"，又曰"善觉"，又称"沙弥"，又称"比丘"。秦言"乞士"，又曰"上人"。

苾刍　《尊胜经》：苾刍，草名，有五义：生不背日；冬夏常青；性体柔软；香气远腾；引蔓旁布。为佛徒弟，故以名僧。

紫衣　《史略》曰：唐武则天朝，赐僧法朗等紫袈裟。僧之赐紫衣，自武后始。

五戒　凡出家，师已许之，乃为受五戒，谓之一不杀生，二不偷盗，三不邪淫，四不妄语，五不饮酒。

传灯　释书以灯喻，谓能破暗也。六祖相传法曰传灯。今有《传灯录》。杜诗曰："灯传无白日。"

飞锡　《高僧传》：梁武时，宝志爱舒州潜山奇绝，时有方士白鹤道人者亦欲之。帝命二人各以物识其地，得者居之。道人以鹤止处为记，宝志以卓锡处为记。已而，鹤先飞去，忽闻空中锡飞声，遂卓于山麓，而鹤止他处，遂各以所识筑室焉。故称行僧为飞锡，住僧为卓锡，又曰挂锡。

祝发　贺僧披剃从教，顶相堂堂。《唐书》："祝发划草。"僧剃发曰划草。

檀那檀越　梵语陀那钵底，唐言施主称檀那者，即讹"陀"为"檀"，去"钵底"，故曰檀那也。又称檀越者，谓此人行檀施，能越贫穷海。

舍利塔　《谈苑》记载：阿育王所造的释迦牟尼真身舍利塔，出现在明州鄞县。宋太宗命人取出舍利，在开宝寺中找了一块地方，建造了十一层塔来贮藏它。

沙门　《汉记》记载：沙门，汉语说是"息心"，就是想停息在无为的地方。梵语叫"沙门那"，或者叫"沙门"，汉语叫"勤息"，也译为"勤行"，又叫"善觉"，又叫"沙弥"，又叫"比丘"。秦地叫"乞士"，又叫"上人"。

苾刍　《尊胜经》记载：苾刍，是草的名字，有五种含义：生长在不背着太阳的地方；冬夏都是绿色的；它的外表与本质都非常柔软；它的香气远飘；它全引出各种蔓草在旁边密布。它是佛的徒弟，所以称它为"僧"。

紫衣　《史略》记载：唐代武则天的时候，赐给僧人法朗等人紫色的袈裟。给僧人赐紫衣，从武则天开始。

五戒　凡是出家人，师父已经答应了，那就要受五戒，即一不杀生，二不偷盗，三不邪淫，四不妄语，五不饮酒。

传灯　佛家的书都用灯来做比喻，说它们能破除黑暗。六祖所传之法就叫"传灯"。现在有《传灯录》。杜甫诗有"灯传无白日"的句子。

飞锡　《高僧传》记载：梁武帝的时候，僧人宝志非常喜爱舒州潜山的奇绝景色，当时有一个方士叫白鹤道人的也想得到这个地方。梁武帝让二人各自用东西来标记此地，得到的就居住在这里。道人说用仙鹤停栖之处为标记，宝志说以禅杖停下的地方为标记。过了一会儿，仙鹤先飞了出来，忽然听到空中有禅杖飞来的声音，便看到禅杖停在了山坡上，仙鹤只好停在别的地方，于是便各自到停止的地方去建房屋。所以称呼行走的僧人为"飞锡"，住下的僧人为"卓锡"，又叫"挂锡"。

祝发　祝贺僧人剃了头发皈依佛教，头顶之相非常明亮。《唐书》说"祝发划草"，僧人剃去头发叫作"划草"。

檀那檀越　梵语说"陀那钵底"，汉语称"施主"为"檀那"，就是把"陀"读成"檀"，再去掉"钵底"，所以便成了"檀那"了。又有称"檀越"的，是说此人能实行"檀施"，能越过贫穷之海。

伊蒲馔　后汉楚王英诣阙以缣赎罪，诏报曰：王好黄老之言，尚浮屠之教，还其赎以助伊蒲塞桑门之馔。

风幡论　《传灯录》：六祖惠能初寓法性寺，风扬幡动。有二僧争论，一云风动，一云幡动。六祖曰："风幡非动，动自心耳。"

传衣钵　五祖欲传衣钵，乃集五百僧谓曰："谁作无像偈，即付与衣钵。"首座云："身似菩提树，心为明镜台。时时勤拂拭，勿使染尘埃。"卢惠能改曰："菩提本非树，明镜亦非台。不劳勤拂拭，何处惹尘埃？"五祖惊曰："此全悟道，脱然无像，且无虑矣。"即以法宝及所传袈裟尽以付之。

得真印　梁达摩奉佛衣来，得道者传付以为真印。六祖卢惠能受戒韶州，曹溪说法，乃置其衣而不传，后谥为大鉴。

杨枝水　佛图澄，天竺人，妙通玄术，善诵咒，能役使鬼神。石勒闻其名，召试其术。澄取钵盛水烧香，须臾，钵中生青莲花。

勒爱子暴病死，澄取杨枝洒而咒之，遂苏。

披襟当箭　《传灯录》：石巩和尚常张弓架箭，以待学者。义思禅师诣之，石巩曰："看箭！"师披襟当之。巩笑曰："三十年张弓架箭，只射得半个汉。"

一坞白云　广严院咸泽禅师逍遥自足。僧曰："如何是广严家风？"师曰："一坞白云，三间茅屋。"

安心竟　可大师问初祖达摩曰："诸佛法印，可得闻乎？"祖曰："诸佛法印，匪从人得。"可曰："我心未宁，乞师与安。"祖曰："将心来，与汝安。"可良久曰："觅心了不可得。"

伊蒲馔　后汉时楚王刘英到朝廷来献缣布以赎罪，朝廷下令给他说：楚王爱好道家的黄老之言，也崇尚西域的佛教，那你把这些东西拿回去帮助"伊蒲塞桑门"来供应食物吧。

风幡论　《传灯录》记载：六祖惠能刚到法性寺时，风吹幡动。有两个僧人争论，一个说是风动，一个说是幡动。六祖说："既不是风动，也不是幡动，是你们自己的心动了。"

传衣钵　五祖想要传自己的衣钵，便召集手下五百名僧人说："谁能作出没有形迹的偈语，就付给他衣钵。"首座说："身似菩提树，心为明镜台。时时勤拂拭，勿使染尘埃。"卢惠能把此作改为："菩提本非树，明镜亦非台。不劳勤拂拭，何处惹尘埃？"五祖大吃一惊说："这首偈语全是悟道之言，而且非常超然而无形迹，我没有顾虑了。"便把法宝和所传袈裟都付给了他。

得真印　梁代时达摩奉着佛衣来到中国，得道的人将此佛衣当作真印一直往下传。六祖卢惠能在韶州受戒，在曹溪说法，于是把佛衣放下不传了，后来皇帝赐惠能为谥号为大鉴禅师。

杨枝水　佛图澄是天竺人，精通玄妙的法术，善于念诵咒语，能调动鬼神。石勒听说了他的名气，召他来试验他的法术。他取钵盛水然后烧香，过了一会儿，钵中就生出了青莲花。

石勒最心爱的儿子得了急病死了，他取来杨树枝洒水并念咒语，病人就立刻活了。

披襟当箭　《传灯录》记载：石巩和尚经常拉开弓搭上箭，用来对待求学的人。义思禅师前去拜访他，石巩和尚说："看箭！"义思禅师解开衣服对着他。石巩和尚笑着说："三十年张弓架箭，却只射中了半个汉子。"

一坞白云　广严院的咸泽禅师逍遥自在。有僧人问："怎样才是广严的家风呢？"咸泽禅师说："一坞白云，三间茅屋。"

安心竟　可大师问初祖达摩说："诸佛的法印，可以讲给我听吗？"初祖说："诸佛的法印，不是从别人那里得来的。"可大师说："我的心不宁静，请师父帮我安定。"初祖说："把心拿来，我给你安定它。"可大师过了好久才说："找心找不到了。"

祖曰：“与汝安心竟。”

求解脱　信大师礼三祖曰：“愿和尚慈悲，乞与解脱法门。”祖曰：“谁缚汝？”曰：“无人缚。”祖曰：“既无人缚，何更求解脱乎？”信于言下有省。

入门来　世尊见文殊立门外，曰：“何不入门来？”殊曰：“我不见一法在门外，何以教我入门来？”

再转法轮　世尊临入涅槃，文殊请佛再转法轮。世尊咄云：“吾住世四十九年，不曾有一字与人。汝请吾再转法轮，是谓吾已转法轮耶？”

汝得吾髓　达摩将灭，命门人各言所得道。副曰：“如我所见，不执文字、不离文字而为道。”师曰：“汝得吾皮。”总持曰：“我今一见，更不再见。”师曰：“汝得吾肉。”道育曰：“四大本空，五阴非有，而我所见无一法可得。”师曰：“汝得吾骨。”最后慧可礼拜依位而立，师曰：“汝得吾髓。”

不起无相　般若尊者问达摩：“于诸物中何物无相？”曰：“于诸物中不起无相。”

洗钵盂去　僧问赵州，学人初入丛林，乞师指示。州曰：“吃粥了也未？”曰：“吃了也。”州曰：“洗钵盂去。”其僧乃悟入。

使得十二时　僧问赵州：“十二时中如何用心？”师曰：“汝被十二时使，老僧使得十二时。”

天雨花　梁高僧讲经于天龙寺中，天雨宝花，缤纷而下。徐玉泉赠诗云：“锡杖飞身到赤霞，石桥闲坐演三车三车谓三乘，大乘、小乘、上乘。一声野鹤仙涛起，白昼天风送宝花。”

初祖说："我已经把你的心安放好了。"

求解脱　信大师向三祖施礼说："希望和尚大发慈悲，乞请告诉我解脱的法门。"三祖说："谁绑着你了？"信大师说："没有绑。"三祖说："既然没人绑，又何必来寻解脱呢？"信大师当下便省悟了。

入门来　世尊看见文殊菩萨站在门外，便说："为什么不进门来？"文殊菩萨说："我在门外没有看到任何的法，拿什么让我进门来呢？"

再转法轮　世尊快要涅槃的时候，文殊菩萨请求佛再转法轮。世尊训斥说："我在世间住了四十九年，不曾给人一个字。你请我再转法轮，难道是说我已经转过一次法轮了吗？"

汝得吾髓　达摩将要寂灭了，让门人各说一下自己所得的道。副座说："像我所见到的，不执着于文字、也不离开文字才是道。"达摩说："你得到了我的皮毛。"总持僧说："我今天看到了，以后便不会再看到了。"达摩说："你得到了我的血肉。"道育说："外界本来就是空的，而我所看到的没有一法可以得到。"达摩说："你得到了我的筋骨。"最后慧可礼拜达摩后在自己的位子站着，达摩说："你得到了我的精髓。"

不起无相　般若尊者问达摩："各种物体中什么物体无相？"回答说："在各种物中间没有无相。"

洗钵盂去　有僧人问赵州和尚："求学之人刚刚进入寺庙，请师指示。"赵州和尚说："喝粥了没有？"回答说："喝了。"赵州和尚说："那就洗碗去。"那个僧人一下子便悟了。

使得十二时　有僧人问赵州和尚："在十二个时辰里应该怎么用心呢？"赵州和尚说："你被十二个时辰所使，而我可以使十二个时辰。"

天雨花　梁代有一个高僧在天龙寺里讲经，天上下起了宝花，缤纷落下。徐玉泉赠诗说："锡杖飞身到赤霞，石桥闲坐演三车"三车"指"三乘"，即大乘、小乘、上乘。一声野鹤仙涛起，白昼天风送宝花。"

石点头　晋有异僧玉生者，又名竺道生，人称曰生公。讲经于虎丘寺，人无信者。乃聚石为徒，坐而说法，石皆点头。

龙听讲　梁有僧讲经，有一叟来听，问其姓氏，乃潭中龙也，云"岁旱得闲，来此听法"。僧曰："能救旱乎？"曰："帝封江湖，不得擅用。"僧曰："砚水可乎？"曰："可。"乃就砚吸水径去，是夕大雨，水皆黑。

离此壳漏子　《传灯录》：洞山良价和尚将圆寂，谓众曰："离此壳漏子，向什么处相见？"众不对，师俨然坐化。

只履西归　后汉二十八祖达摩，中天竺国佛法，起自初祖迦叶尊者，至达摩乃二十八祖。梁武帝大通元年始至中国，是为东土始祖，端居而逝。后三载，魏宋云使西域，归遇师于葱岭，手持只履，翩翩独逝，问师何往，曰："西天去。"明帝启其圹，惟一革履存焉。

阇维荼毗　天竺第九祖入灭，众以香油旃檀阇维真体。僧亡火化曰阇维，又曰荼毗。东坡宿曹溪，借《传灯录》读，灯花落烧一僧字，即以笔记台上："曹溪夜岑寂，灯下读传灯。不觉灯花落，荼毗一个僧。"

截却一指　天龙合掌顶礼拜问于古德，曰："敢问佛在何处？"古德曰："佛在汝指头上。"天龙竖一指朝夕观看，古德从背后截去其一指，天龙豁然大悟。后人曰："天龙截却一指，痛处即是悟处。"

吃在肚里　有老僧吃饭，人问之曰："和尚吃饭与常人异否？"僧曰："老僧吃饭，口口吃在肚里。"

放生　北使李谐至梁，武帝与之游历。偶至放生处，帝问曰："彼国亦放生否？"谐曰："不取亦不放。"帝大惭。

石点头　晋代有一个叫玉生的奇异僧人，又叫竺道生，人称他为生公。他在虎丘寺讲经，没有人相信。于是他便把石头聚在一起当他的徒弟，然后坐下来说法，石头听了都点头。

龙听讲　梁代的时候，一个僧人讲经，有一个老人来听，问他的姓名，原来是潭中的龙，说是"今年大旱，所以它很闲，便来这里听法"。僧人说："能避免大旱吗？"它说："天帝封了江湖，不能擅自使用。"僧人说："砚台里的水可以吗？"它说："可以。"便在砚台边上吸水而去，当天晚上便下了大雨，只是水都是黑的。

离此壳漏子　《传灯录》记载：洞山良价和尚将要圆寂，对众人说："离开这个壳漏子，到什么地方再相见？"众人都不回答，他便俨然坐化了。

只履西归　后汉时二十八祖达摩，中天竺国的佛法，起自初祖迦叶尊者，到达摩是第二十八祖。梁武帝大通元年（529）才到中国，成为东方禅宗的始祖，后来安然而逝。过了三年，魏国的宋云出使西域，归来时在葱岭竟然遇到了达摩祖师，手里拿着一只鞋，翩然而逝，问他到哪里去，他说："西天去。"北魏孝明帝打开他的坟，发现只有一只鞋在里面。

阇维荼毗　天竺国的第九祖要入寂灭之境了，众人都用香油和檀香来"阇维"他的身体。僧人死亡火化叫作"阇维"，又叫"荼毗"。苏轼在曹溪借宿，借来《传灯录》读，灯花落下烧了一个"僧"字，苏轼便用笔在台上写道："曹溪夜岑寂，灯下读传灯。不觉灯花落，荼毗一个僧。"

截却一指　天龙和尚合掌在头顶拜问古德说："请问佛在什么地方？"古德说："佛在你的指头上。"天龙竖起一个指头早晚观看，古德从背后截断了他那一个指头，天龙和尚豁然大悟。后人说："天龙截却一指，痛处即是悟处。"

吃在肚里　有老和尚吃饭，有人问他说："和尚吃饭与常人一样吗？"和尚说："我老和尚吃饭，口口都吃到肚里。"

放生　北朝的使者李谐到了梁朝，梁武帝和他一起去游历。偶然走到放生的地方，梁武帝问他说："你们国家也放生吗？"李谐说："不去抓也不去放。"梁武帝大为惭愧。

海鸥石虎 佛图澄依石勒、石虎，号大和尚。以麻油涂掌，占见吉凶数百里外。听浮屠铃声，逆知祸福。虎即位，师事之，时谓澄以石虎为海鸥鸟。

帝言日中 虎丘生公于石上讲经，宋文帝大会僧众施食，人谓僧律日过中即不食。帝曰："始可中耳。"生公曰："日丽天，天言中，何得非中？"即举箸而食。

碎却笔砚 李泌在衡山事明瓒禅师，瓒云："欲学道者，先将笔砚碎却。"

六道 释家有六道轮回之说，曰天道、人道、魔道、地狱道、饿鬼道、畜生道。

捱日庵 善导和尚庵名捱日，示众云："体此二字，一生受用。"

抱佛脚 云南之南一番国，俗尚释教。有犯罪当诛者，趋往寺中，抱佛脚悔过，愿髡发为僧，即贳其罪。今谚曰："闲时不烧香，急来抱佛脚。"本此。

九日杜鹃 唐周宝镇润州，知鹤林寺杜鹃花奇绝，谓僧殷七七曰："可使顷刻开花副重九乎？"七七曰："诺。"及九日，果烂熳如春。

摩顶止啼 宋安东人娄道者，生有异相，掌中一目，中指七节。长为承天寺僧。尝召入大内，适仁宗生，啼哭不止，摩其顶曰："莫叫莫叫，何似当初莫笑。"啼遂止。

玉带镇山门 了元号佛印，住金山寺，苏轼访之。了元曰："内翰何来？此间无坐处。"轼戏曰："借和尚四大作禅床。"

海鸥石虎　佛图澄依附石勒、石虎,号为大和尚。用麻油涂在手掌上,可以占卜出几百里之外的吉凶。听寺庙的铃声,便可以预知祸福。石虎即位,把他当老师一样来侍奉,当时人说佛图澄把石虎当作海鸥鸟。

帝言日中　虎丘的生公在石头上讲经,宋文帝召集僧众来施舍食物,有人说僧人的戒律是太阳过了中天就不能再吃东西了。宋文帝说:"刚开始到中天。"生公说:"太阳在天上运行,天如果要说中的话,哪里不是中呢?"说完拿起筷子就吃。

碎却笔砚　李泌在衡山师事明瓒禅师,明瓒禅师说:"想要学道的人,必须先把笔和砚台砸碎了。"

六道　佛家有所谓的六道轮回的说法,就是天道、人道、魔道、地狱道、饿鬼道、畜生道。

捱日庵　善导和尚所住的庵名字叫作"捱日",并告诉众人说:"如果能体会这两个字的意义,那就可以一生受用。"

抱佛脚　云南的南边有一个小国家,他们的风俗是崇尚佛教。如果有人犯罪应当受刑的,跑到寺庙中,抱着佛脚忏悔自己的过失,并愿意剃去头发做和尚,政府就会赦免他的罪过。现在的谚语说"闲时不烧香,急来抱佛脚",就是来自于此。

九日杜鹃　唐代的周宝镇守润州的时候,知道鹤林寺的杜鹃花非常奇特,冠绝天下,便对僧人殷七七说:"你可以让这些花立刻开放以为重阳节助兴吗?"殷七七说:"没问题。"到了九月九日,杜鹃花果然开得非常繁盛就好像春天一样。

摩顶止啼　宋代安东有一个叫娄道的人,出生时便有非同寻常的相貌,他的手掌中有一只眼睛,中指有七个关节。长大后成为承天寺的和尚。曾经被召入皇宫,正好宋仁宗刚刚生下来,不停地啼哭,他摸着宋仁宗的头说:"莫叫莫叫,何似当初莫笑。"宋仁宗果然就不哭了。

玉带镇山门　了元和尚号为佛印,住在金山寺,苏轼去拜访他。了元说:"苏大人为什么来这里?这里没有你坐的地方。"苏轼戏谑地说:"借和尚的'四大'(佛教称人的身体为'四大')来作禅床。"

了元曰："四大本空，五蕴非有。"轼投以玉带镇山门，了元报以一衲。

白土杂饭 新罗国僧金地藏，唐至德间渡海，居九华山，取岩间白土杂饭食之。九十九日忽召徒众告别，坐化函中。后三载开视，颜色如生，异之，骨节俱动。

涤肠 小释迦，保昌黎氏子，九岁入山，精修五载得悟。一日归省其母，啖之肉，出至溪中，以刀刳肠涤净，唐赐号澄虚大师。

释解 文通慧姓张，弃家祝发，师令掌厨盥盆。忽有市鲜者沃于盆，文偶击之，仆地死。文惧，奔西华寺。久之，为长老。忽曰："三十年前一段公案，今日当了。"众问故，曰："日午自知之。"一卒持弓至法堂，瞠目视文，欲射之。文笑曰："老僧相候已久。"卒曰："一见即欲相害，不知何仇？"文告以故。卒悟曰："冤冤相报何时了，劫劫相缠岂偶然。不若与师俱解释，如今立地往西天。"视之立逝矣，文即索笔书偈而化。

冤家亦生 宝志，梁武帝师事之。皇子生，志曰："冤家亦生矣。"后知与侯景同日生。

正大衍历 一行从普寂禅师为徒。唐玄宗召问曰："卿何能？"对曰："善记览。"即以宫人籍试之，一无所遗，玄宗呼为圣人。汉洛下闳造《大衍历》云："历八百岁当差一日，有出而正之者。"一行当其期，乃定《大衍历》。

了元和尚说:"四大本来就是空的,连被称为'五蕴'的身心也是没有的。"苏轼便赠给他一条玉带来镇守山门,了元和尚回报给苏轼一领僧衣。

白土杂饭　新罗国的僧人金地藏,在唐代至德年间渡过大海,居住在九华山,取岩石之间的白土来就着饭吃。九十九天后忽然召来众位徒弟别,然后便在棺材中坐化了。三年后打开看,脸色还和活着一样,抬他的时候,骨节还都能动。

涤肠　小释迦,是保昌姓黎的人家的儿子,九岁的时候到山中来,努力修炼了五年而悟道。有一天回家看望他的母亲,母亲用肉来招待他,他出来后便到小溪里,用刀剖开肠子洗涤干净。唐代赐他为澄虚大师。

释解　文通慧本姓张,后来离开家剃了头发当和尚,师父命他负责厕所的洗手盆。忽然有一个卖鱼的在盆中洗鱼,文通慧打了他一下,没想到那个倒在地上死了。文通慧非常害怕,便逃到了西华寺。很久以后,他成为西华寺的长老。有一天忽然说:"三十年前有一段公案,今天应当了结了。"众人问他是什么,他说:"到中午自然就会知道了。"中午,一个兵卒拿着弓箭到了法堂,瞪着眼睛看文通慧,便想用箭射他。文通慧笑着说:"老衲我已经等了你很久了。"兵卒说:"我一看到你就想加害于你,不知道与你有什么仇?"文通慧告诉了他原因。那个兵卒恍然大悟说:"冤冤相报何时了,劫劫相缠岂偶然。不若与师俱解释,如今立地往西天。"再看发现他已经死了,文通慧也要了笔写下偈语后坐化了。

冤家亦生　宝志和尚,梁武帝把他当老师来事奉。梁武帝生了皇太子,宝志说:"冤家也出生了。"后来知道皇太子与侯景是同一天生的。

正大衍历　僧人一行拜普寂禅师为师。唐玄宗召他来问说:"你有什么才能呢?"他回答说:"擅长记忆。"唐玄宗便拿来宫女的名册来试验他,果然不漏一个都记住了,唐玄宗称他为圣人。汉代的洛下闳制订出《大衍历》时说:"经过八百年后历法会有一天的误差,那时就会有出来修正这个误差的人。"一行正在这个日期里,于是便订正了《大衍历》。

雨随足注 莲池名袾宏,沈氏子,为诸生,辞家祝发。见云栖幽寂,结茅以居,绝粮七日,倚壁危坐。云栖多虎,皆远徙。岁旱,击木鱼循田念佛,雨随足迹而注。人异之。遂成兰若,专以净土一门普摄三根。著述甚多,诸方尊为法门周、孔。

为让帝剃发 南州法师名博洽,山阴人,禅定之馀,肆力词章,居金陵。靖难时,金川门开为建文君剃发。文皇闻而因之十馀年。姚荣靖临革,上临视,问所欲言,于榻上叩首曰:"博洽系狱久矣。"上即日出之。仁宗即位,数被召问,宣德中留偈而化。

赍药僧 住得号赤脚僧,常居庐山。洪武间,上不豫,住得赍药诣阙,谓天眼尊者及周颠仙所奉,上服之,立愈,御制诗赐之。

乞宥沙弥 冰蘗名维则,洪武二十五年,上命凡天下僧人有名籍者,皆要俗家馀丁一人充军。维则时进偈七章,其七曰:"天街密雨却烦嚣,百稼臻成春气饶。乞宥沙弥疏戒检,袈裟道在祝神尧。"上览偈,为收成命。

日月灯 王介甫尝见举烛,因言:"佛书有日月灯光明佛,灯光岂得配日月?"吕吉甫曰:"日昱乎昼,月昱乎夜,灯光昱乎昼夜,日月所不及,其用无差。"介甫大以为然。

卧佛 《涅槃经》云:"如来背痛,于双树间北首而卧。"故后之图绘者为此像。晋庾公尝入佛图,见卧佛,曰:"此子疲于津梁。"于时以为名言。

雨随足注　莲池大师名叫袾宏,是沈家的儿子,本来是入学的生员,后来出家为僧。他看到云栖这个地方非常幽静,便结下茅庐住下来,断粮七天,靠着墙壁端坐着。云栖这个地方有很多老虎,都迁徙到远处去了。在大旱的年份里,他敲击着木鱼绕着田地念佛,雨便随着他的足迹下起来。人们都觉得很神异,于是这里便建造了一座寺庙,专门用净土这一门来作为修行的普遍法门。他的著述很多,各方都尊他为佛教的周公、孔子。

　　为让帝剃发　南州法师名叫博洽,是山阴人,在修禅养性之馀,还全力学习词章,住在金陵。在靖难之役时,曾打开金川门为建文帝行落发之仪。明成祖朱棣听到后把他囚禁了十多年。姚广孝(荣靖)临死前,皇帝来看他,问他想说什么,他在床上叩头说:"博洽在监狱里时间太久了。"皇帝当天就把博洽放了出来。后来明仁宗即位(洪熙,1424—1425),博洽几次被召来问事。在宣德年间(1425—1435),留下偈语后坐化了。

　　赍药僧　住得号为赤脚僧,曾经居住在庐山。洪武年间,皇上身体不舒服,住得拿着药来到朝廷上,说这药是天眼尊者和周颠仙奉上的,皇帝服用之后,立刻就痊愈了,于是写了诗赐给他。

　　乞宥沙弥　冰蘖名叫维则,在洪武二十五年(1392),皇帝命令全天下凡是有注册的和尚,都要有一个俗世之人为之服兵役。维则当时奏上偈语七条,其第七首说:"天街密雨却烦嚣,百稼臻成春气饶。乞宥沙弥疏戒检,袈裟道在祝神尧。"皇帝看到这些偈语,便为此而收回了前边的命令。

　　日月灯　王安石曾经看到点蜡烛,便说:"佛书里有一个'日月灯光明佛',灯光怎么能配得上日月呢?"吕惠卿(吉甫)说:"太阳照亮白天,月亮照亮夜晚,灯光却可以不分日夜而发出光明,这是太阳、月亮都赶不上的,所以它们的作用应该没有什么差别。"王安石非常赞同。

　　卧佛　《涅槃经》说:"如来佛背痛,便在两树之间头朝北躺下了。"所以后来有人画如来佛时便画成这个样子。晋朝时庾亮曾经进入寺庙,看到这样的卧佛,便说:"这个人普渡众生却疲于奔波了。"当时人把这看作是一句名言。

　　张玄之、顾敷，是顾和中外孙，皆少而聪慧，和并知之，而尝谓顾胜于张。时张九岁，顾七岁。和与之俱至寺中，见佛般泥洹像，弟子有泣者，有不泣者。和以问二孙。玄谓："被亲，故泣；不被亲，故不泣。"敷曰："不然。当由忘情，故不泣；不能忘情，故泣。"

　　天女散花　《维摩经》云：会中有天女散花，诸菩萨悉皆堕落，至大弟子便著不堕。天女曰："结习未尽，故花著身；结习尽者，花不著身。"

　　三乘　法门曰大乘、中乘、小乘。乘乃车乘之乘。阿罗汉独了生死，不度众人，故曰小乘；圆觉之人，半为人半为己，故曰中乘；菩萨为大乘者，如车之大者，能度一切众生。故曰三车之教。

　　三空，生、法、俱也。三慧，闻、思、修也。三身，法、报、化也。三宝，佛、法、僧也。三界，欲界、色界、无色界也。三毒，贪、嗔、痴也。三漏，欲漏、有漏、无明漏也。三业，身、口、意也。三灾，饥馑、疾疫、刀兵也。三大灾，火、水、风也。

　　弩目低眉　薛道衡游开善寺，谓一沙弥曰："金刚何以弩目？菩萨何以低眉？"沙弥曰："金刚弩目，所以摄服群魔；菩萨低眉，所以慈悲六道。"

　　速脱此难　《大集》云：昔有一人避二难：醉众生死，缘藤命根入井无常，有黑白二鼠日、月嚼藤将断，旁有四蛇四大欲螫，下有三龙三毒吐火张爪拒之，其人仰望二象，已临井上，忧恼无托。忽有蜂过，遗蜜滴入口五欲，是人接蜜，全忘危惧。知人见此，各宜修行，速脱此难。

张玄之和顾敷分别是顾和的孙子和外孙，都幼小却聪慧，顾和也都知道他们的聪慧，但总觉得顾敷要更胜过张玄之一些。当时张玄之九岁，顾敷七岁。顾和与他们一起到寺庙里，看到如来佛涅槃的像，佛的弟子有哭的，有不哭的。顾和拿这个来问两个孙子。张玄之说："受到佛祖亲重的就哭，没有受到亲重的就不哭。"顾敷说："不是这样。应该是忘情的就不哭，不能忘情就哭。"

　　天女散花　《维摩经》说：大会中有天女来散花，花落到别的菩萨身上都又落到地上，而落到大弟子身上的却沾在身上没落下去。天女说："烦恼没有除尽的，花就沾在身上；除尽了烦恼的，花就不沾身。"

　　三乘　佛家说"大乘"、"中乘"、"小乘"。"乘"就是"车乘"的"乘"。阿罗汉只了结自己的生死，不度其他人，所以叫"小乘"；圆觉的人，一半为人，一半为自己，所以叫"中乘"；菩萨就是行"大乘"的人，就好像很大的车，可以度脱一切众生。所以人们把佛教也叫"三车之教"。

　　三空，就是生、法、俱。三慧，就是闻、思、修。三身，就是法、报、化。三宝，就是佛、法、僧。三界，就是欲界、色界、无色界。三毒，就是贪、嗔、痴。三漏，就是欲漏、有漏、无明漏。三业，就是身、口、意。三灾，就是饥馑、疾疫、刀兵。三大灾，就是火、水、风。

　　怒目低眉　薛道衡游览开善寺的时候，对一个和尚说："金刚为什么怒目视人？菩萨为什么低眉善目？"和尚说："金刚怒目，是要用来镇服群魔的；菩萨低眉善目，是要用慈悲来化解六道的。"

　　速脱此难　《大集经》说：从前有一个人要逃避两个灾难：如醉的众生和人的生死，于是攀缘在一根藤象征命根上进入井中象征无常，发现有一黑一白两个老鼠象征日、月一直在啮咬藤条，都快要咬断了，帝边还有四条大蛇象征物质世界想要螫人，下面还有三条龙象征三毒吐着火张牙舞爪地对着，这人仰头看天，已经到了井口边上了，忧愁和烦恼快要过去了。忽然有一只蜜蜂飞过，掉下一滴蜜到人口中象征人的五种欲望，这个人用嘴接了蜜就吃，全然忘记了危险和恐惧。有智慧的人见到这副情景，一定会各自努力修行，快快逃脱这个灾难吧。

五蕴皆空 五蕴者，就众生所执根身器界质碍形量之物名为色；以现前领纳违顺二境，能生苦乐者名受；以缘虑过现未三世境者名想；念念迁流，新新不住者名行；明了分别者名识。五者皆能盖覆真性，封蔀妙明，故总谓之蕴，亦名五阴，亦名五众。

慧业文人 会稽太守孟颉事佛精恳，而为谢灵运所轻。谢尝语曰："得道应须慧业文人，卿生天在灵运前，成佛当在灵运后。"

拔絮诵经 佛图澄左乳旁有一孔，通彻腹内，常塞以絮。至夜欲诵经，则拔絮，一空洞明；或过水边，引肠洗之，复纳入。

世尊生日 《周书异记》：周昭王二十四年四月八日，山川震动，有五色光入贯太微。太史苏由奏曰："有大圣人生于西方，一千年外，声教及此。"即佛生之日也。穆王五十三年二月十五日，天地震动，西方有白虹十二道连夜不灭。太史扈多曰："西方有大圣人灭度，衰相现耳。"此时佛涅槃也。

悉达太子 《异记》又云：天竺迦维卫国净饭王妃，梦天降金人，遂有孕，于四月八日太子生于右胁，名悉达多。年十九，入檀特山修行证道，至穆王三年明星出时成佛，号世尊。于熙连河说《大涅槃经》，以正法眼藏将金缕僧伽黎衣传与弟子大迦叶，为第一世祖。穆王五十三年二月十五日，往拘尸城娑罗树间入般涅槃，在世教化四十九年，是为释迦牟尼，姓刹利。

六祖 初祖达摩，二祖慧可，三祖僧灿，四祖道信，五祖弘忍，六祖慧能。一祖一只履，二祖一只臂，三祖一罪身，四祖一只虎，五祖一株松，六祖一张碓。梁武大通元年，

五蕴皆空　　"五蕴"：世间众生所秉持的本质有形状与数量的物质名为色蕴；用现在的领受顺、逆两种境界，能生出苦乐感受来的叫作受蕴；用缘法去思虑过去、现在、未来三世境界的名叫想蕴；把想法付诸行动，任何新的行为都不停止叫作行蕴；能明白地分辨叫作识蕴。五蕴都可以掩盖人的本性，覆盖有真妙之明心，所以总称之为"蕴"，也名"五阴"，也叫"五众"。

　　慧业文人　　会稽太守孟颢奉佛法非常努力，但却被谢灵运所轻视。谢灵运曾经对他说："能得道的必须是有宿慧的文人，你升天在我谢灵运前面，但成佛却应当在我后边。"

　　拔絮诵经　　佛图澄左边的乳房旁有一个小孔，可以一直通到肚子里，他经常用绵絮来塞住。到了夜里想要诵读佛经，就把绵絮拔出来，便会四大皆空；如果走过水边，有时还把肠子拉出来洗一洗，然后再装进去。

　　世尊生日　　《周书异记》记载：周昭王二十四年的四月八日，忽然山川开始震动，有五色光芒穿过太微宫。太史苏由上奏说："有一个大圣人生于西方，一千年之后，名声和教义就会来到这里。"那天就是如来佛的生日。周穆王五十三年二月十五日，天地开始震动，西方有白虹十二道日夜不灭。太史扈多说："西方的大圣人要灭度了，现在显现衰相。"当时正是如来佛涅槃的时候。

　　悉达太子　　《周书异记》还记载说：天竺迦维卫国的净饭王妃，梦见天上降下一个金人，于是便有了身孕，并于四月八日从右胁生下太子，名叫悉达多。十九岁的时候，进入檀特山修行证道，在周穆王三年明星出现时成佛，号为世尊。在熙连河边说《大涅槃经》，用正法眼藏把金缕僧伽黎衣传给了弟子大迦叶，这便是第一世祖。周穆王五十三年二月十五日，去拘尸城娑罗树之间涅槃，在这个世上施行教化四十九年，这便是释迦牟尼，姓刹利。

　　六祖　　中土的第一祖是达摩，二祖是慧可，三祖是僧灿，四祖是道信，五祖是弘忍，六祖是慧能。一祖留下一只鞋，二祖只有一条胳臂，三祖当初浑身是疮，四祖凭借一只虎而说法，五祖原是栽松道人，六祖能解五祖敲碓的深意。梁武帝大通元年（529），

达摩来自西土，以袈裟授慧可，曰："如来以正法眼藏付迦叶，展转至我，今付汝。吾灭后二百年，衣止不传。"遂说偈曰："我本来兹土，传法救迷情。一花开五叶，结果自然成。"

佛始生 周昭王之二十四年至孝王元年佛入涅槃，始佛著于经，汉武帝得休屠祭天金人，始佛像入中国。周穆王时，始西极国化人来。秦始皇时，始沙门室利房等至，皇囚之，夜有金人破户出。至汉明帝，始以僧天竺摩腾入中国，隋文帝始西域大食入中国回回教门。元魏始作大佛像，高四十三尺，用黄金、铜。五代宗作罗汉像用铁。

后秦始尊鸠摩罗什为法师，宋徽宗称为德士。汉灵帝时安世高始立戒律，魏朱士行始中国人受戒。后魏始立戒坛，宋太祖别立尼戒坛。

汉明帝始听阳城侯刘峻女出家，石虎听民为僧、尼，唐睿宗度公主为道士。

后魏太祖始授僧官，隋文帝制僧官十统，唐制两僧录司，唐武后始令僧尼隶礼部，唐玄宗始给度牒。

汉章帝时，西域僧作数珠，象一年十二月、二十四气、七十二候，共一百单八。五代僧志林作木鱼。

汉武帝尚南越，始禁咒，唐中宗时西京始投笺。时寿安墨石山有灵神祠，过客投笺仰吉。

唐太宗遣玄奘往西域取诸经像。至罽宾国，道险不可过，玄奘闭室而坐，忽见老僧授以《心经》一卷，令诵之，遂虎豹潜迹。至佛国，取经六百部以归。

达摩从西方来到这里，把袈裟传授给慧可，说："如来佛用正法眼藏传给了迦叶，辗转传到了我，现在我传给你。我死后二百年，袈裟就不再传了。"于是便说了一个偈语："我本来兹土，传法救迷情。一花开五叶，结果自然成。"

佛始生　周昭王二十四年到周孝王元年如来佛涅槃，佛的名字才开始记在经书上，汉武帝得到休屠祭天金人，佛像才开始传入中国。周穆王的时候，西极国才开始有僧人来。秦始皇的时候，才开始有和尚室利房等人来到中国，秦始皇把他们囚禁起来，夜里，有金人破门而出。到了汉明帝，才开有僧人天竺摩腾进入中国，隋文帝时开始有从西域大食进入中国 穆斯林教徒。元魏时开始建造巨大的佛像，高达四十三尺，用黄金和铜来做。五代宗作罗汉像用铁。

后秦开始尊称鸠摩罗什为法师，宋徽宗称僧人为德士。汉灵帝的时候安世高开始立下戒律，魏国的朱士行是第一个受戒的中国人。后魏开始创立戒坛，宋太祖另外创立了尼戒坛。

汉明帝开始听任阳城侯刘峻的女儿出家，石虎听任人民成为僧、尼，唐睿宗把公主度为道士。

后魏太祖开始授命僧官，隋文帝开始制定僧官十统，唐代制定两处僧录司，唐代的武则天开始把僧尼隶属礼部，唐玄宗开始给僧人发放度牒。

汉章帝的时候，西域的僧人作了念珠，用来象征一年的十二月、二十四气、七十二节候，共有一百零八颗珠子。五代时的僧人志林制作了木鱼。

汉武帝信从南越方，才开始有了禁咒，唐中宗的时候西京才开始投笈。当时寿安的墨石山有一个灵神祠，从那儿跑过的客人都投笈来求得吉利。

唐太宗派玄奘到西域去求取各种经籍和佛像。到了罽宾国，道路危险无法通过，玄奘关起门来坐下，忽然看到一个老和尚来，给他传授了一卷《心经》，让他诵读，虎豹就都不见了。到了佛国，取了六百部经书回来了。

孰为大庆法王　傅珪为大宗伯时，武宗好佛，自名大庆法王。番僧奏请腴田千亩为下院，批礼部议，而书大庆法王，与圣旨并。珪佯不知，劾番僧曰："孰为大庆法王，敢与至尊并书，大不敬！"诏勿问。

医

《神农经》：上药养命谓五石之炼形、五芝之延年也；中药养性谓合欢之蠲忿、萱草之忘忧也；下药治病谓大黄之除实、当归之止痛也。

君臣佐使　凡药有上中下之三品，凡合药宜用一君、二臣、三佐、四使，此方家之大经也。必辨其五味、三性、七情，然后为和剂之节。五味谓咸、酸、甘、苦、辛。酸为肝，咸为肾，甘为脾，苦为心，辛为肺，此五味之属五脏也。三性谓寒、湿、热。七情有独行者，有相须者，有相使者，有相畏者，有相恶者，有相反者，有相杀者，其用又有使焉。汤丸酒散，视其病之深浅所在而服之。

砭石　梁金元起欲注《素问》，访以砭石，王僧孺曰："古人常以石为针，不用铁；季世无佳石，故以铁代石。"

病有六不治　骄恣不论于理，一不治也；轻身重财，二不治也；衣食不能适，三不治也；阴阳并藏气不定，四不治也；形羸不能服药，五不治也；信巫而不信医，六不治也。

孰为大庆法王　傅珪官为礼部尚书时,明武宗喜欢佛教,自己起名为"大庆法王"。外国僧人上奏请求良田千亩来做寺庙的产业,明武宗便批示让礼部议行,并自署"大庆法王",并且与圣旨放在一起。傅珪假装不知道,便向这个外国僧人问罪:"谁是大庆法王,竟敢与皇上并行签名,这是'大不敬'的罪!"明武宗忙下诏让傅珪不要再问罪。

医

《神农经》记载:所谓的"上药养命"说的是丹砂、雄黄、白礜、曾青、慈石这五种石料可以修炼形体,龙仙芝、参成芝、燕胎芝、夜光芝、玉芝这五种灵芝来延年益寿;"中药养性"说的是合欢可以祛除忿怒、萱草可以忘掉忧愁;"下药治病"说的是大黄可以除去积食、当归可以止痛。

君臣佐使　凡是药都有上、中、下三品,配药的时候最好用一份君药、二份臣药、三份佐药、四份使药,这是专家开药的规范。还要分辨药的五味、三性、七情,然后才能制成好的药剂。五味指的是咸、酸、甘、苦、辛。酸是肝,咸是肾,甘是脾,苦是心,辛是肺,所以这五味其实是属于五脏的。三性是说寒性、湿性、热性。七情有适宜独行的,有同类相互需要不可分离的,有相互为佐使的,有相互受制的,有相互抵消的,有两不相合的,有相互钳制的,它的功用又须要辅佐了。然后究竟是以汤服丸还是以酒行散,都看病的深浅和所处部位的不同来服用。

砭石　梁代的金元起想给《素问》做注,便向人请教砭石的事,王僧孺说:"古代人经常用石头来做针,而不用铁来做;后世没有好的石头了,所以只好用铁来代替石头了。"

病有六不治　骄气放任且不讲道理,这是一不治;看轻身体而重视财物,这是二不治;穿衣与吃饭不能适度,这是三不治;阴阳错乱、脉气不稳定,这是四不治;身体羸弱得已经不能吃药了,这是五不治;相信巫师而不相信医生,这是六不治。

兄弟行医　魏文侯问扁鹊曰："子昆弟三人，孰最善为医？"对曰："长兄病视神，未有形而除之，故名不出于家；仲兄治病，其在毫毛，故名不出于闾；若扁鹊者，镵血脉，投毒药，副肌肤，故名闻于诸侯。"文侯曰："善！"

见垣一方　扁鹊少时遇长桑君，出怀中药，饮以上池之水，三十日，视见垣一方人。以此视病，尽见五脏症结，特以诊脉为名耳。见垣一方，犹言隔墙见彼方之人也。

病在骨髓　扁鹊适齐，桓侯客之。入见，曰："君有疾在腠理，不治将深。"侯曰："寡人无疾。"后五日复见，曰："君之疾在血脉矣。"侯曰："无疾。"后五日复见，曰："君之疾在肠胃矣。"侯曰："无疾。"后五日复见，望见桓侯，却走曰："君之疾已在骨髓，此汤熨、针石、酒醪之所不及也。"数日后，侯病剧，召扁鹊，鹊已逃去，侯遂死。

扁鹊被刺　扁鹊名闻天下。过邯郸，闻贵妇人，即为带下医；过洛阳，闻周人爱老人，即为耳目痹医；来入咸阳，闻秦人爱小儿，即为小儿医：随俗为变。秦太医令李醯，自知伎不如扁鹊，使人刺杀之。

病入膏肓　晋侯求医于秦，秦伯使医缓治之。未至。公梦二竖子曰："彼良医也，惧伤我，焉逃之？"其一曰："居肓之上、膏之下，将若我何？"医至，曰："疾不可为也。在肓之上、膏之下，攻之不可达，针之不可及，药不至焉。"公曰："良医也！"厚礼而归之。

兄弟行医　魏文侯问扁鹊说："你们家兄弟三人，谁的医术最好？"扁鹊回答说："大哥为人看病只观测病人的神气，病还没有苗头的时候便已经被治好了，所以大哥的名气没有走出我家；二哥治病，在病还很小的时候就治好了，所以他的名气没走出我的家乡；像我这样，弄坏血脉、让人吃毒药，伤肌肤，名声却连诸侯都知道。"魏文侯说："你说得非常好！"

见垣一方　扁鹊年少时遇到长桑君，长桑君拿出怀中的药，并让他喝了上池的水，三十天过后，扁鹊就可以看到隔墙的人。用这种本领来看病，便能看到五脏中有病的地方，但只是以诊脉为名罢了。见垣一方，就是说隔着墙也能看到另一边的人。

病在骨髓　扁鹊到齐国去，齐桓侯来招待他。他入朝拜见，说："君王有病在皮肤和肌肉之间，若不治疗恐怕要加重。"齐桓侯说："我没有病。"过了五天再见到齐桓侯，扁鹊说："君王的病在血脉中了。"齐桓侯仍然说没有病。又过了五天再见，扁鹊说："君王的病已经在肠胃里了。"齐桓侯还是说没有病。再过了五天，扁鹊望见齐桓侯，连忙逃开说："君王的病已经深到骨髓了，这是用汤药、下针用砭石或是酒药都无法达到的地方。"几天后，齐桓侯病情加剧，派人叫扁鹊，扁鹊已经逃走了，齐桓侯便死了。

扁鹊被刺　扁鹊名闻天下。过邯郸的时候，听说这个地方以妇人为贵，便治疗妇女病；过洛阳的时候，听说这个地方很爱护老人，便开始治疗听力与视力的病；再入咸阳，听说秦地的人爱护小孩，便治疗儿童的病：总之，是随着世俗的不同而改变治病的方向。秦地的太医令是李醯，自己知道自己医术不如扁鹊，便派人将扁鹊刺杀了。

病入膏肓　晋侯向秦国求医，秦伯让一个叫缓的医生去治病。缓还没到的时候，晋侯梦到有两个小孩说："那人是个良医，恐怕会伤到我们，怎么逃呢？"其中一个说："藏在肓之上、膏之下，他能奈我何？"医生到了后，说："病已经无法治了。在肓之上、膏之下，想要攻击但不能达到那里，针石也不行，药也走不到。"晋侯说："真是良医啊。"送他很厚重的礼物让他回去了。

姚剂三解　后周姚僧垣善医。伊娄自腰至脐，似有三缚。僧坦处三剂，初服，上缚即解；次服，中缚即解；又服，三缚悉除。

太仓公　姓淳于，名意。为人治病，立决死生，多奇中，用药若神。

东垣十书　李杲传易州张元素之秘业，士大夫非危急之疾，不敢谒，时以神医目之。所著有《东垣十书》。

刮骨疗毒　华佗：疾在肠胃不能散者，饮以药酒，割腹湔洗积滞，傅神膏合之，立愈。如割关侯臂而去毒、针曹操头风而去风是也。

医国手　《国语》：晋平公有疾，秦伯使人视之。赵文子曰："医及国家乎？"对曰："上医医国，其次救人，固医职也。"

杏林　《庐山记》：董奉每治人病，病愈，令种杏一株，遂成林。奉后成仙，上升。

徙痈　薛伯宗善徙痈疽。公孙泰患背疽，伯宗为气封之，徙置斋前柳树上。明日疽消，而树起一瘤如拳大。稍稍长二十馀日，瘤大溃烂，出黄赤汁斗许，树为委损矣。

橘井　晋苏耽种橘凿井，以疗人疾。时病疫者，令食橘叶，饮井水，即愈。世号橘井。

肘后方　葛洪抄《金匮方》百卷、《肘后要急方》四卷。

千金方　孙真人愈龙疾，授以《龙宫秘方》一卷，治病神验，后集为《千金方》传世。

姚剂三解　　后周的姚僧垣医术很精。伊娄从腰到肚脐，好像有三重束缚似的。姚僧垣开了三剂药，喝了第一剂，上边那重束缚就解除了；喝了第二剂，中间的束缚也解了；再喝第三剂，三重束缚就完全解除了。

太仓公　　太仓公姓淳于，名意。为人治病，立刻就能决断生死，多数都非常准确，用药也非常灵验。

东垣十书　　李杲传承了易州张元素的秘方，士大夫如果不是很危急的病，就不敢请他，当时也把他看作是神医。他著有医书《东垣十书》。

刮骨疗毒　　华佗说：病在肠胃中不能驱散的，可以喝药酒，然后剖开肚子把积累的病因洗净，再涂上一些神奇的药膏缝合，立刻就能痊愈。就好像割开关公的胳臂从而可以刮去毒素、用针刺曹操的头可以去掉头风痛一样。

医国手　　《国语》记载：晋平公有病，秦伯派人去看望他。赵文子说："能医治国家吗？"那人回答说："最好的医生就是救国家的，其次的才救人，也就是说医治国家本来就是医生的职责。"

杏林　　《庐山记》记载：董奉每当治好一个人的病，病愈后，便会让他们种一棵杏树，后来便成了一片杏林。董奉最后也成为了仙人，飞到天上去了。

徙痈　　薛伯宗善于移动疮痈。公孙泰背上长了个疮，薛伯宗用气把它封住，迁徙到了书斋前的柳树上。第二天疮就消了，但树上起了一颗有拳头那么大的瘤。等长了二十多天后，瘤变大并且溃烂了，流出黄色或红色的汁液有一斗多，树也因此而变得委靡不振了。

橘井　　晋代的苏耽种橘子、凿井，用来治疗人们的疾病。当时有得了传染病的人，就让他们吃橘叶，喝井水，立刻就好了。世人称此为橘井。

肘后方　　葛洪抄录了《金匮方》一百卷、《肘后要急方》四卷。

千金方　　孙真人治愈了龙的病，被授以《龙宫秘方》一卷，用来治病非常神奇灵验，后来将其收集为《千金方》并流传于世。

照病镜 叶法善有铁镜，鉴物如水。人有疾以镜照之，尽见脏腑中所滞之物，然后以药治之，疾即愈。

医称郎中 郎中知五府六部事，医人知五脏六腑事，故医人亦称郎中。北人因郎中而遂称大夫。

鄞水名医 庞安常，宋神、哲间驰名京邸，于书无所不读，而尤精于《伤寒》，妙得长沙遗旨。性豪俊，每应人延请，必驾四舟，一声伎，一厨传，一宾客，一杂色工艺之人，日费不赀。

俞跗，始为医割皮肌湔涤脏腑；后仓公解颅，卢医剖心，华佗祖之。黄帝始制针灸，神农始命僦贷季_{岐伯师也}理色脉，巫彭始制丸药，伊尹始制煎药，秦和_{战国人}始制药方。

医谏 高鏊，正德时为太医院医士。上将南巡，鏊以医谏。上怒曰："鏊我家官，亦附外官梗朕耶？"命杖之百而戍乌撒。世宗改元，召还复职。时有星官杨源，亦以占候谏，死戍所。

历代名医图赞
伏羲氏赞 茫茫上古，世及庖牺。始画八卦，爰分四时。究病之源，以类而推。神农之降，得而因之。

神农氏赞 仰惟神农，植艺五谷。斯民有生，以化以育。虑及夭伤，复尝草木。民到于今，悉沾其福。

照病镜　叶法善有一面铁镜，就像水一样能照出物体来。如果有人有病拿镜来照，便可清楚地看到脏腑里所滞留的东西，然后再用药来治，病立刻就会好。

医称郎中　郎中这个官要知道朝廷五府六部的事，医生要知道人体内五脏六腑的事，所以医生也被称为郎中。北方人更因为郎中又称医生为大夫。

蕲水名医　庞安常，在宋朝神宗、哲宗年间驰名京都，对于医书是无所不读，最精通的是《伤寒论》，能尽得张仲景（张长沙）的精华。他性格豪爽骏迈，每次应病人的邀请，一定要驾四条船，一条船上是奏乐的歌妓，一条船上是做饭的厨子，一条船上是要招待的宾客，一条船上是杂七杂八的各种艺人，每天的花费很巨大。

俞跗，开始为医生割开皮肤与肌肉并洗涤内脏；后来仓公开始解剖头颅，卢医开始挖心，华佗效法他们。黄帝开始制针灸之术，神农开始让僦贷季_{就是岐伯的老师}来调理面色和脉象，巫彭开始制造丸药，伊尹开始制造煎药，秦和_{战国时人}开始创制药方。

医谏　高鳌，在正德年间当太医院医士。皇帝将要南巡，高鳌以医生的身份来劝谏。皇帝大怒说："高鳌是我家的官，难道也附和外官来阻碍我吗？"命人把他打了一百杖并发配到乌撒去。明世宗即位改元，召他回来还复旧职。当时有一个占星的官员杨源，也以占候的身份来进谏，死在了谪戍的地方。

历代名医图赞

伏羲氏赞　渺渺茫茫上古，世代推及伏羲。开始画出八卦，一年分成四季。究究致病之源，依例以此类推。自从神农之后，国人得以沿袭。

神农氏赞　仰望惟有神农，教民种植五谷。国民得以全生，进行教化繁育。又念夭折伤害，遍尝百种草木。民众直到今天，都拜神农赐福。

黄帝轩辕氏赞　伟哉黄帝，圣德天授。岐伯俞跗，以左以右。导养精微，日穷日究。利及生民，勿替于后。

岐伯全元起赞　天师岐伯，善答轩辕。制立《素问》，始显医源。

雷公名敦赞　太乙雷公，医药之宗。炙熿炮制，千古无穷。

秦越人扁鹊赞　秦神扁鹊，精研医药。编集《难经》，古今钦若。

淳于意赞　汉淳于意，时遇文帝。封赠仓公，名传万世。

张仲景机赞　汉张仲景，《伤寒》论证。表里实虚，载名亚圣。

华佗赞　魏有华佗，设立疮科。刮骨疗疾，神效良多。

太医王叔和赞　晋王叔和，方脉之科。撰成要诀，普济沉疴。

皇甫士安谧赞　皇甫士安，治法千般。经言《甲乙》，造化实难。

葛稚川洪赞　隐居罗浮，优游养寿。世号仙翁，方传《肘后》。

孙思邈赞　唐孙真人，方药绝伦。扶危拯弱，应效如神。

韦慈藏讯赞　大唐药王，德号慈藏。老师韦讯，万古名扬。

相

相圣人　姑布子卿相孔子曰："其颡似尧，其顶类皋陶，其肩类子产，然自腰以下不及禹三寸，身长九尺三寸，累累然若丧家之狗。"

黄帝轩辕氏赞　一代伟人黄帝，圣德为天所授。医师岐伯俞跗，一直侍奉左右。细心引导保养，时时刻刻研究。福泽天下万民，定要传承于后。

　　岐伯全元起赞　伟大的天师岐伯，回答了黄帝轩辕。创制下医书《素问》，才开始显出医源。

　　雷公名敩赞　太乙之神雷公，是为医药之宗。炙煿炮制之法，千古受用无穷。

　　秦越人扁鹊赞　秦地神人扁鹊，精研医术药方。编集医书《难经》，古今钦佩敬仰。

　　淳于意赞　汉代淳于意，遇到汉文帝。被封赠仓公，大名传万世。

　　张仲景机赞　汉代张仲景，《伤寒》来论病。表里与实虚，青史名亚圣。

　　华佗赞　魏国有华佗，设立皮肤科。刮骨可疗毒，神奇疗效多。

　　太医王叔和赞　晋代王叔和，以把脉象看。作一部《脉诀》，救万人苦难。

　　皇甫士安谧赞　皇甫字士安，治法有千般。撰成《甲乙经》，造化也为难。

　　葛稚川洪赞　隐居罗浮乡，优游养寿长。世人号仙翁，传世《肘后方》。

　　孙思邈赞　唐代孙真人，药方值千金。扶危又助弱，灵验如有神。

　　韦慈藏讯赞　大唐有药王，道号为慈藏。老师名韦讯，万古美名扬。

相

　　相圣人　姑布子卿给孔子相面后说："他的额头像尧，头顶类似皋陶，肩膀像子产，不过从腰部以下比大禹短了三寸，身高有九尺三寸，憔悴疲惫的样子像一条丧家狗。"

弹血作公　陶侃左手有文，直达中指上横节便止。有相者师圭谓："君左手中指有竖理，若彻于上，位在无极。"侃以针挑之令彻，血流，弹壁乃作"公"字。后果如其兆。

官至封侯　卫青少时，其父使牧羊，兄弟皆奴畜之。有钳徒相青曰："官至封侯。"青笑曰："人奴之生，得无笞骂足矣，焉得封侯？"

须如猬毛　刘惔道桓温须如反猬毛，眉如紫石棱，自是孙仲谋、司马宣王一流人。

腾蛇入口　汉周亚夫为河南守，许负相之，曰："君后三年为侯。八年为宰相，持国秉政。后九年当饿死。"亚夫笑曰："既贵如君言，又何饿死？"负指其口曰："腾蛇入口故耳。"后果然。

豕喙牛腹　《国语》：叔鱼生，其母视之，曰："是虎目而豕喙，鸢肩而牛腹，溪壑可盈，是不可餍也，必以贿死。"

虎厄　晋简文初无子，令相者遍阅宫人。时李太后执役宫中，指后当生贵子而有虎厄。帝幸之，生武帝，既为太后，服相者之验，而怪虎厄无谓。且生未识虎，命图形以观，戏击之，患手肿而崩。

蜂目豺声　潘滔见王敦少时谓曰："君蜂目已露，但豺声未振耳。必能食人，亦当为人所食。"

弹血作公　陶侃的左手有条纹理，一直到达中指最上边那个横指节为止。有一个叫师圭的看相人对他说："你左手中指上有竖的纹理，如果能一直贯彻到指尖，那以后你的官位就会很大了。"陶侃便用针把皮肤挑开让纹理通彻，鲜血流下来，他把血挑到墙壁上变成了一个"公"字。后来果然应了这个兆头。

官至封侯　卫青少年时，他的父亲让他放羊，他的兄弟都把他当作奴仆来对待。有一个被施过钳刑的人看他的面相说："你以后一定会封侯。"卫青笑着说："作为人家的奴隶生活在这个世界上，能免除打骂就已经很满足了，哪里能封侯呢？"

须如猬毛　刘惔说桓温的胡须就好像反着的刺猬毛，眉毛就像紫石棱，一定孙权（仲谋）、司马懿（宣王）一流的人。

螣蛇入口　汉代的周亚夫官为河南守，许负来给他相面，说："你三年之后当封为侯。八年后为宰相，秉持国政。但再过九年就会饿死。"周亚夫笑着说："既然能达到你所说的那样的高位，又怎么会饿死？"许负指着他的嘴说："因为有螣蛇进入了你的嘴啊。"后来果然如此。

豕喙牛腹　《国语》记载：叔鱼出生时，他的母亲看到他，说："这个孩子眼睛像老虎，嘴巴像猪，肩膀像鸟，肚子像牛，溪流峡谷可以填满，这个人却不知餍足，他必定会因为钱财而死的。"

虎厄　晋朝简文帝最初没有儿子，便让相面的人把宫内女子全相一遍。当时李太后正在宫内服役，相面人指着李太后说她会生下贵子，但她却会有虎带来的危险。简文帝临幸了李太后，果然生下了晋武帝，她也成为了太后，于是便非常佩服相面人的灵验，但却很奇怪相面人所说的虎灾却没有应验。她也从未见识过老虎的样子，所以简文帝命人画了老虎的形状来给她看，她开玩笑地用手打了图一下，但手立刻肿了，后来因此而驾崩。

蜂目豺声　潘滔看到小时候的王敦便对他说："你那像蜜蜂一样的眼睛已经显露出来了，但豺狼一样的声音还没有显露。以后你一定会害人，但最终也会被人所害。"

鬼躁鬼幽　管辂曰："邓飏之行步，筋不束骨，此为鬼躁。何晏容若槁木，此为鬼幽。"

识武则天　唐袁天纲见武后母曰："夫人当生贵子。"后尚幼，母抱以见，绐以男，天纲熟视之，曰："龙瞳凤颈，若为男儿，当作天子。"

伏犀贯玉枕　袁天纲见窦轨曰："君伏犀贯玉枕，辅角全起，十年且显，立功在梁、益间。"

眄刀　相者陈训背语甘卓曰："甘侯仰视首昂，相名眄刀；目中赤脉自外入：必兵死。"

识王安石　宋李承之在仁宗朝官郡守，因邸吏报包孝肃拜参政，或曰："朝廷自此多事矣。"承之正色曰："包公无能为也，今知鄞县王安石，眼多白，甚似王敦。他日乱天下者，此人也。"

麻衣道人　宋钱若水谒陈希夷，希夷与老僧拥炉，熟视若水，以火箸画灰上，云："做不得。"徐曰："急流中勇退人也。"后再往，希夷曰："吾始以子神清，谓可作仙。时召麻衣道人决之，云子但可作公卿耳。"

耳白于面　欧阳公耳白于面，名满天下；唇不著齿，无事得谤。

史佚始相人，一云姑布子卿风鉴，内史服唐举、吕公通其术，伯益始相马。

柳庄相　明袁珙遇僧道衍于嵩山寺，相之曰："目三角影白，形如病虎，性嗜杀人，他日刘秉忠之流也。"后衍荐珙于北平酒肆中，识燕王，即相为太平天子。其子忠彻亦善相，燕王命其遍相谢贵诸人，而后靖难。

鬼躁鬼幽　管辂说："邓飏走路的时候，筋束不住骨，这叫作'鬼躁'。何晏脸上像死木头一样，这叫作'鬼幽'。"

识武则天　唐代的袁天纲看见武则天的母亲时说："夫人你生了一个显贵的儿子。"当时武则天年龄还小，她母亲抱她出来给袁天纲看，谎称她是男孩，袁天纲仔细看了一会儿说："龙的瞳仁，凤凰的脖子，如果是男孩，应当为天子。"

伏犀贯玉枕　袁天纲看见窦轨说："你前额隆起一直到玉枕骨，下巴也全部扬起，十年之内会显身扬名，立功的地方在梁州、益州之间。"

眄刀　相士陈训背后说甘卓："甘大人向上看时头扬得很高，这在相术上叫'眄刀'；眼睛里有红色的脉络从外边进入：所以他必定会在战争中被杀。"

识王安石　宋代的李承之在宋仁宗朝官为郡守，有属吏报告说包拯官拜参政，有人说："朝廷从此要发生很多事了。"李承之严肃地说："包公还不能做出什么来，我现在知道鄞县人王安石，眼睛里眼白多，非常像王敦。以后让天下变乱的，一定是这个人。"

麻衣道人　宋代的钱若水拜谒陈希夷，陈希夷正与一个老和尚围着火炉坐着，老和尚把钱若水仔细看了看，用火钳在灰上写："做不成。"并慢慢说："不过是急流中可以勇退的人啊。"后来再去，陈希夷说："我开始因为你的神气清朗，觉得你可以成仙。当时召来麻衣道人来裁决，他说你只可以做公卿。"

耳白于面　欧阳修耳朵比脸白，所以名扬天下；但嘴唇不包着牙齿，所以无缘无故会被人诽谤。

史佚开始给人相面，另一种说法是姑布子卿开始观风而知人，内史服唐举、吕公都精通这种风鉴之术，伯益开始相马。

柳庄相　明代的袁珙在嵩山寺遇到了僧人道衍，袁珙给他相面后说："眼睛是三角形而且多有眼白，形体像病虎，喜欢杀人，以后也是刘秉忠之类的人物。"后来道衍在北平的小酒店里推荐袁珙，让他结识了燕王朱棣，袁珙立刻相后说他当为太平天子。袁珙的儿子袁忠彻也很善于相面，燕王朱棣让他把谢贵等人全相了一遍，然后发动了靖难之役。

好相人　单父人吕公好相人，见季状貌，奇之，因妻以女，乃吕后也。

有封侯骨　汉翟方进少孤，事后母孝。尝为郡小吏，为诸掾所詈辱，乃从蔡父相，大奇之，曰："小吏有封侯骨。"遂辞母，游学长安。母怜其幼，随之入京，织履以给，卒成名儒，举高第，拜相，封高陵侯。

五老峰下叟　五代黄损与桑维翰、宋齐丘尝游五老峰，见一叟长啸而至，相维翰曰："子异日作相，然而狡，狡则不得其死。"相齐丘曰："子亦作相，然而忍，忍则不得其死。"独异损曰："子有道气，当善终。"其后维翰相晋，齐丘相南唐，皆见杀，世以为前定。而损仕梁，官左仆射，雅以诗文名。

贵不可言　蒯彻以相术说韩信曰："相君之面，不过封侯；相君之背，贵不可言。"

龟息　李峤母以峤问袁天纲，答曰："神气清秀，恐不永耳。"请伺峤卧，而候鼻息，乃贺曰："是龟息也，必贵而寿。"

葬

客土无气　浮图泓师与张说市宅，视东北隅已穿二坎，惊曰："公富贵一世矣，诸子将不终。"张惧，欲平之。泓师曰："客土无气，与地脉不连，譬如身疮痏，补他肉无益也。"

折臂三公　晋有术士相羊祜墓当有授命者，祜闻，掘断地势，以坏其形。相者曰："尚出折臂三公。"祜后堕马折臂，

好相人　单父人吕公喜欢相人，看到刘邦的面貌与形体，觉得很惊奇，就把女儿嫁给他，这就是后来的吕太后。

有封侯骨　汉代的翟方进小时候就失去了父亲，侍奉母亲非常孝顺。曾经在郡中当小吏，被官长辱骂，于是便让蔡父给相一下面，蔡父大为惊奇，说："这个小吏竟然有封侯之相。"所以他辞别母亲，到长安去游学。他母亲觉得他年龄还小，便随他一起进京，以织鞋来供应日常生活所需，后来他便成了一代名儒，做了高官，还官拜丞相，封为高陵侯。

五老峰下叟　五代时的黄损与桑维翰、宋齐丘曾经游览五老峰，看到一个老者长啸着来到跟前，相了桑维翰后说："你以后会作宰相，但太狡猾，狡猾就不得好死。"再相宋齐丘说："你也会作宰相，但为人太残忍，残忍的人也不得好死。"唯独觉得黄损很奇异说："你有修道的气质，应当可以有好的结局。"后来桑维翰为后晋的宰相，宋齐丘为南唐的宰相，但都被杀了，世人都认为这是前生注定的。而黄损在后梁当官，做到左仆射，向来以诗文扬名于世。

贵不可言　蒯彻用相术来游说韩信时说："看你的面相，只不过封侯；但看你的背，则贵不可言。"

龟息　李峤的母亲问袁天纲李峤怎么样，袁天纲回答说："神气很清秀，只怕寿命不长。"然后他请求等李峤睡下，然后听他的鼻息，便祝贺说："这是龟息，一定会富贵长寿。"

葬

客土无气　僧人泓师帮张说买坟地，看到东北角已经被挖了两道坎，大吃一惊说："大人富贵了一辈子，但你的儿子们却无法保持。"张说很恐慌，想要把那两个坎平了，泓师说："别处运来的土没有地气，所以与地脉不连，就好像身上长了疮，用别的地方的肉来补也没有用处。"

折臂三公　晋时有一个术士看了羊祜的墓，认为应该有当皇帝的人，羊祜听了，便去把地势挖断了，用来破坏风水。相士说："就这还能出现断了胳臂的三公。"羊祜后来从马上掉下来摔断了胳臂，

位至三公。

冢上白气　萧吉经华阴，见杨素冢上白气属天，密言之炀帝，曰："素家当有兵祸，灭门之象。改葬，庶可免！"帝从容谓玄感，宜早改葬。玄感以为吉祥，托言辽东未灭，不遑私事。未几，以谋反灭。

示葬地　孙钟种瓜为业。一日，三人造门，钟设瓜分饮。三人曰："示子葬地，下山百步，勿反顾。"钟不六十步，回首见三白鹤飞去，遂葬其母，钟后生坚。

相冢书　方回著《山经》，有曰："山川而能语，葬师食无所。肺腑而能语，医师色如土。"

禹始肇风水地理，公刘相阴阳，周公置二十四局，汉王况制五宅姓，管辂制格盘择葬地。

不卜日　汉吴雄官廷尉。少时家贫，母死，葬人所不封之地，丧事促办，不择日。术者皆言其族灭，而子诉、孙恭，并三世为廷尉。

真天子地　明王贤尝梦人授以书："读此可衣绯，不读此止衣绿。"数日于路得一书，视之，《青乌说》也。潜玩久之，乃以善地理闻。时为钧州佐，上取以往命相地，得窦五郎故址，曰："势如万马，自天而下，真天子地也。"

鸟山出天子　梁武帝时谣曰："鸟山出天子。"故江左山以鸟名者皆凿，惟长兴雉山独完。后陈武帝霸先祖坟发此，其谣竟验。

但仍然官至三公。

家上白气　萧吉经过华阴，看见杨素的坟墓上有白气冲向天空，便偷偷告诉隋炀帝，说："杨素家应当有兵祸，有被灭门的迹象。若改地而葬，或者可以免除。"隋炀帝便把这些都告诉了杨玄感，并说应该早点改葬。杨玄感以为这是吉祥的事，便借口辽东还没有平静，没时间考虑私事。没过多久，他便因为谋反而被杀。

示葬地　孙钟以种瓜为业。有一天，有三个人登门拜访，孙钟摆下瓜来分给三人食用。三个人说："我们指给你一个埋人的风水宝地，下山走一百步，不要回头。"孙钟没走六十步，便回头看，只见有三只白鹤凌空飞去，于是便在那里埋了他的母亲，后来孙钟便生了孙坚。

相冢书　方回写了《山经》，书中说："如果山川能说话，风水先生没饭吃。如果肺腑能说话，医生脸色便如土。"

大禹开始开启了看风水和地理的习惯，公刘开始看阴阳，周公开始设置二十四局，汉代王况制定了五宅姓，管辂创制格盘来选择埋人的地方。

不卜日　汉代的吴雄官为廷尉。他小时候家里很穷，母亲死了，只好埋到别人不要的地方，丧事也办得很仓促，来不及选择日子。风水先生都说他们的家族要消灭了，但他的儿子吴䜣、孙子吴恭，连他三代都官至廷尉。

真天子地　明代的王贤曾经梦见有人传授给他一本书，并说："读这本书可以穿高官所穿的红色官服，不读此书只能穿低级官吏穿的绿色官服。"几天后在路上便得到了一本书，仔细看，原来是《青乌说》。藏起来读了很久，于是便慢慢因为明了地脉而闻名。当时为钧州的佐官，皇上召他去让他选择一处风水宝地，他看到了窦五郎以前的旧地，说："势如万马，自天而下，真是天子安息的地方啊。"

乌山出天子　梁武帝的时候有童谣说："乌山出天子。"所以江南的山凡是用"乌"来命名的都被开凿以破坏风水，只有长兴的雉山完好无损。后来，陈武帝陈霸先的祖坟就埋在这里，那个童谣竟然应验了。

堪舆 《扬子》："属堪舆以壁垒兮。"注："堪舆，天地总名也。"今人称"地师"曰"堪舆"。

凿方山 秦始皇时，术者言金陵有天子气，乃遣朱衣三千人凿方山，疏淮水，以断地脉。

牛眠 陶侃将葬亲，忽失一牛，不知所在。遇老父曰："前冈见一牛眠处，其地甚吉，葬之，位极人臣。"侃寻之，因葬焉。

卜算

君平卖卜 汉严君平隐于成都，以卜筮为业，见人有邪恶者，借蓍龟为正言利害：与人子言依于孝，与人弟言依于悌，与人臣言依于忠。各因势导之，以善裁之。日阅数人，得百钱足自养，即闭肆下帘，讲《老子》。

青丘传授 唐王远知善《易》，知人生死，作《易总》十五卷。一日雷雨，云雾中一老人叱曰："所泄书何在？上帝命吾摄六丁追取。"远知跪地。老人曰："上方禁文，自有飞天神王保卫，何得辄藏箱帙？"远知曰："是青丘元老传授也。"老人取书竟去。

青囊经 郭璞受业于河东郭公，公以《青囊书》九卷与之，遂洞五行、天文、卜筮之术，禳灾转福，通致无方。后《青囊书》为门人赵载所窃，未及开读，为火所焚。

震厄 王丞相令郭璞作一小卦，卦成，意色甚恶，云："公有震厄。"王问："有可消弭否？"郭曰："命驾西出数里，得一柏树，截断如公长，置床上常寝处，灾可消矣。"王从其语。

堪舆　《扬子》说:"属堪舆以壁垒分。"注:"堪舆,就是天地的总名。"现在人称呼"风水先生"为"堪舆"。

凿方山　秦始皇的时候,有相士说金陵有天子气,秦始皇便派遣了三千个人穿着红衣来开凿方山,疏浚淮水,以便掘断地脉。

牛眠　陶侃将要埋葬亲人,忽然丢失了一头牛,不知在哪里。遇到一个老人说:"前边山冈上看到一头牛卧着,那个地方非常吉祥,如果把人葬在那里,后人一定会做很高的官。"陶侃找到后,便把亲人埋在了那里。

卜算

君平卖卜　汉代的严君平隐居在成都,靠为人算卦来生活,如果看到有人要做邪恶的事,便借着算卦用严肃的话来陈说利害;对儿子说要行孝,对弟弟说要行悌,对臣子说要行忠。不同的人就因势利导,用善意来引导他们。每天要见数百人,赚得一百个钱足以养活自己,便关门放下帘子,开始讲解《老子》。

青丘传授　唐代的王远知精通于《易》,能预知人的生死,写了《易总》十五卷。有一天雷雨交加,云雾中出现一个老人斥责他说:"那本泄密的书在哪里?上帝命令我带着六丁来追取。"王远知跪在地上。老人说:"上天正严禁文字流传,所以有飞天神王来保卫,你怎么敢偷偷藏在箱子里?"王远知说:"这是青丘元老传授给我的。"老人取书后就直接走了。

青囊经　郭璞受业于河东的郭公,郭公给了郭璞《青囊书》九卷,于是他便洞晓了五行、天文、卜筮的道术,可以禳灾为福,什么都可以做。后来《青囊书》被门人赵载偷去了,还没来得及打开阅读,就被火烧了。

震厄　王丞相命令郭璞算一个卦,卦成后,郭璞看上去脸色很不好,他说:"大人会有雷击之灾。"王丞相问:"有办法消除吗?"郭璞说:"大人请备车马往西去,走几里会看到一棵柏树,把它截出一段像您这么长的,拿回来放在床上您经常睡觉的地方,灾祸便可以消除。"王丞相听从了他的话。

果数日中震，柏粉碎。

蓍筮掘金 晋隗炤，善易。临终，书板授妻曰："后五年春，有诏使姓龚者来，尝负吾金，即以板往责。"至期，果至。妻执板往。龚使惘然良久，乃悟，取蓍筮之，歌曰："吾不负金，汝夫自有金。知我善易，故书板以寓意耳。金五百斤，在屋东，去壁一丈许。"掘之，如卜。

占算辄应 唐闭珊居集，霑益人。精卜筮之学。其法用细竹四十九枝，或以鸡骨代之，占算辄应。夷中称为筮师。

京师火灾 郎颛父宗，治京房《易》，善风角星算，六日七分，能望气占候。为吴县吏。见暴风卒起，知京师有火灾，记时日，果如其言。

太卜郑詹尹尝为屈原决疑。

飘风哭子 管公明在王弘直坐，有飘风高二尺，在庭中，从申上来，幢帜回转。公明曰："东方有马吏至，恐父哭子。"明日吏至，弘直子果死。

伏羲始制占卦卜龟，神农始制揲蓍。 颛顼始设兆为玉兆，帝尧制瓦兆。 师旷制谶，鬼谷子即王诩制镜听。 汉武帝制鸡卜，令军中用之。张良制灵棋，十二子，分上中下掷。京房制易课，始钱卜。王远知制玄女课，邵尧夫拆字观梅数。 后魏孙绍始推禄命，唐李虚中始探生人年月日时所值生旺死衰。一云李虚中来自西域。

果然几天后那段木头被雷击中了，被击得粉碎。

著筮掘金　晋代的隗炤，精于易理。临终的时候，在木板上写字给妻子说："五年之后的春天，会有一个姓龚的使者来这里，他曾经欠我的钱，你就拿这块木板去向他要吧。"到了那一天，果然来了一个姓龚的使者。他的妻子拿着木板去了。龚使者迷惘了很久，最后终于醒悟了，拿来著草算卦，唱歌说："我不欠你钱，你家自有钱。知道我能算，因此写木板。黄金五百斤，就在屋东边。离墙有一丈，你去找找看。"妻子去挖掘，果然如此。

占算辄应　唐代的闭珊居集是雟益人。精通算卦的事。他的方法是用细竹片四十九枝，或者用鸡骨代替，算卦都很灵验。夷中人称他为筮师。

京师火灾　郎颛的父亲郎宗，是研究京房《京氏易》的，善于风角，即用五音占四方之风来定吉凶、占星术以及六日七分之类的算卦之术，还能观察气色而占卜吉凶。在吴县当吏的时候，看到突然起了暴风，便知道京城有火灾，记下当时的时间，后来果然像他说的一样。

太卜郑詹尹曾经为屈原解决他的疑难。

飘风哭子　管公明正在王弘直家里坐着，有大风高二尺，在庭院中，从申的方位吹来，旗子都被吹动了。管公明说："东方有马吏来，恐怕有父亲要哭儿子了。"第二天有吏来了，果然报告了王弘直儿子的死讯。

伏羲开始创制算卦用的卜龟，神农开始创制算卦用的著草。　颛顼开始把龟甲上的裂缝称为玉兆，尧帝制出瓦兆。　师旷开始制造谶语，鬼谷子也就是王诩创制了镜听的占卜方式。　汉武帝创制了用鸡骨占卜的方式，并让军中使用这种方式。张良创制了灵棋，共有十二个子，分为上中下掷。京房创制了易课，开始用铜钱来占卜。王远知创制了玄女课，邵尧夫用拆字和观梅数来占卜。　后魏的孙绍开始推算人的禄命，唐代李虚中开始研究一个人出生的年、月、日、时八字所代表的生死兴衰，又有人说李虚中来自西域。

徐子平，名居易，作《子平》，今宗宋末徐彦升。鬼谷子作《纳音》。赵达始阐《九宫算》。北齐祖亘作《缀术》。

各卜 鸟卜者，女国初岁入山，有鸟来集掌上，如雌雉，破腹视之，有粟年丰，砂石为灾。　钱卜者，西蜀君平以钱卜。诗曰："岸馀织女支机石，井有君平掷卦钱。"　瓦卜，病赛乌称鬼，巫占瓦代龟。　棋卜者，黄石公用之行师。　鸡卜，柳州洞民以鸡骨卜年。　胡人以羊脛骨卜吉凶。　苗人以鸡蛋卜葬地。　响卜者，李郭、王建皆怀镜以听词。

为上皇筮 仝寅，山西人。少瞽，学京房《易》，占断多奇中。上皇在北，遣使命镇守。太监裴当问寅，寅筮得"乾之初九"，附奏曰："大吉。龙，君象也，四，初之应也。龙潜跃，必以秋应，以庚午浃岁而更；龙，变化之物也，庚者，更也。庚午中秋，车驾其还乎！还则必幽勿用。故曰：或跃应焉。或之者，疑之也。后七八年必复位。午，火德之正也。丁者，壬之合也。其岁丁丑，月壬寅，日壬午乎！自今岁数更，九跃则必飞。九者，乾之用也，南面子冲午也，故曰大吉。"上复位，授寅锦衣卫百户。

占与仝合 万祺少与异人遇，相之曰："有仙骨，否则极贵。"因与一书，乃《禄命法》也。于是研精于卜，以吏员办事吏部。公卿贵戚神其术，考授鸿胪寺序班，升主簿。景帝召见，有言辄验，赐白金、文绮。景帝不豫，太子未定，石亨以问祺，祺曰：

徐子平，名叫居易，写作了《子平》，现在人使用的都是宋末人徐彦升整理的《渊海子平》。鬼谷子作了《纳音》。赵达开始阐明了《九宫算》。北齐的祖亘作了《缀术》。

各卜　所谓鸟卜，是女国初入山时，有鸟飞来停在手掌上，像雌野鸡，剖开肚子看，如果肚子里有粟的话就表示今年会丰收，若有砂石就表示有灾害。　所谓钱卜，是西蜀严君平用铜钱来占卜的方法。有诗曾说："岸馀织女支机石，井有君平掷卦钱。"　所谓瓦卜，元稹有诗云"病赛乌称鬼，巫占瓦代龟"。　所谓棋卜，是黄石公用它来行师的。　所谓鸡卜，是柳州洞民用鸡骨来占卜年头的。　胡人用羊胫骨来占卜吉凶。　苗人用鸡蛋来占卜葬地。　所谓响卜，李郭、王建都拿着镜子来听卜词的。

为上皇筮　仝寅，山西人。小时候眼就盲了，学习了京房的《京氏易》，占卜推断多数都极准。明英宗被瓦剌俘虏后，曾派使者去镇守。太监裴当来问仝寅，仝寅占卜得到了"乾之初九"的卦，便上奏说："大吉大利。龙是君王的象征，四是最初的兆应。龙从下跃上，一定会用秋天来对应，在'庚午浃岁'的时候更革；龙，是变化莫测的神物，'庚'，就是'更'。'庚午'的中秋，皇上的鸾驾应该回来了吧！回来一定会被禁闭起来不得任用。所以说'或跃应焉'。说'或'这个字，就是表示怀疑啊。但再过七八年一定回复原位。午，是火德之正。丁，是壬之合。那一年一定是丁丑年，壬寅月，壬午日！从现在开始年份改变，'九跃则必飞'。'九'，是乾之用，南面子冲午，所以说大吉大利。"明英宗后来果然复位，便授仝寅为锦衣卫百户。

占与仝合　万祺小时候遇到了异人，那人相了他说："你有成仙的根器，若不然的话就可以非常富贵。"给了他一本书，原来是《禄命法》。于是他开始精研占卜之术。后来以吏员的身份到吏部任职。朝中公卿贵戚都认为他的占卜之术很灵验，考核后授他为鸿胪寺序班，并升为主簿。景泰帝召见他，他只要说出来的，后来都应验了，景泰帝赐给他白金、文绮。后来景泰帝身体不好，而太子还没定下来，石亨来问万祺，万祺说：

"皇帝在南宫，奚事他求？"其占复辟日时，与仝寅合，后官至尚书。

当有圣母出　《汉书》云：王翁孺徙魏郡委粟里。元城建公曰："昔春秋沙麓崩。晋史卜之，曰：后六百四十五年，当有圣母出。翁孺徙居，正值其地，日月当之。"后翁孺子禁生元后。平帝幼，后果临朝称制。

占定三秦　汉扶嘉，其母于万县之汤溪水侧，感龙生嘉。预占吉凶，多奇中。高祖为汉王时召见，以占卜劝定三秦，赐姓扶氏，谓嘉志在扶翊也。拜廷尉，食邑朐䏰。

拆字　杂技

朝字　宣和时，有术士以拆字驰名。宋徽宗书一"朝"字，令中贵持往试之。术士见字，即端视中贵人曰："此非观察所书也。"中贵人愕然曰："但据字言之。"术士以手加额曰："朝字，离之为十月十日，非此月此日所生之人，天人，当谁书也！"一座尽惊，中贵驰奏。翌日召见，补承信郎，锡赉甚厚。

杭字　建炎间，术者周生，视人书字分配笔画，以判休咎。车驾往杭州时，金骑惊扰之馀，人心危疑。执政呼周生，偶书"杭"字示之。周曰："惧有惊报，虏骑相逼。"乃拆其字，以右边一点配"木"上，即为"兀术"。不旬日，果得兀术南侵之报。

串字　一士人卜功名，书一"串"字问周生，生曰："不特登科，抑且连捷。以'串'字有两'中'字也。"果应其言。下科一人侦知之，往问功名，亦书一"串"字，周生曰：

"皇帝（指明英宗）就在南宫，还用到别的地方去寻找吗？"他所占卜的复辟时间，与全寅一样。后来他官至尚书。

当有圣母出　　《汉书》记载：王翁孺搬迁到魏郡的委粟里住。元城建公说："从前春秋时有沙麓崩塌。晋国史臣占卜说：此后六百四十五年，应当有圣母出现。王翁孺迁徙到这里，正是这个地方，时间也正合适。"后来王翁孺的儿子王禁生下了元后。汉平帝年幼，元后便上朝听政了。

占定三秦　　汉代的扶嘉，他母亲在万县的汤溪水边，因为感应到龙而生下扶嘉。他预测吉凶非常准确。汉高祖还是汉王的时候召见他，他以占卜的方式劝刘邦平定三秦，所以刘邦赐他姓扶，就是他有志于扶持国家。后来官拜廷尉，以胸朐为食邑。

拆字　杂技

朝字　　宣和年间，有一个术士以能拆字而驰名。宋徽宗写了一个"朝"字，让一个宦官拿着去试验他。术士看到字，再仔细看了宦官一会儿说："这不是大人写的字。"宦官很惊讶地说："那你只根据字来说吧。"术士用手拍着脑门说："'朝'字，分拆开来就是'十月十日'，若不是这一月这一日出生的天子（十月十日是宋徽宗的生日天宁节），还能是谁写的呢！"在座的人都大吃一惊，宦官赶快回报汇报。第二天皇帝召见，给他补官为承信郎，赏赐很多。

杭字　　建炎年间，有一个叫周生的术士，看人写字分配笔画，便可以判断吉凶。宋高宗的车驾逃往杭州的时候，被金兵惊吓之馀，人心惶惶。当时的宰相叫来周生，随便写了一个"杭"字让他看。周生说："恐怕有让人惊慌的事禀报，因为金兵又要进逼了。"于是便拆这个字，把右边那一点配在"木"字上，便成了"兀术"。没过十天半个月，果然就得到了金兀术向南侵略的军情。

串字　　有一个士人占卜自己的功名，写了一个"串"字来问周生，周生说："不但能中科举，而且还要接连传出捷报。因为'串'字包含了两个'中'字。"后来果然被他言中。到了下一次科考，有一个人听到了这个故事，也来问功名，也写了一个"串"字，周生说：

"亲翁不特不中，还防有病。"士人曰："如何一字两断？"周生曰："前某公书'串'字，出于无心，故断其连捷；今书'串'字，出于有心，是'患'字也，焉得无病！"

春字 高宗命谢石拆一"春"字，谢石言："秦头太重，压日无光。"忤相桧，死于戍。

奇字 贾似道有异志。一术士能拆字，贾以策画地作"奇"字与之。拆术者曰："相公之事不谐矣！道立又不可立，道可又立不成。"公默不语，遣之去。

也字 有朝士，其室怀娠过月，手书一"也"字，令其夫持问谢石。石详视，谓朝士曰："此尊阃所书否？"曰："何以言之？"曰："为语助者'焉哉乎也'，固知是内助所书。"问："盛年卅一否？以'也'字上为'卅'，下为'一'也。"朝士曰："吾官欲迁动，得如愿否？"石曰："'也'字著水为'池'，倚马为'驰'。今池则无水，驰则无马，安能迁动？"又问："尊阃父母兄弟当无一存者，即家产亦当荡尽。以'也'字著人则是'他'字，今独见'也'并不见人；著土为'地'，今不见土：故知其无人，并无产也。"朝士曰："诚如所言。然此皆非所问者，所问乃怀娠过月耳。"石曰："得非十三月乎？以'也'字中有'十'字，并旁二竖为'十三'也。"石熟视朝士曰："有一事似涉奇怪，欲不言，则所问又正为此事，可尽言否？"朝士请竟其说。石曰："'也'字著虫为'虵'字，今尊阃所娠，殆蛇妖也。然不见虫，则不能为害，石亦有药，可以下之，无苦也。"朝士大异其说，固请至家，以药投之，果下数百小蛇。都人益共奇之，而不知其竟挟何术。

"朋友不但不会考上,还得提防生病。"那个士人问:"为什么同样一个字却有两种说法?"周生说:"前边那个人写'串'字,是出于无心,所以预言他要连中;现在你写这个'串'字,则是出于有心,便成为'患'字了,怎么能没有病呢!"

春字　宋高宗让谢石拆一个"春"字,谢石说:"'秦'字的字头太重,压得'日'也没有了光芒。"这样便触犯了丞相秦桧,后来死在了被发配的地方。

奇字　贾似道有叛乱之心。一个术士能拆字,贾似道便用马鞭在地上写了一个"奇"字让他拆。术士说:"大人的事不行了!说'立'又不能立,说'可'又立不成。"贾似道默然不语,让他走了。

也字　有一个朝廷官员,他的妻子怀孕过了月份,便手写了一个"也"字,让她丈夫拿去问一下谢石。谢石仔细看了,对官员说:"这是您的夫人写的吗?"官员说:"为什么这么说呢?"谢石说:"因为写的是语'助'词'焉哉乎也'中的字,所以就知道是贤内'助'所写。"又问:"她的年龄是三十一岁吧?因为'也'字上面为'卅',下边是'一'。"官员说:"我想改换一下我的官位,能如愿吗?"谢石说:"'也'字加水旁就是'池',靠着马就是'驰'。现在'池'却没有水,'驰'也没有马,哪里能改换呢?"又问说:"您夫人的父母兄弟应当没有一个还活着吧,就是家产也应该花光了吧。因为'也'字加人字就是'他',现在只看到'也'却看不到'人';加土字就是'地',现在看到不'土':所以知道她既无'人',也无产业了。"官员说:"确实如你所说的。不过这些都不是我想问的,我要问的是怀孕过了月份的事。"谢石说:"难道要十三个月吗?因为'也'字中间有'十'字,加上旁边两竖就是'十三'。"谢石又仔细看了看官员说:"有一件事我觉得有些奇怪,想不说,但你问的又正是此事,我能直接说吗?"官员请他尽管说。谢石说:"'也'字加'虫'就是'虵'字,您的夫人所怀的,恐怕是蛇妖吧。不过现在看不见'虫',那么就不会为害。我这里有药,可以打下来,也并不痛苦。"官员对他的说法大为惊异,便一定要请他到家里去,用药来服,果然打下数百条小蛇。京都的人都更加称奇,但不知道他究竟用的是什么法术。

囚字　郑仰田少椎鲁，不解治生，父母恶之，呼泣于野。老僧遇之，曰："吾迟子久矣。"偕入山，授之青囊、壬遁诸家之术，于是言祸福无不中。魏阉召之问数，指"囚"字以问。仰田曰："此中国一人也。"阉大悦。出谓人曰："'囚'则诚囚也！吾诡辞以逃死耳。"

洴澼𥿻　《庄子》：宋人有善为不龟手之药者，世以洴澼𥿻洴澼，洗也。𥿻，绵也。有不龟手之药，而以洗绵为业。客闻之，请买其方百金。于是聚族而谋曰："我世为洴澼𥿻，不过数金。今一朝为鬻技，得百金，请与之。"客得之，以说吴王。吴王使之将，冬与越人水战，大败越人，裂地而封。夫不龟手，一也。或以封，或不免洴澼𥿻，则所用之异也。

轮扁斫轮　《庄子》：齐桓公读书于堂上，轮扁斫轮于堂下，释凿问曰："君之所读者，古人糟粕已夫。臣斫轮，不徐不疾，得之于心，应之于手，口不能言，有数存焉。臣不能以喻臣之子，臣之子不能受之于臣，行年七十而老于斫轮。"

屠龙技　《庄子》："朱泙漫学屠龙技于支离益，殚千金之产，以学屠龙，三年技成，而无所用其巧。"

象纬示警　王振劝上亲征瓦剌也先，百官伏阙上章恳留，不听。少顷居庸至宣府败报踵至，扈从连章留驾。王振大怒，皆令掠阵。至大同，振进兵益急，钦天监彭德清斥振曰："象纬示警，不可复前。若有疏虞，陷乘舆于草莽，谁执其咎？"振怒詈之，遂致土木之变。

囚字　郑仰田少年时很迟钝，不知道去经营事业，父母都很厌恶他，他便在田野里哭泣。这时一个老和尚来了，对他说："我等你已经很久了。"带着他入山，给他传授了青囊、壬遁诸家的法术，于是他说吉凶祸福没有说不中的。宦官魏忠贤召他来问数，指着"囚"字来问，郑仰田说："这是中国第一人的意思。"魏忠贤非常高兴。郑仰田出来对人说："'囚'字就是囚犯！我不过用假话逃离死亡之命运而已。"

洴澼絖　《庄子》记载：宋国有人善于做不让手冻裂的药，他家世代以洗绵布为业洴澼，洗。絖，绵布。因为有让手不冻裂的药，所以可以洗绵布。有人听到了这件事，便请求用一百金的高价来买他的秘方。他便聚集族人来商量说："我们家世世代代洗绵布，也不过能得到几金。现在用一会儿功夫把方子卖了，就可以得到百金。我觉得还是卖给他吧。"那人得到这个方子后，拿来献给吴王，吴王任他为将，冬天与越国打水战，大败越人，并因此而得到封地。那个不裂手的药是一样的，有人因为它而得到封地，有人却还要洗绵布，那就是他们使用的方法不同啊。

轮扁斫轮　《庄子》记载：齐桓公在堂上读书，轮扁在堂下砍削车轮，他放下凿子问说："君王所读的，不过是古人的糟粕罢了。我砍轮子，不快不慢，心里知道，手里也能做出来，嘴里虽然说不出来，但却心里有数。我没法教给我的儿子，我的儿子也没法从我这里学去，所以我已经七十岁了却还在砍轮子。"

屠龙技　《庄子》记载："朱泙漫向支离益学屠龙的技术，用尽了价值千金的产业，用来学习如何屠龙，三年后学成了，却没有地方可以使用他的技巧。"

象纬示警　宦官王振力劝明英宗亲自率兵征讨瓦剌的也先，文武百官在朝廷上叩头请求不要去，却不听从。很快，从居庸关到宣府大败的信息接踵而至，跟从的人接连上奏章要求皇上留下。王振大怒，让这些人都来压阵。到了大同，王振进兵更急，钦天监彭德清斥责王振说："各种征兆都已经示警了，不可以再往前走。如果有疏漏，把万乘之主陷入草莽之手，谁能承担这个责任？"王振大怒并骂他。后来便有了土木之变。

卷十五　外国部

夷语

撑犁孤涂，匈奴称天为"撑犁"，称子为"孤涂"。　戎索，夷法也。　鞮，夷乐官名。　佟，夷赎罪货也。　喽丽，南方夷语也。　象胥，译语人也。　款塞，款，叩也。　驰义，慕义而来也。　区脱，胡人所作以备汉者也。　阏氏_{音胭脂}，单于之后也。　裨王，匈奴小王也。　藁街，蛮席之馆，汉时所立。　氀毼_{音兜达}，夷服。　谷蠡_{音鹿厘}，匈奴名。　雁臣，北方酋长秋朝洛阳，冬还部落，谓之雁臣。　天兄日弟，倭国王以天为兄，以日为弟。未明时出听政，日出便停理务，曰以委吾弟。　赍幦，蛮夷布也。　觡角，朝鲜列水之间曰角。　犛薄，旄牛。微外，夷地。　绝幕，幕，沙漠之地也；直度曰绝。　白题，国名。汉颍阴侯斩白题将一人。　戎狄荐居，聚而居也。　魋结，匈奴束发之形也。　休屠，匈奴君长。　浑邪，亦匈奴之属。　蟬林_{蟬音带}，匈奴祭也。　龟兹_{音纠慈}，国名。《汉书》作丘慈；《后汉书》作屈沮。　乌孙，国名。《吕氏春秋》作户孙。　辉粥_{音熏育}，《五帝纪》：北逐辉粥。　冒顿_{音幕突}，匈奴名。　日磾_{音密底}，人名。　令支_{令音零}，国名。　乌托_{音鸦茶}，国名。　朝鲜_{音招先}，日初出，即照其地，故名。

夷语

撑梨孤涂，匈奴把天叫作"撑梨"，把儿子叫作"孤涂"。　戎索，是夷人的法律。鞮，是夷人乐官的名字。　傓，就是夷人赎罪的财物。　喽丽，是南方夷人的语言。　象胥，翻译的人。　款塞，款，就是"叩"的意思。　驰义，仰慕仁义而来的意思。　区脱，胡人建造来防备汉人的东西。　阏氏读音是"胭脂"，单于的皇后。　禅王，匈奴的小王。　蛮街，蛮人所住的地方，是汉朝时立的。　毰毸读音为"兜达"，就是夷人的服装。　谷蠡读音为"鹿厘"，匈奴的名字。　雁臣，北方的酋长秋天到洛阳朝见，冬天再回自己的部落，所以称其为雁臣。　天兄日弟，倭国之王把天当兄，把日当弟。天没有明就出来听政，太阳出来便停止理事，说要委托给我的弟弟来办理。　賨幏，蛮夷之人的布。　鞮角，朝鲜的列水之间叫作角。　犪薄，就是旄牛。徼外，就是夷人的地方。　绝幕，幕，就是沙漠；直接走过叫作"绝"。　白题，是国家的名字。汉代颍阴侯斩了白题国一个将领。　戎狄之人都是"荐居"，也就是聚集而居的意思。　魋结，匈奴扎头发的形状。　休屠，匈奴的君长。　浑邪，也是属于匈奴的部落。　蜱林蜱的读音是"带"，是匈奴的祭祀。　龟兹读音为"纠慈"，是国家的名字。《汉书》写作"丘慈"；《后汉书》写作"屈沮"。　乌孙，也是国家的名字。《吕氏春秋》写作"卢孙"。　辉粥读音为"熏育"，《史记·五帝本纪》说："向北追赶辉粥。"　冒顿读音是"幕突"，匈奴的名字。　日磾读音是"密底"，人的名字。　令支"令"读为"零"，这是国家的名字。　乌托读音为"鸦茶"，也是国名。　朝鲜读音为"招先"，太阳刚出来，就照在他们的土地上，所以叫这个名字。

近读为"潮",非。　可汗音克寒，匈奴主号也。唐时匈奴尊天子为天可汗。　弓闾，出《卫青传》，即穹庐也。　辖辐，匈奴车也。　革笥木荐，《治安策》：匈奴之革笥木荐，盾之属也。　左薁健，匈奴王号。　强旴，戎夷强旴。旴，粗恶貌。　呼韩邪，汉单于名。　屠耆，匈奴俗谓贤曰屠耆。　赞普，吐番俗谓强雄曰赞，谓丈夫曰普，故号其君长曰赞普。　牙官，戎狄大官之称。　叶护，回纥俗谓其太子曰叶护。　南膜，胡人礼拜曰南膜，即今之称佛号曰"南无"也。　徼人，界外之人也。　那颜，华言大人也。　者，华言是也。　身毒音捐烛，西域国名。煨蠡音觅螺，匈奴聚落也。　襜褴音担蓝，一名临驷，北代胡名。三表五饵，三表，谓仁、信、义也；五饵，谓以声色、车服、珍珠、室宇、娱幸，坏其耳、目、口、腹、心也。　二庭，谓南北单于也。　卢龙，即里永也，属辽西，今属永平府。北人呼里为卢，呼永为龙。　吐谷浑，慕容廆之庶兄也，后因号其国。　丐月，突厥中有丐月城。　越裳南蛮，即九真也。　殊裔遐圻，言化协殊裔，风衍遐圻。　诤人诤音净，小人也。柳子厚诗："诤人长九寸。"海外有诤人国。　月氏音肉支，西域国名。　楼烦、白羊，匈奴地名。　白登，今在大同，上有白登台。　夜郎，夷地，今属贵州。　蛮烟棘雨，夷地风景也。　筰关，西南夷地。　邛筰，今属叙州。　冉駹，西夷二族。　羌棘，西南夷地。龙城，西夷。　朔方，今属宁夏。　大宛，西域国名。　于寘，西域国名。　越嶲，今属邛州。　玄菟，朝鲜郡名。　受降城，汉武帝遣公孙敖塞外筑城也。　庐朐，匈奴中山名。　渠犁，西域国名。　楼兰，西域国名。　鬴锧，《匈奴传》："多鬴锧爇炭，重不可胜。"　比疏，辫发之饰。　径路留犁，径路，匈奴宝刀也；留犁，饭匕也。　根肖速鲁奈奈，

近来读为"潮"，这是错的。　可汗读音为"克寒"，匈奴君主的尊号。唐代时匈奴尊称唐代天子为天可汗。　弓闾，出自《汉书·卫青传》，就是穹庐。　辕辖，就是匈奴的车。　革笥木荐，《治安策》说"匈奴之革笥木荐"，都是盾一类的东西。　左奥健，匈奴王的号。　强犷，"戎夷强犷"。犷，就是粗野难看的样子。　呼韩邪，汉代单于的名字。　屠耆，匈奴的风俗称"贤"叫"屠耆"。　赞普，吐蕃国俗称强雄的人叫"赞"，称丈夫叫"普"，所以他们称他们的君王叫"赞普"。　牙官，戎狄国中大官的称谓。　叶护，回纥国俗称其太子叫"叶护"。　南膜，胡人做礼拜时说"南膜"，就是现在口诵佛号时所说的"南无"。　徼人，就是界外之人。　那颜，就是汉语所说的"大人"。者，就是汉语说的"是"。　身毒读音为"捐烛"，是西域的国名。煇蘜读音是"觅螺"，是匈奴的部落。　襜褴读音为"担蓝"，又叫临驹，是北代胡人的国名。三表五饵，三表，是说仁、信、义；五饵，是说用声色、车服、珍珠、房屋、娱乐，来败坏人的耳、目、口、腹、心。　二庭，是指南北单于。　卢龙，就是里永，属于辽西，现在属永平府。北方人称"里"为"卢"，称"永"为"龙"。　吐谷浑，是慕容庞的堂兄，后来也用此称他的国家。　丐月，突厥国中有丐月城。　越裳南蛮，就是九真。　殊裔遐圻，是说教化协调了其他不同的民族，风气熏染了遥远的地方。　竫人"竫"读音是"净"，就是小人。柳宗元诗中说："竫人长九寸。"海外有竫人国。　月氏读音为"肉支"，西域的国名。　楼烦、白羊，都是匈奴的地名。　白登，现在位于大同，上面有白登台。　夜郎，夷人之地，现在属于贵州。　蛮烟辣雨，夷地的风景。　筰关，西南的夷地。　邛筰，现在属叙州。　冉駹，是西夷的两个民族。　羌棘，西南夷人的地方。龙城，西边夷人的地方。　朔方，现在属于宁夏。　大宛，西域的国名。　于寘，西域的国名。　越巂，现在属于邛州。　玄菟，朝鲜的郡名。　受降城，汉武帝派公孙敖在塞外修筑的城池。　庐朐，匈奴中的山名。　渠犁，西域的国名。　楼兰，西域的国名。　䵣鍐，《汉书·匈奴传》记载："多带着大锅和柴禾，重得几乎拿不动。"　比疏，装饰辫子的饰物。　径路留犁，径路，是匈奴的宝刀；留犁，是吃饭用的匕首。　根肖速鲁奈奈，

榜葛刺国歌舞侑酒者，曰根肖速鲁奈奈。　坚昆国，其人赤发、绿瞳。李陵居其地，生而黑瞳者，必曰陵苗裔。　阴山，汉武帝夺其地，匈奴过此者，未尝不哭。　逻些城_{些音琐}，土番都城。　徼外_{徼音教}，东北谓之塞，西南谓之徼。　嬴_{音连}嵝_{音篓}，交趾地名。

外译

　　朝鲜国，周为箕子所封国。秦属辽东。汉武帝定朝鲜，置真番、临屯、乐浪、玄菟四郡，昭帝并为乐浪、玄菟二郡，汉末为公孙度所据。传至渊，魏灭之。晋永嘉末，陷入高丽。高丽本扶馀别种，其王高琏居平壤城。唐征高丽，拔平壤，置安东都护府。后唐时，王建代高氏，并有新罗、百济，以平壤为西京，历宋、辽、金皆遣使朝贡。元时，西京内属。明洪武初，表贺即位，赐以金印，诰封高丽王。后其主昏迷，推门下侍郎李成桂主国事。寻诏更朝鲜，岁时贡献不绝。万历间，关白寇朝鲜，请救于朝，遣兵征复之。

　　日本国，古倭奴国，其国主以王为姓，历世不易。自汉武帝译通之，光武间始来朝贡。后国乱，人立其女子曰毕弥呼为王，其宗女又继之，后复立男，并受中国爵命，历魏、晋、宋、隋，皆来贡，稍习夏音。唐咸亨初，恶倭名，更号日本，以国近日所出，故名。宋时来贡者，皆礼也。元世祖遣使招谕之，终不至。明洪武初，遣使朝贡，自永乐以来，其国王嗣立皆授册封，其幅员东西南北各数千里，有五畿七道，附庸之国百馀。

榜葛剌国唱歌跳舞来劝客人喝酒的，叫作"根肖速鲁奈奈"。　坚昆国，那里的人红头发，绿瞳仁。李陵住在那里，所以生下来是黑色瞳仁的，都说是李陵的后代。　阴山，汉武帝夺了这块地方，匈奴路过这里的人，没有不哭的。　逻些城"些"读音为"琐"，土番的都城。　徼外"徼"读音为"教"，东北叫作塞，西南叫作徼。　嬴娄读音为"连娄"，是交趾的地名。

外译

　　朝鲜国，周代的时候是箕子的封国。秦朝时属于辽东。汉武帝平定朝鲜，设置了真番、临屯、乐浪、玄菟四个郡，汉昭帝合并为乐浪、玄菟两个郡，汉末被公孙度所占据。传到公孙渊，被魏国消灭。晋朝永嘉末年，并入高丽。高丽本来是扶馀的分支，他们的君王高琏居住在平壤城。唐代征伐高丽，攻下了平壤，设置了安东都护府。后唐的时候，王建代替高氏，并拥有新罗、百济，以平壤为西京，历宋、辽、金三朝都派使臣前来朝贡。元代的时候，西京纳入元朝版图。明代洪武初年，朝鲜上表祝贺朱元璋即位，朱元璋赐给他们金印，以文书封为高丽王。后来他们的君主昏庸，让门下侍郎李成桂主持国家大事。不久便下诏改为朝鲜，每到年节就进贡，从未断绝。万历年间，日本丰臣秀吉侵略朝鲜，朝鲜求救于明朝，明朝派兵征伐并助朝鲜复国。

　　日本国，就是古代的倭奴国，他们的国主以王为姓，一直没有改朝换代。从汉武帝的时候便有翻译来建立关系，直到光武帝时才开始来朝贡。后来其国发生变乱，国人拥立一个女子叫毕弥呼的为王，她的长女又继承了她的王位，后来又再立男子为王，并领受中国所赐的爵位，自魏国、晋朝、刘宋、隋朝，都来进贡，并且也稍微学习了些汉语。唐代咸亨初年的时候，他们因为不喜欢"倭"这个名字，便改国号为"日本"，因为他们国家距离日出的地方很近，所以叫这个名字。宋朝时前来进贡的人，都依礼而行。元世祖派使者招他们来进贡，却最终没有来。明代洪武初年，又派使者来朝贡了，从永乐以来，他们的国王接替都被明朝册封，他们的面积东西南北各有几千里，有五畿七道，作为附庸的国家有一百多个。

琉球国，国主有三：曰中山王，曰山南王，曰山北王。汉魏以来，不通中华。隋大业时，令羽骑朱宽访求异俗，始至其国。语言不通，掠一人还。历唐、宋、元，俱未尝朝贡。至明初，三王皆遣使朝贡。后至中山王来朝，许王子及陪臣子来游太学，其山南、山北二王，盖为所并云。

安南国，古南交地，秦为象郡。汉初，南越王赵佗据之。武帝平南越，置交趾、九真、日南三郡。建安中改交州，置刺史。唐改安南都护府，安南之名始此。唐末为土豪曲承美窃据，寻为汉南刘隐所并，未几，众推丁涟为州帅。宋乾德初内附，寻黎桓篡丁氏，李公蕴又篡黎氏，陈日煚又篡李氏。宋以远译，置不问，皆封为交趾郡王。元兴讨之，遂归附，封安南国王。明洪武初，遣使朝贡，仍旧封号，赐金印。权臣黎季牦弑其主而立其子。永乐初，发兵进讨，俘黎氏父子，郡县其地，设府十七，州四十七，县一百五十七。嗣反叛不常，宣德中，陈氏后陈暠表恳嗣王安南，因弃其地，宥而封之。暠寻死，黎氏遂有其地。嘉靖中，莫登庸篡之，乞降于朝，乃降为安南都统使司，以登庸为使。万历间，黎氏复立，莫氏窜居高平，诏以黎维谭为都统使，莫敬用为高平令，世守朝贡，毋相侵害。

占城国，古越裳氏界。秦为象郡林邑，汉属日南郡，唐号占城。至明洪武初入贡，诏封占城国王。

暹逻国，本暹与罗斛二国，暹乃汉赤眉遗种。元至正间，暹降于罗斛，合为一国。明洪武初，上金叶表文入贡，诏给印绶，

琉球国，其国的君主有三个：一个是中山王，一个是山南王，一个是山北王。汉魏以来，不与中国通使往来。隋朝大业年间，隋炀帝命令羽骑朱宽寻访奇异的风俗，才到了这个国家。但语言不通，他便掠走了一个人回来。经历唐代、宋代和元代，都没有朝贡过。到了明代初年，三个君王都派使者前来朝贡，后来中山王也来到了中国朝见，还允许其王子和陪从之臣游于太学，当时，其国山南、山北的两个王都已经被中山王吞并了。

安南国，就是古代的南交趾，秦朝的时候是象郡。汉朝初年，南越王赵佗占据了这个地方。汉武帝平定了南越，设置了交趾、九真、日南三个郡。建安年间改为交州，设置了刺史。唐代改为安南都护府，安南的名字便是从这时开始的。唐末时被当地土豪曲承美偷偷占据，不久又被汉南的刘隐所兼并，没过多长时间，众人推举丁琏为州帅。宋代乾德初年归顺内地，不久黎桓又篡了丁氏的权，李公蕴又篡了黎氏的权，陈日煚再篡李氏的权。宋代时因为太远，所以也就置之不理，都封为交趾郡王。元代的时候兴兵讨伐，于是便归附了，被封为安南国王。明代洪武初年，派使臣朝贡，沿袭了旧的封号，赐给他们金印。权臣黎季杀了君主并立自己的儿子为君主。永乐初年，明朝发兵征讨，俘虏了黎氏父子，把其国土变为郡县，设了十七个府，四十七个州，一百五十七个县。此后还是经常反叛，宣德年间，陈氏的后人陈暠上表恳请继续为安南王，所以明朝放弃了这个地方，封给了陈氏。陈暠不久后去世，黎氏便拥有了这个地方。嘉靖中期，莫登庸篡位，乞求归顺明朝，于是降为安南都统使司，以莫登庸为使。万历年间，黎氏再次当国，莫氏逃到高平，明朝下诏以黎维谭为都统使，莫敬用为高平令，世代守卫并朝贡，不要再互相侵犯。

占城国，就是古代越裳氏的国界。秦朝的时候是象郡的林邑，汉代属于日南郡，唐代称之为占城。到明代洪武初年开始入贡，下诏封为占城国王。

暹逻国，本来是暹和罗斛两个国家，暹是汉代赤眉军的后裔。元代至正年间，暹向罗斛投降，合并为一个国家。明代洪武初年，向明朝呈交用金叶写的表文来进贡，下诏赐给印绶，

赐大统历，且乞量衡为中国式，从之。

爪哇国，古阇婆国。刘宋元嘉中，始通中国，后绝。元时称爪哇。明洪武初朝贡，永乐二年，赐镀金银印。

真腊国，扶南属国，亦名占腊。隋时始通中国，有水真腊、陆真腊，明洪武初入贡。

满剌加国，前代不通中国，自明永乐初朝贡，赐印，诰封国王。九年，国王率其子来朝后，进贡不绝。

三佛齐国，南蛮别种，有十五州。唐始通中国，明洪武初朝贡，赐驼纽镀金印。

浡泥国，本阇婆属，所统十四州。宋太平兴国中始通中国。明洪武中，进金表；永乐初，王率妻子来朝，卒于南京会同馆。诏谥恭顺，赐葬石子冈。命其妻子还国。

苏门答剌国，前代无考。明洪武中，奉金叶表，贡方物；永乐初，给印诰封之。

苏禄国，国分东西峒，凡三王：东王为尊，西峒二王次之。明永乐间，王率妻子来朝，次德州，卒。葬以王礼，谥曰恭定。遣其妃妾还国。

彭亨国，其前无考。明洪武十一年，遣使表，贡方物。永乐十二年，复入贡。

锡兰山，古无可考。明永乐间，太监郑和俘其王以归，乃封其族人耶巴乃那为王，国人以其贤，故封之。正统天顺间，遣使朝贡。

柯支，古槃国。明永乐二年，遣使朝贡。

祖法儿，亦名左法儿。前代无考。明永乐中入贡。

并赐给他们大统历，他们也请求量衡制度也用明朝的式样，明朝允许了。

爪哇国，就是古代的阇婆国。南朝刘宋元嘉年间，才开始与中国通好，后来便中绝了。元代的时候称其为"爪哇"。明代洪武初年前来朝贡，永乐二年（1404）的时候，赐给了他们镀金的银印。

真腊国，原是扶南的属国，也叫"占腊"。隋朝时开始与中国通好，有水真腊、陆真腊的区别，明代洪武初年入贡。

满刺加国，以前与中国没有通好，从明代永乐初年开始朝贡，明朝也给他赐印，并以文书封为国王。永乐九年（1411），他们的国王率领他的儿子前来朝贡之后，便开始进贡并无中断。

三佛齐国，南蛮的另一支，有十五个州。唐代时才开始与中国通好，明代洪武初年开始朝贡，赐给他们驼纽镀金印。

浡泥国，本来属于阇婆国，统辖有十四个州。宋代太平兴国年间开始与中国通好。明代洪武年间，进献金表；永乐初年，其国王率领妻子和儿子来中国朝见，死于南京的会同馆。永乐皇帝下诏给他谥号为"恭顺"，赐他葬在石子冈。并命他的妻子和儿子回国。

苏门答刺国，明代以前无法考证。明代洪武年间，奉上用金叶书写的表文，进贡了当地的特产；永乐初年，赐给他们印和诰文。

苏禄国，这个国家分为东西两峒，共有三个王：东王为尊，西峒的两个王次之。明代永乐年间，其国王率领妻子和儿子来中国朝见，住在德州，死了。中国按照王的礼法来埋葬了他，并赐他谥号为恭定。并让他的妃妾回国。

彭亨国，此前无法考证。明代洪武十一年（1378），派了使者送来表文，并进贡特产。永乐十二年（1414），再次入贡。

锡兰山，古代无法考证。明代永乐年间，太监郑和俘虏了他们的国王回来，于是封他的族人耶巴乃那为国王，国人是因为此人很贤良，所以封他。正统、天顺年间，曾派使者来朝贡。

柯支，古代的槃国。明代永乐二年（1404），派使者前来朝贡。

祖法儿，也叫"左法儿"。以前的时代无法考证。明代永乐年间来中国进贡。

溜山，前代无考。明永乐中，遣使入贡。

百花，前代无考。明洪武中入贡。

婆罗，一名娑罗。前代无考。明永乐中入贡。

合猫里，前代无考。明永乐中，同爪哇国入贡。

忽鲁谟斯，前代无考。明永乐中入贡。

西洋古里国，西洋诸番之会。明永乐中，遣使朝贡，封古里国王。

西番，即土番也。其先本羌属，凡百馀种，散处河、湟、江、岷间。唐贞观中，始通中国。宋时，朝贡不绝。元时，曾郡县其地。明洪武初，诏各族酋长，举故有官职者至京授职。自是，番僧有封灌顶国师及赞善王、阐化王、正觉大乘法王、如来大宝法王者，俱赐银印。三年一朝，或间岁赴京朝贡。其地为指挥司三、宣慰司一、招讨司六、万户府四，又宣慰司二、千户所十七。

撒马儿罕，汉罽宾国地。明洪武、永乐、正统间，俱遣使入贡。

罕东卫，古西戎部落。于明洪武间通贡，置卫，以酋长锁南吉剌思为指挥金事。

安定卫，鞑靼别部。自明洪武中朝贡，赐织金文绮，立安定、阿端二卫。

曲先卫，古西戎部落也。明洪武四年置卫。

榜葛剌国，西天有五印度国，此东印度也，其国最大，明永乐初入贡。

天方国，古筠冲地。一名西域。明宣德中朝贡。

溜山，以前的时代无法考证。明代永乐年间，派使者前来中国进贡。

百花，以前的时代无法考证。明代洪武年间来中国进贡。

婆罗，又叫"娑罗"。以前的时代无法考证。明代永乐年间来中国进贡。

合猫里，以前的时代无法考证。明代永乐年间，与爪哇国一起来中国进贡。

忽鲁谟斯，以前的时代无法考证。明代永乐年间入贡。

西洋古里国，西洋各个国家的交会之处。明代永乐年间，派使者前来朝贡，被封为古里国王。

西番，就是土番。他们的祖先本来是羌族，大概共有一百多支，散处在黄河、西宁河、长江、岷江之间。唐代贞观年间，才开始与中国通好。宋代时，一直朝贡没有中断。元代时，曾经把他们的国家变成郡县。明代洪武初年，下诏各族的酋长，让所有本来就有官职的人到京师来让皇帝授职。从此开始，吐蕃的僧人有被封为灌顶国师及赞善王、阐化王、正觉大乘法王、如来大宝法王的，都赐给银印。三年一朝贡，或者隔一年便到京城来朝贡。这个地方有三个指挥司、一个宣慰使司、六个招讨司、四个万户府，另外还有两个宣慰使司、十七个千户所。

撒马儿罕，就是汉代的罽宾国。明代洪武、永乐、正统年间，都曾派使者来中国入贡。

罕东卫，古代的西戎部落。在明代洪武年间来中国通好并进贡，中国在那里设置了卫所，任酋长锁南吉剌思为指挥佥事。

安定卫，鞑靼的另一支。从明代洪武年间开始朝贡，赐给他们织金的绸缎，设立了安定和阿端两个卫所。

曲先卫，古代西戎的部落。明代洪武四年（1371）设置了卫所。

榜葛剌国，西方有五个印度国，这是东印度，这个国家最大，在明代永乐初年入贡。

天方国，古代筠冲之地。又叫西域。明代宣德年间朝贡。

默德那国，即回回祖国也。初，国王谟罕蓦德生而神灵佑，臣伏西域诸国。隋开皇时，始通中国。明宣德中，遣使天方国，朝贡。

哈烈，一名黑鲁。四面皆大山。维明洪武中，诏谕酋长，赐金币。永乐、正统间，遣使贡马。

于阗，居葱岭北。自汉至唐，皆入贡中国。明永乐初，遣使贡玉璞。

哈蜜卫，古伊吾庐地。为西域诸番往来要地，汉明帝屯田于此。唐为西伊州。明永乐初设卫，封克安帖木儿为忠顺王，赐诰印。

火州，本汉时车师前后王地。汉元帝时，置戊己校尉，屯田于此，名高昌垒。前凉张骏置高昌郡，唐改为交河郡，后陷于吐番。其地为回鹘杂居，故又名回鹘。宋、元皆遣使朝贡。明朝名曰火州。永乐间、宣德间，俱遣使入贡马。

亦力把力，地居沙漠间，疑即焉耆，或龟兹地也。自明洪武以来，入贡不绝。

赤斤蒙古卫，西戎地。战国时月氏居之，秦末汉初属匈奴，汉武帝时为酒泉、敦煌二郡地。唐没于吐番，宋入西夏。明永乐初，故鞑靼丞相率所部男妇来归。诏建千户所，寻升卫。正德时卫遂虚。

土鲁番，汉车师前王地。唐置西州交河郡，析以为县，有安乐城，方一二里，地平衍，四面皆山。明永乐中入贡，至今不绝。然侵夺哈密，犯嘉峪关外七卫，地大人众，视昔悬绝矣。

拂菻，前代无考。明洪武中入贡。

鞑靼，种落不一，历代名称各异。夏曰獯鬻，周曰猃狁，秦汉皆曰匈奴，唐曰突厥，宋曰契丹。自汉后匈奴稍弱，而乌

默德那国，就是回回教的祖国。起初，国王谟罕蓦德出生而受神灵保佑，于是平定了西域各国。隋朝开皇年间，开始与中国通好。明代宣德年间，派使者到天方国，于是开始朝贡。

　　哈烈，又叫"黑鲁"。四面都是大山。在明代洪武年间，下诏谕示其国酋长，赐给金币。永乐、正统年间，派遣使臣前来贡马。

　　于阗，位于葱岭以北。从汉代到唐代，都到中国进贡。明代永乐初年，派使臣进贡玉璞。

　　哈蜜卫，古代的伊吾庐之地。是西域诸国往来的交通要道，汉明帝在这里屯田。唐代成为西伊州。明代永乐初年在这里设置卫所，封克安帖木儿为忠顺王，赐给文书和大印。

　　火州，本来是汉代时车师前后王的旧地。汉元帝的时候，设置了戊己校尉，在这里屯田，名叫高昌垒。前凉时张骏设置了高昌郡，唐代改为交河郡，后来被吐番所灭。这个地方有回鹘人杂居，所以又叫回鹘。在宋、元两朝时都派了使者入朝进贡。明朝把他们叫火州。永乐年间、宣德年间，都曾经派遣使臣入朝贡马。

　　亦力把力，位于沙漠之中，怀疑就是焉耆，或者龟兹的旧地。从明代洪武年间以来，一直入贡，不曾中断。

　　赤斤蒙古卫，西戎之地。战国时为月氏国所居，秦末汉初时属于匈奴，汉武帝时成为酒泉、敦煌二郡的属地。唐代被吐蕃吞并，宋代并入西夏。明代永乐初年，以前的鞑靼丞相率领他手下的男女老少前来归顺。下诏建了千户所，不久又升级为卫所。正德年间卫所被废弃。

　　土鲁番，汉代车师前王旧地。唐代设置了西州交河郡，并分拆为县，有一个安乐城，方圆一二里，地面很平坦，四面都是山。明代永乐年间入贡，到现在仍未断绝。然而他曾入侵夺取哈密，并进犯嘉峪关外的七个卫所，地方广大、人口众多，比起以前来实力发生很大变化。

　　拂菻，以前的时代无法考证。明代洪武年间入贡。

　　鞑靼，其人种与部落说法不一，历代的名称也不尽相同。夏代叫作"獯鬻"，周代则叫"狁狁"，秦汉时都叫"匈奴"，唐代叫"突厥"，宋代叫"契丹"。汉代以后匈奴稍微衰弱了一些，而乌

桓兴，自鲜卑灭乌桓，而后魏蠕蠕独盛，自蠕蠕灭，而突厥
起。自唐李靖灭突厥，而契丹复强。既而蒙古兼并之，遂代宋
称号曰元。至于明兴，元主遁归沙漠，其遗裔世称可汗。永乐
初，有马哈木、阿鲁台奉贡惟谨，因封马哈木为顺宁王，阿鲁
台为和宁王。

正统间，马哈木之孙也先大举入寇。成化中，也先之后称
小王子复通贡，其次子曰阿著者先，子三：长吉囊、次俺答、
次老把都，而俺答最犷桀。隆庆间执叛人来献，乃封顺义王，
其子黄台吉等授都督官，开市通贡。

兀良哈，古山戎地。秦为辽西郡北境，汉为奚所据，后属
契丹。元为大宁路北境，明洪武间，割锦义、建刹诸州隶辽
东，又设都司于惠州，领营兴，会合二十馀卫所，北平行都司
也。随封子权为宁王，筑大宁、宽河州、会州、富峪四城，留重
兵居守，后以北和来降者众，诏分兀良哈地，置三卫处之，自
锦义、辽河至白云山曰泰宁，自黄泥洼逾沈阳、铁岭至开原曰
福馀，自广宁前屯历喜峰近宣府曰朵颜，命其长为指挥，各领
所部为东北外藩。靖难初，首劫大宁，召兀良哈诸酋长率部落
从行有功，遂以大宁界三卫，移封宁王于南昌，徙行都司于保
定，自撒藩篱，而朵颜分地尤最险，与北卤交婚，阴为响导，
名曰外卫肘腋之忧。后二卫浸衰。朵颜独强盛，故称朵颜三
卫云。

女真，古肃慎地。在混同江之东，开原之北，即金人馀
裔也。汉曰挹娄，魏曰勿吉，唐曰鞨鞨，元曰合兰府。明朝悉
境归附，因其部族所居置都司一、卫一百八十有四、千户所
二十，官其长为都督指挥、指挥千百户、镇抚等职，给之印，

桓兴起，从鲜卑消灭了乌桓，后魏的蠕蠕却独家兴盛，从蠕蠕灭亡，但突厥又兴起。从唐代李靖消灭了突厥后，契丹又开始强大。然后蒙古把契丹兼并，于是便代替了宋朝而改国号为元。到了明代兴盛，元代君主逃回到沙漠，其后裔世代自称可汗。永乐初年，有马哈木、阿鲁台两处进奉贡物很恭谨，于是便封马哈木为顺宁王，阿鲁台为和宁王。

正统年间，马哈木的孙子也先大举入侵。成化年间，也先的后人叫作小王子的又开始通好入贡，他的次子叫阿著者先，有三个儿子：长子叫吉囊、次子叫俺答、第三个叫老把都，其中俺答最桀骜不驯。隆庆年间抓住叛变的人来进献，便被封为顺义王，他的儿子黄台吉等人授为都督官，开放市场并通好入贡。

兀良哈，古代山戎之地。秦朝时为辽西郡北境，汉代时被奚族占据，后来归属于契丹。元代为大宁路北境，明洪武年间，割让锦义、建剂等州隶属辽东，又在惠州设置了都司，管理营兴，合起来有二十多个卫所，属于北平行都司。又封朱元璋的儿子朱权为宁王，建大宁、宽河州、会州、富峪四座城池，留下重兵把守，后来因为北边讲和并来投降的人很多，便下诏分拆兀良哈的旧地，设置了三个卫所，从锦义、辽河到白云山叫泰宁，从黄泥洼经沈阳、铁岭到开原叫福馀，从广宁前屯过喜峰近宣府叫朵颜，任命其长官为指挥，这些所部便是东北外藩。靖难之初，朱棣先攻打大宁，便召来兀良哈各位酋长率领各自的部落若能从军靖难便是有功，于是便用大宁来作为三卫的分界，把宁王移封到南昌去，把行都司也迁到保定，自己把藩篱撤了，其中朵颜所属之地最为险要，他们与北卤互相通婚，暗中为向导，名为外卫而实际上却成了萧墙之祸。后来另二卫都衰弱了，只有朵颜卫独自强盛，所以世人都称之为"朵颜三卫"。

女真，古代肃慎之地。在混同江的东边，开原的北边，也就是金人的后裔。汉代叫"挹娄"，魏国叫"勿吉"，唐代叫"靺鞨"，元代叫"合兰府"。明朝时全境都来归降，便在其部落所住的地方设置了一个都司、一百八十四个卫所、二十个千户所，任命其官长为都督指挥、指挥千百户、镇抚等官职，给他们官印，

俾仍旧族统厥属，以时朝贡。其地面凡三十八城，二站九口、三河口。

吏部员外郎陈诚所记：洪武间来贡者，则有西洋琐里、琐里、览邦、淡巴。永乐间来贡者，则有古里班卒、阿鲁、阿丹、小葛兰、碟里、打回、日罗夏治、忽鲁毋思、吕宋、甘巴里、古麻剌其王来朝，至福州卒。赐谥康靖，敕葬闽县、沼纳扑儿、加异勒、敏真诚、八答黑商、别失八里、鲁陈、沙鹿海牙、赛蓝、火剌札、吃刀麻儿、失剌思、纳失者罕、亦思把罕、白松虎儿、答儿密、阿迷、沙哈鲁、黑葛达。又有同黑葛达来贡者，共十六国，曰南巫里、曰急兰丹、曰奇剌尼、曰夏剌北、曰窟察尼、曰乌涉剌踢、曰阿哇、曰麻利、曰鲁密、曰彭加那、曰舍剌齐、曰八可意、曰坎巴夷替、曰八答黑、曰日落。至于宣德中曾入贡，曰黑娄、曰哈失哈力、曰讨来思、曰白葛达。

让他们可以仍旧统治自己的族人，他们也按时来朝贡。他们的地面共有三十八座城池，二站九口、三河口。

　　吏部员外郎陈诚记录：洪武年间来朝贡的，有西洋琐里、琐里、览邦、淡巴四国。永乐年间来进贡的，有古里班卒、阿鲁、阿丹、小葛兰、碟里、打回、日罗夏治、忽鲁母思、吕宋、甘巴里、古麻剌他们的国王前来朝贡，到了福州却死了。皇帝赐给他赐谥号"康靖"，赐他葬在闽县、沼纳扑儿、加异勒、敏真诚、八答黑商、别失八里、鲁陈、沙鹿海牙、赛蓝、火剌札、吃刀麻儿、失剌思、纳失者罕、亦思把罕、白松虎儿、答儿密、阿迷、沙哈鲁、黑葛达等国。还有同黑葛达一起来进贡的共计十六个国家，是南巫里、急兰丹、奇剌尼、夏剌北、窟察尼、乌涉剌踢、阿哇、麻利、鲁密、彭加那、舍剌齐、八可意、坎巴夷替、八答黑、日落。到了宣德年间曾经入贡的国家，有黑娄、哈失哈力、讨来思、白葛达。

卷十六　植物部

草木

蓂荚　尧时有草生于庭，曰蓂荚，十五之前，日生一叶，十五后，日落一叶，小尽则一叶厌而不落，观之可以知旬朔，故又名之历草。

翣脯　尧时厨中自生肉脯，薄如翣形，摇鼓则生风，使食物寒而不臭。

佳谷　神农于羊头山_{潞安长子县}得佳谷，宋真宗始给民占城稻种_{今糯米}。

屈轶　尧时有草生于庭，佞人入朝，此草则屈而指之，名曰屈轶。

峄阳孤桐　在峄县峄山之上，自三代至今，止存一截。天启年间，妖贼倡乱，取以造饭，形迹俱无。

五大夫松　今人称泰山五大夫松，俱云五松树，而不知始皇上泰山封禅，风雨暴至，休于松树下，遂封其树为大夫。五大夫，秦官第九爵也。此言可订千古之误。

虞美人草　虞美人自刎，葬于雅州名山县，冢中出草，状如鸡冠花，叶叶相对，唱《虞美人曲》，则应板而舞，俗称虞美人草。

蓍草　千岁则一本，茎其下必有神龟守之，用以揲蓍。多生于伏羲陵与文王陵上。

草木

蓂荚　尧帝的时候庭院里生长了一种草,叫蓂荚,每月十五号之前,每天长出一片叶子,十五号之后,每天落一片叶子,如果是小月,那么就会有一片叶子蔫了,却不落。看它可以知道日子,所以又叫作历草。

翣脯　尧帝的时候厨房里自己会生长出肉脯来,薄薄的如同扇子的形状,摇一摇就会有风,让食物温度降低而不发臭。

佳谷　神农在羊头山位于潞安的长子县得到了非常好的谷种。宋真宗开始给民众占城稻的种子就是今天的糯米。

屈轶　尧帝的时候庭院里生长出一种草,如果有奸人进入朝廷,这种草就弯曲了来指这个人,所以名叫"屈轶"。

峄阳孤桐　峄阳孤桐树在峄县的峄山上,从三代到现在,只剩下一截。明代天启年间,贼人作乱,想拿来烧饭,孤桐却消失不见了。

五大夫松　现在人称泰山的"五大夫松",都说是五棵松树,却不知道秦始皇上泰山封禅,突然来了大风大雨,便在松树下休息,于是封这棵树为大夫。五大夫,是秦朝官职的第九等爵位。这段话可以订正千古相沿的错误。

虞美人草　虞美人自刎之后,葬在雅州的名山县,她的墓中长出一种草,形状如同鸡冠花,叶子都相对着长,如果有人唱《虞美人曲》,它就会随着节拍跳舞,所以俗称为虞美人草。

蓍草　蓍草一千年才长一棵,草秆下一定有神龟守护,用于揲蓍占卜。多数生长在伏羲陵与文王陵上。

挂剑草 季札墓前生草，其形如挂剑，故名。可疗心疾。

斑竹 尧二女为舜二妃，曰湘君、湘夫人。舜崩于苍梧，二妃哭泣，以泪洒湘竹，湘竹尽斑，故又名湘妃竹。

梅梁 会稽禹庙有梅梁，雷雨之夜，其梁飞出，五鼓复还。晓视梁上常带水藻。后为梅太守易去。

萍实 楚王渡江得萍实，大如斗，赤如日，剖而食之，甜如蜜。

孔庙桧 曲阜孔庙有孔子手植桧，如降香，一株无枝叶，坚如金铁，纹皆左纽，有圣人生，则发一枝，以占世运。按桧历周、秦、汉、晋千百馀年，至怀帝永嘉三年而枯；枯三百有九年至隋恭帝义宁元年复生；五十一年至唐高宗乾封三年再枯；枯三百七十四年至宋仁宗康定元年再荣；至金宣宗贞祐三年罹于兵火，枝叶俱焚，仅存其干；后八十一年，元世祖三十一年再发；至太祖洪武二十二年发数枝，极茂盛，至建文四年复枯。

汉柏 泰安州东岳庙东庑，有汉武帝手植柏六株，枝叶郁苍，翠如铜绿，扣其馀干，如击金石，硁硁有声。曹操时赤眉作乱，大斧斫之，见血而止。今有斧创尚存。

唐槐 峄县孟子庙，有唐太宗手植槐，枝叶蓊郁，躯干茁壮而矮。

邵平瓜 邵平者，故秦东陵侯。秦破，为布衣，种瓜长安城东，瓜常五色，味甚甘美，世号东陵瓜。五代胡峤始以回纥西瓜入中国。

挂剑草　季札的墓前生长一种草,它的形状如同挂着的剑,所以取这样的名字。可以治疗心病。

斑竹　尧帝的两个女儿成为舜帝的两个妃子,叫湘君、湘夫人。舜帝死于苍梧,二妃哭泣,哭出的泪洒到湘竹上,湘竹都有了斑点,所以又叫作湘妃竹。

梅梁　会稽山的大禹庙有一根梅梁,有雷雨的夜晚,这根大梁就会飞出去,到五更时才飞回来。第二天早上看,梁上还常常带着水藻。后来被梅太守换掉了。

萍实　楚王渡江的时候得到了萍实,大得像斗一样,红得像太阳一样,剖分开吃,甜得像蜜一样。

孔庙桧　曲阜的孔庙中有孔子亲手种植的桧树,就像降香一样,整棵树没有枝叶,坚硬得像铁一样,树纹都向左转,如果有圣人出生,树就发出一个旁枝来,这样便可以占卜时代的气运。按:桧树经历了周、秦、汉、晋千百余年,到了晋怀帝永嘉三年(309)便枯萎了;枯萎三百零九年后到了隋恭帝义宁元年(617)又复活了;过了五十一年到唐高宗乾封三年(668)再一次枯萎;枯萎三百七十四年到宋仁宗康定元年(1040)再一次繁茂;到金宣宗贞祐三年(1215)遭了兵火,枝叶都被烧了,仅留下了树干;过了八十一年,元世祖三十一年(1294)再次萌发;到明太祖洪武二十二年(1389)发了好几枝,非常茂盛,到了建文四年(1402)便又枯萎了。

汉柏　泰安州东岳庙的东廊,有汉武帝亲手种植的六棵柏树,枝叶茂盛,翠得像铜绿一样,敲它的树干,就好像敲打金属一样,发出硁硁的声音。曹操的时候赤眉军叛乱,用大斧砍这些树,看到流出了血便停了。现在还能看到留下来的斧头印。

唐槐　峄县的孟子庙中,有唐太宗亲手种植的槐树,枝叶浓密,树干非常茁壮,但有些矮。

邵平瓜　邵平,是秦朝以前的东陵侯。秦朝灭亡后,成为平民百姓,在长安城的东边种瓜,他种的瓜经常会长出五种颜色,味道非常甘美,世人号称其为"东陵瓜"。五代时的胡峤才开始把回纥的西瓜带入中国。

赤草 刘小鹤言：未央宫址，其地丈馀，草皆赤色，相传为韩淮阴受刑之处，其怨愤之气郁结而成。

桐历 桐知日月正闰。生十二叶，边有六叶，从下数一叶为一月，闰则十三叶，叶小者即知闰何月也。不生则九州异君。

知风草 南海有草，丛生，如藤蔓。土人视其节，以占一岁之风，每一节则一风，无节则无风，名曰知风草。

护门草出常山。取置户下，或有过其门者，草必叱之。一名百灵草。

虹草 乐浪之东有背明之国，有虹草，枝长一丈，叶如车轮，根大如毂，花似朝虹之色。齐桓公伐山戎，国人献其种而植于庭，以表伯者之瑞。

不死草 东海祖洲上有不死之草，一名养神芝，生琼田中，其叶似菰苗，丛生，长三四尺。人死者，以草覆之即活，一株可活一人，服之令人长生。

怀梦草 钟火山有香草，似蒲，色红，昼缩入地，夜半抽萌，怀其草，自知梦之好恶。汉武帝思李夫人，东方朔献之。帝怀之，即梦见夫人，因名曰怀梦草。

书带草 郑玄字康成，居城南山中教授。山下有草如薤，叶长而细，坚韧异常，时人名为康成书带。

八芳草 宋艮岳八芳草，曰金蛾，曰玉蝉，曰虎耳，曰凤毛，曰素馨，曰渠那，曰茉莉，曰含笑。

钩吻草 生深山之中，状似黄精，入口口裂，著肉肉溃，名曰钩吻，食之即死。但其花紫，黄精花白；其叶微毛，黄精叶光滑，以此辨之。

赤草　刘小鹤说：未央宫所在地，有一丈多大，生长的草都是红色的，相传这是淮阴侯韩信受刑的地方，他的怨恨愤怒之气不能抒发而结成了这种草。

桐历　桐树知道日子、月份和正闰。生有十二片叶子，每边有六片，从下往上数一片叶子为一月，若有闰月就有十三片叶子，叶子小的就代表闰月。如果不生叶子，那天下就要换君主了。

知风草　南海有一种草，丛生，像藤蔓一样。当地人看它的节，用来占卜这一年的风，有一节就有一风，没有节就没有风，所以名叫"知风草"。

护门草出于常山。取来放在门户下边，如果有从门前过的人，草就一定会吆喝他。又叫"百灵草"。

虹草　乐浪的东边有一个背明国，生长一种虹草，草干长有一丈，叶子像车轮那么大，草根大得像车毂，花朵像早上彩虹的颜色。齐桓公讨伐山戎，其国人进献这种草的种子并种植在庭院中，用来表示成就霸业的人的瑞气。

不死草　东海的祖洲上有一种不死草，又叫养神芝，生长在琼田中，它的叶子像菰苗，丛生，长有三四尺。若有人死了，用这种草盖住就可以活，一棵草可以活一个人，吃这种草可以让人长生。

怀梦草　钟火山有一种香草，长得像蒲，红色，白天缩到地里去，半夜抽芽萌发，怀着这种草，自己可以知道梦的好坏。汉武帝思念李夫人，东方朔献上了这种草。汉武帝把它放在怀里，就梦见了李夫人，所以也叫怀梦草。

书带草　郑玄字康成，住在城南山中来教授徒弟。山下有一种草长得像薤，叶子又长又细，非常坚韧，当时人称其为"康成书带"。

八芳草　宋代的艮岳有八芳草，即金娥，玉蝉，虎耳，凤毛，素馨，渠那，茉莉，含笑。

钩吻草　钩吻草生长在深山之中，形状像黄精，进入口中口会裂开，碰到肉，肉会溃烂，名叫钩吻，吃了立即就会死。但这种草的花是紫色的，而黄精的花是白色的；这种草的叶子有一些小绒毛；黄精的叶子是光滑的，用这些来分辨它们。

金井梧桐　世尝言："金井梧桐一叶飘。"梧桐叶上有黄圈文如井，故曰金井，非井栏也。

沙棠木　可以御水，其实曰蕡，状如葵，味如葱，食之已劳，又使人入水不溺。

君迁　《吴都赋》："平仲君迁。"皆木名，注缺。按司马温公《名苑记》云，君迁子如马奶。俗云牛奶柿是也。今之造扇用柿油，遂名柿漆。

芋历　芋芀生子十二子，遇闰则多生一子。时人谓之芋历。

肉芝　萧静之掘地得"人手"，润泽而白，烹而食之，逾月齿发再生。一道士云：此肉芝也。《抱朴子》言：行山中见小人乘车马七八寸者，亦肉芝也，捉取服之，即仙矣。

桑木者，箕星之精，神木也。蚕食之成文章，人食之老翁为小童。

肉树者，端山猪肉子也。山在德庆州，子大如茶杯，炙而食之，味如猪肉而美。

哀家梨　哀仲家有梨，甚佳，大如升，入口即化。汉武帝樊川园有大梨，如五升瓶，落地则碎。欲取先以囊承之，名曰含消梨。

涂林　张骞使安石国十八年，得涂林种而归，即安石榴也。又得胡麻，遍植中国。

阿魏树出三佛齐国，其树有瘿，出滋最毒，著人身即糜烂，人不敢近。每采时，系羊于树下，骑快马自远射之，脂著于羊，羊即烂。故曰飞鸟取阿魏。

葡萄苜蓿　李广利始移植大苑国苜蓿、葡萄。

金井梧桐　世人经常说："金井梧桐一叶飘。"梧桐叶上有黄圈纹理像井一样，所以叫"金井"，并不是真的井栏。

沙棠木　沙棠木可以防水，它的果实叫蓂，形状像葵，味道像葱，吃它可以让你解除疲劳，又能让人入水不会被淹。

君迁　《吴都赋》有"平仲君迁"的话，这些都是树木的名字。注释没有注出来。按：司马光《名苑记》记载说，君迁的果实就像马奶，俗称牛奶柿的就是。现在用来制造扇子要用柿油，所以也叫柿漆。

芋历　芋苈结子会有十二个，遇到闰月就多结一个。当时人称之为"芋历"。

肉芝　萧静之挖地时得到一个"人手"，很光润亮泽还很白，煮了吃，过了一月已经掉了的牙齿和头发又生出来了。有一个道士说："这就是肉芝啊。"《抱朴子》里记载：在山中行走如果看到有七八寸的小人乘着车马的，那也是肉芝，捉住服用的话，就可以成仙了。

桑木，是箕星的精华，是神木。如果蚕吃了它便可以结出文章，人吃了它老人也会变成小孩。

肉树，就是端山的猪肉子。端山在德庆州，这种子像茶杯一样大，若烤着吃，味道就像猪肉一样甘美。

哀家梨　哀仲家有一棵梨，品质很好，长得有一升那么大，到嘴里就化了。汉武帝的樊川园有一种大梨，像五升的瓶子那么大，落到地上就碎了。要摘的话先需用布囊接着，名叫"含消梨"。

涂林　张骞出使安石国十八年，得到涂林的种子后回来了，就是安石榴。又得到了胡麻的种子，种遍了中国。

阿魏树出自三佛齐国，这种树上面有树瘿，瘿中的汁液最毒，沾到人身体上身体就会糜烂，所以人不敢接近。每到采的时候，把羊拴在树下，骑快马从远处射树，汁液就沾到羊身上，羊就烂了。所以叫作"飞鸟取阿魏"。

葡萄苜蓿　李广利开始移植大宛国的苜蓿、葡萄。

甘蔗　宋神宗问吕惠卿，曰："蔗字从庶，何也？""凡草木种之俱正生，蔗独横生，盖庶出也，故从庶。"顾长康啖蔗，先食尾。人问所以，曰："渐入至佳境。"

乌树，号柘树也。枝长而劲，乌集之，将飞，柘枝反起弹乌，乌乃呼号。以此枝为弓，快而有力，故名乌号之弓。

共枕树　潘章有美容，与楚人王仲先交厚，死则共葬。冢上生树，柯条枝叶，无不相抱。故曰共枕树。

木奴　李衡为丹阳太守，于龙阳洲上种橘千树。临终，敕其子曰："吾洲里有千头木奴，不责汝衣食。岁上一匹绢，亦足用矣。"

化枳　晏子曰："橘生淮南则为橘，生于淮北则为枳。叶徒相似，其实味不同。水土异也。"

七星剑草　草如剑形，上有七星，列如北斗。

骨牌草　叶上有幺二三四五六斑点，与骨牌无异。

刘寄奴草　刘裕微时伐荻新洲，有大蛇数丈，裕射之。明日至此，见数童捣叶，裕问故，答曰："我王为刘寄奴所伤，今合药敷之。"裕曰："何不杀之？"曰："刘寄奴王者，不死。"裕叱之，皆散走。裕得药，敷金创立效。遂呼其草为"刘寄奴"，裕之乳名也。

益智叶如襄荷，茎如竹箭，子从中心出。一枝有十子，子肉白滑。四破去之，取外皮，蜜煮为粽子，味辛。卢循飨宋武，又飨远公，名益智粽。

甘蔗　宋神宗问吕惠卿，说："'蔗'字从'庶'，这是为什么？"吕回答："所有的草木种下后都正着生长，只有甘蔗是横着破土而出，这就是庶出，所以从'庶'。"顾恺之（长康）吃甘蔗，先吃尾巴，别人问他为什么，他说："这样可以逐渐进入佳境。"

乌树，就是号柘树。枝条非常长而且非常坚韧，乌鸦停在树上，如果要飞的话，柘树的枝条把乌鸦弹出去，乌鸦便呼号。用这种树枝作弓，又快又有力，所以叫"乌号之弓"。

共枕树　潘章长得很美，他与楚国人王仲先交情很好，死后便埋葬在一起。墓上生了树，枝条和叶子都相抱在一起。所以叫"共枕树"。

木奴　李衡官为丹阳太守，在龙阳洲上种了上千棵橘树。临终的时候，告诉他的儿子说："我的洲里有千头木奴，不让你负责衣食，每年给你供应一匹绢，也足够你用了。"

化枳　晏子说："橘子生在淮南就是橘子，生在淮北却变成了枳。空有那极其相似的叶子，但它的果实味道却大不相同。这是因为水土不同啊。"

七星剑草　七星剑草长得像剑的形状，上面有七颗星，排列得像北斗七星一样。

骨牌草　骨牌草叶子上有幺二三四五六的斑点，和骨牌没有什么区别。

刘寄奴草　刘裕微贱的时候在新洲砍柴，看到一条几丈长的大蛇，刘裕用箭射蛇。第二天到这里，看到几个小孩在捣树叶，刘裕问他们为什么做这个，小孩回答说："我家的大王被刘寄奴伤了，现在弄药来敷。"刘裕说："为什么不杀了仇人呢？"回答说："刘寄奴是要当王的人，不会死。"刘裕大喝一声，这些人都跑了。刘裕得到了药，抹刀枪的伤立刻就好。于是便称这种草为"刘寄奴"，这其实是刘裕的小名。

益智树的叶子如同蘘荷，树干像竹箭，果实从中心长出来。一个树枝有十颗果实，果实从中心出。果肉又白又滑。如果从四面破开把果肉去掉，只取外皮，用蜜煮后包成粽子，味道有些辛辣。卢循曾用此款待宋武帝刘裕，还款待过远公，名叫"益智粽"。

祁连仙树　祁连山有仙树一本，四味。其实如枣，以竹刀剖则甘，以铁刀剖则苦，以木刀剖则酸，以芦刀剖则辛。

桂　《南方草木状》：有三种，叶如柏叶，皮赤者为丹桂；叶如柿叶者为菌桂；叶似枇杷者为牡桂。今闽中多桂，四季开花有子，此真桂。其江南八九月开花无子者，此木樨也。

酒树　《扶南记》：顿逊国有树似石榴，采其花汁注瓮中，数日成酒，味甚美，名其树曰酒树。

面树　名桄榔树。树大四五围，长五六丈，洪直无枝条，其颠生叶，不过数十，似栟榈；其子作穗，生木端；其皮可作绠，得水则柔韧。胡人以此联木为舟，皮中有屑如面，多者至数斛，食之，与常面无异。

杨柳　隋炀帝开河成，虞世基请于堤上栽柳，一则树根四出，鞠护河堤；一则牵舟之女获其阴樾；三则牵舟之羊食其枝叶。上大喜，诏民间进柳一株，赐一缣；百姓竞献之。帝自种一株，群臣次第种之。栽毕，上御笔赐垂柳姓杨，曰杨柳。

薏苡　马援在交趾，以薏苡实能胜瘴气，还，载之一车。及援死，有上书谮之者，以前所载皆明珠文犀。

橄榄，南威也。《金楼子》云：有树名独根，分为二枝，其东向一枝是木威树，南向一枝是橄榄树。其树高峻不可梯，刻其根下方许，纳盐其中，一夕子皆落。此木可作舟楫，所经皆浮起。东坡诗："纷纷青子落红盐，正味森森苦且严。待得馀甘回齿颊，已输崖蜜十分甜。"三国吴时始贡橄榄，赐近臣。

祁连仙树　祁连山有仙树一棵，有四种味道。它的果实像枣，若用竹刀剖开味道就是甜的，用铁刀剖开味道就是苦的，用木刀剖开味道就是酸的，用芦刀剖开味道就是辣的。

　　桂　《南方草木状》记载：桂树有三种，叶子像柏树叶，树皮红色的是丹桂；叶子像柿子树叶的叫菌桂；叶子像枇杷树叶的叫牡桂。现在福建一带桂树很多，四季都开花结子，这是真桂。江南那些八九月开花却没有子的，是木樨。

　　酒树　《扶南记》记载：顿逊国有一种树长得像石榴，把花中的汁液采下来放到瓮里，几天就变成酒了，味道很美，所以称这种树叫酒树。

　　面树　面树名叫桄榔树。树有四五抱那么粗，长有五六丈，树干非常直没有枝条，树顶上有叶子，也不过几十片，有些像栟榈；它的果实呈穗状，生在树顶；他的皮可以作绳，遇到水就更加柔韧。胡人用这种绳连接木头做舟，树皮里有像面一样的碎屑，多的会有好几斛，吃起来，跟正常的面没有什么差别。

　　杨柳　隋炀帝开凿运河成功后，虞世基请求在河堤上栽种柳树，一来柳树的根四通八达，可以保护河堤；二来拉纤的女子可以得到树的荫凉；三来拉舟的羊也可以吃到树叶。隋炀帝大喜，下令民间如果进献一棵柳树就赐给一匹布；百姓都争相进献。炀帝自己也种了一棵，文武百官也依次各种一棵。种完后，炀帝亲笔赐给垂柳姓氏，所以现在叫"杨柳"。

　　薏苡　马援在交趾的时候，因为薏苡的果实能抑制瘴气，所以回来的时候，拉了一车。等到马援死的时候，有人上书诬陷他，说他以前回来车上拉的全是明珠文犀之类的宝物。

　　橄榄，也叫南威。《金楼子》记载说：有一种树名叫独根，分出两个大枝，其中向东的一枝是木威树，向南的一枝是橄榄树。这种树非常高让人无法上去。在树根下面刻个伤口，把盐放进去，一晚上它的果实就落了。这种树的木头可以制作船和桨，到水里就会浮起来。苏轼诗说："纷纷青子落红盐，正味森森苦且严。待得馀甘回齿颊，已输崖蜜十分甜。"三国时的吴国开始进贡橄榄，并赐给近臣。

瑞柳　唐中书省有古柳，忽一死枯。德宗自梁还，复荣茂，人谓之瑞柳。

义竹　《唐纪》：明皇后苑竹丛幽密，帝谓诸王曰："兄弟相亲，当如此竹。"因谓之义竹。

椰树，如栟榈，高五六丈，无枝条，其实大如寒瓜，外有粗皮，皮次有壳，圆而且坚，剖之有白肤，厚半寸，味似胡桃而极肥美，有浆，饮之，作酒气。俗人呼之越王头。其壳可镶杯壶，可作瓢。

文林果　宋王谨为曹州从事，得林檎，贡于高宗，似朱奈。上大重之，因赐谨为文林郎，号文林果。一云，唐高宗时王方言始盛栽林檎。

不灰木　《抱朴子》：南海萧丘之上，自生之火，春起秋灭。丘上纯生一种木，虽为火所著，但少焦黑。人或得以为薪者，炊熟则灌灭之，用之不穷。束皙《发蒙》曰："西域有火浣之布，东海有不灰之木。"

三槐　王旦父祐有阴德，尝手植三槐于庭，曰："吾后世必有为三公者，植此所以志也。"

寇公柏　寇準初授巴东令，人皆以"寇巴东"呼之。手植双柏于庭，名寇公柏，人比邵伯甘棠。

铁树　广西殷指挥家，有铁树高三四尺，干叶皆紫黑色，叶类石榴。遇丁卯年开花，四瓣，紫白色，如瑞香，较少圆。一开，累月不凋，嗅之有铁气。

瑞柳　唐代的中书省有一株古柳，忽然一下子就枯死了。唐德宗从梁归来，树又重新茂盛，人们都称此树为"瑞柳"。

义竹　《唐纪》记载：唐明皇的后苑有非常幽深稠密的竹丛，明皇对几个封王的兄弟说："兄弟之间互相亲爱，就应当像这些竹子一样。"所以称此竹为"义竹"。

椰树，就像栟榈，高有五六丈，没有枝条，它的果实像一个西瓜那么大，外面有粗皮，皮下还有壳，壳是圆的，还很坚固，剖开有白色的果肉，有半寸厚，味道很像核桃却更为甘美，还有果浆，喝起来有酒气。俗人称它为"越王头"。它的果壳可以镶成杯子或水壶，也可以作成瓢。

文林果　宋代的王谨当曹州从事的时候，得到了林檎果，进贡给宋高宗，这种果子长得像朱柰。宋高宗非常喜欢，所以赐王谨为文林郎，称这种果子为文林果。又有一种说法，唐高宗的时候王方言开始广泛地栽林檎。

不灰木　《抱朴子》记载：在南海的萧丘上，有自生自灭的火，春天烧起来，秋天便灭了。萧丘上只生长一种树木，虽然被火烧，但只有一点点焦黑。有人如果得到这种木头来做柴禾，只要把饭烧熟了就用水把火浇灭，永远用不完。束皙《发蒙》说："西域有用火来洗的布，东海有烧不完的木头。"

三槐　王旦的父亲王祐积有阴德，曾经亲手在庭院里种植了三棵槐树，说："我们家后世一定有官至三公的人，我种这三棵树来作为标记。"

寇公柏　寇準最初授官为巴东令，所以人们都用"寇巴东"来称呼他。他亲手种了两棵柏树在院子里，被称为寇公柏，人们拿它来与邵伯的甘棠相比。

铁树　广西殷指挥家，有一棵铁树高有三四尺，树干和树叶都是紫黑色，叶子的形状有些像石榴叶。遇到丁卯年就开花，花有四瓣，为紫白色，就像瑞香，稍微圆一点。开一次，就几月不谢，闻着有铁的气味。

莱公竹 寇莱公死后,归葬西京。道出荆南公安县,人皆设祭哭于路,折竹植地,以挂纸钱。逾月视之,枯竹皆生笋,人号莱公竹。因立庙,号竹林寇公祠。

迎凉草 李辅国夏日会宾客,设迎凉草于庭,清风徐来。草色碧,干类苦竹,叶细如杉。

荔枝 蔡君谟曰:闽中荔枝,兴化最为奇特,尤重陈紫。其树晚熟,其实广上而圆下,大可径寸有五分,香气清远,色泽鲜紫,壳薄而平,瓢厚而莹,膜如桃花红,核如丁香母,剥之凝如水晶,食之消如绛雪,其味之甘芳,不可得而名状也。

宋家香 宋氏尝以馈蔡君谟,君谟以《诗序》谢之曰:世传此植已三百年。黄巢兵过,欲伐之,时王氏主其木,媪抱木欲共死,得不伐。今虽老矣,其实益繁,其味益甘滑,真异品也。

瑞榴 邵武县学宋时有石榴一株,士人观其结实之数,以卜登第多寡,屡验,因名瑞榴。

柯柏 柯潜官少詹,手植二柏于翰林苑后堂,号学士柏,复造瀛洲亭以临之。

种松 晋孙绰隐会稽山中,作《天台赋》,范荣期曰:"掷地有金石声矣。"绰于斋前种一松,恒手自壅治之。邻人高柔语曰:"松树子非不楚楚可怜,但无栋梁耳!"孙曰:"枫柳虽合抱,亦复何施?"

莱公竹　寇凖（莱公）死后，归葬于西京。要路过荆南的公安县，人人都在路上设祭祀的灵位大哭，并折下竹子插在地上来挂纸钱。过了几个月再看，那些枯竹竟然都长出了竹笋，人们称之为"莱公竹"。并在此立庙，叫作"竹林寇公祠"。

迎凉草　李辅国夏天会见宾客，在庭院里设了迎凉草，于是院中清风徐来。这种草的颜色是碧绿的，枝干类似苦竹，叶子细小如同杉树。

荔枝　蔡君谟说：福建的荔枝，兴化的最奇特，尤其推重陈紫。这种树果子熟得晚，果实上面大下面圆，直径可以有一寸五，香气清新而悠远，色泽是鲜艳的紫色，果壳很薄也很平，果瓤非常厚而且晶莹剔透，果膜就像桃花那样的红色，果核就像丁香母，剥开就如同凝结的水晶，吃着就像绛雪一样容易化，味道甘甜芬芳，简直没有办法来形容。

宋家香　宋氏曾经用他们家的香来赠送给蔡君谟，蔡君谟写了《诗序》来表示感谢说：世上传承这种植物已经三百年了。黄巢兵过的时候，想要砍伐它，当时它的主人是一个姓王的人，他家的老太婆抱着树要与树一起死，树终于没有被伐。现在树虽然已经老了，但结的果实却越加繁密了，味道也越加甘甜爽滑了，真是神异的品种啊。

瑞榴　邵武的县学在宋代的时候有一株石榴，士子们看它结石榴的多少，来占卜县学考上进士的人数，每次都能应验，所以起名叫"瑞榴"。

柯柏　柯潜官为少詹，亲手种植了两棵柏树在翰林苑的后堂，号称学士柏，又建造了瀛洲亭来相伴。

种松　晋朝的孙绰隐居在会稽山里，写了《天台赋》，范荣期说："这篇赋扔在地上一定会有金石一样的响声。"孙绰在书斋前种了一棵松树，经常亲自去培土浇水。邻居高柔说："你种的松树不是不楚楚可怜，只是不是栋梁之材啊！"孙绰说："枫树、柳树即使有合抱那么粗，又有什么用呢？"

连理木　宋梁世基家有荔枝生连理，神宗赐以诗曰："横浦江南岸，梁家闻世贤。一株连理木，五月荔枝天。"

树头酒　缅甸有树，类棕，高五六丈，结实大如掌。土人以面纳罐中，悬罐于实下，划实取汁成酒。其叶，即贝叶也，写缅书用之。

嗜鲜荔枝　唐天宝中，贵妃嗜鲜荔枝。涪州岁命驿递，七日夜至长安，人马俱毙。杜牧之诗："一骑红尘妃子笑，无人知是荔枝来。"

荔奴　龙眼似荔枝，而叶微小，凌冬不凋。七月而实成，壳青黄色，文作鳞甲，形圆似弹丸，肉白有浆，甚甘美。其实极繁，一朵五六十颗，作穗如葡萄然。荔枝才过，龙眼即熟。南人目为荔奴。

此君　王子猷暂寄人空宅，便令种竹，人问之，曰："何可一日无此君！"

报竹平安　李卫公言：北都惟童子寺有竹一窠，才长数尺。其寺纲维每日报竹平安。

蕉迷　南汉贵珰赵纯卿惟喜芭蕉，凡轩窗馆宇咸种之。时称纯卿为蕉迷。

卖宅留松　海虞孙齐之手植一松，珍护特至。池馆业属他姓，独松不肯入券。与邻人卖浆者约，岁以千钱为赠，祈开壁间一小牖，时时携壶茗往，从牖间窥松，或松有枯毛，辄道主人，亲往梳剔，毕即便去。后其子林、森辈养志，亟复其业。

青田核　《鸡跖集》：乌孙国有青田核，莫知其木与实，而核如瓠，可容五六升，以之盛水，俄而成酒。刘章得二焉，集宾客设之，一核才尽，一核又熟，可供二十客。名曰青田壶。

连理木　宋代梁世基家有荔枝树生成了连理，宋神宗赐诗给他说："横浦江南岸，梁家闻世贤。一株连理木，五月荔枝天。"

树头酒　缅甸有一种树，类似棕树，高有五六丈，结出的果实像手掌一样大。当地人把面放在罐子里，把罐子挂在果实下，把果实划破取出汁液来便成了酒。它的叶子就是贝叶，是写缅书的时候用的。

嗜鲜荔枝　唐代天宝年间，杨贵妃非常喜欢吃鲜荔枝。涪州每年让驿站快递，七天七夜送到长安，然后人和马都累死了。杜牧的诗说"一骑红尘妃子笑，无人知是荔枝来"。

荔奴　龙眼长得像荔枝，但叶子要小一些，冬天也不凋谢。七月的时候结果实，果壳为青黄色，有鳞甲一样的花纹，形状是圆的如同弹丸，肉是白色的而且有浆，非常甘美。果实结得很繁，一串有五六十颗，作穗状，就像葡萄一样。荔枝刚过，龙眼就熟了。南方人把它看作荔枝的奴仆。

此君　王子猷暂时寄住在别人的空宅里，便让人种上竹子，别人问他，他说："怎么可以一天没有这些君子呢！"

报竹平安　李靖（卫公）说：北都只童子寺有一丛竹子，才有几尺长。而寺庙的管理者每天都要向方丈报告竹子平安。

蕉迷　南汉受宠的宦官赵纯卿只喜欢芭蕉，家里凡是轩窗馆宇都种上了芭蕉。当时人称他为蕉迷。

卖宅留松　海虞的孙齐之亲手种了一棵松，非常爱护。家产已经卖给了别人，但却只有松树不肯卖。与一个卖水的邻居约好了，每年赠他邻居一千钱，请求他在墙上开一个小窗户，时时带着茶水去，从窗户里看松树，如果松树上有刺毛，就立刻告诉主人，亲自去梳理剔除，完事就走。后来他的儿子孙林和孙森等人都很孝顺，便努力又把家产买了回来。

青田核　《鸡跖集》记载：乌孙国有一种东西叫青田核，不知道树和果实是什么样的，这种核像个大瓢，可以装五六升东西，用来装水，一会儿就变成了酒。刘章得到两个，召集宾客时用它，一个核中的酒刚喝完，另一个核中的酒又酝酿好了，可以供应二十个客人喝。所以又名叫"青田壶"。

桃核　洪武乙卯出元内库所藏巨桃核，半面长五寸，广四寸七分，前刻"西王母赐汉武桃"及"宣和殿"十字，涂以金，中绘龟鹤云气之象，复镌"庚子甲申月丁酉日记"。命宋濂作赋。

汉高帝时，南粤王始献龙眼树；汉武帝时始得交趾荔枝，植上林；魏文帝始诏南方岁贡龙眼荔枝。

药名　将离赠芍药，亦名可离。相招赠文无，文无一名当归。欲忘人忧，赠丹棘，一名忘忧。欲蠲人之忿，赠青棠，青棠一名合欢。后人折柳赠行，折梅寄远见《古今注》及《董子》。又帝不愁见《山海经》，芍药养性见《博物志》，皋苏释忿见《王粲志》，甘枣不惑见束皙《发蒙记》，树有长生见《邺中志》，木有无患见《纂异文》。

碧鲜赋　五代扈载游相国寺，见庭竹可爱，作《碧鲜赋》。世宗遣小黄门就壁录之，览而称善。刘宽夫《竹记》："坚可以配松柏，劲可以凌霜雪。密可以消清烟，疏可以漏霄月。"

榕城　福州有榕树，其大十围，凌冬不凋，郡城独盛，故号榕城。

相思树　潮凤凰山多相思树，树中有神，披发跣足。

念珠树在大理府，每穗结实百八枚。昔李贤者，寓周城，主人其妇难产，李摘念珠一枚使吞，珠在儿手中擎出，弃珠之地，丛生珠树。

席草　储福，靖难时卫卒，流于曲靖，不食，死。妻范氏奉姑甚谨，一日见涧边草类苏，织席以奉姑。姑卒后，草遂不生。

桃核　洪武乙卯年（1375）展出了元代宫廷内库所藏的巨桃核，半面长达五寸，宽四寸七分，前面刻着"西王母赐汉武桃"和"宣和殿"十个字，并涂上了金粉，中间画了龟鹤云气的图象，又刻了"庚子甲申月丁酉日记"的字样。皇帝命宋濂作赋来记述这件事。

汉高祖的时候，南粤王开始进献龙眼树；汉武帝的时候才得到交趾的荔枝，种在上林苑；魏文帝开始下诏让南方每年进贡龙眼和荔枝。

药名　将要分别时赠给对方芍药，所以芍药也叫可离。招集朋友就赠文无，所以文无也叫当归。想让人忘掉忧愁，就赠给他丹棘，所以也叫忘忧。想要消除别人的愤怒，就赠给他青棠，所以青棠又叫合欢。后来人们在送别的时候都折下柳枝来相赠，也有人把梅花折下来寄给远方的游子参见《古今注》和《董子》。还有叫帝不愁的见于《山海经》，芍药能怡养性情参见《博物志》，皋苏能释放念念的心情参见《王粲志》，甘枣可以让人不迷惑参见束晳《发蒙记》，树中有可以长生的树参见《邺中志》，木中有可以辟鬼的无患木参见《纂异文》。

碧鲜赋　五代时扈载游观相国寺，看到院中的竹子很可爱，便写了一篇《碧鲜赋》。柴世宗派遣小黄门官到墙壁前录了下来，看后很是称赞。刘宽夫《竹记》说："论坚实可以配得上松柏，论劲节可以凌霜雪。要稠密可以消散清烟，要稀疏又可以漏下宵月。"

榕城　福州有很多榕树，这种树粗有十围，到了冬天也不凋谢，郡城里特别茂盛，所以福州号称榕城。

相思树　潮州的凤凰山有很多相思树，树里有树神，披着头发光着脚。

念珠树生在大理府，每个穗上能结出果实一百零八颗。从前高僧李贤者寓居在周城，借住的主人之妻难产，李贤者摘下自己的一颗念珠让她吞下去，后来顺利生出的孩子手里还拿着那颗念珠，后来，扔那颗念珠的地方，便生长出很多树来，就是念珠树。

席草　储福，是靖难时的守兵，流落在曲靖，不吃东西，死了。他的妻子范氏侍奉婆婆很细心，一天看到河边有一种草长得像苏草，便采来织成席子让婆婆用。她的婆婆死后，那种草就不再生长了。

蒌叶藤 叶似葛蔓附于树，可为酱，即《汉书》所谓蒟酱也，实似桑椹，皮黑、肉白、味辛，合槟榔食之，御瘴气。

神木 永乐四年，采楠木于沐川。方欲开道以出之，一夕，楠木自移数里，因封其山为神木山。

独本葱 元初，马湖蛮岁以独本葱来献，郡县疲于递送，元贞初罢之。

邛竹 《蜀记》：张骞奉使西域，得高节竹种于邛山。今以为杖，甚雅。

天符 容子山有木叶，名天符，叶如荔枝叶而长，其纹如虫蚀篆，不知何木，或以为刘真人仙迹。

吕公樟 松江之北禅寺，宋有回先生过之，手植一樟于殿。后数年樟死，回复造焉，问樟公安在，取瓢内药一丸，瘗诸根下，樟遂活，叶叶俱显瓢痕。人始悟吕仙也。

陈朝双桧 静安寺中有双桧，宋政和间，朱勔勒图以进，遣中使取之，风雨雷电震碎其一，遂止。

竹诗 胡闰题诗于吴芮祠壁云："幽人无俗怀，写此苍龙骨。九天风雨来，飞腾作灵物。"明太祖见而赏之，召拜大理卿。

苦笋反甘 《梦溪笔谈》云：太虚观中修竹，相传陆修静手植，出苦笋而味反甘；归宗寺造盐薤而味反淡，盖中山佳物也。

水晶葱 宋孝宗问周必大："吉安所产何物？"对曰："金柑玉版笋，银杏水晶葱。"

蒌叶藤　叶子像蒌，但蔓缠绕在树上，可以做成酱，就是《汉书》中所说的"蒟酱"，果实像桑葚，皮是黑的、果肉是白的、味道很辣，与槟榔一起吃，可以抵御瘴气。

神木　永乐四年（1406），官府在沐川采伐楠木。正要开通道路把楠木运送出来，有天晚上，楠木自己移动了几里路，所以朝廷封这座山为神木山。

独本葱　元代初年，马湖的蛮人每年都来进献独本葱，沿途郡县运送这个感到很劳民伤财，在元贞初年就停止了。

邛竹　《蜀记》记载：张骞奉皇帝之命出使西域的时候，在邛山得到高节竹种。现在常用来做手杖，非常雅致。

天符　容子山有一种树木的叶子，名字叫天符，叶子像荔枝叶但长一些，它的纹路好像虫蚀的篆文，不知道这是什么树木，有人认为这是刘真人的仙迹。

吕公樟　松江的北禅寺，宋代有一个回先生从这里过，亲手种了一棵樟树在殿里。过了几年后树死了，回先生又来造访，问樟公怎么样了，然后从瓢里取了一丸药，埋到树根下，树就活了，不过每片叶子上都显示出瓢的痕迹。人们才醒悟过来这个回先生就是吕洞宾。

陈朝双桧　静安寺里有两棵桧树，宋代政和年间，朱勔把它画成图进献朝廷，朝廷派宫中使者去伐取，但这时天上起了风雨，雷电把其中一棵震碎了，朝廷也就停止了。

竹诗　胡闰在吴芮祠的墙壁上题诗说："幽人无俗怀，写此苍龙骨。九天风雨来，飞腾作灵物。"明太祖看到后非常赞赏，召胡闰来封为大理卿。

苦笋反甘　《梦溪笔谈》记载：太虚观里有一丛修竹，相传是陆修静亲手种植，生出的苦笋味道却很甘美；归宗寺里造的盐蒌味道却很淡，都是中山的佳品。

水晶葱　宋孝宗问周必大说："你的家乡吉安盛产什么呀？"周必大回答说："金柑玉版笋，银杏水晶葱。"

巨楠　赤城阁前有巨楠，高数十寻，围三十尺，世传范寂手植。寂得长生久视之术，先主累召不赴，封逍遥公。

希夷所种　《方舆胜览》云：普州硗瘠，无异产，惟铁山枣、崇龛梨、天池藕三者，皆希夷所种。

骑鲸柏　大邑凤凰山有紫柏十围，根盘巨石上，号骑鲸柏。

芦根　秦始皇以东南气王，凿连江之九龙山，得芦根一茎，长数丈，断之有血，因名其山曰荻芦峡。

榕树门，桂林府之南门也。唐筑门时，榕一株，久跨门内外，盘错至地，生成门状，车马往来，径于其下。杨基诗云"榕树城门却倒垂"是也。

苴草　广西产，状如茅，食之令人多寿。暑月置盘筵中，蝇蚊不近，物亦不速腐，亦名不死草。又有木生子，形如猪肾，能解药毒，名猪腰子。

罗浮橘　严州城南，其山峻险不易登，上有罗浮橘一株，熟时风飘堕地，得者传为仙橘云。

玉芝　会稽陶堰岭出花生，叶下其根岁生一臼，取以面裹熟食，可辟谷。

百谷　《名物通》：粱者，黍稷之总名。稻者，溉种之总名。菽者，众豆之总名。三谷各二十种，为六十种。蔬果助谷各二十种，共为百谷。

君子竹　东坡诗："惟有长身六君子，猗猗犹得似淇园。"又笭箸亦竹之类，生水边，长数丈，围尺五寸，一节相去六七尺。

巨楠　赤城阁前有一棵巨楠，高有几十丈，粗有三十尺，世人相传是范寂亲手种植的。范寂学到了长生不老之术，先主多次征召他他却不来，先主就封他为逍遥公。

希夷所种　《方舆胜览》记载说：普州这个地方土地贫瘠，并没有特异的出产，只有铁山枣、崇龛梨、天池藕三种东西，都是希夷先生陈抟种的。

骑鲸柏　大邑凤凰山有一棵紫柏粗有十围，树根盘在巨石上，号称骑鲸柏。

芦根　秦始皇因为东南有王者之气，所以凿开了连江的九龙山，得到一个芦根，有几丈长，砍断后还有血，便命名这座山为荻芦峡。

榕树门，是桂林府的南门。唐代修建城门的时候，有一棵榕树就跨在城门内外，盘根错节地长成城门的样子，车马往来，就直接从树根下走。就是杨基诗句"榕树城门却倒垂"中说的那个门。

茝草　茝草为广西所产，形状像茅草，吃了让人长寿。夏天放在筵席上，苍蝇和蚊子也不敢飞近，食物也不会腐烂，所以又名叫不死草。另外还有一种木生子，形状像猪肾的样子，能解除药毒，名叫"猪腰子"。

罗浮橘　严州城南，有一座山非常险峻，不易攀登，上面有一棵罗浮橘，果实成熟的时候随风飘落在地上，得到的人都说这是仙橘。

玉芝　会稽山陶堰岭出产一种花生，它叶子下的根每年生出一个臼，把它拿来用面裹住然后弄熟了吃，可以达到辟谷的效果。

百谷　《名物通》记载：所谓的"粱"，是小米、粟子之类作物的总称。所谓的"稻"，是水田出产作物的总称。所谓的"菽"，是各种豆类作物的总称。三种谷物各有二十种，共为六十种。蔬菜、水果也辅助谷物，各有二十种，合起来便是"百谷"。

君子竹　苏轼诗说："惟有长身六君子，猗猗犹得似淇园。"另外，"筼筜"也是属于竹类，生长在水边，长有数丈，粗有一尺五寸，一节就有六七尺长。

樗栎 《庄子》：吾有大树，人谓之樗。其大本，拥肿而不中绳墨；其小枝，卷曲而不中规矩。《通志》：南多槲，北多栎，似樗，即柞栎也。古云：社栎以不材故寿。

梗楠 《文选》：梗、楠、豫章皆名克胜大任之材也。

瓜田李下 《文选》：君子防未然，不处嫌疑间。瓜田不纳履，李下不整冠。

薰莸异器 《左传》：一薰一莸，十年尚犹有臭。注：薰，香草也；莸，臭草也。

蒲柳先槁 《世说》：顾悦之与简文帝同年，发蚤白。帝问之，曰："松柏之姿，经霜犹茂。蒲柳之姿，望秋先零。"

馀桃 《韩子》：弥子瑕食桃而甘，以半啖卫君，君曰："爱我哉。"后子瑕得罪，君曰："是固啖我以馀桃者。"

二桃杀三士 齐公孙接、田开疆、古冶子皆勇而无礼。晏子谓景公馈之二桃，令计功而食。三子皆自杀。

祥桑 亳里有桑穀共生于朝，七日大拱。伊陟曰："妖不胜德。"于是太戊修先王之政，养老问疾，早朝晏退，三日而桑穀死。

金杏 分流山出。大于梨，黄于橘。汉武访蓬、瀛，有献此者，今呼汉帝果。

花卉

桂花 草木之花五出，雪花六出，朱文公谓地六生水之义。然桂花四出，潘笠江谓土之产物，其成数五，故草木皆五，

樗栎　　《庄子》记载：我有一棵大树，人们都称其为樗。它的树干，过于臃肿而无法做成木板；它的小枝又太过于弯曲而无法去衡量。《通志》记载：南方多有檞树，北方多有栎树，长得像樗树，就是柞栎。古话说：社庙前的栎树因为不成材所以才能长寿。

楩楠　　《文选》：楩木、楠木、豫章木都是能胜任大用途的木材之名。

瓜田李下　　《文选·君子行》说：君子防患于未然，特殊情况要避嫌。瓜田边上莫提鞋，李子树下莫正冠。

薰莸异器　　《左传》记载：一薰一莸，十年之后还有臭气。注释说：薰，就是香草；莸，就是臭草。

蒲柳先槁　　《世说新语》记载：顾悦之和简文帝同岁，头发却早已经白了。简文帝问他，他回答说："松树和柏树，经过秋霜之后还是那样茂盛；而柳树还没到秋天便已经凋零了。"

馀桃　　《韩非子》记载：弥子瑕吃一个桃子觉得很甜，便把剩下的半个给卫国国君吃，国君说："这是爱我啊。"后来弥子瑕得了罪，国君说："这就是那个把吃剩的桃子给我吃的人。"

二桃杀三士　　齐国的公孙接、田开疆、古冶子都勇猛却不懂礼仪。晏子告诉齐景公可以赠给他们两个桃，让他们论功来吃。后来三个人都自杀了。

祥桑　　在亳里，有桑树和穀树共同生在朝廷，七天就长得有两手合围那么粗了。伊陟说："妖异的变化不能胜过德行。"于是皇帝太戊修行先王的德政，赡养老人、问候病人，早早朝见众臣，很晚才退朝。三天后桑树和穀树就死了。

金杏　　金杏出产于分流山。比梨大，比橘子黄。汉武帝寻访蓬莱、瀛洲，有人进献了它，现在人们称之为汉帝果。

花卉

桂花　　一般草木的花都是五瓣，雪花是六瓣，朱熹（文公）说这是"地六生水"的原因。然而桂花却只有四瓣，潘恩（笠江）先生说土地生长出来的物品，它的成数是"五"，所以草木的花都是五瓣，

惟桂乃月中之本，居西方，四乃西方金之成数，故四出而金色，且开于秋云。

天花　生五台山，草本。花如牡丹而大，其白如雪，下有白蛇守之，人摘其花，必伤之。土人作法窃取，蛇见无花，则自触死。晒干，大犹如鲜牡丹，取数瓣点汤，甚美，其价甚贵。

琼花　王兴入秋长山，见琼花茎长八九寸，叶如白檀，花如芙渠，香闻数里。唐人植一株于广陵蕃釐观，至元时朽，以八仙花补之于琼花台前。

金带围　江都芍药，凡三十二种，惟金带围者不易得。韩琦守郡时，偶开四朵。时王岐公珪为郡倅，荆公安石为幕官，陈秀公升之以卫尉丞适至，韩公命宴花下，各簪一朵。后四人相继大拜，乃花瑞也。

蔓花　胡人以茉莉为蔓花，宋徽宗时始名茉莉。

洛如花　吴兴山中有一树，类竹而有实，似芙，乡人见之，以问陆澄。澄曰："是名洛如花，郡有名士，则生此花。"

王者香　《家语》：孔子见兰花，叹曰："夫兰当为王者香，今与众花伍。"乃援琴作《猗兰操》。

伊兰花　金粟香特馥烈，戴之发髻，香闻十步，经月不散。西域以"伊"字至尊，如中国"天"字也，蒲曰"伊蒲"，兰曰"伊兰"，皆以尊称，谓其香无比也。大约今之真珠与木兰是也。

断肠花　昔有妇人思所欢，不见辄涕泣，洒泪于北墙之下。后湿处生草，其花甚美，色如妇面，其叶正绿反红，

只有桂花是月亮中出产的，位居西方，而"四"是西方属金的成数，所以四瓣而且还是金色，另外还在秋天开放。

天花　天花生在五台山，属于草本植物。花很像牡丹但要大一些，花的颜色白得像雪一样，下面还有白蛇守护，如果有人来摘花，就一定会受伤。当地人可以用巧妙的办法来偷花，蛇看到花没有了，就会自己撞死。把花晒干后，大小如同新鲜的牡丹花，用几个花瓣来放到汤里，味道便非常鲜美，它的价格很昂贵。

琼花　王兴进入秋长山，看到有一种琼花，花茎长有八九寸，叶子像白檀叶，花像荷花，花的香气能飘几里远。唐代人在广陵蕃釐观种下一棵，到元代时枯死，有人用八仙花补种在原来的琼花台前。

金带围　江都的芍药，共有三十二种，只有叫金带围的是最不容易得到的。韩琦当郡守的时候，这里的金带围忽然开了四朵。当时王珪（岐公）是副职，王安石（荆公）是幕官，陈升之（秀公）以卫尉丞的身份刚刚到，韩琦在花下大摆宴席，并且四人各戴了一朵。后来四个人相继拜为宰相，这便是"花瑞"。

蔓花　胡人把茉莉叫蔓花，宋徽宗的时候才开始取名为茉莉。

洛如花　吴兴的山里有一棵树，像竹子但却结有果实，果实像皂荚，乡里的人看到后，用来问陆澄。陆澄说："这种花名叫洛如花，一个州郡若有名士，就会长出这种花来。"

王者香　《孔子家语》记载：孔子看见兰花，叹息着说："兰花本来应当是王者的香花，现在却只能与普通的花为伍。"于是拿琴来创作了《猗兰操》。

伊兰花　金粟花香气特别馥烈，戴在发髻上，香气能让十步外的人闻到，而且过了一个月也不会消散。西域因为"伊"字非常尊贵，就好像中国的"天"字一样，所以将"蒲"称之为"伊蒲"，将"兰"称之为"伊兰"，都是因其尊贵而这样称呼，是说它的香气无花可比。大概就是今天的真珠和木兰吧。

断肠花　从前有一个女子思念自己的情人，看不到情人就哭，眼泪流到了北墙之下。后来被泪水打湿的地方生长出一种草，它的花很美丽，颜色就像女子的脸，它的叶子正面是绿的，但反面是红的，

秋开，即今之海棠也。

蝴蝶花 在贵州玄妙观，春时开，花娇艳。至花落之时，皆成蝴蝶翩翩飞去，枝头无一存者。

优钵罗花 在北京礼部仪制司，开必四月八日，至冬而实，状如鬼莲蓬，脱去其壳，其核成金色佛一尊，形相皆具。

娑罗 夏津为昌化令，有娑罗树一株，花开时，香闻十里。津笑曰："此真花县也。"

兰花 蜜蜂采花，凡花则足粘而进。采兰花则背负而进，盖献其王也。进他花则赏以蜜，进稻花则致之死，蜂王之有德若此。

婪尾春 桑维翰曰：唐末文人以芍药为婪尾春者，盖婪尾酒乃最后之杯，芍药殿春，故名。唐留守李迪以芍药乘驿进御，玄宗始植之禁中。

姚黄魏紫 《西京杂记》：牡丹之奇者，有姚家黄、魏家紫。

木莲 白乐天曰：予游临邛白鹤山寺，佛殿前有木莲两株，其高数丈，叶坚厚如桂，以中夏开花，状如芙蕖，香亦酷似。山僧云：花折时，有声如破竹然。一郡止二株，不知何自至也。成都多奇花，亦未常见。世有木芙蓉，不知有木莲花也。

国色天香 唐文宗内殿赏花，问程修己曰："京师传唱牡丹者谁称首？"对曰："李正封云，国色朝酣酒，天香夜染衣。"帝因谓妃曰："妆镜前饮一紫金盏，正封之诗可见矣！"

茶花 以滇茶为第一，日丹次之。滇茶出自云南，色似衢红，大如茶碗，花瓣不多，中有层折，赤艳黄心，

秋天开放，就是现在的秋海棠。

蝴蝶花　蝴蝶花在贵州的玄妙观，春天开花，花很娇艳。到了花落的时候，都变成蝴蝶翩翩飞走了，枝头不会残留一朵花。

优钵罗花　优钵罗花在北京礼部仪制司，每次开放必然是四月八日，到冬天就结果实，形状像鬼莲蓬，剥开果实的外壳，里面的核就像一尊金色的佛，形体与相貌都很像。

娑罗　夏津当昌化令的时候，有一棵娑罗树，到开花的时候，十里内都能闻到花香。夏津笑着说："这里真是'花县'啊。"

兰花　蜜蜂采花的时候，如果是普通花就用脚把花粉沾走。如果是采兰花就背着花粉走，因为这是要献给蜂王的。如果进献其他花的话蜂王就赏给它蜜，而进献稻花的话就会被处死，蜂王的有德就像这个样子。

婪尾春　桑维翰说：唐末文人之所以把芍药称为"婪尾春"，其原因在于婪尾酒是宴席上的最后一杯酒，而芍药花也在春天快结束时开放，所以取这样的名字。唐代留守李迪把芍药装在驿车内进献给皇帝，唐玄宗开始将其种植在皇宫之中。

姚黄魏紫　《西京杂记》记载：牡丹花中最为奇异的品种，有姚家黄、魏家紫。

木莲　白居易（乐天）说：我游览临邛白鹤山寺，看到佛殿前有两棵木莲，有几丈高，叶子坚实肥厚好像桂树叶，因为在中夏开花，形状像荷花，香气也非常像。山里的僧人说："在折花的时候，能听到响声就好像破开竹子一样。"这样的花这里只有这两棵，不知道从哪里来的。成都多有奇花，但这样的也不常见。世上有木芙蓉，但还没听说过木莲花。

国色天香　唐文宗在内殿赏花，问程修己说："京师传唱的牡丹诗里谁作的最好？"程修己回答说："李正封的诗说：'国色朝酣酒，天香夜染衣。'"唐文宗便对贵妃说："请你在化妆镜前用紫金盏喝一杯酒，李正封的诗句就可以出现了。"

茶花　茶花以滇茶为第一，日丹次之。滇茶出于云南，为大红色，大小像茶碗，花瓣不多，花瓣中间多有分层和皱褶，红花黄心，

样范可爱。

佛桑　出岭南，枝叶类江南木槿，花类中州芍药，而轻柔过之。开时当二三月间，阿那可爱，有深红、浅红、淡红数种，剪插即活。

花癖　唐张籍性耽花卉，闻贵侯家有山茶一株，花大如盘，度不可得，以爱姬换之。人谓之张籍花淫。

海棠　宋真宗时始海棠与牡丹齐名。真宗御制杂诗十题，以《海棠》为首。晏元献公殊始植红海棠红梅，苏东坡始名黄梅为蜡梅。

花品　周濂溪《爱莲说》：菊，花之隐逸者也；牡丹，花之富贵者也；莲，花之君子者也。

舍东桑　《蜀志》：先主舍东有桑树高丈馀，垂垂如盖，往来者皆怪此树非凡，谓当出贵人。先主少与诸儿戏树下，言："吾必当乘此羽葆车盖。"

张绪柳　《南史》：齐武帝时，益州献蜀柳，枝条甚长，状似丝缕。帝以植于太昌灵和殿前，曰："此柳风流可爱，似张绪少年时也。"

美人蕉　其花四时皆开，深红照眼，经月不谢。

海棠香国　昔有调昌州守者，求易便地。彭渊才闻而止之，曰："昌，佳郡守也！"守问故，曰："海棠患，患无香，独昌地产者香，故号海棠香国，非佳郡乎？"

思梅再任　何逊为扬州法曹，公廨有梅一株，逊常赋诗其下。后居洛，思梅花不得，请再任扬州。至日，花开满树，逊延宾醉赏之。

模样非常可爱。

佛桑　佛桑出于岭南，枝叶的形状很像江南的木槿，而花则像中州的芍药，不过比芍药更轻柔。开花的时候在二三月间，娇媚可爱，有深红、浅红、淡红几种，剪下枝条插在地上就可以活。

花癖　唐代张籍生性极爱花卉，听说贵人公侯之家有一棵山茶，花朵像盆那么大，他心里揣摩着无法得到，便用心爱的姬妾来换。人们都称他作"张籍花淫"。

海棠　宋真宗的时候海棠开始与牡丹齐名。宋真宗亲笔写了十首杂诗，就用《海棠》为首。晏殊（元献公）开始种植红海棠和红梅，苏东坡开始把黄梅命名为蜡梅。

花品　周敦颐（濂溪）《爱莲说》：菊花，是花中的隐居逸士；牡丹，是花中的富贵之人；莲花，是花中的君子。

舍东桑　《三国志·蜀书》记载：先主刘备房舍的东边有一棵桑树高有一丈多，枝条垂下来就好像车盖，从这里经过的人都很奇怪这棵树如此不凡，说这里一定会有贵人出现。刘备小时候跟一群小孩子在树下游戏，说："我一定要乘坐这样的帝王车驾。"

张绪柳　《南史》记载：齐武帝的时候，益州进献蜀地的柳树，枝条很长，形状如同丝线。齐武帝把它种植在太昌灵和殿的前边，说："这棵柳树风流可爱，就好像张绪少年的时候。"

美人蕉　美人蕉这种花一年四季都开，深红的颜色逼人眼睛，开放后一个月都不凋谢。

海棠香国　从前有一个人被调到昌州为守，但他想请求换一个方便的地方。彭渊才听到后便制止他，说："昌州，是个好地方啊！"那个州守问他原因，他说："海棠最大的缺点，就在于没有香气，但只有昌州产的海棠有香气，所以号称为'海棠香国'，难道不是一个好地方吗？"

思梅再任　何逊当扬州的法曹，在官库旁边有一棵梅花树，何逊经常在树下写诗。后来他住在洛阳，想念梅花却看不到，于是便请求再次到扬州任官。到达的那一天，那棵树满树都开花了，何逊遍请宾客到树下赏花喝酒。

榴花洞　唐樵者蓝超，于福州东山逐一鹿，鹿入石门，内有鸡犬人烟，见一翁，谓曰："皆避秦地，留卿可乎？"超曰："归别妻子乃来。"与榴花一枝而出。后再访之，则迷矣。

桃花山在定海，安期生炼药于此，以墨汁洒石上成桃花，雨过则鲜艳如生。

攀枝花　广州产，高四五丈，类山茶，殷红如锦，一名木棉。

一年三花　嵩山西麓，汉有道士从外国将贝多子来，种之，成四树，一年三花，白色，其香异常。

白蕖　韩诗："太华峰头玉井莲，开花十丈藕如船。冷比雪霜甘比蜜，一片入口沉疴痊。"

萱草忘忧宜男　《博物志》：萱号忘忧草，亦名宜男花。孟诗："萱草女儿花，不解壮士忧。"

冰肌玉骨　袁丰之评梅曰："冰肌玉骨，世外佳人，但恨无倾城之笑耳。"

菊比隐逸　菊不竞春芳，后群卉而开，故以隐逸之士比之。

花似六郎　誉张昌宗者曰："六郎貌似莲花。"杨再思曰："乃莲花似六郎耳。"

先后开　大庾岭上梅花，南枝已落，北枝方开，寒暖之候异也。

榴花洞　唐代一个砍柴的樵夫叫蓝超,在福州东山追一头鹿,鹿跑进了一个石门,里面有鸡犬和人烟,看到一个老人,对他说:"我们都是躲避秦始皇而来到这里的,把你留在这里行吗?"蓝超说:"等我回去与妻子道别再来。"那人赠他一枝石榴花后他便出来了。后来再去找,却找不到了。

桃花山在定海,安期生就在这里炼药,把墨汁洒在石头上便成了桃花,下过雨后就更加鲜艳,好像真的一样。

攀枝花　攀枝花是广州所产,高有四五丈,跟山茶很像,颜色像锦缎一样殷红,又名木棉。

一年三花　在嵩山的西麓,汉代时有道士从外国带了贝多子来这里种植,成活了四棵树,一年开三次花,花是白色的,发出的香味非常独特。

白蕖　韩愈诗《古意》:"太华峰头玉井莲,开花十丈藕如船。冷比雪霜甘比蜜,一片入口沉疴瘥。"

萱草忘忧宜男　《博物志》记载:萱草又叫忘忧草,也叫宜男花。孟郊《百忧》诗说:"萱草女儿花,不解壮士忧。"

冰肌玉骨　袁丰之品评梅花时说:"冰肌玉骨,实是世外佳人,只是遗憾它没有倾国倾城的笑容而已。"

菊比隐逸　菊花不与众花争夺春天的芳华,在百花开过后它才开放,所以用隐逸之士来比拟它。

花似六郎　称誉张昌宗的人说:"六郎的面貌就像莲花。"杨再思说:"其实是莲花长得像六郎啊。"

先后开　大庾岭上的梅花,向南枝条上的花已经落了,而向北枝条上的刚刚开放,这是由于冷热不同所致。

卷十七　四灵部

飞禽

鸟社　大禹即位十年，东巡狩，崩于会稽，因而葬之。有鸟来为之耘，春拔草根，秋啄芜秽，谓之鸟社。县官禁民不得妄害此鸟，犯则无赦。

精卫鸟　炎帝女溺死渤澥海中，化为精卫鸟，日衔西山木石，以填渤澥，至死不倦。

凤　《论语谶》曰："凤有六象九苞。"六象者，头象天，目象日，背象月，翼象风，足象地，尾象纬。九苞者，口包命，心合度，耳聪达，舌诎伸，色光彩，冠矩朱，距锐钩，音激扬，腹文户。行鸣曰归嬉，止鸣曰提扶，夜鸣曰善哉，晨鸣曰贺世，飞鸣曰郎都。食惟梧桐竹实。故子欲居九夷，从凤嬉。

鸾，瑞鸟也。张华注曰：鸾者，凤凰之亚，始生类凤，久则五彩变易，其音如铃。周之文物大备，法车之上缀以大铃，如鸾声也，故改为鸾驾。

像凤　太史令蔡衡曰：凡像凤者有五色，多赤者凤，多青者鸾，多黄者鹓雏，多紫者鹔鹴，多白者鹄。此鸟多青，乃鸾，非凤也。

飞禽

鸟社　大禹即位十年之后，到东方去巡狩，死在了会稽，便埋葬在会稽。后来有一种鸟飞来修坟，春天拔草根，秋天啄去脏东西，所以被称为鸟社。县官严令民众不得加害这种鸟，违犯的人绝不宽恕。

精卫鸟　炎帝的女儿淹死在渤澥海里，变成了精卫鸟，每天衔来西山的木头石块，要用来填渤澥海，到死都不停。

凤　《论语谶》说："凤凰有六象九苞。"所谓的"六象"，就是头取象于天，眼睛取象于太阳，脊背取象于月亮，翅膀取象于风，足取象于大地，尾巴取象于群星。所谓的"九苞"，就是口可包命，心能合度，耳朵聪达，舌可屈伸，色彩光泽，冠与矩为红色，脚上的距有尖锐的钩子，声音激扬，腹部有花纹。它行走时鸣叫被称为"归嬉"，栖止时鸣叫称为"提扶"，夜里鸣叫称为"善哉"，早晨鸣叫称为"贺世"，飞行时鸣叫称为"郎都"。它只吃梧桐和竹子的果实。所以孔子都想隐居到九夷之地去，与凤凰嬉游。

鸾，是一种瑞鸟。张华注释说：所谓的鸾，是仅次于凤凰的鸟，刚出生时很像凤凰，过段时间身上的五彩会发生改变，它的声音像铃。周代礼乐制度很完备，他们的法车上系着大铃，就像鸾的声音，所以把法车的名字改为鸾驾。

像凤　太史令蔡衡说：凡是长得像凤凰的鸟都有五色，红色多的是凤凰，青色多的是鸾，黄色多的是鹓雏，紫色多的是鸑鷟，白色多的是鹄。这只鸟青色多，那就是鸾，不是凤凰。

迦陵鸟鸣清越如笙箫，妙合宫商，能为百虫之音。《楞严经》云："迦陵仙音，遍十方界。"

毕方鸟　《山海经》：章峨之山有鸟，状如鹤，一足，赤文青质而白喙，名曰毕方。其鸣自叫。见则邑有讹火。

鸾影　宋范泰《鸾诗序》："昔罽宾王结罝峻卯之山，获一鸾，三年不鸣。其夫人曰：'尝闻鸟见其类则鸣，何不悬镜以照之？'王从其言。鸾观影悲鸣，冲霄一奋而绝。嗟乎兹禽！何情之深也。"鸾血作胶，以续弓弩、琴瑟之弦。

吐绶鸡形状、毛色俱如大鸡。天晴淑景，颔下吐绶，方一尺，金碧晃曜，花纹如蜀锦，中有一字，乃篆文"寿"字，阴晦则不吐。一名寿字鸡，一名锦带功曹。

孔雀自爱其尾，遇芳时好景，闻鼓吹则舒张翅尾，盼睐而舞。性妒忌，见妇女盛服，必奔逐啄之。山栖时，先择贮尾之地，然后置身。欲生捕之者，候雨甚，往擒之。尾沾雨而重，人虽至，犹爱尾，不敢轻动也。

杜鹃　蜀有王曰杜宇，禅位于鳖灵，隐于西山，死，化为杜鹃。蜀人闻其鸣，则思之，故曰望帝。又曰杜鹃生子寄于他巢，百鸟为饲之。

鸿鹄六翮　刘向曰："今夫鸿鹄高飞冲天，然其所恃者六翮耳。夫腹下之毳，背上之毛，增去一把，飞不为高下。"

迦陵鸟的鸣叫声像笙箫一样清越，巧妙地迎合了五音的规律，所以可以模仿出百虫的声音。《楞严经》说："迦陵鸟的仙音，传遍十方世界。"

毕方鸟　《山海经》记载：章峨山有一种鸟，形状像鹤，只有一足，青色的羽毛、红色的花纹、白色的嘴巴，名字叫毕方。它的鸣叫声就像叫自己的名字。如果它出现的话出现的地方就会有怪火。

鸾影　南朝刘宋时的范泰在他的《鸾鸟诗序》中说："从前罽宾国王在峻卯山结网，捕获了一只鸾，这只鸾三年了都不鸣叫。国王的夫人说：'曾经听说鸟看见自己的同类就会鸣叫，为什么不悬一个镜子让它照一下呢？'国王听从了这句话。鸾看到自己的影子后悲哀地鸣叫，然后奋力飞向天空后死了。这样的鸟真让人叹息啊！它的用情竟如此的深。"据说鸾鸟的血可以做胶，用来接续弓箭、琴瑟断了的弦。

吐绶鸡的形状、毛色都像普通的大鸡。如果天气晴朗、景色宜人，它的领下就会吐出一条绶带，有一尺见方，金碧辉煌，上面的花纹像蜀地的锦缎，中间有一个字，是篆文"寿"字；如果是阴雨天就不吐。所以也叫寿字鸡，又名锦带功曹。

孔雀非常爱自己的尾巴，遇到好天气和好景色时，听到音乐响起就会把尾巴张开，左右顾盼而翩翩起舞。不过本性妒忌，若看到妇女盛装打扮，一定会追上去啄她。在山中栖息时，先选择放尾巴的地方，然后再考虑身体。若想活捉它，要等雨很大的时候去擒拿。因为尾巴沾雨变重，人到了，它却爱惜它的尾巴，不会轻举妄动。

杜鹃　蜀地有一个国王叫杜宇，让位给了鳖灵，隐居在西山，死后变成了杜鹃。蜀人听到它的鸣叫，就思念他，所以又叫作望帝。又有人说杜鹃把孩子生在别的鸟的巢里，其他鸟便帮它养育。

鸿鹄六翮　刘向说："现在鸿鹄可以高飞冲天，但它所凭借的是六翮啊。如果把肚子下的毛和脊背上的毛增加或减少一把，也不会让它飞得更高或者更低。"

号寒虫　五台山有鸟，名号寒虫。四足，有肉翅不能飞，其粪即五灵脂也。当盛暑时，文采绚烂，乃自鸣曰："凤凰不如我。"至冬，毛尽脱落，自鸣曰："得过且过。"

秦吉了　岭南灵鸟。一名了哥。形似鸲鹆，黑色，两肩独黄，顶毛有缝，如人分发，耳聪心慧，舌巧能言。有夷人以数万钱买去，吉了曰："我汉禽不入胡地！"遂惊死。

变化　《月令》：三月，田鼠化为鴽，八月化为田鼠。二物交化，鴽即今所谓鹌鹑也。二月鹰化为鸠，八月鸠化为鹰，亦交化也。

赤乌　周武王伐纣，渡孟津，有火自上而下，至王屋，流为乌，其色赤，其声魄。

布谷即斑鸠。杜诗："布谷催春种。"张华曰：农事方起，此鸟飞鸣于桑间，若云谷可布种也。又其声曰："家家撒谷。"又云："脱却破裤。"因其声之相似也。

蟁母大如鸡，黑色，生南方池泽菱芦中，其声如人呕吐，每一鸣，口中吐出蚊虫一二升。

稚子，一名竹豚。喜食笋，善匿，不使人见。故杜诗有"笋根稚子无人见"之句。

鹢，水鸟，能厌水神，故画于舟首，舟名彩鹢。

捕鹯　魏公子无忌，方与客饮。有鹯击鸠，走巡于公子案下，鹯追击，杀于公子之前。公子耻之，即使人多设罻罗，得鹯数十匹，责让以杀鸠之罪，曰："杀鸠者死！"一鹯低头，不敢仰视；馀皆鼓翅自鸣。公子乃杀低头者，馀尽释之。

号寒虫　五台山有一种鸟，名叫"号寒虫"。四只脚，长有肉翅却不能飞，它的粪便就是五灵脂。在盛夏时，它身上的颜色与花纹都非常绚烂，于是便自己鸣叫说："凤凰都不如我。"到了冬天，毛都脱落了，便又自己鸣叫说："得过且过。"

秦吉了　秦吉了是岭南的灵鸟。又叫了哥。形状像鸲鹆，黑色，只有两肩是黄色，头顶上的毛有缝，就像人的头发所分的缝，听力很好，也很巧慧，舌头也很巧，能学人说话。有一个夷人用几万钱买了一只带走，秦吉了说："我是汉禽，绝不进入胡人的地方！"于是便突然死了。

变化　《礼记·月令》记载：三月的时候，田鼠就变成鴽，八月再变为田鼠。这两种东西互相变化，"鴽"就是现在所说的鹌鹑。二月鹰变成斑鸠，八月斑鸠再变为鹰，也是互相变化。

赤乌　周武王讨伐殷纣王，渡过孟津的时候，有火球从天上降下，到了周武王住的屋上，变成了乌鸦，颜色是红的，发出劈啪的声音。

布谷鸟就是斑鸠。杜甫诗有"布谷催春种"的句子。张华说：农活刚开始，这种鸟就在桑间飞鸣，似乎在叫"谷可布种"。另外，它的声音也像说"家家撒谷"，还有人说像"脱掉破裤"。都是模仿它的叫声而已。

蠹母鸟像鸡一样大，黑色，生在南方池塘沼泽的芦苇丛中，它的声音就好像人呕吐的声音，每叫一声，嘴里就吐出一二升的蚊子。

稚子，又叫竹豚。喜欢吃竹笋，善于隐藏自己，不让人看到它。所以杜甫诗有"笋根稚子无人见"的句子。

鹢，是一种水鸟，能制住水神，所以画在船头上，船也叫彩鹢。

捕鹞　魏国的公子无忌正与客人喝酒。忽然有鹞鸟追击一只斑鸠，斑鸠跑到了公子的案下躲藏，鹞鸟追到，在公子眼前杀了斑鸠。公子觉得很是羞耻，便让人多设网，抓获了十多只鹞鸟，斥责它们杀斑鸠的罪名，并说："杀斑鸠的要处死。"有一只鹞鸟低下头不敢仰视；其他的都扇着翅膀自己鸣叫。公子便杀了低头认罪的，把其他的都放了。

鹁鸽井 汉高祖庙，临城鹁鸽井旁，记云："沛公避难井中，有双鸽集井中，追者不疑，得脱。"

雪衣娘 唐明皇时，岭南进白鹦鹉，聪慧能言，上呼之为"雪衣娘"。上每与诸王及贵妃博戏，稍不胜，左右呼雪衣娘，即飞入局中，以乱其行列。一日语曰："昨夜梦为鸷所搏。"已而，果为鹰毙，瘗之苑中，号鹦鹉冢。唐李繁曰："东都有人养鹦鹉，以甚慧，施于僧。僧教之能诵经，往往架上不言不动。问其故，对曰：'身心俱不动，为求无上道。'及其死，焚之，有舍利。"

白鹇 宋帝驻跸厓州山，为元兵所追，丞相陆秀夫抱帝赴海死。时御舟一白鹇，奋击哀鸣，堕水以殉。

鹁鸽诗 宋高宗好养鸽，躬自飞放。有士人题诗云："鹁鸽飞腾绕帝都，朝收暮放费工夫。何如养个南来雁，沙漠能传二帝书。"帝闻之，召见士人，即命补官。

长鸣鸡 宋处宗尝买一长鸣鸡，著窗间。后鸡作人语，与处宗谈论，终日不辍。处宗因此学业大进。

宋厨鸡蛋 宋文帝尚食厨备御膳，烹鸡子，忽闻鼎内有声极微，乃群卵呼观世音，凄怆之甚。监宰以闻，帝往验之，果然，叹曰："吾不知佛道神力乃能若是！"敕自今不得用鸡子，并除宰割。

雁书 苏武使匈奴，留武于海上牧羝。汉使求之，匈奴诡言武死。常惠教使者曰："天子在上林射雁，雁足上系帛书，

鹁鸽井　汉高祖的庙，在临城的鹁鸽井旁边，庙里的《碑记》说："沛公刘邦曾在井中避难，有两只鸽子停在井中，追兵便不怀疑这里，所以得以逃脱。"

雪衣娘　唐明皇的时候，岭南进献了一只白鹦鹉，聪明灵慧，能学人说话，皇上称之为"雪衣娘"。皇帝常常与诸王和贵妃玩赌博的游戏，如果眼看皇帝要败了，左右的宫女便会叫"雪衣娘"，它便飞到博局里，把棋局弄乱。有一天它竟然说："昨天夜里梦见自己被猛禽搏杀。"后来，果然被鹰所杀，被埋在宫苑之中，号称"鹦鹉冢"。唐代李繁说："在东都，有一个人养鹦鹉，因为这只鹦鹉很聪明，便施舍给僧人。僧人教它诵读佛经。它时常在架上不说话也不动，问它为什么，它回答说：'身心都不动，为求无上道。'等它死的时候，火化后竟然有舍利。"

白鹇　宋末皇帝跑到厓州山，被元兵追赶，丞相陆秀夫抱着皇帝跳海而死。当时御舟上有一只白鹇，大声哀鸣，然后也飞入海里殉死。

鹁鸽诗　宋高宗喜欢养鸽子，并且亲自放飞。有一个士人题诗说："鹁鸽飞腾绕帝都，朝收暮放费工夫。何如养个南来雁，沙漠能传二帝书。"宋高宗听到这首诗后，召见了士人，当时便下令让他做官。

长鸣鸡　宋处宗曾经买到一只长鸣鸡，把它放在窗下。后来鸡竟然开始说人话，与宋处宗谈论，可以整日不停。宋处宗因此而学业大进。

宋厨鸡蛋　宋文帝的尚食厨在准备御膳时，要煮鸡蛋，忽然听到锅里有很细微的声音，原来是这些鸡蛋在叫观世音，非常凄怆。当值的人把这件事报告给了宋文帝，宋文帝亲自去验证，果然如此，叹息说："我不知道佛家的神力竟然能达到这种地步！"便下令从今后不许再用鸡蛋，同时还禁止宰杀。

雁书　苏武出使匈奴，匈奴把他羁留在海上放羊。汉朝的使者来找，匈奴谎称苏武已经死了。常惠给使者出主意说："你们就说天子在上林射雁的时候，发现大雁的脚上绑着帛写的书信，

言武在某泽中。"单于惊谢,乃遣武还。《礼记》:"鸿雁来宾。"先至为主,后至为宾。

孤雁 张华曰:雁夜栖川泽中,千百成群,必使孤雁巡更,有警则哀鸣呼众。故师旷《禽经》曰:"群栖独警。"

飞奴 张九龄家养群鸽,每与亲知书,系鸽足上,移之,呼为飞奴。

鸩毒 《左传》:"宴安鸩毒,不可怀也。"鸩,毒鸟也,黑身赤目,食蝮蛇,以其毛沥饮食则杀人。

周周鸟名周周。首重尾屈,将欲饮于河,则必颠,乃衔尾而饮。

金衣公子 唐明皇游于禁苑,见黄莺羽毛鲜洁,因呼为金衣公子。

戴颙春日携双柑斗酒,人问何之,答曰:"往听黄鹂声,此俗耳针砭,诗肠鼓吹。"

养木鸡 《庄子》:淖子为宣王养斗鸡,十日而问之曰:"鸡可斗乎?"曰:"未也。犹虚㤭而恃气。"十日又问之。曰:"几矣。鸡有鸣者,已无变矣,望之似木鸡矣,其德全矣。异鸡无敢应者,反走矣。"

季郈斗鸡 《左传》:季、郈之斗鸡,季氏介其羽,郈氏为之金距。刘孝威诗:"翅中含白芥,距外曜金芒。"

乘轩鹤 卫懿公好鹤,鹤有乘轩者,及狄人伐卫,受甲者皆曰:"鹤有禄位,何不使战?"是以卫亡。

说苏武在某某大泽之中。"单于听后很惊讶，忙谢罪，并让苏武还朝。《礼记》有"鸿雁来宾"的话。先到的就是主人，后到的是宾客。

孤雁　张华说：大雁夜里栖息在大河或沼泽中，千百成群，一定会让一只大雁巡更，如有警报就鸣叫来告诉众雁。所以师旷的《禽经》说："群栖独警。"

飞奴　张九龄家里养了一群鸽子，每次与亲朋好友写信，就系在鸽子的脚上让鸽子去送，称之为"飞奴"。

鸩毒　《左传》记载："宴安鸩毒，不可怀也。"鸩，是一种毒鸟，身体是黑的，眼睛是红的，它爱吃蝮蛇，所以用它的毛蘸过的饮食就可以毒死人。

周周鸟名字叫周周。头重，尾巴弯曲，想要在河里喝水，便可能会栽到河里去，所以要用嘴衔着尾巴来喝水。

金衣公子　唐明皇在禁苑游览，看见有一只黄莺羽毛鲜艳光洁，所以称呼它为金衣公子。

戴颙在春阳高照时带着两个柑子和一斗酒出去，人问他干什么去，他回答说："去听黄鹂鸟的叫声，这可是治疗俗耳的良药，激发诗兴的仙音。"

养木鸡　《庄子》记载：渻子帮宣王饲养斗鸡，过了十天宣王问他说："鸡可以去战斗了吗？"他回答说："还不行。它还空洞而骄傲，要凭借气来支持。"又过了十天问他。他回答说："差不多了。如果有别的鸡打鸣，它已经没有什么变化了。看上去像木头刻的鸡一样，这样的话它的战斗的素质就全了。就这样与别的鸡斗，别的鸡没有敢来应战的，都转身就逃。"

季郈斗鸡　《左传》记载：季平子和郈昭伯氏的鸡互相争斗，季氏给鸡的羽毛中洒上芥粉，郈氏给鸡的爪子装上金距。刘孝威诗说："翅中含白芥，距外曜金芒。"

乘轩鹤　卫懿公喜欢鹤，以至于国中有的鹤爵位很高可以坐轿子，等到狄人来讨伐卫国时，那些兵士都说："鹤有禄位，为什么不用鹤来打仗呢？"所以卫国灭亡了。

翮成纵去　僧支道林好鹤。有遗以双鹤者，林铩其羽，鹤反顾懊惜。林曰："鹤有凌霄之志，何肯为人耳目近玩！"养令翮成，置使飞去。

羊公鹤　昔羊叔子有鹤善舞，尝向客称之。客试使驱来，氄氄而不肯舞。故比人之名而不实。

斥鷃笑鹏　《庄子》：穷发之北，有鸟名鹏，抟扶摇而上者九万里，且适南溟，斥笑之曰："彼奚适也？我腾跃而上，不过数仞而下，翱翔蓬蒿之间，此亦飞之至也。而彼且奚适也？"

打鸭惊鸳　吕士隆知宣州，好笞官妓。适杭州一妓到，士隆喜之。一日群妓小过，士隆欲笞之。妓曰："不敢辞责，但恐杭妓不安耳。"士隆赦之。梅圣俞作《打鸭诗》："莫打鸭，惊鸳鸯。鸳鸯新向池中落，不比孤州老鸬鹚。"

乌　燕太子丹质于秦，秦遇之无礼，欲归。秦王不听，谬言曰："令乌头白、马生角，乃可归。"丹仰天叹息，乌即头白，马为生角，秦王不得已而遣之。

乌伤　颜乌纯孝，父亡，负土筑墓，群乌衔土助之，其吻皆伤，因以名县。《广雅》曰："纯黑而反哺者谓之乌，小而腹下白，不能反哺者谓之鸦。"

燕居旧巢　武瓘诗："花开蝶满枝，花谢蝶还希。惟有旧巢燕，主人贫亦归。"又唐诗："旧时王谢堂前燕，飞入寻常百姓家。"

翮成纵去　僧人支道林非常喜欢鹤。有人赠给他一双鹤，支道林剪去了它们的翅膀，鹤常常看自己的翅膀，看上去非常懊恼疼惜。支道林说："鹤有冲霄而起的志向，怎么愿意成为人们眼前耳边的玩物呢！"便把它们的翅膀养出来后，放开它们让其飞去了。

羊公鹤　从前羊叔子有一只鹤擅长舞蹈，他曾经向客人夸说过。客人让他把鹤叫来，却神情委顿，不肯跳舞。所以后人用"羊公鹤"来比喻有名无实的人。

斥鷃笑鹏　《庄子》：草木不生的极北之地，有一只鸟叫鹏，乘着云气向上可以飞九万里，它将要去南溟，池中的小麻雀嘲笑它说："你到那里干什么去？我向上飞腾跳跃，不超过几丈就下来，在蓬蒿之间翱翔，这也是飞翔的极致啊。但是你一定要飞到南海做什么呢？"

打鸭惊鸳　吕士隆任宣州太守的时候，喜欢鞭打官妓。恰好有一个杭州的官妓到这里来，吕士隆很喜欢她。有一天下面的官妓有一点小过失，吕士隆便又想鞭打她们。那些官妓说："我们不敢推卸自己的罪责，只是怕打我们让杭州来的官妓心里不安。"吕士隆便宽宥了她们。梅尧臣（圣俞）听说后写了一首《打鸭诗》："莫打鸭，惊鸳鸯。鸳鸯新向池中落，不比孤州老鸹鸧。"

乌　燕国太子丹在秦国当人质，秦王对待他很无礼，太子丹便想回国。秦王不允许，便托辞说："如果能让乌鸦的头变白、马生出犄角来，才可以回国。"太子丹仰天叹息，乌鸦的头就变白了，马也生了犄角，秦王不得已，只好让他回去。

乌伤　颜乌非常孝顺，父亲死后，他背土来修墓，一群乌鸦也用嘴衔土来帮助他，这样它们的嘴都伤了，于是便因此事来给这个县命名为"乌伤"。《广雅》说："纯黑色并且懂得反哺的叫乌，小一些肚子下为白色，并且不会反哺的叫鸦。"

燕居旧巢　武瓘《感喇》诗说："花开蝶满枝，花谢蝶还希。惟有旧巢燕，主人贫亦归。"另外，刘禹锡《乌衣巷》诗说"旧时王谢堂前燕，飞入寻常百姓家"。

斗鸭　陆龟蒙有斗鸭阑。一日，驿使过焉，挟弹毙其尤者。陆曰："此鸭善人言，欲进上，奈何毙之！"使者尽以囊中金室其口，徐问人语之状，陆曰："能自呼其名耳。"使者愤且笑，拂袖上马，陆还其金，曰："吾戏耳。"

孝鹅　唐天宝末，长兴沈氏畜一母鹅，将死，其雏悲鸣，不复食；母死，啄败荐覆之，又衔刍草列前，若祭状，向天长号而死。沈氏异之，埋于蒋湾，名孝鹅冢。

蔡确鹦鹉　蔡确贬新州，有侍姬名琵琶，所蓄鹦鹉甚慧，每为确呼琵琶，及琵琶死，鹦鹉犹呼其名。确赋诗伤之。

雁丘　金元好问过阳曲，见一猎者云："捕得二雁，内一死，一脱网去，空中哀鸣良久，投地亦死。"好问遂以金赎二雁，瘗之汾水滨，垒土为丘。今名雁丘。

见弹求鸮　《庄子》：长梧子曰："汝亦太早计，见卵而求时夜，见弹而求炙鸮。"

燕巢于幕　季札如晋，将宿于戚，闻钟声曰："夫子之在此也，犹燕之巢于幕上，而可以乐乎？"《吕氏春秋》：燕雀处堂，母子相爱，焜厥栋焚，燕雀不知。

禽经　金得伯劳之血则昏，铁得鹏鹏之膏则莹，石得鹊髓则化，银得雉粪则枯。翡翠粉金，鸡鹎厌火。

风雨霜露　《禽经》云：风翔则风。风，鸢也。雨舞则雨。雨，商羊也。霜飞则霜。霜，鹬鹎也。露翥则露。露，鹤也。又云：以豚谶风，以鼍谶雨。豚，江豚也。鹊知风，蚁知雨。

斗鸭　陆龟蒙有一个斗鸭阑。有一天，驿站使者来拜访，用弹弓打死了其中最优秀的一只斗鸭。陆龟蒙说："这只鸭擅长说人话，我正想进贡给朝廷，你怎么把它打死了！"使者把口袋里的钱都掏出来给他希望他不要泄露此事，然后又问他这只鸭子是怎么说人话的，陆龟蒙说："能自己叫自己的名字罢了。"使者既愤怒又可笑，很不高兴地上马要走，陆龟蒙还了他的钱，说："我跟你闹着玩的。"

孝鹅　唐代天宝末年，长兴的沈氏养了一只母鹅，母鹅快要死了，小鹅悲伤地鸣叫，不再吃东西；母鹅死后，它用嘴衔来破席子把母鹅盖住，又衔了刍草列在前边，好像祭祀的样子，然后向天长号着死去了。沈氏觉得很奇异，便将它埋在蒋湾，名叫孝鹅冢。

蔡确鹦鹉　蔡确贬到新州，有一个侍妾名字叫琵琶，她养的鹦鹉非常聪慧，常常为蔡确呼唤琵琶，等到琵琶死了，鹦鹉还时时呼唤她的名字。蔡确写了一首诗来哀悼此事。

雁丘　金代的元好问路过阳曲，看到一个猎人说："捕获了两只大雁，其中一只死了，另一只逃脱了网罗，但在空中哀鸣了很久，后来也撞到地面死去。"元好问便用钱赎回了两只大雁，把它们埋在汾水的岸边，垒土做坟。现在叫作雁丘。

见弹求鸮　《庄子》记载：长梧子说："你也计划得太早了，看到鸡蛋就想着夜里打鸣；看到弹弓就要烤好的鸟。"

燕巢于幕　季札到晋国去，将要住在戚，听到钟声时说："孙文子住在这里，就像燕子筑巢在帘幕上一样，还能奏乐吗？"《吕氏春秋》说：燕雀住在屋子里，母子之间相亲相爱，但是如果灶起了火烧了房子，它们却还不知道。

禽经　金子沾上伯劳的血就变昏了，铁器得到鹏鹏的油就莹洁了，石头沾上乌鹊的骨髓就化了，银子沾上雉的粪就枯了。翡翠可以粉碎金子，鸡鹑鸟可以扑灭火。

风雨霜露　《禽经》说："风翔则风"，风，就是鸢鸟。"雨舞则雨"。雨，就是商羊。"霜飞则霜"。霜，就是鹔鹴。"露翥则露"。露，就是鹤。又云："用豚来预示有风，用鼍来预示有雨。"豚，就是江豚。喜鹊能预知风，蚂蚁能预知雨。

禽智 陈所敏云：鸂鶒能敕水，故水宿之物莫能害。啄木遇蠹穴，能以嘴画字成符，蠹虫自出。鹤能步罡，蛇不敢动。鸦有隐巢，故鸷鸟不能见。燕衔泥常避戊己，故巢不倾。鹳有长水石，能于巢中养鱼，而水不涸。燕恶艾，雀欲夺其巢，即衔艾置巢中，燕遂避去。此皆禽之有智者也。

大鸟悲鸣 杨震将葬，先葬数日，有大鸟高丈馀，集震丧次悲鸣，葬毕方去。上闻，乃悟震坐枉，遣使具祭，官其子。

化鹤 《职方乘》云：南昌洗马池，尝有年少见美女七人，脱彩衣岸侧，浴池中。年少戏藏其一，诸女浴毕就衣，化白鹤去。独失衣女留，随至年少家，为夫妇，约以三年还其衣，亦飞去。故又名浴仙池。

化为大鸟 王仲变仓颉旧文为今隶书。秦始皇尝征仲，不至，大怒，诏槛车送之。仲化为大鸟飞去，落二翮于延庆州，今有大翮山。

五色雀出罗浮山。贵人至，则先翔舞。

骏鸒鸟产肇庆，形似山鸡，其羽有光，汉以饰侍中冠。

凤巢 永福隋时双凤来巢，宋初复至，守臣以闻，太宗遣使凿巢下石，得美玉，名其山曰凤凰山。

群乌啼噪 海盐乌夜村，晋何准寓此。一夕，群乌啼噪，准生女。后复夜啼，乃穆帝立准女为后之日。

问上皇 郭浩按边至陇，见鹦鹉一红一白鸣树间，问："上皇安否？"浩诘其故，盖陇州岁贡此鸟，徽宗置之安妃阁。后发还本土，二鸟犹感恩不忘。

禽智　陈所敏说：鹈鹕鸟能命令水，所以水中的动物无法伤害它。啄木鸟遇到蠹虫的洞穴，能用嘴画出符咒来，蠹虫自己就出来了。鹤能走天罡之步，蛇就不敢动。乌鸦有隐秘的巢穴，所以猛禽看不见。燕衔泥筑巢时要避开戊己日，所以巢不会倾覆。鹳有可长存水的石头，这样在自己巢里养鱼，水却不会干。燕子不喜欢艾草，雀鸟要夺它的巢，便衔来艾草放在燕巢里，燕子就躲开了。这都是飞禽中有智慧的。

大鸟悲鸣　杨震将被下葬，在葬前几天，有一丈多高的大鸟，停在杨震出丧的地方悲鸣，葬完后才离开。皇上听了，才醒悟到杨震是被冤枉的，派使臣去祭祀，并且封他的儿子为官。

化鹤　《职方乘》记载：南昌有个洗马池，曾经有一个少年人看到七个美女，把彩色的衣服脱在岸边，到池中沐浴。少年想开个玩笑，便藏了一件衣服，这些女子沐浴后穿衣服，然后变成白鹤飞去。只有丢失衣服的女子留了下来，跟随少年到了他家，成为夫妇，约定三年后还她的衣服，然后穿上衣服也飞走了。所以这里又叫浴仙池。

化为大鸟　王仲把仓颉的旧字体变成现在的隶书。秦始皇曾经征召王仲，他不来，秦始皇大怒，下诏让囚车把他送来。王仲变成大鸟飞去了，但落下两根羽毛在延庆州，现在还有大翮山。

五色雀出于罗浮山。若有贵人要来，它就会先跳舞。

骏鸡鸟产于肇庆，形状像山鸡，羽毛有光泽，汉代用它的羽毛来装饰侍中的官帽。

凤巢　永福在隋代时有两只凤凰来这里安巢，宋代初年又来，当地长官向朝廷报告，宋太宗派使者开凿巢下的石头，得到一块美玉，便把这座山叫凤凰山。

群乌啼噪　海盐有个乌夜村，晋朝时何准寓居在此。有一天晚上，一群乌鸦一直在乱叫，这时何准生了女儿。后来乌鸦又在晚上叫，却是来晋穆帝立何准之女为皇后的日子。

问上皇　郭浩到陇地巡查，看到有一红一白两只鹦鹉在树间鸣叫，并问："皇上可好？"郭浩询问其原因，原来陇州每年都向朝廷进贡鹦鹉，宋徽宗将它们放在安妃阁。后来送回了本土，这两只鸟一直感恩不忘。

凤历　凤知天时，故以名历。凤鸣而天下之鸡皆鸣。凤尾十二翎，遇闰岁生十三翎。今乐府调尾声十二板，以象鸟尾，故曰尾声。或增四字，亦加一板，以象闰。

鸡五德　《韩诗外传》："头戴冠，文也。足搏距，武也。见敌敢斗，勇也。见食相呼，义也。守夜不失时，信也。"故又称德禽。

陈宝　秦穆公时，陈仓人掘地得一物以献，道逢二童子，曰："此物名为媪。"媪曰："彼二童子名为陈宝，得雄者王，得雌者霸。"陈仓人舍媪逐童子，童子化为雉，飞入平林。以告于公，公大猎，果得其雌，化为石，置于汧渭之间，立陈宝祠，遂霸西戎。

腰缠骑鹤　昔有客各言其志。一愿为扬州刺史，一愿多资财，一愿骑鹤上升。其一人曰："吾愿腰缠十万贯，骑鹤上扬州。"

隋珠弹雀　古云，以隋侯之珠弹千仞之雀，世必笑之。盖所用者重，所求者轻也。

雀跃者，言人喜悦，如雀之跳跃也。

爱屋及乌　《诗经》："瞻乌爰止，于谁之屋。"恐因乌而伤其屋也。

越鸡鹄卵　《庄子》："越鸡不能伏鹄卵。"谓其身小也。

燕贺　《淮南子》：大厦成而燕雀相贺。

贯双雕　《唐史》：高骈见双雕飞过，祝曰："我贵当中之。"一发贯双雕，因号双雕侍郎。

凤历　　凤凰知道天时，所以用"凤"字来称历法。凤凰一鸣全天下的鸡都跟着鸣叫。凤凰的尾巴有十二根翎毛，遇到闰年时还可以生出第十三根翎毛。现在乐府调尾声有十二板，是模仿凤凰尾巴的，所以叫尾声。有人再增加四个字，同时再加一板，用来模仿闰年。

鸡五德　　《韩诗外传》说："头上戴着鸡冠，这是有'文'。脚上有可以搏斗的距，这是有'武'。看到敌人敢于战斗，这是有'勇'。看到食物互相召唤，这是有'义'。为人守夜从不误时，这是有'信'。"所以又把鸡叫"德禽"。

陈宝　　秦穆公的时候，陈仓有人挖地时得到一个东西想要进献，在路上遇到两个童子，说："这个东西是媪。"媪说："那两个童子叫陈宝，得到雄的就可以称王，得到雌的就可以称霸。"这个陈仓人便舍弃媪而去追那两个童子，童子变成野雉，飞进了树林。陈仓人把这告诉给了秦穆公，穆公便去大范围地围猎，果然得到了一只雌的，变成了石头放在汧河和渭河之间，并建立了陈宝祠，于是秦国便称霸于西戎。

腰缠骑鹤　　从前有人各言其志。一个希望能当扬州刺史，一个希望有很多财产，一个希望骑鹤飞升以成仙。其中有一个人说："我希望能腰缠十万贯，骑鹤上扬州。"

隋珠弹雀　　古话说，用隋侯的珍珠去打千丈高山上的麻雀，世人一定会笑话的。因为用的东西贵重，而得到的东西轻微。

雀跃，是形容人在喜悦的时候，像麻雀一样跳跃。

爱屋及乌　　《诗经》有"瞻乌爰止，于谁之屋。"的句子，是说怕因打乌鸦而伤到了房屋。

越鸡鹄卵　　《庄子》说："越地的鸡不能孵化鸿鹄的蛋卵。"是说其身材太小。

燕贺　　《淮南子》说：大厦将成的时候燕子和麻雀都互相祝贺。

贯双雕　　《唐书》记载：高骈看到有两只大雕飞过来，心中祈祷说："如果我以后会大贵的话就保佑我一箭射中。"一射却中了两只，所以号称为双雕侍郎。

鹊巢鸠占　《诗经》："维鹊有巢，维鸠居之。"

闻鸡起舞　祖逖与刘琨同寝，中夜闻鸡鸣，蹴琨觉曰："此非恶声也！"因起舞。

走兽

药兽　神农时有民进药兽。有人疾，则拊其兽，授之语，语毕，兽辄如野外，衔一草归，捣汁服之即愈。帝命风后记其何草，起何疾。久之，如方悉验。虞卿曰："神农师药兽而知医。"

夔　黄帝于东海流波山得奇兽，状如牛，苍身无角，一足，能入水，吐水则生风雨，目光如日月，其声如雷，名曰夔。帝令杀之，取皮以冒鼓，撅以雷兽之骨，声闻五百里。

狴犴　皋陶治狱，有狴犴游于庭一角之兽，即今所画獬豸。其罪疑者，令触之，有罪则触，无罪则不触，以定狱辞。

黄熊　舜殛鲧于羽山。鲧化为黄熊，入于羽泉。故禹庙祭品，戒不用熊。

白狐　禹年三十未娶，行涂山，有白狐九尾造禹。涂山人歌曰："白狐绥绥，九尾庞庞。成子家室，乃都攸昌。"禹遂娶之，谓之女娇。

野兔　文王囚于羑里七年，其子伯邑考往视父。纣呼与围棋，不逊，纣怒杀伯邑考，醢之，令人送文王食。命食毕，而后告，文王号泣而吐之，尽变为野兔而去。

麟绂　孔子在娠，有麟吐玉书于阙里，文云："水精之子孙，系衰周而素王。"孔母乃以绣绂系麟角，

鹊巢鸠占　《诗经》："喜鹊建立了巢穴，斑鸠便来居住。"

闻鸡起舞　祖逖与刘琨在一起睡觉，半夜听到鸡叫，祖逖便把刘琨踢醒说："这并不是让人讨厌的声音！"然后便起来练剑。

走兽

药兽　神农的时候有一个人进献了一头药兽。若有人得了病，就摸着这个兽，对它说话，说完，它就到野外去，衔回一棵草来，捣出草汁喝了病就好了。神农命令风后记住它衔回来的什么草治什么病。时间久了，这些方子都得到了验证。虞卿说："神农以药兽为师从而学会了医术。"

夔　黄帝在东海流波山得到了一只奇异的兽，形状像牛，身上是黑色的，没有犄角，一只腿，能进入水下，若吐水的话就会下雨，目光像日月一样，声音像雷一样，名字叫夔。黄帝让人杀了它，把皮拿来蒙了鼓，并用雷兽的骨头来作支撑，鼓声能传五百里远。

獬豸　皋陶判案的时候，便有獬豸在法庭上走过就是一只角的兽，也就是现在有人画的獬豸。有对罪行疑而不决的人，就让它来碰，如果有罪它就会用角来牴，没有罪就不牴，用这来断案。

黄熊　舜帝将鲧流放到羽山。鲧变成黄熊，进入了羽泉。所以大禹庙的祭品，严禁用熊。

白狐　大禹三十岁没有娶妻，过涂山时，有一只九尾的白狐来拜访大禹。涂山人唱："白狐绥绥，九尾庞庞。成子家室，乃都攸昌。"于是大禹便娶她为妻，称她为女娇。

野兔　周文王被囚禁在羑里七年，他的儿子伯邑考去探视父亲。纣王叫他来围棋，他态度不好，纣王一怒之下杀了伯邑考，并把他剁成了肉酱，让人送给周文王吃。并让周文王吃完后告诉他真相，文王听后大声痛哭把吃的东西呕吐出来，呕吐出的东西竟然变成野兔跑了。

麟绂　孔子还在他母亲肚子里的时候，有一只麒麟在阙里吐出一本玉书，里面的文字说："是水精的子孙，维系衰弱的周朝并成为无冕之王。"孔子的母亲便用绣了花纹的丝带系在麒麟的角上，

信宿而麟去。至鲁定公时，鲁人钼商田于大泽，得麟，以示孔子，系角之绂尚在。孔子知命之将终，抱麟解绂，涕泗滂沱。

白泽 东望山有兽曰白泽，能言语。王者有德，明照幽远，则白泽自至。

昆蹄 后土之神兽，英灵能言语，禹治水有功而来。

角端 元太祖驻师东印度，有大兽，高数丈，一角，如犀牛，作人语曰："此非帝王世界，宜速还。"耶律楚材进曰：此名角端。圣人在位，则奉书而至。能日驰一万八千里，灵异如鬼神，不可犯。

象，豸类也。张口而腹脏尽露，故名曰象。《易经》用"象曰"，盖取此义。

狮子，一名狻猊。《博物志》：魏武帝伐冒顿，经白狼山，逢狮子，使人格之，杀伤甚众。忽见一物自林中出，如狸，上帝车辀。狮子将至，便跳上其头，狮子伏，不敢动，遂杀之。得狮子还，来至洛阳，三十里鸡犬无鸣吠者。

酋耳，身若虎豹，尾长参其身，食虎豹。王者威及四夷则至。

虎伥 人罹虎厄，其神魂尝为虎役，为之前导。故凡死于虎者，衣服巾履皆卸于地，非虎之威能使自卸，实鬼为之也。

虎威 虎有骨如乙字，长寸许，在胁两旁皮内，尾端亦有之，名虎威，佩之临官，则能威众。又虎夜视，一目放光，一目视物。猎人候而射之，弩箭才及，光随堕地成白石，入地尺馀。

麒麟连宿两夜后走了。到了鲁定公的时候，鲁国人钮商在大沼泽打猎，捕得一只麒麟，让孔子看，绑在角上的丝带还在。孔子知道自己的生命将要结束了，抱住麒麟解开丝带，泪如雨下。

白泽　东望山上有一种野兽叫白泽，能说话。如果君主有德行，能察微知著，恩德广布的话，白泽就会自己到来。

昆蹄　昆蹄是大地上的神兽，英明灵秀，能说话，是因为大禹治水有功所才出现的。

角端　元太祖把军队驻扎在东印度，有一只很大的野兽，高有几丈，一只角，像犀牛一样，用人的语言说："这里不是大王您的世界，最好赶快回去吧。"耶律楚材进言说："这只野兽名叫角端。有圣人在位的话，就会奉书到来。每天能奔走一万八千里路，像鬼神一样灵异，不可以冒犯。"

象，就是猪类的动物。张开嘴便会把五脏都露出来，所以叫"象"。《易经》用"象曰"，也正是用的这个义项。

狮子，又叫狻猊。《博物志》记载：魏武帝曹操讨伐冒顿，经过白狼山，遇到狮子，便让人猎杀它，却被它咬死咬伤了很多人。忽然有一个东西从树木里出来，像狐狸一样，上了魏武帝的车驾的辕。狮子要攻到这里时，它就跳到狮子头上，狮子便趴下不敢动，这样才杀了狮子。带着狮子回来的时候，来到洛阳，方圆三十里内的鸡犬没有敢打鸣或吠叫的。

茵耳，身体像虎豹一样，尾巴的长度三倍于它的身体，能吃掉虎豹。如果君主可以威服四周的夷族，它就会出现。

虎伥　人如果被虎吃了，他的魂魄便成为虎的仆役，为虎作前边的导从。所以凡是被虎咬死的人，他的衣服、帽子、鞋都脱在地上，不是老虎的威风可以使人自己脱下，实际上是鬼脱的。

虎威　老虎身上有一根骨头形状像"乙"字，长有一寸多，位于两胁旁边的皮肤里，尾巴尖上也有，名叫"虎威"，如果佩带它作官，就可以威服众人。又：老虎能夜视，一只眼睛放光，一只眼睛来看东西。猎人等待机会来射它，箭刚射到，虎眼放出的光便让箭掉在地上变成白色的石头，并深入到地下一尺多。

记其处掘得之，能止小儿啼。

仓兕 尚父为周司马，将师伐纣。到孟津之上，仗钺把旄，号其众曰："仓兕。"夫仓兕者，水中之兽也，善覆人舟，因神以化，令汝急渡，不急渡，仓兕害汝。

斗穀於菟 《左传》：斗伯比淫于邙子之女，生子文。邙夫人使弃诸梦泽中，虎乳之。邙子田，见而惧，归，夫人以告，遂收之。楚人谓乳穀，谓虎於菟，故曰斗穀於菟。

貘 貘者象鼻犀目，牛尾虎足，性好食铁，生南方山谷中。寝其皮辟湿，图其形辟邪。

穷奇 西北有兽，名曰穷奇，一名神狗。其状如虎，有翼能飞，食人，知人言语。逢忠信之人，则啮而食之；逢奸邪之人，则捕禽兽以飨之。

梼杌 西荒中兽也，状如虎，毛长三尺馀，人面虎爪，口牙一丈八尺，好斗，至死不却，兽之至恶者。

山都 形如昆仑奴，毛遍体，见人辄闭目张口如笑，好在深洞中翻石觅蟹啖之。

饕餮 羊身人面，其目在腋下，虎齿人爪，声如婴儿，钩玉山中有之。

狼狈 二兽名。狼前二足长，后二足短。狈前二足短，后二足长。狼无狈不立，狈无狼不行。若相离，则进退无据矣。故世人言事之乖张，则曰狼狈。

记住掉下来的地方挖掘出来,可以抑制小孩的哭闹。

仓兕　尚父为周朝的司马,率领大军讨伐纣王。到了孟津之上,靠着斧钺举着大旗,号令众人说:"仓兕。"这里的"仓兕",是一种水中的兽类,善于弄翻人类的船,因神而变化,让你赶快渡过,如不赶快,仓兕就会害你。

斗榖於菟　《左传》记载:斗伯比奸淫了䢵子的女儿,生下了子文。䢵夫人让人把他扔到了梦泽之中,老虎却来喂养他。䢵子打猎的时候,看到了老虎喂养这个孩子,很害怕,回来,他的夫人告诉了他这个情况,于是便把孩子收养了。楚人把"乳"叫"榖",称"虎"为"於菟",所以便称子文为"斗榖於菟"。

貘　貘这种野兽长着象的鼻子,犀牛的眼睛,牛的尾巴,虎的爪子,喜欢吃铁,生长在南方的山谷里。如果睡在它的皮上可以防潮,如果画它的图形可以辟邪。

穷奇　西北有一种野兽,名叫穷奇,又叫神狗。它的形状像老虎一样,还有翅膀可以飞,敢吃人,会说人的话。遇到忠诚正直的人,就咬死吃了;遇到奸邪的小人,却抓捕飞禽走兽来给他吃。

梼杌　西方边荒之地的野兽,形状像老虎,毛长有三尺多,长着人的脸、虎的爪子,口中的牙就有一丈八尺长,好争斗,到死都不退却,是野兽中最凶恶的。

山都　山都的形状像昆仑奴,遍体是毛,看到人就闭上眼睛张开嘴巴好像微笑一样,喜欢在深洞里翻石头寻找螃蟹来吃。

饕餮　这种动物长着羊的身子、人的脸面,它的眼睛在腋窝下面,还有像老虎一样的牙齿和像人一样的手,声音像婴儿,钩玉山里就有这种野兽。

狼狈　这是两种野兽的名字。狼前面的两条腿长,后面两条腿短。狈前面两条腿短,后面两条腿长。狼要没有狈就立不起来,狈要没有狼就无法行走。如果它们分开了,就会进退两难。所以人们若要说一件事情很不顺利,就说"狼狈"。

风马牛　马喜逆风而奔，牛喜顺风而奔，故北风则牛南而马北，南风则牛北而马南。故曰风马牛不相及也。

种羊　西域俗能种羊。初冬，择未日，杀一羊，切肉方寸，埋土中。至春季，择上未日，延僧吹胡筘，作咒语，土中起一泡，如鸭卵。数日，风破其泡，有小羊从土中出。此又胎卵湿化之外，又得一生也。

猫　出西方天竺国，唐三藏携归护经，以防鼠啮，始遗种于中国。故"猫"字不见经传。《诗》有"貓"，《礼记》"迎貓"，皆非此猫也。

万羊　李德裕召一僧问休咎，僧曰："公是万羊丞相，今已食过九千六百矣。数日后有馈羊四百者，适满其数。"公大惊，欲勿受。僧曰："羊至此，已为相公所有矣。"旬日后贬潮州司马，又贬连州司户，寻卒。

艾豭　卫灵公夫人南子与宋朝通，野人歌曰："既定尔娄猪，盍归吾艾豭。"娄猪，雌猪也。艾豭，雄猪也。

辽东豕　辽东有豕，生子头白，异而献之。行至河东，见豕皆白头，怀惭而返。今彭宠之自伐其功，何异于是！

李猫　李义府容貌温恭，而狡险忌刻，时人谓之李猫。

麋鹿触寇　秦始皇欲大苑囿，优旃曰："善。多纵禽兽于中，寇从东方来，以麋鹿触之，足矣！"

犹豫　犹之为兽，性多疑。闻有声，则豫上树，四顾

风马牛　马喜欢迎着风奔跑，牛却喜欢顺着风奔跑，因此如果吹北风那么牛向南跑而马向北跑，吹南风则牛向北跑而马向南跑。所以说"风马牛不相及"。

　　种羊　西域有一种风俗可以种羊。在初冬时，选择一个未日，杀一只羊，把肉切成方寸大小，埋到土中。到了春季，选择一个上未日，请僧人来吹奏胡笳，并念咒语，土里就冒起一个泡，像鸭蛋一样。过几天，风吹破这个泡，就会有小羊从土里生出来。这是在胎生、卵生、湿化和化生之外，又有一种产生生命的方式。

　　猫　出产于西方的天竺国，唐三藏把它带回来是用来保护经书的，防止老鼠来咬经书，这才开始在中国繁衍。所以"猫"字在古代的经典书籍中没有。《诗经》有"猫"字，《礼记》中的"迎猫"，都不是指这种猫。

　　万羊　李德裕召来一个僧人询问吉凶，僧人说："大人是万羊丞相，现在已经吃过了九千六百只了。几天后会有人赠送给大人四百只羊，正好满了一万的数量。"李德裕大吃一惊，想不接受。僧人说："羊已经到了，就成为大人的了。"果然十几天后就被贬官为潮州司马，再贬为连州司户，不久就去世了。

　　艾豭　卫灵公的夫人南子与宋国公子宋朝通奸，老百姓唱歌说："既然搞定了你们的娄猪，为什么不归还我们的艾豭呢。"娄猪，就是母猪。艾豭，就是公猪。

　　辽东豕　辽东有一种猪，生的小猪是白头，主人觉得很奇异便想进献给皇帝。走到河东，发现这里的猪都是白头，便心怀惭愧地回家了。现在彭宠自己炫耀自己的功劳，与这有什么不同的呢！

　　李猫　李义府外表温和恭敬，但其实狡猾阴险、妒忌刻薄，当时人叫他"李猫"。

　　麋鹿触寇　秦始皇想要扩大自己的园林，一个叫旃的优伶说："非常好，要多放禽兽在园林里，如果敌人从东边打来的话，我们就让麋鹿来抵抗，这就足够了！"

　　犹豫　犹是一种野兽，生性多疑。听到有声音，就预先上树，四处

望之，无人，才敢下。须臾又上，如此非一。故今人虑事之不决者曰犹豫。

沐猴　小猴也，出罽宾国。史言"沐猴而冠"，以"沐"为"沐浴"之"沐"者，非是。

刑天　兽名，即浑沌，见《山海经》。能挟干戚而舞。陶渊明诗"刑天舞干戚"，今误作"刑天无干戚"。

獖　形若彘，常在地食死人脑。欲杀之，当以柏插其墓。故今墓上多种柏树。一名蝹。秦缪公时，陈仓人掘地得之。

猾　无骨，入虎口，不能噬，落虎腹中，则自内噬出。《书》曰："蛮夷猾夏。"则取此义。

犀角　一名通天，一名分水，一名骇鸡："通天"用以作簪，则梦登天，知天上诸事；"分水"刻为鱼形，衔以入水，水开三尺，可得气，息水中；"骇鸡"谓鸡见之，则惊却也。

驯獭　永州养驯獭，以代鸬鹚没水捕鱼，常得数十斤，以供一家。鱼重一二十斤者，则两獭共舁之。

明驼　驼卧，足不帖地，屈足。漏明，则走千里，故曰明驼。唐制，驿有明驼使，非边塞军机，不得擅发。杨贵妃私发明驼，赐安禄山荔枝。

瘈狗　《左传》："国狗之瘈，无不噬也。"杜预注云："瘈，狂犬也。"今云猘犬。《宋书》云："张收为瘈犬所伤，食虾蟆而愈。"又槌碎杏仁纳伤处即愈。

畜犬　《晋书》曰：白犬黑头，畜之得财；白犬黑尾，

看，没有人，才敢下来。过一会儿又上去，像这样好多次。所以现在如果有人考虑事情无法决定的就叫作"犹豫"。

沐猴　沐猴就是一种小猴，出自罽宾国。《汉书》中说"沐猴而冠"，把"沐"当作"沐浴"的"沐"，这是错的。

刑天　刑天是野兽的名字，就是"浑沌"，见于《山海经》。能拿着盾和斧来挥舞。陶渊明有"刑天舞干戚"的诗句，现在误为"刑天無干戚"。

猾　形状像野猪，经常在地下吃死人的脑子。想要杀它，就要用柏树枝插在坟墓上，所以现在坟墓上多种柏树。又叫蝹。秦缪公的时候，陈仓人挖地时得到了一个。

猾　猾这种野兽没有骨头，到了虎的嘴里，虎也无法咬，进入虎的肚子里，就会从里面咬出来。《尚书》说"蛮夷猾夏"，就是用的这个义项。

犀角　犀角又叫通天，也叫分水，还叫骇鸡："通天"是说用它来做簪子，就会做梦登上天府，从而知道天上的事情；"分水"是把它刻成鱼的形状，衔着它进入水中，水就会分开三尺，这样可以换气，从而可栖息于水中；"骇鸡"是说鸡看到它，就会被吓跑。

驯獭　永州驯养水獭，用来代替鸬鹚去水里捕鱼，经常一次能得到几十斤，可以供应一家的使用。如果有重达一二十斤的鱼，就两只水獭一起抬出来。

明驼　骆驼卧着的时候，脚不会贴在地上，而是屈着脚。这样便会漏光，可以走千里，所以叫明驼。唐代规定，驿站有明驼使，如果不是边塞的军情，就不能擅自使用。杨贵妃私自派出明驼，赐给安禄山荔枝。

瘈狗　《左传》有"国狗之瘈，无不噬也"的句子，杜预注释说："瘈，就是狂犬。"也就是现在说的疯狗。《宋书》说："张收被疯狗咬了，吃虾蟆后痊愈了。"另外，还可以把杏仁砸碎放到咬伤的地方就会立即痊愈。

畜犬　《晋书》记载说：如果养一条浑身白色但头为黑色的狗，就会得到财物；养一条浑身白色但尾巴是黑色的狗就会

世世乘车。黑犬白耳，富贵；黑犬白前二足，宜子孙。黄犬白耳，世世衣冠。

风生兽　生炎州，大如狸，青色。积薪数车以烧之，薪尽而兽不死，毛亦不焦，斫刺不入，打之如灰囊，以铁锤锻其头数十下，乃死，而张口向风，须臾复活。以石上菖蒲塞其鼻，即死。取其脑和菊花服之，尽十斤，得寿五百岁。

月支猛兽　汉武时，月支国献猛兽一头，形如五六十日犬子，大如狸而色黄。武帝小之，使者对曰："夫兽不在大小。"乃指兽，命叫一声。兽舐唇良久，忽叫，如大霹雳，两目如礴之交光。帝登时颠蹶，搔耳震栗，不能自止。虎贲武士皆失仗伏地，百兽惊绝，虎亦屈伏。

舞马　唐玄宗舞马四百蹄，分为左右部，有名曰某家骄。其曲曰《倾杯乐》。皆衣以锦绣，缀以金银，每乐作，奋首鼓尾，纵横应节。

舞象　唐明皇有舞象数十。禄山乱，据咸阳，出舞象，令左右教之拜。舞象皆弩目不动，禄山怒，尽杀之。

弄猴　唐昭宗播迁，随驾有弄猴，能随班起居。昭宗赐以绯袍，号供奉。罗隐诗"何如学取孙供奉，一笑君王便著绯"是也。朱梁篡位，取猴，令殿下起居。猴望见全忠，径趋而前，跳跃奋击，遂被杀。

忽雷驳　秦叔宝所乘马也。喂料时，每饮以酒。常于月明中试之，能竖越三领黑毡。叔宝卒，嘶鸣不食而死。

世代做高官。养一条黑狗但有白色的耳朵，就会得到富贵；养一条黑狗但两条前腿是白色的，会给子孙带来好运。养一条黄狗但有白色的耳朵，就会世代为高门大族。

风生兽　这种兽生于炎州，像狸那么大，黑色。堆几车木柴来烧它，木柴都烧尽了但它不全死，连毛都不焦，用斧砍、用刀刺都伤不了它，打它就像打在装了灰的布袋上一样，但用铁锤在它头上打几十下它就死了，但如果它张着嘴朝着风，那一会就会复活。若用石头上的菖蒲塞住它的鼻子，它便真的死了。取出它的脑子与菊花一起吃，吃十斤，就可以活五百年。

月支猛兽　汉武帝的时候，月支国进献猛兽一头，形状像生下来五六十天的小狗，大小像狐狸，黄色。汉武帝很轻视它，使者说："野兽的能力不在于大小。"于是指着那只野兽，让它叫一声。那只野兽舐着嘴唇过了好久，忽然叫了一声，就好像天上打了一个霹雳，它的两只眼睛也好像闪电的光一样。汉武帝当时就被震倒了，战战兢兢，不能自已。连那些卫士也都吓得把仪仗扔掉趴在地上，别的野兽都吓跑了，就连老虎也吓得趴在地上。

舞马　唐玄宗有舞马四百匹，分为左右两部，有的名叫某家骄。舞蹈时的乐曲叫《倾杯乐》。马身上都穿着锦绣，佩戴着金银的饰物，每当音乐响起，便扬头甩尾，踏着节拍跳舞。

舞象　唐明皇有舞象几十头。安禄山叛乱，占据了咸阳，放出舞象，命令左右的人教它们向自己朝拜。舞象却都愤怒地瞪着眼不动，安禄山大怒，把这些舞象都杀了。

弄猴　唐昭宗被迫逃出长安时，有一只供人玩耍的猴子也跟着皇帝的车驾，这只猴子可以随着文武百官一起朝拜。唐昭宗赐给它绯红的官袍，号为供奉。罗隐有"何如学取孙供奉，一笑君王便著绯"的诗句说的就是它。后来朱全忠篡位创立后梁，把猴带来，命令它在殿下朝拜。猴子看到朱全忠，直接跑到前边来，跳起来奋力袭击他，于是便被朱全忠杀掉了。

忽雷駮　忽雷駮是秦叔宝所乘的马。在喂草料的时候，常常也让它喝酒。秦叔宝经常在月光明亮的时候试验它，它能一下子跳过三个毡房。秦叔宝死后，这匹马也悲鸣不已，最后不吃东西而死。

铁象　曲端下狱，自知必死，仰天长吁，指其所乘马名铁象，曰："天不欲振复中原乎？惜哉！"铁象泣数行下。

铸马　慕容廆有骏马赭白，有奇相，饶逸力。至光寿元年，四十九矣，而骏逸不亏，奇之，比鲍氏骢，命铸铜以图其像，亲为铭赞，镌颂其旁，像成，而马死矣。

白獭　魏徐邈善画，明帝游洛水，见白獭爱之，不可得。邈曰："獭嗜鲻鱼，乃不避死。"遂画板作鲻鱼悬岸，群獭竞来，一时执得。帝曰："卿画何其神也！"

赎马　周田子方尝出，见老马于道，询知为家畜也，叹曰："少尽其力，而老弃其身，仁者不为也。"赎之归。

袁氏　后唐有孙恪者，纳袁氏为室。后至峡山寺，袁持一碧环献老僧。少顷，野猿数十，扪萝而跃。袁乃命笔题诗，化猿去。僧方悟即沙门向所畜者，玉环其系颈旧物也。

果下马　罗定州出马，高不逾三尺，骏者有两脊骨，又呼双脊马，健而能行。以其可在果树下行，名曰果下马。

秽鼠易肠　唐公房拔宅上升，鸡犬皆仙，惟鼠不净，不得去。鼠自悔，一日三吐，易其肠，欲其自洁也。

八骏　穆天子八骏，一名绝地，足不践土；二名翻羽，行越飞禽；三名奔宵，夜行万里；四名超影，逐日而行；五名逾辉，

铁象　南宋的曲端入狱后，知道自己一定会死，仰天长叹，指着他乘坐的那匹铁象马说："老天爷不想让我收复中原吗？可惜啊！"铁象马也流下了眼泪。

　　铸马　慕容廆有匹骏马叫赭白，有奇特的相貌，很有耐久的力量。到了光寿元年（357），马已经四十九岁了，但仍然神骏而善跑，慕容廆觉得很奇异，把它比作鲍宣那匹著名的骏马，命人为它铸一个铜像，并亲自为它写了铭赞，刻在铜像旁边，像铸成后，马就死了。

　　白獭　魏国的徐邈善于绘画，魏明帝出游洛水，看到一只白獭，非常喜爱，但却得不到。徐邈说："白獭特别嗜好鲻鱼，为了吃鲻鱼死都不怕。"于是便画了一条鲻鱼悬在岸边，一群白獭都争先恐后地跑来，一下子便抓住了。魏明帝说："爱卿的画真是神奇啊！"

　　赎马　周代的田子方曾经出门，看到路上有一只老马，一问知道原是一只家畜，叹息说："它年轻时使用了它的力气，它老了便抛弃了它，这不是仁者做的事啊。"便把它买了回来。

　　袁氏　后唐有一个叫孙恪的人，娶了袁氏为妻。后来到峡山寺，袁氏拿了一个碧玉环献给老和尚。过了一会儿，有数十只野猴，攀着藤萝跳跃而来。袁氏便拿笔题诗，然后变成猿猴走了。和尚这才醒悟，这个袁氏就是以前寺庙里养的猿猴，那个碧玉是戴在它脖子上的旧物。

　　果下马　罗定州出产一种马，高不过三尺，漂亮的马有两条脊梁骨，又叫双脊马，非常健壮且能擅长走路。因为它能在果树下走，所以名叫果下马。

　　秽鼠易肠　唐公房全家都飞上天空，连鸡、狗都成了仙，只有老鼠不干净，所以不能去。老鼠非常后悔，每天吐三次，想换掉自己的肠子，让自己洁净一些。

　　八骏　周穆王有八匹骏马，第一匹叫绝地，奔跑时脚不沾地；第二匹叫翻羽，奔跑时能快过飞鸟；第三匹叫奔宵，夜里也能奔走一万里；第四匹叫超影，追着太阳跑；第五匹叫逾辉，

毛色炳熠；六名超光，一形十影；七名腾雾，乘云而奔；八名挟翼，身有肉翅。又有骅骝，亦古之良马也。

黑牡丹 唐末刘训者，京师富人。京师春游，以观牡丹为胜赏。训邀客赏花，乃系水牛累百于门。人指曰："此刘氏黑牡丹也。"

辟暑犀 《孔帖》：文宗延学士于内殿。李训讲《易》，时方盛暑。上命取辟暑犀以赐。

辟寒犀 《开元遗事》：交趾进犀角，色黄如金。冬月置殿中，暖气如熏。上问使者，曰："此辟寒犀也。"

养虎遗患 汉王欲东归，张良曰："汉有天下大半，楚兵饥疲，今释不击，此养虎自遗患也。"王从之。

狐假虎威 楚王问群臣："北方畏昭奚恤，何哉？"江乙曰："虎得一狐，狐曰：'子毋食我，天帝令我长百兽，不信，吾先行，子随后观。'兽见皆走。虎不知兽畏己，以为畏狐也。今北方非畏昭奚恤，实畏王甲兵也。"

狐疑 狐疑者，狐性多疑，故心不决曰狐疑。

黔驴之技 柳文：黔无驴，有好事者船载以入，放之山下。虎见庞然大物，环林间视之。驴一鸣，虎大骇，以为且噬己。然往来视之，觉无异能。益习其声，稍近，宕、倚、冲、冒。驴不胜怒，蹄之。虎因喜，计之曰："技止此矣！"跳梁大㘎，断其喉，尽其肉，乃去。

毛的颜色闪闪发光；第六匹叫超光，因为跑得太快，所以一个身形会有十个影子；第七匹叫腾雾，可以乘着云气奔跑；第八匹叫挟翼，身上长着肉的翅膀。又有一匹骅骝，也是古代的良马。

黑牡丹　唐末的刘训，是京师的富人。京师的春游，以观看牡丹为最好的方式。刘训邀请客人来赏花，便在门口绑了上百头水牛。人们都指着说："这就是刘训家的黑牡丹。"

辟暑犀　《孔帖》记载：唐文宗延请学士到朝廷内殿。李训主讲《易》，当时正值盛夏。唐文宗命人拿来辟暑犀赐给李训。

辟寒犀　《开元天定遗事》记载：交趾进贡了一只犀牛角，颜色黄得像金子。冬天放在宫殿里，温暖的空气就好像在熏笼里一样。唐玄宗询问使者，回答说："这就是辟寒犀。"

养虎遗患　汉王刘邦想要回到东边去，张良说："汉已经占据了一大半天下，而楚兵又是饥饿又是疲劳，现在如果放松不去攻击的话，那就是养老虎来给自己留下祸患。"刘邦听从了他的建议。

狐假虎威　楚王问群臣说："北方人害怕昭奚恤，这是为什么呢？"江乙回答说："老虎得到一只狐狸，狐狸说：'你不要吃我，上帝让我掌管百兽，如果不信，我先走，你跟在我后边看看。'野兽看到的都跑了。老虎不知道这些野兽实际上害怕的是自己，还以为是害怕狐狸。现在北方人也不是害怕昭奚恤，实际上是害怕大王的军队啊。"

狐疑　所谓的"狐疑"，是因为狐狸生性多疑，所以把心中无法决断叫狐疑。

黔驴之技　柳宗元《黔之驴》一文记载：黔地没有驴，有一个多事的人用船运来一只，放在山下。老虎看到这个庞然大物，便在树木间环绕着窥视。驴叫了一声，老虎大吃一惊，以为它要吃自己。但又仔细看，似乎也没有什么特殊的能力。加上更加习惯了它的声音，便敢离它近一些，用各种去任挑逗它。驴非常生气，用蹄子来踢老虎。老虎非常高兴，心里想："原来它的本事也就这样了。"便跳起来攻击，咬断了驴的喉咙，吃完了它的肉，这才走。

马首是瞻 晋荀偃曰："鸡鸣而驾，塞井夷灶，惟余马首是瞻！"

不及马腹 楚伐宋，宋告急于晋。晋侯欲救之，伯宗曰："不可。古人有言曰：'虽鞭之长，不及马腹。'天方授楚，不可与争。"

塞翁失马 《北史》：塞上翁匹马亡入胡，人吊之。翁曰："安知非福乎？"后马将骏马归。人贺之，翁曰："安知非祸乎？"后其子骑，折髀。人吊之，翁曰："又安知非福乎？"后兵，出丁壮者，免其子，以跛相保。

弃人用犬 晋灵公饮赵盾酒，伏兵将攻之，其右提弥明知之，趋登，扶盾以下。公嗾夫獒焉，明搏而杀之。盾曰："弃人用犬，虽猛何为？"

跖犬吠尧 汉高祖既杀韩信，诏捕蒯彻。既至，上曰："若教淮阴侯反乎？"对曰："然。秦失其鹿，天下共逐之。高材捷足者先得焉。跖之犬吠尧，尧非不仁，吠非其主也。"

指鹿为马 秦赵高欲专权，乃先设验，持鹿献二世，曰："马也！"二世笑曰："丞相误也，谓鹿为马。"问左右，或默，或言。高阴中言鹿者以法。

守株待兔 《韩子》：宋人有耕者，田畔有株，兔走触之，折颈而死，因释耕守株，冀复得兔，为宋国笑也。

多歧亡羊 《列子》：杨子之邻人亡羊，既率其党，又请杨子之竖追之。杨子曰："嘻！亡一羊，何

马首是瞻　晋国的大将荀偃对部下说："鸡一打鸣就出兵，把井填上，把灶推平，全军都看我的马头所向行事！"

不及马腹　楚国讨伐宋国，宋国向晋国告急。晋侯想去相救，伯宗说："不可以。古人曾经说：'马鞭虽然长，但够不着马的肚子。'上天正保佑楚国，所以不可以与他们争斗。"

塞翁失马　《北史》记载：塞上有一位老翁，他家的一匹马跑到胡地去了，人们都来安慰他。老翁说："怎么知道这不是福气呢？"后来那匹马领着胡人的骏马回来了。人们又来向他祝贺，老翁说："怎么知道这不是祸呢？"后来他的儿子骑这匹马，摔断了腿。人们又来慰问，老翁说："怎么知道这一次仍不是福气呢？"后来发生战争，每户都要抓壮丁，他的儿子却被免除了兵役，所以因为他的跛反而得以保全。

弃人用犬　晋灵公请赵盾喝酒，却埋伏下了兵将想要攻击他，赵盾的护卫提弥明知道了这个秘密，便小跑着登上车，扶赵盾下来。晋灵公放出猛犬来，提弥明在搏斗中把犬杀了。赵盾说："抛弃了人而用犬，虽然很凶猛但又能如何呢？"

跖犬吠尧　汉高祖刘邦杀了韩信之后，下诏逮捕蒯彻。捕获以后，汉高祖说："是你让淮阴侯韩信反叛的吗？"蒯彻回答说："是的。秦朝失掉了权柄，天下人都可以去争夺。只是才能高跑得快的人先得到罢了。盗跖的狗对着尧帝吠叫，不是尧帝不仁，咬他是因为他不是自己的主人。"

指鹿为马　秦朝的赵高想要专权，便先作了一个试验，他牵了一头鹿来献给秦二世，说："这是马！"秦二世大笑说："丞相错了，把鹿当作马。"问左右的人，有的人沉默，有的人发表意见。赵高暗中陷害了那些说是鹿的人。

守株待兔　《韩非子》记载：宋国有一个人正在耕地，地边上有棵树，有只兔子跑来撞到树上，折断脖子而死，这人因此便不再耕地而守着树，希望能再得到兔子，成为宋国的笑话。

多歧亡羊　《列子》记载：杨子的邻人丢了羊，于是他不但率领自己的家人，还请来杨子的仆人来一起追赶。杨子说："呵！丢了一只羊，为什么

追之者众？"曰："多歧。"既反，问："获羊乎？"曰："亡之矣。"曰"奚亡之？"曰："歧路之中又有歧焉，吾不知所之，所以反也。"

飞越峰　洪武初，夷人献良马十，其一白者，乃得之贵州养龙坑。坑旁水深而远，下有灵物，春和多系牝马，云雾晦冥，必有与马接，其产即龙驹。故此马首高九尺，长丈馀，莫可控御。敕典牧者囊沙四百斤，压而乘之，行如电蹑，片尘不惊，赐名飞越峰，命学士宋濂赞。

燧人氏始著物虫鸟兽之名。鲧始服牛。相士始乘马。伏羲始畜牺牲。夏后氏始食卵。汉文帝始制洁六畜。后魏始禁宰牛马。唐高祖始断屠。

黄耳　陆机有快犬曰黄耳，性黠慧，能解人语，随机入洛。久无家问，作书以竹筒戴犬项，令驰归，复得报还洛。今有黄耳冢。

白鹿夹毂　汉郑弘为淮阴守，岁旱，弘行田间，雨即至。时有白鹿在道，夹毂而行。主簿贺曰："闻三公车轮画鹿，明公必大拜矣！"果验。

麈出终南诸山。鹿之大者曰麈，群鹿随之，视麈尾为向道，故古之谈者挥焉。

飞鼠，其物飞而生子。难产者，以皮覆之则易，故又名催生。

糖牛，桂平出。里人知牛嗜盐，乃以皮裹手，涂盐于上，入穴探之。其角如玉，取以为器。

要这么多人去追呢?"邻居回答说:"因为有岔路。"后来回来了,杨子问:"追到羊了吗?"邻居说:"已经不见了。"杨子说:"为什么会不见了呢?"邻居说:"岔路中又有岔路,我不知道该向哪条岔路去追,所以回来了。"

飞越峰　洪武初年,有夷人进献十匹良马,其中有一匹是白色的,是在贵州养龙坑得到的。坑边的水非常深也非常远,下面有灵物。在天气晴和的时候便在坑边拴一些母马,一会儿便云雾弥漫,定有灵物来与马交配,这些马生出的都是龙驹。所以这种马头高有九尺,身长有一丈多,无法控制驾驭。皇帝下令让饲养的人用袋子装四百斤沙子,压在马身上然后骑它,奔跑起来仍然像电一样快,连一粒尘土都不会惊动,皇帝给它赐名为飞越峰,并命令学士宋濂写了一篇赞。

燧人氏开始给物、虫、鸟、兽起名。鲧开始用牛。相士开始骑马。伏羲开始用牺牲来祭祀。夏后氏开始吃蛋。汉文帝开始在养六畜的时候进行阉割。后魏开始禁止屠宰牛和马。唐高祖开始禁止屠宰。

黄耳　陆机有一只跑得很快的狗叫黄耳,非常聪明灵慧,能听懂人说的话,跟随陆机到了洛阳。因为时间很久了没有家书,陆机便写了一封信用竹筒装着戴在狗的脖子上,让它跑回去,它回去送了信还带了回信再来。现在还有黄耳冢。

白鹿夹毂　汉代的郑弘为淮阴太守,有一年大旱,郑弘行走在田间,大雨就来了。当时有白鹿在路上,夹着郑弘的车轮往前走。主簿祝贺他说:"听说三公的车轮上画着鹿,大人一定会官拜三公的!"后来果然应验了。

麈这种动物出于终南山。鹿中体型大的叫麈,群鹿都跟随着它,把麈的尾巴当作向导,所以古代聊天的人用手拿着麈尾来挥动。

飞鼠,飞着的时候产子。如果有人难产,用飞鼠的皮盖住生就会容易一些,所以飞鼠又叫催生。

糖牛,出于桂平。当地人知道糖牛喜欢吃盐,便用皮裹住手,把盐涂在手上,伸到洞穴里去抓它。它的角像玉一样,取来可以制成别的东西。

射鹿为僧 陈惠度于剡山射鹿，鹿孕而伤，既产，以舌舐子，干而母死，惠度遂投寺为僧。后鹿死处生草，名曰鹿胎草。

野宾 宋王仁裕尝畜一猿，名曰野宾。一日放于嶓冢山。后仁裕复过此，见一猿迎道左，从者曰："野宾也。"随行数十里，哀吟而去。

凭黑虎 卓敬年十五，读书宝香山，风雨夜归迷失道，得一兕牛，凭之归，入门，乃黑虎也。

题虎顾众彪图 明成祖出图，命解缙题句。缙诗云："虎为百兽尊，谁敢撄其怒。惟有父子恩，一步一回顾。"帝见诗有感，即令夏原吉迎太子于南京。

熊入京城 弘治间，有熊入西直门，何孟春谓同列曰："熊之为兆，宜慎火。"未几，在处有火灾。或问孟春曰："此出何占书？"孟春曰："余曾见宋纪：永嘉灾前数日，有熊至城下，州守高世则谓其倅赵允绍曰，熊于字'能火'，郡中宜慎火。果延烧十之七八。余忆此事，不料其亦验也。"

不忍麑 孟孙猎得麑，使西巴持归。麑母随之啼泣，西巴不忍，与之。孟孙大怒，逐西巴。寻召为其子傅，谓左右曰："夫不忍麑，且忍吾子乎！"

的卢 刘表赠备一马，名曰的卢。一日，遇伊籍，曰："此马相恶，必妨主。"备未之信。表妻蔡氏忌备，嘱弟瑁设筵暗害。备觉，出奔，前阻檀溪，后为瑁兵所逼，

射鹿为僧　陈惠度在剡山射了一头鹿，这头鹿怀了孕却受了箭伤，生下小鹿后，用舌头舔小鹿，舔干后母鹿就死了。陈惠度便到寺庙里去出家为僧。后来在那只鹿死的地方长出一种草，名叫鹿胎草。

野宾　宋代王仁裕曾经养过一只猿猴，名叫野宾。有一天，把它在嶓冢山放生了。后来王仁裕再过这里，看到一只猿猴在路边相迎，随从说："这是野宾啊。"它跟随了几十里，最后哀伤地叫着走了。

凭黑虎　卓敬十五岁的时候，在宝香山读书，有一天风雨之夜回家时迷了路，看到一只兕牛，跟着它才回到了家，入门的时候，才发现那原来是一只黑虎。

题虎顾众彪图　明成祖拿出一幅《虎顾众彪图》，让解缙题诗。解缙的诗是："虎为百兽尊，谁敢撄其怒。惟有父子恩，一步一回顾。"明成祖看到这首诗很有感触，当即命令夏原吉把太子从南京接回来。

熊入京城　弘治年间，有一只熊进入了西直门，何孟春对同事说："熊的出现是一种征兆，要小心失火。"没过多久，处处都出现了火灾。有人问何孟春："这个预测出自哪本占卜的书呢？"何孟春说："我曾经看到宋人的记载：在永嘉那场大火的前几天，就有熊到城下，当时永嘉太守高世则对通判赵允绍说，'熊'这个字是'能火'，郡中要小心火。后来果然牵连着烧掉了百分之七八十的地方。我想起这件事，却不料真的应验了。"

不忍麑　孟孙打猎获得了一只麑，让西巴带着回去。母麑跟着他哭泣，西巴不忍心，便放了它。孟孙大怒，驱逐了西巴。但不久又召他来当自己儿子的老师，他对左右的人说："他连对麑都不忍心，能忍心伤害我的儿子吗！"

的卢　刘表赠给刘备一匹马，名字叫的卢。有一天，遇到伊籍，伊籍说："这匹马的面相很凶恶，一定会害主人的。"刘备并不相信。刘表的妻子蔡氏很忌恨刘备，叮嘱弟弟蔡瑁设筵来暗害他。刘备发现了，便骑马跑了出来，前边被檀溪挡住了，后边又有蔡瑁的追兵，

乃下溪，策马曰："的卢的卢，今日妨吾。"的卢于急流深处，一跃三丈，飞渡西岸。瑁惊骇而退。

获两虎　《史记》：陈轸曰："卞庄子刺虎，馆竖子止之，曰：'两虎方共食一牛，牛甘必斗，斗则大者伤，小者亡，从而刺之，一举两得。'果获两虎。"

牛羊犬豕别名　《礼记》：牛曰太牢。羊曰少牢。又牛曰一元大武。羊曰柔毛，又曰长髯主簿。豕曰刚鬣，又云乌喙将军。韩狲，六国时韩氏之黑犬。楚犷、宋猎，皆良犬也。又曰："大夫之家，无故不杀犬豕。"家豹、乌圆，皆猫之美誉。

鹿死谁手　石勒曰："使朕遇汉高，当北面事之。若遇光武，可与并驱中原，未知鹿死谁手。"

续貂　《晋书》：赵王伦篡位，奴卒亦加封秩，貂蝉满座。语曰："貂不足，狗尾续！"

拒虎进狼　《鉴断》：汉和帝年才十四，乃能收捕窦氏，足继孝昭之烈。惜其与宦官议之，以启中常侍亡汉之阶。语曰："前门拒虎，后门进狼。"此之谓也。

焉得虎子　《吴志》：吕蒙欲从当，母叱之。蒙曰："不入虎穴，焉得虎子？"又班超使西域，鄯善王广礼敬甚备。匈奴使来，更疏懈。超会其吏士三十六人，曰："不入虎穴，不得虎子。"遂夜攻虏营，斩其使。

羊触藩篱　《易经》："羝羊触藩，羸其角。"

制千虎　《宋史》：常安民遗吕公著书曰："去小人不难，胜小人难耳。尝见猛虎负嵎，卒为人胜者，人众而虎寡也。今奈何以数十人而制千虎乎？"公著得书，默然。

便只好下到溪水中,他边赶马边说:"的卢的卢,今日害吾。"没想到的卢马在急流深处,一跳三丈远,飞到了西岸。蔡瑁看到也又惊又怕地退兵回去了。

获两虎　《史记》记载:陈轸说:"卞庄子要杀虎,馆竖子阻止他说:'两只虎正在同吃一只牛,牛肉好吃的话它们肯定会起争斗,有争斗的话大的老虎会受伤,小的会死亡,然后再去刺杀它,岂不是一举两得。'后来果然猎获了两只虎。"

牛羊犬豕别名　《礼记》记载:牛叫太牢。羊叫少牢。另外,牛也叫一元大武。羊叫柔毛,还叫长髯主簿。猪叫刚鬣,又叫乌喙将军。韩狋,六国时韩氏的黑犬。楚犷、宋猎,都是良犬。又说:"大夫的家里,不会无缘无故地杀死猪狗。"家豹、乌圆,都是猫的美称。

鹿死谁手　石勒说:"如果让我遇到汉高祖,我只好向他臣服。但若遇到光武帝,我就可以和他并驱中原,鹿死谁手还是未知之数。"

续貂　《晋书》记载:赵王司马伦篡位,奴仆兵卒都加了官品,满座都是官员佩戴的貂蝉。俗话说:"貂不足,狗尾续!"

拒虎进狼　《鉴断》记载:汉和帝十四岁的时候,便能收捕窦氏,足以继承汉昭帝的馀烈。可惜他常与宦官一起来商量事情,这也开启了中常侍灭亡汉朝的开端。俗话说:"前门拒虎,后门进狼。"就是说这样的事情啊。

焉得虎子　《三国志·吴书》记载:吕蒙想要跟随姐夫邓当去杀贼,他的母亲训斥他。吕蒙说:"不入虎穴,焉得虎子?"又:班超出使西域,鄯善王广对他礼数很周全。匈奴的使者来了以后,礼数便松懈了。班超集合了手下的三十六个人,说:"不入虎穴,不得虎子。"于是夜里攻击敌人的营寨,斩了匈奴的使者。

羊触藩篱　《易经》说:"公羊若强行用角去撞藩篱,就会被困住。"

制千虎　《宋史》记载:常安民给吕公著的书信里说:"送走小人并不难,要战胜小人却很难。我曾经见过猛虎负隅顽抗的,却最终还是被人战胜了,因为人多而虎少。现在为什么要用几十个人去打上千只虎呢?"吕公著看到这封信,默然无语。

　　搏塞兔　　《史记》:范雎谓秦昭王曰:"以秦治诸侯,譬犹走韩卢而搏塞兔也。"

　　瞎马临池　　《世说》:顾恺之与殷仲堪作危语,有一参军在坐,曰:"盲人骑瞎马,夜半临深池。"以仲堪眇一目故也。

　　教猱升木　　猱,猴属,性善升木,不待教而能者。《诗经》:毋教猱升木。

　　城狐社鼠　　《韩诗外传》:"社鼠不攻,城狐不灼。"恐其坏城而伤社也。

　　陶犬瓦鸡　　《金楼子》:"陶犬无守夜之警,瓦鸡无司晨之益。"

　　羊质虎皮　　《杨子》:"羊质而虎皮,见草而悦,见豺而战,忘其皮之虎也。"

　　九尾狐　　宋陈彭年奸佞不常,时号九尾狐。

　　猬务　　猬似豪猪而小,其毛攒起如矢,言人事之丛杂似之。故事多曰猬务。

鳞介

　　龙有九子:一曰赑屃,似龟,好负重,故立于碑趺;二曰螭吻,好远望,故立于屋脊;三曰蒲牢,似龙而小,好叫吼,故立于钟纽;四曰狴犴,似虎,有威力,故立于狱门;五曰饕餮,好饮食,故立于鼎盖;六曰蚣蝮,好水,故立于桥柱;七曰睚眦,好杀,故立于刀环;八曰金猊,形似狮,好烟火,故立于香炉;九曰椒图,似螺蚌,性好闭,故立于门铺。

　　尺木　　龙头上有一物,如博山形,名曰尺木。龙无尺木,不能升天。

　　攀龙髯　　黄帝采铜,铸鼎于荆山下。鼎成,有龙垂胡髯下迎帝骑龙上,群臣后宫从上者七十馀人,

搏塞兔　《史记》记载：范雎对秦昭王说："用秦国来统治诸侯，就好像放出名犬韩卢去追逐跛足的兔子。"

瞎马临池　《世说新语》记载：顾恺之和殷仲堪比试来说危险的事情，有一个参军也在坐，他说："盲人骑瞎马，夜半临深池。"这么说是因为殷仲堪有一只眼看不见。

教猱升木　猱，属于猴类，非常善于爬树，不用教就有这个能力。《诗经》中有"毋教猱升木"的句子。

城狐社鼠　《韩诗外传》有"不要打社庙里的老鼠，不要烧城墙里的狐狸"的话，是害怕殃及城墙和社庙。

陶犬瓦鸡　《金楼子》说："用陶瓷做成狗的样子但却没有守夜的警惕性，用瓦做成的鸡也没有早晨打鸣的好处。"

羊质虎皮　《杨子》说："一只羊穿着老虎的皮，但看到草仍然高兴，看到豺狼仍然战栗，忘了它穿着老虎的皮了。"

九尾狐　宋代的陈彭年非常奸诈阴险，当时人称九尾狐。

猬务　刺猬像豪猪只是稍小一些，它的毛支着像箭一样，要说人的事务繁多就像它的毛。所以事多叫"猬务"。

鳞介

龙有九个儿子：第一个叫赑屃，长得像乌龟，喜欢背负重物，所以被立为碑座；第二个叫螭吻，喜欢远望，所以立在屋脊上；第三个叫蒲牢，像龙但要小一些，喜欢吼叫，所以刻在钟纽上；第四个叫狴犴，像老虎，有威力，所以立在狱门上；第五个叫饕餮，喜欢饮食，所以刻在锅盖上；第六个叫蚣蝮，喜欢水，所以立在桥柱上；第七个叫睚眦，喜欢杀戮，所以刻在刀环上；第八个叫金猊，形状像狮子，喜欢烟火，所以刻在香炉上；第九个叫椒图，样子像螺蚌，喜欢合起来，所以立在门铺上。

尺木　龙的头上有一个东西，形状像博山炉，名叫尺木。龙如果没有尺木，就不能升天。

攀龙髯　黄帝采铜，在荆山下铸造大鼎。鼎造成了，有一条龙垂下胡须，迎黄帝上来让他骑在龙身上，群臣和后宫跟随上去的有七十多个人，

小臣不得上，悉持龙髯，髯拔，堕弓。抱其弓而号。后世名其处曰鼎湖，名其弓曰乌号。

龙漦　夏后藏龙漦于匵，周厉王发之，漦化为鼋，入于王府。府中童妾娠之生女，弃于道，有夫妇窃之至褒。后褒人有罪，纳女于幽王，是为褒姒。

痴龙　昔有人堕洛中洞穴，见宫殿人物九处，将大羊髯，得珠，取食之。出问张华，华曰："九仙馆也。大羊乃痴龙。"

龙不见石，人不见风，鱼不见水，鬼不见地。

梭龙　陶侃少时，尝捕鱼雷泽，得一铁梭，还挂著壁。有顷，雷雨大作，梭变成赤龙，腾空而去。

画龙　叶公子高好龙，雕文画之。一旦，真龙入室，叶公弃而还走，失其魂魄。故曰叶公非好真龙也，好夫似龙而非龙者也。

行雨不职　唐普闻师聚徒说法，有老人在旁，问之，答曰："某此山之龙，因病，行雨不职见罚，求救。"师曰："可易形来。"俄为小蛇，师引入净瓶，覆以袈裟。忽云雨晦冥，雷电绕空而散。蛇出，复为老人而谢："非藉师力，则腥秽此地矣。"出泉以报。

金吾亦龙种。形似美人，首尾似鱼，有两翼，其性通灵，终夜不寐，故用以巡警。

螺女　闽人谢端得一大螺如斗，畜之家。每归，盘餐必具。因密伺，乃一姝丽甚，问之，曰："我天汉中白水素女。天帝

有一些小臣上不去，便都抓住龙的胡子，胡子被拔掉了，掉下来一张弓。小臣都抱着那张弓大声哭泣。后来就把那个地方叫鼎湖，把那张弓叫乌号。

龙漦　夏后把龙的唾沫藏在宝匣中，周厉王打开了，唾沫变成大鳖，进入了周厉王的宫中。宫中的童妾便怀了孕，生下了一个女儿，被扔在路边，有一对夫妇偷偷把她带到了褒国。后来褒国人犯了罪，把这个女子进献给周幽王，就是褒姒。

痴龙　从前有人掉到洛中的一个洞穴中，看到有宫殿和人物九处，将大羊的胡髯，得到了宝珠，便取来吃了。出来问张华，张华说："那是九仙馆。大羊就是痴龙。"

龙看不见石头，人看不见风，鱼看不见水，鬼看不见地。

梭龙　陶侃小的时候，曾经在雷泽捕鱼，得到了一枚铁梭，回家后便随手挂在墙壁上。过了一会，雷雨大作，铁梭变成一条赤龙，腾空而去。

画龙　叶公子高非常喜欢龙，在家里到处都画着龙。有一天，真龙来到他家，叶公吓得转身就跑，失魂落魄。所以说叶公不是真的喜欢龙，他喜欢的是像龙但又不是龙的东西。

行雨不职　唐代的普闻师聚集徒弟来说法，有一个老人在旁边，问他，他回答说："我是这座山上的龙，因为病了，所以没执行好下雨的任务而被惩罚，求大师救我。"普闻师说："你可以改变形体再来。"过了一会儿，他变成小蛇，普闻师把他引进了净瓶，再用袈裟覆盖住。忽然乌云蔽空，一片黑暗，空中有巨雷和闪电，然后便停了。小蛇出来，再变回老人来致谢说："若不是大师的法力，我的小命就会弄脏这块地方了。"然后在那里引出一泓泉水来作为报答。

金吾也是龙种。形体像美人，头和尾巴像鱼，有两个翅膀，秉性通灵，能整个晚上不睡觉，所以用来巡警。

螺女　福建人谢端得到一个像斗一样大的的田螺，养在家里。每次回来，饭都做好了。他便偷偷查看，发现是一个很美的女子做的。问她，回答说："我是天上银河中的白水素女。天帝

遣我为君具食。今去，留壳与君。"端用以储粟，粟常满。

射鳝　越王郢于福州溪中，见一鳝长三丈，郢射中之，鳝以尾环绕，人马俱溺。

鲙残鱼，出松江。昔吴王江行食鲙，以残者弃水面，化而为鱼。

横行介士　《抱朴子》：山中辰日称无肠公子者，蟹也。《蟹谱》："出师下岩之际，忽见蟹，称为横行介士。"

蛟龙得云雨　周瑜谓孙权曰："刘备有关、张熊虎之将，肯久屈人下哉？恐蛟龙得云雨，终非池中物也。"

生龟脱筒　金华俞清老云：荆公欲使脱缝掖、著僧伽黎，遂去室家妻子之累，犹生龟脱筒，亦难堪忍。

杯中蛇影　乐广为河南尹，宴客。壁上有悬弩照于杯中，影如蛇，客惊谓蛇入腹，遂病。后至其故处，知为弩影，病遂解。

率然　《博物志》：率然一身两头，击其一头，则一头至；击其中，则两头俱至。故行军者有长蛇阵法。

鱼求去钩　汉武欲伐昆明，凿池习水战，刻石为鲸鱼，每雷雨至则鸣，鬐尾皆动。尝有人钓此，纶绝而去。鱼梦于武帝，求去其钩。明日，帝游池上，见一鱼衔钩，曰："岂非昨所梦乎？"取鱼去钩而放之。后帝复游池畔，得明月珠一双，叹曰："岂鱼之报也！"

派我来给你做饭。今天要走了，把壳留给你吧。"谢端用这个壳来储藏粮食，粮食便常常是满的。

射鳝　越王郢在福州的小溪中，看见有一条鳝鱼长有三丈，郢射中了它，鳝鱼用尾巴把他们都缠了起来，于是人和马都被拖入溪水里去了。

鲙残鱼，出于松江。从前吴王在江上航行时正吃鱼，把吃剩的扔在水面上，变成了鲙残鱼。

横行介士　《抱朴子》记载：山林中有在辰日那天自称是无肠公子的，就是螃蟹。《蟹谱》也说："出兵于岩石下的时候，若忽然看到螃蟹，就应该称它为横行介士。"

蛟龙得云雨　周瑜对孙权说："刘备拥有关羽、张飞这样如狼似虎的猛将，哪里肯长久地屈居人下呢？就怕蛟龙得到云雨的帮助，便不再愿意蛰伏在池中了。"

生龟脱筒　金华俞清老说：王安石想让我脱去儒生之服，穿上僧人的袈裟，这样便可以脱离家室妻子的拖累，但这就好像给活着的乌龟剥去壳一样，是很难忍受的啊。

杯中蛇影　乐广任河南尹的时候，有一次宴请宾客，墙壁上悬挂的弓弩的影子落在杯子里，就像蛇一样，客人还以为杯中有蛇并且喝进了肚子，便病了。后来再到原来的地方，知道是弓箭的影子，病便好了。

率然　《博物志》记载：常山有一种蛇叫率然，一个身体有两颗头，如果攻击其中一个头的话，另一个头就会来反击；攻击中间的话两个头都会来反击。所以带兵打仗的人有长蛇阵法。

鱼求去钩　汉武帝想要攻打昆明，便开凿大池用来练习水战，还用石头来刻成鲸鱼的样子，每到打雷下雨的时候这石刻的鲸鱼便会鸣叫，胡须和尾巴都会动。曾经有人在这里钓鱼，钓丝断后鱼便走了。有鱼托梦给汉武帝，请求帮它把鱼钩去掉。第二天，汉武帝在池上游玩，看到一条鱼衔着一个鱼钩，说："难道这就是昨天夜里梦到的那条鱼吗？"于是逮住鱼为它把钩去掉后放了它。后来汉武帝再到池边游玩，得到一对明月珠，便赞叹说："这是那条鱼的报答啊。"

打草惊蛇　王鲁为当涂令，黩货为务。会部民连状诉主簿贪贿，鲁判曰："汝虽打草，吾已惊蛇。"

干蟹愈疟　《笔谈》：关中无蟹，有人收得一干蟹，土人怪其形以为异，每人家有疟者，借去悬于户，其病遂痊。是不但人不识，鬼亦不识矣。

鱼婢蟹奴　《尔雅》：鱼婢，小鱼也，亦曰妾鱼。大蟹腹下有数十小蟹，名蟹奴。

画蛇添足　陈轸对楚使曰：三人饮酒，约画地为蛇，先成者饮。一人先成，举酒而起，曰："吾先成，且添为之足。"其一人夺酒饮，曰："蛇无足，汝添足，非蛇也。"

髯蛇长十丈，围七八尺。常在树上伺鹿兽过，便低头绕之，有顷，鹿死，先濡令湿，便吞食之，头角骨皆钻皮自出。

珠鳖　广东电白海中出珠鳖，状如肺，有四眼六脚而吐珠。一曰文鮡，鸟头鱼尾，鸣如磬而生玉。

鯈鱼　建昌修水出鯈鱼。郭璞云："有水名修，有鱼名鯈。天下大乱，此地无忧。"俗呼西河。

墨龙　抚州学有右军墨池。韩子苍《杂记》：池中忽时水黑，谓之墨龙。此物见，则士子应试者得人必多。屡验。

飞鱼　晋吴隶筑鱼塞于湖，忽闻空中云："晚有大鱼攻塞，勿杀！"须臾，大鱼果至，群鱼从之。隶误杀大鱼，是夕风雨横作，鱼悉飞树上。

咒死龙　石勒时大旱，佛图澄于石井冈掘一死龙，咒而祭之，龙腾空而上，雨即降。今有龙冈驿。

打草惊蛇　王鲁为当涂县令，只想着聚敛民财。正好有一些百姓递上状子告县里的主簿受贿，王鲁判案时说："你们虽是打草，但我这这条蛇也已经受到惊吓了。"

干蟹愈疟　《梦溪笔谈》记载：关中没有螃蟹，有人收得一只干蟹，当地人觉得螃蟹的形状非常怪异，有人家里有患了疟疾的，便借了去悬挂在门上，病人也就痊愈了。所以这不但是人不认识，连鬼也不认识。

鱼婢蟹奴　《尔雅》说：鱼婢，就是小鱼，也叫妾鱼。大螃蟹肚子下面有几十只小螃蟹，叫作蟹奴。

画蛇添足　陈轸对楚国的使者说：有三个人一起喝酒，相约在地上画蛇，先画成的人喝。有一个人先画成了，便把酒拿了起来，说："我先画成了，让我再给它添上几只脚。"另一人夺过酒就喝，说："蛇没有脚，你添上了脚，所以画的就不是蛇。"

髯蛇长有十丈，粗有七八尺。经常在树上等候鹿之类的野兽经过，便低头缠住它，一会儿，鹿死了，它便先用唾沫把鹿弄湿，然后便把它吞吃了，鹿的头、角、骨头都从蛇的皮里钻出来。

珠鳖　广东电白的海里出产一种珠鳖，形状像肺，有四只眼、六只脚，还能吐出珍珠。又叫文鲇，头像鸟而尾巴像鱼，鸣叫像磬声，并且能生出美玉。

鱼　建昌的修水出产鱼。郭璞说："有水名修，有鱼名鱼。天下大乱，此地无忧。"一般称修水为西河。

墨龙　抚州的学校有一个右军墨池。韩子苍的《杂记》记载说：墨池中有时水突然变黑，叫作墨龙。要是出现这种现象，那么应试的士人考中的就多。而且多次应验。

飞鱼　晋朝的吴隶在湖修筑起了一条鱼塞，忽然听空中有人说："今天晚上会有大鱼来冲过鱼塞，请不要杀它。"过了一会儿，果然有大鱼来了，还有一群鱼跟着。吴隶误杀了大鱼，当然晚上便风雨大作，湖中的鱼都飞到了树上。

咒死龙　石勒的时候天大旱，佛图澄在石井冈掘到一条死龙，念着咒语来祭它，龙便腾空而上，雨也立刻就下了。现在还有那个龙冈驿。

四蛇卫之　开州鮒山。《山海经》云：颛顼葬其阳，九嫔葬其阴，四蛇卫之。

白帝子　汉高祖微时，见白蛇当道，挥剑斩之。后有老妪泣曰：吾子，白帝子也，化蛇当道，为赤帝子所杀。

唤鱼潭　青神中岩有唤鱼潭，客至，抚掌，鱼辄群出。

斩蛟　隋赵昱为嘉州守。犍为潭中有老蛟作虐，昱持刀入水，顷之潭水尽赤，蛟已斩。一日，弃官去。后嘉陵水涨，见昱云雾中骑白马而下，宋太宗赐封神勇。

孩儿鱼　磁州出鱼，四足长尾，声如婴儿啼，因名孩儿鱼，其骨燃之不灭。

黄雀鱼出惠州。八月化为雀，十月后入海化为鱼。

五色鱼　陇州鱼龙川有鱼，五色，人不敢取。杜甫诗"水落鱼龙夜"，即此。

视龙犹蝘蜓　禹南巡狩，会诸侯于涂山，执玉帛者万国。禹济江，黄龙负舟，舟中人惧。禹仰天叹曰："吾受命于天，竭力以劳万民。生寄也，死归也，余何忧于龙焉。"视龙犹蝘蜓，颜色不变。须臾，龙俯首低尾而逝。

双鲤　萧山县之城山，山颠有泉，嘉鱼产焉。阖闾侵越，句践退保此山，意其乏水，馈以米盐。句践取双鲤报之，吴兵夜遁。

石蟹生于崖_{海南岛}之榆林，港内半里许，土极细腻，最寒，但蟹入则不能运动，片时即成石矣，人获之，则曰石蟹。置之几案，能明目。

四蛇卫之　开州有一座鮒山。《山海经》说：颛顼埋葬在这座山的南面，他的九个妃子埋在山的北面，有四条蛇在这里守卫。

　　白帝子　汉高祖还在微贱之时，看见有白蛇当道，便拿剑把它杀了。后来有一个老婆婆哭着说："我的儿子是白帝之子，变成蛇挡住道路，却被赤帝的儿子杀了。"

　　唤鱼潭　青神县的中岩有一个唤鱼潭，客人到这里，只要拍一下巴掌，潭中的鱼就成群结队地涌出来。

　　斩蛟　隋朝的赵昱任嘉州太守。犍为的水潭中有一条老蛟在作恶，赵昱拿了刀进到水中，一会儿潭水都变红了，老蛟已经被他斩了。一天，他弃官而去。后来嘉陵水涨，有人看见赵昱在云雾中骑着白马下来，宋太宗赐封为"神勇"。

　　孩儿鱼　磁州出产一种鱼，四只脚、长尾巴，声音像孩子哭，所以取名叫孩儿鱼，它的骨头若点燃的话就不会灭。

　　黄雀鱼出于惠州。八月的时候变成雀，十月以后进入海中变成鱼。

　　五色鱼　陇州的鱼龙川中有一种鱼，身上有五种颜色，人们都不敢去抓。杜甫有"水落鱼龙夜"的诗句，说的就是这种鱼。

　　视龙犹蝘蜓　大禹去南方巡狩，在涂山会见诸侯，拿着玉帛来进贡的有上万的国家。大禹渡江，有黄龙来夹着船，船上的人都感到害怕。大禹仰天长叹说："我受上天之命，竭尽全力为天下百姓而辛苦。活着不过像寄宿一样，死了也不过是归乡，我又有什么害怕龙的呢？"看着龙就好像看到壁虎，脸上毫不变色。过了一会儿，黄龙低下头耷拉下尾巴走了。

　　双鲤　萧山县有一座城山，山顶有一眼泉，泉中出产一种非常好的鱼。吴王阖闾侵犯越国，越王句践退守此山，吴王以为山上肯定缺水，便赠给句践大米和盐。句践从泉中取出一对鲤鱼来回报，吴国当天晚上就退兵了。

　　石蟹生在崖山属于海南岛的榆林中，海港之内有半里见方，土壤非常细腻，秉性亦寒，螃蟹一进来便不能运动了，过一会儿就成了石头，人们得到后，称此为石蟹。放在桌子上，能明目。

鲥鱼一名箭鱼。腹下细骨如箭镞，此渊材有"鲥鱼多骨之恨"也。其味美在皮鳞之交，故食不去鳞。肋鱼似鲥而小，身薄骨细，冬月出者名雪肋，味最佳。至夏，则味减矣。

龟历　陶唐之世，越裳国献千岁神龟，方三尺馀，背上有文，皆蝌蚪书，记开辟以来事。帝命录之，谓之龟历。

元绪　孙权时，永康有人入山，遇一大龟，载入吴，夜泊越里，缆舟于大桑树。宵中，树呼龟曰："劳乎元绪，奚事尔耶！"因呼龟为元绪。

河豚状如蝌蚪，腹下白，背上青黑，有黄文，眼能开闭，触物便怒，腹胀如鞠，浮于水上，人往取之。河豚毒在眼、子、血三种。

中毒者，血麻、子胀、眼睛酸，芦笋、甘蔗、白糖可以解之。

集鳣　杨震聚徒讲学，有雀衔三鳣，集讲堂前。皆曰："鳣者，卿大夫服之象也。数三者，三台也。先生自此升矣。"果如其言。

子鱼　宋显仁太后谓秦桧妻曰："子鱼大者绝少。"桧妻曰："妾家有大者。"桧闻，责其失言，乃以青鱼百尾进。太后笑曰："我道这婆子村，果然！"

鲻鱼长二丈，皮可镶物。其子旦从口出，暮从脐入，腹里两洞肠，贮水以养子，肠容二子，两则四焉。

鲥鱼又叫箭鱼。肚子下有像箭一样的细骨，这就是让彭渊材有"鲥鱼多骨之恨"的东西。这种鱼味道最鲜美的地方在鱼皮和鱼鳞之间，所以吃的时候不去鳞。肋鱼很像鲥鱼只是稍小一些，身体很薄、鱼骨也细，冬天抓住的叫雪肋，味道最好。到了夏天，味道就减色了。

龟历　尧帝的时代，越裳国进献一只千岁的神龟，有三尺见方，龟背上有文字，都是蝌蚪文，记录了开天辟地以来的事情。尧帝命人抄录了下来，称之为龟历。

元绪　孙权的时候，有一个永康县人进山，遇到一只大乌龟，便把它装到船上运到吴地去，夜晚泊船在越里，把船系在大桑树下。到了半夜，大桑树招呼乌龟说："元绪你辛苦了，你要做什么事呢？"因此人们把乌龟叫元绪。

河豚的形状就像蝌蚪，肚子是白的，脊背上是青黑色，有黄色的纹路，眼能开能合，碰到东西就发怒，肚子便胀得像个球，漂浮在水上，人们便可以去捕获了。河豚的毒在于它的眼睛、产的子还有血三者。

中毒的人，会感到血麻、子胀、眼睛酸，用芦笋、甘蔗、白糖就可以解毒。

集鳝　杨震聚集门徒讲学，有鸟雀衔着三只鳝鱼，停在讲堂前。大家都说："鳝鱼是卿大夫所穿官服上的图像。而有三只，则是三公的意思。老师从此要高升了。"后来果然如此。

子鱼　宋代显仁太后对秦桧的妻子说："鲻鱼很少有大的。"秦桧的妻子说："我们家就有大的。"秦桧知道后，斥责她说错了话，便拿了上百头青鱼进献。显仁太后笑着说："我说这个婆子没见过世面吧，果然如此！"

鲨鱼长达两丈，鱼皮可以用来打磨东西。它的孩子早晨从它的嘴里出来，晚上从它的肚脐眼里进去，肚子里有两付肠子，里面装着水用来养育后代，一个肠子可以容纳两个小鲨鱼，两付肠子便可以养四个。

岩蛇龟身、蛇尾、鹰嘴、鼍甲，下有四足，足具五爪，大如癞头鼋，硬似穿山甲，其壳极坚，其爪极利，茅竹青柴到口即碎，著人之肌肤，咬必透骨。台温山下，此物极多。

懒妇鱼　江南有懒妇鱼，即今之江豚是也。鱼多脂，熬其油可点灯。然以之照纺绩则暗，照宴乐则明，谓之馋灯。

脆蛇无胆，畏人。出昆仑山下。闻人声，身自寸断，少顷自续，复为长身。凡患色痨者，以惊恐伤胆，服此可以续命，兼治恶疽、大麻疯及痢。腰以上用首，以下用尾。

瓦楞蚶　宁海沿海有蚶田，用大蚶捣汁，竹笰帚洒之，一点水即成一蚶，其状如荸荠，用缸砂壅之，即肥大。

蝤蛑　陶穀出使吴越，忠懿王宴之，因食蝤蛑。询其名类，忠懿王命自蝤蛑以至彭蚏，罗列十馀种以进。穀视之，笑谓忠懿王曰："此谓一蟹不如一蟹也。"

牡蛎一名蠔山。《本草》：牡蛎附石而生，磈礧相连如房。初生海岸，身如拳石，四面渐长，有一二丈者。一房内有蠔肉一块，肉之大小，随房所生。每潮来，则诸房皆开，有小虫入，则合之，以充饥腹。

绿毛龟　蕲州出。龟背有绿毛，长尺馀，浮水中，则毛自泛起。压置壁间，数年不死，能辟飞蛇。

蛤　隋帝嗜蛤，所食以千万计。忽有一蛤置几上，一夜有光。及明，肉自脱，中有一佛二菩萨像，帝自是不复食蛤。

岩蛇长着乌龟的身体、蛇的尾巴、鹰的嘴、鼋的外壳，下面有四只脚，脚上有五爪，大小像癞头鼋，坚硬如穿山甲，它的壳非常硬，它的爪子非常锋利，竹子、木柴到嘴里就碎了，如果咬到了人，那一下就把把骨头咬穿。台州和温州的山下，这种动物很多。

懒妇鱼　江南有一种懒妇鱼，就是现在所说的江豚。这种鱼脂肪很多，熬出它的油可以用来点灯。用这种油点灯的光来照纺织就很暗淡，但用来照宴席就很明亮，人们称之为馋灯。

脆蛇没有胆，害怕人。产于昆仑山下。听到人的声音，身体便断为小截，过一会自己再接续上，重新变回为原来的身体。凡是患上色痨病的人，因为惊恐伤了胆，吃它可以延命，它还兼治恶疽、大麻疯和癫痫。病在腰以上用它的头，在腰以下用尾巴。

瓦楞蚶　宁海在沿海处有蚶田，把大蚶捣成汁，用竹刷子蘸汁洒出，一点水就是一只蚶，它的形状像荸荠，再用缸砂罋起来，就会变肥大。

蝤蛑　陶穀出使于吴越，忠懿王钱俶宴请他，在席上吃到梭子蟹，问它的名字和种类，忠懿王命人把梭子蟹到彭蜞，罗列了十几种来让他看。陶穀看后，笑着对忠懿王说："这真是俗话说的'此谓一蟹不如一蟹'了。"

牡蛎又叫蠔山。《本草衍义》记载：牡蛎附着在石头上生活，一块一块的连在一起像房子一样。刚开始生在海岸上，身体像拳头那么大的石头，然后慢慢地向四面长，有能长到一两丈长的。一个小房里有蠔肉一块，肉的大小，随房子的大小而定。每到海潮来的时候，每间房子都打开，有小虫子进入，就立刻合上，用来填肚子。

绿毛龟　蕲州出产一种绿毛龟。龟的背部有绿毛，长有一尺多，浮在水中，它的毛就自己浮上来。把它压在墙壁之间，几年都不会死，能驱除飞蛇。

蛤　隋炀帝嗜好吃蛤蜊，吃过的蛤蜊数以千万计。忽然有一只蛤蜊放在案上，一夜放光。到了天明，蛤蜊的肉自己脱落了，里面却有一个佛像和两个菩萨像，炀帝从此以后再也不吃蛤蜊了。

蚌　沈宫闻戏于栖水，获一蚌。煮食时，中有一珠，长半寸，俨然大士像，惜煮熟失光，为徽人售去。

舅得詹事　燕文贞公女嫁卢氏，尝为舅求官。公下朝，问焉。公但指支床龟示之。女拜而归，告其夫曰："舅得詹事矣。"

三足鳖　黄庭宣知太仓，民有食三足鳖而化地上，止存发一缕、衣服等物，如蜕形者，人以其妇杀夫报官。庭宣令捕三足鳖，召妇依前烹治，出重囚食之，亦尽化去。

鱼羹荆花　许襄毅官山左，有民布田，其妇馌之，食毕而死。襄毅询其所馌物，及所经道路。妇曰："鱼汤米饭，度自荆林。"公乃买鱼作饭，投荆花于中，试之狗彘，无不死者。

毒鳝　铅山卖薪者性嗜鳝。一日，市归，烹食，腹痛而死。张昺治其狱。召渔者捕鳝，得数百斤，中有昂头出水二三寸者七条，烹与死囚食，亦腹痛而死。

两头蛇　孙叔敖幼时遇两头蛇于路，杀而埋之。相传见此者必死，归泣告于母。母曰："蛇今安在？"对曰："恐害他人，已杀而埋之矣。"母曰："汝有利人心，天必祐之！"果无恙。

筝弦化龙　唐刺史韦宥，于永嘉江浒沙上获筝弦，投之江中，忽见白龙腾空而去。

螺蚌珠之仇　夏原吉治浙西水患，宿湖州慈感寺，夜有妪携一女来诉曰："久窟于潮音桥下，岁被邻豪欲夺吾女，乞大人一字为镇。"公书一诗与之。公至吴淞江，有金甲神

蚌　沈宫闻在栖水玩耍，得到一只蚌。煮了要吃的时候，发现中间有一颗珠子，长有半寸，明明就是一个观音大士的像，只可惜煮熟后失了光彩。后来被安徽人买走了。

　　舅得詹事　燕文贞公张说的女儿嫁给了卢氏之子，曾经为公公求官。张说下朝，她来问情况。张说只是指着支床的乌龟示意。女儿拜谢而回，并对其丈夫说："公公得到詹事的职位了。"

　　三足鳖　黄庭宣到太仓为知府，百姓有人吃了三只脚的鳖，就在地上化了，只留下一缕头发和衣服，好像蜕壳的一样，人们说是他的妻子杀了丈夫并报了官。黄庭宣命令捕来三足鳖，招来那个妇女按照此前的方法来烹调，然后派出一个重刑犯让他吃，吃过竟然也化了。

　　鱼羹荆花　许进（襄毅公）在山左为官，有一百姓耕田，他的妻子给他拿来食物，他吃完后就死了。许进问了她拿的食物以及经过的道路。那个妇女说："是鱼汤和米饭，从荆林过来。"许进便买了鱼来做饭，并把荆花放进去，让狗和猪试吃，果然吃了没有不死的。

　　毒鳝　铅山有卖柴的人特别爱吃鳝鱼。有一天，买了鳝鱼回来，煮熟了吃，吃过后肚痛而死。张嵩来判这个案子。他招来渔夫打捞一些鳝鱼，有几百斤，中间有昂着头在水面上两三寸的七条，把它们煮熟了给死刑犯吃，吃过后也肚子痛而死。

　　两头蛇　孙叔敖小的时候在路上遇到一条两头蛇，便把杀死埋了起来。据说见到两头蛇的人都要死，他回来哭着告诉母亲。母亲说："那条蛇现在在哪里？"他回答说："恐怕它再害别人，已经杀死并埋了起来。"他母亲说："你能替他人着想，上天一定会保佑你的！"后来果然没有什么灾难。

　　筝弦化龙　唐代的刺史韦宥，在永嘉江边上的沙子里得到了一根筝上的弦，扔到江里，忽然看到它变成一条白龙腾空而去。

　　牒蚌珠之仇　夏原吉治理浙西的水灾，宿于湖州的慈感寺，夜里有一个老婆婆带着一个女孩来说："我久住潮音桥下，每年都被势力强大的邻居逼着要夺走我的女儿，乞求大人写幅字来镇住他们。"夏原吉便写了一首诗给她。后来他到吴淞江，有一个金甲神

来告曰："聘一邻女已久，无赖赚大人手笔，抵塞不肯嫁，请改判。"公张目视之，神逡巡畏避。公忆曰："是慈感蚌珠之仇也。"牒于海神。次日，大风雨，震死一蛟于钱溪之北。

与蛇同产　窦武产时，并产一蛇，投之林中。后母卒，有大蛇径至丧所，以头击枢，若哀泣者，少间而去。时谓窦氏之祥。

得鱼忘筌　《庄子》："筌者所以得鱼，得鱼而忘筌。"比受恩而不知报也。

鱼游釜中　广陵张婴泣告张纲曰："荒裔愚民，相聚偷生，若鱼游釜中，知其不可久。今见明府，乃更生之辰也。"

巴蛇　《山海经》："巴蛇食象，三岁而出其骨。"

虫豸

鞫通　孙凤有一琴能自鸣，有道士指其背有蛀孔，曰："此中有虫，不除之，则琴将速朽。"袖中出一竹筒，倒黑药少许，置孔侧，一绿色虫出，背有金线文，道人纳虫于竹筒竟去。自后琴不复鸣。识者曰："此虫名鞫通，有耳聋人置耳边，少顷，耳即明亮。喜食古墨。"始悟道人黑药，即古墨屑也。

蝗有四种：食心曰螟，食叶曰蟘，食根曰蟊，食节曰贼。赵抃守青州，蝗自青齐入境，遇风退飞，堕水而死。马援为武陵守，

来告诉他说："我给一个邻居的女儿下聘礼已经很久了，但他耍无赖哄来了大人的手笔，抵赖着不肯嫁过来，还请大人改判。"夏原吉瞪大眼睛盯着他，那个金甲神很害怕地躲避。夏原吉突然回想起来："这就是慈感寺那个蚌珠的仇人啊。"便给海神下了一道命令。第二天，风雨交加，上天在钱溪的北边震死了一条蛟龙。

与蛇同产　窦武出生时，同时也生出了一条蛇，家人把它放到树林中。后来窦武的母亲死了，有一条大蛇直接来到停灵的地方，用头撞棺材，好像在悲伤地哭泣，过一会儿了才去。当时人说这是窦氏的祥兆。

得鱼忘笙　《庄子》说："鱼篮是用来捕鱼的，得到鱼后就忘了鱼篮。"比喻受到恩惠而不知道报答。

鱼游釜中　广陵的叛乱的张婴听了张纲的劝说后哭泣着说："我是边荒之地没见过世面的人，举兵叛乱不过是苟且偷生，就好像鱼在锅里游泳，知道这是不可能长久的。现在见到大人，便是重生的时候啊。"

巴蛇　《山海经》记载："巴蛇吃了大象，三年后才吐出它的骨头。"

虫豸

鞠通　孙凤有一把琴能自己演奏，有一个道士指着琴背的蛀孔说："这里面有虫子，如果不除去的话，琴很快就会朽烂了。"他从袖子里拿出一个竹筒，倒了一点黑色的药，放在蛀孔边上，一个绿色的虫子出来了，虫子的背上还有金线一样的纹路，道士把虫子放到竹筒里就走了。后来琴就不再自己演奏了。知道的人说："这个虫子名字叫鞠通，如果有人耳朵聋了，放在他耳朵边上，一会儿，耳朵就能听到了。这个虫子爱吃古墨。"孙凤这才醒悟那个道士的黑药其实就是古墨的碎屑。

蝗虫有四种：吃花蕊的叫螟，吃叶子的叫蟘，吃根的叫蟊，吃枝干的叫贼。赵抃为青州太守的时候，有蝗虫从青州、齐州飞来，遇到大风便向后飞，掉在水里淹死了。马援为武陵太守，

郡连有蝗，援赈贫赢，薄赋税，蝗飞入海，化为鱼虾。孙觉簿合肥，课民捕蝗若干，官以米易之，竟不损禾。宋均为九江守，蝗至境辄散。贞观二年，唐太宗祝天吞蝗，蝗不为祟。

水母　东海有物，状如凝血，广数尺，正方圆，名曰水母，俗名海蜇，一名虾蛇音射。无头目，所处则众虾附之，盖以虾为目也。色正淡紫。《越绝书》云："水母以虾为目，海镜以蟹为肠。"

海镜　广中有圆壳，中甚莹滑，照如云母。壳内有少肉如蚌，腹中有小蟹。海镜饥，则蟹出拾食，蟹饱归腹，海镜亦饱。迫之以火，蟹即走出，此物立毙。

百嘴虫　温会在江州观鱼，见渔子忽上岸狂走。温问之，但反手指背，不能言。渔子头面皆黑，细视之，有物如荷叶，大尺许，眼遍其上，咬住不可取。温令以火烧之，此物方落，每一眼底有嘴如钉。渔子背上出血数升而死。莫有识者。

自缢虫　汉光武六年，山阴有小虫千万，皆类人形，明日皆悬于树枝，自缢死之。

螟蛉　《诗》曰："螟蛉有子，蜾蠃负之。"螟蛉，桑虫也。蜾蠃，蒲芦也。蒲芦窃取桑虫之子，负持而去，养以成子。故世之养子，号曰螟蛉也。蜾蠃负螟蛉之子，祝曰："类我，类我！"七日夜化为己也，故又谓之速肖。

萤火，腐草所化。隋炀帝于景华宫，征求萤火，得数斛，盛以大囊，夜出游，如散火光遍于山谷。

当地接连有蝗灾，马援赈济贫困的人，减低百姓的赋税，蝗虫飞到海里去，变成了鱼虾。孙觉任合肥主簿，命令百姓捕蝗虫来，官府用米来换，于是蝗虫竟然无法损害庄稼。宋均当九江太守的时候，蝗虫到九江就散了。贞观二年（628），唐太宗祈祷上天吞去蝗虫，于是蝗虫便不能为害。

水母　东海有一种动物，形状像凝结的血块，有几尺大，接近于正方形或圆形，名字叫水母，俗名海蜇，又叫虾蛇读音为"射"。没有头没有眼，在它停留的地方就有无数的虾依附着它，它是把虾当作它的眼睛的。它的颜色是淡紫色的。《越绝书》说："水母把虾当作眼睛，海镜把螃蟹当作肠子。"

海镜　广东的海中有一种带着圆壳的动物叫海镜，中间晶莹润滑，光照上去就像云母一样。圆壳里有像蚌一样的肉少许，肚子里有小的螃蟹。海镜如果饿了，螃蟹就出去觅食，吃饱后回到海镜肚子里，海镜也就饱了。如果用火来烤，螃蟹就出来了，这种动物便会立刻死去。

百嘴虫　温会在江州看鱼，看到有一个渔夫忽然上岸狂奔。温会问他怎么了，渔夫只能用手指着脊背，却不能说话。渔夫的头和脸都是黑的，仔细看，只见有一种像荷叶一样的东西，有一尺见方，上面到处都是眼睛，咬住人就取不下来。温会让人用火来烤它，这个动物才落下来，每一只眼下面都有一张像钉子一样的嘴。渔夫背上流了几升血后便死了。而这个东西还是没人认识。

自缢虫　东汉光武帝六年（30），山阴出现了上千万的小虫子，都像人的形状，第二天就都悬在树枝上，自缢而死。

螟蛉　《诗经》说："螟蛉有子，蜾蠃负之。"螟蛉，就是桑虫。蜾蠃，就是蒲芦蜂。蒲芦蜂偷去桑虫产的子，背着回去，养大后成为自己的儿子。所以世人把养子叫螟蛉。蒲芦蜂背着螟蛉的幼虫，祈祷说："像我，像我！"七天七夜后就变得像它了，所以又称为"速肖"。

萤火虫是腐烂的草变化的。隋炀帝在景华宫的时候，下令征求萤火虫，得到几袋子，便用大纱囊来装着，夜里要出来游玩，这些纱囊就像把火光散布在山谷中一样。

怒蛙　越王既为吴辱，思以报复。一日出游，见怒蛙而式之，左右问其故，王曰："有气如此，何敢不式！"战士兴起，皆助越反矣。

守宫　蜥蜴。以器养之，喂以丹砂，满七斤，捣治万杵，以点女子体，终身不灭，若有房室之事则灭矣。言可以防闲淫佚，故谓之守宫。

绿螈　《二酉馀谈》：一人为蛇伤，痛苦欲死。见一小儿曰："可用两刀在水相磨，磨水饮之，神效。"言毕，化为绿螈，走入壁孔中。其人如方服之，即愈。因号绿螈为蛇医。又云：蛇医形大色黄，蛇体有伤，此虫辄衔草傅之，故有医名。

蜥蜴噏油　钱镠王宫中，使老媪监更。一夕，有蜥蜴沿银釭吸油，既竭，而倏然不见。次日王曰："吾昨夜梦饮麻膏而饱。"更媪骇异。

寄居虫形似蜘蛛，而足稍长。本无壳，入空螺壳中载以行。触之，缩足如螺，火炙之乃出。

蟠虫　有蟠虫者，一身两口，争相啮也，遂相食，因自杀。人臣之争事，而亡其国者，皆蟠类也。

螳臂　螳螂，一名刀螂。前二足如刀而多锯齿，能捕蝉。见物欲以二足相搏，遇车辙而亦当之，故曰螳臂当车。

蚬，一名缢女。长寸许，头赤身黑，喜自经死。云是齐东郭姜所化。

恙，毒虫也，能伤人。古人草居露处，故早起相见问劳，必曰："无恙乎？"又曰：恙，忧也。又：猰，食人兽。

怒蛙　越王句践被吴国侮辱之后，想着要报复。有一天出去游玩，看到一只鼓着气的青蛙便向它敬礼，左右随从问为什么这样做，越王说："它能这样争气，我怎么敢不向它敬礼呢！"士兵们听了这话后都奋发图强，帮助越国反抗吴国。

守宫　蜥蜴，用容器来喂养它，给它吃丹砂，吃满七斤的时候，把它捣烂，点在女子身上，终身都不会消失，如果有了性行为就会消失了。因为说可以防止女人淫佚，所以叫作"守宫"。

绿蚖　《瑯嬛记》所引《二酉馀谈》记载：有一个人被蛇咬伤了，痛苦得要死。看见一个小孩儿说："可以用两把刀在水里互相磨，然后喝磨后的水，有神奇的效用。"说完，便变成绿蚖，跑到墙壁的小洞里去了。那个人便照方子来服药，当时便好了。所以称绿蚖为蛇医。又有人说：蛇医形体很大，颜色为黄色，如果蛇身上有伤，这种虫子便衔来草给蛇敷药，所以有"蛇医"的名字。

蜥蜴噙油　钱镠王的宫里，让一个老太婆守夜。一天晚上，有一只蜥蜴沿着灯盏偷油喝，喝完油后却突然不见了。第二天钱镠王说："我昨天晚上梦见喝芝麻油喝了个饱。"守更的老太婆大吃一惊。

寄居虫的形体像蜘蛛，只是脚更长一些。本来没有壳，就钻进空的螺壳里背着壳走。如果碰它一下，它也像螺一样忙把脚缩进壳里去，用火烤就会出来。

蟵虫　有一种蟵虫，一个身体上有两个嘴，还互相争斗撕咬，最后便互相吃对方，这样也就等于自杀了。臣子之间互相争斗，并导致国家灭亡的，都是蟵虫之类。

螳臂　螳螂，一名刀螂。前面两只脚像刀一样并且有很多锯齿，能捕蝉。看到动物便想用两只前足去拼搏，遇到车轮来也想用前足来挡，所以叫螳臂当车。

蚬，一名缢女。长一寸多，头是红色的，身体是黑色的，喜欢上吊而死。据说是以美色使齐国大乱的东郭姜自缢而死后变化的。

恙，是一种毒虫，能伤害人。古时的人住在草地上露天而眠，所以早上起来相见问候时一定会说："无恙吗？"又有人说：恙，是忧愁的意思。还有人说：猲，是一种吃人的野兽。

泥　南海有虫，无骨，名曰泥。在水中则活，失水则醉，如一堆泥。故时人讥周泽曰"一日不斋醉如泥"。

蜮，一名短狐，处于江水，能含沙射人，所中者头痛发热，剧者至死。一名射影。凡受射者，其疮如疥。四月一日上弩，八月一日卸弩，人不能见，鹅能食之。一曰以鸡肠草捣涂，经日即愈。

蚁斗　殷仲堪父病疟，悸闻床下蚁动，谓是牛斗。

书押　米芾守无为州，池中蛙声聒人，芾取瓦片书"押"字投之，遂不鸣。上有芾书"墨池"二字为额。

白虾　赵抃镇蜀时，以白虾寄余氏，放之池中，生息不绝；或畜他所，虾色辄变白。虾池在开化。

西施舌，似车螯而扁，生海泥中，常吐肉寸馀，类舌。俗甘其味，因名西施。

蛛鹰　才宽守淮安，有盗杀，无名。适蛛堕于几，鹰下于庭。宽曰："杀人者岂朱英乎？"按籍捕之，果然。

五蜂飞引　万鹏举为万安丞，有民妇诉其夫及五子为盗所杀，不知其尸者。一日，有五蜂旋绕行。万曰："汝若真魂，宜前飞引。"蜂遥临掩骸处，得衣带上所系买布数人名姓，推鞫之，遂雪其冤。

水虎　沔水中有物曰水虎，如三四岁小儿，鳞甲如鲮鲤，射之不可入。七八月间好在碛上曝。膝头似虎，掌爪常没入水中，露出膝头。小儿不知，欲取戏弄，便杀人。

泥　南海有一种虫子，没有骨头，名叫泥。在水中就能活，没有水就像醉了一样，像一堆泥。所以后汉时有人讽刺周泽说他"一日不斋醉如泥"。

蜮，一名短狐，藏在江水里，能含着沙子来射人，被射中的人就头痛发热，厉害的会死亡。又叫射影。凡是影子被射的人，就会生出疥疮。四月一日开始含沙备射，八月一日停止，人看不见它，但鹅能吃它。有人说被射中生疮后用鸡肠草捣烂涂抹于患处，过一天就好了。

蚁斗　殷仲堪的父亲患了疟疾，听到床下有蚂蚁打架非常害怕，说是牛打架。

书押　米芾当无为州太守的时候，池塘里的蛙声吵人，米芾拿了一个瓦片写了一个"押"字扔进去，青蛙便不再叫了。这个池塘上有米芾写的"墨池"匾额。

白虾　赵抃镇守蜀地的时候，给余氏寄去了白虾，这白虾如果放在池子中，就可以正常地活下去，如果养在其他地方，颜色就要变白。虾池位于开化县。

西施舌，像车螯但有些扁，生在海泥之中，经常会吐出一寸多长的肉，像舌头。世人很喜欢这种肉的味道，因此取名为西施。

蛛鹰　才宽为淮安太守，有人被暗杀了，不知道凶手的名字。正好有蜘蛛掉在案子上，又有鹰停在庭院中。才宽说："凶手难道就是朱英吗？"便按户籍名单去查，果然是他杀的。

五蜂飞引　万鹏举当万安县丞的时候，有一个妇女来告状说自己的丈夫和五个孩子被强盗所杀，但不知道尸体在哪里。一天，有五只蜜蜂在万鹏举跟前盘旋，万鹏举说："你们如果真的是死者的魂魄的话，就请在前面带路。"蜜蜂就带着到了埋尸体的地方，在死者身上得到了几个买布人的名字，把这些人抓来讯问一番，便真相大白，为死者申了冤。

水虎　沔水里有一种动物叫水虎，就好像三四岁的小孩子，身上的鳞甲就好像穿山甲一样，用箭都射不进去。七八月份的时候喜欢在石头上晒太阳。膝盖像老虎一样，而爪子经常藏在水下，只露出膝盖。小孩子不知道，想要拿来玩耍，就会被它杀死。

商蚷　《庄子》曰："是犹使蚊负山，商蚷驰河也，必不胜任也。"商蚷，马蚿也。

偃鼠　《庄子》曰："鹪鹩巢于深林，不过一枝；偃鼠饮河，不过满腹。"

谢豹　虢郡有虫名谢豹，见人时，以前脚交覆其首，如羞状。故得罪于人，曰负谢豹之耻。

玄驹，蚁也。河内人见人马数万，大如黍米，来往奔驰，从朝至暮。家人以火烧之，人皆成蚊蚋，马皆成大蚁。故今人呼蚊蚋曰黍民，名蚁曰玄驹。

鼫鼠五技　《荀子》："鼫鼠五技而穷。"谓能飞，不能上屋；能缘，不能穷木；能游，不能渡谷；能穴，不能掩身；能走，不能先人。

飞蝉集冠　梁朱异为通事舍人，后除中书郎。时秋日始拜，有飞蝉集于异冠上，或谓蝉珥之兆。

群蚁附膻　卢垣书："今之人奔尺寸之禄，走丝毫之利，如群蚁之附膻腥，聚蛾之投爝火，取不为丑，贪不避死。"

萤丸却矢　萤，一名宵烛，一名丹凤。《类聚》曰：务成子曰：以萤为丸能却矢。汉武威太守刘子南得其方，合而佩之，尝与虏战，为其所围，矢下如雨，离数辄堕地，不能中伤。虏以为异，乃解围去。

丈人承蜩　《庄子》：痀瘘者承蜩，犹掇之也。仲尼曰："子巧乎？有道邪？"曰："我有道也。五、六月累丸二而不坠，则失者锱铢；累三而不坠，则失者什一；累五而不坠，

商蚷　《庄子》说："这就好像让蚊子背起大山，让商蚷渡过黄河，肯定无法胜任。"商蚷，就是马陆。

偃鼠　《庄子》说："鹪鹩筑巢在深林之中，却不过占用一个树枝；偃鼠在黄河饮水，却不过把肚子喝满。"

谢豹　虢郡有一种虫子叫谢豹，看到人的时候，用前脚交叉起来盖于头，好像害羞的样子。所以得罪别人的时候，说"负谢豹之耻"。

玄驹，就是蚂蚁。河内人曾经看到有数万兵马，只有小米粒那么大，来往奔驰，从早上到晚上。家人拿火来烧，人都变成了蚊子，马都变成了蚂蚁。所以现在人还把蚊子叫黍民，把蚂蚁叫玄驹。

鼫鼠五技　《荀子》说："鼫鼠有五种技艺但仍常陷入困窘的境地。"是说它会飞，但飞不过屋子；会爬树，但爬不到树顶；会游泳，但渡不过溪；会钻洞穴，但钻出的洞穴连自己的身子都藏不住；会跑，但跑不过人。

飞蝉集冠　梁代的朱异官为通事舍人，后来又官拜中书郎。当时中书郎的任命要到秋天才出来，而之前便有飞蝉停在朱异的帽子上，有人说这就是做高官的兆头。

群蚁附膻　卢垣的一封信中说："现在的人为尺寸的俸禄而奔竞，为丝毫的小利而追逐，就像一群蚂蚁附于膻腥之味，飞蛾投向小火一样，巧取豪夺不怕出丑，贪污受贿不怕死亡。"

萤丸却矢　萤，一名宵烛，又叫丹凤。《类聚》记载：务成子说："用萤做弹丸可以抵挡弓矢。"汉代的武威太守刘子南得到了这个方法，合成了弹丸佩带在身上，曾经与胡虏交战，被敌人包围，箭来如雨，但离他还有一段距离时便都落在地上，无法伤害到他。胡虏觉得很神异，便解开包围散去了。

丈人承蜩　《庄子》记载：一个驼背的人捉蝉，就好像从地上捡东西一样。孔子说："你是有技巧呢，还是有道？"驼背的人回答说："我是有道。经过五六个月的练习可以在竿上累两个弹丸而不掉下来，那么去粘蝉失手就会很少；如果能累三个弹丸而不掉下来，失手的机会只有十分之一；如果累五个弹丸而不掉下来，

犹掇之也。"仲尼曰："用志不分，乃凝于神。"

以蚓投鱼 陈使傅绛聘齐，齐以薛道衡接对之。绛赠诗五十韵，衡和之，南北称美。魏收曰："傅绛所谓以蚓投鱼耳。"

投鼠忌器 贾谊策："谚曰：'欲投鼠而忌器。'鼠近于器，尚惮而不投，况贵臣之近主乎！"

蝶庵 李愚好睡，欲作蝶庵，以庄周为开山第一祖，陈抟配食，宰予、陶潜辈祀之两庑。

箕敛蜂窠 皇甫湜常命其子松录诗数首，一字少误，诟詈且跃，手杖不及，则啮腕血流。尝为蜂螫手指，乃大噪，散钱与里中小儿及奴辈，箕敛蜂窠于庭，命捶碎绞汁以偿其痛。

石中金蚕 丹阳人采碑于积石之下，得石如拳。破之，中有一虫，似蛴螬状，蠕蠕能动，人莫能识，因弃之。后有人语曰："若欲富贵，莫如得石中金蚕，畜之则宝货自至。"询其状，则石中蛴螬耳。

凤子 大蝶，一名凤子，见韩偓诗。《异物志》：昔有人渡海，见一物如蒲帆，将到舟，竞以篙击之，破碎堕地，视之，乃蝴蝶也。海人去其翅足，秤肉得八十斤，啖之，极肥美。

蜈蚣 葛洪《遐观赋》：蜈蚣大者长百步，头如车箱，屠裂取肉，白如瓠。《南越志》曰：蜈蚣大者其皮可以鞔鼓，其肉曝为脯，美于牛肉。

那么粘蝉的时候就好像在地上捡东西一样容易。"孔子说："用心于一而不分散，就可以聚精会神于一处。"

以蚓投鱼　陈朝派傅缚出使齐国，齐国让薛道衡来迎接他。傅缚给薛道衡赠诗五十韵，薛道衡也和诗一首，南北都称赞他们的诗。魏收说："傅缚这就是所谓的'以蚓投鱼'啊。"

投鼠忌器　贾谊《治安策》说："俗话说'想打老鼠却怕殃及瓷器'，老鼠接近于瓷器，还心有顾虑而不敢打，何况那些地位高贵的臣子处在与皇上非常接近的位置上呢！"

蝶庵　李愚嗜好睡觉，想要建一个蝶庵，以庄周为开山第一祖师，陈抟列于旁边一同供奉，宰予、陶渊明等人就供在廊屋里。

箕敛蜂窠　皇甫湜曾经命令他的儿子皇甫松抄几首诗，一个字抄错，就跳着大声辱骂，来不及拿手杖来打他，就用牙咬皇甫松的手腕，鲜血直流。他还曾经被蜂螫了手指，便大怒，拿钱来给乡里的小孩和奴仆，让他们把蜂窠弄到庭院里，命人把它捶碎绞成汁，以此作为把他手螫痛的代价。

石中金蚕　丹阳有个人在乱石下想找块可以当碑的石头，得到一个拳头大小的石头。把石头打破，里面有一只小虫，好像金龟子的幼虫，能蠕动，人们都不认识，就扔掉了。后来有人告诉他说："你如果想要富贵的话，都不如得到一个石头里的金蚕，如果能养条金蚕那宝贝就会自己到来。"询问金蚕的形状，正是他此前在石头中看到的小虫。

凤子　大蝴蝶，一名凤子，见于韩偓的诗。《异物志》记载：从前有人渡海，看到一个东西像一面用蒲草纺织的帆，快要到船前了，大家竞相用船桨来打，后来打破掉在地上，仔细一看，原来是只蝴蝶。人们去掉它的翅膀和爪子，剩下的肉称了八十斤，就把肉吃了，味道很鲜美。

蜈蚣　葛洪《退观赋》记载：蜈蚣最大的长有一百步，头就像马车的车厢，如果杀死它并割取它的肉，会发现它的肉洁白得如同冬瓜。《南越志》记载：大蜈蚣的皮可以拿来蒙鼓，它的肉可以晒成肉干，比牛肉要好吃。

蝶幸 唐明皇春宴宫中，使妃嫔各插艳花，帝亲捉粉蝶放之，随蝶所止者幸之。谓之蝶幸。后贵妃专宠，不复作此戏。

蠋 《埤雅》：蠋，大虫，如指似蚕，一名厄。《韩非子》：鳝似蛇，蚕似蠋，人见蛇则惊骇，见蠋则毛起。然妇人拾蚕，而渔者握鳝，故利之所在，皆为贲育。

蟹 《广雅》云：蟹，虫之知声者也。《埤雅》：蟹，善令人不迷，故从"嚮"。太冲"景福胁蟹而兴作"，言福如虫群起。

蟋蟀 贾秋壑《促织经》曰：白不如黑，黑不如赤，赤不如青麻头。青项、金翅、金银丝额，上也；黄麻头，次也；紫金黑色，又其次也。其形以头项肥，脚腿长，身背阔者为上。顶项紧，脚瘦腿薄者为上。虫病有四：一仰头，二卷须，三练牙，四踢脚。若犯其一，皆不可用。促织者，督促之意。促织鸣，懒妇惊。袁璨《秋日诗》曰："芳草不复绿，王孙今又归。"人都不解，施荫见之曰："王孙，蟋蟀也。"

虱 苏隐夜卧，闻被下有数人齐念杜牧《阿房宫赋》，声紧而小，急开被视之，无他物，惟得大虱十馀。

蠛蠓，一名醯鸡，蜉蝣之类。郭璞曰："蠓飞磑则风，舂则雨。"

虮虱 《东汉记》：马援击寻阳山贼，上书曰："除其竹木，譬如婴儿头多虮虱，而剃之荡然，虮虱无所复附。"书奏，上大悦，出小黄门头有虱者皆剃之。

蝶幸　唐明皇春天时在宫中大摆宴席，并让嫔妃都在头上插上鲜花，唐明皇亲自捉只蝴蝶放飞，蝴蝶停在哪位妃子的花上皇帝就临幸哪位妃子。这叫作蝶幸。后来杨贵妃专宠，就不再有这种游戏了。

蠋　《埤雅》记载：蠋，是大青虫，像指头又像蚕，又叫厄。《韩非子》记载：鳝鱼像蛇一样，蚕像大青虫，人们看到蛇就害怕，看到大青虫就汗毛直立。但女子拿蚕，渔夫抓鳝鱼都并不害怕，所以说只要有利益的地方，人人都可以变得像古代勇士孟贲和夏育一样勇敢。

蝈　《广雅》记载说：蝈，是虫子中能解声音的一种。《埤雅》记载说：蝈，能让人不迷路，所以它的字从"嚮"字而来。"左思《蜀都赋》中"景福胅蝈而兴作"一句，是说福气像虫一样一来一群。

蟋蟀　贾似道（秋壑）《促织经》说：蟋蟀中白色的不如黑色的，黑色的不如红色的，红色的不如青麻头。青色的脖子、金色的翅膀、额头上有金银丝，这是最上等的；黄麻头，是次一等的；紫金黑色，是再次一等的。蟋蟀的形状以头和脖子肥壮，腿长、身体和背部宽阔的为上品。头和脖子很紧，脚瘦腿薄的为上品。蟋蟀的病有四类：一是仰头，二是卷须，三是练牙，四是踢脚。如果犯了其中任意一种的话，就不能用了。蟋蟀又叫促织，意思是督促织布。所以说"促织鸣，懒妇惊"。袁璟《秋日诗》说："芳草不复绿，王孙今又归。"人们都不理解是什么意思，施荫看见后说："王孙，就是蟋蟀啊。"

虱　苏隐晚上躺在床上，听到被子下边有几个人一齐念杜牧的《阿房宫赋》，发声快而且小，急忙打开被子看，没有别的东西，只有十几只大虱子。

蠛蠓，一名醯鸡，属于蜉蝣之类。郭璞说："蠛蠓飞的样子像磨东西就会有风，像舂米就会有雨。"

凯虱　《东观汉记》记载：马援攻打寻阳山的贼人，上书朝廷说："要把山上的竹子树木全部除掉，就好像婴儿头上有很多虱子，但只要把头发剃了也就没了，因为虱子没有可以依附的了。"书奏上后，皇上看了大喜，把小宦官拉出来，凡是头发上有虱子的都把头给剃了。

蚊 旧传有女子过高邮，去郭三十里，天阴，蚊盛，有耕夫田舍在焉。其嫂欲共止宿，女曰："吾宁死，不可失节。"遂以蚊噆死，其筋见焉。人为立祠，曰露筋庙。

当蚊 展禽者，少失父，与母居，佣工膳母。天多蚊，卧母床下，以身当之。

为官为私 晋惠帝尝在华林园，闻虾蟆，谓左右曰："此鸣者为官乎？为私乎？"

蚊　以前传说有个女子路过高邮，离开城郭三十里远，天阴了，蚊子很多，路边有农民的房子，农民的嫂子想邀请女子一起歇息，女子说：“我宁肯死了，也不能失节。”于是便被蚊子叮死了，连筋都露出来了。人们为她立了祠庙，名叫露筋庙。

当蚊　展禽，小时候就没了父亲，与母亲一起过，给人做工来赡养母亲。在蚊子很多的时候，就躺在母亲床下，用自己的身体来喂蚊子。

为官为私　晋惠帝曾经在华林园，听到蛤蟆叫，对左右的人立：“它在这里鸣叫是为公呢，还是为私呢？”

卷十八　荒唐部

鬼神

伯有为厉　郑子晳杀伯有，伯有为厉。赵景子谓子产曰："伯有犹能为厉乎？"子产曰："能。人生始化曰魄。既生魄，阳曰魂。用物精多，则魂魄强，是以有精爽至于神明。匹夫匹妇强死，其魂魄犹能凭依于人，以为淫厉，况良宵三世执其政柄而强死，其能为鬼，不亦宜乎！"

豕立人啼　齐侯田于贝丘，见大豕，从者曰："公子彭生也。"豕人立而啼。

披发搏膺　晋侯杀赵同、赵括，及疾，梦大厉鬼披发搏膺而踊，曰："杀予孙，不义。余得请于帝矣！"

何忽见坏　王伯阳于润州城东傲地葬妻，忽见一人乘舆导从而至，曰："我鲁子敬也，葬此二百馀年。何忽见坏？"目左右示伯阳以刀，伯阳遂死。

墓中谈易　陆机初入洛，次河南，入偃师。夜迷路，投宿一旅舍。见主人年少，款机坐，与言《易》理，妙得玄微，向晓别去。税骖村居，问其主人，答曰："此东去并无村落，止有山阳王家冢耳。"机乃怅然，方知昨所遇者，乃王弼墓也。

鬼神

伯有为厉　郑国的子晳杀死了本国的伯有,伯有化为厉鬼。赵景子对郑国的子产说:"伯有真的能变成厉鬼吗?"子产说:"能。人刚刚死去叫做魄。变成魄之后,阳气叫做魂。活着的时候衣食等物品精美丰富的人,魂魄就强大有力,因此有现形的能力,一直达到神化。普通的男人和女人不能善终,他们的魂魄还能附在别人身上,以大肆惑乱,何况伯有(良宵)在我国三世执政却最终横死,他能成厉鬼,不也是应该的吗?"

豕立人啼　齐襄公在贝丘打猎,看到一只大猪,随从说:"这是被主公杀死的公子彭生。"那只猪便像人一样立起来大叫。

披发搏膺　晋侯杀了赵同和赵括,后来他得了病,梦见有一个厉鬼披头散发,拍着胸脯跳跃,说:"你杀了我的孙子,这是不义,我已经请求上帝为我申冤了。"

何忽见坏　王伯阳在润州城的东边租借了一块地来埋葬妻子,忽然看到一个人乘着轿子前呼后拥地来到面前,说:"我是鲁肃(子敬),在这里已经埋了二百多年,为什么忽然把我的坟弄坏了?"说着便让左右的随从让王伯阳看刀,王伯阳就死了。

墓中谈易　陆机第一次去洛阳的时候,路过河南,进入偃师。夜里迷了路,到一个旅舍去投宿。看到主人是个少年,邀请陆机坐下,与陆机谈《周易》的义理,所谈非常精妙玄微,第二天早上先别而去。到一个村子里租马,向人询问那个主人的情况,村人回答说:"从这里往东并没有村落,只有山阳郡王家的墓。"陆机非常惆怅,这才知道昨天遇到的地方,原来是曾注过《周易》的王弼之墓。

生死报知　王坦之与沙门竺法师甚厚，每论幽明报应，便约先死者当报其事。后经年，师忽来，云："贫道已死，罪福皆不虚。惟当勤修道德，以升跻神明耳。"言讫，不见。

赵普久病，将危，解所宝双鱼犀带，遣亲吏甄潜谒上清宫醮谢。道士姜道玄为公叩幽都，乞神语。神曰："赵普开国勋臣，奈冤对不可避。"姜又叩乞言冤者为谁。神以淡墨书四字，浓烟罩其上，但识末"火"而已。道玄以告普。曰："我知之矣，必秦王廷美也。"竟不起。

无鬼论　昔阮瞻素执无鬼论，自谓此理可以辨正幽明。忽有客通名谒瞻，瞻与言鬼神之事，辨论良久。客乃作色曰："鬼神古今圣贤所共传，君何得独言无耶？仆便是鬼！"于是变为异形，须臾消灭。

魑魅争光　嵇中散灯下弹琴。有一人入室，初来时，面甚小，斯须转大，遂长丈馀，颜色甚黑，单衣革带。嵇熟视良久，乃吹火灭，曰："耻与魑魅争光！"

厕鬼可憎　阮侃尝于厕中见鬼，长丈馀，色黑而眼大，著皂单衣，平上帻，去之咫尺。侃徐视，笑语之曰："人言鬼可憎，果然！"鬼惭而退。

大书鬼手　少保冯亮少时，夜读书，忽有大手自窗入，公即以笔大书其押。窗外大呼："速为我涤去！"公不听而寝。将晓，哀鸣，且曰："公将大贵。我戏犯公，何忍致我于极地耶！公不见温峤燃犀事耶？"公悟，以水涤之，逊谢而去。

生死报知　王坦之与佛门中的竺法师关系很亲厚，每次谈到阴阳轮回和报应的事，便约定双方先死的人要给活着的人报告阴间的消息。后来过了几年，竺法师忽然来了，说："贫僧已经死了，阴间的奖惩都不是假的。只有努力修道积德，才能上升为神。"说完，就不见了。

　　赵普病了很久，眼看生命有危险了，便解下自己所珍爱的双鱼犀带，派心腹小吏甄潜到上清宫去祭神谢罪。道士姜道玄为赵普而叩求于神明，祈求神灵的指示。神说："赵普是开国元勋，奈何他的冤家不放过他。"姜道玄又叩头求问冤家是谁。神用淡墨写了四个字，但有浓烟笼罩，只能看见最后有一个"火"字。姜道玄把这些告诉了赵普。赵普说："我知道了，一定是'秦王廷美'啊。"后来便死了。

　　无鬼论　从前阮瞻向来秉持无鬼论，自称这个道理可以辨明阴阳的分界。忽然有一个客人送上名片要拜见阮瞻，阮瞻与他说鬼神的事，互相辩论了很久。客人忽然变脸说："鬼神是古今圣贤都承认的，为什么你偏偏要说没有？我就是鬼！"说完就变成异形，一会儿便消失了。

　　魑魅争光　嵇康（中散）在灯下弹琴。有一个人进到屋中，刚来的时候，脸很小，一会儿便变大了，长有一丈多，颜色很黑，穿着单衣，系着皮带。嵇康仔细看了半天，便把灯吹灭，说："我耻于和鬼来争用一盏灯！"

　　厕鬼可憎　阮侃曾经在厕所里见到一个鬼，长有一丈多，颜色很黑，眼睛很大，穿着黑色的单衣，戴着平的头巾，与阮侃近在咫尺。阮侃缓缓地看着他，笑着说："人们都说鬼难看，果然如此。"那个鬼惭愧地走了。

　　大书鬼手　少保冯亮小的时候，有天夜里读书，忽然有一只大手从窗子上塞了进来，冯亮就用笔在他手上画了一个押。窗外的鬼大声叫："快给我洗掉！"冯亮不理他便睡了。天快要亮了，只听到窗外在哀鸣，并且说："大人将要大富大贵。我与大人开玩笑触犯了大人，但您又怎么忍心置我于绝境呢！您不知道温峤燃犀照水而死的事吗？"冯亮醒悟，便用水给鬼洗了字，鬼态度恭谨地谢恩而去。

司书鬼名曰长恩。除夕呼其名而祭之，鼠不敢啮，蠹鱼不生。

上陵磨剑 汉武帝崩，后见形，谓陵令薛平曰："吾虽失势，犹为汝君。奈何令吏卒上吾陵磨刀剑乎？自今以后，可禁之。"平顿首谢，因不见。推问陵傍，果有方石可以为砺，吏卒尝盗磨刀剑。霍光欲斩之，张安世曰："神道茫昧，不宜为法。"乃止。

见奴为祟 石普好杀人，未尝惭悔。醉中缚一奴，命指使投之汴河。指使怜而纵之。既醒而悔。指使畏其暴，不敢以实告。居久之，普病，见奴为祟，自以必死。指使呼奴至，祟不复见，普病亦愈。

再为顾家儿 顾况丧一子，年十七，其子游魂，不离其家。况悲伤不已，因作诗哭之："老人苦丧子，日夜泣成血。老人年七十，不作多时别。"其子听之，因自誓曰："若有轮回，当再为顾家儿。"况果复生一子，至七岁不能言，其兄戏批之，忽曰："我是尔兄，何故批我？"一家惊异。随叙平生事，历历不误。

鬼揶揄 襄阳罗友。人有得郡者，桓温为席饯别，友至独后，温问之，答曰："旦出门，逢一鬼揶揄云：'我但见汝送人作郡，不见人送汝作郡。'友惭。"温愧却。

鬼之董狐 晋干宝兄尝病气绝，积日不冷。后遂悟，见天地间鬼神事如梦觉，不自知死。遂撰古今神祇灵异人物变化，名为《搜神记》，以示刘惔。惔曰："卿可谓鬼之董狐。"

司书的鬼名叫长恩。除夕的时候叫着他的名字来祭祀他,那么你的书老鼠便不敢咬,也不会生蠹鱼。

上陵磨剑　汉武帝驾崩了,后来却突然现形,对守墓的官员薛平说:"我虽然没有了权势,但还是你的君主。你为什么让小吏在我的坟上磨刀剑?从今以后要禁止这样的事。"薛平磕头谢罪,汉武帝才消失不见。薛平仔细查看,发现墓边上果然有一块方石可以当磨刀石,小吏曾经偷着在这上面磨刀剑。霍光知道后要把磨刀的小吏斩了,张安世说:"神道茫茫不可知,所以不应该太当真。"霍光便中止了。

见奴为祟　石普喜欢杀人,从来没有后悔过。有一次喝醉了,绑了一个奴仆,命令指使把他扔到河里去。指使可怜这个奴仆所以放了他。石普酒醒后颇为后悔。但指使因为害怕他的残暴,却不敢告诉他实情。过了很久,石普病了,总是看到那个奴仆的鬼魂,自己觉得自己一定会死。这时指使把那个奴仆叫来,鬼魂便不再出现了,石普的病也好了。

再为顾家儿　顾况死了一个儿子,才十七岁,这个儿子的灵魂不愿意离开家。顾况悲伤不已,便作诗来哭悼他说:"老人丧子心中苦,日夜哭泣泪成血。老人年纪已七十,过不多久当分别。"他的儿子听了,便自己发誓说:"如果有轮回的事,我一定要再作顾家的儿子。"后来顾况果然又生了一个儿子,到了七岁还不会说话,他们的哥哥们开玩笑地用手打他,他忽然说:"我是你们的兄长,你们竟敢打我。"一家人都很惊异。他便讲述自己的生平经历,一点都不错。

鬼揶揄　襄阳有一个人叫罗友。有一个人得到了郡守之职,桓温为他设宴送行,罗友来得最晚,桓温问他,他回答说:"早上出门,遇到一个鬼嘲笑我说:'我总看见你送人去做郡守,却没见过人家送你去做郡守。'我觉得很羞惭。"桓温听后,愧而退席。

鬼之董狐　晋朝干宝的哥哥曾经因病逝世,过了很多天尸体都不冷。后来竟然又醒悟过来,说看见了天地间各种鬼神的事,就好像做梦醒了一样,不知道自己死了。所以干宝便把古往今来鬼神灵异及人物变化的事搜集在一起,名为《搜神记》,拿这书让刘惔看。刘惔说:"你真可以说是鬼的董狐。"

昼穿夜塞　孙皓凿直渎，昼穿夜复塞，经数月不就。有役夫卧其侧，夜见鬼物来填，因叹曰：“何不以布囊盛土弃之江中，使吾辈免劳于此！”役夫晓白有司，如其言，乃成，渎长十四里。

舌根生莲　西晋时，地产青莲两朵，闻之所司，掘得瓦棺。开，见一老僧，花从舌根顶颅出。询及父老，曰：“昔有僧诵《法华经》万，临卒遗言，命以瓦棺葬此。”今造为瓦棺寺。

卞壶墓　卞壶父子死难，葬于金陵。盗尝开墓，面如生，爪甲环手背，晋安帝赐钱十万封之。后明高祖将迁之，夜见白衣妇人据井而哭，已复大笑曰：“父死忠，子死孝，乃不能保三尺墓乎？”言已，遂跃于井。高祖感而遂止。

酒黑盗唇　李克用墓金时为盗所发，郡守梦克用告曰：“墓中有酒，盗饮之，唇皆黑，可验此捕之。”明日，获盗，寺僧居其半。

为医所误　颜含兄畿客死，其妇梦畿曰：“我为医所误，未应死，可急开棺。”含时尚少，力请父发棺，馀息尚喘。含旦夕营视，足不出户者十三年，而畿始卒。嫂目失明，含求蚺蛇胆不得。忽童子授一青囊，开视之，乃蛇胆也。童子即化青鸟去。

柳侯祠　韩文公《碑记》：柳宗元与部将欧阳翼辈饮驿亭，曰：“明岁吾将死，死而为神，当庙祀我。”及期死，翼等遂立庙。

昼穿夜塞　孙皓要开凿一条沟渠，但每天白天凿开了晚上却又被堵上了，过了几个月还没有完工。有一个工人晚上在沟渠旁边躺着，夜里看到有鬼来把白天挖开的又填上，还叹息说："为什么不用布袋装上土扔在江里呢，也可以让我们免去每夜来这里堵的辛苦！"工人第二天早上把这个情况告诉了官府，官府便按鬼说的去做，沟渠才建成，长有十四里。

　　舌根生莲　西晋的时候，有一个地方长出两朵青莲花，报告给官府，官府在这里挖掘，得到一个瓦棺。打开棺材，看到有一个老和尚，花从舌头根部经过头顶长出来。问这里的父老乡亲，有人说："从前有一个和尚诵读《法华经》上万次，临死的时候遗言，要用瓦棺埋在这里。"现在这里已经被建成了一座瓦棺寺。

　　卞壶墓　卞壶父子二人死于苏峻之乱，埋葬在金陵。曾经有盗墓贼打开了他们的墓，发现他脸色像活人一样，指甲长得能环绕手背。晋安帝赐了十万钱把这个墓又完好地封上了。后来明高祖朱元璋想要把墓迁了，夜里看见有一个白衣妇人守在井边哭泣，哭过又大笑说："做父亲的尽忠而死，做儿子的尽孝而死，难道还保不住三尺大的坟墓吗？"说完，就跳到井里去了。朱元璋有所感悟便中止了迁墓的想法。

　　酒黑盗唇　李克用墓中的金钱被盗贼偷走了，当地的郡守梦见李克用告诉他说："墓里有酒，盗贼喝了，嘴唇就会变成黑的，可以拿这个证据来收捕他们。"第二天，便抓住了盗贼，里面有一半是寺庙里的和尚。

　　为医所误　颜含的哥哥颜畿死在外地，他的妻子梦见颜畿说："我被医生误诊，还不该死，快打开棺材。"颜含当时还小，竭力请求父亲打开棺材，发现颜畿还有呼吸。颜含早晚照顾，足不出户达十三年，后来颜畿才死。嫂子双目失明，颜含寻求蚺蛇胆却一直没有得到。忽然有一个童子给了他一个青囊，打开一看，正是蛇胆。童子变成青鸟飞走了。

　　柳侯祠　韩愈《柳州罗池庙碑》记载：柳宗元与部将欧阳翼等人在驿亭喝酒，柳宗元说："明年我就要死了，死后会变成神，你们要立庙来祭祀我。"到那天果然死了，欧阳翼等人便为他立了庙。

过客李仪醉酒，慢侮堂上，得疾，扶出庙门，即不起。

义妇冢　四明梁山伯、祝英台二人，少同学，梁不知祝乃女子。后梁为鄞令，卒葬此。祝氏吊墓下，墓裂而殒，遂同葬。谢安奏封义妇冢。

三年更生　梁主簿柳芟卒，葬于九江。三年后，大雨，冢崩，其子褒移葬。启棺，见父目忽开，谓褒曰："九江神知我横死，遣地神以乳饲我，故得更生。"褒迎归，三十年乃卒。

开圹棺空　米芾书碑云：颜真卿之使贼也，谓饯者曰："吾昔江南遇道士陶八，八受以刀圭碧霞，服之可不死。且云七十后有大厄，当会我于罗浮。此行几是。"后公葬偃师北山。有贾人至南海，见道士弈，托书至偃师颜家。及造访，则茔也。守冢苍头识公书，大惊。家人卜日开圹，棺已空矣。

婢伏棺上　干宝父有嬖人，宝母妒甚。因葬父，推入墓中。数年而母丧，开墓，其婢伏棺上，微有息，舁还，遂苏。问其状，言宝父为之通嗜欲，家中事纤悉与之说知，与平时无异。

海神　秦始皇于海中作石桥，海神为之竖柱。始皇求与相见。神曰："我形丑，莫图我形，当与帝相见。"乃入海四十里，见海神。左右杂画工于内，潜以脚画其形状。神怒曰："帝负约。速去！"始皇转马还，前脚犹立，后脚即崩，仅得登岸。画者溺死于海。又云：文登召山，始皇欲造桥度海观日出处。有神人召巨石相随而行。石行不驶，鞭之见血。今山下石皆赤色。

路人李仪因为喝醉了，在庙里说了不敬的话，便得了病，扶着出了庙门，就死了。

义妇冢　四明的梁山伯、祝英台两个人，小时候是同学，梁山伯不知道祝英台是女子。后来梁山伯官鄞县令，死后葬在这里。祝英台来墓地凭吊，墓忽然裂开她便掉了进去，于是便合葬了。谢安向朝廷上奏请封此为义妇冢。

三年更生　梁代的主簿柳芟死了，埋葬在九江。三年后，下大雨，坟墓崩坏，他的儿子柳褒打算移葬。打开棺材的时候，却发现柳芟睁开了眼，对柳褒说："九江神知道我是意外而死，就派地神用乳汁来养着我，所以能复活。"柳褒把他迎回了家，过了三十年才死。

开圹棺空　米芾所写的《颜鲁公碑阴记》记载：颜真卿要以使者身份到贼人那里去，他对饯行的人说："我从前在江南遇到道士陶八，陶八给了我仙丹，说服用了可以不死。还说我七十岁后有大灾难，应当与我在罗浮山相会。可能就是这次了。"后来他埋葬在偃师的北山。有一个商人到南海，看到有道士在下棋，托他捎书到偃师的颜家。等他来拜访时，却只看到了坟墓。守墓的仆人认识颜真卿的笔迹，大吃一惊。家人选择日子打开坟墓，发现棺材里已经空了。

婢伏棺上　干宝的父亲有一个宠爱的小妾，干宝的母亲非常妒忌。所以在埋葬丈夫的时候，把这个小妾也推到墓里。几年后干宝的母亲也死了，打开墓，却看到那个小妾伏在棺材上，还有呼吸，抬回家，便复活了。问她情况，她说干宝的父亲给她供饮食，还把家里的事无论大小都告诉她，与平常没有什么不同。

海神　秦始皇在海里建造石桥，海神帮他竖桥柱。秦始皇请求与神相见。海神说："我的相貌丑陋，不要画我的形状，就可以与你相见。"于是向海中走了四十里，终于见到了海神。左右随从中夹杂了一些画工，暗中用脚画出他的形状。海神发怒说："皇帝不信守约定，你们快回去吧。"秦始皇转过马往回走，前脚还站着，后脚处却崩塌了，勉强能登上岸。而画工却死于海中。又有人说：文登的召山，是秦始皇要造桥度海去看日出的地方。有神人召来巨石相随而行。石头如果不走了，就用鞭子打它打得出血。现在山下的石头还都是红色的。

黄熊入梦　晋侯有疾，梦黄熊入梦。于时子产聘晋。晋侯使韩子问子产曰："何厉鬼乎？"对曰："昔尧殛鲧于羽山，其神化为黄熊，入于羽渊，实为夏郊，三代祀之。今为盟主，其未祀乎？"乃祀夏郊。晋侯乃间。

辇沙为阜　秦始皇至孔林，欲发其冢。登堂，有孔子遗瓮，得丹书曰："后世一男子，自称秦始皇。入我室，登我堂，颠倒我衣裳。至沙丘而亡。"怒而发冢。有兔出，逐之，过曲阜十八里没，掘之不得，因名曰兔沟。乃达沙丘，令开别路。见一群小儿辇沙为阜，问，曰"沙丘"。从此得病，遂死。

钟馗　唐明皇昼寝，梦一小鬼，衣绛犊鼻，跣一足，履一足，腰悬一履，搢一筕扇，盗太真绣香囊。上叱问之，小鬼曰："臣乃虚耗也。"上怒，欲呼力士，俄见一大鬼，顶破帽，衣蓝袍，系鱼带，靫朝靴，径捉小鬼。先刳其目，然后劈而食之。上问："尔为谁？"奏云："臣终南进士钟馗也。"

藏璧　永平中，钟离意为鲁相，出私钱三千文，付户曹孔䜣，治夫子车。身入庙，拭几席剑履。男子张伯，除堂下草，土中得玉璧七枚。伯怀其一，以六枚白意。意令主簿安置几前。孔子寝堂床首有悬瓮，意召孔䜣，问："何等瓮也？"对曰："夫子遗瓮。内有丹书，人弗敢发也。"意发之，得素书曰："后世修吾书，董仲舒。护吾车，拭吾履，发吾筒，会稽钟离意。璧有七，张伯藏其一。"即召问，伯果服焉。

黄熊入梦　晋侯生了病，梦见了黄熊。当时子产正好到晋国来聘问。晋侯派韩子问子产说："梦到黄熊是什么厉鬼呢？"子产回答说："从前尧帝流放鲧到羽山，他的神变成了黄熊，进入到羽渊，而他的神灵却为夏朝郊祭，三代也祭祀他。今晋国为盟主，或者没有祭祀他吧。"于是赶快祭祀夏郊，晋侯的病便渐渐好了。

　　搴沙为阜　秦始皇到了孔林，想要打开孔子的墓。进屋，发现一个孔子留下的瓮，得到一纸丹书说："后世有一个男子，自称叫作秦始皇。进我家，登我堂，颠倒我衣裳。一到沙丘就会亡。"秦始皇大怒便把墓打开了。有一个兔子跑了出来，让人去追，过了曲阜十八里就不见了，掘地三尺也没有找到，因此把这里叫兔沟。然后便到了沙丘，让人再开一条路。看到有一群小孩把沙子堆成小丘，问这是什么地方，回答说是"沙丘"。秦始皇从此开始得了病，于是便死了。

　　钟馗　唐明皇白天睡觉，梦见一个小鬼，穿着红色的围裙，一只脚光着，一只脚穿着鞋，腰里挂着一只鞋，插着一把竹扇，来偷杨贵妃的绣香囊。明皇呵叱责问他，小鬼说："小臣就是虚耗啊。"明皇大怒，正想叫力士来，忽然看到一个大鬼，戴着破帽，穿着蓝袍，系着鱼带，靸着朝靴，直接来捉小鬼。先剜它的眼睛，然后把它劈开吃了。明皇问："你是谁？"他进奏说："我是终南的进士钟馗。"

　　藏璧　东汉永平年间，钟离意为鲁王的国相，拿出自己的钱三千文，给户曹孔䜣，让他修缮一下孔子的车。他亲自进入孔庙，把孔子的桌子、席子和鞋都擦了一遍。又让男子张伯清除院子里的草，张伯在院子的土里得到了七枚玉璧。他偷偷藏了一个，把剩下六枚交给了钟离意。钟离意让主簿安放在孔庙的桌子上。孔子寝室的床头挂着一个瓮，钟离意召来孔䜣，问："这是什么瓮？"孔䜣回答说："这是孔夫子留下的瓮。里面有丹书，人们不敢打开。"钟离意打开，得到一纸素书，上面写的是："后世整理我的书，要看董仲舒。保护我的车，擦拭我的鞋，打开我的瓮，那是会稽钟离意。玉璧一共有七枚，张伯藏一枚。"立刻召张伯来问，张伯果然招认了。

灶神姓张名单，字子郭，一名隗。又云祝融主火化，故祀以为灶神。郑玄以灶神祝融是老妇，非。灶神于己丑日卯时上天，白人罪过，此日祭之得福。《五行书》云："五月辰日，猪首祭灶，治生万倍。"

祠山大帝父张秉，武陵人，一日行山泽间，遇仙女，谓曰："帝以君功在吴分，故遣相配。长子以木德王其地。"且约逾年再会。秉如期往，果见前女来归，曰："当世世相承，血食吴楚。"后生子，为祠山神。神始自长兴自疏圣泽，欲通津广德，便化为猪，役使阴兵。后为夫人李氏所见，工遂辍，故避食猪。

泷冈阡表 欧阳修作《泷冈阡表》碑，雇舟载回，至鄱阳湖，舟泊庐山下，夜有一叟率五人来舟，揖而言曰："闻公之文章盖世，水府愿借一观。"赍碑入水，遂不见焉。修惊悼不已。黎明，泰和县令黄庭坚至，言其事，庭坚为文檄之。方投湖中，忽空中语曰："吾乃天丁也，押骊龙往而送至永丰也。"修归家扫墓，但见水洼中云雾濛蔽，有大龟负碑而出，倏然不见，惟碑上龙涎宛然在焉。

五百年夙愿 张英过采石江，遇一女子绝色，谓英曰："五百年夙愿，当会于大仪山。"英叱之。抵仪陇任半载，日夕闻机声。一日，率部逐机声而往，忽至大仪山，洞门半启，前女出迎，相携而入，洞门即闭。见圆石一双，自门隙出，众取归。中道不能举，遂建祠塑像，置石于腹。

芙蓉城主 石曼卿卒后，其故人有见之者，恍惚如梦中言："我今为仙也，所主芙蓉城，欲呼故人共游。"不诺，忽然骑一素驴而去。

灶神姓张名单,字子郭,一名隗。又有人说祝融主管火化,所以祭祀他为灶神。郑玄认为灶神祝融是老年妇女,这是错的。灶神在己丑日的卯时到天上去,汇报人的罪过,这一天祭祀他会得到福气。《五行书》说:"在五月的辰日,用猪头来祭灶神,做生意会有万倍的利润。"

祠山大帝的父亲张秉是武陵人,有一天行走在山间,遇到一个仙女,对他说:"上帝因为你有功于吴地,所以派我来与你结为夫妻。生下的长子因木德而称王于吴地。"并约好了过几年再相会。张秉按约定的时间去了,果然看到上次看到的仙女来了,说:"以后应当世代传承,并受吴、楚之人的祭祀。"后来生下了一个儿子,成为祠山神。祠山神开始从长兴自己疏浚圣泽,想要通到广德,就变成猪,并派出阴兵。后来被他的夫人李氏看到了,工程便停了下来,所以他们都不吃猪肉。

泷冈阡表　欧阳修写了《泷冈阡表》碑,雇船运回去,到了鄱阳湖,船停在庐山下,晚上有一个老人领着五个人来到船上,拱手说:"听说您的文章盖世,水晶宫里想借去看一下。"便背着碑下到水里,一会儿就不见了。欧阳修又惊恐又惋惜。到了天亮,泰和县令黄庭坚来了,说起这事来,黄庭坚写了文章来讨伐。刚把檄文投到湖里,忽听空中有人说:"我是天兵,押解骊龙把碑送到永丰去。"欧阳修回家扫墓,看到水洼中云雾迷漫,有一只大龟背着碑出来,过会又不见了,只有碑上的龙涎还清楚地留着。

五百年夙愿　张英路过采石江,遇到一个绝色的女子,对张英说:"我们有五百年的夙缘,应当在大仪山相会。"张英呵叱她。到达仪陇任职半年,每天都能听到有机关的响声。一天,率领部下循着机声去找,忽然到了大仪山,洞门半开,前面遇到的那个女子出来迎接,两人携手入洞,洞门便立刻闭上了。只见有圆石一对,从门缝里出来,众人取回。半路上举不动了,便建了祠庙塑张英的像,并把圆石放在塑像的肚子里。

芙蓉城主　石曼卿死后,他的老朋友还看见过他,恍恍惚惚好像在梦中一样说:"我现在成仙了,主管芙蓉城,想与老朋友一起去游玩。"老朋友不去,他便欣然骑着一头素驴走了。

文山易主　赵弼作《文山传》：既赴义，其日大风扬沙，天地尽晦，咫尺不辨，城门昼闭。自此连日阴晦，宫中皆秉烛而行，群臣入朝，亦爇炬前导。世祖问张真人而悔之，赠公特进金紫光禄大夫、太保、中书令平章政事、庐陵郡公，谥忠武。命王积翁书神主，洒扫柴市，设坛以祀之。丞相孛罗行礼初奠，忽狂飙旋地而起，吹沙滚石，不能启目。俄卷其神主于云霄，空中隐隐雷鸣，如怨怒之声，天色愈暗。乃改"前宋少保右丞相信国公"，天果开霁。按正史文集皆不载此事，传疑可也。信公至明景泰中，赐谥忠烈，人多不知，附记之。

杜默哭项王　和州士人杜默，累举不成名，性英傥不羁。因过乌江，谒项王庙。时正被酒沾醉，径升神座，据王颈，抱其首而大恸曰："天下事有相亏者，英雄如大王而不得天下，文章如杜默而不得一官！"语毕，又大恸，泪如迸泉。庙祝畏其获罪，扶掖以出，秉烛检视神像，亦泪下如珠，揾拭不干。

天竺观音　石晋时，杭州天竺寺僧，夜见山涧一片奇木有光，命匠刻观音大士像。

弄潮　吴王既赐子胥死，乃取其尸，盛以鸱夷之皮，浮之江上。子胥因流扬波，依潮来往。或有见其乘素车白马在潮头者，因为立庙。每岁八月十五潮头极大，杭人以旗鼓迎之。弄潮之戏，盖始于此。

黄河神　黄河福主金龙四大王，姓谢名绪，会稽人，宋末以诸生死节，投苕溪中。死后水高数丈。明太祖与元将蛮子海牙厮杀，神为助阵，黄河水望北倒流，元兵遂败。太祖夜得梦兆，封为黄河神。

文山易主　赵弼写《文山传》：文天祥就义之后，那天大风扬沙，天地一片黑暗，咫尺不能辨物，城门白天也关着。从那以后连续几天都是阴暗的天气，皇宫里都拿着蜡烛走路，群臣上朝，也都点着火把在前引导。元世祖问张真人之后颇感后悔，便封赠给文天祥特进金紫光禄大夫、太保、中书令平章政事、庐陵郡公，谥号为忠武。命令王积翁写牌位，洒扫柴市，立祭坛来祭祀他。丞相孛罗行礼之后进行初奠，忽然狂风席地而起，飞沙走石，人睁不开眼。一会儿把神主卷上了天空，空中隐隐传来雷声，好像发怒的声音一样，天色更暗了。于是把神主改为"前宋少保右丞相信国公"，天空才晴朗了。按：正史和各家文集都没有记录这件事，那么把这件有疑义的事情如实记录下来就是了。信国公到了明朝景泰年间，又被赐谥号为忠烈，人们大多不知道，所以附记在这里。

杜默哭项王　和州士人杜默，多次参加科举考试却不中，他的性格倜傥不羁。过乌江的时候，去拜谒项王庙。当时正喝酒微醉，便直接登上神座，坐在项羽脖子上，抱着他的头大哭说："天下的事有这样不公平的，像大王你这样英雄却得不到天下，像我杜默这样的好文章却得不到一官半职！"说完，又大哭，眼泪像泉水一样。庙祝怕他得罪了神灵，把他搀扶了出去，并举着蜡烛查看神像，竟然也泪下如雨，擦拭不尽。

天竺观音　石晋的时候，杭州天竺寺僧人，夜里看到山涧有一片奇木放光，便让匠人用这块木头刻成观音大士的像。

弄潮　吴王赐伍子胥死后，把他的尸体装在皮袋里，扔在江中。伍子胥凭借流水扬起波涛，借着潮水而往来。有人看见他坐着素车白马立在潮头，便为他立神庙。每年的八月十五潮头最大，杭州人用旗鼓来迎接。弄潮的游戏，就是从这里开始的。

黄河神　黄河福主金龙四大王，姓谢名绪，是会稽人，宋末的时候以诸生的身份为宋尽忠而死，跳到苕溪中。死后水高了几丈。明太祖与元将蛮子海牙厮杀，此神来为明太祖助阵，黄河水向北倒流，元兵大败。明太祖夜里得到梦兆，封他为黄河神。

木居士　韩昌黎《木居士庙诗》：偶然题作木居士，便有无穷求福人。

显忠庙　《吴史》孙皓病甚，有神凭小黄门云："金山咸塘风潮为害，海盐县治几陷。我霍光也，常统众镇之。"翌日，皓疾愈，遂立庙。

毛老人　南京后湖，一名玄武湖。明朝于湖上立黄册库，户科给事中、户部主事各一人掌之，烟火不许至其地。太祖时有毛老人献黄册，太祖言库中惟患鼠耗，喜老人姓毛，音与猫同，活埋于库中，命其禁鼠。后库中并不损片纸只字。太祖命立祠，春秋祭之。

怪异

贰负之骸　《山海经》："贰负之臣曰危，与贰负杀窫窳。帝乃梏之疏属之山，桎其右足，反接两手与发，系石。"汉宣帝时，尝发疏属山，得一人，徒裸，被发反缚，械一足。因问群臣，莫能晓。刘向按此言之，帝不信，谓其妖言，收向系狱。向子歆自出救父，云："以七岁女子乳饮之，即复活。"帝令女子乳之，复活，能言语应对，如向言。帝大悦，拜向为中大夫，歆为宗正。

旱魃　南方有怪物如人状，长三尺，目在顶上，行走如风。见则大旱，赤地千里。多伏古冢中。今山东人旱则遍搜古冢，如得此物，焚之即雨。

两牛斗　李冰，秦昭王使为蜀守，开成都两江，溉田万顷。神岁取童女二人为妇。冰以其女与神为婚，径至神祠，劝神酒，

木居士　韩昌黎《木居士庙》诗说："偶然题作木居士，便有无穷求福人。"

显忠庙　《吴国备史》记载：吴主孙皓病得很严重，有一个神附体于一个小宦官说："金山咸塘有风潮为害，海盐县城差点被淹没。我是霍光，经常统率众人来镇守那里。"第二天，孙皓的病就好了，于是便立了座庙。

毛老人　南京后湖，一名玄武湖。明朝时在湖上立了黄册库，户科给事中、户部主事各出一人来掌管，烟火不允许到这个地方。明太祖的时候有一个毛老人进献黄册，明太祖说仓库中正闹老鼠，很高兴这个老人姓毛，读音与"猫"相同，便把他活埋到仓库里，让他来禁制老鼠。后来仓中果然连片纸只字都不会损失了。明太祖命人为毛老人立了祠，春秋两季都来祭祀他。

怪异

贰负之骸　《山海经》记载："贰负的大臣叫危，与贰负一起杀死了窫窳。天帝就把他囚禁在疏属山上，拷住他的右脚，把两只手背过去与头发绑在一起，并系上石头。"汉宣帝的时候，曾经去疏属山，得到一个人，光着身子，披头散发，被反绑着，并拷着一只脚。问群臣，都不知道这是谁。刘向按《山海经》的记载禀报，汉宣帝不相信，说他是妖言惑众，把刘向投入狱中。刘向的儿子刘歆自己出来救父亲，他说："用七岁女孩子的奶汁来喂那个人，立刻就会复活。"汉宣帝便命令女子去喂他，果然复活了，能说话交流，正如刘向所言。汉宣帝非常高兴，封刘向为中大夫，刘歆为宗正。

旱魃　南方有一种怪物长得像人，长有三尺，眼睛在头顶上，走起路来像一阵风。如果它出现的话就会有大旱，千里之地都绝收。它大多藏在古墓里。现在山东人如果遇到大旱就在古墓里扫过，如果得到这种东西，把它焚烧了就会下雨。

两牛斗　李冰，秦昭王派他为蜀地太守，他开凿了成都两江，让万顷田都能得到灌溉。江神每年要娶两个小女孩为妻子。李冰便把自己的女儿派去与江神结婚，直接送到江神祠，劝江神喝酒，

酒杯恒澹澹。冰厉声以责之，因忽不见。良久，有两牛斗于江岸旁。有间，冰还，流汗谓官属曰："吾斗疲极，当相助也。南向腰中正白者，我绶也。"主簿刺杀北面者，江神遂死。

随时易衣　卢多逊既卒，许归葬。其子察护丧，权厝襄阳佛寺。将易以巨椟，乃启棺，其尸不坏，俨然如生。遂逐时易衣，至祥符中亦然。岂以五月五日生耶！彼释氏得之，当又大张其事，若今之所谓无量寿佛者矣。

钱镠异梦　宋徽宗梦钱武肃王讨还两浙旧疆，甚恳，且曰："以好来朝，何故留我？我当遣第三子居之。"觉而与郑后言之。郑后曰："妾梦亦然，果何兆也？"须臾，韦妃报诞子，即高宗也。既三日，徽宗临视，抱膝间甚喜，戏妃曰："酷似浙脸。"盖妃籍贯开封，而原籍在浙。岂其生固有本，而南渡疆界皆武肃版图，而钱王寿八十一，高宗亦寿八十一，以梦谶之，良不诬。

马耳缺　欧公云：丁元珍尝夜梦与予至一庙，出门见马只耳。后元珍除峡州倅，予亦除夷陵令。一日，与元珍同溯峡，谒黄牛庙。入门，惘然皆如梦中所见，门外石马，果缺一耳，相视大惊。

见怪不怪　宋魏元忠素正直宽厚，不信邪鬼。家有鬼祟，尝戏侮公，不以为怪。鬼敬服曰："此宽厚长者，可同常人视之哉？"

苌弘血化碧　苌弘墓在偃师。弘，周灵王贤臣，无罪见杀。藏其血，三年化为碧。

酒杯里的酒一直在荡漾。李冰大声斥责江神,然后便忽然不见了。过了很久,有两头牛在江边上打斗。又过了会,李冰回来了,汗流浃背地对下属说:"我打斗得太累了,你们应当帮助我。面朝南并且腰中间有白色的,那是我的绶带。"主簿便帮助刺杀了面向北的牛,江神便死了。

随时易衣　卢多逊被流放而死后,朝廷允许将其归葬原籍。他的儿子卢察护丧,暂且停灵于襄阳的寺庙里。想要换一个大的棺材,打开棺材后发现,他的尸体并未腐坏,就像活着时一样。于是便时时给他换衣服,到了大中祥符年间仍然如此。难道这就是因为他是五月五日出生的吗!要是让那些佛教里的人遇到这样的事,又该大张旗鼓,就像现在所说的无量寿佛一样了。

钱镠异梦　宋徽宗梦见钱武肃王向他讨还两浙的旧地,非常恳切,又说:"因为交好所以前来朝见,为什么把我羁留?我要派我的第三个儿子来讨要。"醒来后便对郑皇后说了,郑皇后说:"我也梦到这个梦了,这到底是什么兆头呢?"一会儿,韦妃处来报说生了儿子,就是宋高宗赵构。到了第三天,宋徽宗去看,抱到膝盖上,觉得很高兴,与韦妃开玩笑说:"长得像浙江人。"因为韦妃籍贯是开封,但她的原籍在浙江。难道他的出生确有本原吗,后来宋室南渡,其疆界都是钱武肃王的版图,而且钱镠活了八十一岁,宋高宗也活了八十一岁,用梦来预示,看来不假。

马耳缺　欧阳修说:丁元珍曾经夜里梦见和我一起到一座庙里去,出门便看到有匹马只有一只耳朵。后来丁元珍官为峡州通判,我为夷陵县令。一天,与丁元珍一起沿峡向上走,去黄牛庙。进门后,觉得好像在梦中见过,门外有一匹石马,果然缺了一只耳朵,我们二人互相看看,都大吃一惊。

见怪不怪　宋代的魏元忠向来正直宽厚,不信邪和鬼。家里有鬼在暗中作弄,曾经调戏他,他也不以为怪。鬼既尊敬又佩服地说:"这是一个宽厚长者,能把他当一般人看待吗?"

苌弘血化碧　苌弘的墓在偃师。他是周灵王的贤臣,没有罪却被杀了。他的血被藏了起来,三年后变成了碧玉。

二尸相殴　贞元初，河南少尹李则卒，未殓。有一朱衣人申吊，自称苏郎中。既入，哀恸。俄顷，尸起，与之相搏，家人惊走。二人闭门殴击，及暮方息。则二尸共卧在床，长短、形状、姿貌、须髯、衣服一无异也。聚族不能识，遂同棺葬之。

　　刘宴判官李邈有庄客，开一古冢，极高大，入松林二百步，方至墓。墓侧有碑断草中，字磨灭，不可读。初掘数十丈，遇一石门，因以铁汁计，累日方得开。开则箭雨集，杀数人，众怖欲出，一人曰："此机耳。"则投之以石，石投则箭出，投石十馀，则箭不复发。遂列炬入，开第二门，有数十人，张目挥剑，又伤数人。众争击之，则木人也，兵仗悉落。四壁画兵卫，森森欲动。中以铁索悬一大漆棺，其下积金玉珠玑不可量。众方惧，未即掠取。棺两角飒然风起，有沙迸扑人面，则风转急，沙射如注，而便没膝。众皆遑走，甫得出墓，门塞矣，一人则已葬中。

公远只履　罗公远墓在辉县。唐明皇求其术，不传，怒而杀之。后有使自蜀还，见公远曰："于此候驾。"上命发冢，启棺，止存一履。叶法善葬后，期月，棺忽开，惟存剑履。

鹿女　梁时，甄山侧，樵者见鹿生一女，因收养之。及长，令为女道士，号鹿娘。

风雨失枢　汉阳羡长袁玘常言："死当为神。"一夕，痛饮卒，风雨失其枢。夜闻荆山有数千人唉声，乡民往视之，则棺已成冢。俗呼铜棺山。

二尸相殴　贞元初年，河南少尹李则死了，还没有入殓。有一个穿着红衣的来吊唁，自称是苏郎中。进来后，悲伤地痛哭。过了一会儿，尸体却起来了，与这个人搏斗，家人都吓跑了。两个人关上门斗殴，直到晚上才停下。大家发现有两具尸体一起躺在床上，长短、形状、容貌、姿态、胡子、衣服都一模一样。全族人都不能分辨，只好放在一个棺材里下葬。

刘宴的判官李邈有一个庄客，打开了一座古墓，非常高大，进入松林二百步，才到墓前。墓边上有一块墓碑扔在荒草里，字已磨灭，无法辨识。开始掘了几十丈，遇到一扇石门，因为是用铁汁浇铸的，所以好几天才打开，但一开就有箭像下雨一样射出来，杀死了几个人，众人都很害怕想要出去，有一个人说："这不过是个机关而已。"便往里扔石头，扔一个就会有些箭射出来，扔十几个石头，慢慢的就没有箭了。于是大家又打着火把进去，开第二道门，又有几十个人，瞪着眼睛挥舞宝剑，伤了几个人。众人拥上去攻打，才发现这些都是木头做的人，它们手上的兵器都被打掉了。但四面墙上画的卫兵却好像跃跃欲试。中间用铁索悬挂着一个大的漆过的棺材，棺材下堆满了不计其数的金银珠宝，众人都有些害怕，没敢去拿。这时棺材两边忽然有风，有沙子扑向众人，而风更急了，沙子射出来就像下雨一样，一会儿就淹没了膝盖。众人都仓惶逃走，刚出大墓，门已经关上了，一个人已经被埋在了里边。

公远只履　罗公远的墓在辉县。唐明皇因为求他的法术，他却不传，一怒之下把他杀了。后来有使者从蜀地回来，看见罗公远说："我在这里候驾。"唐明皇让人挖开他的坟，打开棺材，发现里面只有一只鞋。叶法善下葬后，过了一个月，棺材忽然打开，里面只有一把剑和一只鞋。

鹿女　梁代的时候，在甄山旁边，砍柴的人看到有只鹿生了一个女儿，便收养了她。等到长大了，让她当了女道士，名为鹿娘。

风雨失柩　汉代阳羡县令袁玘常常说："我死后一定会成神。"一天晚上，大醉之后死了，风雨中不见了他的灵柩。夜里听到荆山有几千人吃饭的声音，乡人去看，发现他的棺材已经下葬了。世人称这座山为铜棺山。

留待沈彬来 沈彬有方外术，尝植一树于沈山下，命其子葬己于此。及掘，下有铜牌，篆曰："漆灯犹未灭，留待沈彬来。"

辨南零水 李秀卿至维扬，逢陆鸿渐，命一卒入江取南零水。及至，陆以杓扬水曰："江则江矣，非南零，临岸者乎？"既而倾水，及半，陆又以杓扬之曰："此似南零矣。"使者蹶然曰："某自南零持至岸，偶覆其半，取水增之。真神鉴也！"

试剑石 徐州汉高祖庙旁有石高三尺馀，中裂如破竹不尽者寸。父老曰："此帝之试剑石也。"又漓江伏波岩洞旁，悬石如柱，去地一线不合。相传为伏波试剑。

妇负石在大理府城南。世传汉兵入境，观音化一妇人，以稻草縻此大石，背负而行，将卒见之，吐舌曰："妇人膂力如此，况丈夫乎！"兵遂却。

燃石出瑞州，色黄白而疏理，水灌之则热，置鼎其上，足以烹。雷焕尝持示张华，华曰："此燃石也。"

他日仗公主盟 隋末温陵太守欧阳祐耻事二姓，拉夫人溺死。后人立庙，祈梦极灵。宋李纲尝宿庙中，梦神揖上座，纲固辞，神曰："他日仗公主盟。"及拜相，值神加封，果署名额次。

天河槎 横州横槎江有一枯槎，枝干扶疏，坚如铁石，其色类漆，黑光照人，横于滩上。传云天河所流也。一名槎浦。

愿留一诗 陆贾庙在肇庆锦石山下，宋梁竑舣舟于此，梦一客自称陆大夫，云："我抑郁此中千岁馀矣，君幸见过，愿留一诗。"竑遂题壁。

留待沈彬来　沈彬有世外之法术，曾经在沈山下种了一棵树，让他的儿子把他埋在这里。等到挖墓的时候，得到一块铜牌，上面有篆文说："漆灯犹未灭，留待沈彬来。"

辨南零水　李秀卿到扬州，遇到陆鸿渐，派一个士兵到江中去打些南零水来。等水打到以后，陆鸿渐用杓扬水说："这确实是江水，但却不是江中南零的水，是在岸边打的吗？"然后他就把水倒掉，倒了一半，又拿杓扬水说："这好像是南零水了。"取水的人大为惊讶说："我取了南零水快到岸边了，却不小心倒了一半，只好在岸边用江水补充。先生真是神鉴啊！"

试剑石　徐州汉高祖庙旁边有一块石头高达三尺多，中间像破竹一样裂开寸许。父老们说："这是汉高祖的试剑石。"另外，漓江伏波岩洞旁边，悬着一块像大柱子一样的石头，离地面只有一条缝。相传这是伏波将军马援试剑时砍的。

妇负石在大理府城南。世人相传汉兵入境时，观音变成一个妇人，用稻草捆着这个大石，背着行走，将士看到，都吓得吐舌头说："连妇女也这么大的力气，何况男人呢！"就退兵了。

燃石出自瑞州，颜色呈黄白色，上面有稀疏的纹理，用水浇灌它就会发热，把锅放置在它上面，就足以来做饭。雷焕曾经拿着给张华看，张华说："这就是燃石。"

他日仗公主盟　隋末的温陵太守欧阳祐耻于再投降新朝，便拉着夫人跳水自杀了。后人为他们立了庙来祭祀，在此祈祷很灵验。宋代的李纲曾经宿于庙中，梦见有神灵邀请自己上座，李纲坚决推辞，神灵说："以后还要倚仗大人来主盟。"等到李纲官拜丞相，也正值此神被加封号，果然让李纲来题写匾额。

天河槎　横州横槎江有一个破木筏，用来编筏的枝条非常繁密，坚硬如同铁石，颜色像漆一样，黑光照人，横在河滩上。传说是天河上流下来的，所以这里又叫槎浦。

愿留一诗　陆贾庙在肇庆的锦石山下，宋代的梁竑停舟在这里，梦见一个客人自称是陆大夫，说："我在这里抑郁无聊已经有千年之久了，今天幸而有先生路过，希望先生能为我留诗一首。"梁竑便为他在墙壁上写了一首诗。

请载齐志　元于司马钦尝梦有赵先生者谓钦曰："闻君修《齐志》，仆一良友葬安丘，其人节义高天下，今世所无也，请载之以励末俗。"钦觉而异之，及阅《赵岐传》，始悟为孙嵩也。岐处复壁中著书以名世，固奇男子，非嵩高谊，其志安得伸也？钦之梦，不亦可异哉！

三石　永安州伪汉时，有兵入靖江过此。黎明遇猎者牵黄犬逐一鹿，兵以枪刺鹿，徐视之，石也。已而，人犬与鹿皆化为石，鼎峙道傍。今一石尚有枪痕。

悟前身　焦竑奉使朝鲜，泊一岛屿间，见茅庵岩室扃闭，问旁僧，曰："昔有老衲修持，偶见册封天使过此，盖状元官侍郎者，叹羡之，遂逝。此其塔院耳。"竑命启之，几案经卷宛若素历，乃豁然悟为前身。

告大风　宋陈尧佐尝泊舟于三山矶下，有老叟曰："来日午大风，宜避。"至期，行舟皆覆，尧佐独免。又见前叟曰："某江之游奕将也，以公他日贤相，故来告尔。"

追魂碑　叶法善尝为其祖叶国重求刺史李邕碑文，文成，并求书，邕不许。法善乃具纸笔，夜摄其魂，使书毕，持以示邕，邕大骇。世谓之追魂碑。

牛粪金　东吴时，有道士牵牛渡江，语舟人曰："船内牛溲，聊以为谢。"舟人视之，皆金也。后名其地曰金石山。

谓琯前身　房琯，桐庐令，邢真人和璞尝过访。琯携之野步，遇一废寺，松竹萧森，和璞坐其下，以杖叩地，令侍者

请载齐志　元代的司马于钦曾经梦见一个赵先生对他说："听说先生要编修《齐志》，我有一个好朋友葬在齐地的安丘，这人的节操与仁义冠于天下，当世已经没有这样的人了，请先生把他记录下来用来激励这俗世的庸人。"于钦醒来后觉得很奇怪，等到读《后汉书·赵岐传》，才醒悟他说的是孙嵩。赵岐惧祸逃亡时被孙嵩藏匿在墙壁的夹层里写出《孟子章句》而扬名后世，自然也算是奇人，但如果不是孙嵩的情谊，他的志向怎么能实现呢？于钦的梦，不也很令人惊异吗！

三石　永安州在伪汉时期，有军队要进入靖江，从这里经过。黎明时分遇到一个打猎的人牵着黄狗追一头鹿，军士用枪刺那头鹿，仔细看，发现原来是石头。后来，人、狗和鹿都变成了石头，站在路边。现在有一个石头上面还有枪刺的痕迹。

悟前身　焦竑奉命出使朝鲜，停泊在一个小岛上，看到有一茅庵，大门紧闭，询问旁边僧人，僧人回答："以前有一个老和尚在这里修行，偶然看到天子的册封使臣路过这里，那是状元及第并官拜侍郎的，老和尚非常美慕，然后便去世了。这就是他的塔院。"焦竑命人打开门，看到室内的桌椅和摆放的经书，都好像曾经见过一样，于是豁然醒悟，知道那个老和尚便是自己的前身。

告大风　宋代的陈尧佐曾经把船停在三山矶下，有一个老人来说："明天午时有大风，应该躲避一下。"到了时辰，没有躲避的船都翻了，只有陈尧佐的没翻。又见那个老人来说："我是长江中的巡逻兵，因为大人是未来的贤明宰相，所以来事先告诫大人。"

追魂碑　叶法善曾经为他的祖先叶国重请求刺史李邕写一篇碑文，文章写成后，再请求李邕写到碑上，李邕不答应。叶法善便准备好了纸和笔，夜里摄来李邕的魂魄，让他写完，拿着给李邕看，李邕大吃一惊。世人称此为追魂碑。

牛粪金　东吴的时候，有一个道士牵牛过江，对船家说："船里有牛拉的粪，算作我对你的谢礼。"船家一看，都是金子。后来便把这个地方叫金石山。

谓琯前身　房琯任桐庐县令的时候，邢和璞真人曾经来拜访他。房琯与他一起到外面散步，遇到一座破旧的寺庙，松树与竹子都很茂盛，邢和璞坐在树下，用手杖敲地，让侍从的人挖地，

掘数尺，得一瓶，瓶中皆娄师德与永公书。和璞谓琯曰："省此否？"盖永公即琯之前身也。

木客　兴国上洛山有木客，乃鬼类，形颇似人。自言秦时造阿房宫采木者，食木实，得不死，能诗，时就民间饮食。

铜钟　宋绍兴间，兴国大乘寺钟一夕失去，文潭渔者得之，鬻于天宝寺，扣之无声。大乘僧物色得之，求赎不许，乃相约曰："扣之不鸣，即非寺中物。"天宝僧屡击无声，大乘僧一击即鸣，遂载以归。

驱山铎　分宜晋时，雨后有大钟从山流出，验其铭，乃秦时所造。又渔人得一钟，类铎，举之，声如霹雳，草木震动。渔人惧，亦沉于水。或曰此秦驱山铎也。

旋风掣卷　王越举进士，廷对日，旋风掣其卷入云表。及秋，高丽贡使携以上进，云是日国王坐于堂上，卷落于案，阅之异，因持送上。

风动石　漳州鹤鸣山上，有石高五丈，围一十八丈，天生大盘石阁之，风来则动，名风动石。

去钟顶龙角　宋时灵觉寺钟，一夕飞去，既明，从空而下。居人言江湾中每夜有钟声，意必与龙战。寺僧削去顶上龙角，乃止。

投犯鳄池　《搜神记》：扶南王范寻尝养鳄鱼十头，若犯罪者，投之池中，鳄鱼不食，乃赦之。诖误者皆不食。

雷果劈怪　熊翀少业南坛，夕睹一美女立于松上，众错愕走，翀略不为意，以刀削松皮，书曰："附怪风雷折，成形斧

挖了几尺，得到一只瓶子，瓶里全是娄师德给永公的书信。邢和璞对房琯说："认识这个吗？"因为永公是房琯的前身。

木客　兴国的上洛山有一种木客，属于鬼一类，形状很像人。自己说是秦朝时建造阿房宫的伐木工人，吃树上的果实，便能长生，能写诗，偶尔到民间来找吃的。

铜钟　宋代绍兴年间，兴国的大乘寺有天晚上丢了一口钟，文潭的渔夫得到了，卖给了天宝寺，怎么敲都不响。大乘寺的僧人四处寻访终于找到了，请求让他们买回去，但天宝寺不允许，就相互约定说："如果敲不响，那就不是自己寺内的东西。"天宝寺的僧人多次敲击都不响，大乘寺的僧人一敲就响，于是便运回本寺了。

驱山铎　晋朝在分宜县，大雨后有一口大钟从山中流出来，查看钟上的铭文，竟是秦朝所造。又：渔人得到一口钟，像铎，把它举起来，声音像雷一样，草木都会震动。渔人很害怕，便把钟扔到水里了。有人说这是秦朝的驱山铎。

旋风掣卷　王越中了进士，在朝廷对策的时候，有旋风把他的卷子吹上了云霄。到了秋天，高丽进贡的使臣带着他的卷子来进献，说是那天国王正坐在朝廷上，卷子便落在书桌上，读后觉得很惊异，所以派人送回来。

风动石　漳州鹤鸣山上，有一块石头高达五丈，四周有十八丈，有一块天生的大盘石做它的底座，风吹来就会动，所以名叫风动石。

去钟顶龙角　宋代灵觉寺的大钟一天晚上忽然飞走了，天明的时候，又从空中飞下来。周围居住的人都说江湾中每夜都能听到钟声，想来一定是钟去与龙搏斗了。寺里的和尚把钟顶上的龙角削去，然后钟就不再飞走了。

投犯鳄池　《搜神记》记载：扶南王范寻曾经养了十头鳄鱼，如果有疑犯，就扔到池子里，如果鳄鱼不吃他，就赦他无罪。被连累的也不吃。

雷果劈怪　熊翀少年时求学于南坛，有天晚上看到一个美女立在松树上，众人都很惊愕地跑了，只有熊翀不以为意，用刀削下松树皮，在树上写道："有怪依附必被风雷所折，修成人形定为斧

锯分。"夜半，果雷劈之。

飞来寺 梁时峡山有二神人化为方士，往舒州延祚寺，夜叩真俊禅师曰："峡据清远上流，欲建一道场，足标胜概，师许之乎？"俊诺。中夜，风雨大作，迟明启户，佛殿宝像已神运至此山矣。师乃安坐说偈曰："此殿飞来，何不回去？"忽闻空中语曰："动不如静。"赐额飞来寺。

橘中二叟 《幽怪录》：巴邛人剖橘而食，橘中有二叟弈棋。一叟曰："橘中之乐，不减商山。"一叟曰："君输我洲玉尘九斛，龙缟袜八緉，后日于青城草堂还我。"乃出袖中一草，食其根，曰："此龙根脯也。"食讫，以水喷其草，化为龙，二叟骑之而去。

牛妖 天启间，沅陵县民家牸牛生犊，一目二头三尾，剖杀之，一心三肾。

猪怪 民家猪生四子，最后一子，长嘴、猪身、人腿、只眼。

陕西怪鼠 天启间，有鼠状若捕鸡之狸，长一尺八寸，阔一尺，两旁有肉翅，腹下无足，足在肉翅之四角，前爪趾四，后爪趾五，毛细长，其色若鹿，尾甚丰大，人逐之，其去甚速。专食谷豆，剖腹，约有升黍。

无支祁 大禹治水，至桐柏山，获水兽，名无支祁，形似猕猴，力逾九象，人不可视。乃命庚辰锁于龟山之下，淮水乃安。唐永泰初，有渔人入水，见大铁索锁一青猿，昏睡不醒，涎沫腥秽不可近。

饮水各醉 沉酿堰在山阴柯山之前，郑弘应举赴洛，亲友饯于此。以钱投水，依价量水饮之，各醉而去。因名其堰曰沉酿。

锯所分。"到了半夜，果然被雷劈了。

　　飞来寺　梁代的时候峡山有两个神人变成方士，前往舒州延祚寺，夜里叩见真俊禅师说："峡山居于清远的上流，想要建一座寺庙，可以标榜当地的风物，师父允许吗？"真俊禅师答应了。半夜，风雨大作，天明开门一看，整座寺庙和塑像都已经被神运到峡山了。真俊禅师便坐下来说偈语："此殿能飞来，何不飞回去？"忽然听见空中有人说："一动不如一静。"于是此寺便得名"飞来寺"。

　　橘中二叟　《幽怪录》记载：巴邛人剥开橘子吃，见橘子里有两个老人在下棋。一个老人说："橘子中的乐趣，不差于在商山的乐趣。"另一个老人说："你输给我九斛洲玉尘，八双龙缟袜，后天在青城草堂还给我。"又从袖子里拿出一根草，吃了草根，说："这是龙根脯。"吃完后，用水喷那枝草，草就变成了龙，两个老人骑着龙就走了。

　　牛妖　天启年间，沅陵县百姓家母牛生了小牛犊，一只眼睛、两颗头、三个尾巴，把它杀死解剖后发现，它只有一颗心，却有三个肾。

　　猪怪　有个百姓家的猪生了四个小猪，最后一个有很长的嘴、猪的身子、人的腿、一只眼。

　　陕西怪鼠　天启年间，有一种老鼠形状像逮鸡的黄鼠狼，长有一尺八寸，宽有一尺，两旁有肉翅，肚子下没有脚，脚在肉翅的四角上，前爪有四趾，后爪有五趾，毛细长，颜色像鹿，尾巴很大，若有人追它，跑得非常快。专吃谷子和豆类，剖开肚子，里面大约有一升小米。

　　无支祁　大禹治水的时候，到了桐柏山，捕获了一个水兽，名叫无支祁，形状像猕猴，力气超过九头大象，人不敢看它。于是命令庚辰把它锁在龟山下，淮水这才不泛滥了。唐代永泰初年，有一个渔人到水中去，看到一根大铁索锁着一只青猿，昏睡不醒，涎沫腥秽，无法靠近。

　　饮水各醉　沉酿堰在山阴的柯山前，郑弘参加科举考试而赶赴洛阳，亲友在这里与他饯别。把钱扔到水中，按照市价量水来喝，各自大醉而去。所以把这个堰叫"沉酿"。

林间美人　罗浮飞云峰侧有梅花村，赵师雄一日薄暮过此，于林间见美人淡妆素服，行且近，师雄与语，芳香袭人，因扣酒家共饮。少顷，一绿衣童来，且歌且舞。师雄醉而卧。久之，东方已白，视大梅树下，翠羽啾啾，参横月落，但惆怅而已。

变蛇志城　晋永嘉中，有韩媪偶拾一巨卵，归育之，得婴儿，字曰橛。方四岁，刘渊筑平阳城不就，募能城者。橛因变为蛇，令媪举灰志后，曰："凭灰筑城，可立就。"果然。渊怪之，遂投入山穴间，露尾数寸，忽有泉涌出成池，遂名曰金龙池。

有血陷没　硕顶湖在安东，秦时童谣云："城门有血，当陷没。"有老姆忧惧，每旦往视。门者知其故，以血涂门。姆见之，即走。须臾大水至，城果陷。高齐时，湖尝涸，城尚存。

张龙公　六安龙穴山有张龙公祠，记云：张路斯，颍上人，仕唐，为宣城令，生九子。尝语其妻曰："吾，龙也，蓼人。郑祥远亦龙也，据吾池，屡与之战，不胜，明日取决。令吾子射：系鬣以青绢者郑也，绛绢者吾也。"子遂射中青绢者，郑怒，投合肥西山死，即今龙穴也。

城陷为湖　巢湖在合肥，世传江水暴涨，沟有巨鱼万斤，三日而死。合郡食之。独一姥不食。忽过老叟，曰："此吾子也，汝不食其肉，吾可亡报耶？东门石龟目赤，城当陷。"姥日往窥之。

林间美人　罗浮山飞云峰旁边有个梅花村，赵师雄有一天傍晚路过这里，在树木间看到有一个美女化着淡妆，穿着素净的衣服，走到跟前来，赵师雄与她说话，感觉一股芳香袭人，所以到酒家去一起喝酒。过了一会儿，有一个绿衣童子来，边唱歌边跳舞。赵师雄大醉而入睡。时间过了很久，天已经大亮，看大梅树下，有一只绿毛的鸟在啾啾地叫着，参星已横而月亮亦落，只有惆怅而已。

　　变蛇志城　晋代永嘉年间，有一个姓韩的婆婆偶然拾到一个很大的蛋，回来孵化它，得到一个小孩，取名字叫韩橛。年方四岁，刘渊修筑平阳城不能成功，招募能修城的人。韩橛因此变成蛇，让婆婆拿着灰在他后边做记号，说："依着灰做的记号来修城，可以很快修成。"后来果然如此。刘渊觉得很奇怪，就把它扔到山中的洞里，只露出几寸长的尾巴，忽然有泉水涌出成为池塘，就命名为金龙池。

　　有血陷没　硕顶湖位于安东，秦代时有童谣说："城门若有血，全城被淹没。"有一个老婆婆非常担心害怕，每天早上就去城门那里看。守门的人知道她来看的原因，便故意把血涂在门上。老婆婆看到后，立刻便跑了。一会儿，大水就来了，城池果然被淹没了。在北齐的时候，湖曾经干涸了，城池还在。

　　张龙公　六安的龙穴山有个张龙公祠，《赵耕龙公碑》记载说：张路斯，是颍上人，在唐朝为官，做宣城县令，生了九个儿子。曾经对他的妻子说："我是龙，蓼地的人。郑祥远也是龙，他占据了我的水池，我多次与他搏斗，却不能取胜，明天我们要决战。让我的儿子来射他：在鬣毛上系着青绢的是郑祥远，系着红绢的是我。"他的儿子便射中了系青绢的，郑祥远大怒，跑到合肥的西山后死了，就是今天的龙穴也。

　　城陷为湖　巢湖在合肥，世人传产有次江水暴涨，沟里有一只巨大的鱼重达万斤，三天后死了，整个合肥的人都去吃，只有一个老婆婆不吃。忽然来了一个老人，对她说："这条大鱼是我的儿子，你不吃他的肉，我怎么能没有报答呢？东门外石龟的眼睛如果红了，这座城就要被淹没了。"老婆婆每天都去看那只石龟。

有稚子戏以朱傅龟目。姥见，急登山，而城陷为湖，周四百馀里。

人变为龙　元时，兴业大李村有李姓者，素修道术。一日，与妻自外家回，至中途，谓妻曰："吾欲过前溪一浴，汝姑待之。"少顷，风雨骤作，妻趋视之，则遍体鳞矣。嘱妻曰："吾当岁一来归。"歘然变为龙，腾去。后果岁一还。其里呼其居为李龙宅。

妇女生须　宋徽宗时，有酒家妇朱氏，年四十，忽生须六七寸。诏以为女道士。

男人生子　宋徽宗时，有卖菜男人怀孕生子。

童子暴长　元枣阳民张氏妇生男，甫四岁，暴长四尺许，容貌异常，皤腹臃肿，见人嬉笑，如俗所画布袋和尚云。

男变为妇　明万历间，陕西李良雨忽变为妇人，与同贾者苟合为夫妇。其弟良云以事上所司奏闻。

有小孩游戏时用红色涂了石龟的眼睛。老婆婆看到后，急忙跑到山上，这时城池被淹没成为了湖，方圆有四百多里。

人变为龙　元代的时候，兴业的大李村有一个姓李的人，一直在修炼道术。有一天，与妻子从娘家回来，走到半路，对妻子说："我想到前边小溪中洗个澡，你暂且等我一会儿。"过了一会儿，风雨大作，他的妻子赶快去看，只见他浑身都是鳞片。他嘱咐妻子说："我会每年回家一次的。"然后便忽然变成龙，腾空而去。后来果然每年回次家。他的家乡称他住的地方叫李龙宅。

妇女生须　宋徽宗的时候，有一个卖酒人的妻子朱氏，年过四十，忽然长出了六七寸长的胡须。朝廷下令让她去做女道士。

男人生子　宋徽宗的时候，有一个卖菜的男人忽然怀孕生下了小孩子。

童子暴长　元代枣阳的村民张氏生了一个男孩，到四岁的时候，忽然长了四尺多，容貌非常异常，挺着臃肿的大肚子，就像世俗所画的布袋和尚一样。

男变为妇　明代万历年间，陕西的李良雨忽然变成女人，与一起做买卖的人偷偷成了夫妇。他的弟弟李良云把这件事上报给了官府。

卷十九　物理部

物类相感

磁石引针。

琥珀摄芥。

蟹膏投漆，漆化为水。

皂角入灶突烟煤坠。

胡桃带壳烧红，其火可藏数日。

酸浆入盂，水垢浮。

灯芯能碎乳香。

撒盐入火，炭不爆。

用盐擂椒，椒味好。

川椒麻人，水能解。

带壳胡桃煮臭肉，肉不臭。

瓜得白梅则烂。

栗得橄榄则香。

猪脂炒榧，皮自脱。

芽茶得盐，不苦而甜。

井水蟹黄沙淋而清。

石灰可藏铁器。

草索可祛青蝇。

烬炭可断蚁道。

香油杀诸虫。

狗粪之中米，鸽食则死。

桐油杀荷花。

物类相感

磁石能吸引针。

琥珀能吸住芥子。

把螃蟹的蟹黄放到漆里,漆就会变成水。

把皂角放到灶里可以让烟囱里的煤灰脱落。

把核桃带壳烧红,里面的火可以收藏几天不灭。

把醋倒进坛子里,可以清除水垢。

灯芯可以让乳香碎裂。

把盐撒到火里,炭就不会爆裂。

碾花椒时放点盐,花椒的味道好。

四川花椒很麻,用水便可以解除。

用带壳的核桃来煮臭肉,肉不臭。

瓜遇到白梅就会烂。

栗子遇到橄榄就会更香。

用猪油炒榧子,外皮便会脱落。

芽茶中放点盐,就不会苦而是甜。

井水洗螃蟹可以把沙子洗净。

石灰可以用来储藏铁器。

用草结成的绳索可驱蝇。

用木炭可以隔断蚂蚁的道路。

香油可以杀死各种虫子。

狗粪里的米,鸽子吃了就会死。

桐油能杀死荷花。

江茶枯菱。

粉蝥畏椒。

蜈蚣畏油。

松毛可杀米虫。

麝香祛壁虱。

马食鸡粪，则生骨眼。

苍蝇叮蚕，生肚虫。

三月三日收荠菜花茎置灯檠上，则飞蛾蚊虫不投。

五月五日收虾蟆，能治疟，又治儿疳。

香油抹龟眼，则入水不沉。

唾沫蝶翅，则当空高飞。

乳香久留，能生舍利。

羚羊角能碎佛牙。

柿煮蟹不红。

橙合酱不酸。

麸见肥皂则不就。

荆叶辟蚊，台葱辟蝇。

唾津可溶水银，茶末可结水银。

薄荷去鱼腥。

荸荠煮铜则软，甘草煮铜则硬。

蝎畏蜗牛。

磬畏慈菇，斧怕肥皂。

螺蛳畏雪，蟹怕雾。

河豚杀树，狗胆能生。

灯芯能煮江鳅。

麻叶可辟蚊子。

酒火发青，布衣拂即止。

琴瑟弦久而不鸣者，以桑叶挼之，则响亮如初。

江茶可以让菱角枯萎。

蜘蛛害怕花椒。

蜈蚣害怕油。

松毛可以杀死米虫。

麝香可以驱除墙壁上的虱子。

马如果吃了鸡粪，就会长骨眼。

苍蝇叮了蚕，就会生肚虫。

三月三日那天收集荠菜花的杆放在灯盏上，飞蛾和蚊虫就不会来扑。

五月五日那天获取的虾蟆，能治疗疟疾，还能治儿疳。

香油抹在乌龟眼上，它进入水中就不沉。

把唾沫喷到蝴蝶翅膀上，它就可以当空高飞。

乳香放的时间久了，能产生舍利。

用羚羊角可以打碎佛牙。

用柿子煮螃蟹可以让螃蟹不红。

把橙子放到酱里酱就不酸。

麸子遇到肥皂便不好了。

荆叶可以驱蚊，台葱可以驱蝇。

唾液可以溶解水银，茶叶末可以凝结水银。

薄荷可以除去鱼腥。

荸荠在铜器里煮就会变软，甘草在铜器里煮就会变硬。

蝎子害怕蜗牛。

磬石害怕慈菇，斧头害怕肥皂。

螺蛳害怕下雪，螃蟹害怕起雾。

河豚能把树弄死，但狗胆能让树再生。

灯芯可以用来煮江里的泥鳅。

麻叶可以驱逐蚊子。

如果酒点着的火发青的话，用布做的衣服扇一下就可以止住。

琴瑟的弦时间长了不弹的话，用桑叶拭一遍，就会响亮如初。

　　黑鲤鱼乃老鼠变成，鳜鱼乃虾蟆变成，鳝鱼乃人发变成。

　　燕畏艾，雀衔艾而夺其巢。

　　骡马蹄曝干为末，放酒中即成水。

　　柳絮经宿，即为浮萍。

　　杜大黄嫩子掷水化为萍。

　　庚午、癸卯二日春米，不蛀。

　　柳叶入水，即化为杨叶丝鱼。

　　人参与细辛同贮则不坏。

　　槿树叶和石灰捣烂，泥酒醋缸则不漏。

　　寻泉脉，以竹火循地照有气冲炎起，下必有泉。

　　试盐卤，以石莲子十个投卤中，浮起五个为五成，六个六成，七个七成。五成以下，味薄无盐矣。

　　以锈钉磨醋写字，浓墨刷纸背，名顷刻碑。

　　取乌贼鱼墨书文券，岁久脱落成白纸。

　　灯盏中加少许盐，则油不速干。

　　油一斤，以胡桃一个捣烂投之，则省油。

　　造油烛，先以麻油浇其芯，则过霉不霉。

　　蜡烛风吹有泪，以盐少许实缺处，泪即止。

　　烧蜡有缺，嚼藕渣补之，即不漏。

　　写绢上字，以姜汁代水磨墨，则不沁。

　　蒲花和石灰泥壁及缸坛，胜如纸筋。

　　蓖麻子水研写字，只如空纸付去，以灶煤红丹糁之，字即现。

　　鸡子清调石灰粘瓷器，甚妙。

黑鲤鱼是由老鼠变成的，鳜鱼是由虾蟆变成的，鳝鱼是人的头发变成的。

燕子害怕艾草，麻雀衔来艾草便可以夺走燕子的巢。

骡马的蹄子晒干研成细末，放在酒里就变成水。

柳絮过一晚上，就会变成浮萍。

杜大黄的嫩子扔在水里就会变成浮萍。

庚午、癸卯两天舂米，便不会生蛀虫。

柳叶落到水里，就变成杨叶丝鱼。

人参和细辛放在一起就不会坏。

槿树叶掺些石灰捣烂，用来泥酒醋的缸就不漏。

寻找泉水之脉，用竹火往地上照，如有气把火焰冲起来了，这下边一定有泉水。

要试卤的盐味，把十个石莲子扔到卤里，浮起五个的话就是五成，六个六成，七个七成。五成以下，就证明味道太薄少盐味。

用生锈的铁钉加醋磨墨写字，再用浓墨刷纸的背面，叫作顷刻碑。

拿乌贼的墨汁来写文书，时间久了墨就脱落而成为白纸了。

灯盏里加一点盐，灯油就不会很快烧干。

一斤油里扔进一个捣烂的核桃，就会省油。

制造油烛的时候，先用麻油浸泡灯芯，那么过霉雨天气仍然不会发霉。

蜡烛被风吹后会流下烛泪，用少许盐堵住流泪的缺口，泪就停了。

点蜡时如果有缺口，嚼一些藕渣补上，就不再漏了。

在绢上写字，如果用姜汁代替水来磨墨，那么写的字就不会沁到另一面去。

用蒲花掺石灰来泥墙壁或者水缸、坛子，胜过用纸筋。

用蓖麻子加水研磨后写字，看上去寄去的是一张空纸，但只要用灶里的煤灰或者红丹来染一下，字就会显现。

鸡蛋清调石灰，用来粘接瓷器，非常好。

粘缀山石，以生羊肝研调面缀之，即坚牢。

池水浑浊，以瓶入粪，用箸包投水中则清。

金遇铅则碎。

核桃与铜钱同嚼，则钱易碎。

水银撒了，以青石引之，皆上石。

伏中不可铸钱，汁不消，名炉冻。

菟丝无根而生，蛇无足而行，鱼无耳而听，蝉无口而鸣。龙听以角，牛听以鼻。

石脾入水则干，出水则湿。独活有风不动，无风自摇。

䴔鹕昼暗夜明。鼠夜动昼伏。南倭海滩蚌泪著色，昼隐夜显。沃山石滴水著色，昼显夜隐。

睡莲昼开，夜缩入水底。蔓草昼缩入地，夜即复出。

以形化者牛哀为虎；以魄化者望帝为鹃，帝女为精卫；以血化者苌弘为碧，人血为磷；以发化者梁武宫人为蛇；以气化者蜃为楼台；以泪化者湘妃为斑竹；无情化有情者，腐草为萤，朽麦化蝶，烂瓜为鱼；有情化无情者，蚯蚓为百合、望夫女为石、燕为石、蟹为石；物相化者，雀为蛤，雉为蜃，田鼠为驾，鹰为鸠，鸠为鹰，蛤仍为雀，松化为石；人相化者，武都妇人为男子，广西老人为虎。

要粘接或连缀山石，用生羊肝研细和到面里然后来粘，会很坚牢。

池水若浑浊了，在瓶子里装上粪，再用竹叶包住扔到水里，水就会变清。

金子遇到铅就会碎。

把核桃和铜钱放在一起嚼，钱容易碎。

如果水银洒了，用青石来引导，洒了的水银都会上到石头上来。

三伏天气中不可以铸造钱币，因为铁汁不消融，名炉冻。

菟丝子没有根却能生长，蛇没有脚却能行走，鱼没有耳朵却能听到声音，蝉没有嘴却能鸣叫。龙用角来听，牛用鼻子来听。

石脾是含矿物质的咸水蒸发后凝结成的东西，进入水中便干，出了水却显得浊。独活有风的时候不动，没有风的时候却自己摇摆。

鸺鹠白天看不见，晚上能看见。老鼠夜里行动、白天休息。日本南海滩上的蚌如果有泪滴上便会有颜色，而这颜色是白天看不到，晚上才能看到。沃山石滴水就有颜色，却是白天能看到，晚上看不到。

睡莲白天开放，夜晚便缩到水底。蔓草白天缩到地下，夜里再出来。

用身体来变化的例子是牛哀变成老虎；用魂魄变化的例子是望帝变成杜鹃，还有炎帝的女儿变成精卫鸟；用血来变化的例子是苌弘的血变成了碧玉，人的血变成了磷；用头发变化的例子是梁武帝的宫女头发变成蛇；用气来变化的例子是蜃用气变成楼台；用泪来变化的例子是湘妃的泪变成斑竹；没有情感的东西变成有情的生物的例子，有腐烂的草变成萤火虫，朽烂的麦子成蝴蝶，烂掉的瓜变成鱼；有情的生物变成无情的物质的例子，有蚯蚓变成百合花，望夫女变成石头、燕子变成石头、螃蟹变成石头；物质互相变成的，有麻雀变成蛤蟆，野鸡变成蜃，田鼠变成鸳，鹰变成斑鸠，鸠变成鹰，蛤蟆再变回为麻雀，松树变成石头；人互相变成的，有武都的妇人变为男子，广西的老人变成老虎。

　　人食矾石而死，蚕食之不饥。鱼食巴豆而死，鼠食之
而肥。

　　风生兽得菖蒲则死。鳖得苋则活。蜈蚣得蜘蛛则腐。鸱
鸮得桑椹则醉。猫得薄荷则醉。虎得狗则醉。橘得糯米则烂。
芙蕖得油则败。番蕉得铁则茂。金得翡翠则粉。

　　犀得人气则碎。漆得蟹则败。

　　萱草忘忧，合欢蠲忿。仓鹒疗妒，鸲鹆治魇，橐䶂
治畏。

　　金刚石遇羚羊角则碎。龙麝遇烟煤则不散。

　　雀芋置干地多湿，置湿地反干。飞鸟触之堕，走兽遇
之僵。

　　终岁无乌，有寇。

　　鸡无故自飞去，家有蛊。

　　鸡日中不下树，妻妾奸谋。屋柱木无故生芝，白为丧，赤
为血，黑为贼，黄为喜。

　　鸡来贫，狗来富，猫儿来后开质库。

　　犬生独，家富足。

　　鸦风鹊雨。

　　猫子生，值天德月德者，无不成。忌寅生人及子令生
人见。

　　鼠咬巾衣，明日喜至。

　　鹳忽移巢，必有火灾。

　　鸡上窠作啾声，来日必雨。

　　凡鸡归栖蚤，则明日晴；归栖迟，则明日雨。

　　乌夜啼，主米贱。

　　鸦慢叫则吉，急叫则凶。一声凶，二声吉，三声酒食至。或
动头点尾向人叫者，口舌灾患多凶。

人若吃了矾石就会死，但蚕吃了却可以充饥。鱼吃了巴豆会死，但老鼠吃了却变肥。

风生兽被菖蒲塞住鼻子便会死。鳖得到苋菜就会活。蜈蚣遇到蜘蛛会腐烂。猫头鹰吃了桑椹就会醉。猫吃了薄荷会醉。虎吃了狗就会醉。橘子遇到糯米就会腐烂。荷花遇到油就会衰败。香蕉遇到铁器就会茂盛。金子遇到翡翠就会成为粉末。

犀角遇到人气就会碎。漆遇到蟹黄就会剥落。

萱草可使人忘掉忧愁，合欢草可以让人平息怒气。仓鹒鸟可以治疗妒妇吃醋，鹊鹆鸟可以治疗做恶梦，橐蜚鸟可以让人不害怕。

金刚石遇到羚羊角就会碎裂。龙的唾沫遇到烟煤就不会流散。

把崔芋放在干燥的地方它会显得很湿，放在潮湿的地方反而显得很干燥。飞鸟若碰到它就会落下来，走兽若遇到它就会僵硬。

如果终年没有看到乌鸦，那就一定有强盗。

鸡如果无缘无故自己飞走，那是家里有人被人下了蛊。

鸡在中午的时候还不下树，那是妻妾有奸计。屋子里的柱子无缘无故长了芝草，如为白色即表示要有丧事，红色表示要见血，黑色表示会有贼，黄色表示有喜事。

鸡若进门定受穷，狗若进门一定富，猫若进门开当铺。

狗生了独（一种比猿大的猴类），家便富足。

乌鸦叫，要刮风；喜鹊叫，要下雨。

猫生了小猫，如果正赶上有天德和月德的，那么做什么事都会成功。但忌讳让寅年生的人看，也忌讳让生人看。

老鼠咬手巾和衣服，明天就会有喜事降临。

鹊鸟忽然移巢，必有火灾。

鸡上鸡窝时发出"啾"的声音，第二天一定有雨。

鸡若回来的早，第二天就晴；回来的晚，第二天就有雨。

乌鸦夜里叫，预示米价必跌。

乌鸦缓慢地叫是吉利的，若急速地叫就是不祥的。叫一声不祥，叫两声吉利，叫三声会有酒菜吃。如果点着头摇着尾巴向人叫，那就会有口舌之祸，多有不祥之事。

鸡生子多雄，家必有喜。

夜半鸡啼，则有忧事。

燕巢人家，巢户内向，及长过尺者，吉祥。

雨时鸠鸣，有应者即晴，无应者即雨。

无故蚁聚及移窠者，天必暴雨。蚯蚓出，亦然。

白蚁虫，是日必吉辰。凡见蛇交，则有喜。

遇蛇会，急拜，求富贵必如意。

遇蛇蜕壳，急脱衣服盖之，凡谋大吉。

生鳖甲寸锉，以红苋覆之，尽成小鳖。

虾多，年必荒。蟹多，年多乱。

绩麻骨插竹园，四围竹不沿出。芝麻骨亦可。

梓木作柱，在下首，则木响叫，云争坐位。

杉木烰炭为末，安门臼中，则能自响。

钉楼板，用橐漆树削钉，以米泔浸之，待干，钉板易入，其坚如铁。

荷花梗塞鼠穴，则鼠自去。

黄蜡与果子同食，则蜡自化去。

萝卜提硝，则硝洁白而光润。

灯芯蘸油，再蘸白矾末，能粘起炭火。

鸡蛋开顶上一小窍，倾出黄白，灌入露水，又以油纸糊好其窍，日中晒之，可以自升，离地三、四尺。

伏中收松柴，劈碎，以黄泥水中浸至皮脱，晒干，冬月烧之，无烟。竹青亦可。

竹篾以石灰水煮过，可代藤用。

鸡孵出的小鸡如果公的多，家里一定有喜事。

半夜鸡叫，一定有让人担心的事。

燕子在人家里做巢，巢户向内，且长度超过一尺的，吉祥。

下雨的时候如果有斑鸠鸣叫，有应和的天就会晴，没有应和的就还会继续下雨。

蚂蚁无缘无故地聚集在一起或者挪窝的，那一定会有暴雨。蚯蚓若出来，也是这样。

有白蚁虫出现，当天一定是吉日良辰。凡看见蛇交配的，一定有喜事。

遇到蛇聚会，赶快下拜，祈求富贵定会如意。

遇到蛇蜕壳，赶快脱衣服盖住，要谋划事情一定大吉大利。

把生鳖甲弄成一寸长的小段，用红苋盖住，都会变成小鳖。

如果虾特别多，一定是荒年。螃蟹多，一定会发生动乱。

用麻秆来插竹园，四周的竹子不会长出去。用芝麻秆也可以。

梓木作屋柱，若放在下首，那么木柱就有响声，所说是要争坐位。

杉木烧成炭再研成末，放在门臼里，就能自己响。

钉楼板的时候，用寒漆树来削成钉子，再用淘米水浸泡，放干后，钉子很容易就能钉进板里，坚硬如铁。

把荷花梗塞到老鼠洞里，老鼠自己就会离开。

黄蜡和果子一起吃，蜡会自动化掉。

用萝卜提炼硝，硝就洁白光润。

灯芯蘸点油，再蘸上白矾末，就能粘起炭火。

鸡蛋在顶上开一个小孔，把蛋黄和蛋清倒出来，灌些露水，再用油纸把小孔糊上，在太阳下晒，可以自己升起来，离开地面有三、四尺。

夏天收集松木柴，劈碎，用黄泥水泡到掉皮，再晒干，冬天烧的时候，没有烟。青竹子也可以。

竹篾片用石灰水煮一下，可以用来代替藤条。

身体

身上生肉丁，芝麻花擦之。

飞丝入眼而肿者，头上风屑少许揩之。一云珊瑚尤妙。

人有见漆生疮者，用川椒三四十粒，捣碎，涂口鼻上，则漆不能害。

指甲有垢者，白梅与肥皂同洗则净。

弹琴指甲薄者，僵蚕烧烟熏之则厚。

染头发，用乌头、薄荷入绿矾染之。

食梅牙软，吃藕则不软，一用韶粉擦之。

油手以盐洗之，可代肥皂。一云将顺手洗，自落。

脚根厚皮，用有布纹瓦或浮石磨之。

干洗头，以藁本、白芷等分为末，夜擦头上，次早梳之，垢秽自去。

狐臭，以白灰、陈醋和，傅腋下。一方以煅过明矾擦之，尤妙。

女儿缠足，先以杏仁、桑白皮入瓶内煎汤，旋下硝、乳香，架足瓶口熏之。待温，倾出盆中浸洗，则骨软如绵。

洗浴去身面浮风，以芋煮汁洗之，忌见风半日。

梳头令发不落，用侧柏叶两大片，胡桃去壳两个、榧子三个，同研碎，以擦头皮，或浸水常搽亦可。

取靥方：桑灰、柳灰、小灰、陈草灰、石灰五灰，用水煎浓汁，入酽醋点之。

人鼻中气，阳时在左，阴时在右，候其时则气盛，交代时则两管皆微。

妇人月信断三五日交接者是男，二四日交接者是女。

身体

身上若长了肉丁，可以用芝麻花来擦拭。

飞丝迷眼并肿起来的，用头上的皮屑少许揩下就可以。又有人说用珊瑚更好。

有人看见漆树就生疮，用川椒三四十粒，捣碎，涂在口鼻上，漆就不能为害了。

指甲里有污垢，用白梅和肥皂一起来洗就干净了。

弹琴的人嫌指甲薄的，可以用僵蚕烧出烟来熏就会变厚。

染头发，可以用乌头、薄荷再加入绿矾来染。

吃梅子时牙软，但吃藕不软，用铅粉一擦就会好。

油手用盐来洗，可以代替肥皂。也有人说顺势用手洗，自然就脱落了。

脚跟有厚皮，用有布纹的瓦或者钟乳石来磨。

干洗头的方法，用蒿草根、白芷等研成粉，晚上擦在头上，第二天早上梳掉，脏东西自然就没有了。

有狐臭的话，把白灰和陈醋掺到一起，涂在腋下。还有一个偏方是用烧过的明矾来擦拭，更为奇妙。

女孩缠足，先用杏仁、桑白皮放到瓶子里熬汤，然后放入硝和乳香，把脚放到瓶口来熏。等水温了，倒在盆里泡着洗，骨头就会柔软如绵。

洗澡时要去除身体和脸上的风尘，用山芋煮汁来洗，不过洗后半天不可见风。

梳头让头发不掉的办法：用侧柏的叶子两大片，核桃两个去壳、榧子三个，一起研碎，用来擦头皮，或者蘸着水经常搽也可以。

去掉黑痣的方法：桑树灰、柳树灰、小灰、陈草灰、石灰共五种灰，用水煎成浓汤，再放些浓醋进去，然后用这个来点就可以了。

人们鼻子里的气息，阳盛时在左边，阴盛时在右边，等到那个时间就气盛，阴阳交换时两边的气息都微弱。

女人的月经停止三天或五天同房会生男孩，两天或四天后同房会生女孩。

夏月面最热，扇面则身亦凉；冬月足最冷，烘足则身亦暖。

善睡者以淡竹叶晒干为细末，用二钱水一盏调服，则终夜不寐，可以防贼。如以热汤调服，则睡至晓。

附子末数钱，用水两碗煎数沸濯足，远行足不痛。

宣州木瓜治脚气，煎汤洗之。

面上生疮，疑是漆咬者，以生姜擦之，热则是，不热即非。

患咳逆，闭气少时即止。

脚麻，以草芯贴眉心，左麻贴右，右麻贴左。

蹉气筋骨牵痛则正坐，随所患一边，以足加膝上立愈。

脚筋抠，左脚操起右阴子，右脚操起左阴子，即止。

身上疖毒初起，以中夜睡觉未语时唾津涂之，涂数十次，渐消。

左边鼻衄，用带子缚七里穴。

脚转筋，款款攀足大拇指少顷，立止。

新为僧道，熬猪油涂网巾痕，数日后即一色。

衣服

夏月衣霉，以东瓜汁浸洗，其迹自去。

北绢黄色者，以鸡粪煮之即白，鸽粪煮亦好。

墨污绢，调牛胶涂之，候干揭起，则墨与俱落，凡绢可用。

血污衣，用溺煎滚，以其气熏衣，隔一宿以水洗之，即落。

绿矾百草煎污衣服，用乌梅洗之。

夏天脸最热，用扇子扇脸身体也觉得凉快；冬天脚最冷，用火烤脚身体也觉得暖和。

嗜睡的人可以把淡竹叶晒干研成细末，取二钱用凉水一杯冲服，就能整夜不睡，可以防贼。如果用热水冲服，就可以一觉睡到大天亮。

附子末几钱，用两碗水煎沸几次用来洗脚，走远路时脚不痛。

宣州产的木瓜可以治疗脚气，用它来煎汤洗脚就可以。

脸上长了疮，怀疑是因为漆而过敏的，用生姜来擦拭，如果感觉发热的话就可以确定是漆的原因，如果不热就不是。

如果总是打嗝，闭住呼吸一会儿就可以停止。

如果脚感觉到麻木，把草芯贴在眉毛中间，左脚麻木贴右眉，右脚麻木贴左眉。

如果岔气了感觉筋、骨牵拉得很痛，可以先坐正，然后在痛的那一侧，把脚放在膝盖上立刻就好了。

脚抽筋，如果是左脚抽筋就抓起右边的睾丸，如果是右脚就抓起左边的睾丸，立刻就会停止。

身上如果刚刚生了疮毒，用半夜睡觉没说话前的唾沫涂抹，涂几十次，就会逐渐消失。

左边鼻子流血，用一根带子绑住七里穴。

脚转筋了，慢慢抓住大拇指一会儿，就会立刻停止。

新成为僧人或道士，熬些猪油来涂抹以前戴网巾的痕迹，几天后头皮上的颜色便统一了。

衣服

夏天衣服发霉，用东瓜汁浸泡后再洗，那些发霉的痕迹就洗掉了。

北绢变黄的，用鸡粪来煮就立刻变白了，用鸽粪煮也不错。

墨汁污染了丝绢，调些牛胶涂抹，等干了揭起来，墨迹就会与牛胶一起脱落，凡是绢类都可以用这种方法。

血弄脏了衣服，把尿液烧开，用它的蒸气熏衣服，隔一晚上再用水洗，就可以洗掉。

绿矾或草的汁液弄脏了衣服，用乌梅来洗。

鞋中著樟脑，去脚气。用椒末去风，则不疼痛。

洗头巾，用沸汤入盐摆洗，则垢自落。一云以热面汤摆洗，亦妙。

槐花污衣，以酸梅洗之。

绢作布夹里，用杏仁浆之，则不吃绢。

伏中装绵布衣，无珠；秋冬则有。以灯芯少许置绵上，则无珠。

茶褐衣缎，发白点，以乌梅煎浓汤，用新笔涂发处，立还原色。

酒醋酱污衣，藕擦之则无迹。

霉霉衣，以枇杷核研细为末，洗之，其斑自去。

毡袜以生芋擦之，则耐久而不蛀。

红苋菜煮生麻布，则色白如苎。

杨梅及苏木污衣，以硫黄烟熏之，然后水洗，其红自落。

油污衣，用蚌粉熨之，或以滑石、或以图书石灰熨之，俱妙。

膏药迹，以香油搓洗自落，后用罗卜汁去油。

墨污衣，用杏仁细嚼擦之。

洗毛衣及毡衣，用猪蹄爪汤乘热洗之，污秽自去。

葛布衣折好，用蜡梅叶煎汤，置瓦盆中浸拍之，垢即自落，以梅叶揉水浸之，不脆。

油污衣，用白面水调罨过夜，油即无迹。

去墨迹，用饭粘搓洗，即落。

罗绢衣垢，折置瓦盆中，温泡皂荚汤洗之，顿按翻转，且浸且拍，垢秽尽去。弃前水，复以温汤浸之，又顿拍之，勿展开，候干折藏之，不浆不熨。

鞋里放樟脑，可以治脚气。用椒末可以祛除风邪，就不会疼痛。

洗头巾的时候，用开水放盐来漂洗，污垢就会脱落。还有一种说法是用热面汤来漂洗，效果也很好。

槐花弄脏了衣服，用酸梅可以洗净。

用绢作布的夹里，若先用杏仁来浆洗，就不会脱线。

夏天缝制绵衣，绵花不起球；而秋、冬季节缝制时就会起球。在绵絮上放一点灯芯，就不会起球了。

茶弄脏了衣服，并且生出了白点，用乌梅熬浓汤，再用新毛笔蘸了涂在生白点的地方，立刻就恢复了原色。

酒、醋、酱弄脏了衣服，用藕擦拭就没有痕迹。

如果衣服发了霉，可以把枇杷核研成细末，用来洗衣服，霉斑就掉了。

毡袜用生芋头擦拭一遍，就能耐久而且不会被虫蛀。

用红苋菜来煮生麻布，布的颜色就会洁白如同苎麻。

杨梅或苏木弄脏衣服，可以用硫黄烟熏，然后再用水洗，那些红颜色就会洗掉。

油弄脏了衣服，可用蚌粉来熨，或者用滑石粉、或者用图书、石灰熨，都不错。

膏药的痕迹，用香油搓洗就可洗掉，然后再用萝卜汁洗去油的痕迹。

墨汁弄脏了衣服，把杏仁嚼烂擦拭即可。

洗毛衣或毡衣，用猪蹄熬的汤乘热时洗，脏的痕迹就掉了。

葛布的衣折叠好，用蜡梅叶熬汤，放在瓦盆里浸泡并拍打它，污垢就会脱落，把梅叶揉到水里来浸泡，衣服就会变柔软。

油弄脏衣服，用白面水涂在油迹上盖住过一夜，油斑就没有了。

要去除墨迹，用饭粘住然后搓洗，就掉了。

罗绢质地的衣服有了污垢，叠起来放在瓦盆里，用温水泡后再用皂荚汤洗，提起、按下、翻转，边浸泡边拍打，污垢都会洗掉的。倒掉陈水，再用温水浸泡，再搓洗、拍打，别展开，等干了以后就那么折叠着收藏起来，不用上浆熨烫。

颜色水垢，用牛胶水浸半日，温汤洗之。

洗白衣，白菖蒲用铜刀薄切，晒干作末，先于瓦盆内用水搅匀，将衣摆之，垢腻自脱。

洗绅绢衣，用萝卜汁煮之。

洗皂衣，浓煎栀子汤洗之。

黄泥污衣，用生姜汁搓了，以水摆去之。

洗油污衣，滑石天花粉不拘多少为末，将污处以炭火烘热，以末糁振去之。如未净，再烘，再振，甚者不过五次。

漆污衣，杏仁、川椒等分研烂揩污处，净洗之。

墨污衣，用杏仁去皮尖茶子等分为末糁上，温汤摆之。洗字则压去油，罗极细，末糁字上，以火熨之。又法：以白梅捶洗之。

蟹黄污衣，以蟹脐擦之即去。

血污衣，即以冷水洗之即去。

洗油帽，以芥末捣成膏糊上，候干，以冷水淋洗之。

饮食

炙肉，以芝麻花为末，置肉上，则油不流。

糟蟹久则沙，见灯亦沙。用皂角一寸置瓶下，则不沙。

煮老鸡，以山楂煮即烂，或用白梅煮，亦妙。

枳实煮鱼则骨软，或用凤仙花子。

酱内生蛆，以马草乌碎切入之，蛆即死。

被有颜色的水染脏后，用牛胶水浸泡半天，再用温水洗。

洗白色的衣服，把白菖蒲用铜刀切成薄片，晒干研成细末，先放到瓦盆里用水搅拌均匀，提着衣服在里面摆一摆，污垢就脱落了。

洗绸、绢的衣服，先用萝卜汁煮一下。

洗黑色的衣服，用煎得很浓的栀子汤来洗。

黄泥弄脏了衣服，先用生姜汁搓一遍，再用水摆洗就干净了。

洗被油弄脏的衣服，用滑石粉、天花粉不论多少研成末，把脏的地方用炭火烘热，用粉末擦拭那些污点。如果没干净，就再烘一回，再擦拭，最严重的也不会超过五次。

漆弄脏了衣服，用等量的杏仁和川椒研烂揩在脏的地方，然后用水洗净既可。

墨汁弄脏了衣服，把杏仁去皮和尖，再用等量的茶子一起研成细末敷在脏处，用温水漂洗。要洗去字迹的话就把杏仁的油压榨出去，然后研磨过罗成细末，敷在字上，用火来熨。还有一个方法：用白梅捶洗。

蟹黄弄脏衣服，可以用蟹脐擦拭，就可除去。

血弄脏衣服，立刻用冷水来洗就可洗掉。

洗油弄脏的帽子，把芥末捣成膏状糊在帽子上，等干了，再用冷水淋着洗。

饮食

烤肉的时候，把芝麻花研成末，放在肉上，肉里的油就不会流。

做的糟蟹时间久了就会变沙，见到灯光也会变沙。把一个一寸长的皂角放在瓶子下，就不会沙了。

煮老鸡，加些山楂来煮很快便可煮烂，或者用白梅来煮，也很好。

用枳实来煮鱼，鱼刺就会变软，也有人用凤仙花子。

酱里生了蛆，把马草乌切碎放进去，蛆立刻就全死了。

糟茄入石绿，切开不黑。

糟姜，瓶内安蝉壳，虽老姜亦无筋。

食蒜后，生姜、枣子同食少许，则不臭。

煮饭以盐硝入之，则各自粒而不粘。

米醋内入炒盐，则不生白衣。

用盐洗猪脏肚子则不臭。

腌鱼，用矾盐同腌，则去涎。

凡杂色羊肉入松子，则无毒。

藕皮和菱米同食，则甜而软。

芥辣，用细辛少许与蜜同研，则极辣。

晒胡芦干，以藁本汤洗过，不引蝇子。

杨梅核与西瓜子，用柿漆拌，晒干，则自开，只拣取仁。

鸭蛋以砜砂画花写字，候干，以头发灰汁洗之，则花直透内。

炒白果、栗子，放油纸撚在内，则皮自脱。

夏月鱼肉放香油，耐久不臭。萝卜梗同煮银杏，则不苦。

煮芋，以灰煮之则酥。煮藕，以柴灰煮之，则糜烂，另换水放糖。

榧子与甘蔗同食，其渣自软，与纸一般。

晒肉脯，以香油抹之，不引蝇子。

食荔枝，多则醉；以壳浸水饮之则解。

腌鸭蛋，月半日做，则黄居中。一云日中做。

韶粉去酒中酸味，赤豆炒热入之，亦好。

荷花蒂煮肉，精者浮，肥者沉。

鸭蛋以金刚根同煮，白皆红。

天落水做饭，白米变红，红米变白。

糟茄子的时候放孔雀石进去，茄子切开里面不黑。

糟姜时，瓶里放些蝉壳，就是老姜也没有筋。

吃了大蒜后，把生姜和枣放在一起吃一点，就不会有臭气。

蒸米饭时放些盐硝进去，米饭便粒粒独立而不会粘在一起。

米醋里放一些炒过的盐，就不长醋花。

用盐洗猪的内脏就不臭。

腌鱼时，用矾和盐一起腌，可以去腥。

在杂色羊肉里放些松子，就没有毒性了。

藕皮和菱米一起吃，就会又甜又软。

芥末很辣，如果加少许细辛和蜜一起研磨，就会更辣。

晒葫芦干的时候，用香草藁本熬的汤洗过，就不引苍蝇。

杨梅核和西瓜子，用柿漆拌一下，晒干，就会自己裂开，可以拣果仁了。

在鸭蛋上用火山灰画花写字，等干了，再用头发灰调制的水来洗，花纹就直接透过蛋壳进到里面了。

炒白果、栗子，放些油纸撚在里面，果壳就会自己脱落。

夏天在鱼肉里放点香油，可以放长时间不臭。萝卜梗和银杏一起煮，就不苦。

煮芋头，用灰来煮就会酥。煮藕，用柴灰来煮，就会稀烂，另换次水再放糖。

榧子和甘蔗一起吃，渣子就自己变软了，像纸一样。

晒肉干，在肉上抹些香油，不招苍蝇。

吃荔枝，吃多了会醉；把荔枝壳泡在水里，喝些这样的水就可以解除。

腌鸭蛋的时候，在每月月半的时候做，蛋黄就正好在正中间。有人说要在中午做。

铅粉可以去除酒里的酸味，红豆炒热时放些进去，也很好。

煮肉是放些荷花蒂，瘦肉就会浮起来，肥肉沉底。

鸭蛋和金刚根一起煮，蛋白都会变红。

用天上降下的水做饭，可以让白米变红，红米变白。

饮酒欲不醉,服硼砂末。

吃栗子,于生芽处咬破气,一口剥之,皮自脱。

竹叶与栗同食,无渣。

茄干灰可腌海蜇。

寸切稻草可煮臭肉,其臭皆入草内。

煮老鹅,就灶边取瓦一片同煮,即烂。

吃蟹后,以蟹脐洗手,则不腥。

豆油煮豆腐有味。

篱上旧竹篾缚肉煮,则速糜。

馄饨入香蕈在内不嗳。

食河豚罢,以萝卜煎汤涤器皿,即去其腥。

灯草寸断,收糖霜重间之为佳。

糖霜用新瓶盛贮,以竹箬纸包好,悬于灶上,两三年不溶。

糟姜入瓶中,糁少许熟栗子末于瓶口,则无浑。

糟姜时,底下用核桃肉数个,则姜不辣。糟茄,须旋摘便糟,仍不去蒂萼为佳。

干蓼草上下覆铺,以贮糯米,则不蛀。

豆黄和松叶食之,甚美,可作避地计。

沙糖调水洗石耳,极光润。

食梅齿软,以梅叶嚼之,即止。生甜瓜以鲞鱼骨刺之,经宿则熟。

伏中合酱与面,不生蛆。

收椒,带眼收,不带叶收,不变色。

日未出及已没下酱,不引蝇子。

醉中饮冷水,则手颤。

喝酒想要不醉，可以吃些硼砂末。

吃栗子时，在栗子要长芽的地方咬破放气，一口剥开，壳自然就脱落了。

竹叶和栗子一起吃，没有渣。

茄秧的灰可以腌海蜇。

把稻草切成一寸长来煮臭肉，肉的臭味都进入到稻草里了。

煮老鹅的时候，在灶边取一片瓦来一起煮，很快就能煮烂。

吃过螃蟹后，用蟹脐来洗手，就不会有腥气。

用豆油来煮豆腐很有味道。

用篱笆上的旧竹片捆着肉来煮，肉很快就可以煮烂。

馄饨里放些香菇，吃过就不会打嗝。

食过河豚，用萝卜烧水来洗碗碟，就可以去除腥气。

把灯草切成一寸长的小段，收藏白糖时一层白糖一层灯草最好。

白糖用新瓶来装并贮藏，用竹叶纸饭好，悬挂在灶上，两三年都不会消溶。

糟姜要放在瓶里的时候，撒一些熟栗子的细末在瓶口，就不会有沉渣。

糟姜的时候，底层放几个核桃仁，姜就不辣。糟茄子的时候，摘了就立刻要糟，最好不要把茄子的蒂萼去掉。

用干的蓼草分别铺在下面并盖住上面，用来贮藏糯米，可以防虫蛀。

豌豆黄和松叶一起吃，味道很好，这可以作为隐居的食物。

水里放些沙糖来洗石耳，可以洗得很干净。

吃梅子牙齿会软，这时嚼梅叶，就可以防止。生甜瓜用腌鱼的鱼刺扎一下，过一晚上就熟了。

夏天做酱和面，不生蛆。

收花椒时，带着花椒籽一起收，不要带着叶收，就不会变色。

太阳还没有出来或者已经落下的时候做酱，不招苍蝇。

醉酒的时候如果喝冷水，手就会打颤。

造酱之时，缸面用草乌头四个置其上，则免蝇蚋。

器用

商嵌铜器以肥皂涂之，烧赤后，入梅锅烁之，则黑白分明。

黑漆器上有朱红字，以盐擦则作红水流下。

油笼漆笼漏者，以马屁淳塞之，即止。肥皂围塞之，亦妙。

柘木以酒醋调矿灰涂之，一宿则作间道乌木。

漆器不可置莼菜，虽坚漆亦坏。

热碗足烫漆桌成迹者，以锡注盛沸汤冲之，其迹自去。

铜器或石上青，以醋浸过夜，洗之自落。

针眼割线者，用灯烧眼。

锡器上黑垢，用鸡鹅汤之热者洗之。

酒瓶漏者，以羊血擦之则不漏。

碗上有垢，以盐擦之。

水烀炭缸内，夏月可冻物。

刀锈，木贼草擦之。

皂角在灶内烧烟，锅底煤并烟突煤自落。

肉案上抹布，以猪胆洗之，油自落。

烀炭瓶中安猫食，不臭，虽夏月亦不臭。

藁本汤布拭酒器并酒桌上，蝇不来。

香油蘸刀则不脆。

琉璃用酱汤洗油自去。

铁锈以炭磨洗之。刀钝以干烀炭擦之则快。

泥瓦火煅过，作磨刀石。

做酱的时候，缸面上放上四个草乌头，就没有苍蝇、蚊子之类。

器用

加了镶嵌装饰的铜器用肥皂涂一遍，烧红后，放到梅锅里烧，就会黑白分明。

黑漆器上如果有红色的字，用盐擦拭就会变成红水流下来。

油笼漆笼如果漏了，用马勃菌来堵塞，就不漏了。用肥皂围塞，也不错。

柘木用酒醋调和矿灰来涂抹，一夜间就变成了有间道的乌木。

漆器不可以装莼菜，如果装了即使是最好的漆也会被破坏。

热碗的碗底把漆桌上烫出痕迹来的，用锡器装沸水一冲，痕迹就消失了。

铜器与石头上有青斑的，用醋浸泡一夜，再用水洗就脱落了。

针眼如果会切断线，用灯烧针眼就可以了。

锡器上的黑垢，用鸡、鹅所炖的热汤来洗就可去除。

酒瓶若漏，用羊血擦拭就不漏了。

碗上有污垢，用盐擦拭。

倒水在木炭缸里，夏天也可用来冻东西。

刀若生锈，用木贼草擦拭既可。

把皂角放在灶里烧出烟来，锅底的煤和烟囱里的煤灰就自己脱落了。

肉案上的抹布，用猪胆来洗，上面的油污就自己脱落了。

炭瓶里放猫食，不会发臭，即使是夏天也不会变臭。

用香草藁本做的汤来擦酒器或者酒桌，苍蝇不来。

用香油蘸刀，刀就不会发脆。

用酱汤洗琉璃就可以把上面的油洗掉。

铁锈可以用炭来打磨并洗去。刀钝了可以用干炭擦拭就会变快。

泥瓦经火煅烧过，可以作磨刀石。

　　洗刀洗铁皮，松木、杉木、铁艳粉为细末，以羊脂炒干为度，用以擦刀，光如皎月。

　　洗缸瓶臭，先以水再三洗净却，以银杏捣碎，泡汤洗之。

　　荷叶煎汤，洗锡器极妙。

　　釜内生锈，烧汤，以皂荚洗之如刮。

　　松板作酒榨，无木气。

　　镀白铜器，用萱草根及水银揩之如新。

　　锡器以木柴灰煮水，用木贼草洗之如银。或用腊梅叶，或用肥皂热水，亦可。

　　瓷器记号，以代赭石写之，则水洗不落。

　　竹器方蛀，以雄黄、巴豆烧烟熏之，永不蛀。

　　凡竹器蛀，以莴苣煮汤，沃之。

　　定州瓷器一为犬所舐，即有璺纹。

　　漆器以覆苋菜，便有断纹。

　　雨伞、油衣、笠子雨中来，须以井水洗之；不尔，易得脆坏。

　　铜器不得安顿米上，恐霉，坏其声。

　　手弄地栗，不可弄铜器，击之必破。

　　新锅先用黄泥涂其中，贮水满，煮一时，洗净，再干烧十分热，用猪油同糟遍擦之，方可用。

　　漆污器物，用盐干擦。

　　酒污衣服，用藕擦。

　　器旧，用酱水洗。

　　藤床椅旧，用豆腐板刷洗之。

　　鼓皮旧，用橙子瓤洗之。

　　汤瓶生碱，以山石榴数枚，瓶内煮之，碱皆去。

　　桐木为轿杠，轻复耐久。

洗刀或者洗铁皮时，把松木、杉木、铁艳粉研为细末，用羊油炒干，用来擦刀，可以让刀光洁得像月亮。

洗发臭的缸、瓶，先用水多次洗干净，然后把银杏捣碎，泡汤后再洗。

用荷叶来烧水，洗锡器最好。

锅里生锈，烧开水，用皂荚洗，就好像刮的一样干净。

用松板来作压榨酒的东西，酒里没有木头的气味。

镀了白铜的器皿，用萱草根和水银擦拭就会像新的一样。

用木柴灰煮水，再用木贼草一起来洗锡器，就会像银器一样亮。或者用腊梅叶，或者用肥皂热水，也可以。

瓷器上要做记号，用代赭石来写，那么水便洗不掉。

竹器刚被虫蛀了，用雄黄、巴豆烧的烟来熏，就永远不会被蛀了。

凡是竹器被虫蛀了，用莴苣煮汤，泡一下就可以了。

定州的定窑瓷器一被狗舐，就有裂纹。

用漆器来盖觅菜，就有断纹。

雨伞、油衣、笠子若从雨中来，必须用井水洗一下；不这样的话，容易变脆损坏。

铜器不可以安放在米上，害怕会发霉，从而影响它的声音。

手里玩着荸荠，就不可以玩弄铜器，不然的话，一定会把铜器打破。

新锅先用黄泥涂它的里面，装满水后，再煮一小时，洗净，再干烧到十分热，然后用猪油和糟擦拭一遍，才可以用。

油漆弄脏了器物，用盐直接擦。

酒弄脏了衣服，用藕来擦。

器物旧了，用酱水来洗。

藤床、藤椅旧了，用豆腐板来刷洗。

鼓皮旧了，用橙子瓤来洗。

水壶生了水垢，用山石榴几枚，在水壶里煮，水垢就全去掉了。

桐木做轿杠，又轻又耐久。

瓷器捐缺，用细筛石灰一二钱、白芨末二钱，水调粘之。

铁器上锈者，置酸泔中浸一宿取出，其锈自落。
松杓初用当以沸汤；若入冷水，必破。

试金石，以盐擦之，则磨痕尽去。

文房

研墨出沫，用耳膜头垢则散。
蜡梅树皮浸水磨墨，有光彩。
矾水写字令干，以五棓子煎汤浇之，则成黑字。
肥皂浸水磨墨，可在油纸上写字。
肥皂水调颜色，可画花烛上。
磨黄芩写字在纸上，以水沉去纸，则字画脱在水面上。
画上若粉被黑或硫烟熏黑，以石灰汤蘸笔，洗二三次，则色复旧。
蓖麻子油写纸上，以纸灰撒之，则见字。一云杏仁尤妙。

冬月以酒磨墨，则不冻。
盐卤写纸上，烘之，则字黑。
冬月以杨花铺砚槽，则水不冰。
花瓶中入火烧瓦一片，则不臭。
收笔，东坡用黄连煎汤，调轻粉蘸笔，候干收之。

擦金扇油，用绵子渍鹿血，藏久擦之，甚妙。

补字，以新面巾一个，用石灰少许投入，即化为粘水，贴上，悠久又无迹。
洗字，扇头绫轴上讹字，用陈酱调水笔蘸，照字写上，须臾擦去，无痕。

瓷器如果有缺损，用细筛筛出石灰一二钱、白芨末二钱，用水调和后粘上。

铁器上有锈，放在酸泔里浸泡一晚上再取出，铁锈就没了。

松木做的杓子第一次用的时候应该盛热水；如果进入冷水，就一定会破。

试金石，用盐擦一下，上面的磨痕就全部去掉了。

文房

研墨的时候出来泡沫，用耳屎或头垢就可消去。

蜡梅树皮蘸水磨出来的墨汁，非常有光彩。

矾水写字并放干，再用五棓子煎汤浇它，就变成黑字。

肥皂浸水后用来磨墨，可以在油纸上写字。

肥皂水调颜色，可以在蜡烛上画花。

用磨黄芩在纸上写字，用水把纸脱去，字画却脱在水面上。

画上的粉如果被黑色或者硫烟熏黑，用石灰汤蘸笔，洗两三次，颜色就复原了。

用蓖麻子油在纸上写字，用纸灰撒在上面，才会看到字。还有人说用杏仁就更好了。

冬天用酒来磨墨，就不会冻。

用盐卤在纸上写字，在火烘烤后，字迹才变成黑色。

冬天用杨花铺的砚槽里，水就不结冰。

花瓶里放一片火烧瓦，就不会发臭。

毛笔用过要收起来，苏轼用黄连来煎汤，再调些轻粉来蘸笔，等干了以后收起来。

擦销金扇的油，要用绵花浸些鹿血，收藏时间久一点，然后来擦，效果非常好。

补字的办法，用一个新面巾，放少量的石灰进去，就变成胶水，贴到要补的地方上，既持久又没有痕迹。

洗字的办法，扇头或缂轴上有错字，用笔蘸着陈酱调的水，照字的样子写上去，过一会擦去，便没有痕迹了。

　　取错字法，蔓荆子二钱，龙骨一钱，相子霜五分，定粉少许，同为末，点水字上，以末糁之，候干即拂去。

　　砚不可汤洗。
　　真龙涎香烧烟入水，假者即散。夷使到本朝，本朝烧之，使者曰："此真龙涎香也，烧烟入水。"果如其言。

　　裱褙打糊，入白矾、黄蜡、椒末和之，褙书画，虫鼠不敢侵。
　　裱褙书画，午时上壁，则不瓦。又云日中晒多日，亦不瓦。一云用萝卜汁少许打糊，则不瓦。

　　打碑纸，先以胶矾水湿过，方用。
　　新刻书画板，临印时，用糯米糊和墨，印两三次，即光滑分明。
　　打碑，接皂荚水滤去滓，以水磨墨，光彩如漆。

　　鹿角胶和墨，最佳。和墨一两，入金箔两片，麝香三十文，则墨熟而紧。
　　造墨，用秋水最佳。
　　蓖麻子擦研，滋润。
　　洗油污书画法，用海漂硝、滑石各二分，龙骨一分半，白垩一钱，共为细末，用纸如污衣法熨之，大凡污多已干者，仍以油渍之。迹大，不妨。否则以水浸一宿，绞干，用药亦可。

　　瓶中生花，用草紧缚其枝，插在瓶中，可以耐久。

　　试墨点黑漆器中，与漆争光者，绝品也。

去除错字的方法，蔓荆子二钱，龙骨一钱，相子霜五分，定粉少许，一起研成细末，在字上点水，再用细末敷上，等干了擦去就可以了。

砚台不可以用热水洗。

真的龙涎香烧出的烟可以进入水中，假的一遇水就散了。外国使者到本国朝廷上，朝廷烧了龙涎香，使者说："这是真的龙涎香也，可以烧烟入水。"果然就像他所说的。

制作裱褙用的浆糊，放入白矾、黄蜡、椒末一起调和，用这种浆糊装褙书画，蛀虫和老鼠都不敢侵害。

裱褙书画的时候，如果在午时上墙的话，就不会凹凸不平。又有人说在正午的时候晒几天，也不会凹凸不平。还有人说用萝卜汁少许来打浆糊的话也不会凹凸不平。

要拓碑的纸，需先用胶矾水湿一下，才可以使用。

新刻成的书画雕板，临到印刷时，用糯米糊和墨汁，印上两三次，板就会光滑分明。

想要拓碑，把皂荚揉搓出水，滤去渣子，用这种水来磨墨，拓出的墨色便光彩如漆。

用鹿角胶和墨，最好。和一两墨，放入金箔两片，麝香三十文，那么墨就熟而且紧。

制作墨，用秋天的水最好。

用蓖麻子来擦拭砚台，会很滋润。

洗去书画上油污的方法，用海漂硝、滑石各二分，龙骨一分半，白垩一钱，一起研成细末，对纸上的污垢就像对待脏衣服一样去熨它，如果油污已经干了，就还用油来点它。油迹大了也不怕。不这样的话，还可以用水泡一晚上，拧干后，用药也可以去除。

在瓶中养花，要用草紧紧绑着花枝，然后插在瓶中，这样可以耐久。

试墨的时候，把墨点在黑漆器里，与漆可以争光的，就是绝品的墨了。

金珠

珍珠经年油浸及犯尸气色昏者，团饭中以喂鸡或鸭或鹅，俟其粪下，收洗如新。

鹅鸭粪晒干烧灰，热汤澄汁，以油珠绢袋盛洗之光净。

银丝器不可用杉木作盝盛，久之色黑。

代赭石作末和盐煮金器，颜色鲜明。

玉器如打破，以白矾火上熔化，粘之，补瓷器亦妙。

象牙如旧，用水煮木贼令软，洗之。再以甘草煮水，又洗之，其色如新。

多年玉灰尘，以白梅汤煮之，刷洗即洁。

珠子用乳汁浸一宿，洗出鲜明。

象牙笏曲者，用白梅汤煮绵，令热，裹而压即直。

旧象牙箸煮木贼草令软，擦之，再以甘草汤洗之。又法：以白梅洗之，插芭蕉树中，二三日出之，如新。

洗赤焦珠，木槵子皮热汤泡洗之。研萝卜汁，浸一宿即白。

煮象牙，用酢酒煮之，自软。

果品

收枣子，一层稻草一层枣，相间藏之，则不蛀。

藏栗不蛀，以栗蒲烧灰淋汁，浸二宿出之，候干，置盆中，以沙覆之。

金珠

珍珠被油浸泡多年或者被尸体的气息所冲犯而变得气色昏暗的,可以裹在饭里喂给鸡或者鸭或者鹅,等它们排泄后,再拾回来洗一下,便光亮如新了。

鹅、鸭的粪晒干烧成灰,热水沉淀后的水,把油珠放在绢袋里用这种水洗就会光彩洁净。

银丝器不可以用杉木作的梳妆盒来装,因为时间久了银丝会变黑。

代赭石研成细末和盐来煮金器,颜色鲜明。

玉器如果被打破,用白矾在火上熔化,把破处粘起来,补瓷器也很好。

象牙如果旧了,用水把木贼煮软,然后来洗象牙。再用甘草煮水,再洗一遍,颜色就会像新的一样。

玉放置多年上面有灰尘,用白梅汤来煮一下,然后刷洗一遍就洁净了。

珠子用乳汁浸泡一晚上,拿出来洗干净就会鲜艳明亮。

象牙如果像笋一样弯曲了,用白梅汤煮绵花,加热后,裹住象牙再把牙压直既可。

旧象牙筷子,用煮软的木贼草擦拭它,再用甘草汤洗一遍既可。还有一个方法:用白梅洗一次,插在芭蕉树里,过两三天后取出来,就会光亮如新。

洗赤焦珠,用木樨子皮加热水浸泡然后洗。也可以用榨出的萝卜汁泡一晚上就白了。

煮象牙,用醋或酒来煮,就软了。

果品

收藏枣子的时候,铺一层稻草放一层枣,这样隔着收藏,就不会被虫蛀。

要想贮藏的栗子不被虫蛀,要用栗蒲烧成灰用水调成汁,把栗子泡两个晚上再拿出来,晾干后,放在盆里,用沙子盖住既可。

藏西瓜，不可见日影，见之则芽。

收鸡头，晒干入瓶，箬包好，埋之地中。

藏金橘于绿豆中，则经时不变。

藏柑子，以盆盛，用干潮沙盖。木瓜同法。

收湘橘，用汤煮过瓶收之，经年不坏。

藏胡桃，不可焙，焙则油。

藏梨子，用罗卜间之，勿令相著，经年不坏。

梨蒂插萝卜内，亦不得烂。藏香团，同法。

栗子与橄榄同食，作梅花香。

炒栗子、白果，拳一个在手，勿令人知，则不爆。

水杨梅入焊炭，不烂。

以缸贮细沙，藏柑橘、梨、榴之属于其中，久而不坏。如柑橘顿近米处，便速烂。

梨子纸裹入新瓶，可藏至二月。

石榴煎米泔百沸汤，淖过晾干，可至来年夏，不损坏。

梨子藏北枣中，可以致远。

榍子用盛茶瓶贮之，经久不坏。

藏生枣子用新沙罐，一层淡竹叶枝，古老铜钱数个，白矾少许，浸水井内，经年不坏。

藏桃、梅之属于竹林中，拣一大竹，截去上节，留五尺，通之，置果于竹中，以箬封泥涂之，隔岁如新撷。

摘银杏，以竹篾箍其根，过一宿，击篾则实尽落。

鸡头子连蒲元水藏于新瓷器内，供时旋剥，甚妙。

蜜饯夏月多酸，可用大缸盛细沙，时以水浸湿，置瓶其上，即不坏。

贮藏西瓜的时候，不能让太阳照到，照到就会发芽。

收藏鸡头，要晒干后再放到瓶中，用竹叶包好，埋到地下。

把金橘藏到绿豆中间，就长时间不会变坏。

贮藏柑子，要用盆来盛，并用干潮沙子盖住。贮藏木瓜用相同的方法。

收藏湘橘，用开水煮过的器皿收藏，就可以多年不坏。

贮藏核桃，不可以焙，一焙就会出油。

贮藏梨子，用萝卜将其分开，不要让梨子挨着，就会多年不坏。

把梨蒂插到萝卜里，就不会烂。贮藏香团，也用同样的办法。

栗子和橄榄一起吃，有梅花的清香。

炒栗子或白果，抓一个攥在手里，不要让人知道，就不会爆锅。

水杨梅中放入木炭，就不会烂。

用缸来装细沙，来贮藏柑橘、梨、石榴之类的水果在里面，长时间不会坏。如果柑橘放在靠近米的地方，就很快会腐烂。

梨子用纸裹好放入新瓶，可以藏到二月份。

石榴用煎米泔百沸汤淖一遍再晾干，可以放到来年的夏天，不会损坏。

梨子藏在北枣里，可以运到远处去。

楂子用装茶的瓶子来贮藏，就可以经久不坏。

贮藏生枣子用新沙罐，铺一层淡竹叶枝，古旧的铜钱几个，白矾少许，浸到水井里，经年不坏。

贮藏桃、梅之类在竹林里，拣一棵大竹子，截去上节，留五尺长，把中间凿通，把果品放到竹子中，用竹叶封起来并用泥涂抹，隔一年拿出来还会像新摘的一样。

摘银杏的方法，用竹篾箍住树根，过一晚上，敲一下竹篾银杏果就会全部落下来。

鸡头子与蒲元水一起藏在新瓷器里，随时可以剥，非常好。

蜜饯在夏天容易变酸，可以用大缸装上细沙子，经常用水浸湿，把装蜜饯的瓶子放在上面，就不会坏。

　　梨子怕冻，须用沙瓮著稻糠拌和藏之，以草塞瓶口，使其通气，可留过春。

　　松子用防风数两置裹中，即不油。

　　梨子每个以其柄插萝卜中，藏漆盒内，可以久留。

　　风栗，以皂荚水浸一宿，取出晾干，篮盛挂当风，时时摇之。

　　收柑橘，用黄砂坛，以晒燥松毛拌之，则不烂。松毛湿，则又晒燥换之。无松毛，早稻草铡断，亦好。

　　闽中藏生荔枝，六七分熟者，用蜜一瓮浸之，密扎，令水不入，投井中，用时取出，其色如鲜。

　　收胡桃松子，以粗布作袋，挂当风中。

　　收桃子，以麦麸作粥，先入少盐，盛盆内，候冷，以桃子纳其中，冬月取以侑酒极佳。桃不可太熟，须择其颜色青红可爱者。

　　凡果品皆忌酒，酒气熏即损坏。

　　葡萄方熟，用蜡纸裹紧，扎封以蜡，可留到冬。

　　栗蒲安在壳中，可以久留。

　　食胡桃多者，令人吐血。

　　黄蜡同栗子嚼，成水。栗子同橄榄嚼，其味甘清，名曰风流脯。

菜蔬

　　收芥菜子，宜隔年者则辣。

　　生姜，社前收无筋。

　　茄子以淋汁过柴灰藏之，可至四五月。

　　小满前收腌芥菜，可交新。

梨子最怕冻，要用沙瓮加稻糠拌一下来贮藏，并用草塞住瓶口，让它可以通气，就能留到过春节。

贮藏松子的时候用几两防风一起放在包裹里，就不会油。

贮藏梨子的时候把每个的柄部插到萝卜里，再收藏到漆盒内，就可以放很久。

做风栗的方法，用皂荚水泡一晚上，取出晾干，用篮子装着迎风挂起来，时不时地摇一摇。

收藏柑橘，要用黄砂坛，用晒干的松针来搅拌一下，就不会烂。松针如果湿了，就再换些晒干的。如果没有松针，用些铡断的早稻草，也很好。

福建贮藏荔枝，六七分熟的，用一瓮蜂蜜来浸泡，密封起来，不让水进去，然后放到井里，用的时候取出来，颜色就像新鲜的一样。

收藏核桃、松子，用粗布作成袋子，挂在迎风的地方。

收藏桃子，把麦麸熬成粥，先放一点少盐，装在盆里，等冷了，把桃子放在里面，冬天拿来佐酒是非常好的。桃子不可以熟得太过，要选择颜色青红漂亮的。

凡是果品都忌酒，酒气一熏就会坏。

葡萄刚熟的时候，用蜡纸裹紧，再用蜡封起来，可以留到冬天。

栗蒲放在壳里，可以放很长时间。

吃核桃太多的话，会让人吐血。

黄蜡与栗子一起嚼，就会成水。栗子和橄榄一起嚼，味道很甜美，名叫风流脯。

菜蔬

收取芥菜子，最好收隔年的，会很辣。

生姜，社日前收取的没有筋。

茄子若洒些水放在柴灰里贮藏，可以放到来年的四五月份。

小满前收取并腌制芥菜，可以吃到接上新菜的时候。

葫芦照水种，则多生。或三四株，微去其薄皮，用肥土包作一株。麻皮扎好，其藤粗大生出者，止留一二个养老，其大如斗，可作器用。

花木

冬青树接梅花，则开洒墨梅。

石榴树以麻饼水浇，则多生子。

养石菖蒲，无力而黄者，用鼠粪洒之。

花树虫孔，以硫磺末塞之。

木樨蛀者，用芝麻梗带壳束悬树上。

竹多年生米，急截去，离地二尺通去节，以犬粪灌之，则馀竹不生米矣。

海棠花以薄荷水浸之，则开。

银杏不结子，于雌树凿一孔，入雄树一块，以泥涂之，便生子。

草木花枝羊食，并不发。

芝麻柴挂树上，无蓑衣虫。

牡丹花根下放白术，诸般颜色皆是腰金。

冬瓜蔓上，午时用苕帚打之，则多生。

天道尚左，星辰左旋。地道尚右，瓜瓠右累。

牡丹花每一朵十二瓣，闰月十三瓣。

凡果皆从下生上，惟莲子根从上生下。

贯仲与柏叶同嚼，无苦味。

蜀葵枯枝烧灰，可藏火。以干竹缚作火把，雨中不灭。茄秆灰藏火，亦妙。

葫芦对着水种植，就会生很多，或有三四棵的，稍微把它的薄皮去掉一点，用肥土包一棵，用麻皮捆扎好，如果藤很粗大并生出葫芦的，只可以留一两个等它长到老，会有斗那么大，可以作容器用。

花木

冬青树嫁接到梅花上，就会开出洒墨梅来。

石榴树用麻饼水来浇灌，就会多结果实。

种植石菖蒲，如果看上去很蔫且变黄的，可以洒点鼠粪。

花树如果有虫孔，用硫磺末塞住既可。

木樨被蛀了，把芝麻秆带壳绑成一束悬挂在树上。

竹子年月久了会生竹米，这时赶快把生了竹米的竹子截断，把离地二尺的节全打通，给里面灌些狗粪，那么其他的竹子就不会生竹米了。

海棠花用薄荷水浸泡，就很容易泡开。

银杏树不结银杏果，在雌树上凿开一个小孔，放进雄树上拿来的一块木头，再用泥涂上，就会结子了。

草、树、花的枝条若被羊吃了，都不会再萌发了。

芝麻秆挂在树上，树上便不生蓑衣虫。

牡丹花根下面放些白术，所开的牡丹花无论什么颜色都会带有腰金。

午时用苕帚打冬瓜蔓，就会多结冬瓜。

天道崇尚左，所以星辰都向左旋转。地道崇尚右，所以瓜果都是右边结得多。

牡丹花每一朵有十二瓣，有闰月的话就是十三瓣。

凡是瓜果都是地下的供养地上来结果，只有莲子根却是地上的供养地下的结果。

贯仲和柏叶一起嚼，没有苦味。

蜀葵的枯枝烧成灰，可以贮藏火。用干竹子绑成火把，在雨里也不会灭。茄子秆烧成灰贮藏火，也很好。

皂荚树有刺，不可上。每至秋实时，以大篾箍束木身，用木砧砧之令急，一夕自落。

油纸灯入荷花池，叶即腐烂。

杏接梅花，即成台阁梅。

桑树接梨树，生梨，甘脆。

红梨花接海棠，成西府；樱桃树接海棠，成垂丝。

麻骨插椑柿，一夕即熟。

枸橘树可接诸色佳橘佳柑。

柳树可接桃，桃树可接梅。

冬青树可接木樨。

鸟兽

小犬吠不绝声者，用香油一蚬壳灌入鼻中，经宿则不吠。

乌骨鸡舌黑者则骨黑；舌不黑者但肉黑。

鸡未狃者，以苕帚赶之，则翼毛倒生。

母鸡生子，与青—作续麻子吃，则长生，不抱子。

竹鸡叫，可去壁虱并白蚁。

鹃带帽飞去，立唤则高扬去，伏地叫则来。

鸡黄双者，生两头及三足。

猫眼知时候，有歌曰："子午线，卯酉圆，寅申巳亥银杏样，辰戌丑未侧如钱。"

香狸有四个外肾。

鹰无脏而有肚，食肉故也。飞禽吃谷者有脏。

皂荚树有刺，无法攀登。每到秋天要收获的时候，先用大竹片围住树身，再用木板敲击来催促它，一晚上就自己落了。

油纸灯放进荷花池，荷叶就会腐烂。

杏嫁接到梅花上，就成为台阁梅。

桑树嫁接到梨树上，结出的梨子既甜又脆。

红梨花嫁接到海棠上，就成了西府海棠；樱桃树嫁接到海棠上，就成为垂丝海棠。

把麻杆插到椑柿里，一晚上就熟了。

枸橘树可以嫁接各种品种好的橘子和柑子。

柳树可以嫁接桃树，桃树可以嫁接梅子。

冬青树可以嫁接木樨。

鸟兽

小狗如果不停地吠叫，就装一蚬壳香油灌到它鼻子里，一晚上都不会再叫。

乌骨鸡如果舌头黑那骨头也黑；舌头不黑的就只肉黑。

小鸡还没有长翅膀的时候，如果用苕帚赶它，那么它的翅膀上的毛就会倒着长。

母鸡生蛋后，若和青麻子有人说是续麻子一起吃，就会长生，但不孵蛋。

竹鸡的叫声，可以去除壁虱和白蚁。

鹘鸟带帽飞走，如果站着叫它就会高飞而去，如果趴在地上叫它就会回来。

鸡蛋若有双黄的，孵出的小鸡就是两个头和三只爪。

猫眼知道时间，有歌谣这么唱："子（半夜）、午（正午）之时眯成线，卯（凌晨）、酉（黄昏）之时滴溜圆，寅、申、巳、亥像银杏，辰、戌、丑、未像铜钱。"

香狸有四个外肾。

鹰没有肫（鸟类的胃）但却有肚（兽类的胃），这是因为它吃肉的原因。飞禽吃粮食的都有肫。

鸡吃猫饭，能啄人。

胡麻面啖犬，则黑光而骏。

虎至人家盗犬豕食，闻刀刮锅底声则去，盖闻声则齿酸故也。

牛尾短者寿长，尾长者寿短。

猫鼻惟六月六日一次热。

杏仁末与犬食之，即死。

狗欲褪毛，饲以糟，则易褪。

鹿群夜宿，大者角向外，小者在内，圈匝如寨。行兵者仿之，作鹿角寨。

虎豹皮只可焙，不可晒。

猢狲病，吃壁上蟢子，即愈。

狗身上发癞，虫蝇百部汁涂之，即除。

马背鞍卷破脊梁，以渠中淤泥涂之，即愈。

辨牛黄真假，牛黄如鸡子大，重重叠叠，取置人指甲上磨之，其黄透甲，拭不落者，即真也。

猫癞，以柏油擦之。再发，再擦。至三次，即除。猪癞，以猪油擦之，即好。

猫洗面过耳，必有客至。

人家燕雀顿绝者，必有火灾。

鹳仰鸣则晴，俯鸣必雨。

鹊巢低，其年大水。鹊初声，或卧闻之则一年安乐。

猫犬所生皆雄者，其家必有喜事。

犬死，以葵根塞其鼻，良久活。

孔雀毛入眼，损人眼；胆大毒，杀人。

狗虱，用朝脑擦毛内，以大桶或箱内闷盖之，虱即堕落，急令人掐杀之。

鸡如果吃了猫食，就能啄人。

用胡麻面喂狗，狗身上就又黑又光而且神骏。

虎跑到人家里偷狗或猪吃，但听到刀刮锅底的声音就跑了，因为听到这种声音后它会牙酸。

牛尾巴短的寿命长，尾巴长的寿命短。

猫的鼻子只在六月六日那天会热。

狗若吃了杏仁末，立即就会死。

狗要褪毛时，用糟来饲养它，毛就容易褪。

鹿群晚上休息的时候，大鹿犄角向外，小鹿在里边，重重围起来像营寨一样。行兵打仗的人模仿它们，创造了鹿角寨。

虎豹的毛皮只可以用火焙干，不可以日晒。

猴子病了，吃墙壁上的蜘蛛，就会痊愈。

狗身上长癞疮，用虫蝇百部汁涂抹，很快就消除了。

马背上被马鞍磨破的地方，用车辙中的淤泥涂抹，很快就好了。

辨别牛黄真假的方法：牛黄像鸡蛋一样大，重重叠叠，取一些放在人的指甲上磨，它的黄色透过指甲，而且擦不掉的，就是真的。

猫若长癞疮，用柏油来擦拭。再生的话，就再擦。到第三次擦，就会根除。猪若有癞疮，用猪油来擦拭，也会很快消除。

猫如果洗脸的时候超过了耳朵，家里一定会有客人来。

家里燕子、麻雀忽然消失了的话，就一定会有火灾。

鹘鸟如果仰着脖子鸣叫就一定会放晴，若低下头鸣叫则一定会下雨。

喜鹊的巢若很低，这一年一定会发大水。鹊鸟初试鸣声，若有人躺着听到那他一年都会平安快乐。

猫和狗生下的都是公的，这一家人一定有喜事。

狗若死了，用葵根塞住它的鼻子，过段时间就会复活。

孔雀毛进入眼睛，会损害人眼；孔雀胆毒性很大，能杀人。

狗若有虱子，用樟脑擦毛下的皮，再用大桶或箱子把狗盖在里面，虱子就会掉下来，及时让人把掉下来的虱子掐死。

猫狗虱癞，用桃叶捣烂，遍擦其皮毛，隔少顷洗去之，一二次即除。

鸡病，以真麻油灌之。鸡哮，用白菜叶包鼠屎、香油揞之，即好。

鸡瘟，以猪肉切碎喂之。又将雄黄为末，拌饭喂之，立愈。

猪瘟，以萝卜菜连根喂之愈。牛马疥癞，用荞麦秆烧成灰，淋灰汁，浇之愈。

牛马瘟，用酒加麝香末些须在内，灌之。

牛马疥癞，用藜芦为末，水调涂之。

鹤病，用蛇或鼠或大麦煮熟喂之。

鹿病，用盐拌豆料喂之，常食菀豆则无病。

煨灶猫，用猪肠或鱼肠，入些须雄黄在内煨熟饲之。

牛中暑，用胡麻苗捣汁灌之，即好。无苗，即用麻子二三两捣烂，和井水调匀，灌之。

牛马猪驴瘟，用狼毒、牙皂各一两，黄连一两五钱，雄黄、朱砂各五钱为末。猪擦入眼中，牛马驴吹入鼻中。

凡鸡鹅鸭欲其速肥，胡麻子拌饭，加硫磺少许，喂七日，其膘壮异常。

虫鱼

鱼瘦而生白点者，名虱，用枫树皮投水中，即愈。

鳖与蝤蛑被蚊子一叮，即死。

水中浮萍晒干，熏蚊子则死。

马蚁畏肥皂。

蛇畏姜黄。

稻草索悬数条于壁上，则蝇不来。

猫和狗若有虱子又有癞疮，用桃叶捣烂，把它的皮毛擦一遍，隔一会儿洗掉，这样一两次就可以除掉。

鸡若病了，用芝麻油灌它。鸡若哮喘，用白菜叶包些鼠屎、香油硬喂给它，立刻就会好。

鸡生了瘟，把猪肉切碎喂它。还可以把雄黄研成细末，拌饭喂它，立刻就痊愈了。

猪生了瘟，用萝卜菜连根喂它就会好。牛和马若有癞疮，用荞麦秆烧成灰，淋水成灰汁，往它们身上浇，就会好。

牛马若生了瘟，用酒加少量麝香末和在里面，灌它们。

牛马长了癞疮，用藜芦研成细末，用水调好后涂到患处。

鹤生了病，用蛇或老鼠或大麦煮熟喂它。

鹿生了病，用盐拌豆料喂它，若经常食吃菀豆就不会有病。

如果想治疗煨灶猫，就用猪肠或鱼肠，加入少许雄黄一起煨熟后来喂它。

牛若中暑，用胡麻苗捣成汁灌服，立刻就会好。没有胡麻苗的话，也可以用麻子二三两捣烂，加井水调匀，给它灌服。

牛、马、猪、驴生了瘟，用狼毒、牙皂各一两，黄连一两五钱，雄黄、朱砂各五钱研成细末。若是猪就擦到它眼睛里，若是牛、马、驴就吹到它的鼻子里。

想要让鸡、鹅、鸭迅速肥起来，用胡麻子拌饭，加少量硫磺，喂七天，就非常肥壮。

虫鱼

养得鱼如果变瘦而且身上还生一种白点，那就是有虱子了，把枫树皮扔到水里，就可以治好。

鳖和梭子蟹若被蚊子叮一口，立即就会死。

把水里的浮萍晒干，用来熏蚊子，蚊子立刻便会死。

蚂蚁怕肥皂。

蛇怕姜黄。

在墙上悬挂几条稻草绳索，苍蝇就不会来。

蚕畏雷，亦畏鼓，闻鼓声则伏而不起。

令蛙不鸣，三五日以野菊花为末，顺风吹之。

辟蝇，腊月猪油以瓶悬厕壁上。

麻叶烧烟，能辟蚊子。

陈茶末烧烟，蝇速去。

治壁虱，荞麦秆作荐，可除。

五月五日，取田中紫萍晒干，取伏翼血渍之又晒，又渍数次，为末作香烧之，大去蚊蚋。一云烧蝙蝠屎，可辟蚊子。

蚊蜃之属，得飞燕食之，则能变化。蜃之吐气成楼台，所以诱燕也。

凡鱼、虾、蟮，入夜皆朝北方。

蜜蜂桶用黄牛粪和泥封之，能辟诸虫，蜜有收，蜂亦不他去，极妙。

收蜜蜂，先以水洒之，蜂成一团，遂嚼薄荷，以水喷之。再以薄荷涂手，徐徐拂拭，赶入桶中安干燥处。盖蜂畏薄荷，不螫人。

蚕食而不饮，二十二日而化蝉，饮而不食，三十日而蜕。蜉蝣不食不饮，三日而死。

辟蚊及诸虫，以苦楝子、柏子、菖蒲为末，慢火烧之，闻者即去。

辟蚊蚋，以干鳗鲡骨烧之，令化为水。

干菖蒲切片，置床褥下，可除壁虱。

头上虱，藜芦为末，糁擦其发中，经宿，虱皆干死自落。

去头上虱，轻粉少许，糁头上一二日，自死。

八角虱，多在阴毛上，用轻粉敷之，脱去。

蚕怕雷，也怕鼓声，听到鼓声就趴着不起来。

想让青蛙不要叫，在月中时把野菊花研为细末，顺风吹撒即可。

防蝇的方法，把腊月里的猪油装在瓶子里悬挂在厕所的墙壁上。

麻叶烧出的烟，能驱走蚊子。

陈茶末烧出的烟，可以让苍蝇赶快逃开。

防壁虱，用荞麦秆作席子，便可驱除。

五月五日，取来田中的紫萍晒干，再取蝙蝠血浸泡再晒干，这样数次后，研成细末并制成香来烧，可以驱除蚊虫。另一种说法是烧蝙蝠屎也可以驱除蚊子。

蚊蜃之类，要捕得飞燕来吃，于是就会变化。蜃可以吐气变成楼台，就是用来引诱燕子的。

凡是鱼、虾、蟹之类，到了夜晚都是朝着北方的。

蜜蜂桶如果用黄牛粪和泥来密封的话，能驱除各种虫子，把蜜收了，蜂也不到别的地方去，非常绝妙。

收蜜蜂的时候，先用水洒它们，蜂会聚成一团，然后再嚼薄荷，含水喷蜂。再把薄荷涂在手上，慢慢拂拭，把蜂赶到桶中干燥的地方。因为蜂怕薄荷，所以不螫人。

蚕只吃东西不喝水，二十二天就变化为蝉，只喝水不吃东西，三十天就蜕变。蜉蝣不吃不喝，三天就死。

驱除蚊子和其他虫子，用苦楝子、柏树子、菖蒲研为细末，用慢火烧，虫子闻到就跑了。

驱除蚊虫，烧干鳗鱼的鱼骨，让它化成水。

把干菖蒲切成片，放在床褥下面，可以驱除壁虱。

头上有虱子，用藜芦研成细末，洒在头发里，过一晚上，虱子就会干死并自己落下了。

去头上的虱子，用轻粉少许，洒在头上，一两天，虱子自己就死了。

八角虱，多长在阴毛上，用轻粉敷上，虱子就跑了。

象粪能去壁虱，取其所食馀草打荐，永无壁虱。

辣蓼晒干铺席上，除壁虱。
芸香置于帙中，辟蠹鱼；置席下，去壁虱。

虱入耳，以猪毛蘸胶卷入，粘出之。
断毡中蛀虫，鳗鱼骨烧烟熏之；置其骨于衣箱中，断白鱼诸虫咬衣服。烧烟熏屋舍，免竹木生蛀虫。

人为山中大蚁伤，急以地上土擦伤处，则不痛。

治厕中蛆，以莼菜一把投厕缸中，即无。

大象的粪便可以驱除壁虱，把大象吃剩下的草来编席子，永远没有壁虱。

　　把辣蓼晒干铺在席上，可以驱除壁虱。

　　把芸香放在书盒里，可以驱除蠹鱼；放在席子下，可以驱除壁虱。

　　虱子进入耳朵，用猪毛蘸胶塞进去，就可以粘出来。

　　要根治毛毡里的蛀虫，可以用鳗鱼骨烧烟来熏；把鳗鱼骨放在衣箱里，可以根治白鱼等虫子再咬衣服。用鳗鱼骨烧烟熏房屋，可以避免竹木生蛀虫。

　　若有人被山里的大蚂蚁咬伤，要赶快用地上的土擦拭伤处，就不痛了。

　　治理厕所里的蛆，抓一把莼菜扔厕缸里，蛆就没有了。

卷二十　方术部

符咒

治脚麻法，口称木瓜曰："还我木瓜钱，急急如律令！"一气念七遍，即止。

治疟咒饼法，先面东烧香虔诚，于油饼中书一"摊"字，以笔圈之，从左边圈三次，将饼于香上诵"乾元亨利贞"七遍。当发日，早掐取所书字，用枣汤嚼饼食之，无不效。

病痞，多念《秽迹咒》，愈。

辟百邪恶鬼，令人不病疫，常以鸡鸣时存心念四海神名三七遍，曰："东海神阿明，南海神祝融，西海神巨来，北海神禹彊。"每入病人宅，存心念三遍，口勿诵。

咒疟法，取梨一个，先吸南方气一口，将梨子咒曰："南方有池，池中有水。水中有鱼，三头九尾。不食人间五谷，唯食疟鬼。"咒三遍，吹于梨上，书"敕杀死"三字，令病人临发前食之。

一切疾患疼痛咒枣法，咒曰："金木水火土，五行助力，六甲同威，天罡大神，收入枣心，枣入肠中，六腑安宁，万病俱息，急速求荣！"用枣一个，念咒一遍，吸罡气一口入枣中。男去尖，女去蒂，用水嚼下，忌厌物七日。

咒齿痛，用纸一张，随大小方圆，折作七层，取三寸钉一枚，于屋栿或梁上，当纸中心钉之。下钉之时，先吸南方

符咒

治脚麻的方法，嘴里对木瓜说："还我木瓜钱，急急如律令！"一口气念七遍，立刻就不麻了。

对油饼念咒语来治疟疾的方法，先面朝东虔诚烧香，在油饼中间写一个"摊"字，用笔画圈围住，从左边圈三次，拿油饼到香上诵"乾元亨利贞"七遍。在疟疾发作的那天，早上把油饼写字的地方掐出来，和着枣汤嚼着吃了，没有不起效的。

有腹内郁结成结的病，多念《秽迹咒》，就能好。

避除各种邪鬼，让人不生病，经常在鸡鸣的时候在心里念四海神的名字三七遍，是"东海神阿明，南海神祝融，西海神巨来，北海神禺疆"。每次进入病人的家时，也要在心里念三遍。不可以用嘴诵读出来。

咒除疟疾的方法，取梨一个，先向南方吸气一口，对着梨子念咒语说："南方有池，池中有水。水中有鱼，三头九尾。不食人间五谷，唯食疟鬼。"咒念三遍，吹于梨上，写"敕杀死"三字，让病人在要发病前吃了梨既可。

所有的疼痛疾病都可以用的咒枣法，咒语是："金木水火土，五行助力，六甲同威，天罡大神，收入枣心，枣入肠中，六腑安宁，万病俱息，急速求荣！"用一个枣，念一遍咒，吸罡气一口吹到枣里。若是男子就去掉枣尖，若是女子就去掉枣蒂，和着水嚼着吃下，忌令人憎恶的东西七天。

咒牙痛的方法，用一张纸，大小方圆都无所谓，折成七层，拿一个三寸的钉子，在房屋的大梁上，在纸的中间钉下。钉的时候，先吸南方

气一口，默咒曰："南山赤虫子，故来食我齿。钉在枕梁上，永处千年纸。"每咒一遍，令患人咳一声，及吸气一口，下钉锤一捶。如是咒七遍，即七吸气，七捶钉其齿，立效。

咒风疹，用纸一张，熟挼之于患人身体上下冒掠之。其初欲行时取东方气一口，默念曰："东来马子，西来驴子，好面败容待文书，急急如律令！敕。"乃上下冒掠，弃乱纸于门外东道口而归。

如入山林，默念"仪方不见蛇"，默念"仪康不怕虎"。有蛇虺处，多以小瓦片书"仪方"二字，蛇自畏避。

凡被蜈蚣咬，急以手指于地上"乾上"中书一"王"字，于"王"字内撮土糁咬处，即愈。

"多求致怨憎，少求人不爱，梵智求龙珠，水不复相见。"书此四句，雕、贴于墙壁间，可断蛇。

辟蚊子，咒曰："天地太清，日月太明，阴阳太和，急急如律令！敕。"面北阴念七遍，吸气吹灯草上，点之。

"唵地哩穴哩娑婆诃"此咒，居人家每夜点烛了，面北立志，心念诵七遍，将剔灯杖子，灯焰上度过，搅油七匝，能免一切蛾蠓投焰之苦。

去壁虱法，上写"欠我青州木瓜钱"，贴床脚，即去。

倒念《揭谛咒》七遍，能使网罟无所得。

遇夜行或寝处惊怖恶梦，即咒曰："婆珊婆演底，摄。"

脚转筋疼，书"木瓜"字于疼处，则止。

闭气念"乾元亨利贞"七遍，嚼钱即碎。

釜鸣，呼"婆女"七。

每闻鸦噪，默念"乾元亨利贞"七遍。

气一口，默诵咒语说："南山赤虫子，故来食我齿。钉在椴梁上，永处千年纸。"每咒一遍，就让病人咳一声，并吸一口气，并用钉锤砸一捶。这样咒七遍，就是吸七次气，七次捶钉，病人的牙齿立刻就不痛了。

咒风疹的方法，用一张纸，揉成团然后在病人身体上下随便掠一遍。在最初要行法时先向东方吸一口气，默念咒语说："东来马子，西来驴子，好面败容待文书，急急如律令！敕。"然后上下随便掠一遍，再把纸扔到门外东边路口后回来。

如果进入山林，要默念"仪方不见蛇"，或者默念"仪康不怕虎"。有蛇的地方，多用小瓦片写"仪方"二字，蛇自然就害怕地躲开了。

凡被蜈蚣咬伤的，要赶快用手指在地上的"乾上"方位写一个"王"字，并在"王"字里撮土敷在被咬的地方，就会没事了。

"多求致怨憎，少求人不爱，梵智求龙珠，水不复相见。"写这四句，雕刻或者贴在墙壁上，可以使蛇不来。

驱除蚊子，咒语是："天地太清，日月太明，阴阳太和，急急如律令！敕。"面向北暗中念七遍，吸气吹到灯草上，然后点着灯草既可。

"唵地哩穴哩婆婆诃"的咒语，人家每天晚上点着蜡烛后，面向北立下志向，用心念诵七遍，把剔灯的杖子在灯焰上掠过，再用它搅油七遍，就能免除所有飞蛾之类投火的痛苦。

去除壁虱的方法，在纸上写"欠我青州木瓜钱"，贴在床脚上，壁虱立刻就走了。

倒着念《揭谛咒》七遍，可以使捕鱼的人一无所得。

遇到夜行或者睡觉做了恐怖的恶梦时，就念咒语："婆珊婆演底，摄。"

脚上转筋疼痛时，在疼的地方写"木瓜"二字，就会立刻止住。

闭着气念"乾元亨利贞"七遍，用嘴可以把钱嚼碎。

锅若响，要大声念七遍"婆女"。

每次听到乌鸦叫，默念"乾元亨利贞"七遍。

渡江者朱书"禹"字佩之，免风涛，保安吉。

蜂螫人，就地以竹写"丙丁火"三字七遍，取土揩螫处。

降犬法，左手挑寅剔丁掐戌，念"云龙风虎，降伏猛兽"，其犬不吠而去，不咬人。

降蛇法，咒曰："天迷迷，地迷迷，不识吾时。天濛濛，地濛濛，不识吾踪。左为潭鹿鸟乙步，右为鸟鹊三二步。"又念曰："吾是大鹏鸟，千年万年王。"

咒枣法治百病，咒曰："华表柱。"念七遍，望天罡取气一口，吹于枣上，嚼吃汤水下。华表柱，鬼之祖名也。

遇人捕鱼鳖飞禽走兽之属，但念"南无宝胜如来"，捕者终无所获。

赌骰子咒云："伊帝弥帝，弥揭罗帝。"

百鸟粪衣，念"护罗"七声。

方法

妇人怀娠欲成男者，以斧密置床下，以刀口向下，必生男。鸡伏卵，用此法，亦多成雄。

皂荚水触人眼，痛不可忍，持衬衣角揩之，即愈。

凡患偷针眼者，以布针一条，对井以目睛睨视之。已而，折为两段，投井中，眼即愈，勿令人知。

有脚汗人，岁朝密立于捣衣石上，即愈。

护生草，清明绝早取荠菜花茎，阴干，暑月作挑灯杖，能令蚊蛾不至。

灯草于腊月内取溪河水浸七昼夜，阴干，夏月点灯，能去青虫。

禳鼠日，每月辰日塞穴，鼠当自死。

翼日挂帐，无蚊子。

渡江的人用红笔写"禹"字佩带，就可以免除风涛的危险，保佑平安吉祥。

蜂螫了人，就地用竹子写"丙丁火"三字七遍，取土敷在被螫的地方既可。

降伏狗的方法，左手挑寅、剔丁、掐戌，念"云龙风虎，降伏猛兽"，狗就不再叫并离开了，而且也不咬人。

降蛇的方法，咒语是："天迷迷，地迷迷，不识吾时。天濛濛，地濛濛，不识吾踪。左为潭鹿鸟乙步，右为鸟鹞三二步。"还有一个咒语是："吾是大鹏鸟，千年万年王。"

包治百病的咒枣法，咒语是："华表柱。"念七遍，望天罡吸一口气，吹在枣上，和着热水嚼吃。"华表柱"，是鬼的先祖的名字。

遇到有人捕鱼鳖、飞禽、走兽之类，只要念"南无宝胜如来"，那人就会一无所获。

赌骰子的时候可以念咒语"伊帝弥帝，弥揭罗帝"。

若有鸟粪落到衣服上，念七声"护罗"。

方法

女子怀孕想要男孩的，把斧头偷偷放在床下，刀口向下，一定生男孩。鸡孵蛋，也可以用这个方法，就可以有很多公鸡。

皂荚水溅到人眼里，痛得无法忍受，拿衬衣的衣角来擦，就不痛了。

凡是患了偷针眼的，用布针一条，对着井用眼睛斜着看它。然后，折成两段，扔在井里，眼睛就好了，但是不要让人知道。

有脚汗的人，元旦的时候偷偷站在捣衣石上，就好了。

护生草，清明时早早取来荠菜花的茎，阴干，夏天用来当挑灯杖，能让蚊子、飞蛾不来。

灯草在腊月里用溪河水浸泡七天七夜，阴干，夏天点灯，能驱除青虫。

禳鼠日，在每月的辰日塞住鼠穴，老鼠就会自己死掉。

翼日挂帐，就没有蚊子。

食鱼骨鲠，取罟覆头，即下。

除夜五更，使一人房中向窗扇，一人问云："扇恁么？"答云："扇蚊子。"凡七问七答，乃已。端午日五更，亦然。

树不生果，除夜著一人伏树下，一人持斧问云："你生果否？不生，斫汝作柴！"树下一人应云："我生！我生！"是年即结实。

辟火法，用绯红绢帛五尺至一丈，剪作幡形，悬竹竿上，投当风火中，风回火息矣。无绢帛，以绯衣服代之，亦可。

取逃走人衣服并带，用纸裹磁石，悬于井中，其人即回。

取霹雳木刻为鸟形，放在露天高处，众鸟皆集，不去。

二麦秆顿于上流，水流入池塘中，可祛马蝗。

求雨法，命巫师入深山，择枫树有怪形者，以茅缆系之，喝问："有雨否？"一人应曰："必有雨！必有雨！"

猪尿胞贮萤火，缀网中沉之水底，则鱼聚观，夜举网则鱼必多。

取头垢涂针，及塞针孔，水上自浮。

取戎盐涂鸡鸭蛋上，相连十枚不落。

取蚕沙一石二升，用丁日就吉地埋，则蚕大熟。

取水獭胆，以篯子蘸画酒杯中，一半酒去，馀半在盏，不倾。

置牛骨于地中，则水不涸。

削木令圆，举以向日，艾承其影，则得火。

以黑犬血和蟹烧之，鼠悉去。

如值火灾，急以瓶甄覆坑上，火即灭。

以白矾煮灯芯，点之，省油。

吃鱼的时候被鱼刺卡住了，拿鱼罾来罩住头，鱼刺就下去了。

除夕夜五更的时候，让一个人在房里向窗外扇，另一人问："扇什么？"回答说："扇蚊子。"总共七问七答，然后才可以。端午节晚上的五更，也这样做。

树如果不结果，除夕夜让一个人埋伏在树下，一个人拿着斧头问说："你结果不？不结果，就把你砍了当柴烧！"树下的那个人回答说："我结！我结！"当年便可以结果。

辟火的方法，用绯红的绢帛五尺到一丈长，剪成幡的样子，悬挂在竹竿上，扔到迎着风的火里，风吹来火就灭了。若没有绢帛，用红色衣服代替，也可以。

拿逃走的人的衣服和腰带，用纸裹住磁石，悬挂在井中，那人就会回来。

取霹雳木刻成鸟的形状，放在露天的高处，许多鸟便会聚集在这里，不会离开。

放两根麦秆安顿在上流，水流到池塘里，可以祛除马蟥。

求雨的方法，让巫师进入深山，选择形状奇怪的枫树，用茅缠绑住，喝问："有雨吗？"一人回答说："一定有雨！一定有雨！"

猪尿胞里装上萤火虫，放在鱼网里并沉到水底，那么鱼都会聚集来看，夜里收网的话会捕到很多鱼。

用头垢涂到针上，并塞住针孔，可以让它在水上自己浮起来。

拿戎盐涂在鸡鸭蛋上，相连十枚都不落。

取蚕沙一石二升，在丁日找吉地埋下，当年蚕丝会大丰收。

取水獭的胆，用篾子蘸了在酒杯中划一下，一半酒倒掉，剩下一半还在酒杯里，不会出来。

把牛骨埋在地下，水就不会干涸。

把一块木头削圆，举起来对着太阳，艾绒承接它的影子，就会着火。

用黑狗的血和螃蟹一起烧，老鼠就全都跑了。

如果遇上火灾，赶快用瓶子或罐子扣在坑上，火立刻就灭了。

用白矾煮灯芯，点灯时，省油。

猪血浸新砖，砖堕水中，引鱼自聚。

岁夜取富贵家田内泥打灶，主招财。

桃树撑门辟邪，祟不敢入门。

月厌上，取土泥塞鼠穴，则鼠远去。

人发结挂果树上，鸟雀不敢食其实。

惊蛰日以灰糁门外，免虫蚁出。

七月上旬辰日斫木，不蛀。

熨斗内以纸衬之炒银杏，则不爆。

釜鸣，不得惊呼，男子作妇人拜，即止。或妇人作男子拜，亦可。

夜卧，以鞋一仰一覆，即无恶梦。

遇恶犬，以左手自寅吹一口气，轮至戌以指甲掐之，犬即退伏。

暗传书法，以杜仲末、白矾、蓖麻子各少许，研细，又入黄丹少许，少浸，写字候干，全不见字迹。以火烘之，即见字，看毕焚之。

鸡子白调白矾末刷纸，作铫子煎茶，沸而不烧其纸。

五棓子书壁上，以青矾水喷之，则字现。

竹内膜纯阴，将酥涂其上，见太阳即飞，名飞蝴蝶。

上丑日取土泥蚕室，宜蚕。

上辰日取道中土泥门户，辟官事。

读书灯香油一斤，入桐油三两，耐点，又辟鼠耗。以盐置盏中，省油。

以姜擦盏，则不晕。

猪血浸泡新砖，砖若掉在水里，可以引得鱼儿聚集。

除夕夜拿富贵家庭地里的泥来砌灶，可以招财进宝。

桃树撑门可以辟邪，鬼祟不敢进门。

月厌上，用土泥塞住老鼠洞，老鼠就会远离。

把人的头发结挂在果树上，鸟雀不敢来吃树上的果子。

惊蛰那一天用灰洒在门外，免得虫蚁出来。

七月上旬的辰日砍刨木料，不会生蛀虫。

锅里用纸衬着炒银杏，就不会爆。

锅发出响声，不可以惊呼，男人要做女人拜的姿势，这样便会停止。或者女人做男人拜的姿势，也可以。

夜里睡觉时，让鞋一只正着放、一只扣着放，就不会做恶梦。

遇到恶狗，从左手自寅位吹一口气，轮至戌用指甲掐，狗就退回去卧下了。

暗中传递书信的方法：用杜仲末、白矾、萆麻子各少许，研细，再加入黄丹少许，稍微浸泡一会，写字等干了以后，完全看不见字迹。用火一烘，才会出现字迹，看过就烧了。

鸡蛋清调白矾末刷纸，作成茶壶来煎茶，茶开了纸却不会被烧。

五棓子在墙上写字，用青矾水喷一下，字迹才会出现。

竹子的内膜性质纯阴，在它上面涂上酥，遇到阳光就会飞，名叫飞蝴蝶。

上丑日取土来泥蚕室，对蚕有好处。

上辰日取路上的土来泥门户，可以避开官事。

读书灯里每用香油一斤，就加入桐油三两，会非常耐点，还能避开鼠耗。把盐放灯盏里，也省油。

用姜擦灯盏，灯光就不会有晕。